suhrkamp taschenbuch
wissenschaft 2219

Was ist ein Rechtssystem? Lassen sich Gehalt und Geltung rechtlicher Normen unabhängig von moralischen Annahmen bestimmen? Wodurch zeichnet sich Rechtsstaatlichkeit aus? Diese grundlegenden Fragen sind im angloamerikanischen Raum in den letzten Jahrzehnten unter der Rubrik »general jurisprudence« diskutiert worden. Die klassische Gegenüberstellung von »Positivismus« und »Naturrecht« ist dabei in ihren Konturen geschärft, zugleich aber auch grundlegend problematisiert worden. Der Band macht zentrale und debattenprägende Texte der analytischen Rechtsphilosophie zugänglich und vermittelt einen Eindruck von der Lebendigkeit und theoretischen Fruchtbarkeit dieser Disziplin.

Felix Koch ist wissenschaftlicher Mitarbeiter am Institut für Philosophie der Freien Universität Berlin.

Amir Mohseni ist Projektleiter am Exzellenzcluster »Religion und Politik« an der Westfälischen Wilhelms-Universität Münster.

David P. Schweikard ist Juniorprofessor für Politische Philosophie Europas am Philosophischen Seminar der Europa-Universität Flensburg. Im Suhrkamp Verlag hat er herausgegeben: *Kollektive Intentionalität. Eine Debatte über die Grundlagen des Sozialen* (stw 1898, zus. mit Hans Bernhard Schmid).

Analytische Rechtsphilosophie

Grundlagentexte

Herausgegeben von
Felix Koch, Amir Mohseni
und David P. Schweikard

Suhrkamp

Bibliografische Information der Deutschen Nationalbibliothek
Die Deutsche Nationalbibliothek verzeichnet diese Publikation
in der Deutschen Nationalbibliografie; detaillierte bibliografische Daten
sind im Internet über http://dnb.de abrufbar.

suhrkamp taschenbuch wissenschaft 2219
Erste Auflage 2019

Umschlag nach Entwürfen
von Willy Fleckhaus und Rolf Staudt
Druck: Druckhaus Nomos, Sinzheim
Printed in Germany
ISBN 978-3-518-29819-0

Inhalt

Danksagung

Für die Unterstützung der Arbeit an diesem Band danken wir Stefan Gosepath, Michael Quante und R. Jay Wallace sowie der Einstein-Stiftung Berlin und dem Exzellenzcluster »Religion und Politik« an der Westfälischen Wilhelms-Universität Münster. Außerdem möchten wir uns bei Lasse Lorenzen, Thomas Meyer, Luise Müller, Sebastian Ostritsch und Karl Christoph Reinmuth für ihre Übersetzungsarbeit sowie bei Jeremias Düring, Yvonne Elger, Anna Kahmen, Simon Parketta und Nadja Winning für ihre Mithilfe bei der Einrichtung des Manuskripts bedanken. Julie Dickson, Timothy Endicott, John Finnis, Leslie Green, Michael Moore, Joseph Raz und Jeremy Waldron danken wir für die freundliche Erlaubnis zum Abdruck ihrer Texte. Wir bedauern sehr, dass wir John Gardner, der kurz vor der Drucklegung dieses Bandes viel zu früh verstorben ist, an dieser Stelle nicht mehr unseren Dank übermitteln können.

Jan-Erik Strasser vom Suhrkamp Verlag sind wir für sein hervorragendes Lektorat zu besonderem Dank verpflichtet, ebenso Philipp Hölzing für die geduldige Betreuung des Projekts in seiner Entstehungsphase.

Felix Koch
Amir Mohseni
David P. Schweikard

Felix Koch und Amir Mohseni

Analytische Rechtsphilosophie: Grundzüge einer Debatte

1. Zum Zweck dieses Bandes

Rechtssysteme sind ein zentrales Element gegenwärtiger wie auch vieler früherer Gesellschaftsformen. Rechtliche Normen bestimmen das Handeln von Beamten und Behörden, insbesondere von Gerichten, und in beträchtlichem Maße auch das Handeln privater Akteure. Sie setzen diesem Handeln Grenzen, und in vielen Fällen ermöglichen sie es allererst, denn es gehört zum Zweck auch zahlreicher ganz alltäglicher Handlungen, bestimmte rechtliche Tatsachen hervorzubringen. Aber worin besteht überhaupt die Existenz eines Rechtssystems, und was prädestiniert es dazu, diese handlungsleitende Rolle zu spielen? Und wie verhalten sich die Normen des positiven Rechts zu moralischen Rechten und Pflichten?

Den Versuch einer systematischen Antwort auf diese Fragen hat 1961 H. L. A. Hart in seinem Buch *The Concept of Law* unternommen und damit den Anstoß zu einem halben Jahrhundert intensiver philosophischer Forschung zu Grundfragen der Rechtsphilosophie gegeben, bei der Philosophie und Rechtswissenschaft auf höchst produktive Weise ineinander greifen. Aus einer Reihe unterschiedlicher Gründe, darunter nicht zuletzt der zentralen Rolle Harts, haben bei dieser Forschung Publikationen aus dem englischen Sprachraum den Takt angegeben. Während Harts Buch, ein moderner Klassiker der Philosophie, ins Deutsche übersetzt und auch auf Deutsch mehr oder weniger breit rezipiert wurde, haben sich Philosophen und Rechtswissenschaftler aus dem deutschen Sprachraum nur vergleichsweise wenig an den daran anschließenden Debatten beteiligt. Ein wesentliches Ziel dieses Bandes ist es, durch die Auswahl und Übersetzung exemplarischer englischsprachiger Beiträge aus den vergangenen sechzig Jahren den dort entwickelten rechtsphilosophischen Fragestellungen, Positionen, Argumenten und begrifflichen Differenzierungen ein breiteres Publikum zu gewinnen. Mit diesem Anliegen wendet sich der Band sowohl an Philosophinnen und Philosophen als auch an Juristinnen und Juristen, die sich für die philosophische Reflexion auf die begrifflichen und normativen Grundlagen ihres Gegenstands interessieren. Damit ist auch die Hoffnung verbunden, dass der Band in Forschung wie Lehre zu einer Intensivierung des Gesprächs zwischen Philosophie und Rechtswissenschaft beitragen kann.

Alle der hier versammelten Autoren sind einflussreiche und teils (im Falle von Hart, Dworkin, Raz und Finnis) den Debattenverlauf nachhaltig prägende Stimmen. Ihre hier abgedruckten Beiträge bilden mit den vielfachen gegenseitigen Bezugnahmen einen über Jahrzehnte hinweg fortgeführten Diskussionszusammenhang. Dazu trägt sicherlich auch der auffällige Umstand bei, dass ein Großteil von ihnen mit der Universität Oxford verbunden ist oder war. Raz, Finnis und in gewissem Umfang auch Dworkin waren dort die Schüler Harts, und alle drei hatten dort später selber rechtsphilosophische Lehrstühle inne. Mehrere weitere Autoren des Bandes – Green, Gardner, Endicott und Dickson – haben wiederum in Oxford bei den gerade genannten Philosophen ihre rechtsphilosophische Ausbildung erhalten und lehren heute selbst dort. Aus dieser Konstellation ergeben sich gemeinsame Schwerpunktsetzungen, die zwar einerseits die Gefahr blinder Flecken beinhalten mögen, andererseits aber eine philosophisch sehr ertragreiche argumentative Verdichtung und Detailgenauigkeit ermöglicht haben.[1]

Die Auswahl der Texte wurde durch zwei hauptsächliche Ziele angeleitet: nämlich zum einen wichtige Stationen der an Hart anschließenden Debatte um das Wesen und die Grundlagen des Rechts zu präsentieren, zugleich und vor allem aber auch exemplarische Behandlungen grundlegender rechtsphilosophischer Fragen zu versammeln. Dabei mussten unvermeidlich Schwerpunkte gesetzt werden, weshalb eine Reihe von Themen, die durchaus als rechtsphilosophische Grundlagenfragen gelten können, entweder gar nicht oder nur *en passant* zur Sprache kommen. Dazu gehören insbesondere Grundlagenfragen, die primär in einzelnen Rechtsgebieten auftreten, wie zum Beispiel die Frage der Verantwortung im Strafrecht oder die Frage nach der Begrenzung legislativer Ge-

1 Vgl. dazu insbesondere Nicola Laceys Biographie von Hart, die zugleich eine Studie seines intellektuellen Umfeldes ist: Nicola Lacey, *A Life of H. L. A. Hart. The Nightmare and the Noble Dream*, Oxford 2006.

walt im Verfassungsrecht. Weitgehend ausgespart bleiben aber auch manche Fragen der im Folgenden noch zu charakterisierenden »allgemeinen Rechtsphilosophie«, zum Beispiel für Fragen zu den Kriterien und Methoden der Rechtsauslegung und des richterlichen Entscheidens.[2]

Ein besonders ins Auge stechender Aspekt der Textauswahl ist das starke Ungleichgewicht der Geschlechter. Leserinnen und Leser, die sich mit der betreffenden Literatur vertraut machen, werden selber darüber befinden, inwieweit dieses Ungleichgewicht primär den Herausgebern zur Last zu legen ist. Aus unserer Sicht ist es ein sehr bedauerlicher, aber kaum zu leugnender Umstand, dass bis in die jüngste Zeit nur sehr wenige einschlägige Beiträge von Frauen zu finden sind.[3] Mit Julie Dickson ist allerdings eine der wichtigsten Stimmen der gegenwärtigen Grundlagendebatte vertreten, die maßgeblich für eine pointierte Erweiterung des rechtsphilosophischen Blickfeldes auf Fragen der philosophischen Methode verantwortlich zeichnet.

Die folgenden Abschnitte bieten eine knappe (und keine Vollständigkeit beanspruchende) Übersicht über die zentralen Themen des Bandes und über die systematischen und debattenhistorischen Zusammenhänge zwischen den Beiträgen sowie Hinweise auf weiterführende Literatur.

2 Erwähnt werden sollte an dieser Stelle auch, dass einige der maßgeblichen Beiträge in Form von Monographien vorliegen. Neben Harts wegweisendem Buch sind dabei insbesondere drei weitere Werke zu nennen: Joseph Raz, *Practical Reason and Norms*, Oxford 1975/²1990, in deutscher Übersetzung: *Praktische Gründe und Normen*, Frankfurt/M. 2006; John M. Finnis, *Natural Law and Natural Rights*, Oxford 1980; Ronald M. Dworkin, *Law's Empire*, Cambridge (MA) 1986.

3 Eine nennenswerte Ausnahme bildet Ruth Gavison, »Natural Law, Positivism, and the Limits of Jurisprudence. A Modern Round«, in: *Yale Law Journal* 91, 6 (1982), S. 1250-1285. Dieser Text wurde hier deshalb nicht aufgenommen, weil er primär eine kritische Exegese bietet. Eine weitere besonders zu nennende Autorin ist Nicola Lacey, die das in den hier präsentierten Texten verfolgte Projekt einer dezidiert analytischen Rechtsphilosophie grundsätzlich in Frage stellt und für dessen Auflösung in eine kritische Gesellschaftstheorie des Rechts plädiert, dieses Programm indessen im Sinne einer »special jurisprudence« spezifisch am Begriff der juristischen Verantwortung durchführt. Siehe dazu unter anderem Nicola Lacey, »Jurisprudence, History, and the Institutional Quality of Law«, in: *Virginia Law Review* 101 (2015), S. 919-945.

2. Was ist allgemeine Rechtsphilosophie?

Viele wichtige Beiträge zur analytischen Rechtsphilosophie gehören zur sogenannten *special jurisprudence*: Sie befassen sich mit philosophischen Fragen, die sich in Bezug auf einzelne Rechtsgebiete ergeben. Zur speziellen Rechtsphilosophie gehören zum Beispiel Fragen nach der Rechtfertigung von Strafe, nach der Funktionsweise von Verträgen, nach der begrifflichen Erfassung und Rechtfertigung von Eigentumsregelungen, nach der juristischen Relevanz fahrlässigen Verhaltens oder nach dem Status von Verfassungsnormen.[4]

Die für diesen Band ausgewählten Texte beschäftigen sich demgegenüber mit Fragen der *general jurisprudence*, der allgemeinen Rechtsphilosophie.[5] Es sind Fragen, die das Recht als solches betreffen: das Wesen, die Geltung und die Funktion rechtlicher Normen, ganz gleich, welche Lebensbereiche von ihnen betroffen sind.[6] Zu den grundlegenden Fragen der allgemeinen Rechtsphilosophie gehören zum Beispiel die folgenden:

(1) Was ist rechtliche Geltung? Welche Bedingungen muss eine Norm erfüllen, damit sie geltendes Recht darstellt?

(2) Woraus speist sich der Gehalt des geltenden Rechts? Was sind seine inhaltlichen Quellen? Gehören zu diesen Quellen neben Gesetzestexten zum Beispiel auch Präzedenzfälle, Gewohnheitsrecht, rechtswissenschaftliche Lehrmeinungen, Doktrinen der Rechtsauslegung oder moralische Prinzipien?

4 Die Bedeutung Harts für mehrere Gebiete der *special jurisprudence* steht seinen Leistungen in der allgemeinen Rechtsphilosophie nicht nach; siehe insbesondere die einflussreichen Aufsätze in Hart, *Punishment and Responsibility. Essays in the Philosophy of Law*, Oxford 1968, sowie H. L. A. Hart und Tony Honoré, *Causation in the Law*, Oxford 1959.

5 Die Bezeichnungen »jurisprudence« und »legal philosophy« werden in der gegenwärtigen anglophonen Literatur zumeist austauschbar verwendet. Deshalb wird »general jurisprudence« hier überwiegend durch »allgemeine Rechtsphilosophie« übersetzt anstatt durch die im Deutschen für den betreffenden Fragebereich vielleicht gebräuchlicheren Ausdrücke »allgemeine Rechtstheorie« oder »allgemeine Rechtslehre«.

6 Zu dieser Unterscheidung vgl. u. a. Leslie Green, »General Jurisprudence. A 25th Anniversary Essay«, in: *Oxford Journal of Legal Studies* 4, 1 (2005), S. 565-580; Jeremy Waldron, »Can There be a Democratic Jurisprudence?«, in: *Emory Law Journal* 58 (2009), S. 675-712.

(3) Was ist rechtliche Verbindlichkeit oder Verpflichtung? Wie verhält sich rechtliche Verpflichtung zu moralischer Verpflichtung? Ist sie eine Art von moralischer Verpflichtung oder impliziert sie diese?

(4) Worin besteht der Wert von Rechtssystemen? Ist ihr Wert immer bloß instrumenteller Art, oder kann die Existenz eines Rechtssystems auch ein konstitutives oder intrinsisches Gut sein?

Eine häufig wiederkehrende Frage in der allgemeinen Rechtsphilosophie ist die nach dem Verhältnis zwischen positivem Recht und Moral. Aber schon ein Blick auf die vier gerade genannten Problemkomplexe zeigt, dass diese Frage unterbestimmt ist. Sie kann sich auf jeden dieser Komplexe beziehen, aber auch auf andere in der allgemeinen Rechtsphilosophie anzutreffende Thesen wie etwa die, dass geltendes Recht notwendigerweise moralische Autorität beansprucht.

Aus ähnlichen Gründen sollte man einer Gegenüberstellung mit Vorsicht begegnen, die in der allgemeinen Rechtsphilosophie häufig anzutreffen ist und große Bereiche der rechtsphilosophischen Debatte strukturiert: nämlich der Entgegensetzung von »positivistischen« und nicht- oder antipositivistischen Theorien, die häufig unter dem Stichwort »Naturrecht« diskutiert werden. Eine wesentliche Pointe der Debatten, die in den hier gesammelten Texten geführt werden, ist, dass diese Kategorien unterkomplex und daher für weiterreichende philosophische Klärungen nur von begrenztem Wert sind. Die Ausdrücke »Positivismus«, »Nichtpositivismus« und »Naturrecht« bezeichnen in der Redeweise unterschiedlicher Autoren unterschiedliche Thesen beziehungsweise Antworten auf unterschiedliche Fragen. Um sich systematisch zu orientieren, ist es hilfreicher, den Fokus auf diese spezifischen Thesen und Fragen zu richten als auf die allgemeinen Rubriken.

In der von Hart ausgehenden Tradition der analytischen Rechtsphilosophie hat sich ein Konsens herausgebildet, mit dem Ausdruck »Rechtspositivismus« zumindest zwei allgemeine Thesen zu bezeichnen, eine negative und eine positive. Die negative These, häufig als »Trennungsthese« (mitunter auch als »Trennbarkeitsthese«) bezeichnet, lautet, dass die Antwort auf die Frage, was (in einer bestimmten Jurisdiktion) das Recht ist, nicht oder zumindest nicht grundlegend davon abhängt, was das Recht sein sollte. Die positive These, häufig als »Sozialthese« bezeichnet, besagt, dass alle rechtlichen Normen ihre Grundlage in rein deskriptiv erfassbaren gesellschaftlichen Tatsachen haben, etwa in der Existenz bestimmter Dokumente und sozialer Praktiken.

Je nachdem, welche genauere Spezifizierung diese Thesen und die in ihnen vorkommenden Begriffe erfahren, ergeben sich signifikant unterschiedliche Spielarten des Rechtspositivismus.[7] So ist mitunter als »Trennungsthese« auch die Behauptung bezeichnet worden, es gebe keinerlei notwendige Beziehungen zwischen positivem Recht und Moral. Aber diese weitreichende und, wie in mehreren der hier versammelten Texte argumentiert wird, spätestens auf den zweiten Blick unplausible Behauptung akzeptieren die wenigsten der Philosophen, die sich selber als Rechtspositivisten verstehen. Viele von ihnen, darunter Hart und Raz, erkennen durchaus die Möglichkeit wichtiger und sogar notwendiger Verbindungen zwischen Recht und Moral an.[8] Die in diesem Band abgedruckten Aufsätze von John Gardner und Leslie Green (Kapitel 8 und 11) bemühen sich um eine genauere Klärung der Frage, was genau den Kern einer positivistischen Theorie des Rechts ausmacht, und weisen dabei eine Reihe vermeintlicher Festlegungen einer solchen Theorie als Missverständnisse oder Verzeichnungen zurück.[9]

Ähnliche Vorsicht wie bei der genauen Charakterisierung des Positivismus ist in Bezug auf nichtpositivistische Konzeptionen des Rechts angebracht. Es hat sich eingebürgert, nichtpositivistische Rechtstheorien unter der Bezeichnung »Naturrechtstheorien« zusammenzufassen. Aber die Entgegensetzung von Rechtspositivismus und »Naturrecht« lädt zu Missverständnissen ein. Rechtspositivisten leugnen nicht, dass es nichtpositive und in diesem Sinne »natürliche« – viele würden sagen: »moralische« – *Rechte* geben

7 Die Thesen sind zudem logisch voneinander unabhängig: keine der beiden impliziert, für sich genommen, die andere. Damit ergibt sich die Möglichkeit für minimalere Konzeptionen des Rechtspositivismus, die sich nur die negative oder nur die positive These zu eigen machen. Zum Beispiel ist fraglich, ob Kelsen irgendeine Version der positiven These zugeschrieben werden kann.

8 Siehe z. B. H. L. A. Hart, *Der Begriff des Rechts*, Berlin 2009, Kap. 9; Joseph Raz, *Practical Reason and Norms*, S. 165-170.

9 In ähnlicher Absicht vgl. in der deutschsprachigen rechtsphilosophischen Literatur z. B. Ralf Dreier, »Zerrbild Rechtspositivismus. Kritische Bemerkungen zu zwei verbreiteten Legenden«, in: Clemens Jabloner u. a. (Hg.), *Vom praktischen Wert der Methode*, Wien 2011, S. 61-91.

kann.[10] Und umgekehrt ist die Tradition der Natur- und Vernunftrechtstheorie, die von der antiken Philosophie über neuzeitliche Philosophen wie Grotius und Kant bis hin zu zeitgenössischen Spielarten des moralischen Realismus und des moralischen Rationalismus reicht, auf keine bestimmte Konzeption eines gesellschaftlich und staatlich sanktionierten, durch Gerichte und Legislaturen geprägten Rechts festgelegt. So spricht zum Beispiel manches dafür, dass ein moralischer Rationalist wie Kant eine erkennbar »positivistische« Theorie des Rechts vertreten hat.[11] Unvereinbar mit dem Rechtspositivismus sind Konzeptionen des Rechts, die behaupten, dass dessen Geltung oder Gehalt auf fundamentaler Ebene in moralischen Prinzipien begründet oder von ihnen abhängig ist. Solche Konzeptionen sind weder eine notwendige Implikation traditionellen Naturrechtsdenkens, noch sind sie ihrerseits auf ein naturrechtliches Verständnis der Moral festgelegt. Auf diese Zusammenhänge kommen wir weiter unten ausführlicher zurück.

Mit der Klassifikation bestimmter Autorinnen und Autoren als Positivistinnen oder Nichtpositivisten ist also noch bei weitem nicht alles darüber gesagt, wie diese im Einzelnen das Verhältnis zwischen Recht und Moral begreifen. Das eigentlich Interessante an den Debatten zum Verhältnis zwischen Recht und Moral ist deshalb weniger die Aussicht auf eine Entscheidung zwischen zwei vermeintlich monolithischen und scharf voneinander abgrenzbaren theoretischen Positionen als vielmehr die im Einzelnen gewonnenen Erkenntnisse über Struktur und Funktionsweise des Rechts als einer zentralen gesellschaftlichen Institution. Zudem beinhaltet die allgemeine Rechtsphilosophie auch Fragen, die nicht unmittelbar das Verhältnis zwischen Recht und Moral betreffen. Dazu gehört zum Beispiel die Frage, ob es einen notwendigen Zusammenhang zwischen rechtlicher Geltung und der Fähigkeit zur Sanktion oder der Androhung von Zwang gibt; die Frage, ob Recht notwendigerweise einen systemischen Charakter hat; und die Frage, ob rechtliche Normen notwendigerweise semantisch vage sind und welche Implikationen eine solche Vagheit für die Geltung und Anwendung des Rechts hätte. Diese Fragen stehen nicht im Mittelpunkt

10 Siehe dazu nur H. L. A. Hart, »Are There Any Natural Rights?«, in: *The Philosophical Review* 64 (1955), S. 175-191.

11 Siehe dazu Jeremy Waldron, »Kant's Legal Positivism«, in: *Harvard Law Review* 109 (1996), S. 1535-1566.

der in diesem Band versammelten Texte, bilden aber wichtige Seitenzweige der hier präsentierten Debatten.

3. H. L. A. Hart in der Tradition der analytischen Rechtsphilosophie

Für das so umrissene Gebiet der allgemeinen Rechtsphilosophie ist während der vergangenen sechs Jahrzehnte Harts *The Concept of Law* von kaum zu überschätzender Bedeutung gewesen. Wenn dieser Band deshalb mit Hart seinen Anfang nimmt, dann ist damit aber natürlich nicht gesagt, dass ältere Beiträge zur Rechtsphilosophie abschließend überholt wären. Sowohl naturrechtliches als auch positivistisches Denken lässt sich bis in die Antike zurückverfolgen. Für die in diesem Band dargestellte Debatte sind allerdings erst Arbeiten seit dem späten 18. Jahrhundert von unmittelbarer Relevanz.

Die erste systematische Entwicklung des modernen Rechtspositivismus geht auf den englischen Philosophen und Juristen Jeremy Bentham zurück und findet sich insbesondere in dessen zwar bereits 1782 weitestgehend fertiggestellter, aber erst 1945 posthum veröffentlichter Arbeit *Of Laws in General.*[12] Von Anfang an sind Benthams Ausführungen zur Natur des Rechts von seiner Grundüberzeugung geleitet, dass Rechtssysteme nichts anderes als der Ausdruck menschlichen Willens sind. Sie zu erfassen bedeutet für ihn, sich mit einem Bereich der sozialen Wirklichkeit analytisch auseinanderzusetzen, das heißt seine Grundelemente freizulegen. Dass er dabei Rechtsnormen prinzipiell als allgemeine Befehle eines Souveräns bestimmt, ist, für sich genommen, nicht originell. Auch Hobbes beispielsweise hatte Rechtsnormen bereits als Befehle des Souveräns bestimmt, denen Folge zu leisten sei. Die entscheidende Differenz ist durch Benthams Insistenz auf der evaluativen

12 Die erste Publikation dieses Werks hat Charles Everett unter dem Titel *The Limits of Jurisprudence Defined* (New York 1945) besorgt. Hart selbst hat 1970 eine verbesserte Version des Manuskripts unter dem von Bentham selbst vorgesehenen Titel *Of Laws in General* (London 1970) herausgegeben. Inzwischen ist diese Ausgabe der relevanten Teile des Nachlasses durch eine neuere ersetzt worden: *Of the Limits of the Penal Branch of Jurisprudence*, Oxford 2010.

Enthaltsamkeit des Rechtsphilosophen begründet: die Frage, ob es auch moralisch geboten ist, den Rechtsnormen Folge zu leisten, falle nicht in den Gegenstandsbereich der rechtsphilosophischen Analyse.

Wie konsequent Bentham diese Unterscheidung zwischen dem, was Recht ist, und dem, was es wert ist, einzuhalten gewillt ist, zeigt sich in seiner Sensibilität für den Sprachgebrauch. So trage in bestimmten Kontexten etwa bereits die Rede von der »Aufrechterhaltung von Recht und Ordnung« eine inakzeptable Engführung von Darstellung und Bewertung und müsse durch einen neutraleren Ausdruck ersetzt werden.[13] Der Unterschied zwischen einem solchen Ansatz und einem vernunftrechtlichen Zugang zur Wirklichkeit des Rechts lässt sich daran ermessen, dass beispielsweise Hegel noch 1830 »das Rechtssystem [als] das Reich der verwirklichten Freiheit, die Welt des Geistes aus ihm selbst hervorgebracht«[14] versteht, während Bentham ein halbes Jahrhundert vor ihm rechtliche Normen als deklarative Ansammlungen von Zeichen begreift, die den Willen eines Souveräns mit Bezug auf ein bestimmtes Verhalten einer Gruppe von Personen ausdrücken, die dessen Macht unterworfen sind bzw. sein sollen.[15] Ganz im Gegensatz also zu einem vermeintlichen Quietismus, der, einem immer noch weitverbreiteten Vorurteil nach, jedem rechtspositivistischen Ansatz mehr oder minder stark anhaften soll, geht es bereits bei Bentham, wie später

13 Jeremy Bentham, *The Works of Jeremy Bentham*, Band 2, London 1843, S. 436 ff.

14 Hegel, *Grundlinien der Philosophie des Rechts*, Hamburg 2017, § 4. Die Rede vom »Rechtssystem« schließt bei Hegel in diesem Kontext zweifellos mehr ein als nur das, was Bentham unter »laws« fasst, nämlich den ganzen Gegenstandsbereich seiner *Grundlinien*; die hier zitierte Bestimmung gilt aber für Hegel eben *auch* für das Rechtssystem im engeren, gebräuchlichen Sinne des Wortes.

15 Vgl. Bentham, *Of Laws in General*, S. 1. – Im Übrigen kann es auch für Hegel durchaus vorkommen, dass einzelne Gesetze in einer bestimmten Jurisdiktion geltendes Recht sind, obwohl sie es besser nicht sein sollten (vgl. *Grundlinien*, § 212). Es können sogar »Gewalt und Tyrannei ein Element des positiven Rechts sein« (*Grundlinien*, § 3). Wird das positive Recht aber aus einem »echt philosophischen Standpunkt« zum Gegenstand gemacht, dann sind »die Gesetzgebung überhaupt und ihre besonderen Bestimmungen nicht isoliert und abstrakt zu betrachten, sondern vielmehr als abhängiges Moment einer Totalität, im Zusammenhange mit allen übrigen Bestimmungen, welche den Charakter einer Nation und einer Zeit ausmachen; in diesem Zusammenhange erhalten sie ihre wahrhafte Bedeutung sowie damit ihre Rechtfertigung.« (*Grundlinien*, § 3)

auch bei Hart, immer und nur um die nüchterne begriffliche Freilegung von Recht, die selbst als Grundlage für einen informierten Legitimationsdiskurs und für einen kritischen Blick auf bestehendes Recht verstanden wird.

Einen wichtigen Anteil an der anschließenden Verbreitung des Rechtspositivismus hat Benthams Schüler John Austin gehabt. In seiner 1832 publizierten Schrift *The Province of Jurisprudence Determined*, die auf seinen langjährigen Vorlesungen basiert, legt Austin eine überarbeitete und popularisierte Version der Befehlstheorie des Rechts vor. Danach ist Recht ein soziales Phänomen innerhalb komplexer Gesellschaften, in denen es einen politischen Machthaber gibt. Dieser Souverän – das kann eine einzelne Person oder auch eine Gruppe von Personen sein – erlässt Gesetze in Form von Befehlen, untersteht selbst aber niemandes Befehlsmacht. Diese Befehle, die durch die Androhung (und gegebenenfalls Anwendung) von Gewalt gestützt sind, haben in zweifacher Hinsicht *allgemeinen* Charakter: Sie richten sich nicht an einzelne Individuen, sondern an Gruppen; und sie nehmen Bezug nicht auf einzelne konkrete Handlungen, sondern auf Handlungstypen. Dass viele Gesetze innerhalb eines Rechtssystems sich in ihrer sprachlichen Gestalt deutlich von Befehlen unterscheiden, ändert nach Austin nichts an der Tatsache, dass sie es dem Bedeutungskern nach sind. Diesem reduktionistischen Theorieprogramm nach ist es möglich, jede Bezugnahme auf Recht und Gesetze, auf rechtliche Autorität, Verpflichtung, Erlaubnis usw. durch einen begrifflichen Zugang zu analysieren, der selbst keinen Gebrauch von moralisch aufgeladener Sprache macht und somit die genannten Phänomene letztlich rein deskriptiv als Zusammenhänge von Befehl und Gehorsam allein erfasst.

Hart wird, darauf ist gleich zurückzukommen, Benthams und Austins Fixierung auf das Konzept des durch Drohungen unterstützten Befehls nach allen Regeln der Kunst auseinanderpflücken. Er hat damit dazu beigetragen, dass heute kaum ein Positivist von Rang ernsthaft die Verteidigung der Imperativtheorie des Rechts in Angriff nimmt. Das ändert allerdings nichts an der Tatsache, dass die Klarheit der wissenschaftstheoretischen Grundposition Benthams und Austins nach wie vor debattenprägend wirkt: »Das Vorhandensein von Recht ist eine Sache; sein Wert oder Unwert eine andere. Ob es existiert oder nicht existiert, ist eine Frage; ob es einem angenommenen Maßstab genügt oder nicht, ist eine andere Frage.«[16]

Es ist die Verteidigung dieser Grundposition – der positivistischen Trennungsthese in ihrer klassischen Formulierung –, die sich Hart in seinem 1957 im *Harvard Law Review* erschienenen Aufsatz »Der Positivismus und die Trennung von Recht und Moral« (Kapitel 1 dieses Bandes) vornimmt. Gegen die Imperativtheorie formuliert er bereits in dieser kurzen Schrift skizzenhaft zwei fundamentale Einwände, die er in seinem Hauptwerk *The Concept of Law* detailreich ausarbeiten wird: Erstens weist er die Vorstellung, dass der befehlsgebende Souverän bei der Formulierung und Durchsetzung rechtlicher Normen selbst keinerlei Recht zu beachten habe, als der Wirklichkeit ausdifferenzierter Rechtssysteme schlicht unangemessen zurück. Inadäquat ist nach Hart zweitens die behauptete prinzipielle Reduzierbarkeit rechtlicher Normen auf die vertikale Struktur des Befehls. Viele rechtliche Regeln, etwa zur Aufsetzung eines gültigen Vertrags oder zum Erlass gültiger Gesetze, verleihen Kompetenzen, mit Hilfe deren Personen ihre eigenen rechtlichen Positionen und die rechtlichen Positionen anderer selbst verändern können. Sie als Befehle zu rekonstruieren bedeutet für Hart eine dogmatische Verzerrung des zu verhandelnden Gegenstands.

Mit beiden Einwänden berührt Hart bereits jene wichtige Unterscheidung von Regeln innerhalb eines Rechtssystems, die er in *Concept of Law* ausbuchstabiert und die als Meilenstein in der Geschichte der analytischen Rechtsphilosophie angesehen werden kann: Rechtssysteme enthalten nicht nur konkrete Verhaltensregeln – Hart nennt sie »primäre Regeln« des Rechts, die *Pflichten* auferlegen –, sondern wesentlich auch »sekundäre Regeln«, die die Bedingungen für die Erzeugung, Veränderung und Bestimmung der Gültigkeit der primären Regeln festlegen, also private und öffentliche *Kompetenzen* erteilen. Hart ist davon überzeugt, »dass in der Kombination dieser zwei Regeltypen das liegt, was Austin fälschlicherweise in dem Begriff der zwingenden Befehle gefunden haben wollte, nämlich der ›Schlüssel zur Wissenschaft der Jurisprudenz‹«.[17]

16 Austins Wortlaut im Original: »The existence of law is one thing; its merit or demerit is another. Whether it be or be not is one enquiry; whether it be or be not conformable to an assumed standard, is a different enquiry.« (*The Province of Jurisprudence Determined*, Cambridge 1960, S. 157)

17 Hart, *Begriff des Rechts*, S. 118; in diesem Band, S. 154 f. »Jurisprudenz« übersetzt

Im Besonderen denkt er dabei an seine prägendste theoretische Innovation, die Idee einer sogenannten »Anerkennungsregel«, die im Zentrum des hier als Kapitel 3 abgedruckten Auszugs aus *The Concept of Law* steht und auf die wir zum Ende dieses Abschnitts zurückkommen.

Noch in seiner Distanzierung von Austin zeigt sich in gewisser Weise Harts Zugehörigkeit zu einer Tradition des rechtstheoretischen Denkens, das als *analytisch* auch insofern bezeichnet werden kann, als es nach den Grundelementen sucht, aus dem ein komplexes Phänomen der sozialen Wirklichkeit »zusammengesetzt« ist. Dass Hart dabei die Einseitigkeiten des Monismus der Befehlstheorie in gewisser Weise durch einen Monismus einer Regeltheorie zu ersetzen sucht, hat in der Debatte früh zu Widerspruch geführt. Schon Lon Fuller, der Hart 1956 zu einem Forschungsaufenthalt nach Harvard eingeladen hatte, moniert in seiner Replik auf Harts Verteidigung der Trennungsthese (Kapitel 2 in diesem Band), dass dessen Zurückweisung der Befehlstheorie zwar zu Recht auf fundamentale Regeln verweist, an die jeder Gesetzgeber im Prozess der Gesetzgebung selbst gebunden ist; indessen habe Hart es versäumt, sich über den moralischen Charakter dieser grundlegenden Bedingungen jeder Gesetzgebung Rechenschaft zu geben. Fuller arbeitet in diesem Zusammenhang Merkmale wie Klarheit, Offenheit, Konsistenz und Prospektivität – Komponenten des moralischen Ideals der Rechtsstaatlichkeit – insofern als notwendige moralische Elemente jedes Rechtssystems heraus, als deren Berücksichtigung noch für den egoistischsten Gesetzgeber praktisch zwingend ist, wenn dessen Gesetze ihre intendierte Funktion erfüllen sollen, nämlich die Orientierung und Koordination des Handelns der Rechtssubjekte.

Wie im Folgenden noch zu erläutern sein wird, stehen Hart und andere Positivisten einer moralischen Auszeichnung der bloßen Existenz gut funktionierenden Rechts skeptisch gegenüber. Eine zentrale Rolle spielt aber auch bei Hart der Gedanke, dass rechtliche Normen eine handlungsleitende Funktion erfüllen, und zwar, indem sie als verbindlich wahrgenommen werden. Damit

hier »jurisprudence«, womit Hart die allgemeine Rechtstheorie bzw. Rechtsphilosophie meint, nicht aber Jurisprudenz in der im Deutschen gebräuchlichen, auch die Rechtsdogmatik umfassenden Bedeutung.

stellt Hart sich gegen eine um die Jahrhundermitte vor allem in den Vereinigten Staaten einflussreiche Konzeption des Rechts als eines Instruments der Steuerung menschlichen Verhaltens, die als *Rechtsrealismus* bekannt geworden ist. Jede Theorie des Rechts muss sich mit der einfachen Tatsache auseinandersetzen, dass Rechtssysteme Einfluss auf das tägliche Leben der Menschen haben. Eine solche Auseinandersetzung kann sich der Perspektive der Rechtssubjekte selbst widmen, indem sie nach der handlungsleitenden Kraft des Rechts fragt. Sie kann aber auch aus einer reinen Beobachterperspektive nach Regelmäßigkeiten des Verhaltens fragen, indem sie Relationen zwischen Anreizen bzw. Sanktionen und Verhaltensänderungen aufdeckt. Der Rechtswissenschaftler Oliver Wendell Holmes, von 1902 bis 1932 Richter am Supreme Court der Vereinigten Staaten, hat in diesem Kontext für ein radikal empiristisches Rechtsverständnis plädiert:

> Nehmen wir die grundlegende Frage: Was ist Recht? Man wird einige Autoren finden, die behaupten, dass es etwas von den konkreten Entscheidungen der Gerichte in Massachusetts oder England Verschiedenes sei; dass es ein System der Vernunft sei, eine Ableitung aus Prinzipien der Ethik oder aus sonstigen anerkannten Grundsätzen oder Ähnlichem, mit denen jene Entscheidungen übereinstimmen oder auch nicht übereinstimmen mögen. Übernehmen wir aber die Perspektive unseres [ausschließlich eigeninteressierten, F. K./A. M.] Freundes »bad man«, dann wird klar, dass ihn jene Ableitungen und Grundsätze nicht im Geringsten interessieren und dass er stattdessen wissen will, was die Gerichte in Massachusetts oder England voraussichtlich faktisch tun werden. Ich bin völlig seiner Meinung. Die Voraussagen darüber, was die Gerichte tatsächlich tun werden, und nichts Anspruchsvolleres, sind das, was ich unter Recht verstehe.[18]

In dieser Tradition stehende sogenannte »realistische« Theorien des Rechts[19] sind daher in dem Versuch, grundlegende Rechtsverhältnisse undogmatisch und nach naturwissenschaftlichem Vorbild zu begreifen, in der Regel *reduktionistisch* vorgegangen: Das Bestehen

18 Oliver W. Holmes, »The Path of the Law«, in: *Harvard Law Review* 10 (1897), S. 457-478, hier S. 460 f.

19 Vgl. hierzu etwa Felix S. Cohen, »Transcendental Nonsense and the Functional Approach«, in: *Columbia Law Review* 35 (1935), S. 809-849; Karl N. Llewellyn, *The Bramble Bush*, New York 1930; Brian Leiter, *Naturalizing Jurisprudence. Essays on American Legal Realism and Naturalism in Legal Philosophy*, Oxford 2007.

rechtlicher Normen erschöpft sich in der Wahrscheinlichkeit bestimmter richterlicher Entscheidungen.[20]

Hart hat sich in *The Concept of Law* ausführlich mit dem Rechtsrealismus auseinandergesetzt. Sein Haupteinwand gegen solche Auffassungen des Rechts läuft darauf hinaus, dass dem Rechtsrealismus die begrifflichen Ressourcen dazu fehlen, eine bestimmte Tatsache der sozialen Wirklichkeit einzufangen, nämlich den Umstand, dass wenigstens manche Individuen Gesetze nicht bloß als Zeichen drohender Sanktion wahrnehmen, sondern als Quelle verpflichtender Gründe. Tatsächlich hält Hart die Vorstellung eines Rechtssystems, in dem alle Beteiligten – einschließlich der Richter und anderen Beamten – die gewissermaßen entfremdete Außenperspektive des »bad man« auf das Recht einnehmen, für inkohärent. Ein Rechtssystem gibt es ihm zufolge nur dort, wo zumindest die Richterschaft rechtliche Regeln als normativ wahrnimmt, also die von Hart so genannte »interne Perspektive« auf diese Regeln einnimmt und sie nicht einfach mit Vorhersagen über das Handeln anderer Gerichte identifiziert.[21]

Gegenüber dem reduktionistischen Rechtsverständnis der Realisten folgt Hart hier dem einflussreichen österreichischen Juristen Hans Kelsen in der Annahme, dass Recht einen Zusammenhang von Normen darstellt. Kelsen teilt mit vielen Rechtsrealisten sowohl die Orientierung am Exaktheitsideal der Naturwissenschaften als auch den ethischen Nonkognitivismus, lehnt aber gleichzeitig deren Reduktionismus ab. Recht ist für Kelsen nicht zurückführbar auf bloße Kausalprozesse oder sonstige empirische Verhältnis-

20 Skandinavische Rechtsrealisten wie etwa der dänische Rechtsphilosoph Alf Ross (1899-1979) haben diesen Reduktionismus mit ihrem *logischen* Positivismus unterfüttert: Aussagen können nur dann sinnvoll sein, wenn ihr Gehalt empirisch überprüfbar ist. Da dies für moralische bzw. evaluative Urteile nicht gelte, müssten Rechtsaussagen – um Gegenstand wissenschaftlicher Auseinandersetzung zu sein – als elliptisch formulierte Wahrscheinlichkeitsaussagen über den Zusammenhang von Fehlverhalten und Sanktionen verstanden werden.

21 Zum Verständnis und zur Rolle der »internen Perspektive« bei Hart und in der nachfolgenden Diskussion siehe u.a. Stephen Perry, »Interpretation and Methodology in Legal Theory«, in: Andrei Marmor (Hg.), *Law and Interpretation. Essays in Legal Philosophy*, Oxford 1995, S. 97-135; Scott Shapiro, »What Is The Internal Point of View?«, in: *Fordham Law Review* 75 (2006), S. 1157-1170; Stephen Perry, »Hart on Social Rules and the Foundations of Law. Liberating the Internal Point of View«, in: *Fordham Law Revue* 75, 1171 (2006), S. 1171-1209.

se, sondern stellt ihm zufolge einen Normenzusammenhang, ein normatives System *sui generis* dar. Mit Bentham und Austin wiederum teilt Kelsen in seiner *Reinen Rechtslehre*[22] die Überzeugung, dass Rechtssysteme im Wesentlichen als wirksame gesellschaftliche Zwangsordnungen zu begreifen sind. Sein entscheidender Beitrag zur Rechtsphilosophie im Allgemeinen und zum Rechtspositivismus im Besonderen besteht in seiner Auseinandersetzung mit dem Themenkomplex der *Geltung* rechtlicher Normen. Kelsens wissenschaftstheoretischen Grundüberzeugungen nach kann die spezifische Geltung einer rechtlichen Norm nicht in ihrem *Inhalt* begründet liegen: Da es keine wissenschaftlich begründbare Ethik bzw. Moral gibt, kann es auch kein objektiv bestimmbares Kriterium der Geltung von Recht geben, das ethischer bzw. moralischer Art wäre. Recht ist für Kelsen mit jedem beliebigen Inhalt vereinbar – daran hielt er auch dann noch fest, als nationalsozialistische Gesetze ihn ins Exil zwangen. Die Geltung einer Norm kann laut Kelsen aber ebenso wenig aus der Tatsache begründet werden, dass sie faktisch (etwa aus Furcht vor dem Machthaber oder aus Gewohnheit oder sonstigen Gründen) befolgt wird. Aufgrund des Hume'schen Gesetzes, dem zufolge ein *Sollen* niemals aus einem *Sein* folgt, gelangt Kelsen folglich zur Überzeugung, dass die Geltung rechtlicher Normen nur in anderen Normen begründet liegen kann. Wenn aber die Geltungskriterien einzelner Normen im Rahmen komplexer Rechtssysteme intern durch andere, grundlegendere Normen generiert werden, dann stellt sich die Frage, wie denn die Geltung dieser »letzten« Normen innerhalb eines Systems begründet werden kann. Ein solcher Regress der Geltung rechtlicher Normen kann nach Kelsen nur dann ein Ende finden, wenn eine »Grundnorm« angenommen wird, die die Geltung jener letzten Normen (etwa der Verfassung) postuliert. Die Existenz einer solchen Grundnorm ist keine empirische Gegebenheit. Sie muss vielmehr als theoretisches Postulat angenommen werden, um die Geltung *aller übrigen* Normen eines Rechtssystems zu gewährleisten.

Kelsens Überlegungen zur Geltung rechtlicher Normen sind für die in diesem Band dargestellte Debatte äußerst einflussreich gewesen, und sie werden bis heute kontrovers diskutiert.[23] Hart

22 Hans Kelsen, *Reine Rechtslehre*, Leipzig und Wien 1934/Wien ²1960.

23 Siehe etwa in jüngster Zeit Luís Duarte d'Almeida, John Gardner (Hg.), *Kelsen Revisited. New Essays on the Pure Theory of Law*, Oxford 2013; vgl. auch Stanley

bezieht sich in *The Concept of Law* immer wieder (mehr oder minder explizit) auf Kelsens Idee der Grundnorm, und zwar auch an entscheidender Stelle: Insofern sich Rechtssysteme nicht bloß durch primäre Verhaltensregeln auszeichnen, sondern auch durch jene Regeln, die die Bedingungen zur Erzeugung und Veränderung der primären Regeln festlegen, berührt Hart die Frage nach den Bedingungen der Geltung primärer Regeln. Er teilt in diesem Zusammenhang Kelsens Überzeugung, nach der die Geltung einer rechtlichen Norm durch andere Normen im Rahmen eines *Systems* von Normen gewährleistet wird. Normen, die festlegen, ob eine bestimmte Regel ein gültiges Gesetz einer konkreten Rechtsordnung darstellt, nennt Hart *rules of recognition* – Anerkennungsregeln.[24]

Im Gegensatz zu Kelsens Idee einer Grundnorm versteht Hart die *rules of recognition* allerdings insofern als letzte Normen, als sie zwar die Kriterien rechtlicher Geltung angeben, aber nicht selber über rechtliche Geltung verfügen.[25] Die Existenz dieser grundle-

Paulson, Michael Stolleis (Hg.), *Hans Kelsen. Staatsrechtslehrer und Rechtstheoretiker des 20. Jahrhunderts*, Tübingen 2005; Stanley Paulson, Bonnie L. Paulson (Hg.), *Normativity and Norms. Critical Essays on Kelsenian Themes*, Oxford 1998; sowie Thomas Gutmann, »Kelsens Begriff normativer Begründung«, in: Elif Özmen (Hg.), *Hans Kelsens Politische Philosophie*, Tübingen 2017, S. 51-77. Wichtige exegetische Aufsätze zu Kelsen finden sich zudem in Hart, *Essays in Jurisprudence and Philosophy*, Oxford 1983, sowie in Joseph Raz, *The Authority of Law*, Oxford 1979.

24 In manchen deutschsprachigen Beiträgen, darunter der deutschen Übersetzung von Harts *Concept of Law*, wird Harts Terminus mit »Erkenntnisregel« übersetzt. Für die neuen Übersetzungen in diesem Band haben sich die Herausgeber für den Ausdruck »Anerkennungsregel« entschieden, um die Implikation zu vermeiden, eine solche Regel habe lediglich eine epistemische Funktion – nämlich festzustellen, welches die Normen eines Rechtssystems sind. Die Rolle zumindest einer »letzten« *rule of recognition* ist in Harts Theorie vielmehr eine konstitutive: In einem Rechtssystem eine Rechtsquelle zu sein besteht in nichts anderem als in der Tatsache, durch die fundamentale Anerkennungsregel des Systems als eine solche Quelle identifiziert zu werden.

25 Die Ähnlichkeiten zwischen der Idee der Anerkennungsregel und Kelsens Idee der Grundnorm sollten nicht darüber hinwegtäuschen, dass es entscheidende Unterschiede zwischen diesen Konzepten gibt. So erinnert etwa Jeremy Waldron (Kapitel 12 in diesem Band) zu Recht an den Umstand, dass es für Hart eine empirische Frage ist, ob eine Anerkennungsregel in einer bestimmten Gesellschaft existiert. Für Kelsen ist im Gegensatz dazu die Grundnorm ein theoretisches Postulat, das vorausgesetzt wird, um die Begründungskette der rechtlichen Geltung gerade ohne jeden Rekurs auf faktisch existierende soziale Praktiken zu sichern.

genden Normen besteht nach Harts Konzeption in dem Vorliegen einer sozialen Praxis seitens der rechtsanwendenden Organe einer Gesellschaft (Gerichte, Ämter und so weiter). Diese Praxis besteht darin, dass diese Akteure sich übereinstimmend dazu verpflichtet sehen, bestimmte Dokumente und Ereignisse – zum Beispiel Gesetzestexte, Verfassungen oder vergangene Rechtsurteile – als Quellen von Rechtsnormen zu behandeln beziehungsweise »anzuerkennen«. Aus empirischer Perspektive lässt sich fragen, ob eine solche konvergente Praxis tatsächlich *existiert*, nicht aber, ob sie selbst *gilt*. Denn sie stellt allererst die Geltungskriterien bereit, auf deren Grundlage es möglich ist, die Zugehörigkeit einzelner Normen zu einem Rechtssystem festzustellen.[26] Eine kritische Auseinandersetzung mit diesem zentralen Bestandteil von Harts Rechtstheorie, der zugleich im Fokus der in den beiden folgenden Abschnitten nachgezeichneten Kritiken und Differenzierungen steht, findet sich in dem Aufsatz von Jeremy Waldron, der hier als Kapitel 12 abgedruckt ist.[27]

4. Die Hart-Dworkin-Debatte

Dass *The Concept of Law* einen großen Schritt in der Entwicklung der angloamerikanischen Rechtsphilosophie bedeutete, zeigte sich bereits darin, dass Ronald Dworkin in seiner wenige Jahre später veröffentlichten ersten Auseinandersetzung mit Hart (»The Model of Rules«[28]) dessen Hauptwerk sofort als das bislang stärkste Bei-

Vgl. hierzu Harts eigene Explikation der Unterschiede zwischen Anerkennungsregel und Grundnorm: Hart, *Begriff des Rechts*, S. 297-299.

26 Wer daher nach der Geltung einer so verstandenen Anerkennungsregel fragt, begeht denselben Fehler wie derjenige, der etwa beim *Monopoly* die Spielregeln in der Hand hält und nun nach weiteren Regeln verlangt, die erklären, warum denn diese Spielregeln gelten.

27 Zur Diskussion um das genaue Verständnis von Harts Begriff einer Anerkennungsregel siehe auch Scott Shapiro, »What Is a Rule of Recognition? And does it exist?«, in: Matthew Adler, Kenneth E. Himma (Hg.), *The Rule of Recognition and the U.S. Constitution*, Oxford 2009, S. 235-269; Julie Dickson, »Is the Rule of Recognition Really a Conventional Rule?«, in: *Oxford Journal of Legal Studies* 27 (2007), S. 373-402.

28 Ronald Dworkin, »The Model of Rules«, in: *University of Chicago Law Review* 35 (1967), S. 14-46, wiederabgedruckt unter dem Titel »The Model of Rules I« in

spiel rechtspositivistischer Theorie begreift. Mit Dworkins Kritik an Hart beginnt eine äußerst fruchtbare philosophische Diskussion, die sich im Kern um die Frage dreht, ob und inwiefern rechtliche Geltung und der Gehalt rechtlicher Normen unabhängig von moralischen Überlegungen gefasst werden können.

Für Dworkin zeichnet sich der Rechtspositivismus durch folgende Grundthesen aus: Das soziale Phänomen des Rechts ist ein Komplex von Regeln. Die Zugehörigkeit einer Regel zu diesem Komplex ist nicht durch ihren Inhalt (etwa ihren moralischen Wert) bestimmt, sondern durch die Quelle ihrer Erzeugung (etwa durch Gesetzestexte oder durch vergangene Rechtsurteile). Dabei zeichnet sich jedes Rechtssystem durch eine grundlegende soziale Regel aus, die die Kriterien zur Identifikation von Rechtsregeln bereitstellt (Dworkin denkt dabei an Harts Anerkennungsregel). Das Recht ist auch insofern nichts anderes als der Komplex dieser Regeln, als Fälle, die nicht durch die klare Anwendung solcher Regeln gelöst werden können, sondern durch richterliches Ermessen und damit durch den Rückgriff auf nicht schon im Recht enthaltene Erwägungen geregelt werden müssen. Nur jene Regeln des Rechts können rechtliche Verpflichtungen begründen; wenn auf einen bestimmten Fall keine solche Regel anwendbar ist, dann existiert keine entsprechende rechtliche Verpflichtung.

Gegen diese Version des Rechtspositivismus, die er das »Regelmodell des Rechts« nennt, formuliert Dworkin grundlegende Einwände, die in »The Model of Rules« im Wesentlichen darauf hinauslaufen, dass ein solcher Theorietyp die bedeutende Rolle von rechtlichen Prinzipien auf fatale Weise vernachlässige. »Regeln« des Rechts – im Unterschied zu »Prinzipien« – sind nach Dworkin normative Maßstäbe, die sich mit Bezug auf den jeweiligen Sachverhalt gewissermaßen kategorial verhalten: Entweder erfüllt ein Fall die Bedingungen der Anwendbarkeit der Regel, oder er erfüllt sie nicht. Insoweit durch das Zutreffen einer Regel zwingende Entscheidungsgründe gegeben sind, können Regeln des Rechts nicht miteinander konfligieren. Kann eine Richterin in schwierigen Fällen nicht eindeutig bestimmen, ob die Kriterien der An-

Dworkin, *Taking Rights Seriously*, Cambridge/MA 1977, S. 29-64; auf Deutsch erschienen unter dem Titel »Das Regelmodell I« in Dworkin, *Bürgerrechte ernstgenommen*, Frankfurt/M. 1984.

wendung einer Rechtsregel vorliegen, dann steht es ihr im Rahmen des Regelmodells des Rechts frei, bei ihrer Entscheidung auch auf außerrechtliche normative Maßstäbe – etwa moralische – zurückzugreifen.

Dworkin macht nun gegenüber einer solchen Auffassung geltend, dass sie die Entscheidungsfindung von Richtern bei schwierigen Fällen, in denen es einen Dissens über die relevanten Rechtsquellen gibt, als rechtlich ungebundenes, gewissermaßen privates Urteilen begreifen muss. Als Erklärung der tatsächlichen Rechtsverhältnisse sei das Regelmodell somit unzulänglich, da Richter verpflichtet seien, die rechtlich geschützten Rechte und Verpflichtungen der Streitparteien durchzusetzen. Notwendig für die adäquate Erklärung diesbezüglicher rechtlicher Praxis sei eben der Rekurs auf Prinzipien im Unterschied zu Regeln. Solche Prinzipien – Dworkin nennt etwa den Grundsatz, nach dem niemand von seinem eigenen Unrecht profitieren dürfe – werden, anders als rechtliche Regeln, nicht einfach durch Subsumtion auf einzelne Sachverhalte angewandt, sondern bedürfen der Gewichtung: wer sie anwendet, setzt ihre Bedeutsamkeit in Relation zu anderen, gegebenenfalls konkurrierenden Prinzipien, und wägt sie gegeneinander ab.

Gerade in schwierigen Fällen, die nicht einfach auf der Grundlage von bereits existierenden Regeln gelöst werden, ist die Entscheidungsfindung der Richterin durch derartige Prinzipien und damit nach Dworkins Auffassung durch nicht regelförmige Bestandteile des Rechts selbst geleitet. Durch die Verlagerung dieser Elemente der Rechtspraxis in den rechtlich ungebundenen Ermessensspielraum des Richters misslingt dem Rechtspositivismus nach Dworkin nicht bloß die angemessene Erklärung von wichtigen Aspekten der Rechtsprechung. Insofern in vielen Fällen auch auf Prinzipien Bezug genommen wird, die sich bis dato weder eindeutig in Gesetzestexten noch eindeutig in vergangenen Urteilen finden lassen, werde auch die Vorstellung von der Identifizierbarkeit von Bestandteilen des Rechts durch den Rekurs auf ihre Erzeugungsquelle allein fragwürdig. Die rechtliche Geltung von Prinzipien beruhe deshalb nicht nur auf ihrer – allerdings der Deutung bedürftigen – (impliziten) Rolle in Gesetzestexten und vorherigen Rechtsurteilen, sondern auch auf ihrer substantiellen moralischen Gültigkeit. Es kann nach Dworkin keine noch so komplexe soziale

Regel geben, die jedes solchermaßen zum Recht gehörende Prinzip gleichsam anzeigen würde.

Dworkins Argument in »The Model of Rules« ist von Hart und nachfolgenden Positivisten eher als ein Anlass zu Klarstellungen und Differenzierungen wahrgenommen worden denn als treffende Kritik.[29] In seinem fünf Jahre später veröffentlichten und bis heute nachwirkenden Aufsatz »The Model of Rules II« (»Das Regelmodell II«, Kapitel 4 in diesem Band) führt Dworkin seine Kritik am Rechtspositivismus insbesondere mit Bezug auf die Frage nach dem Identifikationsverfahren für Bestandteile des Rechts weiter. Er akzeptiert zwar Harts wichtige Unterscheidung von primären und sekundären Regeln, bestreitet aber die Existenz einer letzten Anerkennungsregel, anhand deren sich entscheiden ließe, welche Normen jeweils zu einem Rechtssystem gehören. Dass Hart mit der Anerkennungsregel eine komplexe soziale Praxis im Sinn hat, in der die rechtsanwendenden Institutionen einer Gesellschaft (Gerichte, Ämter und so weiter) darin übereinkommen, bestimmte Größen (Gesetzestexte oder vergangene Rechtsurteile) als Quellen von Rechtsnormen zu behandeln, ist Dworkin durchaus bewusst. Er bestreitet allerdings, dass eine solche Anerkennungsregel als praktisch etablierte Konvention gelten kann, wo doch etwa Richterinnen und Anwälte sich häufig genug uneinig darüber sind, ob und inwiefern beispielsweise ein bestimmtes Prinzip für einen bestimmten Fall rechtlich ausschlaggebend ist. Die Entgegnung, dass solche Uneinigkeiten nicht die Anerkennungsregel als Praxis selbst betreffen, sondern lediglich die Frage ihrer adäquaten Anwendung bzw. der zu folgernden rechtlichen Konsequenzen,[30] überzeugt Dworkin nicht – was nicht handlungsleitend ist, kann keine soziale Konvention sein.

Nach Dworkin zeigen hinreichend viele Fälle, dass rechtsanwendende Organe sich zwar völlig einig über das in einem Rechtssystem explizit vorhandene Quellenmaterial sein können, aber dennoch unterschiedliche Vorstellungen von dessen rechtlicher Relevanz haben. Gesetzestexte, Verfassungen, vergangene Rechtsurteile sind als Datensatz zwar unmittelbar zugänglich; um allerdings zu bestim-

29 Siehe dazu u. a. Harts »Postskriptum« in Hart, *Begriff des Rechts*, S. 315-362; Joseph Raz, »Legal Principles and the Limits of Law«, in: *The Yale Law Journal* 81 (1972), S. 823-854; sowie die in Abschnitt 5 dieser Einleitung genannten Beiträge.

30 Vgl. dazu Kapitel 5 in diesem Band.

men, welches Gewicht diesen Größen in einem bestimmten Fall zukommt, bedarf es der argumentativen Auseinandersetzung darüber, welcher Zusammenhang der einzelnen Elemente des Rechts selbiges als einheitliche gesellschaftliche Praxis ins beste Licht setzt. In solchen Auseinandersetzungen entwickeln Dworkin zufolge Richterinnen und Juristen in ihren Urteilen darüber, wie mit Bezug auf einen bestimmten Fall das Recht auszulegen ist, implizit normative Theorien des Rechts. Daher sind auch nicht alle beliebigen moralischen und politischen Prinzipien gleichermaßen Teil eines Rechtssystems, sondern nur diejenigen, die, mit dem bestehenden rechtlichen Datensatz im Einklang stehend, die überzeugendste Legitimation des jeweiligen Rechtssystems liefern. Viele rechtliche Uneinigkeiten haben einen in diesem Sinne »theoretischen« Charakter: Unterschiedliche Auffassungen von den rechtfertigenden Zielsetzungen eines Rechtssystems führen zu genuinem rechtlichen Dissens selbst dort, wo Einigkeit darüber besteht, welches die relevanten Rechtsquellen sind. Angesichts dessen aber kann nach Dworkin keine Rede davon sein, dass sich die Frage der Zugehörigkeit einer Norm zum Recht jedes Mal durch die Quelle ihrer Erzeugung bestimmen lasse. Die Frage, was Recht ist, lasse sich daher von der Frage, was es sein soll, nicht trennen.[31]

5. Inklusiver und exklusiver Positivismus

Der eingangs angesprochenen Unterbestimmtheit der Kernthesen des Rechtspositivismus verdankt sich ein besonders prominenter und theoretisch fruchtbarer Disput innerhalb der positivistischen Theorietradition nach Hart. In dem Bemühen, einer zentralen Komponente von Dworkins Kritik an einer positivistischen Konzeption des Rechts zu begegnen, haben verschiedene Autoren betont, dass die Fundierung rechtlicher Geltung in sozialen Praktiken

31 Zur Interpretation und Kritik von Dworkins Argumentation siehe v.a. Scott Shapiro, »The ›Hart-Dworkin‹ Debate. A Short Guide for the Perplexed«, in: A. Ripstein (Hg.), *Ronald Dworkin. Contemporary Philosophy in Focus,* Cambridge 2007, S. 22-56; Brian Leiter, »Explaining Theoretical Disagreement«, in: *University of Chicago Law Review* 76 (2009), S. 1215-1250; Joseph Raz; »Two Views of the Nature of the Theory of Law. A Partial Comparison«, in: Raz, *Between Authority and Interpretation. On the Theory of Law and Practical Reason*, Oxford 2010.

oder Konventionen – verkörpert in Harts Theorie der Anerkennungsregel – durchaus damit vereinbar sei, dass die rechtliche Geltung mancher Normen auf ihrem moralischen Gehalt beruht. Moralische Geltungskriterien könnten nämlich kraft geeigneter Konventionen Eingang in die Anerkennungsregel finden. Dworkins Beobachtung, dass auch höchste Gerichte sich an moralische Prinzipien gebunden sehen, müsse deshalb aus positivistischer Sicht nicht geleugnet werden. Die Sozialthese des Positivismus bleibe davon unberührt, denn die rechtliche Rolle moralischer Erwägungen wäre ja in einem solchen Fall auf gesellschaftliche Tatsachen – nämlich die Anerkennung dieser Erwägungen als Grundlagen rechtlicher Geltung – zurückzuführen.

Nach Ansicht dieser Vertreter eines »inklusiven Positivismus« markiert also die Antwort auf die Frage, ob rechtliche Geltung stets unabhängig von moralischen Erwägungen ist, nicht die Alternative zwischen Positivismus und Nichtpositivismus.[32] Sie halten eine negative Antwort auf diese Frage für vereinbar mit dem Positivismus, denn sie teilen Harts Auffassung, dass die Kriterien rechtlicher Geltung vollständig durch eine Anerkennungsregel festgelegt werden, die in einer sozialen Praxis oder Konvention besteht. Was in einer bestimmten Jurisdiktion ein Kriterium rechtlicher Geltung darstellt, ist eine rein empirische Frage, die sich ohne jeden Rekurs auf moralische Erwägungen beantworten lässt. Damit sei aber vereinbar, dass die empirisch feststellbare Anerkennungsregel ihrerseits rechtliche Geltung an moralische Kriterien knüpft, sei es als notwendige oder sogar als hinreichende Bedingungen rechtlicher Geltung. So könnte zum Beispiel die in einem Staat von den Gerichten und anderen relevanten Akteuren akzeptierte (und zugegebenermaßen karikaturhaft unterkomplexe) Anerkennungsregel lauten: »Das Recht besteht aus allen Normen, die vom Gesetzgeber erlassen wurden, und im Falle von Konflikten zwischen diesen Normen gilt jeweils diejenige, die fairer ist.«

Ein einflussreicher Verteidiger eines inklusiven Positivismus ist Jules Coleman, der in seinem Aufsatz »Negativer und positiver Positivismus« (Kapitel 5 in diesem Band) einen entsprechen-

32 Die Bezeichnung »inklusiver Positivismus« geht zurück auf Wil Waluchow, *Inclusive Legal Positivism*, Oxford 1994. Hart selber spricht in dem posthum veröffentlichten »Postskriptum« zu *Der Begriff des Rechts* von einem »weichen« im Unterschied zu einem »harten« Positivismus.

den Vorschlag detailliert ausarbeitet.[33] Aber schon in Harts *Concept of Law* deutet sich stellenweise eine derartige Position an, und in dem posthum publizierten *Postscript* zu diesem Buch hat Hart sich anlässlich seiner Auseinandersetzung mit Dworkin ausdrücklich zu ihr bekannt.[34] Demgegenüber haben Rechtsphilosophen wie Joseph Raz, Andrei Marmor und Scott Shapiro eine »exklusive« Spielart des Positivismus verteidigt, die darauf insistiert, dass der Gehalt des Rechts stets ausschließlich durch soziale Tatsachen konstituiert ist, dass also moralische Erwägungen durch keine wie auch immer geartete Anerkennungsregel Teil des Rechts werden.

Ein besonders einflussreiches Argument für den exklusiven Positivismus entfaltet Joseph Raz in seinem Aufsatz »Autorität, Recht und Moral« (Kapitel 6 in diesem Band).[35] In vereinfachter Form lautet es wie folgt: Rechtssysteme beanspruchen oder behaupten notwendigerweise für sich die Eigenschaft, über legitime Autorität zu verfügen.[36] Daraus folgt zwar nicht, dass sie tatsächlich in jedem Fall über solche Autorität verfügen; aber zumindest müssen sie so geartet sein, dass sie im besten Fall über diese Eigenschaft verfügen könnten. Eine Autorität erfüllt ihre spezifische Funktion aber nach Raz' Auffassung nur dann, wenn sie ihre Adressaten von einem detaillierten Überdenken der autoritativen Normen im Lichte der diesen Normen zugrunde liegenden Erwägungen befreit. Darin, so

33 Zu den wegweisenden Publikationen zugunsten eines inklusiven Positivismus gehören außerdem Philip Soper, »Legal Theory and the Obligation of a Judge. The Hart-Dworkin Dispute«, in: *Michigan Law Review* 75 (1977); David Lyons, »Principles, Positivism, and Legal Theory«, in: *Yale Law Journal* 87 (1977); und Wilfrid Waluchow, *Inclusive Legal Positivism*, Oxford 1994. Überblicke über die Debatte bieten K. E. Himma, »Inclusive Legal Positivism«, in: Jules Coleman, Kenneth E. Himma, Scott J. Shapiro (Hg.), *Oxford Handbook of Jurisprudence and Philosophy of Law*, Oxford 2002, S. 125-165, sowie Jules Coleman, »Beyond Inclusive Legal Positivism«, in: *Ratio Juris* 22 (2009), S. 359-394.

34 Hart, *Begriff des Rechts*, S. 240, 329-335; vgl. auch Hart, *Essays on Jurisprudence and Philosophy*, Oxford 1983, S. 361.

35 Für einen exklusiven Positivismus argumentieren unter anderem auch Scott Shapiro, »On Hart's Way Out«, in: *Legal Theory* 4 (1998), S. 469-508; Andrei Marmor, »Exclusive Legal Positivism«, in: Coleman, Himma, Shapiro, *Oxford Handbook*, S. 104-124; Brian Leiter, »Realism, Hard Positivism, and Conceptual Analysis«, in: *Legal Theory* 4 (1998), S. 533-547.

36 Zur Erläuterung dieser These und einer ähnlichen These Robert Alexys siehe John Gardner, »How Law Claims, What Law Claims«, in: Gardner, *Law as a Leap of Faith*, Oxford 2012.

Raz, besteht die spezifische »Dienstleistung«, die eine moralisch legitime Autorität ausmacht.[37] Wenn das Recht dazu fähig sein soll, über Autorität zu verfügen, dann muss es so geartet sein, dass die Befolgung rechtlicher Normen in den durch das Recht geregelten Handlungsbereichen selbständiges moralisches Überlegen ersetzen kann und demnach ein solches Überlegen nicht erfordert. Würde die Feststellung der Existenz oder des Inhalts rechtlicher Normen von deren Adressaten substantielles moralisches Nachdenken (im Unterschied zur bloßen Feststellung bestimmter sozialer Tatsachen) erfordern, dann könnten diese Normen ihre spezifische praktische Funktion nicht erfüllen und das Recht könnte mithin nicht über Autorität verfügen. Über Autorität verfügen zu können ist aber ein notwendiges Merkmal von Rechtssystemen. Also kann Moral kein Kriterium rechtlicher Geltung, keine von einer Anerkennungsregel identifizierte Rechtsquelle sein.[38]

Dieses Argument für den exklusiven Positivismus beruft sich auf einen moralischen Anspruch rechtlicher Normen, der zum Wesen des Rechts als solchem gehört. Nicht alle Rechtsnormen oder Rechtssysteme erfüllen diesen Anspruch tatsächlich, und deshalb verfügen nicht alle Rechtssysteme über legitime Autorität.[39] Aber ein System von Normen, das diesen Anspruch aufgrund seiner fundamentalen Beschaffenheit nicht einmal im besten Fall

37 Zu Raz' Theorie praktischer Autorität vgl. Raz, *The Morality of Freedom*, Oxford 1986, sowie in jüngerer Zeit Raz, »Revisiting the Service Conception«, in: Raz, *Between Authority and Interpretation.*

38 Den Hintergrund dieses Arguments bildet die von Raz in seiner Monographie *Practical Reason and Norms* (Oxford 1975) entwickelte Theorie des Rechts, die dieses unter dem Aspekt seiner spezifischen Rolle im praktischen Überlegen rekonstruiert und die in *The Authority of Law* (Oxford 1979) und nachfolgenden Publikationen vertieft und angereichert wurde. Eine umfassende und differenzierte Darstellung der Rechtstheorie von Raz insgesamt findet sich in David Kuch, *Die Autorität des Rechts. Zur Rechtsphilosophie von Joseph Raz*, Tübingen 2016.

39 Wo es an dieser mangelt, dort erzeugt Rechtsgeltung keine moralische Verbindlichkeit. Das ist die häufig übersehene Kehrseite der positivistischen Trennungsthese: Rechtsgeltung ist als solche, in John Gardners Worten, »normativ inert«. Die Frage nach den Bedingungen einer moralischen Pflicht zum Rechtsgehorsam fällt demnach aus positivistischer Sicht nicht in die Zuständigkeit der allgemeinen Rechtsphilosophie, sondern ist eine Frage der normativen politischen Philosophie. Siehe dazu J. Raz, »The Obligation to Obey the Law«, in: Raz, *The Authority of Law*, Kap. 12.

einlösen könnte, kann kein Rechtssystem sein. Dementsprechend vertreten Raz und andere exklusive Positivisten die sogenannte *Quellenthese*, derzufolge sich der Gehalt des Rechts ausschließlich aus gesellschaftlichen Tatsachen speist, die ohne jeden Rekurs auf moralisches Überlegen festgestellt werden können. Wenn rechtsanwendende Instanzen darin übereinkommen oder wenn rechtliche Normen vorsehen, dass moralische Überlegungen in der Rechtsprechung zu berücksichtigen sind, dann wird die Moral dadurch nicht etwa zu einer Rechtsquelle, sondern das Recht erteilt dann lediglich eine Anweisung, moralisches Überlegen anzustrengen (so wie es zum Beispiel auch dazu anweisen könnte, mathematisches Überlegen anzustrengen, ohne dass mathematische Wahrheiten damit Teil des Rechts würden).

Der exklusive Positivismus leugnet also nicht, dass Rechtsnormen mitunter moralische Ausdrücke enthalten und damit Gerichte anweisen, moralische Überlegungen in ihre Entscheidungen mit einzubeziehen. Aber das Bestehen einer rechtlichen Pflicht, auf Grundlage moralischer Überlegungen zu entscheiden, impliziert nicht, dass die betreffenden moralischen Prinzipien dadurch in den Status rechtlicher Normen erhoben werden. Schließlich kann das Recht Gerichte auch anweisen, in bestimmten Bereichen Normen anderer Provenienz – zum Beispiel Vereinssatzungen oder das Recht anderer Staaten – zur Anwendung zu bringen, ohne dass diese Normen dadurch Teil des geltenden Rechts werden. Ebensowenig bestreitet der exklusive Positivismus, dass das Recht Prinzipien der »positiven Moral« inkorporieren kann, also bestimmte gesellschaftlich praktizierte Konventionen oder Gebräuche in den Rang rechtlicher Normen erheben kann. Moralische Konventionen und Überzeugungen sind – anders als wahre moralische Propositionen – soziale Tatsachen und daher auch aus der Sicht des exklusiven Positivismus mögliche Rechtsquellen.

Wenn sich also in einem Rechtssystem eine Norm wie etwa »Die Menschenwürde ist unantastbar« findet, dann bieten inklusive und exklusive Positivisten unterschiedliche Deutungen dieses Sachverhalts an. Inklusive Positivisten können diese Norm nicht nur als ein Gesetz von Verfassungsrang, sondern auch als Bestandteil der Anerkennungsregel des deutschen Rechtssystems deuten, also als ein Kriterium für rechtliche Geltung innerhalb dieses Systems. Demzufolge hätten Normen, die die Menschenwürde verletzen, im deutschen Rechtssystem keine rechtliche Geltung. Andererseits könnte man die betreffende Norm aber auch als die Erteilung einer gekoppelten Anweisung und Kompetenz an übergeordnete Gerichte oder an den Gesetzgeber betrachten, Rechtsnormen, die dem moralischen Kriterium der Achtung für die Menschenwürde nicht genügen, die aber gleichwohl gültig sein können, nicht anzuwenden oder als verfassungswidrig zu annullieren. Das wäre eine Deutung, die mit dem exklusiven Positivismus vereinbar wäre.

Eine Implikation des exklusiven im Unterschied zum inklusiven Positivismus, wie auch des Positivismus beider Spielarten im Unterschied zum Nichtpositivismus, ist eine vergleichsweise größere Un- oder Unterbestimmtheit des Rechts. Je strenger man die Existenz bzw. Geltung rechtlicher Normen an das Vorliegen geeigneter positiver Rechtsquellen bindet, desto größere »Lücken« tun sich im Recht auf, und um so weiter wird der Spielraum, innerhalb dessen Gerichte und andere rechtsanwendende Instanzen ihre Entscheidungen an anderen als bloß rechtlichen Erwägungen orientieren müssen. Die gebräuchliche Bezeichnung für diesen Spielraum – »Ermessen« – kann zu dem Missverständnis einladen, die Entscheidungen innerhalb dieses Spielraums seien in das *Belieben* der Entscheidenden gestellt. Demgegenüber betonen aber exklusive Positivisten wie etwa Raz, dass Richterinnen und andere Beamtinnen moralischen Verpflichtungen unterliegen, ganz gleich, ob das Recht sie zu moralischem Überlegen anweist oder nicht. Zu diesen moralischen Verpflichtungen gehört plausiblerweise die Pflicht, in den Hinsichten, in denen das positive Recht schweigt (beispielsweise im Hinblick auf die genaue Bemessung einer Strafe), moralisch tragfähige Entscheidungen zu treffen.[40] Zudem können Gerichte, wie bereits bemerkt, auch *rechtlich* dazu verpflichtet sein, moralisches oder evaluatives Überlegen anzustrengen, etwa dort, wo rechtliche Normen auf außerrechtliche Standards wie »Angemessenheit« oder »Zumutbarkeit« verweisen. In jedem Fall bleiben

40 Hier sei vorausgesetzt, dass die relevanten Fälle überhaupt solche sind, in denen ein Gericht moralisch dazu verpflichtet ist, sich an die geltenden Rechtsnormen, soweit sie eben reichen, zu halten; wo das nicht gilt – und diese Eventualität ist für Positivisten immer präsent –, dort nehmen moralische Erwägungen einen entsprechend größeren, von geltendem Recht noch stärker unabhängigen Raum ein. Siehe dazu insbesondere Joseph Raz, »Incorporation by Law«, in: Raz, *Between Authority and Interpretation*, Oxford 2009.

moralische Pflichten aus Sicht des exklusiven Positivismus eben das: moralische Pflichten; ihre wichtige Rolle im Zusammenhang mit der Anwendung von Rechtsnormen bedeutet nicht, dass diese Pflichten selber rechtliche Normen sind.

6. Positivismus und Naturrecht

Während Hart in *The Concept of Law* seine Theorie des Rechts in erster Linie in Auseinandersetzung mit bestehenden positivistischen Theorien entwickelt, ist sein 1958 erschienener Aufsatz »Der Positivismus und die Trennung von Recht und Moral« (Kapitel 1 in diesem Band) eine Verteidigung des Positivismus gegen Kritiker, die die Trennungsthese selber für verfehlt halten. Einer der von Hart namentlich genannten Kritiker ist Lon Fuller, der wiederum in seinem Aufsatz »Positivismus und Gesetzestreue« (Kapitel 2) auf Harts Aufsatz reagiert und die Zurückweisung der Trennungsthese verteidigt. Fuller insistiert dort unter anderem darauf, dass für das bloße Funktionieren eines Rechtssystems bestimmte prozedurale Erfordernisse erfüllt sein müssen, deren Erfüllung ihrerseits dem Recht eine gewisse moralische Qualität verleiht. Demnach weise jedes funktionierende Rechtssystem eine gewisse »interne Moral« auf, die es dem Ideal substantieller Gerechtigkeit zumindest ein Stück weit annähere. Umgekehrt neigten Unrechtsregime wie dasjenige des nationalsozialistischen Deutschlands dazu, manche dieser prozeduralen Erfordernisse in einem Maße zu verletzen, das ihren Status als vollgültige Rechtssysteme in Frage stelle.

Diese Auseinandersetzung zwischen Hart und Fuller bietet insbesondere vor dem breiteren Hintergrund von Fullers Werk einen exemplarischen Ausschnitt der Debatte zwischen Positivismus und »Naturrecht« in der anglophonen Rechtsphilosophie (siehe dazu auch Kapitel 11 in diesem Band).[41] Nach Fuller besteht ein be-

41 Die ausführlichere Ausarbeitung und Verteidigung von Fullers These findet sich in seiner Monographie *The Morality of Law*, New Haven 1978. Hart reagierte auf dieses Werk wiederum mit einer ausführlichen Besprechung: »Lon L. Fuller. The Morality of Law« (1965), wiederabgedruckt als Kap. 16 von Hart, *Essays in Jurisprudence and Philosophy*, Oxford 1983. Zur Rezeption und Aktualität dieses Austauschs siehe P. Cane (Hg.), *The Hart-Fuller Debate in the Twenty-First Century*, Oxford 2010.

grifflicher Zusammenhang zwischen der rechtlichen Geltung von Normen und der moralischen Qualität der Normensysteme, denen sie angehören. Die Kritik am Positivismus wird in den hier abgedruckten Texten von Dworkin, Finnis und Moore in unterschiedlicher Form weiterverfolgt. Mit ihnen kommen die in den letzten Jahrzehnten einflussreichsten Vertreter unterschiedlicher Spielarten naturrechtlicher anglophoner Rechtsphilosophie zu Wort.

Was begründet die Einordnung der vier genannten Beiträge unter die Rubrik des »Naturrechts«? Um Missverständnisse zu vermeiden, ist es zunächst wichtig, zwischen mehreren unterschiedlichen und nicht notwendig miteinander verbundenen Hinsichten zu unterscheiden, in denen von »Naturrecht« die Rede sein kann. In der Rechtsphilosophie und demnach auch in den in diesem Band versammelten Texten dient dieser Ausdruck in erster Linie als Sammelbegriff für diverse Spielarten nichtpositivistischer Auffassungen des Rechts. Daneben firmieren als »Naturrechtstheorien« aber auch Positionen in der Ethik, der Sozialphilosophie und sogar der Metaethik, die sich teils aus denselben philosophischen Traditionen speisen wie prominente Varianten naturrechtlicher Rechtsphilosophie, insbesondere aus dem Thomismus. (Die Rede von einer naturrechtlichen Theorie *des Rechts* ist daher keine Tautologie.) Vor allem das Werk von John Finnis vereint alle diese Aspekte: Im Rückgriff auf Aristoteles und Thomas von Aquin entwickelt Finnis in seiner Monographie *Natural Law and Natural Rights* und in einer Reihe weiterer Publikationen eine die Bereiche der Ethik, Rechts- und Gesellschaftsphilosophie umfassende praktische Philosophie. Das sollte aber nicht darüber hinwegtäuschen, dass eine naturrechtliche Rechtsphilosophie keine Festlegung auf eine naturrechtliche Position in anderen Bereichen der praktischen Philosophie oder auf irgendeine bestimmte philosophische Tradition bedeuten muss – genauso wenig wie umgekehrt.

Finnis ist der prominenteste zeitgenössische Vertreter einer dezidiert naturrechtlichen Position in der Rechtsphilosophie. Jeder Entwurf einer Rechtsphilosophie, die sich als naturrechtlich in einem engeren Sinne versteht – nämlich im Sinne des Anknüpfens an eine philosophische Tradition dieses Namens –, sieht sich in erster Linie zur Auseinandersetzung mit seinem Entwurf gezwungen. In einem weniger engen und in den hier präsentierten Debatten nicht weniger gebräuchlichen Sinn des Ausdrucks sind »naturrechtliche«

Theorien des Rechts aber nicht durch ihren Rückgriff auf irgendeine bestimmte philosophische Tradition, sondern vielmehr durch ihren systematischen Gehalt gekennzeichnet. Ein Mindesterfordernis bildet dabei nach verbreitetem Verständnis die Leugnung zentraler Thesen des Positivismus: eine naturrechtliche Theorie des Rechts ist notwendigerweise eine nichtpositivistische Theorie des Rechts. Nach inzwischen verbreitetem Sprachgebrauch ist eine solche Leugnung auch schon hinreichend dafür, eine Theorie des Rechts in einem erweiterten Sinne als naturrechtliche Theorie gelten zu lassen. Damit qualifizieren sich neben den bereits genannten auch so unterschiedliche Philosophen wie Robert Alexy, Nigel Simmonds und Mark Greenberg als Naturrechtler in der Rechtsphilosophie.[42]

Wenn naturrechtliche Konzeptionen des Rechts im Kern durch ihre Entgegensetzung zum Positivismus gekennzeichnet sind, dann bedeutet das konkret, dass sie bestreiten, dass Geltung und Gehalt des Rechts (zumindest in letzter Instanz) allein eine Funktion sozialer Tatsachen sind. Sie können das prinzipiell auf zwei Weisen tun, die bereits weiter oben im Zusammenhang mit dem inklusiven Positivismus angesprochen wurden. Zum einen kann eine naturrechtliche Rechtstheorie die These vertreten, dass eine bestimmte moralische Qualität – zum Beispiel nicht äußerst ungerecht zu sein – eine notwendige Bedingung für die rechtliche Geltung einer Norm (oder eine notwendige Bedingung für die rechtliche Geltung ganzer Normensysteme) ist. Im Sinne dieser These ließe sich das bekannte Diktum *lex iniusta non est lex* verstehen.[43] Zum anderen kann eine naturrechtliche Rechtstheorie die These vertreten, dass die moralische Geltung einer Norm in manchen Fällen zu ihrer rechtlichen Geltung beiträgt oder sogar hinreichend für diese sein kann. Als ein besonders drastisches Beispiel dafür können Normen

42 Vgl. Robert Alexy, *The Argument from Injustice*, Oxford 2009, sowie Robert Alexy, »Die Doppelnatur des Rechts«, in: *Der Staat* 50 (2011), S. 389-404; Mark Greenberg, »How Facts Make Law«, in: *Legal Theory* 10 (2004), S. 157-198, sowie Mark Greenberg, »The Moral Impact Theory, the Dependence View and Natural Law.«, in: George Duke, Robert P. George (Hg.), *The Cambridge Companion to Natural Law Jurisprudence*, Cambridge 2017, S. 275-313; Nigel Simmonds, *Law as a Moral Idea*, Cambridge 2008.

43 Für eine schwächere Lesart sprechen sich Finnis und viele andere zeitgenössische Naturrechtler aus: Ein ungerechtes Gesetz ist kein zentraler Fall von Recht, kann aber dennoch rechtliche Geltung besitzen.

dienen, die – wie etwa im Fall der Nürnberger Prozesse nach dem Zweiten Weltkrieg – die Bestrafung von Unrechtstaten vorsehen, obwohl diese Taten keinen positiven Normen eines (ungerechten) Rechtssystems zuwiderliefen. Eine mit diesen beiden Thesen eng verbundene dritte typische These naturrechtlicher Rechtstheorien ist, dass es einen wie auch immer bestimmten moralischen Kerngehalt gibt, der notwendigerweise allen Rechtssystemen gemeinsam ist.[44] Diese dritte These machen sich zusätzlich zu den ersten beiden Thesen sowohl Fuller als auch Finnis zu eigen, wenn auch auf unterschiedliche Weise. Dworkin verteidigt in erster Linie eine Spielart der zweiten These, Moore konzentriert sich in dem hier abgedruckten Beitrag auf eine Spielart der ersten These.

Die ethisch aufgeladene Definition des Rechts, die Finnis im Rahmen seines umfassenden Entwurfs einer naturrechtlichen praktischen Philosophie formuliert, wird in ihren Grundzügen im zweiten Teil des in diesem Band abgedruckten Auszugs aus *Natural Law and Natural Rights* präsentiert (Kapitel 7, S. 350-357) und in Finnis' Buch sowie in vielen seiner seither entstandenen Aufsätze entfaltet und motiviert.[45] Den größeren Teil des hier abgedruckten Auszugs aus Finnis' Monographie bildet deren erstes, nicht weniger einflussreiches Kapitel, in dem Finnis eine spezifische *Methodologie* für die Rechtsphilosophie verteidigt, die aus seiner Sicht zu einer substantiell naturrechtlichen Position hinführt. Auf diese methodologische Positionierung kommen wir in Abschnitt 8 zurück.

Dworkins nichtpositivistische Theorie des Rechts, derzufolge moralisches Überlegen eine vollgültige Rechtsquelle in einem über empirisch vorfindbare Materialien hinaus erweiterten Sinn dieses Begriffs – in Dworkins Worten: einen der »grounds of law« – bildet, entwickelt sich aus seiner oben diskutierten Kritik an Hart (Kapitel 4 in diesem Band). In *Law's Empire* argumentiert Dworkin dafür, dass etwas genau dann eine rechtlich geltende Norm – beziehungs-

44 Genauer gesagt muss diese Notwendigkeit eine begriffliche Notwendigkeit sein. Die These, dass aus *empirischen* Gründen jedes Rechtssysstem bestimmte grundlegende moralische Bedingungen erfüllt, ist mit der positivistischen Sozialthese vereinbar. Tatsächlich wird diese empirische These von Hart in Kapitel 9 von *Begriff des Rechts* vertreten.

45 John Finnis, *Natural Law and Natural Rights*, Oxford 1980; John Finnis, *Philosophy of Law. Collected Essays Volume IV*, Oxford 2011; vgl. auch Jonathan Crowe, »Natural Law Beyond Finnis«, in: *Jurisprudence* 2 (2011), S. 293-308.

weise Teil des geltenden Rechts in einem Rechtssystem – ist, wenn es entweder eine positive Norm dieses Rechtssystems ist oder in einem bestimmten komplexen Zusammenhang mit den positiven Rechtsnormen einerseits und mit moralischen Normen und Werten andererseits steht. Der Zusammenhang besteht darin, dass die fragliche Norm auf moralisch attraktive Weise mit den positiven Normen und etablierten Rechtspraktiken des Systems kohäriert: dass sie also letztere auf eine Weise ergänzt, die das Rechtssystem zugleich vollständiger und moralisch legitimer macht.[46] Dazu ist es nicht erforderlich, dass die fragliche Norm sich als »gesellschaftliche Tatsache« irgendwo in legislativ erlassenen Gesetzen oder in Präzedenzentscheidungen auffinden lässt. Vielmehr ist eine durch moralische Erwägungen angeleitete, an Kohärenz ausgerichtete Ergänzung solcher positiver Rechtsquellen nach Dworkin eine Art und Weise, rechtliche Normen zu entdecken, die vielleicht bislang noch nirgendwo benannt wurden. Der vollständige Gehalt des Rechts lässt sich daher nicht ohne Rekurs auf moralisches Überlegen ermitteln.

Dworkins Theorie stützt sich auf eine bestimmte Auffassung der Funktion von Rechtssystemen, wie sie in der einen oder anderen Form vielen Argumenten für eine naturrechtliche Rechtskonzeption zugrunde liegt (so zum Beispiel auch bei Fuller, Finnis und Moore). Die wesentliche Funktion eines Rechtssystems besteht nach Dworkin darin, die Ausübung staatlichen Zwangs zu legitimieren beziehungsweise moralisch vertretbar zu machen, insoweit eine solche Zwangsausübung sich im Einklang mit geltendem Recht vollzieht.[47] Daraus ergibt sich unmittelbar, dass die Normen eines Rechtssystems, das diese Funktion tatsächlich erfüllt, eine bestimmte moralische Qualität haben müssen. Die rechtliche Geltung einer Norm kann dann entgegen der positivistischen Sichtweise nicht »inhaltsunabhängig« sein.

46 Ronald Dworkin, *Law's Empire*, Harvard 1987, Kap. 6. Dworkin beschreibt den relevanten Zusammenhang auch dahingehend, dass die fragliche Norm sich aus der »besten Interpretation« der positiven Normen und der Rechtspraxis ergeben müsse, und nennt das dabei leitende interpretatorische Ideal, das hermeneutische Passung und moralische Rechtfertigung in sich vereint, »Integrität«. Vgl. dazu Nicos Stavropoulos, »Legal Interpretivism«, in: *The Stanford Encyclopedia of Philosophy* (Summer 2014 Edition), Edward N. Zalta (Hg.), ⟨https://plato.stanford.edu/archives/sum2014/entries/law-interpretivist/⟩.

47 Dworkin, *Law's Empire*, Kap. 3.

Ähnlich wie Dworkin rekurriert auch Michael Moore in Kapitel 9 dieses Bandes auf bestimmte Annahmen bezüglich der wesentlichen Funktionen von Rechtssystemen, Rechtsregeln und gerichtlichen Entscheidungen. Als eine Kernprämisse des »traditionellen Arguments« für die naturrechtliche These, dass rechtliche Geltung von moralischer Geltung abhängig ist, identifiziert er den Gedanken, dass Recht nicht nur auf irgendeine Weise praktisch relevant ist, sondern notwendigerweise einen verpflichtenden Charakter hat. Das Argument für diese Prämisse, das Moore in seinem Aufsatz diskutiert – ohne es sich explizit zu eigen zu machen –, sieht den verpflichtenden Charakter des Rechts in bestimmten, ihm wesentlichen Funktionen begründet. Diese werden von unterschiedlichen Naturrechtlern unterschiedlich spezifiziert; neben der genannten Sichtweise von Dworkin ist hier insbesondere die von Finnis aktualisierte thomistische Vorstellung zu nennen, die wesentliche Funktion eines Rechtssystems sei die Ermöglichung und Förderung eines substantiell verstandenen Gemeinwohls. Rechtliche Normen, so der Gedanke, müssen verpflichtenden Charakter haben, um diese Funktionen erfüllen zu können.

Positivisten erheben verschiedene Einwände gegen eine solche funktionalistische Argumentation. Erstens halten viele Rechtspositivisten es für fraglich, dass es irgendeine bestimmte moralisch relevante Funktion gibt, die allen Rechtssysteme wesentlich zu eigen ist. Recht erscheint manchen von ihnen vielmehr als ein Mittel, das sich für vielfältige – gute wie schlechte –Zwecke einsetzen lässt, von denen keiner dem Recht als solchem wesentlicher ist als irgendein anderer.[48] Selbst wenn es zutreffen sollte, dass dem Recht bestimmte Funktionen wesentlich zu eigen sind, müssen diese Funktionen nicht als solche irgendeinen moralischen Wert haben.[49] Zweitens folgt aus der bloßen Funktionszuschreibung nicht, dass jedes Rechtssystem die fragliche Funktion auch tatsächlich erfüllt. Das Recht könnte ja ein ihm wesentliches Ziel, zum Beispiel staatlichen Zwang zu legitimieren, zwar haben, es aber verfehlen. Moralisches Nachdenken mag dann ergeben, dass Richterinnen und andere Beamte dieses Recht nicht umsetzen sollten; aber das, was sie in

48 Vgl. dazu Leslie Green, »Law as a Means«, in: Peter Cane (Hg.), *The Hart-Fuller Debate in the Twenty-First Century*, Oxford 2010, S. 169-188.

49 Vgl. dazu Joseph Raz, »The Functions of Law«, in: Raz, *The Authority of Law*, Kap. 9.

diesem Fall nicht umsetzen sollten, ist eben gerade *geltendes Recht*. Das naturrechtliche Argument scheint an dieser Stelle vorauszusetzen, was der Positivismus gerade bestreitet: nämlich, dass rechtliche Geltung moralischen Wert oder gar moralische Verbindlichkeit impliziert, dass also rechtliche Verpflichtung einfach ein besonderer Fall moralischer Verpflichtung ist.

Diesen Einwand weisen viele Naturrechtler, darunter auch Fuller, Finnis und Moore, mit dem Hinweis zurück, dass Rechtlichkeit oder »Legalität« als eine *graduelle* Eigenschaft verstanden werden müsse. Je stärker ein Rechtssystem oder eine rechtliche Norm die moralischen Erfordernisse einer gegebenen Naturrechtstheorie verletze, desto weniger könne man dieser Norm oder diesem System die Eigenschaft zuschreiben, Recht zu sein. Es handele sich dann allenfalls um Recht in einem »defizitären Sinne«. Ein ausschließlicher Fokus auf die Eigenschaft rechtlicher *Geltung*, so diese Naturrechtstheoretiker, suggeriert eine binäre Problemstruktur, wo wir es vielmehr mit einem Spektrum zu tun haben, das vielfältige Abstufungen zwischen Recht und Nicht-Recht zulässt. Daher könne die Naturrechtstheorie auch problemlos dem von Positivisten betonten Umstand gerecht werden, dass es viele Fälle moralisch schlechter Gesetze gibt und gegeben hat: Diesen solle der Titel »Recht« nur in seiner anspruchsvollen Kernbedeutung vorenthalten werden, nicht aber in der praktisch verbreiteten erweiterten Bedeutung, die auch defizitäres Recht umfasst.

Positivisten können dem Geist dieses Gedankengangs zustimmen, würden die Lage aber anders beschreiben: Ein Rechtssystem kann in größerem oder in geringerem Maße moralisch legitim sein, und Richterinnen wie Bürger können dementsprechend in unterschiedlichem Ausmaß moralisch verpflichtet sein, geltendes Recht zu befolgen. Die fraglichen Abstufungen finden sich nicht in der Eigenschaft einer Norm, überhaupt Recht zu sein, sondern in ihrer Eigenschaft, moralisch legitimes und damit moralisch verbindliches Recht zu sein.[50] Hier kann man nun den Eindruck gewinnen, der vermeintlich so tiefe Graben zwischen positivistischen und naturrechtlichen Theorien des Rechts laufe an zentraler Stelle auf

50 Eine Theorie rechtlicher Geltung bedarf deshalb aus positivistischer Sicht der Ergänzung durch eine Theorie legitimer rechtlicher Autorität. Die gegenwärtig wohl einflussreichste Theorie dieser Art stammt von Joseph Raz; vgl. v. a. Joseph Raz, *The Morality of Freedom*, Oxford 1986, Kap. 1-3.

einen bloßen Streit um Worte hinaus. Und tatsächlich geben die prominentesten gegenwärtigen Vertreter beider Lager, Finnis und Raz, zu erkennen, dass sie diese allgemeinen Kategorien angesichts einer stark ausdifferenzierten Theorielandschaft nur noch für wenig informativ halten. So behauptet Finnis: »Im Kern müssten alle auf Hart zurückgehenden gegenwärtigen Theorien, wie diejenigen von Raz, Gardner und Green, richtiger als Naturrechtstheorien bezeichnet werden.«[51] Und Raz konstatiert: »Es hat kaum mehr als historischen Wert, mit Blick auf unterschiedliche Theorien des Wesens des Rechts (wenn es ein Wesen hat) auf die Einteilung in positivistisch und nichtpositivistisch zurückzugreifen.«[52] Damit ist nicht geleugnet, dass es zwischen den hier angesprochenen Theorievorschlägen tiefgreifende Uneinigkeiten gibt, wohl aber stellen solche Diagnosen die Trennschärfe der allgemeinen Schulbezeichnungen in Frage.

Ein Stück weit hat sich der klassische Disput zwischen Naturrecht und Positivismus auf das Feld der rechtsphilosophischen Methodologie verlagert. Auch dieser Aspekt ist bereits bei Hart, Fuller und Dworkin präsent, wird aber insbesondere bei Finnis explizit und ist seitdem zunehmend in den Fokus gerückt. Darauf kommen wir im Abschnitt 8 dieser Einleitung zurück.

7. Recht und Rechtsstaatlichkeit

Wenn es so etwas wie ein naturrechtliches Temperament in der Rechtsphilosophie gibt, dann äußert es sich in der Suche nach notwendigen, nichttrivialen Zusammenhängen zwischen Recht und Moral. Einen weiteren derartigen Nexus sehen eine Reihe von Autoren in dem Ideal der Rechtsstaatlichkeit [*rule of law*], das im Fokus mehrerer der in diesem Band versammelten Texte steht, insbesondere in den Kapiteln 10, 11 und 13. Sie kreisen vor allem um die Fragen, was Rechtsstaatlichkeit ausmacht, inwieweit Rechtsstaatlichkeit eine notwendige Eigenschaft von Rechtssystemen ist

51 John Finnis, »Response«, in: *Illinois Law Review* 57 (2012), S. 925-955, hier S. 927.

52 Joseph Raz, »Comments and Responses«, in: L. Meyer, S. Paulson und T. Pogge, *Rights, Culture & the Law*, Oxford 2003, S. 253-275, hier S. 253. Vgl. auch Ruth Gavison, »Natural Law, Positivism, and the Limits of Jurisprudence. A Modern Round«, in: *Yale Law Journal* 9 (1982), S. 1250-1285.

und ob sie als solche einem Rechtssystem einen gewissen moralischen Wert verleiht.

Schon die Frage, worin genau Rechtsstaatlichkeit besteht, ist umstritten. Auf politischer Ebene ist das Bekenntnis zum Ideal der Rechtsstaatlichkeit mittlerweile allgegenwärtig. Es gibt kaum eine Staatsführung, kaum eine Protestbewegung, die in ihren Vorstellungen von legitimer Staatsgewalt oder von notwendigen politischen Reformen der Rechtsstaatlichkeit keinen zentralen Platz einräumt. Dadurch aber, dass sich die gesamte Bandbreite politischer Akteure gleichermaßen zu diesem Ideal bekennt, droht der Ausdruck in seiner Bedeutung ausgehöhlt zu werden. Zwar haben sich Institutionen herausgebildet, die eine messbare Vorstellung von Rechtsstaatlichkeit entwickelt haben. Anhand von unterschiedlichen Faktoren, wie etwa dem Umfang von Korruption oder der Gewährleistung von Grundrechten, beurteilt beispielsweise das *World Justice Project* den Grad der Realisierung der Rechtsstaatlichkeit als einen politischen Zustand. Dennoch stellt sich auf philosophischer Ebene die Frage nach der begrifflichen Bestimmung der Rechtsstaatlichkeit.

Einigkeit besteht zunächst lediglich in der Überzeugung, dass die Rechtsstaatlichkeit als ein politisches Ideal zu verstehen ist, das in Rechtssystemen (und nur in diesen) mehr oder weniger stark realisiert sein kann. Wer unter *rule of law* die *Herrschaft des Rechts* versteht, die sich von unberechenbarer Willkürherrschaft unterscheidet, der ist damit noch nicht auf das Ideal der Herrschaft eines gerechten, Grundrechte gewährleistenden, demokratisch etablierten Rechts festgelegt. Die Gefahr eines solchen substantiellen Begriffs von Rechtsstaatlichkeit besteht offenkundig in seiner Überfrachtung: Zu bestimmen, wodurch sich die *gerechte* Herrschaft des Rechts auszeichnet, verlangt nichts Geringeres als einen auf ethischen Grundüberzeugungen basierenden Entwurf einer politischen Philosophie. Deshalb plädiert Joseph Raz in seinem Aufsatz »Die Rechtsstaatlichkeit und ihr Wert« (Kapitel 10 in diesem Band) für eine möglichst sparsame und dadurch griffigere Konzeption des Ideals der Rechtsstaatlichkeit. Deren Bedeutung liegt nach Raz darin, dass sie ganz spezifische potentielle Übel eines Rechtssystems verhindert, was diesem aber noch keinen positiven Wert verleihe. Die einzelnen Teilprinzipien, von denen hier nur einige genannt seien, entwickelt er dabei als formale Grundbedingungen der Umsetzung des Bedeutungskerns von Rechtsstaatlichkeit: Wenn Recht und nicht Willkür herrschen soll, muss gewährleistet werden, dass dem Rechtssystem einer Gemeinschaft die regelgeleitete Steuerung des Handelns der Rechtssubjekte gelingen kann. Daher sollten Gesetze prospektiv, bekannt und klar sein; sie sollten stabil sein, um planendes Handeln zu ermöglichen und um Orientierung geben zu können; das Recht muss darum von Gerichten, die zugänglich sein müssen, auch tatsächlich umgesetzt und nicht nach Belieben umgedeutet werden.

Timothy Endicott hat in seinem Aufsatz »Die Unmöglichkeit der Rechtsstaatlichkeit« (Kapitel 13) für einzelne dieser Teilprinzipien aufgezeigt, in welcher Relation ihre Berücksichtigung jeweils zur Existenz von Willkürelementen innerhalb von Rechtssystemen steht, in welchem Sinne genau also die Rechtsstaatlichkeit im Gegensatz zu Willkürherrschaft steht. Um diesen Gegensatz vollständig zu ermessen, könnte es zudem notwendig sein, neben den genannten formalen Eigenschaften rechtsstaatlicher Rechtssysteme auch bestimmte Verfahrensprinzipien in den Blick zu nehmen: Unabhängige und unparteiische Gerichte müssen auf der Grundlage von nachvollziehbar festgelegter Sachlage Recht sprechen, wobei den Individuen die Möglichkeit einzuräumen ist, sich persönlich zu verteidigen, Beweise beizubringen, Zeugen befragen zu lassen, an höhere Instanzen zu appellieren und so weiter.[53]

Raz greift mit seiner Liste der formalen Aspekte der Gesetzgebung neben Überlegungen Friedrich Hayeks auch Lon Fullers Auseinandersetzung mit dem Ideal der Rechtsstaatlichkeit auf. Dieser hatte bereits in seiner 1964 erschienenen Monographie *The Morality of Law* eine Reihe formaler Prinzipien der Rechtsstaatlichkeit herausgearbeitet, ihnen allerdings eine völlig andere Bedeutung beigemessen. Während nach Raz Rechtssysteme einige dieser Prinzipien auch in gravierendem Maße verletzen können und dennoch als Rechtssysteme aufzufassen sind, gilt die Umsetzung dieser Prinzipien für Fuller als *conditio sine qua non* des Rechts: Wo es keine wesentliche Übereinstimmung mit dem Ideal der Rechtsstaatlichkeit gibt, haben wir es nicht mehr mit einem Rechtssystem zu tun. Sind aber die Prinzipien des Rechtsstaats umgesetzt, dann ist für Fuller auch die Frage nach dem moralischen Wert eines Rechts-

53 Siehe dazu Jeremy Waldron, »The Rule of Law and the Importance of Procedure«, in: *Nomos* 50 (2011), S. 3-31.

systems, wenigstens in Teilen, entschieden: Die unterschiedlichen Aspekte der Rechtsstaatlichkeit – wie etwa die Erfordernisse der Allgemeinheit, Öffentlichkeit, Prospektivität und Stabilität der Gesetze – generieren jene eigene, bereits erwähnte »innere Moralität« des Rechts.[54]

Raz verneint dagegen, wie auch schon Hart vor ihm, einen solchen notwendigen Zusammenhang zwischen Recht und Moral. So könne beispielsweise die Tatsache, dass die genannten Aspekte der Rechtsstaatlichkeit die Individuen als vorausschauende und in diesem Sinn autonom handelnde Subjekte respektieren, als freiheitsverbürgender Charakter des Rechts nur dann bezeichnet werden, wenn unter Freiheit das bloße Wählen zwischen möglichst vielen Optionen verstanden wird.[55] Selbstverständlich ist ein solcher Zustand dem Ausgeliefertsein an absolute Willkür eindeutig vorzuziehen. Dennoch sind Verletzungen von substantieller politischer Freiheit für Raz mit der Einhaltung der Teilprinzipien der Rechtsstaatlichkeit durchaus kompatibel. Allseits bekannte, prospektive, allgemeine und stabile Gesetze können ihrem Inhalt nach menschenverachtend sein.

Damit zeigt sich, dass auch die Diskussion über das adäquate Verständnis der Rechtsstaatlichkeit als eine weitere Gestalt der Debatte um die Natur des Rechts verstanden werden kann. Vertreter einer substantiellen Auffassung der Rechtsstaatlichkeit verweisen häufig auf die scheinbar grotesken Konsequenzen des bloß formalen Verständnisses: Autoren wie Raz müssten noch dem düstersten Herrschaftsgebilde Einhaltung der Rechtsstaatlichkeit attestieren, solange die staatlich organisierte Unterdrückung auf der Grundlage offener, klarer, prospektiver, stabiler usw. Gesetze vonstattengeht.[56] Dagegen müsse die Idee der Rechtsstaatlichkeit, um überhaupt moralisch attraktiv zu sein, neben den formalen Aspekten zumindest auch die Gewährleistung von Grundrechten beinhalten.

54 Vgl. hierzu auch Andrei Marmor, »The Rule of Law and Its Limits«, in: *Law and Philosophy* 23 (2004), S. 1-43.

55 Vgl. hierzu Raz' Auseinandersetzung mit F.A. Hayek (Kapitel 10 in diesem Band), dem er in Teilen eine ähnliche Überhöhung des Werts der Rechtsstaatlichkeit vorwirft.

56 Vgl. hierzu beispielhaft Tom Bingham, *The Rule of Law*, London 2010, sowie teils in Reaktion darauf Joseph Raz, »The Law's Own Virtue«, in: *Oxford Journal of Legal Studies* 39 (2019), S. 1-15.

Ein solches Verständnis von Rechtsstaatlichkeit trifft den kritischen Impetus, mit dem der Begriff in der breiten Öffentlichkeit gebraucht wird, sicherlich besser. Dann aber ist die *rule of law* in der Tat einen deutlichen Schritt in Richtung des Ideals der *Herrschaft des guten Rechts* gerückt, und es bleibt unklar, auf welcher Grundlage andere, noch reichhaltigere Vorstellungen des Ideals der Rechtsstaatlichkeit zurückgewiesen werden können. Wenn aber ein Staat, der diesen oder jenen substantiellen Vorstellungen von Gerechtigkeit nicht genügt, aus der betreffenden Perspektive nicht als ein Staat gelten kann, in dem das Recht herrscht, dann ist damit wiederum die positivistische Trennungsthese in Frage gestellt.

8. Das Wesen der Rechtsphilosophie: deskriptiv oder evaluativ?

Ein weiteres Feld, auf dem innerhalb der analytischen Rechtsphilosophie Dispute um den Stellenwert moralischer Erwägungen ausgetragen worden sind, ist dasjenige der methodologischen und erkenntnistheoretischen Grundlagen des rechtsphilosophischen Unterfangens. Überlegungen zum Wesen der eigenen Disziplin finden sich schon in den Arbeiten Harts, insbesondere im Postskriptum zu *The Concept of Law*, und in stärker fokussierter Form dann auch bei vielen nachfolgenden Autoren.[57] Welche Arten von Evidenzen und welche begrifflichen Ressourcen darf oder muss die Reflexion über das Wesen des Rechts und über das Verhältnis zwischen Recht und Moral in Anspruch nehmen? Was sind die Adäquatheitskriterien einer allgemeinen Bestimmung davon, was Rechtssysteme ausmacht? Ähnlich wie die substantielle Debatte zwischen unterschiedlichen Theorien des Rechts sich insbesondere an der Frage nach dem Verhältnis zwischen Recht und Moral abarbeitet, so scheiden sich auch mit Bezug auf das Wesen der allgemeinen Rechtsphilosophie die Geister vor allem an der Frage, welche Rolle in diesem Erkenntnisprojekt eigentlich normative Annahmen und normative Argumente spielen. Im Rückgriff auf eine ältere Debatte über die Methodologie der Sozialwissenschaften könnte man auch sagen, dass es um die Frage geht, ob Aussagen

57 Siehe dazu in diesem Band insbesondere die Kapitel 9 und 14.

über die wesentlichen oder notwendigen Merkmale des Rechts auf »wertfreie« Weise begründet werden können oder nicht.

Im Hinblick auf diese Frage ist zunächst einmal eine terminologische Mehrdeutigkeit festzustellen, die zu Missverständnissen führen kann. Der Ausdruck »Positivismus« bezeichnet nicht nur eine rechtstheoretische Tradition und deren charakteristische Thesen, sondern auch andere, nicht zuletzt methodologische Strömungen in der Philosophie. Zum einen firmiert der logische Empirismus, also ein ganzes Bündel von Positionierungen in der Metaphysik, der Erkenntnistheorie und der Sprachphilosophie, auch unter der Bezeichnung »logischer Positivismus«. Das kann zu der irrtümlichen Vorstellung führen, der Rechtspositivismus sei wie der logische Positivismus darauf festgelegt, dass normative Aussagen nicht begründbar oder nicht einmal wahrheitsfähig seien (wie oben angesprochen ist diese Annahme tatsächlich bei den skandinavischen Rechtspositivisten und bei Kelsen präsent, eventuell auch bei Hart, nicht aber bei anderen Positivisten wie etwa Raz).

Zum anderen, und ebenfalls zu Verwechslungen einladend, wird der Ausdruck »Positivismus« häufig verwendet, um eine methodologische Herangehensweise vor allem in den Sozialwissenschaften zu bezeichnen, die sich auf Grundlage einer bestimmten Auffassung von Wissenschaftlichkeit dazu verpflichtet sieht, auf normative und evaluative Urteile bei der Beschreibung und Erklärung sozialer Phänomene zu verzichten. Genau wie die Sozialwissenschaften und genau wie andere Subdisziplinen der Philosophie steht auch die Rechtsphilosophie vor der Alternative, sich entweder auf einen solchen methodologischen Positivismus zu verpflichten oder nicht.

Zweifellos gibt es Affinitäten zwischen dem substantiellen und dem methodologischen Positivismus in der Rechtsphilosophie. Bei einer Reihe von Autoren, namentlich bei Hart und seinen wichtigsten Vorläufern – Bentham, Austin und Kelsen –, aber auch bei vielen neueren Autoren wie Raz, Green und Gardner geht eine positivistische Theorie des Rechts mit dem Anspruch einer wertfreien, »rein deskriptiven« Methodologie einher.[58] Eine der Leistungen

58 Vgl. Hart, *Begriff des Rechts*, S. 317-322. Zur Rekonstruktion von Harts methodologischer Position in kritischer Absicht siehe v. a. John Perry, »Hart's Methodological Positivism«, in: Jules Coleman (Hg.), *Hart's Postscript*, Oxford 2001, sowie andere Aufsätze in dem genannten Band. Zur Verteidigung deskriptiver

der analytischen Debatte der vergangenen Jahrzehnte ist jedoch die Entwicklung der Einsicht, dass eine erkennbar positivistische Rechtskonzeption nicht trivialerweise die Festlegung auf eine wertfreie und in diesem Sinne positivistische Methodologie impliziert, so wie sich umgekehrt aus einer wertfreien Methodologie als solcher noch keine positivistische Theorie des Rechts ableiten lässt.

Zwei besonders einflussreiche Vertreter der These, dass jede angemessene Erläuterung des Rechtsbegriffs auf normative Urteile rekurrieren muss, sind John Finnis und Ronald Dworkin.[59] Finnis sieht sich durch seine Methodologie zu einer Konzeption des Rechts geführt, die zumindest mit einigen Interpretationen der Kernthesen des Positivismus – der Sozialthese und der Trennungsthese – vereinbar ist. Dworkin argumentiert auf Basis einer nichtwertfreien Methodologie für einen Begriff des Rechts, der mit diesen Thesen unvereinbar ist, gesteht aber zugleich zu, dass sich mit Hilfe derselben Methodologie prinzipiell auch ein (wenn auch weniger erfolgreiches) Argument für eine positivistische Rechtskonzeption entwickeln ließe.[60]

Dworkins methodologische Position basiert auf seiner oben bereits genannten These, dass allen Rechtssystemen eine bestimmte wesentliche Funktion gemeinsam ist, nämlich die Regelung und Rechtfertigung staatlicher Zwangsgewalt. Demnach sei es ein Adäquatheitskriterium für eine angemessene Theorie des Rechts, dass sie erklärt, weshalb Recht wesentlich dazu geeignet ist, diese Funktion zu erfüllen. Und somit basiere jede Argumentation für eine bestimmte Konzeption davon, was Normen rechtliche Geltung verleiht, auf normativen Prämissen, nämlich auf Urteilen darüber, ob die Unterstellung eines rein quellenbasierten oder eines nicht rein quellenbasierten Normensystems besser dazu geeignet ist, richterlichen Entscheidungen rechtfertigende Kraft zu verleihen.

Finnis' einflussreiches Argument für einen methodologischen Antipositivismus, das im Rückgriff auf Aristoteles und Max Weber entfaltet wird, findet sich im ersten Kapitel seines Hauptwerkes *Natural Law and Natural Rights* (enthalten in Kapitel 7 in diesem

Methodologie siehe z. B. Andrei Marmor, »Legal Positivism. Still Descriptive and Morally Neutral«, in: *Oxford Journal of Legal Studies* 26 (2006), S. 683-704.

59 Ähnliche Überlegungen finden sich in den genannten Aufsätzen von Stephen Perry (1994, 2001).

60 Dworkin, *Law's Empire*, Kap. 4.

Band). Wo es um die Theorie bestimmter sozialer Phänomene geht, so Finnis, stellt sich die Aufgabe, den Gegenstand überhaupt erst einmal einzugrenzen, also die Aufgabe der sozialwissenschaftlichen Begriffsbildung. Der bloße Sprachgebrauch – hier also die Verwendung von Ausdrücken wie »Recht« und »law« – sei zu uneinheitlich und zu vielgestaltig, um dabei eine verlässliche Orientierung zu bieten. Stattdessen müsse man sich, um die Merkmale des »zentralen Falls« eines sozialen Phänomens zu identifizieren, an der Perspektive derjenigen orientieren, deren eigene Sicht auf ein Phänomen mit konstitutiv für dieses Phänomen ist. Im Falle des Rechts sei das die Perspektive derjenigen, die nicht nur im Sinne von Harts »interner Perspektive« rechtliche Normen als für sich verbindlich akzeptieren, sondern aus deren Sicht diese Verbindlichkeit aus der spezifischen und unersetzlichen moralischen Funktion des Rechts herrührt, die gemeinsamen Belange einer Gesellschaft im Dienste des allgemeinen Wohls auf prinzipiengeleitete Weise zu regeln. Zudem hat dabei die Sichtweise derjenigen Vorrang, die diese Einstellung ihrem Gegenstand *zutreffenderweise* beziehungsweise im Einklang mit »praktischer Vernünftigkeit« entgegenbringen. Das, was auf diesem Wege unter Rekurs auf substantielle Urteile über menschliche Güter und Vernunftprinzipien als der zentrale Fall von Recht identifiziert wird, sind positive Normen, die kraft ihrer gesellschaftlichen Rolle auch tatsächlich eine zumindest präsumptive moralische Verbindlichkeit für sich beanspruchen können.

Finnis' methodologisches Programm ist einerseits breit rezipiert und gewürdigt worden, sieht sich aber andererseits verschiedenen Einwänden ausgesetzt, darunter dem Verdacht der Zirkularität: Es scheint, dass die Auszeichnung einer bestimmten (und zwar im weitesten Sinne affirmativen) Perspektive auf das Recht sich schon auf eine bestimmte Konzeption des von dieser Perspektive in den Blick genommenen Gegenstands stützt – eben den über moralische Qualität beziehungsweise Vernünftigkeit verfügenden »zentralen Fall« von Recht –, auf die uns doch diese ausgezeichnete Perspektive gerade erst hinführen soll.[61] In ihrem Buch *Evaluation and Legal Theory* hat Julie Dickson vorgeschlagen, Finnis' Einsichten in einer abgeschwächten Form aufzugreifen, die einer solchen Zirkularität entgeht, die allerdings auch das Ziel verfehlt, rechtli-

61 Siehe dazu z. B. Michelle Dempsey, »On Finnis's Way In«, in: *Villanova Law Review* 57 (2012), S. 827-843.

che Normen *per se* als zumindest präsumptiv moralisch verbindlich auszuweisen.[62] Finnis habe zwar recht darin, dass philosophische Theorien sozialer Phänomene in der Auswahl und Abgrenzung ihres jeweiligen Gegenstands notwendigerweise ein evaluatives Moment enthalten. Die betreffenden »Werturteile« kennzeichnen aber nach Dickson den auf bestimmte Weise eingegrenzten Gegenstand zunächst einmal nur als – aus welchen Gründen auch immer – *interessant* und *erforschenswert*, nicht notwendigerweise schon als *moralisch* wertvoll.

Dicksons Aufsatz »Zur Methodologie in der Rechtsphilosophie« (Kapitel 14) resümiert diese Kritik und bietet zudem eine umfassende Einführung in die Debatte darüber, in welchem Sinne sich Hart einem methodologischen Positivismus beziehungsweise einer »rein deskriptiven« Herangehensweise an seinen Gegenstand verpflichtet sah und welche Alternativen dazu vorgeschlagen worden sind. Zuletzt geht es in dieser Diskussion um nicht weniger als um die Frage nach den Erkenntniszielen einer allgemeinen Theorie des Rechts. Was möchte eine solche Theorie erreichen? Möchte sie in erster Linie einen Begriff analysieren, ein soziales Phänomen in seinen wesentlichen Zügen beschreiben, das Selbstverständnis einer institutionalisierten Praxis rekonstruieren oder bestimmten praktischen Anliegen dienen? An der Antwort auf diese Frage bemessen sich die Erfolgskriterien einer solchen Theorie und an ihr bemisst sich auch, welcher Mittel sich die Theorie bedienen kann oder muss.[63]

62 Julie Dickson, *Evaluation and Legal Theory*, Oxford 2001.

63 Zu Zielen und Möglichkeiten einer allgemeinen Rechtstheorie siehe weiterführend unter anderem Jospeh Raz, »Can There Be a Theory of Law?«, in: Raz, *Between Authority and Interpretation*; Nicola Lacey, »Analytical Jurisprudence versus Descriptive Sociology Revisited«, in: *Texas Law Review* 84 (2006), S. 945-982; Jeremy Waldron, »Can There Be a Democratic Jurisprudence?«, in: *Emory Law Journal* 58 (2009), S. 675-712.

Weiterführende Literatur

Einführungen und Überblicke

Jules L. Coleman und Scott Shapiro (Hg.), *The Oxford Handbook of Jurisprudence and Philosophy of Law*, Oxford 2002.
John Gardner, *Law as a Leap of Faith*, Oxford 2012.
Leslie Green, »General Jurisprudence. A 25th Anniversary Essay«, in: *Oxford Journal of Legal Studies* 4 (2005), S. 565-580.
Andrei Marmor, *Philosophy of Law*, Princeton 2011.
– (Hg.), *Routledge Companion to Philosophy of Law*, London 2012.
–, Alexander Sarch, »The Nature of Law«, in: Edward N. Zalta (Hg.), *The Stanford Encyclopedia of Philosophy* (Fall 2015 Edition), ⟨https://plato.stanford.edu/archives/fall2015/entries/lawphil-nature/⟩
Liam Murphy, *What Makes Law. An Introduction to the Philosophy of Law*, Cambridge 2014.
Mark Murphy, *Philosophy of Law*, Oxford 2007.
Gerald Postema, *Legal Philosophy in the Twentieth Century. The Common Law World*, Dordrecht u. a. 2011.

Hart

Luís Duarte D'Almeida, James Edwards, Andrea Dolcetti (Hg.), *Reading H. L. A. Hart's »The Concept of Law«*, Oxford 2013.
H.L.A. Hart, *The Concept of Law. With a Postscript edited by Joseph Raz and Penelope Bulloch, Introduction and Notes by Leslie Green*, Oxford ^{3}2012.
–, *Essays on Bentham. Jurisprudence and Political Theory*, Oxford 1982.
–, *Essays in Jurisprudence and Philosophy*, Oxford 1983.
Matthew Kramer, Claire Grant, Ben Colburn, Antony Hatzistavrou (Hg.), *The Legacy of H.L.A. Hart. Legal, Political and Moral Philosophy*, Oxford 2008.
Nicola Lacey, *A Life of H.L.A. Hart. The Nightmare and the Noble Dream*, Oxford 2004.
Neil MacCormick, *H.L.A. Hart*, Stanford ^{2}2008.

Fuller

Peter Cane (Hg.), *The Hart-Fuller Debate in the Twenty-First Century*, Oxford 2012.
Kristen Rundle, *Forms Liberate. Reclaiming the Jurisprudence of Lon L Fuller*, Oxford 2012.

Lon L. Fuller, *The Morality of Law*, New Haven 1964 (erweiterte Neuauflage 1970).
Kenneth Winston (Hg.), *The Principles of Social Order. Selected Essays of Lon L. Fuller*, Oxford 2001.

Dworkin

Marshall Cohen (Hg.), *Ronald Dworkin and Contemporary Jurisprudence*, London 1983.
Ronald Dworkin, *Bürgerrechte ernstgenommen*, Frankfurt/M. 1984.
–, *Law's Empire*, Cambridge (MA) 1986.
–, *Justice in Robes*, Cambridge (MA) 2006.
Stephen Guest, *Ronald Dworkin*, Stanford ³2012.
Scott Hershovitz (Hg.), *Exploring Law's Empire. The Jurisprudence of Ronald Dworkin*, Oxford 2006.
Nicos Stavropoulos, »Legal Interpretivism«, in: Edward N. Zalta (Hg.), *The Stanford Encyclopedia of Philosophy* (Summer 2014 Edition), ⟨https://plato.stanford.edu/archives/sum2014/entries/law-interpretivist/⟩.

Raz

David Kuch, *Die Autorität des Rechts. Zur Rechtsphilosophie von Joseph Raz*, Tübingen 2016.
Stanley Paulson und Thomas Pogge (Hg.), *Rights, Culture, and the Law. Themes from the Legal and Political Philosophy of Joseph Raz*, Oxford 2003.
Joseph Raz, *Practical Reason and Norms*, Oxford 1975 (erweiterte Neuauflage 1999).
–, *The Authority of Law*, Oxford 1979 (erweiterte Neuauflage 2009).
–, *Ethics in the Public Domain*, Oxford 1994.
–, *Between Authority and Interpretation*, Oxford 2009.

Inklusiver und exklusiver Positivismus

Jules L. Coleman (Hg.), *Hart's Postscript*, Oxford 2001.
–, *The Practice of Principle. In Defence of a Pragmatist Approach to Legal Theory*, Oxford 2001.
Joseph Raz, »Incorporation by Law«, in: Raz, *Between Authority and Interpretation*.
Wilfrid Waluchow, *Inclusive Legal Positivism*, Oxford 1994.

Naturrecht und Nichtpositivismus

Robert Alexy, *The Argument from Injustice*, Oxford 2009.
George Duke und Robert P. George (Hg.), *Cambridge Companion to Natural Law Jurisprudence*, Cambridge 2017.
John Finnis, *Natural Law and Natural Rights*, Oxford 1980.
–, *Philosophy of Law. Collected Essays Volume IV*, Oxford 2011.
–, »Natural Law Theories«, in: Edward N. Zalta (Hg.), *The Stanford Encyclopedia of Philosophy* (Winter 2016 Edition), ⟨https://plato.stanford.edu/archives/win2016/entries/natural-law-theories/⟩.
–, »Natural Law Theory. Its Past and Present«, in: Andrei Marmor (Hg.), *Routledge Companion to Philosophy of Law*, London 2012.
Robert P. George und John Keown (Hg.), *Reason, Morality, and Law. The Philosophy of John Finnis*, Oxford 2013.
Mark Murphy, *Natural Law in Jurisprudence and Politics*, Cambridge 2006.

Rechtsstaatlichkeit

Tom Bingham, *The Rule of Law*, London 2010.
Andrei Marmor, »The Rule of Law and Its Limits«, in: *Law and Philosophy* 23 (2004), S. 1-43.
Brian Z. Tamanaha, *On the Rule of Law. History, Politics, Theory*, Cambridge 2012.
Jeremy Waldron, »The Concept and the Rule of Law«, in: *Georgia Law Review* 43 (2008), S. 1-61.
–, »The Rule of Law«, in: Edward N. Zalta (Hg.), *The Stanford Encyclopedia of Philosophy* (Fall 2016 Edition), ⟨https://plato.stanford.edu/archives/fall2016/entries/rule-of-law/⟩.

Methodologische Fragen

Jules L. Coleman, »Methodology«, in: Jules L. Coleman und Scott Shapiro (Hg.), *Oxford Handbook of Jurisprudence and the Philosophy of Law*, Oxford 2002.
Julie Dickson, *Evaluation and Legal Theory*, Oxford 2001.
Alex Langlinais und Brian Leiter, »The Methodology of Legal Philosophy«, in: *Oxford Handbook of Philosophical Methodology*, Oxford 2016, S. 671-689.
Brian Leiter, »Beyond the Hart/Dworkin Debate. The Methodology Problem in Jurisprudence«, in: *American Journal of Jurisprudence* 48 (2003), S. 17-51.
Andrei Marmor, »Farewell to Conceptual Analysis (In Jurisprudence)«, in:

Wilfrid Waluchow und Stefan Sciaraffa (Hg.), *Philosophical Foundations of the Nature of Law*, Oxford 2013.
Joseph Raz, »Can There Be a Theory of Law?«, in: Raz, *Between Authority and Interpretation*.
–, »Two Views of the Nature of the Theory of Law. A Partial Comparison«, in: Raz, *Between Authority and Interpretation*.

1. H. L. A. Hart

Der Positivismus und die Trennung von Recht und Moral*

In diesem Aufsatz werde ich eine Ansicht erörtern und zu verteidigen versuchen, die von O. W. Holmes und anderen Rechtsdenkern vertreten wurde und die ihren Vertretern viel Kritik eingebracht hat. Zunächst aber möchte ich sagen, warum ich glaube, daß Holmes – bei allem Wandel, dem sein Ruf in Amerika ausgesetzt gewesen sein mag – für englische Juristen immer eine heroische Gestalt der Rechtstheorie bleiben wird. Denn er vereinigte in sich auf ganz ungewöhnliche Weise zwei Eigenschaften: zum einen Phantasie, die das englische Rechtsdenken oft vermissen läßt; zum anderen Klarheit, die das englische Rechtsdenken gewöhnlich besitzt. Der englische Jurist kommt durch die Beschäftigung mit Holmes zu der Einsicht, daß das, was ihm als ein für allemal feststehend erschien, sich tatsächlich ständig wandelt. Holmes ist bei dieser Entdeckung ein Führer, dessen Worte vielleicht nicht immer überzeugen und manchmal sogar schockieren, niemals aber etwas mystifizieren. Wie unser Austin, mit dem Holmes viele Ideale und Gedanken teilte, war er zuweilen eindeutig im Irrtum; sein Irrtum aber war, ebenfalls wie bei Austin, wenigstens immer unmißverständlich. Und das bedeutet in der Rechtstheorie zweifellos eine hohe Tugend. Ich weiß, daß gesagt wird, Klarheit allein genüge nicht; das mag stimmen, aber noch gibt es in der Rechtstheorie Probleme, die deshalb verworren sind, weil man sie in einer Sprache erörtert, die Holmes ihrer Unklarheit wegen entschieden abgelehnt hätte. Vielleicht ist das unvermeidbar: Die Rechtstheorie berührt sich – nicht deutlich abgrenzbar – mit so vielen anderen Gebieten, daß man immer jemanden brauchen wird, der ihr, mit Benthams Worten, »die Maske des Geheimnisses vom Gesicht reißt«.[1]

* Es handelt sich um die schriftliche Fassung der im April 1957 an der Harvard Law School gehaltenen »Oliver Wendell Holmes Vorlesung«. – [Anm. d. Übers.: Holmes (1841-1935) war einer der bedeutendsten Rechtsdenker und gleichzeitig einflussreichsten Richter der Vereinigten Staaten.]

1 Jeremy Bentham, *A Fragment on Government*, in: John Bowring (Hg.), *Works of Jeremy Bentham*, Edinburgh 1859, Bd. 1, S. 221, 235 (Vorwort, § 41).

Das gilt in einem besonderen Maße für den Gegenstand dieses Aufsatzes. Es gibt heute Stimmen, die uns auffordern etwas zu sehen, was durch die inzwischen überholten »Rechtspositivisten« ins Dunkel geraten sei: Daß es nämlich einen Punkt gibt, »an dem sich Recht und Moral überschneiden«[2] oder daß, was *ist* und was *sein sollte*, irgendwie untrennbar miteinander verknüpft sind,[3] obwohl die Positivisten dies leugnen. Was bedeuten diese Sätze? Oder vielmehr, welche der zahlreichen Bedeutungen, die sie haben *könnten*, haben sie *tatsächlich?* Was ist es, das die »Positivisten« leugnen, und warum haben sie damit unrecht?

I.

Ich will das Thema ideengeschichtlich behandeln. Im ausgehenden achtzehnten und beginnenden neunzehnten Jahrhundert waren Englands ernsthafteste Denker in rechtlichen und sozialen Fragen sowie die Wegbereiter bedeutender Reformen die großen Utilitaristen. Zwei von ihnen, Bentham und Austin, wiesen immer wieder mit Nachdruck auf die Notwendigkeit hin, kompromißlos und mit größtmöglicher Klarheit zu unterscheiden zwischen dem Recht, wie es ist, und dem Recht, wie es sein sollte. Dieser Gedanke taucht in ihrem Werk immer wieder auf, und sie verurteilten die Naturrechtsdenker, gerade weil diese es waren, die diesen offenbar einfachen, aber wesentlichen Unterschied verwischt hatten. Im Gegensatz dazu hält man gegenwärtig in den Vereinigten Staaten und, in geringerem Maße, in England diese Trennung von Recht und Moral für oberflächlich und falsch. Einige Kritiker meinen, sie mache die Menschen blind für das wahre Wesen des Rechts und für seine Verwurzelung im sozialen Leben.[4] Andere halten sie nicht

2 Alessandro Passerin d'Entrèves, *Natural Law. An Introduction to Legal Philosophy*, London ²1952, S. 116.

3 Lon L. Fuller, *The Law in Quest of Itself*, Chicago 1940, S. 12; Arnold Brecht, »The Myth of Is and Ought«, in: *Harvard Law* Review 54 (1941), S. 811-831; Lon L. Fuller, »Human Purpose and Natural Law«, in: *Journal of Philosophy* 53 (1953), S. 697-705.

4 Siehe Wolfgang Friedmann, *Legal Theory*, London ³1953, S. 154, 294 f. Außerdem sagt Friedmann von Austin, er habe »durch seine scharfe Unterscheidung zwischen der Wissenschaft von der Rechtspolitik und der Wissenschaft vom Recht eine Ära des Rechtspositivismus und der Selbstgenügsamkeit eingeleitet, die es

nur für geistig irreführend, sondern für praktisch verderblich, im schlimmsten Falle für geeignet, den Widerstand gegen staatliche Tyrannei und Absolutismus zu schwächen,[5] im günstigsten Falle für geeignet, das Recht in Mißkredit zu bringen. Die an sich nicht abwertende Bezeichnung »Rechtspositivismus« muß inzwischen, wie die meisten in geistigen Schlachten als Waffen gebrauchten Ausdrücke, für eine erstaunliche Menge unterschiedlicher Sünden herhalten. Eine dieser tatsächlichen oder angeblichen Sünden besteht darin, wie Austin und Bentham es taten, an der Trennung des Rechts, wie es ist, vom Recht, wie es sein sollte, festzuhalten.

Wie kam es also zu dieser Beurteilung? Welches sind die theoretischen Irrtümer dieser Unterscheidung? Hatte es negative praktische Folgen, daß Bentham und Austin mit solchem Nachdruck auf ihr bestanden? Sollen wir die Unterscheidung nunmehr ablehnen oder beibehalten? – Bei der Erwägung dieser Fragen tun wir gut daran, uns jener Sozialphilosophie zu erinnern, die bei den Utilitaristen mit dem Beharren auf dieser Unterscheidung Hand in Hand ging. Traten sie doch in rechts- und staatspolitischen Fragen – und zwar allein auf Grund ihrer eigene utilitaristischen Prämissen – mit Nachdruck für alle Prinzipien des Liberalismus ein. Nie hat jemand mit so gesunder Ausgewogenheit wie die Utilitaristen die Leidenschaft für Reform mit der Achtung vor dem Recht und mit der Einsicht verbunden, daß es notwendig ist, dem Mißbrauch von Macht zu steuern, selbst wenn diese in den Händen von Reformern liegt. Stück für Stück finden sich in Benthams Werken die Bausteine des

dem aufsteigenden Nationalstaat ermöglichte, seine Autorität unbehelligt von juristischen Anfechtungen zu behaupten« (S. 416). Andererseits sei »die Existenz eines hochorganisierten Staates, der Souveränität beansprucht und vom Bürger bedingungslosen Gehorsam fordert, jene politische Bedingung, die den analytischen Positivismus möglich macht (S. 163). Es ist nicht so leicht zu entscheiden, was nach dieser Darstellung die Henne und was das Ei sein soll (der analytische Positivismus oder die politische Lage). Im übrigen dürfte sich kaum zeigen lassen, daß 1832 (als Austins *Province of Jurisprudence Determined* zuerst erschien) oder nachher irgendein aufsteigender Nationalstaat seinen Autoritätsanspruch auf Austins Werk oder »die von ihm eingeleitete Ära des Rechtspositivismus« gestützt hätte.

5 Siehe Gustav Radbruch, »Die Erneuerung des Rechts«, in: *Die Wandlung* 2 (1947), S. 8-16 (abgedruckt in: Gustav Radbruch, *Der Mensch im Recht*, Göttingen 1957 (Kleine Vandenhoeck-Reihe, Band 51/52/52a)). – Gustav Radbruch, »Gesetzliches Unrecht und übergesetzliches Recht«, in: *Süddeutsche Juristen-Zeitung* 1 (1946), S. 105-108 (abgedruckt in: Radbruch, *Der Mensch im Recht*).

»Rechtsstaates« und alle jene Grundsätze, zu deren Verteidigung in unseren Tagen die Terminologie des Naturrechts neu belebt wird. Da ist die Rede von der Presse- und Vereinigungsfreiheit,[6] von der Forderung, daß Gesetze vor ihrem Inkrafttreten veröffentlicht und bekanntgemacht werden,[7] von der Notwendigkeit der Kontrolle von Verwaltungsbehörden,[8] von der Forderung des Schuldprinzips im Strafrecht[9] sowie der Wichtigkeit des Legalitätsprinzips *nulla poena sine lege*.[10] Ich weiß, manche halten die politischen und moralischen Einsichten der Utilitaristen für allzu einfach. Aber wir sollten diese Einfachheit nicht mit Oberflächlichkeit verwechseln und nicht vergessen, wie vorteilhaft sie sich von der Tiefgründigkeit anderer Denker abhebt. Nehmen Sie nur das eine Beispiel: Bentham über Sklaverei. Er sagt, die entscheidende Frage ist nicht, ob jene, die als Sklaven gehalten werden, vernünftig denken können, sondern einfach ob sie leiden.[11] Hebt sich diese Betrachtungsweise nicht positiv von der Erörterung des Problems in *der* Form ab, daß man überlegt, ob es Menschen gibt, welche die Natur lediglich dazu ausgestattet hat, anderen als lebende Werkzeuge zu dienen? Wir verdanken es Bentham mehr als irgendeinem anderen Denker, daß wir aufgehört haben, diese und ähnliche soziale Fragen so zu diskutieren.

Bentham und Austin waren also nicht trockene Analytiker, die mit verbalen Unterscheidungen jonglierten, während Städte in Flammen standen; sie waren die Vorkämpfer einer Bewegung, die sich mit leidenschaftlichem Eifer und großem Erfolg dafür ein-

6 Bentham, *A Fragment on Government*, S. 221, 230 (Vorwort, § 16); Jeremy Bentham, *Principles of Penal Law*, in: John Bowring (Hg.), *Works of Jeremy Bentham*, Edinburgh 1859, Bd. 1, S. 365, 574 f., 576 ff. (Teil 3, Kapitel 21, § 8, § 12).

7 Jeremy Bentham, *Of Promulgation of the Laws*, in: John Bowring (Hg.), *Works of Jeremy Bentham*, Edinburgh 1859, Bd. 1, S. 155; Jeremy Bentham, *Principles of the Civil Code*, in: John Bowring (Hg.), *Works of Jeremy Bentham*, Edinburgh 1859, Bd. 1, S. 297, 323 (Teil 1, Kapitel 17, § 2); Bentham, *A Fragment on Government*, S. 221, 233 (Vorwort, § 35).

8 Bentham, *Principles of Penal Law*, S. 365, 576 (Teil 3, Kapitel 21, § 11).

9 Jeremy Bentham, *Principles of Morals and Legislation*, in: John Bowring (Hg.), *Works of Jeremy Bentham*, Edinburgh 1859, Bd. 1, S. 1, 84 (Kapitel 13).

10 Jeremy Bentham, *Anarchical Fallacies*, in: John Bowring (Hg.), *Works of Jeremy Bentham*, Edinburgh 1859, Bd. 2, S. 489, 511 f. (Artikel 8); Bentham, *Principles of Morals and Legislation*, S. 1, 144 (Kapitel 19, § 11).

11 Bentham, *Anarchical Fallacies*, S. 144 (Kapitel 19, § 4).

setzte, eine bessere Gesellschaft und bessere Gesetze zu schaffen. Warum bestanden sie also auf der Trennung des Rechts, wie es ist, vom Recht, wie es sein sollte? Was meinten sie damit? Hören wir zunächst, was sie sagten. Austin formulierte die These so:

Das Vorhandensein einer Rechtsnorm ist *eine* Sache; ihre Richtigkeit oder Unrichtigkeit eine *andere*. Ob sie besteht oder nicht, ist *eine* Frage; ob sie einer zugrunde gelegten Idealvorstellung entspricht oder nicht, eine *andere*. Ein bestehendes Gesetz ist auch dann ein Gesetz, wenn es uns nicht zusagt oder wenn es von dem Kriterium abweicht, an dem wir unsere Billigung oder Mißbilligung orientieren. Diese Wahrheit, in einem abstrakten Satz förmlich verkündet, ist so einfach und einleuchtend, daß es müßig erscheint, sie besonders zu betonen. So einfach und einleuchtend sie aber in abstrakter Formulierung auch ist, mit der Aufzählung von Fällen, in denen sie vergessen wurde, könnte man Bände füllen.

Sir William Blackstone, zum Beispiel, sagt in seinen »Commentaries«, daß Gottes Gesetze in ihrer Verbindlichkeit über allen anderen Gesetzen stehen; daß nicht geduldet werden sollte, daß menschliche Gesetze ihnen widersprechen; daß menschliche Gesetze, die dieses tun, keine Gültigkeit haben; und daß alle gültigen Gesetze ihre Autorität von jenen göttlichen Urgesetzen herleiten.

Nun *mag* er damit meinen, daß alle menschlichen Gesetze mit den göttlichen Gesetzen übereinstimmen sollten. Wenn er das meint, so stimme ich ihm ohne weiteres zu [...]. Er könnte auch meinen, daß der menschliche Gesetzgeber in eigener Person durch die göttlichen Gesetze gehalten ist, die Gesetze, die er erläßt, an jenem höchsten Maßstab auszurichten, weil er andernfalls von Gott gestraft werden würde. Auch dem stimme ich vollkommen zu [...].

Die Bedeutung dieser Stelle bei Blackstone, sofern sie überhaupt etwas bedeutet, scheint aber vielmehr die folgende zu sein: daß kein menschliches Gesetz, das zum göttlichen Gesetz in Widerspruch steht, verpflichtend oder bindend ist; mit anderen Worten, daß kein menschliches Gesetz, das dem göttlichen Gesetz widerspricht, *ein Gesetz ist*«.[12]

Austins Einwand gegen die Verwischung des Unterschiedes zwischen dem, was Recht ist, und dem, was Recht sein sollte, ist ganz

12 John Austin, *The Province of Jurisprudence Determined*, New York 1954, S. 184f. [Anm. d. Übers.: Blackstone (1723-1780) war der führende englische Rechtsgelehrte seiner Zeit, der mit seinen *Commentaries on the Laws of England* (4 Bände, 1765-68) ein noch heute zitiertes Standardwerk schuf.]

allgemein aufzufassen: Diese Verwischung ist ein Fehler, gleichgültig nach welchem Kriterium wir beurteilen, was sein sollte, »an welchem Maßstab wir unsere Billigung beziehungsweise Mißbilligung orientieren«. Seine Beispiele allerdings betreffen immer Verwechselungen des Rechts, wie es ist, mit dem Recht, wie es nach den Forderungen der Moral sein sollte. Dabei waren die Grundprinzipien der Moral für ihn die Gebote Gottes, deren Inhalt sich an ihrer Nützlichkeit ablesen ließ; außerdem kannte er noch die von einer sozialen Gruppe tatsächlich anerkannte oder »positive« Moral.

Auch Bentham bestand auf dieser Unterscheidung; allerdings war die Moral für ihn nicht auf Gott, sondern allein auf die Prinzipien der Nützlichkeit bezogen. Daß beide Denker an der Trennung festhielten, hatte seinen Hauptgrund darin, daß sie ihre Leser in die Lage versetzen wollten, sich mit Bestimmtheit die genaue Problematik moralisch schlechter Gesetze vor Augen zu führen und den besonderen Charakter der Autorität einer Rechtsordnung zu verstehen. Benthams allgemeine Anweisung für ein Leben unter dem Gesetz war einfach: Sie lautete *»gehorche gewissenhaft, kritisiere freimütig«*.[13] Doch als wachsamer Beobachter der Französischen Revolution war Bentham sich durchaus darüber im klaren, daß das allein nicht genügt: In jeder Gesellschaft könne eine Zeit kommen, in der die Vorschriften des Gesetzes so verwerflich sind, daß die Frage des Widerstandes ins Auge gefaßt werden muß, und dann komme es darauf an, daß die an diesem Punkt zu lösenden Probleme weder unzulässig vereinfacht noch verdunkelt worden sind.[14] Genau dies aber war es, was die Vermengung von Recht und Moral angerichtet hatte, und Bentham fand, daß sich die Verwirrung symmetrisch in zwei verschiedene Richtungen ausgebreitet hatte. Einerseits hatte Bentham den Anarchisten im Sinn, der argumentiert: »So, wie es ist, sollte das Recht nicht sein; daher ist es kein

13 Bentham, *A Fragment on Government*, S. 221, 230 (Vorwort, § 16).

14 Siehe Jeremy Bentham, *Principles of Legislation*, in: Charles Kay Ogden (Hg.), *The Theory of Legislation*, London 1931, S. 65 (Kapitel 12, § 2): »Hier berühren wir eine äußerst schwierige Frage. Wenn das Recht nicht ist, wie es sein sollte, wenn es offen dem Prinzip der Nützlichkeit widerspricht, sollten wir ihm dann gehorchen? Sollten wir es verletzen? Oder sollten wir uns zwischen dem Recht, das ein Übel gebietet, und der Moral, die es verbietet, neutral verhalten?« Siehe auch Bentham, *A Fragment on Government*, S. 221, 287 f. (Kapitel 4, §§ 20-25).

Recht, und ich bin nicht nur frei, es zu kritisieren, sondern auch, es nicht zu befolgen.« Andererseits dachte er an den Reaktionär, der argumentiert: »Das ist das Recht, und daher ist es so, wie es sein sollte«, und damit jede Kritik im Keim erstickt. Beide Irrtümer waren, so meinte Bentham, bei Blackstone zu finden: Da war seine unbedachte Behauptung, daß menschliche Gesetze ungültig seien, wenn sie dem Gesetz Gottes widersprächen,[15] ebenso wie »jener Geist eines unterwürfigen Quietismus, der unserem Autor angeboren zu sein scheint« und der »ihn kaum je einen Unterschied erkennen lassen wird« zwischen dem, was ist, und dem, was sein sollte.[16] Darin sah Bentham in der Tat die Berufskrankheit des Juristen: »In den Augen der Juristen – um von ihren Opfern, das heißt bis heute: von der Mehrzahl der Nichtjuristen, zu schweigen – sind *Sein* und *Sollen* [...] ein und dasselbe.«[17] Es gibt also zwei Gefahren, zwischen denen hindurchzusteuern das Bestehen auf diesem Unterschied uns helfen wird: die Gefahr, daß das Recht und seine Autorität sich in den Vorstellungen der Leute davon, was Recht sein sollte, auflöst, und die Gefahr, daß das bestehende Recht die Moral in ihrer Funktion als letzten Maßstab des Verhaltens verdrängt und sich so der Kritik entzieht.

Im Hinblick auf spätere Kritik ist es ebenfalls wichtig, verschiedene Dinge zu unterscheiden, welche die Utilitaristen *nicht* im Auge hatten, wenn sie an ihrer Unterscheidung von Recht und Moral festhielten. Sie erkannten zweifellos eine Reihe jener Gesichtspunkte an, die man unter dem Begriff »Überschneidung von Recht und Moral« zusammenfassen kann. Erstens bestritten sie nie die historische Tatsache, daß moralische Überzeugungen einen starken

15 Bentham kritisierte an dieser »gefährlichen Maxime«, daß sie »ganz natürlich einen Menschen dazu bringt, sich unter Berufung auf sein Gewissen gegen jedes beliebige Gesetz, das ihm gerade nicht passt, zur Wehr zu setzen« (Bentham, *A Fragment on Government*, S. 221, 287, Kapitel 4, §§ 19). Siehe auch Jeremy Bentham, *A Comment on the Commentaries. A Criticism of William Blackstone's Commentaries on the Laws of England*, Oxford 1928, S. 49 (Kapitel 3). Austin fürchtete, daß eine solche Lehre zur Anarchie führt, erkannte aber an, daß unter Umständen Widerstand aus Gründen der Nützlichkeit gerechtfertigt sein kann (Austin, *The Province of Jurisprudence Determined*, S. 186).

16 Bentham, *A Fragment on Government*, S. 221, 294 (Kapitel 5, § 10).

17 Jeremy Bentham, *A Commentary on Humphrey's Real Property Code*, in: John Bowring (Hg.), *Works of Jeremy Bentham*, Edinburgh 1843, Bd. 5, S. 389.

Einfluß auf die Entwicklung von Rechtssystemen ausgeübt haben und daß umgekehrt das Recht die Maßstäbe der Moral in wesentlichen Punkten geprägt hat, so daß der Inhalt vieler gesetzlicher Bestimmungen moralische Regeln oder Grundsätze widerspiegelt. Es ist zwar nicht immer leicht, diesen geschichtlichen Kausalzusammenhang im einzelnen zu verfolgen, doch Bentham war zweifellos bereit zuzugeben, daß er besteht. Und auch Austin sprach von der »häufigen Übereinstimmung«[18] von positivem Recht und Moral, und schrieb die Vermengung dessen, was Recht ist, mit dem, was Recht sein sollte, ebendieser Tatsache zu.

Zweitens bestritten weder Bentham noch seine Nachfolger, daß durch ausdrückliche gesetzliche Anordnungen moralische Grundsätze an verschiedenen Punkten in ein Rechtssystem aufgenommen werden und einen Teil seiner Regeln bilden können oder daß Gerichte gesetzlich verpflichtet sein können, ihre Entscheidungen im Einklang mit dem zu treffen, was sie als gerecht und optimal erachten. Bentham erkannte sogar an, was Austin nicht tat, daß selbst die oberste gesetzgebende Instanz durch eine Verfassung rechtlichen Beschränkungen unterworfen sein kann,[19] und hätte nicht bestritten, daß moralische Grundsätze, wie jene des fünften Zusatzartikels zur amerikanischen Verfassung,[20] den Inhalt solcher verfassungsrechtlichen Beschränkungen bilden können. Austin dagegen war der Meinung, daß Beschränkungen der obersten gesetzgebenden Instanz nicht die Autorität des Rechts genießen können, sondern lediglich politische oder moralische Kontrollen bleiben;[21] doch selbstverständlich hätte er anerkannt, daß etwa ein Gesetz die gesetzgebende Gewalt delegieren und ihren Ausübungsbereich unter Bezug auf moralische Grundsätze einschränken kann.

Worauf es beiden, Bentham und Austin, ankam, sind die zwei folgenden einfachen Dinge. Erstens: Außer im Falle einer ausdrücklichen verfassungsrechtlichen oder gesetzlichen Vorschrift, kann aus der bloßen Tatsache, daß eine Norm die Grundsätze der Moral verletzt, nicht gefolgert werden, daß sie keine Rechtsnorm ist. Zweitens: Umgekehrt kann aus der bloßen Tatsache, daß eine

18 Austin, *The Province of Jurisprudence Determined*, S. 162.

19 Bentham, *A Fragment on Government*, S. 221, 289 f. (Kapitel 4, § 33, § 34).

20 [Anm. d. Übers.: Dieser Zusatzartikel enthält wesentliche Garantien individueller Rechte, z. B. das Verbot entschädigungsloser Enteignung.]

21 Siehe Austin, *The Province of Jurisprudence Determined*, S. 231.

Norm moralisch wünschenswert ist, nicht gefolgert werden, daß sie eine Rechtsnorm ist.

Die Geschichte dieser einfachen Lehre im neunzehnten Jahrhundert ist zu lang und zu verwickelt, als daß sie hier verfolgt werden könnte. Lassen Sie mich zusammenfassend darüber sagen, daß sie, nachdem Austin sie der Welt bekannt gemacht hatte, die englische Rechtswissenschaft beherrscht. Amos, einer seiner englischen Nachfolger, sagte über Austin, er habe »das Recht vom toten Ballast der Moral befreit«;[22] und selbst Maine, der Austin in vielen Punkten kritisch gegenüberstand, stellte diesen Teil seiner Lehre nicht in Frage. In den Vereinigten Staaten urteilten Männer wie N. St. John Green,[23] Gray und Holmes, daß die Betonung dieser Unterscheidung dem Verständnis des Rechts als eines Mittels der sozialen Kontrolle zu einem neuen, fruchtbaren Aufbruch verholfen habe; sie begrüßten sie als selbstverständlich und aufklärend zugleich – als eine erhellende Tautologie. Diese Unterscheidung ist natürlich eines der Hauptthemen von Holmes' berühmtem Essay »The Path of the Law«,[24] aber der Platz, den sie in der Bewertung dieser amerikanischen Denker einnahm, geht am besten aus dem hervor, was Gray um die Jahrhundertwende in *The Nature and Sources of the Law* schrieb:

Der große Fortschritt, den die Rechtswissenschaft während des letzten Jahrhunderts in ihren grundlegenden Vorstellungen machte, war die Erkenntnis der Wahrheit, daß das Recht eines Staates [...] nicht ein Ideal ist, sondern etwas, das tatsächlich existiert [...]. Es ist nicht das, was sein sollte,

22 Sheldon Amos, *The Science of Law*, London ^{5}1881, S. 4. Siehe auch William Markby, *Elements of Law. Considered with Reference to Principles of General Jurisprudence*, Oxford ^{5}1896, S. 4f.: »Mit der Verankerung der Unterscheidung zwischen positivem Recht und Moral hat Austin nicht nur den Grundstein für eine Wissenschaft des Rechts gelegt, sondern den Rechtsbegriff [...] von einer Anzahl unheilvoller Konsequenzen gereinigt, [...] die er im Gefolge zu haben schien. Positive Gesetze müssen, wie Austin zeigte, rechtlich bindend sein, und doch kann ein Gesetz ungerecht sein [...]. Austin hat eingeräumt, daß das Recht selbst unmoralisch sein mag, in welchem Fall es unsere moralische Pflicht sein kann, ihm nicht zu gehorchen«, vgl. Thomas Erskine Holland, *The Elements of Jurisprudence*, Oxford 1880, S. 1-20.

23 Siehe die Buchrezension von Nicholas St. John Green in: *American Law Review* 6 (1871), S. 57, 61 (abgedruckt in: Nicholas St. John Green, *Essays and Notes on the Law of Tort and Crime*, Menasha 1933, S. 31, 35).

24 *Harvard Law Review* 10 (1897), S. 457.

sondern das, was ist. Diese Tatsache in der Rechtstheorie des Common Law unumstößlich verankert zu haben, ist Austins große Leistung.[25]

II.

So viel über diese Lehre auf dem Höhepunkt ihres Erfolges. Wenden wir uns nun der an ihr geübten Kritik zu. Wenn Bentham und Austin auf der Unterscheidung zwischen dem Recht, wie es ist, und dem Recht, wie es sein sollte, bestanden, so hatten sie zweifellos *bestimmte* Gesetze im Auge, deren Inhalt klar umrissen war und daher zweifelsfrei feststand, und sie wollten dartun, daß solche Gesetze, wenn auch moralisch verwerflich, dennoch Gesetze waren. Bei der Auseinandersetzung mit späterer Kritik ist es jedoch nötig, mehr als nur die auf diesen speziellen Punkt gerichteten Einwände zu berücksichtigen, wenn man an die Wurzeln des Unbehagens gelangen will. Wir müssen dann auch folgenden Einwand bedenken: Selbst wenn das von den Utilitaristen zu diesem speziellen Punkt Gesagte wahr sein sollte, so könnte doch ihr Festhalten daran in einer Terminologie, die eine allgemeine Kluft zwischen dem Recht, wie es ist, und dem Recht, wie es sein sollte, unterstellt, die Tatsache verdunkeln, daß es an anderen Punkten eine wesentliche Berührung zwischen beiden gibt. Ich werde daher im folgenden nicht nur die Kritik an dem von den Utilitaristen gemeinten speziellen Punkt in Betracht ziehen, sondern auch die Behauptung, daß zwischen Recht und Moral ein wesentlicher Zusammenhang sichtbar wird, wenn man untersucht, wie Gesetze, deren Bedeutung umstritten ist, im konkreten Fall ausgelegt und angewandt werden; und daß dieser Zusammenhang erneut in Erscheinung tritt, wenn wir unseren Gesichtswinkel erweitern und nicht fragen, ob jede einzelne Rechtsnorm einer Mindestforderung der Moral genügen muß, um Recht zu sein, sondern ob ein System von Normen, das dieser Forderung insgesamt nicht gerecht wird, ein Rechtssystem sein kann.

Am Anfang jedoch steht eine bedeutsame Verflechtung von Problemen, die bei den Kritikern viel Verwirrung gestiftet hat. Wir müssen bedenken, daß die Utilitaristen mit ihrer entschiedenen

25 John Chipman Gray, *The Nature and Sources of the Law*, New York 1909, S. 94 (§ 213).

Trennung von Recht und Moral zwei weitere, ebenso berühmte, aber sehr unterschiedliche Lehren verbanden. Die eine war die wichtige Wahrheit, daß ein rein analytisches Studium rechtlicher Begriffe, ein Studium der Bedeutung des spezifischen Vokabulars des Rechts, für unser Verständnis der Natur des Rechts ebenso wichtig ist wie historische oder soziologische Studien, obwohl es diese selbstverständlich nicht ersetzen kann. Die andere Lehre war die bekannte Imperativentheorie des Rechts, nach der Recht eigentlich aus Befehlen besteht.

Diese drei Lehren machen die utilitaristische Tradition in der Rechtstheorie aus; doch sind sie voneinander zu unterscheiden. Man kann die Trennung von Recht und Moral bejahen sowie auf Bedeutungsanalysen rechtlicher Begriffe Wert legen und es doch für falsch halten, Recht als wesensgleich mit Befehlen aufzufassen. *Eine* Quelle großer Verwirrung in der Kritik der Trennung von Recht und Moral war die Meinung, daß die Unrichtigkeit einer dieser drei Lehren innerhalb der utilitaristischen Tradition auch die beiden anderen als falsch erweise; aber schlimmer noch war, daß man überhaupt nicht sah, daß diese Tradition drei ganz unterschiedliche Lehren enthielt. Der unterschiedslose Gebrauch des Schlagworts »Positivismus« zur Bezeichnung jeder dieser drei verschiedenen Lehren (im Verein mit einigen anderen, zu denen sich die Utilitaristen nie bekannt haben) hat die Problematik vielleicht mehr verwirrt als irgendein anderer einzelner Faktor.

In der heutigen Rechtstheorie sind sogar fünf (wenn nicht noch mehr) Bedeutungen von »Positivismus« im Umlauf:

1. Die Behauptung, daß Gesetze menschliche Befehle sind (siehe unten S. 24 ff.);

2. Die Behauptung, daß kein notwendiger Zusammenhang besteht zwischen Recht und Moral oder zwischen dem Recht, wie es ist, und dem Recht, wie es sein sollte (siehe oben S. 17 ff.);

3. Die Behauptung, daß die Analyse (oder Bedeutungsuntersuchung) von Rechtsbegriffen a) lohnend ist und b) zu unterscheiden ist von der historischen Erforschung von Ursachen und Ursprung des Rechts, von der soziologischen Erforschung der Beziehung des Rechts zu anderen sozialen Phänomenen sowie von der kritischen Würdigung des Rechts vom Standpunkt der Moral oder sonstiger sozialer Zielvorstellungen;

4. Die Behauptung, daß ein Rechtssystem ein »in sich geschlossenes logisches System« ist, in dem man mit Mitteln der Logik richtige rechtliche Entscheidungen aus vorgegebenen rechtlichen Normen deduzieren kann, ohne Berufung auf soziale Ziele, allgemeine Leitsätze oder moralische Maßstäbe (siehe unten S. 32 ff.);

5. Die Behauptung, daß moralische Urteile nicht, wie Tatsachenaussagen, mit rationalen Argumenten, Gründen oder Beweisen gerechtfertigt oder verteidigt werden können: ethischer »Nonkognitivismus« (siehe unten S. 51 ff.).

Bentham und Austin vertraten die in 1., 2. und 3., aber nicht die in 4. und 5. beschriebenen Auffassungen. Die Ansicht 4 wird häufig analytischen Rechtsdenkern zugeschrieben, aber mir ist kein »Analytiker« bekannt, der sie vertrat.

Einige der frühen amerikanischen Kritiker Austins haben die von ihm vertretenen positivistischen Lehren mit bewundernswerter Klarheit auseinandergehalten. Gray zum Beispiel fügte am Schluß der schon erwähnten Würdigung Austins die Worte hinzu: »Vielleicht irrte er darin, daß er das Recht des Staates als Befehl des Souveräns behandelte«,[26] und berührte mit Scharfsinn eine Reihe von Punkten, in denen die Imperativentheorie unzureichend ist. Andere Kritiker jedoch dachten weniger klar und meinten, die Unzulänglichkeiten der Imperativentheorie, die nach und nach zutage traten, reichten aus, um die Abwegigkeit der Trennung von Recht und Moral zu beweisen.

Das war ein Fehler, jedoch ein begreiflicher. Wie begreiflich er ist, zeigt eine nähere Betrachtung der Befehlstheorie. Diese berühmte Theorie, nach der Rechtsnormen Befehle sind, war Teil eines umfassenderen und weiterzielenden Anspruchs. Austin sagte, der Begriff des Befehls sei »der Schlüssel zur Theorie von Recht und Moral«,[27] und gegenwärtige Versuche, moralische Urteile als »imperative« und »präskriptive« Äußerungen zu analysieren, sind ein Echo dieses weitreichenden Anspruchs. Betrachtet man aber die Befehlstheorie auch nur als einen Versuch, die Quintessenz des Rechts zu erfassen, von der Quintessenz der Moral ganz zu schweigen, so erscheint sie in ihrer Einfachheit atemberaubend und durchaus unzureichend. Selbst in den einfachsten Rechtssystemen

26 John Chipman Gray, *The Nature and Sources of the Law*, New York ²1921, S. 94 f.
27 Austin, *The Province of Jurisprudence Determined*, S. 13.

gibt es vieles, das entstellt wird, wenn man es als Befehl darstellt. Doch glaubten die Utilitaristen, das Wesen eines Rechtssystems wäre erklärt, wenn man den Begriff des Befehls durch den Begriff der Befolgungsgewohnheit ergänzte. Das simple Schema sah so aus: Was ist ein Befehl? Ein Befehl ist einfach der von einer Person geäußerte Wunsch, daß eine andere Person etwas Bestimmtes tun oder unterlassen soll, begleitet von der Androhung einer Strafe für den Fall der Nichtbefolgung. Befehle sind Gesetze, wenn sie zwei Bedingungen genügen: Zum einen müssen sie allgemein sein; zum zweiten müssen sie von einer Instanz ausgehen, die es (wie Bentham und Austin behaupteten) in jeder Gesellschaft, gleichgültig mit welcher Verfassung, gibt, nämlich von einer Person oder einer Gruppe von Personen, denen die meisten Mitglieder der Gesellschaft gewohnheitsmäßig gehorchen, die ihrerseits aber niemandem einen solchen Gehorsam leisten. Diese Personen sind der Souverän der betreffenden Gesellschaft. Das Recht ist also der Befehl dessen, der einer Gesellschaft befiehlt, ohne selber einem Befehl zu unterstehen – die Schöpfung des rechtlich ungebundenen Willens des Souveräns, der per definitionem außerhalb des Rechtes steht. Die Fadenscheinigkeit dieser Analyse eines Rechtssystems liegt auf der Hand. Auch kann man sehen, weshalb es so aussehen kann, als ob ihre Unzulänglichkeit auf die Unterschlagung eines wesentlichen Zusammenhangs mit der Moral zurückzuführen wäre. Die Situation, wie sie sich durch die einfache Dreiheit von Befehl, Sanktion und Souverän beschreiben läßt, ist, sofern man diese Begriffe überhaupt genau nimmt, vergleichbar der Situation eines Banditen, der seinem Opfer mit den Worten »Geld oder Leben« entgegentritt. Der einzige Unterschied ist der, daß im Falle eines Rechtssystems der Bandit sich an eine große Anzahl von Menschen wendet, die an die Erpressung gewöhnt ist und sich immer wieder fügt. Doch Recht ist ganz sicher nicht die Situation eines Banditen im Großen, und eine Rechtsordnung kann gewiß nicht so ohne weiteres mit der Ausübung von Zwang gleichgesetzt werden.

Dieses Schema läßt trotz einiger offensichtlicher Analogien zwischen einem Gesetz und einem Befehl einige der wesentlichsten Merkmale des Rechts unberücksichtigt. Hier sind einige davon: Es ist falsch, sich eine gesetzgebende Körperschaft (und erst recht eine Wählerschaft) mit wechselndem Mitgliederkreis als eine Gruppe von Personen vorzustellen, denen gewohnheitsmäßig Gehorsam geleistet wird; diese simple Vorstellung träfe nur auf einen Monarchen zu, der lange genug lebt, damit eine »Gewohnheit« entstehen kann. Aber selbst wenn wir von diesem Punkt absehen, so kann nichts, was der Gesetzgeber tut, Recht schaffen, wenn er sich nicht an allgemein anerkannte fundamentale Regeln hält, die das zur Rechtssetzung erforderliche Verfahren angeben. Dies gilt selbst in einem System mit einer einfachen, einheitlichen Verfassung wie dem britischen. Diese allgemein anerkannten fundamentalen Regeln, welche im einzelnen festlegen, was die gesetzgebende Körperschaft tun muß, um Gesetze zu schaffen, sind nicht gewohnheitsmäßig befolgte Befehle, noch kann man sie als Befolgungsgewohnheiten gegenüber bestimmten Personen bezeichnen. Sie bilden die Grundlage eines Rechtssystems, und was das Schema der Utilitaristen am stärksten vermissen läßt, ist eine Analyse dessen, was es für ein gesellschaftliches System und seine Funktionäre bedeutet, derartige Regeln anzuerkennen. Der Begriff der Regel und nicht der Begriff des Befehls, wie Austin behauptete, ist der »Schlüssel zur Rechtstheorie« oder zumindest einer der Schlüssel.

Ferner blickte Austin, im Falle einer Demokratie, über die Gesetzgeber hinaus auf die Wählerschaft als den »Souverän« (oder in England als einen Teil desselben). Er meinte, daß in den Vereinigten Staaten die Masse der Wähler zu den Parlamenten der Einzelstaaten wie des Gesamtstaates jener Souverän ist, dessen Befehle, aus dem Mund seiner »Vertreter« in den Parlamenten, das Recht bilden. Aber auf dieser Grundlage ist der ganze Begriff eines außerhalb des Rechts stehenden Souveräns, dem die »Masse« der Bevölkerung »gewohnheitsmäßig gehorcht«, hinfällig. Denn in diesem Falle gehorcht »die Masse« der Masse, das heißt sie gehorcht sich selbst. Die allgemeine Anerkennung der Autorität einer rechtsetzenden Instanz, ungeachtet der wechselnden Personen, die sie jeweils konstituieren, kann durch eine Deutung im Sinne des gewohnheitsmäßigen Gehorsams der Bevölkerung gegenüber Personen, die per definitionem außerhalb des Rechts stehen, offenbar nur entstellt werden. Ebenso gerät das verwandte aber viel einfachere Phänomen der allgemeinen sozialen Anerkennung eines Brauches, wie etwa das Abnehmen des Hutes beim Betreten einer Kirche, in ein falsches Licht, wenn man diesen Brauch als gewohnheitsmäßigen Gehorsam der Bevölkerung gegenüber bestimmten Personen verstehen würde.

Andere Kritiker ahnten dunkel einen schwerer wiegenden Mangel der Befehlstheorie, verwischten aber die Umrisse ihres gewichtigen Einwandes durch die Annahme, der Mangel liege in dem Versäumnis, an einem wesentlichen Zusammenhang zwischen Recht und Moral festzuhalten. Dieser gravierende Mangel sieht so aus. Das Bild, das die Befehlstheorie vom Leben in einem Rechtssystem zeichnet, ist im wesentlichen das einer einfachen Beziehung zwischen Befehlendem und Befehlsempfänger, zwischen Höhergestelltem und Untergebenem, zwischen oben und unten. Die Beziehung zwischen den Befehlenden oder Urhebern des Rechts, die als im wesentlichen außerhalb des Rechts stehend begriffen werden, und den Gehorchenden, die ihm unterworfen sind, ist eine vertikale. In diesem Bild gibt es keinen Raum, auch nicht auf eine nur zufällige oder untergeordnete Weise, für eine Unterscheidung der tatsächlich grundverschiedenen Typen von Rechtsnormen. Es gibt Gesetze, die den Menschen vorschreiben, in einer bestimmten Art zu handeln beziehungsweise nicht zu handeln, ob sie es wollen oder nicht. Das Strafrecht besteht weitgehend aus Vorschriften dieser Art: Man kann ihnen, wie Befehlen, einfach »gehorchen« oder »nicht gehorchen«. Aber andere rechtliche Normen treten den Bürgern auf ganz andere Weise gegenüber und haben ganz andere Funktionen. Sie stellen dem einzelnen mehr oder weniger komplizierte Möglichkeiten zur Verfügung, innerhalb der Zwangsordnung des Rechts ein Gefüge von Rechten und Pflichten für seine Lebensführung zu errichten. Dieser Art sind zum Beispiel die Regeln, die es dem einzelnen ermöglichen, Verträge zu schließen oder ein Testament zu machen, ganz allgemein: seine rechtlichen Beziehungen zur Umwelt zu gestalten. Solche Vorschriften sind im Unterschied zu den Normen des Strafrechts nicht dazu da, asoziale Wünsche und Vorhaben zu unterdrücken; sie schaffen vielmehr die Möglichkeit, Wünsche und Vorhaben zu verwirklichen. Sie sagen nicht (wie Befehle): »Tu das, ob du willst oder nicht«, sondern vielmehr: »Wenn du das vorhast, ist dies der richtige Weg«. Im Rahmen dieser Vorschriften üben wir Vollmachten aus, erheben Ansprüche und machen Rechte geltend. Diese Redeweisen kennzeichnen charakteristische Eigenschaften jener Rechtsnormen, die Rechte verleihen und zu etwas ermächtigen. Es sind Normen, die dem einzelnen gewissermaßen zur Verfügung gestellt werden, was man von den Normen des Strafrechts nicht sagen kann. Man hat viel Scharfsinn darauf verwandt, Normen dieser Art auf den Status einer komplexen Variante von Normen der ersten Art zu »reduzieren«. Die Bemühung zu zeigen, daß Normen, die Rechte verleihen, »in Wirklichkeit« nur bedingte Anordnungen von Sanktionen sind, denen der Betreffende ausgesetzt ist, der damit letzten Endes doch einer Rechtspflicht unterliegt, kennzeichnet weite Partien im Werk Kelsens.[28] Dies zu behaupten, läuft aber eigentlich nur darauf hinaus, aus Dogmatismus einen Aspekt des Rechtssystems zu unterdrücken, um die Theorie festhalten zu können, daß die Anordnung von Sanktionen, wie Austins Befehl, die Quintessenz des Rechts ausmache. Ebensogut könnte man behaupten, die Regeln des Baseball wären »in Wirklichkeit« nur bedingte Anweisungen an den Schiedsrichter und darin läge ihr »eigentlicher« Sinn.

Salmond, einer der ersten Rechtstheoretiker in England, der mit der Austinschen Überlieferung brach, beklagte sich, daß die Auffassung des Rechts als eines Systems von Befehlen für die Vorstellung eines subjektiven Rechtes keinen Platz lasse.[29] Aber er traf nicht den Kern der Sache. Er argumentierte zunächst richtig, daß, wenn Rechtsnormen bloß Befehle seien, es unerklärlich wäre, wie wir dazu gekommen sind, auf ihrer Grundlage von gesetzlichen Ansprüchen und Ermächtigungen zu sprechen; er zog daraus aber die falsche Folgerung, daß die Normen eines Rechtssystems notwendig mit Regeln der Moral oder Grundsätzen der Gerechtigkeit zusammenhängen müßten und daß das Phänomen gesetzlicher Rechte nur auf dieser Grundlage erklärt werden könne. Andernfalls, so meinte Salmond, müßten wir sagen, daß ein bloß »verbaler Zufall« die Begriffe des gesetzlichen und des moralischen Rechts verbindet. In ähnlicher Weise behaupteten kontinentale Kritiker der Utilitaristen, dem komplexen Begriff des subjektiven Rechts gegenüber stets aufgeschlossen, daß die Befehlstheorie diesem keinen Platz einräume. Hägerström wies mit Nachdruck darauf hin,

28 Siehe etwa Hans Kelsen, *General Theory of Law and State*, Cambridge 1945, S. 58 ff., 143 f. Nach Kelsen sind alle Normen, nicht nur jene, die Rechte und Ermächtigungen verleihen, reduzierbar auf solche »Primärnormen«, die bedingungsweise Sanktionen anordnen. [Anm. d. Übers.: Vgl. auch Hans Kelsen, *Reine Rechtslehre*, Wien ^{2}1960, S. 55 ff.]

29 John William Salmond, *The First Principles of Jurisprudence*, London 1893, S. 97 f. Salmond protestierte gegen »das Credo der sogenannten englischen Schule der Rechtstheorie«, weil sie »versucht, den Rechtsgedanken jener ethischen Bedeutung zu berauben, die eines seiner wesentlichsten Elemente ist« (S. 9 f.).

daß, wenn Rechtsnormen nichts als Befehle wären, die Vorstellung vom Recht des einzelnen sich tatsächlich nicht erklären ließe; denn Befehle sind, wie er sagte, etwas, dem wir entweder gehorchen oder nicht gehorchen; Rechte verleihen sie jedoch nicht.[30] Aber auch er folgerte, daß deshalb notwendig moralische oder, wie er sich ausdrückte, alltägliche Begriffe der Gerechtigkeit in die Analyse jedes Rechtssystems eingehen müssen, das so komplex ist, subjektive Rechte zu verleihen.[31]

Doch sind diese Argumente zweifellos verworren. Gesetzliche Normen, die Rechte verleihen, müssen, obwohl sie sich von Befehlen unterscheiden, weder moralische Regeln sein noch mit solchen übereinstimmen. Rechte gibt es schließlich auf Grund von zeremoniellen Vorschriften, von Spielregeln sowie in zahlreichen anderen regelgelenkten Bereichen, die für die Frage der Gerechtigkeit beziehungsweise die Frage, was Recht sein sollte, ohne Bedeutung sind. Auch müssen Gesetze, die Rechte verleihen, nicht unbedingt gerechte oder moralisch gute Gesetze sein. Das zeigen die Rechte eines Herrn über seine Sklaven. »Ihr Wert oder Unwert«, wie Austin es nannte, hängt davon ab, wie die Rechte in einer Gesellschaft verteilt sind und über wen oder was sie ausgeübt werden. Die besagten Kritiker haben in der Tat die Unzulänglichkeit der einfachen Begriffe von Befehl und Gewohnheit für die Analyse des Rechts bloßgestellt; in vieler Hinsicht liegt es auf der Hand, daß die soziale Anerkennung einer Norm oder Autorität (selbst wenn sie nur aus Furcht oder Aberglauben erfolgt oder auf Trägheit beruht) in die Analyse einbezogen werden muß und nicht ihrerseits auf die beiden einfachen Begriffe reduziert werden kann. Nichts hiervon beweist jedoch, daß das Festhalten der Utilitaristen an der Unterscheidung zwischen dem Bestehen des Rechts und seinem »Wert« falsch ist.

30 Axel Hägerström, *Inquiries Into the Nature of Law and Morals*, Uppsala 1953, S. 217: »Die ganze Theorie der subjektiven Rechte privater Individuen [...] ist mit der Befehlstheorie unvereinbar.« Siehe auch S. 221: »Daß man sie [die Ansprüche auf rechtlichen Schutz] als Rechte bezeichnet, ist ohne Einschränkung von dem Gedanken hergeleitet, daß die betreffenden Normen ein getreuer Ausdruck von Rechten und Pflichten in dem Sinne sind, in dem die volkstümliche Auffassung von Gerechtigkeit diese Begriffe versteht.«

31 Hägerström, *Inquiries Into the Nature of Law and Morals*, S. 218.

III.

Ich gehe jetzt zu einer ausgesprochen amerikanischen Kritik an der Unterscheidung des Rechts, das besteht, von dem Recht, das bestehen sollte, über. Sie ergab sich aus der kritischen Beschäftigung mit der Problematik der Rechtsanwendung, die in der amerikanischen Rechtstheorie alles in allem so lohnende Früchte gebracht hat. Die skeptischsten dieser Kritiker – die sogenannten »Realisten« der dreißiger Jahre – akzeptierten vielleicht zu vorbehaltlos das begriffliche Rüstzeug der Naturwissenschaften als angemessen zur Charakterisierung des Rechts und zur Analyse regelgelenkten Handelns, aus dem ein lebendes Rechtssystem wenigstens zum Teil besteht. Aber sie öffneten den Leuten die Augen für das, was tatsächlich vorgeht, wenn Gerichte Recht sprechen, und der von ihnen aufgezeigte Gegensatz zwischen der Wirklichkeit richterlicher Tätigkeit und der herkömmlichen Terminologie, die sie beschreibt, als wäre sie ein vollkommen logischer Vorgang, war in der Regel erhellend. Denn trotz einiger Übertreibung brachten uns die »Realisten« einen Grundzug menschlicher Sprache und menschlichen Denkens eindringlich zu Bewußtsein, dessen Berücksichtigung nicht nur für das Verständnis des Rechts, sondern in Bereichen der Philosophie weit über die Grenzen der Rechtstheorie hinaus unerläßlich ist. Die Einsicht dieser Schule mag an dem folgenden Beispiel dargestellt werden. Eine gesetzliche Vorschrift verbietet das Mitnehmen von Fahrzeugen in einen öffentlichen Park. Ohne Zweifel gilt das Verbot für Autos; wie steht es aber mit Fahrrädern, Rollschuhen, Kinderautos oder Flugzeugen? Sind diese im Hinblick auf den Gesetzeszweck als »Fahrzeuge« anzusprechen oder nicht? Wenn wir uns überhaupt miteinander verständigen wollen und wenn wir, wie selbst in der elementarsten Form des Rechts, unsere Absicht kundtun wollen, daß eine bestimmte Art des Verhaltens durch Gesetz geregelt werden soll, dann müssen die von uns gebrauchten allgemeinen Ausdrücke – in meinem Beispiel »Fahrzeug« – einen Standardfall erfassen, über den kein Zweifel besteht. Es muß einen Kern fester Bedeutung geben. Doch es wird außerdem eine Anzahl unklarer Grenzfälle geben, in denen der betreffende Begriff weder offensichtlich zutreffend noch unzutreffend ist. Jeder dieser Fälle wird gewisse Merkmale mit dem Standardfall gemeinsam haben; andere Merkmale des Standardfalls werden ihm fehlen, und er wird solche Merkmale besitzen, die im Standardfall nicht vorhanden sind. Menschlicher Erfindungsgeist und natürliche Vorgänge schaffen immer wieder derartige Abweichungen vom Vertrauten, und wenn wir sagen sollen, daß gewisse Tatsachenbereiche unter eine bestehende Norm fallen oder nicht, dann muß der Einstufende eine Entscheidung fällen, die ihm nicht vorgegeben ist; denn die Tatsachen und Phänomene, die unsere Sprache beschreibt und auf die wir unsere Gesetze anwenden, sind sozusagen *stumm*. Das Kinderauto kann sich nicht zu Wort melden und sagen »ich bin ein Fahrzeug im Sinne dieser gesetzlichen Bestimmung«, noch können die Rollschuhe verkünden »wir sind keine Fahrzeuge«. Die Tatsachen erwarten uns nicht sauber etikettiert, geplättet und gefaltet, und ihre rechtliche Einstufung ist ihnen nicht aufgedruckt, so daß der Richter sie einfach ablesen könnte. Statt dessen muß bei der Anwendung gesetzlicher Vorschriften irgend jemand für die Entscheidung, ob ein Ausdruck einen vorliegenden Fall erfaßt oder nicht sowie für alle mit dieser Entscheidung verbundenen praktischen Konsequenzen die Verantwortung übernehmen.

Man kann diejenigen Probleme, die außerhalb des Kerns von Standardfällen oder feststehenden Bedeutungen auftreten, als »Probleme der Schattenzone« bezeichnen;* sie sind unsere ständigen Begleiter, sei es in Verbindung mit so alltäglichen Dingen wie der Benutzungsregelung eines öffentlichen Parks oder mit den mehrdimensionalen Generalklauseln einer Verfassung. Wenn eine Schattenzone der Ungewißheit notwendig alle gesetzlichen Vorschriften umgibt, dann kann ihre Anwendung auf besondere Fälle im Bereich dieser Zone nicht eine Sache logischer Deduktion sein; das heißt, die deduktive Denkweise, durch Generationen als die Vollendung menschlichen Denkens gepriesen, kann nicht als Modell dafür dienen, was ein Richter oder sonst irgend jemand tut, wenn er einen besonderen Fall unter eine allgemeine Regel bringt. In diesem Bereich kann man nicht allein mit Deduktion auskommen. Und wenn rechtliche Argumente und Entscheidungen in Grenzfragen vernünftig sein sollen, muß ihre Vernünftigkeit in etwas anderem liegen als in ihren logischen Bezügen. Wenn es also vernünftig oder »stichhaltig« ist, zu argumentieren und zu entscheiden, daß

* [Anm. d. Hg.: »Schattenzone« übersetzt hier Harts Ausdruck »penumbra«, der der Sache nach Grenzfälle meint.]

ein Flugzeug kein Fahrzeug im Sinne dieser Vorschrift ist, so muß die Argumentation vernünftig oder stichhaltig sein, ohne logisch zwingend zu sein. Was ist es somit, das solche Entscheidungen richtig oder wenigstens besser macht als andere Entscheidungen? Auch hier scheint sich wieder zu zeigen, daß das Kriterium, nach dem sich in solchen Fällen eine Entscheidung als richtig erweist, eine Vorstellung davon ist, was Recht sein sollte; und so gesehen, liegt es nahe, zu sagen, es müsse ein moralisches Urteil darüber sein, was Recht sein sollte. Hier stoßen wir also, so scheint es, an einen Punkt, an dem sich »Recht und Moral notwendig überschneiden«, was die Unrichtigkeit oder jedenfalls den irreführenden Charakter des nachdrücklichen Festhaltens der Utilitaristen an der Trennung des Rechts, wie es ist, vom Recht, wie es sein sollte, beweist. Zweifellos konnten Bentham und Austin also nur deshalb so schreiben, wie sie es taten, weil sie diesen Aspekt des richterlichen Entscheidungsprozesses mißverstanden und vernachlässigten, das heißt, weil sie die Probleme der Schattenzone außer acht ließen.

Die Fehleinschätzung des richterlichen Entscheidungsprozesses, welche die Probleme der Schattenzone übersieht und diesen Prozeß vorwiegend als eine Sache deduktiven Denkens betrachtet, wird häufig als der Irrtum des »Formalismus« bezeichnet. Meine Frage ist nun, wieso und in welchem Ausmaß zeigt der Nachweis dieses Irrtums, daß die utilitaristische Trennung falsch oder irreführend ist? Hier gibt es eine Reihe von Problemen, die durcheinandergeraten sind, doch ich kann nur ein paar von ihnen entwirren. Der Vorwurf des Formalismus wurde sowohl gegen den »positivistischen« Rechtstheoretiker als auch gegen die Gerichte erhoben, doch muß er im jeweiligen Fall von sehr verschiedener Art sein. Erhoben gegen den Rechtstheoretiker, bedeutet der Vorwurf, daß er sich über das Wesen richterlicher Entscheidung in einem theoretischen Irrtum befindet; er faßt den in Frage stehenden Denkprozeß als Deduktion von Prämissen auf, bei der die praktischen Überlegungen beziehungsweise Entscheidungen des Richters keine Rolle spielen. Es ließe sich leicht zeigen, daß man Austin diesen Irrtum nicht vorwerfen kann; nur ein völliges Mißverständnis dessen, was analytische Rechtstheorie ist und warum er sie für wichtig hielt, hat zu der Meinung geführt, er oder irgendein anderer Analytiker habe das Recht für ein geschlossenes logisches System gehalten, in welchem Richter ihre Entscheidungen aus Prämissen deduzieren.[32] Im Gegenteil, er stand dem Wesen der Sprache sehr aufgeschlossen gegenüber und war sich über ihre Unbestimmtheit beziehungsweise Offenheit völlig im klaren.[33] Er vertrat die Ansicht, im Grenzfall müßten die Richter notwendig gesetzgeberisch tätig werden,[34] und rügte die Richter des Common Law dafür, daß sie

32 Dieses Mißverständnis der analytischen Rechtstheorie findet sich u. a. auch bei Julius Stone, *The Province and Function of Law. Law as Logic, Justice and Social Control. A Study in Jurisprudence*, Cambridge ³1950, S. 141: »Kurz gesagt, indem Cardozo die stillschweigend gemachte Annahme zurückwies, daß alle Sätze aller Rechtsgebiete logisch vereinbar sein und sich von einem einzigen Satz von Definitionen herleiten müssen, [...] bestritt er, daß das Recht tatsächlich das ist, was der analytische Jurist *für seine begrenzten Zwecke* in ihm sieht.« Siehe auch S. 49, 52, 138, 140; Friedmann, *Legal Theory*, S. 209. Dieses Mißverständnis scheint mit der unbedachten und irrigen Annahme zusammenzuhängen, daß analytische Untersuchungen über die Bedeutung von Rechtsbegriffen unmöglich und widersinnig wären, wenn für stichhaltige Entscheidungen in Einzelfällen mehr nötig ist als die Fähigkeit formal-logischen Schließens aus unzweideutigen und feststehenden Prämissen.

33 Siehe seine Diskussion über Unbestimmtheit und Ungewißheit im Recht; Austin, *The Province of Jurisprudence Determined*, S. 202 ff., 207. Hier weist er darauf hin, daß sich infolge dieser Unbestimmtheit oft nur ein unsicheres Kriterium angeben läßt für die Entscheidung, ob ein Einzelfall unter einen allgemeinen Ausdruck subsumierbar ist.

34 Siehe Austin, *The Province of Jurisprudence Determined*, S. 191: »Ich kann nicht verstehen, wie irgend jemand, der über die Sache nachgedacht hat, annehmen kann, die Gesellschaft hätte überhaupt weiterbestehen können, wenn die Richter sich nicht gesetzgeberisch betätigt hätten.« Zur Berichtigung des Glaubens, der analytische Rechtsdenker müsse im Prozess der Rechtsanwendung einen »automatischen« oder »mechanischen« Vorgang sehen, verdienen die folgenden Bemerkungen Austins Beachtung:

1. Bei der Gesetzanwendung kann stets ein »Widerstreit entgegengesetzter Analogien« auftreten, insofern der Fall in einigen Punkten solchen Fällen gleichen mag, auf die das Gesetz in der Vergangenheit angewandt wurde, und in anderen Punkten solchen Fällen, bei denen die Anwendung abgelehnt wurde. John Austin, *Lectures on Jurisprudence. Or, The Philosophy of Positive Law*, London ⁵1885, S. 633.

2. Richter haben gewöhnlich Fälle entschieden und somit neue Regeln aufgestellt, indem sie auf einer Vielzahl von Gründen »aufbauten«, gelegentlich auch (und nach Austins Meinung zu selten) auf ihrer Ansicht davon, was Recht sein sollte. Meistens haben sie ihre Entscheidung durch eine »Folgerung, gegründet auf Analogie« gewonnen; d. h., sie haben eine neue Regel gefunden »auf Grund des Bestehens einer ähnlichen Regel, die auf *ähnliche* Fälle zutrifft« (S. 638 f.).

3. »Wenn jede Norm eines Rechtssystems genau umrissen und bestimmte wäre«, würden dieses Schwierigkeiten bei der Anwendung des Rechts nicht entstehen.

zu wenig und nur zögernd in diesem Sinne tätig würden und daß sie sich blindlings auf tatsächliche oder eingebildete Analogien mit früheren Fällen verließen, anstatt ihre Entscheidungen den wachsenden Bedürfnissen der Gesellschaft anzupassen, wie diese am sittlichen Maßstab der Nützlichkeit offenbar werden.[35] Die für die Auffassung vom Richter als Automaten verantwortlichen Übeltäter sind nicht die utilitaristischen Denker. Wenn man die Schuld daran irgendeinem Rechtstheoretiker zur Last legen kann, dann Denkern wie Blackstone und, auf einer früheren Stufe, Montesquieu. Die Wurzel dieses Übels ist die Fixierung auf die Gewaltenteilung und Blackstones »kindische Fiktion« (wie Austin sie nannte), daß der Richter das Recht nur »findet«, aber niemals »macht«.

Es geht uns aber nicht um den »Formalismus« als Untugend der Rechtstheoretiker, sondern der Richter. Was bedeutet es, genau genommen, wenn ein Richter dem Irrtum verfällt, ein »Formalist«, ein »Automat«, eine »Maschine« zu sein? Es ist merkwürdig, daß die Literatur zwar nicht mit Anklagen hiergegen spart, die Frage aber nie konkret beantwortet; statt dessen lesen wir nur Beschreibungen, die nicht bedeuten können, was sie zu sagen scheinen: Es wird gesagt, die Richter trieben in ihrem formalistischen Irrtum einen übermäßigen Aufwand an Logik, verfolgen eine Sache ins »Extrem trockener Logik«[36] oder machten übermäßigen Gebrauch

»Aber die ideale Vollständigkeit und Genauigkeit, von der ich hier gesprochen habe, ist in der Wirklichkeit nicht erreichbar [...], mag auch das System mit unübertrefflicher Sorgfalt und Sachkenntnis aufgebaut und geordnet worden sein« (S. 997 f.). Selbstverständlich war Austin der Ansicht, daß man durch Kodifizierung viel tun konnte und sollte, um die Unsicherheit abzubauen (siehe S. 662 ff.).

35 Austin, *Lectures on Jurisprudence. Or, The Philosophy of Positive Law*, S. 641: »In der Tat kann nichts natürlicher sein, als daß der Gesetzgeber, sei es der direkte oder der richterliche (besonders wenn er engstirnig, furchtsam und ungeschickt ist), sich soweit er nur kann an die Entscheidungen seiner Vorgänger anlehnt.« Siehe auch S. 647: »Aber es ist sehr zu bedauern, daß fähige, erfahrene und bedeutende Richter nicht jede Gelegenheit zur Einführung einer neuen Norm (einer für die Zukunft nützlichen Norm) ergriffen haben [...]. Ich wäre geneigt, dieses Vorwurf Lord Eldon zu machen [...]. Die Richter taten unter dem Common Law gewöhnlich nicht das, was sie hätten tun sollen, nämlich ihre Rechts- und Verfahrensvorschriften den wachsenden Erfordernissen der Gesellschaft anzupassen, anstatt stumpfsinnig und verdrießlich an den alten barbarischen Bräuchen festzuhalten.«

36 Siehe Nathan Roscoe Pound, *Interpretations of Legal History*, Cambridge ^{2}1930,

von analytischen Methoden. Aber wieso macht ein Richter, insofern er Formalist ist, einen übermäßigen Gebrauch von der Logik? Es ist klar, daß sein Irrtum im wesentlichen darin besteht, daß er einem allgemeinen Begriff eine Auslegung gibt, die für soziale Werte und Folgen blind ist (beziehungsweise in einer anderen Hinsicht beschränkt ist oder vielleicht den Kritikern einfach nicht gefällt). Aber die Logik schreibt keine Auslegung von Begriffen vor; sie diktiert weder eine dumme noch eine kluge Auslegung irgendeines Ausdrucks. Die Logik sagt uns nur hypothetisch, daß, *wenn* wir einem bestimmten Begriff eine bestimmte Auslegung geben, daraus ein bestimmter Schluß folgt. Die Logik schweigt über die Klassifizierung von Einzelfällen – und in dieser liegt der Kern einer richterlichen Entscheidung. Folglich ist dieser Hinweis auf die Logik und auf logische Extreme eine falsche Bezeichnung für etwas anderes, und zwar offenbar für folgendes. Ein Richter soll eine Vorschrift auf einen konkreten Fall anwenden – etwa die Vorschrift, daß ein gestohlenes »Fahrzeug« nicht über die Landesgrenzen gebracht werden darf, und im gegebenen Fall handelt es sich um ein Flugzeug. Er sieht entweder nicht, oder er gibt vor, nicht zu sehen, daß die allgemeinen Begriffe dieser Vorschrift verschiedene Auslegungen zulassen und daß er vor einer Wahl steht, die der Sprachgebrauch offenläßt. Er beachtet nicht oder ist blind für die Tatsache, daß er sich in der Schattenzone bewegt und es nicht mit einem Standardfall zu tun hat. Anstatt seine Entscheidung im Lichte sozialer Zielvorstellungen zu treffen, legt er die gesuchte Bedeutung auf andere Weise fest. Er begreift das Wort entweder in seiner für den Laien in einem alltäglichen Zusammenhang nächstliegenden Bedeutung, oder er gebraucht es in einer Bedeutung, die ihm in einem anderen rechtlichen Zusammenhang gegeben wurde, oder, was noch schlimmer ist, er denkt an einen Standardfall, an dem er dann nach Gutdünken gewisse Merkmale identifiziert – so zum Beispiel im Fall des Fahrzeugs, daß es 1. gewöhnlich zu Land gebraucht wird, 2. Personen befördern kann und 3. sich durch Eigenantrieb fortbewegen kann –, und behandelt diese drei Merkmale so, als wären sie stets notwendige und zureichende Bedingungen für den Gebrauch des Wortes »Fahrzeug« in jedem Kontext, ohne

S. 123; Stone, *The Province and Function of Law. Law as Logic, Justice and Social Control. A Study in Jurisprudence*, S. 140 f.

Rücksicht auf die sozialen Folgen dieser Interpretation. Eine solche Festlegung und nicht die »Logik« würde den Richter zwingen, etwa ein Kinderauto (sofern es einen elektrischen Antrieb hat) in die Bedeutung einzuschließen und Fahrräder und Flugzeuge auszuschließen. In alledem steckt möglicherweise ein großer Teil Dummheit, aber von »Logik« kann hier nicht mehr und nicht weniger die Rede sein als in Fällen, in denen die Auslegung eines allgemeinen Begriffs und die entsprechende Anwendung einer allgemeinen Vorschrift auf einen konkreten Fall bewußt an einem bestimmten sozialen Ziel ausgerichtet wird.

Derartig blind getroffene Entscheidungen dürften den Namen »Entscheidungen« kaum verdienen; ebensogut könnten wir durch Werfen eines Geldstücks über die Anwendung einer rechtlichen Vorschrift befinden. Jedoch ist es zumindest zweifelhaft, ob (selbst in England) irgendwelche richterlichen Entscheidungen in diesem Sinne automatisch zustandegekommen sind. Vielmehr sind die als automatisch abgestempelten Auslegungen entweder der Überzeugung entsprungen, daß es fairer ist, in einem Strafgesetz eine Bedeutung zugrunde zu legen, die dem Verständnis des einfachen Mannes entspricht, selbst wenn dies auf Kosten anderer Werte geht – und das wäre eine soziale Überlegung (wenn auch möglicherweise keine gute); oder, viel häufiger, steht hinter dem als »mechanisch« oder »automatisch« Gebrandmarkten eine Wahl, die durchaus bewußt im Lichte einer sozialen Zielvorstellung getroffen wurde, jedoch einer konservativen. Zweifellos sind viele um die Jahrhundertwende gefällten Urteile des amerikanischen Supreme Court, die man so abgestempelt hat,[37] deutlich Entscheidungen in der Schattenzone, die einer konservativen Politik den Vorrang geben.

Aber wie zeigt die Unrichtigkeit der automatischen und mechanischen Rechtsanwendung und die Richtigkeit einer Rechtsanwendung, die sich auf soziale Ziele beruft, daß das Bestehen der Utilitaristen auf der Unterscheidung zwischen dem, was Recht ist, und dem, was Recht sein sollte, falsch ist? Ich nehme an, niemand, der diese formalistischen Verirrungen als Beweis für die Unrichtigkeit der Unterscheidung zwischen dem, was ist, und dem, was sein

37 Siehe z. B. Nathan Roscoe Pound, »Mechanical Jurisprudence«, in: *Columbia Law Review* 8 (1908), S. 605-623, S. 605, 615 f.

sollte, anführen möchte, würde leugnen, daß die als automatisch abgestempelten Urteile Recht sind; er würde auch nicht leugnen, daß das System, in dem solche automatischen Entscheidungen getroffen werden, ein Rechtssystem ist. Sicher würde er doch sagen, diese Urteile sind Recht, aber sie sind schlechtes Recht, sie sollten nicht Recht sein. Das hieße aber, er würde die Unterscheidung heranziehen und nicht etwa widerlegen; und natürlich zogen Bentham wie Austin sie heran, um Richter anzugreifen, die es unterließen, Zweifelsfälle im Einklang mit den wachsenden Bedürfnissen der Gesellschaft zu entscheiden.

Soll mit dem Nachweis der formalistischen Irrtümer die Unrichtigkeit der utilitaristischen Unterscheidung aufgedeckt werden, dann muß die These von Grund auf anders formuliert werden. Sie darf nicht nur behaupten, daß ein richterliches Urteil, um vernünftig zu sein, irgendeiner Vorstellung von dem, was sein sollte, gerecht werden muß, sondern sie müßte behaupten, daß die Ziele, die sozialen Vorstellungen und Zwecke, auf die sich die Richter berufen sollen, um vernünftige Entscheidungen zu treffen, selbst als Teil des Rechts zu betrachten sind, und zwar in einem entsprechend umfassenden Sinn von »Recht«, der erhellender wäre als die Begriffsbestimmung der Utilitaristen. Diese Neuformulierung der These hätte folgende Konsequenz: Anstatt zu sagen, das Auftreten von »Schattenproblemen« zeige uns, daß gesetzliche Vorschriften ihrem Wesen nach unvollständig sind und daß, wenn sie den Richter nicht festlegen können, dieser wie ein Gesetzgeber zwischen mehreren Möglichkeiten eine schöpferische Wahl treffen muß, müßten wir sagen, daß die für die richterliche Entscheidung maßgebenden sozialen Ziele gewissermaßen da sind, um entdeckt zu werden; die Richter »holen« aus dem Gesetz nur »heraus«, was, wenn man es richtig versteht, schon »latent« in ihm enthalten ist. Das als legislative Rechtsprechung zu bezeichnen, verschleiere eine wesentliche Kontinuität zwischen den klaren Fällen der Gesetzesanwendung und den Grenzentscheidungen. Ich werde später auf die Frage eingehen, ob dies eine geeignete Ausdrucksweise ist, und möchte an diesem Punkt auf etwas Offensichtliches hinweisen, das, wenn es unerwähnt bleibt, die Probleme verwirren könnte. Wenn das Gegenteil einer blind nach formalistischen Gesichtspunkten getroffenen Entscheidung eine vernünftige Entscheidung ist, die auf eine Vorstellung davon, was sein sollte, zurückgeht, so läßt das noch nicht den Schluß zu, daß wir es mit einer Verbindung von Recht und Moral zu tun haben. Ich glaube, wir müssen uns davor hüten, es uns mit dem Wort »sollen« zu einfach zu machen. Nicht weil zwischen dem Recht, wie es ist, und dem Recht, wie es sein sollte, kein Unterschied besteht. Keineswegs. Sondern weil der Unterschied verlaufen sollte zwischen dem, was ist, und dem, was unter vielen verschiedenen Gesichtspunkten sein sollte. Das Wort »sollen« reflektiert lediglich das Vorhandensein irgendeines kritischen Maßstabs, aber nur einer dieser Maßstäbe ist ein moralischer. Wenn wir zu unserem Nachbarn sagen »Sie sollten nicht lügen«, dürfte das mit Sicherheit ein moralisches Urteil sein; aber wir sollten bedenken, daß ein erfolgloser Giftmörder ebenso sagen könnte »Ich hätte ihr eine weitere Dosis geben sollen.« Entscheidend ist hier, daß vernünftige Urteile, die wir mechanischen oder formalistischen Urteilen gegenüberstellen, nicht unbedingt moralisch vertretbare Urteile sind. Wir mögen von mancher Entscheidung sagen: »Ja, das ist richtig; so soll es sein«, und damit nur meinen, daß irgendein zugrundegelegtes Ziel damit gefördert worden ist. Wir brauchen nicht die Absicht zu haben, die moralische Richtigkeit des Zieles oder der Entscheidung zu befürworten. So kann sich der Gegensatz zwischen einer mechanischen und einer überlegten Entscheidung innerhalb eines Systems ergeben, das die übelsten Ziele verfolgt. Und er existiert nicht nur in Rechtssystemen, die, wie das unsere, weitgehend Grundsätze der Gerechtigkeit und moralische Rechte des einzelnen anerkennen.

Ein Beispiel mag diesen Umstand verdeutlichen. Bei uns ist es die Strafrechtsprechung, die vom Richter am offensichtlichsten die Abgabe eines moralischen Urteils zu verlangen scheint. Hier dürften die maßgebenden Faktoren eindeutig moralischer Art sein: Die Gesellschaft darf nicht mutwilligen Angriffen ausgesetzt werden; weder dem Täter noch seinen Angehörigen dürfen zu große Härten auferlegt werden; man muß ihm vielmehr helfen, ein besseres Leben zu führen und sich in die Gesellschaft, gegen deren Gesetze er verstoßen hat, wieder einzugliedern. Die Aufgabe des Richters, den richtigen Mittelweg zwischen diesen Forderungen zu finden und seinen Ermessensspielraum angesichts der verwirrenden Problematik richtig zu nutzen, scheint ein so deutliches Beispiel für die Abgabe eines moralischen Urteils zu sein, wie man es sich nur wünschen kann; und sie scheint in krassem Gegensatz zu der mechanischen Anwendung eines Strafkodex zu stehen, der eine Bestrafung ohne Rücksicht auf jene moralischen Forderungen vorsieht, die in unserem System Beachtung fordern. Eine überlegte und vernünftige Entscheidung wird hier also, wenn auch in unsicherer Form, von moralischen Zielen bestimmt. Doch wir brauchen das Beispiel nur zu variieren, um zu sehen, daß das nicht unbedingt so sein muß, und wenn es nicht unbedingt so sein muß, dann bleibt der utilitaristische Standpunkt unerschüttert. Unter der Naziherrschaft wurden Menschen für ihre Kritik am Regime verurteilt. Hier ließ sich bei der Urteilsfindung allein darauf abstellen, mit welchen Mitteln die Staatstyrannei am wirksamsten aufrechterhalten wurde. Welches Urteil würde sowohl die Öffentlichkeit terrorisieren als auch Freunde und Angehörige des Verurteilten in Ungewißheit halten, so daß Hoffnung und Angst als Faktoren der Unterwerfung zusammenwirkten? Der Verurteilte ist in einem solchen System lediglich ein Werkzeug, das der Verfolgung dieser Zwecke dient. Und doch, im Gegensatz zu mechanischen Entscheidungen wären Entscheidungen auf dieser Grundlage überlegt und zweckmäßig und unter einem bestimmten Gesichtspunkt eben so, wie sie sein sollten. Natürlich ist mir bewußt, daß eine ganze philosophische Tradition bemüht war zu zeigen, daß wir Entscheidungen und Verhaltensweisen nicht zu Recht als wahrhaft vernünftig bezeichnen können, wenn sie nicht mit moralischen Zielen und Grundsätzen übereinstimmen. Aber das von mir gebrauchte Beispiel scheint mir zumindest geeignet, davor zu warnen, in den Irrtümern des Formalismus per se eine Widerlegung der utilitaristischen These zu sehen, daß das Recht, wie es ist, von dem Recht, wie es vom *moralischen* Standpunkt sein sollte, zu unterscheiden ist.

Wir können uns jetzt wieder der Hauptfrage zuwenden. Wenn es stimmt, daß die rationale Entscheidung von Grenzfragen nicht mechanisch getroffen wird, sondern im Lichte von Zielvorstellungen und Zwecksetzungen, wenn diese auch nicht notwendig moralischer Natur sein müssen, ist es dann klug, diese bedeutsame Tatsache in die Behauptung zu kleiden, man müsse die nachdrückliche Unterscheidung der Utilitaristen zwischen dem Recht, wie es ist, und dem Recht, wie es sein sollte, fallen lassen? Vielleicht kann man die Behauptung, es sei klug, theoretisch nicht widerlegen, denn sie ist eigentlich nur eine *Aufforderung* zur Überprüfung unseres Begriffes vom Wesen einer Rechtsnorm. Wir werden aufgefordert, in den Begriff die mannigfachen Ziele und Vorstellungen einzubeziehen, die bei der Entscheidung von Grenzfragen eine Rolle spielen, und zwar mit der Begründung, daß diese Ziele ihrer Bedeutung wegen ebensogut den Namen des Rechts verdienen wie der Kern einer Rechtsnorm, dessen Bedeutung feststeht. Eine Aufforderung kann man zwar nicht widerlegen, aber doch zurückweisen, und ich würde für eine solche Zurückweisung zwei Gründe vorbringen. Erstens kann alles, was wir über den richterlichen Entscheidungsprozeß gelernt haben, anders und weniger verschlüsselt ausgedrückt werden. Wir können zum Beispiel sagen, daß Gesetze hoffnungslos unvollständig sind und daß wir die Grenzfälle rational, unter Bezugnahme auf soziale Ziele, entscheiden müssen. Ich glaube, Holmes, der sich des Umstandes, daß »allgemeine Sätze konkrete Fälle nicht entscheiden«, so deutlich bewußt war, hätte es so formuliert. Zweitens besagt die utilitaristische Unterscheidung mit Nachdruck, daß der feststehende Bedeutungskern in einem zentralen Sinne Recht ist und daß es dort, wo Grenzlinien sind, zunächst ein Gebiet geben muß. Wäre dies nicht so, dann hätte der Begriff von Normen, an denen Gerichtsentscheidungen sich orientieren, keinen Sinn, was einige »Realisten« – in ihren extremsten Formulierungen und, wie ich meine, zu Unrecht – behauptet haben.[38]

Wenn man hingegen, um die Unterscheidung zu entschärfen, die mysteriöse Behauptung aufstellt, daß zwischen dem Recht, wie es ist, und dem Recht, wie es sein sollte, irgendeine unauflösliche

38 Eine Widerrufung dieser extremen Einstellung ist im vorliegenden Zusammenhang erwähnenswert. In der ersten Auflage von *The Bramble Bush* bekannte sich Professor Llewellyn ohne Einschränkungen zu der Ansicht, daß »das, was diese amtlichen Stellen zur Schlichtung von Streitigkeiten unternehmen, nach meiner Meinung das Recht selbst ist« und daß »Regeln [...] insoweit von Bedeutung sind, als sie zur Voraussage von richterlichen Entscheidungen beitragen [...]. Darin liegt ihre einzige Bedeutung, abgesehen davon, daß sie nette Spielsachen sind« (Karl Nickerson Llewellyn, *The Bramble Bush*, New York 1930, S. 3, 5). In der zweiten Auflage sagte er, dies seien »in dieser unvollständigen Form, unglückliche Worte, die bestenfalls eine recht einseitige Darstellung der vollen Wahrheit sind [...]. Eine Funktion des Rechts ist es, den Beamten Kontrolle bzw. – wo eine durchgängige Kontrolle nicht möglich oder erwünscht ist – Richtschnur zu sein [...]. Die Worte werden der institutionellen Aufgabe des Rechts, eine bewußte Gestaltung auszuüben, nicht gerecht« (Karl Nickerson Llewellyn, *The Bramble Bush*, New York ²1951, S. 9).

Einheit besteht, so bringt man damit zum Ausdruck, daß im Grunde alle Rechtsfragen den Problemen der Schattenzone gleichen. Man behauptet, daß im Bedeutungskern rechtlicher Normen kein zentrales Element des wirklich geltenden Rechts erkennbar ist und daß es nichts in der Natur einer Rechtsnorm gibt, das ausschließt, daß *alle* Fragen einer Überprüfung im Lichte sozialer Ziele zugänglich sind. Natürlich ist es gut, sich mit den »Schattenproblemen« zu befassen. Sie sind mit Recht das tägliche Brot der juristischen Ausbildung. Aber sich mit dem Phänomen der Schattenzone zu beschäftigen ist eine Sache, es überzubewerten eine andere. Und die Überbewertung des »Schattenproblems« ist in der amerikanischen Rechtstradition eine ebenso reiche Quelle der Verwirrung wie der Formalismus in der englischen. Wir könnten freilich die Vorstellung aufgeben, Rechtsnormen besäßen Autorität; wir könnten aufhören, einem Argument, das besagt, daß ein Fall eindeutig unter eine rechtliche Regel oder in den Bereich eines Präzedenzurteils fällt, Beweiskraft oder auch nur Bedeutung zuzuerkennen. Wir könnten jede derartige Argumentation als »automatisch« oder »mechanisch« abtun, wie es bei der Beschimpfung von Gerichten schon Routine geworden ist. Aber bevor wir uns entschieden haben, daß es tatsächlich das *ist*, was wir wollen, sollten wir es nicht dadurch fördern, daß wir die utilitaristische Unterscheidung aus der Welt schaffen.

IV.

Die dritte Kritik an der Trennung von Recht und Moral ist von ganz anderer Art. Sie ist weniger eine intellektuelle Argumentation gegen die utilitaristische Unterscheidung als ein leidenschaftlicher, nicht von ausführlichen Erörterungen, sondern von der Mahnung an eine furchtbare Erfahrung getragener Appell. Denn sie besteht in dem Zeugnis derer, die in die Hölle hinabgestiegen und, wie Odysseus oder Dante, mit einer Botschaft an die Menschen zurückgekommen sind. Nur war die Hölle in diesem Fall nicht unter oder jenseits der Erde, sondern auf ihr; es war eine Hölle, die auf Erden von Menschen für Menschen geschaffen wurde.

Dieser Appell kommt von jenen deutschen Denkern, welche die Zeit des Naziregimes durchlebt und sich über seine schlimmen

Auswirkungen auf das Rechtssystem Gedanken gemacht haben. Einer von ihnen, Gustav Radbruch, hatte bis zur Nazityrannei selbst die »positivistische« Lehre vertreten, aber er wurde durch diese Erfahrung bekehrt, und so besitzt sein Aufruf, die Lehre von der Trennung von Recht und Moral aufzugeben, die besondere Eindringlichkeit eines Widerrufs. Das Wesentliche an dieser Kritik ist, daß sie genau den Punkt betrifft, den Bentham und Austin bei ihrer Forderung im Sinn hatten, das Recht, wie es ist, vom Recht, wie es sein sollte, zu trennen. Diese deutschen Denker bestanden auf der Notwendigkeit, was die Utilitaristen trennten, gerade in dem Punkt zusammenzufügen, in dem die Trennung in den Augen der Utilitaristen am wichtigsten war; denn es ging ihnen um das Problem, das die Existenz moralisch verwerflicher Gesetze aufwarf.

Vor seiner Bekehrung sah Radbruch im Widerstand gegen das Gesetz eine Sache des persönlichen Gewissens und ein moralisches Problem, mit dem jeder einzelne für sich fertig werden müsse; er war der Ansicht, daß die Gültigkeit eines Gesetzes durch den Nachweis seiner moralischen Verwerflichkeit oder selbst durch den Nachweis, daß seine Befolgung schlimmere Konsequenzen haben würde als seine Nichtbefolgung, nicht erschüttert werden könnte. Austin, wie wir uns erinnern, verurteilte die These, wonach menschliche Gesetze, die den Grundprinzipien der Moral widersprechen, aufhören, Gesetze zu sein, nachdrücklich als »groben Unsinn«.

Die verwerflichsten und daher dem Willen Gottes im höchsten Maße widersprechenden Gesetze wurden und werden beständig von Gerichten angewandt. Angenommen, eine harmlose oder geradezu nützliche Tat wird vom Machthaber bei Todesstrafe verboten; begehe ich diese Tat, so wird man mich anklagen und verurteilen, und wenn ich dem Urteil entgegenhalte, daß es dem Gesetz Gottes widerspricht [...], so wird mir das Gericht die Unmaßgeblichkeit meiner Argumentation dadurch beweisen, daß es mich kraft des Gesetzes, dessen Gültigkeit ich angefochten habe, aufhängen läßt. Noch nie, von der Erschaffung der Welt bis auf den heutigen Tag, hat man vor einem Gericht einem Einwand oder einem Plädoyer Gehör geschenkt, die sich auf das Gesetz Gottes berufen.[39]

Das ist eine starke, ja brutale Sprache; aber wir müssen bedenken, daß sie im Falle Austins, und natürlich auch Benthams, mit der

39 Austin, *The Province of Jurisprudence Determined*, S. 185.

Überzeugung Hand in Hand ging, daß es eine eindeutige moralische Pflicht gebe, Gesetzen gegenüber, die ein gewisses Maß an Verwerflichkeit erreicht haben, Widerstand zu leisten und den Gehorsam zu verweigern. Wenn wir die Alternativen betrachten, werden wir sehen, daß für diese einfache Darlegung des menschlichen Dilemmas, in das man geraten kann, vieles spricht.

Radbruch jedoch hat aus der Leichtigkeit, mit der das Naziregime den Gehorsam gegenüber dem bloßen Gesetz – ausgedrückt in dem, wie er meinte, »positivistischen« Slogan »Gesetz ist Gesetz« – ausnutzen konnte, sowie aus dem Versagen des deutschen Juristenstandes, als es darauf angekommen wäre, gegen die Ungeheuerlichkeiten aufzubegehren, die im Namen des Gesetzes von ihm gefordert wurden, geschlossen, der »Positivismus« (im Sinne des Bestehens auf der Trennung des Rechts, wie es ist, vom Recht, wie es sein sollte) habe in hohem Maße zu den Greueln beigetragen. Seine eingehenden Überlegungen führten ihn zu der These, daß die Grundprinzipien menschlicher Gesittung Bestandteil des Rechtsbegriffes als solchen seien und daß kein positives Gesetz, so klar es auch abgefaßt sein und so deutlich es auch den formalen Geltungskriterien eines gegebenen Rechtssystems entsprechen mochte, gültig sein könne, wenn es grundlegenden Prinzipien der Moral zuwiderläuft. Um diese These voll und ganz würdigen zu können, muß man die in dem deutschen Wort »Recht« enthaltenen Bedeutungsnuancen verstehen. Jedenfalls ist klar, daß sie besagt, jeder Jurist und Richter solle Gesetze, welche diese Grundprinzipien verletzen, nicht bloß als unmoralisch und falsch brandmarken, sondern ihnen den Rechtscharakter absprechen; und daß Erlasse, die aus diesem Grund kein Recht sein können, unberücksichtigt bleiben sollten, wenn es darum geht, die konkrete Rechtslage festzustellen, in der sich eine gegebene Person befindet. Der eindrucksvolle Widerruf seiner früheren Lehre wurde bei der Übersetzung seiner Werke bedauerlicherweise ausgelassen, aber er sollte von allen gelesen werden, die über die Frage der Verknüpfung von Recht und Moral von neuem nachdenken möchten.[40]

Es ist unmöglich, Radbruchs leidenschaftlichen Aufruf an das

40 Siehe Radbruch, »Gesetzliches Unrecht und übergesetzliches Recht«, S. 105 (abgedruckt in: Radbruch, *Der Mensch im Recht*). Ich habe eine Übersetzung herangezogen, die Professor Lon Fuller seinem Seminar an der Harvard Law School zugrunde gelegt hat.

deutsche Rechtsbewußtsein, sich den Forderungen der Moral zu öffnen, sowie seine Klage, daß dieses in der deutschen Tradition zu wenig geschehen ist, ohne Sympathie zu lesen. Andererseits liegt eine außerordentliche Naivität in der Ansicht, die Unempfänglichkeit für moralische Forderungen und die Unterwürfigkeit gegenüber der Staatsgewalt könnten in einem Volk wie dem deutschen aus dem Glauben erwachsen sein, Gesetz sei Gesetz, auch wenn es den moralischen Mindestanforderungen widerspreche. Diese furchtbare Geschichte gibt vielmehr Anlaß, die Frage zu untersuchen, warum das dem Schlagwort »Gesetz ist Gesetz« beigelegte Gewicht und die Unterscheidung von Recht und Moral in Deutschland einen so unheilvollen Charakter annahmen, während sie anderswo, etwa bei den Utilitaristen selbst, mit den aufgeklärtesten Einstellungen eines Liberalismus einhergingen. Doch hinter Radbruchs ganzer Darstellung der Fragen, die sich aus der Existenz moralisch untragbarer Gesetze ergeben, verbirgt sich etwas Beunruhigenderes als bloße Naivität. Man tritt ihm, glaube ich, nicht zu nahe mit der Feststellung, daß seine Argumentation verrät, daß er die geistige Botschaft des Liberalismus, die er dem Juristenstand zu vermitteln sucht, nur halb verstanden hat. Denn alles, was er sagt, beruht auf dem Mißverständnis, daß mit der Anerkennung einer Norm als einer gültigen Norm des Rechts auch schon die *moralische* Frage »Soll man dieser Rechtsnorm Gehorsam leisten?« entschieden ist. Zweifellos ist die wahrhaft liberale Antwort auf jeden zweifelhaften Gebrauch des Schlagworts »Gesetz ist Gesetz« oder der Unterscheidung zwischen Recht und Moral: »Nun gut; aber das entscheidet die Frage nicht. Recht ist nicht Moral; laß es nicht die Moral verdrängen.«

Doch sind wir nicht auf eine bloß akademische Diskussion angewiesen, wenn wir Radbruchs Plädoyer für eine Überprüfung der Unterscheidung zwischen Recht und Moral beurteilen wollen. Nach dem Krieg wurde Radbruchs Rechtsbegriff, der die wesentlichen moralischen Grundsätze der Humanität einschließt, von deutschen Gerichten in gewissen Prozessen angewendet, in denen es um die Bestrafung lokaler Kriegsverbrecher, Spione und Denunzianten des Naziregimes ging. Die besondere Bedeutung dieser Fälle liegt darin, daß die solcher Verbrechen beschuldigten Personen geltend machten, was sie getan hätten, sei nach den zum Zeitpunkt ihrer Tat gültigen Gesetzen nicht rechtswidrig. Diesem Einwand hielt man entgegen, die betreffenden Gesetze seien wegen ihres Verstoßes gegen die fundamentalen Grundsätze der Moral ungültig gewesen. Einen dieser Fälle will ich kurz schildern.[41]

1944 gab eine Frau, die ihren Ehemann loswerden wollte, bei den Behörden an, er habe während eines Fronturlaubs abfällige Bemerkungen über Hitler gemacht. Die Frau war gesetzlich nicht verpflichtet, ihn anzuzeigen, wenn auch seine Äußerungen offensichtlich gegen Bestimmungen verstießen, die alle Äußerungen verboten, welche die Regierung des Dritten Reiches herabsetzten oder in irgendeiner Form die Wehrkraft des deutschen Volkes schwächten. Der Ehemann wurde festgenommen und – offenbar in Anwendung dieser Bestimmungen – zum Tode verurteilt, dann aber nicht hingerichtet, sondern an die Front geschickt. 1949 wurde die Frau vor einem westdeutschen Gericht wegen rechtswidriger Freiheitsberaubung angeklagt. Dies war eine strafbare Handlung auf Grund des deutschen Strafgesetzbuches von 1871, das seit seinem Inkrafttreten ununterbrochen in Geltung war. Die Frau berief sich darauf, daß die Inhaftierung ihres Mannes auf Grund der Nazigesetze erfolgt sei und daß sie infolgedessen keine Straftat begangen habe. Das Revisionsgericht, vor das der Fall schließlich kam, war der Ansicht, die Frau sei schuldig, weil sie die Freiheitsberaubung ihres Mannes durch seine Denunziation herbeigeführt habe, wenn er auch von einem Gericht wegen Verstoßes gegen ein Gesetz verurteilt worden sei; denn – um die Worte des Gerichts zu zitieren – dieses Gesetz verstoße »gegen das Billigkeits- und Gerechtigkeitsempfinden aller anständig Denkenden«. Diese Argumentation wurde in der Folge in vielen Entscheidungen übernommen, die man als Sieg der Lehren des Naturrechts und als ein Zeichen der Überwindung des Positivismus gepriesen hat. Die uneingeschränkte Befriedigung über dieses Ergebnis scheint mir eine Art von Hysterie zu sein. Viele von uns werden zwar das Ziel – die Bestrafung einer Frau für eine empörend unmoralische Handlung – gutheißen, aber es wurde dadurch erreicht, daß man einem seit 1934 bestehenden Gesetz die Rechtsgültigkeit absprach, und man muß zumindest die Klugheit dieses Vorgehens anzweifeln. Es gab natürlich zwei andere Möglichkeiten. Eine war, die Frau straflos ausgehen

41 Urteil vom 27. Juli 1949 des Oberlandesgerichts Bamberg, *Süddeutsche Juristen-Zeitung* 5 (1950), S. 207; *Harvard Law Review* 64 (1951), S. 1005. Siehe Friedmann, *Legal Theory*, S. 457.

zu lassen; man kann für die Auffassung, daß dies eine schlechte Lösung gewesen wäre, Sympathie und Zustimmung empfinden. Die andere war, sich mit der Tatsache abzufinden, daß, sollte die Frau bestraft werden, dies durch den Erlaß eines unverhüllt rückwirkenden Gesetzes hätte geschehen müssen, im vollen Bewußtsein dessen, was man aufgibt, um auf diesem Wege ihre Bestrafung zu erreichen. So abstoßend eine rückwirkende Strafgesetzgebung und Bestrafung auch sein mag, sie in diesem Falle offen durchgeführt zu haben, hätte wenigstens den Vorzug der Redlichkeit gehabt. Es hätte deutlich gemacht, daß man bei der Bestrafung der Frau zwischen zwei Übeln zu wählen hatte: dem, sie unbestraft zu lassen, und dem, ein wertvolles moralisches Prinzip preiszugeben, das die meisten Rechtssysteme gutheißen. Wenn wir aus der Geschichte der Moral etwas gelernt haben, dann doch dieses, daß man moralische Probleme nicht kaschieren sollte. Die Fälle, in denen das Leben uns zwingt, von zwei Übeln das geringere zu wählen, muß man wie Brennesseln anfassen: mit dem Bewußtsein dessen, was man tut. Der Nachteil der vorliegenden Heranziehung des Prinzips, daß in gewissen Grenzsituationen das, was im höchsten Grade unmoralisch ist, nicht Recht sein kann, liegt darin, daß es die wahre Natur der uns gestellten Probleme bemäntelt und dem romantischen Optimismus Nahrung gibt, alle unsere Werte ließen sich letzten Endes in einem einzigen System unterbringen und keiner von ihnen müsse zugunsten eines anderen geopfert oder eingeschränkt werden.

All Discord Harmony not understood
All Partial Evil Universal Good
J. Milton
(Jeder Mißklang ist unverstandene Harmonie
Jedes Übel Teil eines umfassenden Guten)

Das ist bestimmt falsch, und es liegt eine Unaufrichtigkeit in jeder Formulierung unseres Problems, die uns gestattet, die Behandlung des Dilemmas so zu beschreiben, als handle es sich um die Entscheidung des Normalfalles.

Es mag vielleicht den Anschein haben, als würden zu viele Umstände oder sogar zu viele Worte gemacht, um eine Art der Handhabung dieses schwierigen Falles zugunsten einer anderen in den Vordergrund zu rücken, die, soweit es die Frau betrifft, zu genau demselben Ergebnis geführt hätte. Warum sollen wir den Unterschied zwischen beiden Arten dramatisieren? Wir können die Frau kraft eines neuen, rückwirkenden Gesetzes bestrafen und offen erklären, daß wir etwas mit unserer Grundauffassung Unvereinbares tun, weil es das kleinere von zwei Übeln ist; oder wir können den Fall so durchgehen lassen, daß nicht deutlich wird, daß wir einen Grundsatz opfern. Aber Ehrlichkeit ist nicht nur eine unter vielen unbedeutenden Tugenden der Rechtsanwendung, ebenso wie es nicht nur eine unbedeutende Tugend der Moral ist. Denn wenn wir uns Radbruchs Ansicht anschließen und mit ihm und den deutschen Gerichten unseren Protest gegen verwerfliche Gesetze in die Behauptung kleiden, daß gewisse Normen wegen ihrer moralischen Unhaltbarkeit nicht Recht sein können, so bringen wir Verwirrung in eine der stärksten, weil einfachsten Formen moralischer Kritik. Wenn wir uns die deutliche Sprache der Utilitaristen zu eigen machen, sagen wir, daß positive Gesetze Recht sein mögen, aber zu verwerfliches Recht, um Gehorsam zu verdienen. Das ist eine moralische Verurteilung, die jeder versteht und die unmittelbar und unübersehbar moralische Beachtung beansprucht. Machen wir aber unseren Protest in der Form geltend, diese verwerflichen Dinge seien kein Recht, so behaupten wir etwas, das viele Leute nicht glauben und das – wenn sie überhaupt bereit sind, darüber nachzudenken – eine ganze Fülle philosophischer Streitfragen auf den Plan rufen dürfte, bevor man es akzeptieren kann. Nach alledem ist vielleicht die wichtigste Lehre, die man aus dieser Form der Ablehnung der utilitaristischen Unterscheidung ziehen kann, ebendie, welche den Utilitaristen am meisten am Herzen lag: Wenn uns die reichen Mittel klarer Sprache zur Verfügung stehen, dürfen wir die moralische Kritik an Normen nicht als Thesen einer anfechtbaren Philosophie darbieten.

V.

Ich habe versucht zu zeigen, daß trotz allem, was wir seit den Tagen der Utilitaristen gelernt und erfahren haben, und trotz der Mängel in anderen Teilen ihrer Lehre, ihr Protest gegen die Vermengung dessen, was Recht ist, mit dem, was Recht sein sollte, sowohl einen moralischen als auch einen intellektuellen Wert besitzt. Dennoch wird man vielleicht sagen, daß diese Unterscheidung zwar für jede einzelne Norm eines Rechtssystems zutreffend und wichtig ist, aber zumindest dann irreführt, wenn wir versuchen, sie auf das Recht schlechthin, also auf den Begriff eines rechtlichen Systems anzuwenden; und daß wir ihre Problematik im weiteren (tiefergehenden) Sinne vernebeln, wenn wir, wie ich, an ihrer Richtigkeit im engeren (selbstverständlichen) Sinne festhalten. Ebenso wissen wir, so könnte man vorbringen, daß es umgekehrt viele Dinge gibt, die auf die einzelne Norm nicht zutreffen, aber bezogen auf ein Rechtssystem als ganzes wahr und wichtig sind. So muß beispielsweise der Zusammenhang zwischen Recht und Sanktionen und zwischen der Existenz des Rechts und seiner »Wirksamkeit« in dieser allgemeineren Weise verstanden werden. Es läßt sich sicherlich nicht behaupten (ohne eine krampfhafte Erweiterung des Begriffes »Sanktion« oder eine künstliche Einengung des Begriffes »Rechtsnorm«), daß jede Norm in einem innerstaatlichen Rechtssystem eine Sanktion haben muß; doch man kann durchaus plausibel argumentieren, daß ein Rechtssystem, um ein Rechtssystem zu sein, für gewisse seiner Normen Sanktionen vorsehen muß. Ebenfalls kann man von einer einzelnen Norm sagen, daß sie besteht, auch wenn sie nur in einer Minderheit von Fällen durchgesetzt oder befolgt wird; aber von einem Rechtssystem als ganzem ließe sich das nicht sagen. Vielleicht ist diese Unterscheidung zwischen einer einzelnen Rechtsnorm und einem Rechtssystem als ganzem auch gegenüber dem Problem der Inkorporierung von moralischen (beziehungsweise sonstigen) Zielvorstellungen in den Rechtsbegriff von Bedeutung. Wir finden diese Art der Argumentation (zumindest im Keim) bei Austin, wenn er auf die Tatsache hinweist, daß jedes entwickelte Rechtssystem gewisse fundamentale Begriffe enthält, die »notwendig« sind und »in der gemeinsamen Natur des Menschen wurzeln«.[42] Es lohnt sich, sie – ein Stück weit – zu verfolgen, und ich will kurz sagen, warum und inwieweit dieses der Fall ist.

Wir müssen, wenn möglich, die fruchtlose Suche nach angemessenen Definitionen vermeiden, denn bei einem so vielseitigen und unbestimmten Begriff wie dem eines Rechtssystems nimmt ein Streit über die »wesentlichen« Merkmale oder die Notwendigkeit eines einzelnen Elementes für das Ganze bald den Charakter eines Streites an, ob Schach noch »Schach« wäre, wenn man es ohne Bauern spielte. Hier regt sich der vielleicht begreifliche Wunsch,

42 John Austin, »Uses of the Study of Jurisprudence«, in: *The Province of Jurisprudence Determined*, S. 365, 367 ff., 373.

die Frage, ob ein Rechtssystem einem moralischen oder sonstigen Maßstab gerecht werden muß, um ein Rechtssystem zu sein, kurzerhand durch einfache Tatsachen abzuschneiden: zum Beispiel, daß kein System, das in moralischer Hinsicht völlig versagte, je existiert hat oder sich auf die Dauer hat halten können; daß die normalerweise erfüllte Voraussetzung, wonach ein Rechtssystem in irgendeiner Form Gerechtigkeit anstrebt, auf unsere gesamte Auslegungspraxis spezifischer Normen abfärbt; und daß, wenn diese Voraussetzung nicht erfüllt wäre, niemand einen anderen Grund zum Gehorsam hätte als Angst (und wahrscheinlich nicht einmal das) und von einer moralischen Gehorsamspflicht natürlich erst recht nicht die Rede sein könnte. Der Zusammenhang zwischen Recht und moralischen Maßstäben sowie Prinzipien der Gerechtigkeit ist daher so wenig willkürlich und so »notwendig« wie der Zusammenhang zwischen Recht und Sanktionen, und die Verfolgung der Frage, ob diese Notwendigkeit eine logische ist (an der Bedeutung von »Recht« teilhat) oder lediglich eine faktische oder kausale, kann getrost den Philosophen zum harmlosen Zeitvertreib überlassen bleiben.

Trotzdem möchte ich in zweierlei Hinsicht weitergehen (wenn das auch in den Bereich philosophischer Phantasie führt) und zeigen, was mit der Behauptung, daß in einem Rechtssystem bestimmte Vorkehrungen »notwendig« sind, sinnvoll gemeint sein könnte. An unserer Umwelt und uns selbst könnte manches sich eines Tages wandeln; und wenn diese Wandlung radikal genug ausfiele, würden nicht nur gewisse Tatsachenaussagen falsch sein, die heute wahr sind, und umgekehrt, sondern ganze Arten des Denkens und Redens würden dann verschwinden, die unsere gegenwärtige Begrifflichkeit ausmachen, in der wir die Welt und einander erfassen. Wir brauchen nur zu bedenken, wie unser gesamtes gesellschaftliches, sittliches und rechtliches Leben, wie wir es jetzt verstehen, von dem kontingenten Umstand abhängt, daß unser Körper sich zwar in Gestalt, Größe und anderen physischen Eigenschaften wandelt, daß diese Wandlung aber weder so drastisch noch so plötzlich und unregelmäßig erfolgt, daß wir einander nach einer geraumen Zeitspanne nicht mehr als dieselben Individuen identifizieren könnten. Obwohl dies nur eine kontingente Tatsache ist, die sich eines Tages ändern kann, basieren auf ihr gegenwärtig gewaltige Strukturen unseres Denkens sowie Prinzipien unseres

Handelns und sozialen Lebens. In ähnlicher Weise betrachten wir die folgende Möglichkeit (nicht weil sie mehr als eine Möglichkeit wäre, sondern weil sie erkennen läßt, warum wir bestimmte Dinge in einem Rechtssystem für notwendig halten und was wir mit dieser Aussage meinen): Nehmen wir an, die Menschen würden gegen Angriffe ihrer Artgenossen unverwundbar, wären etwa wie riesige Landkrabben von einem undurchdringlichen Panzer umgeben und könnten ihre Nahrung mittels eines inneren chemischen Prozesses aus der Luft gewinnen. Unter solchen Umständen (Einzelheiten seien der Science Fiction überlassen) hätten Gesetze, die den freien Gebrauch von Gewalt verbieten, oder die eine Minimalform des Eigentums schaffen – mit den dazugehörigen Rechten und Pflichten, die es ermöglichen, Nahrungsmittel anzubauen und bis zum Verbrauch in Besitz zu halten – nicht den notwendigen und willkürfreien Status, den sie für uns haben – ausgestattet, wie wir sind, und in der Welt, in der wir leben. Gegenwärtig und solange derartig radikale Umwälzungen ausbleiben, sind solche Gesetze so fundamental, daß ein Rechtssystem ohne sie überhaupt sinnlos wäre. In ihrem Verbot von Mord, Gewalt und Diebstahl decken sich diese Gesetze mit grundlegenden Prinzipien der Moral. Somit können wir der tatsächlichen Feststellung, daß alle Rechtssysteme in solchen wesentlichen Punkten mit der Moral faktisch übereinstimmen, die Feststellung hinzufügen, daß es sich in diesem Sinne notwendig so verhält. Und warum sollten wir nicht von einer »natürlichen« Notwendigkeit sprechen?

Freilich hängt sogar dies von der Tatsache ab, daß wir die Frage nach dem notwendigen Inhalt eines Rechtssystems nur für lohnend halten, insofern wir das bescheidene Ziel haben, in enger Nachbarschaft mit unseren Mitmenschen zu überleben. Doch unternimmt es die Naturrechtstheorie in ihren mannigfachen Spielarten, das Argument viel weiter zu treiben und zu behaupten, daß die Menschen außer in ihrem Wunsch zu überleben ebenso in anderen Zielvorstellungen verbunden sind, die sie mit gleicher Hingabe verfolgen (etwa in dem Streben nach Erkenntnis oder nach Gerechtigkeit gegenüber ihren Mitmenschen), und daß diese Ziele einem Rechtssystem weitere notwendige Inhalte (über mein bescheidenes Minimum hinaus) abverlangen, ohne welche es sinnlos wäre. Natürlich müssen wir uns davor hüten, die Unterschiede zwischen den Menschen zu übertreiben; doch scheinen mir die über dieses Minimum hinausgehenden Zwecke, welche die Menschen mit dem Zusammenleben in der Gesellschaft verbinden, zu gegensätzlich und verschiedenartig zu sein, um eine große Erweiterung des Arguments zu gestatten, daß eine umfassende Übereinstimmung zwischen rechtlichen Normen und moralischen Maßstäben in diesem Sinne »notwendig« sei.

Noch ein weiterer Aspekt der Sache verdient Beachtung. Wenn wir einem Rechtssystem die Minimalbedeutung zusprechen, daß es aus allgemeinen Regeln bestehen muß – allgemein in dem Sinne, daß sie sowohl auf Handlungstypen (und nicht auf einzelne Handlungen) als auch auf eine Vielzahl von Menschen (und nicht auf einzelne Individuen) Bezug nehmen –, dann ist in dieser Bedeutung das Prinzip der gleichen Behandlung gleicher Fälle enthalten, obwohl die Kriterien dafür, wann Fälle gleich sind, insoweit nur die in den Regeln enthaltenen allgemeinen Begriffe sind. Es läßt sich jedoch nicht leugnen, daß *ein* wesentliches Element im Begriff der Gerechtigkeit der Grundsatz der Gleichbehandlung ist. Das ist die Gerechtigkeit in der Anwendung des Rechts, nicht die Gerechtigkeit des Rechts. So liegt schon allein im Begriff des aus allgemeinen Regeln bestehenden Rechts etwas, das uns daran hindert, das Recht so zu behandeln, als wäre es moralisch völlig neutral und ohne jeden notwendigen Berührungspunkt mit moralischen Grundsätzen. Die naturrechtliche Verfahrensgerechtigkeit liegt infolgedessen in jenen Grundsätzen der Objektivität und Unparteilichkeit in der Anwendung des Rechts, die gerade diesen Aspekt des Rechts weiter ergänzen und die Funktion haben, sicherzustellen, daß Regeln auf Fälle angewandt werden, auf die sie tatsächlich zutreffen, beziehungsweise zumindest das Risiko von Ungerechtigkeiten in dieser Richtung zu verringern.

Diese beiden Gründe (beziehungsweise Ausreden), eine gewisse Überschneidung zwischen rechtlichen und moralischen Maßstäben als notwendig und natürlich anzusprechen, sollten allerdings niemanden zufriedenstellen, den die utilitaristische oder »positivistische« These, daß Recht und Moral getrennt sind, ernstlich beunruhigt. Denn in einem Rechtssystem, das diese Minimalforderungen erfüllt, könnten, mit der größten Unparteilichkeit zwischen den betroffenen Personen, grausam unterdrückende Gesetze angewendet und einer breiten Volksschicht rechtloser Sklaven sogar die Wohltaten des Schutzes vor Gewalt und Diebstahl verweigert werden. Das widerwärtige Bild solcher Gesellschaften ist uns schließlich noch gegenwärtig, und zu behaupten, sie seien ohne ein Rechtssystem, würde nur zu einer Wiederholung des Argumentes führen. Lediglich wenn die Regeln niemandem – nicht einmal einer Gruppe von Sklavenhaltern – die entscheidende Wohltat dieses Schutzes gewährten, wäre die Minimalforderung nicht erfüllt, und das System würde auf die Stufe einer Reihe sinnloser Tabus herabsinken. Natürlich hätte jemand, dem diese Wohltat verweigert wird, nur aus Furcht einen Grund zum Gehorsam; moralisch betrachtet hätte er jeden Grund zum Widerstand.

VI.

Ich wäre nicht ganz ehrlich, würde ich zum Schluß nicht noch auf etwas eingehen, das diejenigen, die heftig gegen den »Rechtspositivismus« reagieren, vermutlich am meisten beunruhigt. Die nachdrückliche Unterscheidung zwischen dem Recht, wie es ist, und dem Recht, wie es sein sollte, kann so verstanden werden, daß sie mit jenen Theorien über das wahre Wesen moralischer Urteile, Unterscheidungen und »Werte« zusammenfällt, die als »subjektivistisch«, »relativistisch« oder »nonkognitiv« bezeichnet werden. Zwar haben die Utilitaristen selbst (im Unterschied zu späteren Positivisten wie Kelsen) derartige Theorien nie vertreten, so unbefriedigend uns ihre Moralphilosophie im übrigen heute auch erscheinen mag. Austin war der Meinung, die grundlegenden moralischen Prinzipien seien die Gebote Gottes, die uns durch Offenbarung oder durch den »Anzeiger« der Nützlichkeit kundwerden, und Bentham hielt sie für nachprüfbare Aussagen über Nützlichkeit. Trotzdem glaube ich (obwohl ich es nicht beweisen kann), daß das Bestehen auf der Unterscheidung des Rechts, wie es ist, vom Recht, wie es sein sollte, unter dem allgemeinen Begriff »Positivismus« mit einer Moraltheorie in Konfusion geraten ist, nach der Aussagen über das, was der Fall ist (»Tatsachenaussagen«), einer Kategorie oder Gruppe angehören, die von Aussagen darüber, was der Fall sein sollte (»Wertaussagen«), radikal verschieden ist. Es dürfte daher lohnen, diese Quelle der Verwirrung zu beseitigen.

Es gibt gegenwärtig viele Spielarten dieser Moraltheorie: Nach einigen Spielarten sind Urteile über das, was sein sollte oder was getan werden sollte, entweder ganz oder zu einem wesentlichen Teil Ausdrucksformen des »Gefühls«, der »Emotion«, der »Einstellung«, der »subjektiven Präferenz«; nach anderen drücken solche Urteile Gefühle, Emotionen oder Einstellungen aus und fordern außerdem andere auf, sie zu teilen. In noch weiteren Varianten der Theorie zeigen solche Urteile an, daß ein besonderer Fall unter ein allgemeines Prinzip oder eine allgemeine Verhaltensregel fällt, für die der Sprecher sich »entschieden« oder an die er sich »gebunden« hat, und die ihrerseits nicht eine Erkenntnis von etwas darstellt, was der Fall ist, sondern einem allgemeinen »Imperativ« oder Befehl vergleichbar ist, der an alle, einschließlich des Urteilenden selbst, gerichtet ist. Das Gemeinsame aller dieser Spielarten ist die These, daß man Urteile über das, was getan werden sollte, wegen der in ihnen enthaltenen »nonkognitiven« Elemente nicht wie Tatsachenaussagen mit rationalen Methoden verfechten oder beweisen kann und daß sie nicht aus einer Tatsachenbehauptung ableitbar sind, sondern einzig aus anderen Werturteilen in Verbindung mit einer Tatsachenbehauptung. Nach einer solchen Theorie können wir zum Beispiel nicht den Beweis führen, daß eine Handlung falsch war und nicht hätte begangen werden sollen, indem wir einfach zeigen, daß sie in einer vorsätzlichen Zufügung von Schmerz lediglich zur Befriedigung des Handelnden bestand. Wir können erst zeigen, daß sie falsch war, wenn wir jenen nachprüfbaren, »kognitiven« Tatsachenaussagen ein unbeweisbares, »nonkognitives« allgemeines Prinzip hinzufügen, das besagt, daß die Zufügung von Schmerz unter solchen Umständen falsch ist und nicht vorkommen sollte. Parallel zu dieser allgemeinen Unterscheidung zwischen Aussagen über das, was ist, und das, was sein sollte, verläuft eine scharfe Unterscheidung zwischen Aussagen über Mittel und Aussagen über moralische Ziele: Wir können rational erörtern und bestimmen, welche Mittel für ein gegebenes Ziel geeignet sind, aber die Ziele können nicht auf rationale Weise erörtert oder gesetzt werden; sie sind ein »fiat des Willens«, Ausdruck von »Emotionen«, »Präferenzen« oder »Einstellungen«.

Gegen alle diese Auffassungen (die natürlich viel differenzierter sind, als dieser grobe Überblick zeigen kann) machen andere geltend, daß alle diese scharfen Unterscheidungen zwischen Sein und Sollen, Tatsachen und Werten, Mitteln und Zielen, kognitiv und nonkognitiv falsch sind. Wenn wir letzte Ziele oder moralische

Werte anerkennen, wird uns etwas bewußt, das uns die Beschaffenheit der Welt, in der wir leben, ebenso aufzwingt (und das so wenig eine Sache der freien Wahl, der Einstellung, des Gefühls oder der Emotion ist) wie die Wahrheit faktischer Urteile über das, was der Fall ist. Das typisch moralische Argument sieht nicht so aus, daß die Parteien darauf beschränkt wären, Gefühle oder Emotionen zu äußern oder zu erwecken beziehungsweise sich gegenseitig Ermahnungen oder Befehle zu erteilen; es führt die Parteien vielmehr nach eingehender Prüfung und reiflicher Überlegung zu der Einsicht, daß ein zunächst umstrittener Fall in den Bereich eines nur vage erfaßten Prinzips fällt (das selbst nicht mehr »subjektiv«, nicht mehr ein »fiat unseres Willens« ist als irgendein anderes Klassifikationsprinzip), und dieser Vorgang hat denselben Anspruch, als »kognitiv« oder »rational« bezeichnet zu werden wie jede andere zunächst umstrittene Einstufung von Einzelfällen.

Nehmen wir einmal an, wir akzeptieren diese Verwerfung »nonkognitiver« Theorien der Moral und diese Ablehnung der scharfen kategorialen Unterscheidung zwischen Seins- und Sollensaussagen: Moralische Urteile ließen sich also ebenso gut rational rechtfertigen wie alle anderen Arten von Urteilen. Was würde hieraus für das Wesen des Zusammenhangs zwischen dem Recht, wie es ist, und dem Recht, wie es sein sollte, folgen? Hieraus allein zweifellos nichts. Recht, so moralisch verwerflich es auch wäre, würde (was diesen Punkt betrifft) immer noch Recht sein. Der einzige Unterschied, der sich aus der Billigung dieser Auffassung vom Wesen moralischer Urteile ergäbe, wäre der, daß die moralische Verwerflichkeit solcher Rechtsnormen etwas wäre, das man beweisen könnte; aus einer bloßen Feststellung der von der betreffenden Norm vorgeschriebenen Verhaltensweise würde hervorgehen, daß die Norm moralisch verwerflich ist und nicht Recht sein sollte, oder umgekehrt, daß sie moralisch wünschenswert ist und Recht sein sollte. Aber dieser Nachweis würde nicht besagen, daß die Norm Recht ist (beziehungsweise nicht ist). Der Beweis, daß die Prinzipien, nach denen wir Rechtsnormen bewerten oder verurteilen, rational erkennbar und nicht nur ein »fiat des Willens« sind, läßt die Tatsache unberührt, daß es Recht jeden Grades von Ungerechtigkeit oder Dummheit gibt, das dennoch Recht ist, und daß es andererseits Regeln gibt, die jede moralische Qualifikation besitzen, Recht zu sein, und es dennoch nicht sind.

Zweifellos muß etwas Weiteres und Spezifischeres gesagt werden, wenn die Widerlegung des »Nonkognitivismus« oder verwandter Theorien der Ethik für die Unterscheidung zwischen dem Recht, wie es ist, und dem Recht, wie es sein sollte, relevant sein und an irgendeinem Punkt zu einer Preisgabe oder Milderung dieser Unterscheidung führen soll. Niemand hat zur Klarstellung einer solchen Argumentation mehr beigetragen als Lon Fuller in seinen verschiedenen Schriften, und ich möchte mit einer Kritik ihrer zentralen These schließen. Es ist eine These, die auch dort auftaucht, wo bei Rechtsnormen aus Anlaß konkreter Fälle zunächst Interpretationsprobleme bestehen und über die Bedeutung der Normen argumentiert wird. In keinem Rechtssystem ist der Geltungsumfang einer Vorschrift auf jenen Bereich konkreter Beispiele beschränkt, die der Gesetzgeber tatsächlich oder vermutlich vor Augen hatte; darin liegt in der Tat einer der wichtigen Unterschiede zwischen einer Rechtsvorschrift und einem Befehl. Erkennt man nun an, daß Rechtsnormen auf Fälle anwendbar sind, die der Gesetzgeber nicht in Betracht zog beziehungsweise ziehen konnte, dann erweist sich ihre Ausdehnung auf derartige neue Fälle trotz alledem häufig nicht als eine bewußte Wahl oder ein fiat von Seiten derer, die die Norm so auslegen. Sie erscheint weder als eine Entscheidung, der Norm eine neue oder erweiterte Bedeutung zu geben, noch als eine Vermutung darüber, was die Gesetzgeber, die vielleicht im achtzehnten Jahrhundert gestorben sind, gesagt hätten, wenn sie im zwanzigsten Jahrhundert gelebt hätten. Die Subsumtion des neuen Falles unter die Norm geht vielmehr als eine natürliche Ausgestaltung der Norm vor sich, als Ausfüllung eines Norm»zwecks«, den man offenbar ganz natürlich der Norm selbst (in irgendeinem Sinne) zuschreibt und nicht irgendeiner bestimmten lebenden oder toten Person. Die utilitaristische Beschreibung dieser Art von interpretativer Ausdehnung alter Normen auf neue Fälle als richterlicher Gesetzgebung wird diesem Phänomen nicht gerecht. Sie enthält keinen Hinweis auf die Unterschiede zwischen einem bewußten fiat oder Entschluß, den neuen Fall in derselben Weise zu behandeln wie frühere Fälle, und der Erkenntnis (die kaum absichtsvoll oder auch nur willentlich ist), daß die Subsumtion des neuen Falles unter die Norm einen schon gegebenen und gleichbleibenden Zweck ausfüllt oder verdeutlicht, der bisher nicht klar erfaßt war.

Vielleicht werden viele Juristen und Richter in dieser Ausdrucksweise etwas finden, das ihrer Erfahrung genau entspricht; andere werden sie vielleicht für eine romantische Verbrämung von Tatsachen halten, die in der utilitaristischen Redeweise von der richterlichen »Gesetzgebung« oder in der modernen amerikanischen Terminologie der »schöpferischen Wahl« besser beschrieben werden.

Um diesen Punkt zu erläutern, gebraucht Professor Fuller ein nichtjuristisches Beispiel des Philosophen Wittgenstein, das ich aufschlußreich finde. »Jemand sagt zu mir: ›Zeige den Kindern ein Spiel!‹ Ich lehre sie, um Geld zu würfeln, und der andere sagt mir, Ich habe nicht so ein Spiel gemeint.‹ Mußte ihm da, als er mir den Befehl gab, der Ausschluß des Würfelspiels vorschweben?«[43] Dieses Beispiel scheint mir etwas Wichtiges anzusprechen. Vielleicht sind es die folgenden (unterscheidbaren) Punkte. Erstens: Normalerweise deuten wir nicht nur das, was Menschen zu tun versuchen, sondern auch das, was sie sagen, im Lichte vorausgesetzter, allgemein menschlicher Ziele, so daß wir (falls nicht das Gegenteil ausdrücklich gesagt wird), die Aufforderung, einem kleinen Kind ein Spiel zu zeigen, nicht als Auftrag verstehen, ihm ein Glücksspiel beizubringen, selbst wenn in einem anderen Zusammenhang das Wort »Spiel« ohne weiteres so zu verstehen wäre. Zweitens: Sehr oft könnte derjenige, dessen Worte so ausgelegt werden, sagen: »Ja, genau das meine ich (oder »das habe ich gemeint«), obwohl ich nicht daran gedacht habe, bis ich von diesem speziellen Fall hörte.« Drittens: Wenn wir auf diese Weise, vielleicht nach einer Besprechung oder Beratung mit anderen, anerkennen, daß ein bestimmter Fall, den wir vorher nicht eigens bedacht haben, in den Bereich einer undeutlich gefaßten Anweisung fällt, so könnten wir diese Erfahrung für mißverstanden halten, wenn wir sie als bloße Entscheidung eines einzelnen Falles beschrieben finden, während wir selbst glauben, sie wahrheitsgetreu nur als das Bewußtwerden und die Verdeutlichung dessen beschreiben zu können, was wir »wirklich« wollen und was unsere »wahre Absicht« ist – Ausdrücke, die Fuller später in demselben Aufsatz verwendet.[44]

Ich bin sicher, daß viele philosophische Diskussionen über das Wesen moralischen Argumentierens von der Beachtung von Fällen, wie Fuller sie anführt, profitieren würden. Diese Beachtung wür-

43 Fuller, »Human Purpose and Natural Law«, S. 697, 700.

44 Fuller, »Human Purpose and Natural Law«, S. 701 f.

de zur Richtigstellung jener Auffassung beitragen, daß zwischen »Zielen« und »Mitteln« eine scharfe Trennung besteht und daß wir bei der Erörterung von »Zielen« einander nur auf nichtrationale Weise beeinflussen können, während rationales Argumentieren auf die Erörterung von »Mitteln« beschränkt bleibt. Aber ich glaube, daß Fullers Hinweis für die Frage, ob es richtig oder klug ist, an der Unterscheidung zwischen dem Recht, wie es ist, und dem Recht, wie es sein sollte, festzuhalten, kaum Relevanz besitzt. Seine Nutzanwendung besagt, daß man bei der Auslegung von Rechtsnormen auf einige Fälle stößt, deren Lösung sich bei näherer Betrachtung als eine so selbstverständliche Entwicklung und Verdeutlichung der Norm erweist, daß es irreführend wäre, hier von »Gesetzgebung«, »Rechtsschöpfung« oder einem »fiat« zu sprechen. Das Argument muß also lauten: Es wäre irreführend, in solchen Fällen einen Unterschied zu machen zwischen der Norm, wie sie ist, und der Norm, wie sie sein sollte – zumindest in einem gewissen Sinne von »sollen«. Wir finden, die Norm sollte den neuen Fall umfassen, und kommen nach einiger Überlegung zu der Einsicht, daß sie es wirklich tut. Aber selbst wenn wir diese Art und Weise, eine deutliche Erfahrung als Beispiel einer Verschmelzung von Sein und Sollen darzustellen, zulassen, müssen wir zwei Warnungen beherzigen. Die erste ist, daß »sollen« in diesem Fall aus den schon in Abschnitt II dargelegten Gründen nichts mit Moral zu tun haben muß: Daß ein neuer Fall den Zweck einer Regel erfüllt und verdeutlicht, kann genau denselben Sinn haben bei der Auslegung von Regeln eines Spieles oder bei der Auslegung eines grauenhaft unmoralischen Gesetzes der Unterdrückung, wobei die Unmoral denen, die es auslegen sollen, bewußt ist. Auch sie können sehen, was der »Geist« des Spieles, das sie spielen, in vorher nicht ins Auge gefaßten Fällen verlangt. Wichtiger ist folgendes: Wir dürfen nach all diesen Erörterungen nicht vergessen, wie selten im Recht das Phänomen auftaucht, das diese Ausdrucksweise rechtfertigen soll, und wie ungewöhnlich dieses Gefühl ist, daß uns eine Art der Fallentscheidung als die einzig natürliche und rationale Weiterentwicklung einer Norm vorgegeben ist. Es steht doch außer Zweifel, daß in den meisten Auslegungsfällen die Redeweise der »Wahl zwischen Alternativen«, der »richterlichen Gesetzgebung« oder selbst des »fiat« (wenn auch keines willkürlichen fiat) den Gegebenheiten des Falles besser gerecht wird.

Im Rahmen eines verhältnismäßig beständigen Rechts treffen zu viele Alternativen von nahezu gleicher Plausibilität aufeinander, zwischen denen Richter und Anwalt unsicher ihren Weg suchen müssen, als daß hier eine Sprache angemessen wäre, die jene Erfahrung zutreffend beschreiben mag, die wir bei der Auslegung eigener oder fremder Grundsätze des Handelns, Wollens oder Wünschens machen, bei der wir nicht das Bewußtsein haben, eine bestimmte Wahl zu treffen, sondern vielmehr uns etwas zu eigen zu machen, das auf uns gewartet hat. Bei der Beschreibung von Gesetzesauslegung die vorgeschlagene Terminologie einer Verschmelzung dessen, was Recht ist, und dessen, was es sein sollte, zu verwenden dient (wie ältere Formulierungen, daß Richter Recht nur finden, nie machen) lediglich der Verschleierung der Tatsachen, daß wir hier, wenn irgendwo, von unsicheren Alternativen umgeben sind, zwischen denen wir eine Wahl treffen müssen, und daß das geltende Recht unserer Wahl zwar Grenzen setzt, nicht aber die Wahl selbst bestimmt.

2. *Lon L. Fuller*

Positivismus und Gesetzestreue

Eine Antwort auf Professor Hart

Professor Hart hat einen bleibenden Beitrag zur rechtsphilosophischen Literatur geleistet. Ich bezweifle, dass die Probleme, die er diskutiert, jemals wieder in der Form verstanden werden, die sie hatten, bevor er sie seinem analytischen Vermögen unterzogen hat. Seine Argumentation ist nicht einfach eine neue Formulierung von Bentham, Austin, Gray und Holmes. Ihre Ansichten gewinnen durch ihn eine ganz neue und nur ihm eigene Klarheit und Tiefe.

Ich muss gestehen, dass ich bei meiner ersten Begegnung mit den Gedanken von Professor Harts Aufsatz den Eindruck hatte, dass seine Argumentation an einem tiefen internen Widerspruch leidet. Auf der einen Seite weist er nachdrücklich die Vermischung dessen, »was ist«, mit dem, »was sein soll«, zurück. Er duldet keine »Verwischung« des Rechts mit Vorstellungen davon, was das Recht sein sollte, sondern höchstens eine nüchterne Überschneidung. Verständlicher Austausch über jedwedes Thema, so scheint er zu implizieren, wird unmöglich, sobald wir es ungewiss lassen, ob wir davon sprechen, »was ist«, oder davon, »was sein soll«. Allerdings war es genau diese Ungewissheit in Professor Harts eigenem Argument, die es mir zunächst schwer machte, seinem gedanklichen Faden zu folgen. Manchmal schien er zu sagen, dass die Unterscheidung zwischen Recht und Moral etwas erfasst, das besteht und weiterhin bestehen wird, ganz gleich, wie wir darüber reden. Sie bringt eine Gegebenheit zum Ausdruck, die wir – ob wir wollen oder nicht – akzeptieren müssen, wenn wir es vermeiden wollen, Unsinn zu reden. An anderen Stellen schien er uns warnen zu wollen, dass die Wirklichkeit dieser Unterscheidung Gefahr laufe, zu verschwimmen, und dass wir, wenn wir unser Denken und Sprechen diesbezüglich nicht ändern, möglicherweise ein »wertvolles moralisches Ideal« verlieren, und zwar das der Gesetzestreue. Mit anderen Worten: Es ist nicht klar, ob in Professor Harts eigenem Denken die Unterscheidung zwischen Recht und Moral einfach nur »ist« oder ob sie vielmehr »sein soll« und ob wir uns seinem

Projekt, diese Trennung zu schaffen und aufrechtzuerhalten, anschließen sollen.

Das war die anfängliche Verwirrung, die ich angesichts von Professor Harts Argumentation empfand. Aber nach genauerer Betrachtung bin ich mir inzwischen sicher, dass es sowohl unfair als auch unnütz wäre, seinen Essay als selbstwidersprüchlich zu kritisieren. Es gibt keinen Grund, warum ein Argument zugunsten der strikten Trennung von Recht und Moral nicht auf dem doppelten Umstand basieren kann, dass diese Trennung sowohl der intellektuellen Klarheit als auch der moralischen Integrität zuträglich ist. Selbst wenn es der Fall sein sollte, dass die Zusammenführung dieser beiden gedanklichen Linien Schwierigkeiten birgt, dann treffen diese Schwierigkeiten genauso jene, die die Positionen von Austin, Gray und Holmes zurückweisen. Denn diejenigen unter uns, die die »positivistische« Position unannehmbar finden, greifen doch selbst auf das Argument zurück, dass diese Position intellektuell fadenscheinig ist und schädliche Folgen hat oder haben könnte. Auf der einen Seite behaupten wir, dass beispielsweise Austins Definition von Recht nicht der Realität entspricht, die sie beschreiben soll. Da sie unzutreffend ist, kann sie nicht effektiv dem dienen, was Kelsen »ein Interesse an Erkenntnis« nennt. Auf der anderen Seite behaupten wir, dass unter manchen Umständen genau diese Konzeption des Rechts gefährlich werden kann, da in menschlichen Angelegenheiten das, was irrtümlicherweise für real gehalten wird, häufig genau dadurch Wirklichkeit wird.

Eine der grundsätzlichen Tugenden von Professor Harts Argumentation ist, dass sie zum ersten Mal die Tür für eine wirklich gewinnbringende Auseinandersetzung zwischen denen öffnet, deren Differenzen sich um die Unterscheidung zwischen Recht und Moral drehen. Bis jetzt gab es zwischen den beiden Lagern noch keine wirkliche Klarheit darüber, was eigentlich die strittigen Fragen sind. Auf der einen Seite begegnet uns eine Reihe definitorischer Setzungen. Eine Rechtsnorm ist demnach – tatsächlich und einfach und immer – der Befehl des Souveräns, eine Regel, die von einem Richter festgelegt wurde, eine Vorhersage über das zukünftige Auftreten von Staatsgewalt, ein Verhaltensmuster der Staatsbeamten etc. Wenn wir fragen, welchem Zweck diese Definitionen dienen, bekommen wir die folgende Antwort: »Keinem Zweck, außer der korrekten Beschreibung der sozialen Realität, die dem Wort ›Recht‹ entspricht.« Wenn wir dann antworten: »So sieht diese Wirklichkeit für mich aber nicht aus«, dann kommt die Antwort zurück: »Nun, für mich schon«. Dabei muss man die Sache dann belassen.

Dieser Stand der Dinge war bisher sehr unbefriedigend für diejenigen von uns, die davon überzeugt sind, dass »positivistische« Theorien einen verzerrenden Effekt auf die Ziele der Rechtsphilosophie haben. Unsere Unzufriedenheit entsprang nicht einfach der Pattsituation, mit der wir konfrontiert waren, sondern der Tatsache, dass diese Pattsituation uns so unnötig erschien. Um ihr zu entkommen, bedurfte es nur einer Anerkennung auf Seiten der anderen, dass diese Definitionen dessen, »was Recht eigentlich ist«, nicht bloße Abbildungen einer empirischen Gegebenheit sind, sondern Richtungsweiser für den Einsatz menschlicher Tatkraft. Da diese Anerkennung nicht stattfand, hielten die Pattsituation und die damit verbundenen Frustrationen an. Es gibt tatsächlich keine größere Frustration als die, mit einer Theorie konfrontiert zu sein, die nur zu beschreiben vorgibt, obwohl sie nicht nur offensichtlich vorschreibt, sondern ihre besondere präskriptive Kraft auch noch genau dem Umstand schuldet, dass sie präskriptive Absichten von sich weist. In diese trübe Debatte sind manchmal einige Lichtstrahlen gefallen, zum Beispiel als Kelsen beiläufig zugab (dies aber anscheinend nie wiederholt hat), dass sein gesamtes System möglicherweise auf eine gefühlsmäßige Vorliebe für das Ideal der Ordnung gegenüber dem Ideal der Gerechtigkeit zurückzuführen ist.[1]

Jetzt, mit Professor Harts Aufsatz, nimmt die Diskussion eine neue und vielversprechende Wendung. Beide Seiten geben jetzt ausdrücklich zu, dass eine der wichtigsten Fragen darin besteht, wie wir das Ideal der Gesetzestreue am besten definieren und fördern können. Das Recht als etwas, das Loyalität verdient, muss ein menschliches Verdienst darstellen; es kann nicht einfach die Setzung einer Machtinstanz oder ein sich erkennbar wiederholendes Muster im Verhalten von Staatsbeamten sein. Der Respekt, den wir den menschengemachten Gesetzen schulden, muss sicherlich ein anderer sein als der, den wir den Gesetzen der Schwerkraft entgegenbringen. Wenn Gesetze, sogar schlechte Gesetze, einen Anspruch auf unseren Respekt haben, dann muss das Recht doch

1 Hans Kelsen, »Die Idee des Naturrechtes«, in: *Zeitschrift für öffentliches Recht* 7 (1927), S. 221-248.

in irgendeine generelle Richtung der menschlichen Bemühungen zeigen, die wir verstehen und beschreiben und die wir im Prinzip befürworten können, auch in solchen Momenten, in denen es sein Ziel zu verfehlen scheint.

Wenn es, wie ich glaube, eine der wesentlichen Tugenden von Professor Harts Argumentation ist, dass sie die Frage der Gesetzestreue in die Debatte einführt, dann liegt ihr entscheidender Fehler, wenn ich das so sagen darf, darin, dass sie daran scheitert, die Implikationen, die diese Erweiterung des Argumentationsrahmens notwendigerweise mit sich bringt, zu erkennen und anzunehmen. Dieser Fehler zieht sich meines Erachtens durch den gesamten Aufsatz, aber er wird besonders deutlich bei der Diskussion Gustav Radbruchs und des Nazi-Regimes.[2] Ohne irgendeine Untersuchung der tatsächlichen Funktionsweise dessen vorzunehmen, was unter den Nazis von einem Rechtssystem übriggeblieben war, nimmt Professor Hart an, dass irgendetwas fortbestanden haben muss, das immer noch den Namen »Recht« verdiente, und zwar in einem Sinne, der dem Ideal der Gesetzestreue Bedeutung gegeben hätte. Natürlich ist es nicht so, dass Professor Hart meint, den Nazigesetzen hätte Folge geleistet werden sollen. Vielmehr versteht er die Entscheidung, ihnen nicht Folge zu leisten, nicht einfach als eine Frage der Klugheit oder des Mutes, sondern als ein wirkliches moralisches Dilemma, in dem das Ideal der Gesetzestreue anderen, grundsätzlicheren Zielen geopfert werden musste. Mir erscheint es dagegen unklug, eine solche Beurteilung vorzunehmen, ohne zunächst genauer zu untersuchen, was eigentlich »Recht« im Naziregime bedeutete.

Meine Gründe für die Auffassung, dass Professor Hart in seiner Beurteilung der Nazisituation völlig falsch liegt und dass er das Denken von Professor Radbruch schwerwiegend fehlinterpretiert, werde ich später darlegen. Aber zunächst möchte ich mich einigen einleitenden definitorischen Schwierigkeiten zuwenden, an denen das, was ich als den zentralen Fehler von Professor Harts These ansehe, unmittelbar deutlich wird.

2 H. L. A. Hart, »Positivism and the Separation of Law and Morals«, in: *Harvard Law Review* 4 (1958), S. 593-621. [Kapitel 1 in diesem Band.]

I. Die Definition des Rechts

In seinem Essay stellt sich Professor Hart durchweg auf eine Position, die er mit Namen wie Bentham, Austin, Gray und Holmes verbindet. Er erkennt natürlich, dass deren jeweilige Auffassungen davon, »was Recht ist«, sich wesentlich voneinander unterscheiden; jedoch scheint er diese Unterschiede für die Verteidigung ihrer generellen Denkrichtung als unerheblich zu betrachten.

Wenn es nur darum ginge, eine Bedeutung für das Wort »Recht« festzulegen, die der intellektuellen Klarheit dienlich ist, dann wäre es sicherlich gerechtfertigt, alle diese Autoren derselben Richtung zuzuordnen. Austin beispielsweise definiert Recht als den Befehl der höchsten gesetzgebenden Macht, des Souveräns. Auf der anderen Seite versteht Gray Recht als die von Richtern gesetzten Regeln. Ein Gesetz ist für Gray als solches noch kein Recht, sondern lediglich eine Quelle des Rechts. Recht wird es erst dann, wenn es von einem Gericht interpretiert und angewendet wird. Wenn nun unser einziges Ziel wäre, die Art von Klarheit zu gewinnen, die dadurch sichergestellt wird, dass wir unsere Definitionen explizit machen und uns strikt an sie halten, dann könnte man plausibel argumentieren, dass die eine oder die andere der beiden Konzeptionen der Bedeutung von »Recht« hier ausreicht. Beide Konzeptionen scheinen eine Verwechslung von Moral und Recht zu vermeiden und beide Autoren geben dem Leser zu verstehen, welche Bedeutung sie dem Wort »Recht« zuschreiben.

Die Sache sieht allerdings ganz anders aus, wenn unser Interesse dem Ideal der Gesetzestreue gilt. Dann wird es nämlich zu einer höchst wichtigen Angelegenheit, welche Position innerhalb des gesamten Regierungsapparats der Judikative zugewiesen wird. Diese Beobachtung wird zum Beispiel durch den entfernten Donner einer Verfassungskrise bestätigt, den man heutzutage in diesem Land hört. Während des letzten Jahres haben Zeitungsleser immer wieder ernsthafte und scheinbar aufrichtige Leserbriefe mit der Forderung geschrieben, dass wir als einen ersten Schritt zur Wiederherstellung der Rechtsstaatlichkeit den *Supreme Court* abschaffen sollten. Es ist zwar unwahrscheinlich, dass dieser Lösungsvorschlag für unsere Regierungsprobleme einem tiefgehenden Studium von Austin oder Gray entstammt, aber diejenigen, die diese Lösung vorschlagen, dürften den auseinandergehenden Definitionen von Recht, die die beiden Juristen vorschlagen, nicht gleichgültig gegenüberstehen. Wenn angeführt wird, dass es eine Verdrehung von Grays Absichten wäre, aus seinen Schriften irgendeine Moral für die gegenwärtige Kontroverse über die Rolle des Supreme Court zu ziehen, dann scheint es mir genauso berechtigt, seine Schriften als irrelevant für das Thema der Gesetzestreue im Allgemeinen zu betrachten.

Eine weitere Meinungsverschiedenheit zwischen den Autoren, die Professor Hart verteidigt, liegt bei Bentham und Austin und deren Ansichten über die konstitutionellen Begrenzungen der souveränen Gewalt. Bentham war der Auffassung, dass eine Verfassung dem höchsten Gesetzgeber die Möglichkeit vorenthalten kann, bestimmte Arten von Gesetzen zu erlassen. Für Austin ist dagegen jede rechtliche Einschränkung der höchsten legislativen Gewalt absurd und ein Ding der Unmöglichkeit. Welche Orientierungshilfe würden diese beiden Autoren unserem Gewissen in einer Krise anbieten, die irgendwann aus der Klausel unserer Verfassung entstehen könnte, derzufolge die Befugnis zur Änderung der Verfassung niemals dafür benutzt werden darf, einem Bundesstaat ohne dessen Einwilligung das Recht auf gleiche Repräsentation im Senat zu entziehen?[3] Sicherlich brauchen wir nicht nur in den Angelegenheiten des täglichen Lebens Klarheit über die Pflicht zur Gesetzestreue, sondern am meisten und am dringendsten in Zeiten der Krise. Wenn die positivistische Schule uns in solchen Zeiten nichts weiter anzubieten hat als die Beobachtung, dass das Recht, wie auch immer man es definiert, etwas anderes als die Moral sei, dann sind ihre Lehren von geringem Nutzen für uns.

Ich meine also, dass Professor Harts These in ihrer jetzigen Form grundsätzlich unvollständig ist und dass er sich, um seine Ziele erreichen zu können, zunächst näher mit einer Definition des Rechts beschäftigen muss, die der Pflicht zur Gesetzestreue Bedeutung verleiht.

II. Die Definition von Moral

Typischerweise ist denjenigen, die Professor Harts Sichtweise teilen, hauptsächlich daran gelegen, die Integrität des Rechtbegriffs

3 Verfassung der Vereinigten Staaten, Artikel 5.

zu wahren. Deshalb haben sie im Allgemeinen nach einer präzisen Definition des Rechts gesucht, allerdings ohne sich dabei sonderlich um eine Erklärung zu bemühen, was genau durch ihre Definitionen jeweils ausgeschlossen werden soll. Sie sind wie Dorfbewohner, die einen Schutzwall zur Verteidigung ihres Dorfes bauen und dazu zwar wissen müssen, was sie schützen wollen, aber weder wissen müssen noch wissen können, wer die einfallenden Truppen sind, die dieser Schutzwall abwehren soll.

Wenn Austin und Gray Recht von Moral unterscheiden, dann steht das Wort »Moral« unterschiedslos für fast jeden denkbaren nichtrechtlichen Maßstab zur Beurteilung menschlichen Verhaltens. Die innere Stimme des Gewissens, religiöse Begriffe von richtig und falsch, allgemein geteilte Vorstellungen von Anstand und Fairness, kulturell gelernte Vorurteile – all das wird unter dem Titel »Moral« zusammengeführt und aus der Sphäre des Rechts ausgeschlossen. Professor Hart folgt hier weitgehend der Tradition seiner Vorgänger. Wenn er von Moral spricht, dann scheint er damit alle möglichen Arten von nichtrechtlichen Auffassungen dessen, »was sein soll«, zu meinen, unabhängig von ihren Quellen, ihren Ansprüchen oder ihrem intrinsischen Wert. Das wird besonders in seiner Diskussion des Interpretationsproblems deutlich, der zufolge nichtkodifizierte Vorstellungen davon, was sein sollte, nur den Randbereich* des Rechts berühren, aber nicht dessen Kern.

Gegen Ende des Aufsatzes nimmt Professor Harts Argumentation jedoch eine Wendung, mit der er den vorherigen Gang seiner Gedanken zu verlassen scheint. Er erinnert uns daran, dass es so etwas wie unmoralische Moral gibt und dass viele Standards dessen existieren, »was sein soll«, die man wohl kaum als moralische bezeichnen könne.[4] Gestehen wir einmal zu, so Hart, dass ein Richter im Randbereich eines Gesetzes korrekterweise und unvermeidlich Recht setzt und dass er sich dabei (in Ermangelung anderer Standards) an seinen eigenen moralischen Vorstellungen orientieren muss. Dasselbe würde doch auch in einer Gesellschaft passieren, die die übelsten Ziele verfolgt und in der die Richter die Mängel

* [Anm. d. Hg.: »Randbereich« übersetzt hier Harts bildhaften Ausdruck »penumbra«. Die Übersetzung von Harts Aufsatz (Kapitel 1 in diesem Band) wählt die wörtlichere deutsche Übersetzung »Schattenzone«.]

4 Hart, »Positivism and the Separation of Law and Morals«, S. 624 [S. 94 in diesem Band].

des Gesetzes durch solche Ungerechtigkeiten ergänzen würden, die ihnen jeweils am passendsten erschienen. Nehmen wir außerdem an, so Professor Hart gegen Ende seines Aufsatzes, dass es im Prozess der Rechtsprechung sogar manchmal etwas gibt, das so aussieht wie eine Entdeckung, wenn ein Richter ein Prinzip in solch einer Art und Weise umformuliert, dass plötzlich viel klarer zum Ausdruck kommt, worauf es von Anfang an abzielte. Auch hier erinnert er uns daran, dass so etwas gleichwohl in einer Gesellschaft passieren könnte, die sich der höchsten Kultivierung der Sünde gewidmet hat, wenn die Anwendung einer bösartigen Regel auf eine Situation, die bei ihrer ursprünglichen Formulierung noch nicht in Betracht gezogen wurde, mit der Entdeckung der impliziten Forderungen dieser Regel einhergeht.

Ich gehe davon aus, dass dies eine Warnung an all jene sein soll, die ein »stärker mit Moral getränktes Recht« fordern. Professor Hart erinnert sie daran, dass die Moral, mit der das Recht dabei getränkt würde, ihnen möglicherweise nicht gefallen könnte. Wenn das seine Pointe ist, dann hat er sicherlich recht; allerdings würde man sich wünschen, dass er sie expliziter gemacht hätte, denn hier geht es um das grundsätzlichste Problem seiner gesamten Argumentation. Aber weil das Argument so indirekt vorgebracht wird und weil ich es möglicherweise falsch interpretiert habe, werde ich meinen Kommentar auf einige Beobachtungen und Fragen beschränken.

Erstens scheint Professor Hart anzunehmen, dass bösartige Ziele genauso viel Kohärenz und innere Logik aufweisen können wie gute Ziele. Diese Annahme würde ich jedoch zurückweisen. Mir ist bewusst, dass ich hier Fragen aufwerfe oder vielleicht auch umgehe, die zu den schwierigsten erkenntnistheoretischen Problemen der Ethik hinführen. Selbst wenn ich die Kompetenz für einen Exkurs in diese Richtung besitzen würde, so wäre doch hier nicht der Ort dafür. Ich muss mich hier deshalb auf eine Überzeugung stützen, die vielleicht naiv erscheint, dass nämlich eine größere Affinität zwischen Kohärenz und Tugend besteht als zwischen Kohärenz und Boshaftigkeit. Neben dieser Überzeugung glaube ich außerdem, dass es, wenn Menschen dazu gezwungen sind, ihre Entscheidungen zu erklären und zu rechtfertigen, normalerweise dazu führt, dass ihre Entscheidungen in Richtung Tugend gehen, was auch immer das letzte Kriterium der Tugend sein mag. Aufgrund dieser Überzeugungen sehe ich eine beträchtliche Inkongruenz in jeder

Vorstellung einer möglichen Zukunft, in der das *Common Law* sich »von Fall zu Fall zu einer reineren Form« in Richtung immer vollkommenerer Ungerechtigkeit ausarbeitet.

Falls zweitens in unserer Gesellschaft die ernste Gefahr bestehen sollte, dass eine Schwächung der Trennung zwischen Recht und Moral einer »unmoralischen Moral« Vorschub leisten würde, so bleibt doch die Frage, worin der effektivste Schutz gegen diese Gefahr bestünde. Ich selbst kann mir nicht vorstellen, dass dieser in der positivistischen Position von Austin, Gray, Holmes und Hart zu finden ist. Diese Autoren scheinen mir nämlich das eigentliche Problem so zu verfälschen, dass es in einer trügerischen Einfachheit erscheint, die an die schwierigen Themen, bei denen tatsächlich die Gefahren liegen, nicht heranreicht.

Stellen wir uns drittens einen Richter vor, der entschlossen ist, durch seine Rechtsprechung ein Ziel zu verwirklichen, das die meisten gewöhnlichen Bürger als falsch oder schlecht ansehen würden. Würde ein solcher Richter wirklich den Wortlaut des Gesetzes außer Kraft setzen und sich offen auf ein »höheres Recht« berufen? Oder würde er sich nicht eher hinter der Maxime »Gesetz ist Gesetz« verstecken und seine Entscheidung damit rechtfertigen, dass sie von geltendem Recht gefordert wird?

Viertens gehören weder Professor Hart noch ich zu einer Gruppe, die in irgendeinem relevanten Sinne als »Minderheit« gelten könnte. Das hat sowohl Vor- als auch Nachteile, wenn man sich um eine philosophische Betrachtung von Recht und Regierung bemüht. Aber man stelle sich vor, dass wir beide in ein Land verfrachtet würden, in dem unsere Überzeugungen tabu wären und in dem wir umgekehrt die vorherrschende Moral für durch und durch bösartig hielten. In dieser Situation hätten wir sicherlich Grund zu befürchten, dass das Recht unter der Hand zu unserem Nachteil manipuliert würde; unsere Sorge wäre nicht, dass die rechtlichen Vorschriften einfach unter Berufung auf eine über dem Recht stehende Moral beiseitegewischt würden. Wenn wir das Gefühl hätten, dass das Recht selbst unsere sicherste Zuflucht wäre, dann doch wohl, weil sogar in den schlimmsten Regimes eine gewisse Zögerlichkeit herrscht, Grausamkeit, Intoleranz und Unmenschlichkeit gesetzlich zu kodifizieren. Und ist es nicht klar, dass diese Zögerlichkeit nicht aus einer Trennung zwischen Recht und Moral herrührt, sondern vielmehr gerade aus einer Gleichsetzung des

Rechts mit den dringlichsten und am leichtesten zu rechtfertigenden Forderungen der Moral – denjenigen, zu denen sich jeder ohne Scham bekennen kann?

Fünftens würde ich meinen, dass in den meisten Bereichen, in denen der Prozess der Rechtsprechung richtig funktioniert, die Gefahr des Einflusses einer unmoralischen oder zumindest unwillkommenen Moral kein echtes Problem darstellt. Vielmehr besteht hier genau die gegenteilige Gefahr. Zum Beispiel sind im Bereich des Handelsrechts die britischen Gerichte, wenn ich das so sagen darf, in den letzten Jahren in einen »Gesetz-ist-Gesetz«-Formalismus verfallen, der eine verspätete Konterrevolution gegen alles ist, was Mansfield erreicht hatte.[5] Die ganze Situation steht kurz vor einer Krise, da Handelsrechtfälle zunehmend Schiedsgerichten vorgelegt werden. Der hauptsächliche Grund für diese Entwicklung ist, dass Schiedsgerichte gewillt sind, die Notwendigkeiten des Handelsverkehrs und die üblichen Standards kaufmännischer Fairness in ihre Entscheidungen mit einzubeziehen. Mir ist klar, dass Professor Hart »Formalismus« ablehnt, aber ich werde später zu zeigen versuchen, warum mir seine Theorie notwendigerweise in diese Richtung zu weisen scheint.[6]

Sechstens ist in der Diskussion über die Beziehung zwischen Recht und Moral im Denken vieler *eine* Frage vorherrschend, und zwar so sehr, dass alles, was zu dem Thema gesagt oder gehört wird, davon beeinflusst wird. Ich meine die Art von Frage, die sich durch die Erklärung des Papstes hinsichtlich der Pflichten katholischer Richter in Scheidungssachen stellt.[7] Diese Erklärung stellt uns tatsächlich vor schwerwiegende Probleme. Aber die Probleme beziehen sich nicht auf das Verhältnis zwischen dem Recht auf der einen Seite und allgemein verbreiteten Ansichten über richtiges Verhalten, die auf spontane Weise durch Erfahrung und Diskussion gewachsen sind, auf der anderen Seite. Vielmehr geht es um einen

5 Für ein hervorragendes Beispiel siehe G. Scammel and Nephew, Ltd. vs. Ouston, [1941] A.C. 251 (1940). Ich persönlich bin geneigt, Victoria Laundry, Ltd. vs. Newman Industries, Ltd., [1949] 2 K.B. 528 (C.A.) unter dieselbe Kategorie zu fassen.

6 Hart, »Positivism and the Separation of Law and Morals«, S. 608-612 [S. 74-79 in diesem Band].

7 Siehe die *New York Times* vom 8. Nov. 1949, S. 1, Spalte 4 (late city edition) (Bericht über eine Ansprache an das Zentralkomitee der Union der katholisch-italienischen Anwälte vom 7. November 1949).

Konflikt zwischen zwei Erklärungen, von denen jede Autorität für sich beansprucht; wenn man so will, stehen hier zwei verschiedene Arten von Recht einander gegenüber. Wenn aber diese Art von Problem als Schlüssel zu der gesamten Problematik von Recht und Moral behandelt wird, dann ist die Diskussion schon so ausgeartet und so verzerrt, dass ein fruchtbarer Austausch unmöglich wird. Mit der Erwähnung dieses letzten Aspekts der Auseinandersetzung über den »Positivismus« will ich keinesfalls implizieren, Professor Harts eigene Diskussion sei von irgendwelchen Hintergedanken angeleitet; ich weiß, dass dem nicht so ist. Aber zugleich bin ich mir ziemlich sicher, dass ich damit genau das Thema identifiziert habe, das vielen bei der Lektüre seines Aufsatzes vor Augen steht.

Auch wenn ich es bei diesen knappen Bemerkungen belassen werde, möchte ich nicht den Anschein erwecken, dass ich das Problem meinerseits in die entgegengesetzte Richtung vereinfache. Die Fragen, die sich aus der Möglichkeit einer unmoralischen Moral ergeben, verdienen eine ausführlichere Untersuchung als die, die Professor Hart und ich auf diesen Seiten unterbreitet haben.

III. Die moralischen Grundlagen der Rechtsordnung

Professor Hart lehnt die Befehlstheorie des Rechts, nach der ein Gesetz einfach ein Befehl ist, der durch die Androhung von Gewalt wirksam wird, ausdrücklich ab. Er bemerkt, dass ein solcher Befehl auch von einem Mann mit geladener Waffe gegeben werden kann, und »Recht ist ganz sicher nicht die Situation eines Banditen im Großen«.[8] Es gibt keinen Grund, weiter bei den Unzulänglichkeiten der Befehlstheorie zu verweilen, da Professor Hart ihre Fehler schon klarer und prägnanter herausgearbeitet hat, als es mir möglich wäre. Seine Schlussfolgerung lautet, dass die Grundlage eines Rechtssystems nicht etwa Zwangsgewalt ist, sondern bestimmte »anerkannte fundamentale Regeln (...), die das zur Rechtsetzung erforderliche Verfahren angeben«.[9]

An diesem Punkt seines Aufsatzes angelangt, war ich mir sicher, Professor Hart würde nun eine wichtige Einschränkung seiner

8 Hart, »Positivism and the Separation of Law and Morals«, S. 608-612 [S. 74-79 in diesem Band].

9 Ebd.

These zugestehen. Ich erwartete fest, dass er nun in etwa Folgendes sagen würde: Ich habe bis hierher auf der Wichtigkeit einer scharfen Unterscheidung zwischen Recht und Moral bestanden. Deshalb könnte nun jemand die Frage nach der Natur dieser fundamentalen Regeln aufwerfen, die den Rahmen für die Gesetzgebung bilden. Einerseits scheinen sie keine Regeln des Rechts, sondern moralische Regeln zu sein. Sie beziehen ihre Wirksamkeit daraus, dass sie allgemein akzeptiert werden, und zwar, weil sie als richtig und notwendig angesehen werden. Sie können wohl kaum als Recht im Sinne einer autoritativen Setzung verstanden werden, da ihre Funktion genau diese ist: zu bestimmen, wann eine Setzung autoritativ ist. Andererseits werden sie in der alltäglichen Praxis eines Rechtssystems oft wie gewöhnliche Rechtsregeln behandelt und angewandt. Hier müssen wir also anerkennen, dass es so etwas wie eine »Vermischung« von Recht und Moral gibt, für die der Begriff »Überschneidung« kaum passen würde.

Aber statt auf einen solchen Gedankengang zu treffen, stellte ich zu meiner Überraschung fest, dass Professor Hart auf die Natur der fundamentalen Regeln, die das Recht überhaupt erst ermöglichen, gar nicht eingeht und sich stattdessen einer vermeintlichen gedanklichen Verwirrung auf Seiten der Positivismuskritiker zuwendet. Wenn man seine Ausführungen zur analytischen Jurisprudenz einmal beiseitelässt, verläuft sein Argument in etwa folgendermaßen: Mit den Namen Bentham und Austin werden zwei Positionen verbunden. Die eine ist die Befehlstheorie des Rechts, die andere ist das Beharren auf der Trennung zwischen Recht und Moral. Mit der Zeit dämmerte es den Kritikern dieser Autoren – »sie ahnten dunkel«, wie Professor Hart schreibt –, dass die Befehlstheorie unhaltbar ist. Durch eine lose Assoziation von Ideen nahmen sie dann fälschlicherweise an, mit dem Anführen von Gründen gegen die Befehlstheorie hätten sie zugleich die Auffassung widerlegt, dass zwischen Recht und Moral scharf getrennt werden muss. Das war ein »natürlicher Fehler«, aber dennoch offensichtlich ein Fehler.

Meines Erachtens ist es kein Fehler, zu glauben, dass Benthams und Austins ungenaue und zu simple Formulierung des Problems der Beziehung zwischen Recht und Moral Teil eines größeren Irrtums war, der dann zur Befehlstheorie des Rechts geführt hat. Ich denke, dass wir uns die Verbindung zwischen diesen beiden Irrtümern verdeutlichen können, indem wir uns fragen, was aus Austins Theoriesystem geworden wäre, wenn er die Befehlstheorie aufgegeben hätte.

Wer Austins Vorlesungen V und VI liest,[10] kann nur beeindruckt davon sein, wie hartnäckig er an der Befehlstheorie festhält, obwohl sein eigener scharfer Verstand ihn deutlich dazu drängt, diese Theorie aufzugeben. Nimmt man einen souveränen Monarchen an, so ist Recht das, was der Monarch befiehlt. Aber was können wir dann über die »Gesetze« der Erbfolge sagen, die den »rechtmäßigen« Monarchen bestimmen? Es liegt in der Natur eines Befehls, dass er von einem Vorgesetzten an einen Untergebenen ausgesprochen wird, und dennoch scheint es, dass sich im Falle einer »souveränen Vielzahl«, wie beispielsweise einem Parlament, der Souverän selbst Befehle gibt; schließlich kann ein Mitglied des Parlaments unter einem Gesetz verhaftet werden, das das Mitglied selbst entworfen und für das es selbst gestimmt hat. Der Souverän muss unbeschränkte rechtliche Macht haben, denn wer könnte über die rechtlichen Beschränkungen des obersten Gesetzgebers entscheiden? Und dennoch muss eine »souveräne Vielzahl« akzeptieren, dass sie durch bestimmte Regeln eingeschränkt ist, um überhaupt Gesetze machen zu können. Eine solche Gruppe kann die Macht zu befehlen nur dann haben, wenn sie in ihrer Eigenschaft als Körperschaft handelt; und das kann sie nur, wenn sie sich an die etablierten und gemeinhin akzeptierten Modi und Formen der Gesetzgebung hält. Richter üben eine ihnen von dem obersten Gesetzgeber verliehene Macht aus und sind damit beauftragt, seine »unmittelbaren oder mittelbaren Befehle« auszuführen. Dennoch müssen die Gerichte in einem föderativen System Konflikte hinsichtlich der Kompetenzverteilung zwischen dem Bund und seinen Mitgliedern lösen.

All diese Probleme sieht Austin mehr oder weniger klar, und er ringt heftig mit ihnen. Immer wieder ist er kurz davor, sich von der Befehlstheorie zu verabschieden, und zwar zugunsten dessen, was Professor Hart als eine Sichtweise beschreibt, die zugibt, dass die Grundlagen eines Rechtssystems aus »anerkannte[n] grundlegende[n] Regeln [bestehen], die die wesentlichen Verfahren der Rechtsetzung festlegen«. Doch letztlich tut er diesen Schritt nicht. Er tut ihn nicht, weil er genau weiß, dass er dann die kla-

10 John Austin, *Lectures on Jurisprudence*, London 1885, S. 167-341.

re und kontrastreiche Unterscheidung zwischen Recht und Moral aufgeben müsste, die doch das eigentliche Ziel seiner Vorlesungen war – man könnte sogar sagen, dass sie das Ziel war, welchem er sich zeitlebens gewidmet hatte. Denn wenn Recht erst durch »anerkannte grundlegende Regeln« ermöglicht wird – und für Austin müssen das Regeln einer positiven Moral sein, keine rechtlichen Regeln –, was sollen wir dann über diejenigen Regeln sagen, die der Gesetzgeber erlässt, um seine eigene Gesetzgebung zu regulieren? Wir haben Wahlgesetze, Gesetze zur Verteilung gesetzgeberischer Repräsentation an bestimmte geographische Gebiete, Gesetze zur Regelung des parlamentarischen Prozesses, Gesetze zur Wahlberechtigung und viele andere Gesetze und Regeln ähnlicher Art. Diese bleiben nicht unverändert, und sie alle regeln in verschiedenem Maße den Prozess der Gesetzgebung. Wie sollen wir jedoch zwischen den grundlegenden Regeln, deren Geltung auf Anerkennung beruht, und den eigentlichen Rechtsregeln unterscheiden, die Geltung haben, auch wenn sie von Menschen als schlecht oder unklug angesehen werden? Mit anderen Worten: wie definieren wir die Begriffe »grundsätzlich« und »wesentlich« in Professor Harts eigener Formulierung: »anerkannte grundlegende Regeln (...), die die wesentlichen Verfahren der Rechtsetzung festlegen«?

Es ist aufschlussreich, wie dieses Problem in Kelsens Theorie gelöst wird. Kelsen tut tatsächlich den Schritt, den Austin nie gewagt hat. Kelsen begriff, dass es irgendein anerkanntes und grundlegendes Verfahren der Rechtsetzung geben muss, bevor wir unterscheiden können, was Recht ist und was nicht. In jedem Rechtssystem muss es eine fundamentale Regel geben, die eindeutig die Quelle bestimmt, aus der Gesetze entstehen müssen, um als Gesetze Geltung zu haben. Diese Regel nennt Kelsen »Grundnorm«. Er schreibt: »Die Grundnorm ist nicht deshalb gültig, weil sie auf irgendeine bestimmte Weise geschaffen wurde, sondern ihre Gültigkeit wird kraft ihres Inhalts angenommen. Sie ist also gültig auf dieselbe Weise, auf die eine Norm des Naturrechts Gültigkeit hat. [...] Die Idee eines reinen positiven Rechts, genau wie die Idee eines Naturrechts, hat gewisse Grenzen.«[11] Wir sollten festhalten, dass Kelsen nicht wie Professor Hart von »fundamentalen Regeln« spricht, die die Gesetzgebung regulieren, sondern von einer ein-

11 Hans Kelsen, *General Theory of Law and State*, Cambridge (MA) 1949, S. 401 [Übersetzung der Herausgeber].

zigen Regel oder Norm. Natürlich gibt es in keiner modernen Gesellschaft eine solche einzige grundlegende Regel. Die Idee der Grundnorm ist zugegebenermaßen ein Symbol, keine Tatsache. Sie ist ein Symbol, das die positivistische Suche nach einem klaren und eindeutigen Prüfstein für das Recht verkörpert, nach einer klaren und trennscharfen Linie, die solche Regeln, die ihre Geltung aus ihrer Herkunft beziehen, von denen trennt, deren Geltung auf ihrer Anerkennung und intrinsischen Anziehungskraft beruht. Die Schwierigkeiten, die Austin durch sein Festhalten an der Befehlstheorie vermieden hatte, vermeidet Kelsen mit Hilfe einer vereinfachenden Fiktion, die die Realität in eine mit dem Positivismus vereinbare Form zwängt.

Für eine vollständige Untersuchung aller Probleme, die aus der Einsicht entstehen, dass Recht erst durch nichtrechtliche Normen ermöglicht wird, müsste man die Auswirkungen der An- oder Abwesenheit einer geschriebenen Verfassung mit in Betracht ziehen. Eine solche Verfassung vereinfacht in mancher Hinsicht die oben beschriebenen Probleme, in mancher Hinsicht verkompliziert sie diese aber auch. Insofern eine geschriebene Verfassung die grundlegende Gesetzgebungsprozedur definiert, kann sie die Schwierigkeiten vermeiden, die entstehen, wenn sich das Parlament effektiv selbst definiert. Aber gleichzeitig kann eine unter einer Verfassung handelnde Legislative Gesetze erlassen, die einen einschneidenden Effekt auf den gesetzgeberischen Prozess und seine absehbaren Ergebnisse haben. Wenn diese Gesetze listig genug entworfen sind, dann bleiben sie im Rahmen der Verfassung und untergraben doch die Institutionen, die durch diese Verfassung etabliert werden sollten. Selbst wenn der »court-packing«-Vorschlag aus den dreißiger Jahren diese Gefahr nicht eindeutig belegt, legt er doch zumindest nahe, dass die Angst davor keine reine Fantasie ist. Keine geschriebene Verfassung kann sich selbst anwenden. Um effektiv zu sein, bedarf sie nicht nur der Achtung, die wir den normalen Gesetzen zollen, sondern der Art von aktivem und gemeinschaftlichem Bestreben, das wir auf fest geglaubte moralische Prinzipien richten. Man kann zwar eine Verfassung ändern, aber solange sie unverändert ist, muss man mit ihr arbeiten, nicht gegen sie oder um sie herum. Mit anderen Worten: Damit eine Verfassung wirksam sein kann, muss sie nicht einfach nur als Recht akzeptiert werden, sondern – zumindest vorläufig – als gutes Recht.

Was haben all diese Betrachtungen mit dem Ideal der Gesetzestreue zu tun? Ich denke, sie haben viel damit zu tun: sie zeigen, dass die positivistische Sichtweise wesentlich unfähig ist, diesem Ideal wirksam zu dienen. Meines Erachtens erfordert die Verwirklichung eines solchen Ideals aktive Planung, und genau dagegen sträubt sich der Positivismus.

Lassen Sie mich veranschaulichen, was ich meine, wenn ich von einem Plan zur Verwirklichung des Ideals der Gesetzestreue spreche. Nehmen wir an, dass wir eine geschriebene Verfassung für ein Land entwerfen, das gerade eine Phase der Gewalt und Unordnung hinter sich hat und in dem es keinerlei rechtliche Kontinuität mit den vorherigen Regierungen mehr gibt. Offensichtlich kann eine solche Verfassung nicht von alleine rechtliche Geltung erlangen; sie kann nicht Recht werden, indem sie einfach behauptet, dass sie Recht sei. Wir sollten beachten, dass unser Plan nur aufgeht, wenn die Verfassung allgemein akzeptiert wird, und das wird sie nur dann, wenn sie allgemein als notwendig, richtig und gut angesehen wird. Die Bestimmungen dieser Verfassung sollten deshalb einfach und verständlich sein, nicht nur in ihren Formulierungen, sondern auch hinsichtlich ihrer Ziele. Präambeln und andere Erklärungen über Absichten, die in normalen Gesetzen unpassend wären, können in der Verfassung Platz finden. Wir sollten unsere Verfassung als einen grundlegenden prozeduralen Rahmen für zukünftige Regierungsarbeit in Sachen Rechtserzeugung und Rechtsanwendung verstehen. Substantielle Einschränkungen der Regierungskompetenz sollten minimal sein und nicht über allgemein als notwendig erachtete Einschränkungen hinausgehen. Substantielle Ziele sollten so weit wie möglich durch Verfahren erreicht werden und auf dem Prinzip beruhen, dass Menschen normalerweise das Richtige tun werden, wenn sie gezwungen sind, auf die richtige Art und Weise zu handeln.

Diese Überlegungen wurden anscheinend in den Verfassungen, die seit dem Zweiten Weltkrieg entstanden sind, weithin ignoriert. Nicht selten treffen diese Verfassungen eine Reihe von wirtschaftlichen und politischen Vorkehrungen, die man normalerweise eher als Sache der Gesetzgebung betrachten würde. Es ist unwahrscheinlich, dass diese Vorkehrungen in die Verfassung geschrieben wurden, weil sie von allen geteilte Ziele verkörpern. Vermutlich ist der Grund für ihre Einbeziehung ganz im Gegenteil die Angst, dass sie der Unbeständigkeit der alltäglichen Ausübung parlamentarischer Macht nicht standhalten würden. Deshalb sind die Meinungsverschiedenheiten, die üblicherweise den Prozess der Gesetzgebung begleiten, in das Dokument eingeschrieben, das überhaupt erst Gesetzgebung ermöglicht. Dieses Vorgehen ist klarerweise eine ernsthafte Gefahr für die zukünftige Verwirklichung des Ideals der Gesetzestreue.

Ich erwähne diese Punkte zur Verfassungsgebung nicht, weil ich sie für besonders tiefsinnig halte; ich wollte lediglich zeigen, was ich mit dem Planen der Bedingungen, die die Verwirklichung des Ideals der Gesetzestreue erst ermöglichen, meine. Was ich gesagt habe, mag natürlich ganz falsch sein, sogar innerhalb der Grenzen meines bescheidenen Unterfangens. Sollte es so sein, dann wäre es nicht an mir zu sagen, ob meine falsche Auffassung zumindest klar formuliert ist. Allerdings würde ich behaupten, dass ich, falls ich falsch liegen sollte, auf signifikante Weise falsch liege. Was mir an der rechtspositivistischen Schule Sorge bereitet, ist nicht nur ihre Weigerung, sich mit den von mir diskutierten Problemen zu befassen, sondern die Tatsache, dass sie diese aus Prinzip aus dem Bereich der Rechtsphilosophie verbannen möchte. Indem sie sich nur damit beschäftigt, menschliches Tun korrekt zu benennen, scheint die rechtspositivistische Schule jegliches Interesse an der Frage verloren zu haben, ob Menschen das Richtige tun.

IV. Die inhärente Moral des Rechts

Die meisten der Fragen, die durch Professor Harts Aufsatz aufgeworfen werden, können mit Hilfe der Unterscheidung zwischen Ordnung und guter Ordnung reformuliert werden. Man könnte sagen, das Recht repräsentiere Ordnung *simpliciter*. Gute Ordnung ist Recht, welches die Bedingungen der Gerechtigkeit oder der Moral oder Vorstellungen der Menschen davon erfüllt, was sein sollte. Diese Reformulierung des Problems hilft uns, den Ehrgeiz von Professor Harts Unterfangen zu verstehen, denn sicherlich sind wir uns alle darüber einig, dass es kein Leichtes ist, zwischen Ordnung und guter Ordnung zu unterscheiden. Wenn zum Beispiel gesagt wird, das Recht repräsentiere einfach diejenige Art von öffentlicher Ordnung, die unter jeder Regierung herrscht – sei sie demokratisch, faschistisch oder kommunistisch –,[12] dann ist die damit gemeinte Ordnung sicherlich nicht die Ordnung einer Leichenhalle oder eines Friedhofs. Es muss eine lebendige Ordnung gemeint sein, und eine solche Ordnung muss zumindest gut genug sein, um von irgendeinem Standpunkt aus als funktional angesehen werden zu können. Hier sollten wir uns daran erinnern, dass eine funktionale Ordnung im Allgemeinen etwas »Spiel« haben muss und somit nicht zu ordentlich sein kann. Schon das deutet auf manche der Schwierigkeiten hin, die der Versuch einer strikten Trennung zwischen Ordnung und guter Ordnung beinhaltet.

Nehmen wir fürs Erste an, dass wir den Begriff der Ordnung vom Begriff der guten Ordnung tatsächlich klar unterscheiden könnten. Selbst in dieser unwirklichen und abstrakten Form enthält der Begriff der Ordnung so etwas wie ein moralisches Element. In ihrer krudesten und elementarsten Form würde diese »Moral der Ordnung« in etwa wie folgt aussehen: Stellen wir uns einen absoluten Monarchen vor, dessen Äußerungen seinen Untertanen als alleinige Quelle des Rechts gelten. Nehmen wir außerdem an, dieser Monarch sei vollkommen egoistisch und in Beziehung zu seinen Untertanen ausschließlich auf seinen eigenen Vorteil aus. Von Zeit zu Zeit erteilt dieser Monarch Befehle, für deren Befolgung er Belohnung verspricht und für deren Verweigerung er Strafe androht. Allerdings ist er ein nachlässiger und vergesslicher Zeitgenosse, der niemals auch nur im Geringsten festzustellen versucht, wer seine Befehle eigentlich befolgt und wer nicht. Das führt nun dazu, dass er regelmäßig Loyalität bestraft und Ungehorsam belohnt. Offenkundig wird der Monarch nicht einmal seine eigennützigen Ziele erreichen, solange er nicht das minimale Maß an Selbstbeherrschung übt, das überhaupt erst eine tragfähige Verbindung zwischen seinen Worten und seinen Handlungen schaffen kann.

Nehmen wir nun an, dass unser Monarch einen Sinneswandel erlebt und bei der Verteilung der Kriegsbeute oder dem Befehlen von Enthauptungen darauf zu achten beginnt, was er tags zuvor gesagt hat. Unter den Strapazen dieser neuen Verantwortung wird er allerdings in anderen Bereichen laxer, und so wird er furchtbar nachlässig bei der Formulierung seiner Befehle. Diese werden so zweideutig und so undeutlich geäußert, dass seine Untertanen nie-

12 Z. B. Wolfgang Friedmann, »The Planned State and the Rule of Law«, in: *Australian Law Journal* 22 (1948), S. 162-207.

mals irgendeine klare Vorstellung davon haben, was er eigentlich von ihnen will. Hier wird schon wieder deutlich, dass unser Monarch sich wird zusammenreißen und noch eine weitere Art von Verantwortung wird übernehmen müssen, wenn er – und sei es nur zu seinem eigenen Nutzen – in seinem Reich so etwas wie ein Rechtssystem schaffen möchte.

Recht, im Sinne bloßer Ordnung, beinhaltet also seine eigene implizite Moral. Diese Moral der Ordnung muss bei jeder Art von Rechtserzeugung beachtet werden, sogar bei der Erzeugung von schlechtem Recht. Das Recht kann, für sich genommen, diese Moral nicht erschaffen. Solange unser Monarch nicht wirklich gewillt ist, Verantwortung gemäß seiner Rolle zu übernehmen, wird es ihm nichts bringen, noch einen weiteren nutzlosen Befehl auszusprechen, diesmal formuliert als Strafandrohung gegen sich selbst, wenn er sich nicht bessert.

In zweierlei Sinne kann Recht nicht auf Recht gebaut sein. Erstens muss die Autorität, Recht zu schaffen, von moralischen Einstellungen unterstützt werden, die ihr die von ihr beanspruchte Kompetenz auch zusprechen. Hier geht es zunächst um eine außerhalb des Rechts stehende Moral, die Recht erst ermöglicht. Aber das allein reicht nicht aus. Wir können stipulieren, dass die »Grundnorm« in unserer Monarchie den Monarchen zur einzig möglichen Quelle des Rechts bestimmt. Jedoch gibt es immer noch kein Recht, solange der Monarch nicht auch die innere Moral des Rechts akzeptiert.

Im Leben einer Nation beeinflussen die externe und die interne Moral des Rechts einander gegenseitig; die Verschlechterung der einen wird beinahe zwangsläufig zur Verschlechterung der anderen führen. Sie sind so eng verbunden, dass der Anthropologe Lowie, wenn er von »den allgemein anerkannten ethischen Postulaten« spricht, »die unseren Rechtsinstitutionen als deren letzte Sanktionen und Garantien ihres reibungslosen Funktionierens zugrunde liegen«,[13] damit vermutlich sowohl die externe als auch die innere Moral des Rechts meint.

Was ich hier »die innere Moral des Rechts« genannt habe, scheint Professor Hart fast vollkommen zu übergehen. Er erwähnt zwar kurz die »Gerechtigkeit in der Anwendung des Rechts«, die

13 Robert H. Lowie, *The Origin of the State*, New York 1927, S. 113.

darin besteht, gleiche Fälle gleich zu behandeln – nach welchen hohen oder verdrehten Maßstäben das Wort »gleich« hier auch immer definiert werden mag –,[14] tut diesen Aspekt aber als unerheblich für sein Hauptanliegen ab.

Damit scheint er mir grundfalsch zu liegen. Weil er die Analyse der Anforderungen einer Moral der Ordnung vernachlässigt, behandelt er während seiner gesamten Abhandlung das Recht so, als sei es eine von außen in die menschliche Erfahrung eintretende Größe und nicht vielmehr ein Ziel menschlichen Strebens. Sobald wir verstehen, dass Ordnung selbst erarbeitet werden muss, wird deutlich, dass die Existenz eines Rechtssystems, sogar eines schlechten oder bösartigen Rechtssystems, immer eine graduelle Angelegenheit ist. Sobald wir diese schlichte Tatsache der alltäglichen Rechtserfahrung anerkennen, wird es unmöglich, die durch den Fall des Naziregimes aufgeworfenen Schwierigkeiten einfach von der Hand zu weisen, indem man sagt: »Unter den Nazis gab es Recht, auch wenn es schlechtes Recht war.« Stattdessen müssen wir herausfinden, wie viel unter der allgemeinen Entwürdigung und Perversion jedweder Form sozialer Ordnung zur Zeit der Naziherrschaft noch von einem Rechtssystem übrig blieb und welche moralischen Forderungen dieses verstümmelte System noch an diejenigen gewissenhaften Bürger stellen konnte, die gezwungen waren, unter ihm zu leben.

Es ist allerdings nicht nötig, sich bei solchen moralischen Umwälzungen wie dem Naziregime aufzuhalten, um zu verstehen, dass die positivistische Philosophie völlig unfähig dazu ist, ihrem einzigen hohen moralischen Ideal zu dienen, dem der Gesetzestreue. Am deutlichsten erkennt man dieses Versagen, wenn man sich die alltäglichen Probleme derjenigen ansieht, die ernsthaft die moralischen Erfordernisse eines Rechtssystems erfüllen wollen, die aber verantwortungsvolle Rollen innerhalb des Systems einnehmen, dem gegenüber Treue gezeigt werden soll.

Stellen wir uns den Fall eines Richters vor, der über umfassende Erfahrung im Handelsrecht verfügt und der schon über eine erhebliche Zahl von Handelsstreitigkeiten Recht gesprochen hat. Da er sich in einer juristischen Hierarchie befindet, muss er natürlich die Rechtsprechung seines Verfassungsgerichtes befolgen. Unser frei

14 Hart, »Positivism and the Separation of Law and Morals«, S. 623 f. [S. 93 in diesem Band].

erfundener Herr Scrutton agiert allerdings zu seinem Unglück unter einem Verfassungsgericht, das seiner Meinung nach ganz und gar blind für die Methoden und Bedürfnisse des Handelsgewerbes ist. Seinem Gefühl nach ergeben viele Entscheidungen des Verfassungsgerichts im Handelsrecht einfach keinen Sinn. Wenn sich ein gewissenhafter Richter in diesem Dilemma nun an die positivistische Philosophie wendet, welche Hilfe kann er dann von ihr erwarten? Es wird sicherlich nichts bringen, ihn daran zu erinnern, dass er zur Gesetzestreue verpflichtet ist. Das weiß er schon, denn schließlich ist das der Ursprung seines Dilemmas. Es wird auch nicht helfen, ihm zu sagen, dass er, insofern er selber Recht setzt, das in den »Zwischenräumen« tun muss, oder dass seine eigenen Beiträge sich »von molaren auf molekulare Bewegungen«[15] beschränken müssen.* Diese Art von Äußerung mag für diejenigen geeignet sein, die das Recht nicht als eine zweckhafte Sache betrachten, sondern als einen Ausdruck der Dimensionen und Ziele staatlicher Herrschaft. Aber ich kann nicht glauben, dass die im Grunde banale Idee, die hinter diesem Rat steht, durch eloquenten Ausdruck so aufgewertet wird, dass sie unserem Richter ernsthaft helfen könnte; zum Beispiel kann er möglicherweise nicht wissen, ob sein Verfassungsgericht irgendeinen bestimmten Beitrag als weit oder eng verstehen würde.

Genauso unwahrscheinlich ist es, dass eine Unterscheidung zwischen Kern und Randbereich hier hilfreich wäre. Möglicherweise rührt die missliche Lage unseres Richters nicht von spezifischen Präzedenzfällen her, sondern von einer falschen Auffassung vom Wesen des Handelsgewerbes, die sich über viele Entscheidungen erstreckt und sie in unterschiedlichem Maße prägt. Insofern sein Problem sich aus der Verwendung bestimmter Wörter ergibt, wird

15 *Southern Pac. Co. vs. Jensen*, 244 U.S. 205, 221 (1917) (Holmes, J., abweichende Meinung), *Storti v. Commonwealth*, 178 Mass. 549, 554, 60 N.E. 210, 211 (1901) (Holmes, zustimmende Meinung) paraphrasierend, wo festgehalten wurde, dass ein Gesetz über die Hinrichtung durch den elektrischen Stuhl als Mittel zur Ausführung der Todesstrafe nicht schon deshalb eine grausame oder ungewöhnliche Strafe im Sinne der *Massachusetts Declaration of Rights*, Erster Teil, Artikel XXVI, vorsieht, weil diese Art der Hinrichtung ihren Zweck durch molekulare und nicht durch molare Bewegungen erreicht.

* [Anmerkung der Herausgeber: zur Erläuterung dieser Metapher vgl. Thomas C. Grey, »Molecular Motions. The Holmesian Judge in Theory and Practice«, in: *William & Mary Law Review* 37 (1995), S. 19-45, dort S. 33.]

er möglicherweise feststellen, dass das Verfassungsgericht die alltäglichen Begriffe des Handelsgewerbes in einem Sinn benutzt, der dem tatsächlichen Wirtschaftsleben völlig fremd ist. Wenn er diese Begriffe wie ein Geschäftsmann oder ein Buchhalter auslegen würde, bliebe von den anzuwendenden Präzedenzfällen nur noch ein logisches Durcheinander übrig. Andererseits mag es sehr schwierig für ihn sein, den genauen Sinn zu erschließen, in dem das Verfassungsgericht diese Ausdrücke benutzt hat, denn schließlich ist seiner Auffassung nach genau dieser Sinn selbst das Produkt einer Verwirrung.

Ist es nicht deutlich, dass genau das positivistische Beharren auf einer rigiden Trennung von Recht, wie es ist, und Recht, wie es sein soll, die positivistische Philosophie außer Stande setzt, unserem Richter zu helfen? Und ist es nicht auch deutlich, dass unser Richter dieses Dilemma nicht befriedigend lösen kann, solange er nicht seine Pflicht zur Gesetzestreue mit seiner Verantwortung zusammendenkt, das Recht so zu formen, wie es sein soll?

Der Fall, den ich hier angenommen habe, mag manchen Lesern extrem erscheinen, aber das dadurch gezeigte Problem zieht sich durch unser gesamtes Rechtssystem. Wenn die Auffassungen unseres Richters und seines Verfassungsgerichts weniger stark auseinanderklaffen würden, dann wäre eine plastische Darstellung seines Dilemmas schwieriger, aber seine Situation wäre vielleicht sogar noch verwirrender. Diese Art von Verwirrung ist bei der Ausübung von richterlichen Funktionen nicht ungewöhnlich; am stärksten ausgeprägt ist sie vielleicht im Verwaltungsrecht.

Man kann sich einen Fall vorstellen – der jedoch weder in meinem Land noch in dem von Professor Hart wahrscheinlich ist –, in dem ein Richter tiefe moralische Überzeugungen hat, die jedoch im direkten Gegensatz zu denen seines Verfassungsgerichts stehen. Er ist vielleicht außerdem davon überzeugt, dass die anzuwendenden Präzedenzfälle unmittelbar durch eine Moral erzeugt wurden, die er verabscheut. Wenn ein solcher Richter sein Dilemma nicht durch einen Rücktritt von seiner Position lösen kann, dann sieht er sich wahrscheinlich dazu genötigt, die Präzedenzfälle hölzern und wortwörtlich anzuwenden. Er kann gar nicht anders, denn die Philosophie hinter den Fällen zu verstehen ist ihm unmöglich. Aber ich bezweifle, dass ein Richter in dieser misslichen Lage die Hilfe des Rechtspositivismus bräuchte, um solche betrüblichen Auswege zu finden. Und ich glaube nicht, dass ein solches Dilemma in einer Nation auftreten wird, in der sowohl Recht als auch gutes Recht als gemeinschaftliche menschliche Errungenschaften verstanden werden, die ständig erneuert werden müssen, und in der die Juristen sich mindestens genau so stark für die Frage interessieren, was gutes Recht ist, wie für die Frage, was Recht ist.

V. Das Problem der Wiederherstellung von Respekt für Recht und Gerechtigkeit nach dem Zusammenbruch eines Regimes, welches keines der beiden respektiert hat

Nach dem Zusammenbruch des Naziregimes befanden sich die deutschen Gerichte in einem wirklich furchtbaren Dilemma. Es war unmöglich, die gesamte Diktatur für illegal zu erklären oder jede einzelne Entscheidung und Gesetzesverabschiedung, die von Hitlers Regierung ausging, als nichtig zu behandeln. Aus einer solchen umfassenden rechtlichen Ächtung dessen, was über zwölf Jahre hinweg geschehen war, wäre ein unerträgliches Durcheinander entstanden. Auf der anderen Seite war es ebenso unmöglich, die Folgen aller im Namen des Rechts etablierten nationalsozialistischen Perversionen in die neue Regierung einzubringen; ein solches Vorgehen hätte die Zukunft auf unbestimmte Zeit mit dem Gift des Nationalsozialismus kontaminiert.

Dieses Dilemma – welches tatsächlich alle Bereiche des Rechts durchzog – fand seinen dramatischen Höhepunkt in einer Serie von Gerichtsfällen, in denen es um Denunzianten ging, die den Naziterror dafür benutzt hatten, ihre persönlichen Feinde oder unliebsamen Ehepartner loszuwerden. Wenn alle Nazigesetze und richterlichen Entscheidungen unterschiedslos »Recht« waren, dann waren diese verachtenswerten Geschöpfe schuldlos, denn sie übergaben ihre Opfer ja lediglich solchen Prozessen, die die Nazis als rechtliche erachteten. Und doch war es insbesondere für hinterbliebene Verwandte und Freunde unerträglich, dass diese Leute ungestraft davonkommen sollten, während die Zielscheiben ihrer Boshaftigkeit tot waren oder gerade aus jahrelanger Haft entlassen wurden, oder schlimmer noch, vermisst blieben.

Die Dringlichkeit dieser Situation ist Professor Hart natürlich nicht entgangen. Tatsächlich fühlt er sich zur Empfehlung einer Maßnahme genötigt, die einen Hauch von Verzweiflung hat. Ein rückwirkendes Strafgesetz wäre seiner Meinung nach die am wenigsten anrüchige Lösung für das Problem gewesen. Unter einem solchen Gesetz hätte der Denunziant bestraft und als Krimineller gebrandmarkt werden können, jedoch für eine Tat, die nach Professor Harts Ansicht zur Tatzeit vollkommen legal war.[16]

Andererseits verurteilt Professor Hart ohne Ausnahme diejenigen juristischen Entscheidungen, in denen die Gerichte die Gesetze, unter denen die Opfer der Denunzianten verurteilt wurden, für nichtig erklärten. Man kommt nicht umhin, an dieser Stelle zu fragen, ob es bei dem von Professor Hart dargestellten Problem tatsächlich um Gesetzestreue geht. Sicherlich würde ein solches rückwirkendes Strafgesetz für Denunzianten notwendigerweise implizieren, dass zumindest in diesem Fall die auf die Denunzianten und ihre Opfer angewendeten Nazigesetze nichtig sind. Mit dieser Wendung scheint die Frage nun nicht mehr zu sein, ob damals gültiges Recht nun zu damals nicht gültigem Recht erklärt werden kann, sondern wer sich die Hände schmutzig machen soll: die Gerichte oder der Gesetzgeber.

Jedoch sind, wie Professor Hart selbst andeutet, die Probleme, um die es sich hier dreht, viel zu ernst, als dass wir es riskieren könnten, sie in einem semantischen Gewirr aus dem Blick zu verlieren. Selbst wenn es bei der gesamten Frage nur um Worte gehen würde, sollten wir uns daran erinnern, dass Worte in diesem Bereich eine mächtige Wirkung auf menschliche Einstellungen haben. Deshalb würde ich die deutschen Gerichte hier gerne verteidigen und Gründe dafür aufzeigen, warum ihre Entscheidungen meines Erachtens und entgegen Professor Harts Ansicht nicht gleich die Aufgabe des Rechtsprinzips bedeuten. Um den Hintergrund dieser Entscheidungen zu verstehen, müssen wir noch ein weniger näher als bisher an den Hexenkessel heranrücken. Wir werden außerdem einen von Professor Hart bisher vernachlässigten Aspekt des Problems betrachten müssen, nämlich bis zu welchem Grad die Nazis das beachtet haben, was ich die innere Moral des Rechts genannt habe.

Professor Hart scheint durchweg anzunehmen, dass der einzige Unterschied zwischen dem Recht der Nazis und beispielsweise dem

16 Hart, »Positivism and the Separation of Law and Morals«, S. 619 f. [S. 87 f. in diesem Band].

englischen Recht darin besteht, dass die Nazis das Recht für Zwecke benutzt haben, die Engländer verabscheuen. Diese Annahme ist meines Erachtens ernsthaft verfehlt, und Professor Harts Zustimmung zu ihr scheint mir dazu zu führen, dass seine Diskussion das eigentliche Problem, das er damit ansprechen will, nicht beantwortet.

Während ihrer Herrschaft haben die Nazis großzügigen Gebrauch von einem der amerikanischen Legislative nicht ganz unbekannten Instrument gemacht, und zwar dem rückwirkenden Gesetz, das vergangene rechtliche Unregelmäßigkeiten korrigieren soll. Der eklatanteste Gebrauch eines solchen Gesetzes erfolgte am 3. Juli 1934, nach dem Röhm-Putsch. Nachdem diese innerparteiliche Erschießungsaktion vorbei war und mehr als siebzig Nazis – man kann es nicht anders sagen – »ausradiert« worden waren, kehrte Hitler nach Berlin zurück und beschaffte sich von seinem Kabinett ein Gesetz, das die zwischen dem 30. Juni und 1. Juli 1934 ergriffenen Maßnahmen ratifizierte und bestätigte, ohne dabei die Namen derer zu nennen, die nun rechtmäßig exekutiert worden waren.[17] Einige Zeit später ließ Hitler verlauten, dass »das Verfassungsgericht des deutschen Volkes (...) zur Zeit des Röhm-Putsches aus mir selbst bestand«,[18] was sicherlich keine Übertreibung war angesichts der Befugnis, mit der er gehandelt haben musste, wenn man die auf »die ergriffenen Maßnahmen« übertragene rückwirkende Rechtmäßigkeit ernst nimmt.

In England oder Amerika würde es niemandem einfallen, zu behaupten, dass es »in der Natur des Rechts liegt, dass es niemals rückwirkend sein kann«, obwohl verfassungsrechtliche Beschränkungen natürlich einige Formen der Rückwirkung verbieten können. Wir würden sagen, dass ein Gesetz normalerweise prospektiv wirkt und dass es möglicherweise niemals in die andere Richtung wirken sollte, aber es hätte eine gewisse rätselhafte Unplausibilität zu behaupten, dass jegliche Rückwirkung die eigentliche Natur des Rechts verletzt. Und doch müssen wir uns nur ein Land vorstellen, in dem *alle* Gesetze rückwirkend sind, um zu sehen, dass Rückwirkung ein echtes Problem für die innere Moral des Rechts darstellt. Wenn wir einen absoluten Monarchen annehmen, der in seinem Reich einen permanenten Zustand von Anarchie erlaubt, dann

17 *New York Times* vom 4. Juli 1934, S. 3, Spalte 3 (late city edition).

18 Ebd., S. 5, Spalte 2 (late city edition).

würden wir wohl kaum sagen, dass er ein Rechtsregime erschaffen könnte, in dem er einfach ein Gesetz erlässt, das alles bisher Geschehene für rechtens erklärt, und seine Absicht kundtut, in Zukunft alle sechs Monate ein derartiges Gesetz zu erlassen.

Eine allgemeine Zunahme von Gesetzen, die vergangene rechtliche Unregelmäßigkeiten korrigieren, ist ein Anzeichen für den Verfall der spezifisch rechtlichen Moral, ohne die das Recht nicht existieren kann. Die von solchen Gesetzen ausgehende Bedrohung hängt über dem gesamten Rechtssystem und raubt jedem bestehenden Gesetz einen Teil seiner Bedeutung. Und sicherlich ist eine solche generelle Bedrohung impliziert, wenn eine Regierung willens ist, ein Gesetz dieser Art für die Umwandlung eines schlichten Mordes in eine rechtmäßige Exekution zu benutzen.

Während der Naziherrschaft gab es wiederholt Gerüchte über »geheime Gesetze«. In dem von Professor Hart kritisierten Artikel erwähnt Radbruch einen Bericht über groß angelegte Tötungen in Konzentrationslagern, die durch eine geheime Verordnung »rechtmäßig« gemacht wurden.[19] Sicherlich gibt es keine größere rechtliche Ungeheuerlichkeit als ein geheimes Gesetz. Würde irgendjemand ernsthaft behaupten, dass die deutschen Gerichte nach dem Krieg nach unveröffentlichten Gesetzen in den von Hitlers Regierung hinterlassenen Akten hätten suchen sollen, so dass man die Rechte der Bürgerinnen und Bürger unter Bezugnahme auf diese Gesetze hätte bestimmen können?

Das Ausmaß der gesetzgeberischen Pflicht, erlassene Gesetze den Rechtssubjekten zu verkünden, ist freilich ein Problem der rechtlichen Moral, das mindestens seit der *secessio plebis* lebhaft diskutiert wird. Es gibt wahrscheinlich keinen modernen Staat, der mit diesem Problem nicht in der einen oder anderen Form zu kämpfen hatte. In modernen Gesellschaften entsteht es vor allem im Hinblick auf unveröffentlichte administrative Anordnungen. Diejenigen, die sie erlassen, verstehen sie oftmals und in ehrlicher Absicht als nur die interne Organisation betreffend. Da aber die Verfahren, die von Verwaltungsbehörden angewandt werden –

19 Gustav Radbruch, »Die Erneuerung des Rechts«, in: *Die Wandlung* 2 (1947), S. 8 f. Eine nützliche Diskussion der Nazipraxis hinsichtlich der Öffentlichkeit von Gesetzen findet sich in Friedrich Giese, »Verkündung und Gesetzeskraft«, in: *Archiv des öffentlichen Rechts* 76 (1950/51), S. 464-472. Die im Text folgenden Bemerkungen stützen sich auf diesen Aufsatz.

selbst wenn es nur für ihre »internen« Zwecke ist –, sich weitreichend auf die Rechte und Interessen der Bevölkerung auswirken können, sind diese unveröffentlichten, »geheimen« Regulierungen oft Gegenstand von Beschwerden.

Wie im Fall der Rückwirkung ist das, was in den meisten Gesellschaften durch die unausgesprochene Disziplin des rechtlichen Anstands unter Kontrolle gehalten wird, unter Hitler in monströser Form durchgebrochen. Tatsächlich war die gesamte Nazimoral des Rechts so freizügig, dass man schwer ermessen kann, was überhaupt als ein unveröffentlichtes oder geheimes Gesetz verstanden werden sollte. Da unveröffentlichte Anweisungen an die mit der Rechtspflege Betrauten den Buchstaben jedes veröffentlichten Gesetzestextes zerstören konnten, indem sie ihn einfach einer hanebüchenen Interpretation unterzogen, war in einem gewissen Sinne die Bedeutung jedes Gesetzes »geheim«. Sogar eine mündliche Anweisung von Hitler, dass tausend Gefangene im Konzentrationslager getötet werden sollen, war zugleich eine verwaltungstechnische Anweisung und eine Validierung aller darunter fallenden Handlungen als »rechtmäßig«.

Die wichtigsten Angriffe auf die Moral des Rechts von Seiten der Regierung Hitlers hatten jedoch keine ähnlich subtilen Formen wie die, die ich gerade anhand bizarrer Beispiele diskutiert habe. Zunächst einmal war es den Nazis immer möglich, unliebsam gewordene rechtliche Formalia komplett zu übergehen und »durch die Partei auf der Straße zu handeln«. Es gab niemanden, der es gewagt hätte, sie für die von ihnen verübten Gräueltaten zur Rechenschaft zu ziehen. Und zweitens waren die von Nazis dominierten Gerichte immer bereit, die Gesetze einfach zu missachten, selbst diejenigen, die von den Nazis selbst erlassen wurden, und zwar wann immer es ihnen passte oder wenn sie fürchteten, eine allzu juristische Interpretation würde Missfallen »von oben« erregen.

Diese vollständige Bereitschaft der Nazis, selbst ihre eigenen Erlasse zu missachten, war ein wichtiger Faktor, der Radbruch dazu bewegte, in seinen Aufsätzen genau die Position einzunehmen, die Professor Hart so scharf kritisiert. Meines Erachtens kann man zu keiner fairen Bewertung des Handelns der deutschen Nachkriegsgerichte gelangen, wenn man diesen Faktor nicht einbezieht – was Professor Hart allerdings vollständig versäumt.

Diese Bemerkungen mögen in ihrer allgemeinen Form nicht

aussagekräftig sein und mehr auf Behauptungen als auf beweiskräftigen Fakten beruhen. Wenden wir uns deshalb nun dem von Professor Hart diskutierten Fall zu.[20]

Auf der Reise zu einem neuen Posten stattete ein deutscher Soldat 1944 seiner Ehefrau einen kurzen Besuch ab. Während des einen Tages seines Heimaturlaubes teilte er seiner Frau seine Meinung zur Regierung Hitlers mit. Er äußerte sich abfällig über Hitler und andere Führungspersönlichkeiten der Nazipartei. Er sagte außerdem, dass es zu schade sei, dass Hitler bei dem Attentat am 20. Juli desselben Jahres nicht sein Ende gefunden hatte. Kurz nach seiner Abreise zeigte seine Ehefrau, die sich während seiner Abwesenheit »anderen Männern zuwandte« und ihn loswerden wollte, seine Äußerungen bei der örtlichen Parteiführung an und befand, dass »ein Mann, der so etwas sagen kann, nicht mehr wert sei, unter den Menschen zu sein«. Das Resultat war ein Verfahren gegen den Ehemann vor dem Militärgericht und ein Todesurteil. Nach einer kurzen Haftperiode wurde er nicht hingerichtet, sondern wieder an die Front geschickt. Nach dem Zusammenbruch des Naziregimes wurde die Ehefrau dafür vor Gericht gebracht, dass sie die Verhaftung ihres Ehemanns herbeigeführt hatte. Ihre Verteidigung beruhte darauf, dass die Äußerungen ihres Mannes über Hitler und die Nazis unter den zu der Zeit gültigen Gesetzen ein Verbrechen darstellten. Dementsprechend habe sie, als sie ihren Ehemann denunzierte, lediglich einen Verbrecher der Gerechtigkeit zugeführt.

Diese Verteidigung basierte auf zwei Gesetzen, einem von 1934 und einem zweiten von 1938. Schauen wir uns zunächst das letztere an, welches Teil einer umfassenden Gesetzgebung war, die eine ganze Reihe besonderer Kriegsstraftatbestände schuf. Ich gebe hier nur den relevanten Abschnitt wieder:

Wegen Zersetzung der Wehrkraft wird mit dem Tode bestraft: wer öffentlich dazu auffordert oder anreizt, die Erfüllung der Dienstpflicht in der deutschen oder einer verbündeten Wehrmacht zu verweigern, oder sonst öffentlich den Willen des deutschen oder verbündeten Volkes zur wehrhaften Selbstbehauptung zu lähmen und zu zersetzen versucht.[21]

20 Richterspruch vom 27. Juli 1949, Oberlandesgericht Bamberg, in: *Süddeutsche Juristen-Zeitung* 5 (1950), S. 207; *Harvard Law Review* 64 (1951), S. 1005.

21 §5 der Kriegssonderstrafrechtsverordnung, Gesetz vom 17. August 1938, *Reichsgesetzblatt I* 1939, Teil 1, S. 1456.

Es ist fast unvorstellbar, dass ein Gericht im heutigen Deutschland die Bemerkungen des Ehemanns gegenüber seiner Frau, die aufgrund ihres Geschlechts vom Militärdienst ausgeschlossen war, als eine Verletzung der am Ende genannten Auffangklausel auffassen würde; insbesondere, wenn man bedenkt, dass der oben wiedergegebene Text Teil einer umfassenderen Bestimmung war, die unter anderem die Gewährung von Zuflucht für Deserteure, die Zufügung von Verletzungen am eigenen Körper zum Zwecke der Militärdienstflucht und Ähnliches regelte. Es stellt sich somit die Frage, inwieweit die Auslegungsprinzipien von Hitlers Gerichten überhaupt als Maßgabe für die Rechtmäßigkeit der Bemerkungen des Ehemanns hingenommen werden sollten.

Diese Frage wird noch dringlicher, wenn man in Betracht zieht, dass der Tatbestand sich nur auf *öffentliche* Handlungen oder Äußerungen bezieht, und nicht, wie in dem Fall des Ehemanns, auf Äußerungen in den eigenen vier Wänden. Nun scheint es, dass die Gerichte zur Nazizeit (und man beachte, dass es hier um ein spezielles Militärgericht geht) diese Einschränkung insgesamt ignorierten und den Tatbestand auf alle Äußerungen ausweiteten, seien diese öffentlich oder privat.[22] Ist Professor Hart bereit zu behaupten, die korrekte rechtliche Bedeutung dieses Gesetzes könne im Lichte dieses scheinbar einheitlichen Prinzips der richterlichen Auslegung bestimmt werden?

Wenden wir uns nun dem anderen Gesetz zu, laut dem Professor Hart zufolge die Äußerungen des Ehemanns ungesetzlich waren. Es ist ein Gesetz von 1934, dessen relevante Teile wie folgt lauten:

(1) Wer öffentlich gehässige, hetzerische oder von niedriger Gesinnung zeugende Äußerungen über leitende Persönlichkeiten des Staates oder der NSDAP, über ihre Anordnungen oder die von ihnen geschaffenen Einrichtungen macht, die geeignet sind, das Vertrauen des Volkes zur politischen Führung zu untergraben, wird mit Gefängnis bestraft.

(2) Den öffentlichen Äußerungen stehen nichtöffentliche böswillige Äußerungen gleich, wenn der Täter damit rechnet oder damit rechnen muß, daß die Äußerung in die Öffentlichkeit dringen werde.

22 Siehe *Süddeutsche Juristen-Zeitung* 5 (1950), S. 207-210.

(3) Die Tat wird nur auf Anordnung des Reichsministers der Justiz verfolgt; richtet sich die Tat gegen eine leitende Persönlichkeit der NSDAP, so trifft der Reichsminister der Justiz die Anordnung im Einvernehmen mit dem Stellvertreter des Führers.

(4) Der Reichsminister der Justiz bestimmt im Einvernehmen mit dem Stellvertreter des Führers den Kreis der leitenden Persönlichkeiten im Sinne des Absatzes 1.[23]

Eine ausführliche Kommentierung dieser gesetzgeberischen Monstrosität ist kaum angebracht, so sehr ist dieses Gesetz mit unkontrolliertem administrativem Ermessensspielraum gespickt und durch ihn untergraben. Es reicht, wenn wir Folgendes feststellen: erstens, dass das Gesetz keinerlei Rechtfertigung für die zwar nicht ausgeführte, aber tatsächlich über den Ehemann verhängte Todesstrafe bietet; zweitens, dass es, sofern die Denunziation der Ehefrau die Äußerungen ihres Mannes »öffentlich« gemacht hat, unter diesem Gesetz überhaupt keine privaten Äußerungen gibt. Hier möchte ich den Leser fragen, ob er Professor Harts Empörung über den Beschluss der deutschen Gerichte teilt, diesen Gegenstand in der schwierigen Zeit des Wiederaufbaus nach dem Krieg nicht als Gesetz einzustufen. Kann man ernsthaft argumentieren, dass es dem rechtlichen Verfahren angemessener gewesen wäre, wenn die Nachkriegsgerichte »die Auslegungsprinzipien«, die während Hitlers Herrschaft galten, studiert hätten und diese »Prinzipien« dann feierlich angewandt hätten, um die Bedeutung dieses Gesetzes festzustellen? Hätten die Gerichte andererseits wirklich Respekt für Nazirecht gezeigt, wenn sie die Nazigesetze nach ihren eigenen, ganz anders gearteten Interpretationsmaßstäben ausgelegt hätten?

Professor Hart geißelt die deutschen Gerichte und Radbruch nicht so sehr für das, was sie zu tun müssen glaubten, sondern dafür, dass sie nicht erkannten, dass sie es mit einer Art von moralischem Dilemma zu tun hatten, das für Bentham und Austin sofort ersichtlich gewesen wäre. Indem sie ausweichend sagten: »Wenn ein Gesetz böse genug ist, dann ist es kein Recht mehr«, ergriffen sie vor dem Problem die Flucht, anstatt sich ihm zu stellen.

Diese Kritik ist meines Erachtens nicht gerechtfertigt. Was die

23 Artikel 2 aus dem Gesetz gegen heimtückische Angriffe auf Staat und Partei und zum Schutz der Parteiuniformen, Gesetz vom 20. Dezember 1934, *Reichsgesetzblatt* 1934 (1), S. 1269.

Gerichte angeht, hätte es sicherlich nicht geholfen, wenn sie anstelle von »Dies ist kein Recht« gesagt hätten »Dies ist Recht, aber es ist so böse, dass wir uns weigern, es anzuwenden.« Die moralische Verwirrung erreicht ihren Höhepunkt, wenn ein Gericht sich weigert, etwas anzuwenden, das es selber als Recht anerkennt, und Professor Hart empfiehlt den Gerichten auch nicht, sich auf diese Weise dem »wahren Problem zu stellen«. Er hätte ein rückwirkendes Gesetz vorgezogen. Interessanterweise war das auch Radbruchs Präferenz.[24] Aber im Gegensatz zu Professor Hart befanden sich die deutschen Gerichte und Gustav Radbruch leibhaftig in dieser drastischen Notsituation. Das Denunzianten-Problem war dringlich, und wenn die Institutionen des Rechts in Deutschland rehabilitiert werden sollten, dann konnte man nicht einfach der Bevölkerung erlauben, das Recht selbst in die Hand zu nehmen – wie es hätte geschehen können, wenn die Gerichte auf ein passendes Gesetz hätten warten müssen.

Was Gustav Radbruch betrifft, ist es meines Erachtens völlig ungerecht zu behaupten, er habe nicht gewusst, dass er vor einem moralischen Dilemma stand. In seinen Nachkriegsschriften betont er immer wieder die Widersprüche, die beim Versuch des Wiederaufbaus einer vernünftigen und ordentlichen Regierung in Deutschland auftauchten. Hinsichtlich des Ideals der Gesetzestreue kann ich seine eigenen Worte für ihn sprechen lassen: »Es darf nicht verkannt werden – gerade nach den Erlebnissen jener zwölf Jahre –, welche furchtbaren Gefahren für die Rechtssicherheit der Begriff des »gesetzlichen Unrechts«, die Leugnung der Rechtsnatur positiver Gesetze, mit sich bringen kann.«[25]

Das Problem ist nicht, dass man als Rechtspositivist weiß, wann man vor einer schwierigen Entscheidung steht, während Radbruchs Überzeugungen ihn haben glauben lassen, es gäbe keine schwierige Entscheidung. Die Frage, an der sich die Professoren Hart und Radbruch scheiden, ist: Wie sollen wir das Problem beschreiben? Welcher Art ist das Dilemma, in dem wir uns befinden?

Ich hoffe, dass es Professor Hart gegenüber nicht ungerecht ist, wenn ich sage, dass ich das Dilemma, so wie er es beschreibt, nur folgendermaßen verstehen kann: Auf der einen Seite haben wir

24 Radbruch, »Die Erneuerung des Rechts«, S. 8-10.

25 Gustav Radbruch, »Gesetzliches Unrecht und übergesetzliches Recht«, in: *Süddeutsche Juristen-Zeitung* 1 (1946), S. 105-107.

eine amoralische Gegebenheit namens Recht, welche die seltsame Eigenschaft hat, eine moralische Pflicht zum Gehorsam zu generieren. Auf der anderen Seite haben wir eine moralische Pflicht, das zu tun, was wir für richtig und anständig halten. Wenn wir nun mit einem durch und durch bösartigen Gesetz konfrontiert sind, dann müssen wir uns zwischen diesen beiden Pflichten entscheiden.

Wenn dies wirklich die positivistische Position ist, dann fällt es mir nicht schwer, sie zurückzuweisen. So verstanden hat das »Dilemma« zwar die verbale Form eines Problems, aber das angebliche Problem ergibt keinen Sinn. Es ist, als würde man mich auffordern zu entscheiden, entweder einem hungernden Mann etwas zu essen zu geben oder mit den Pluckerwanken zu elumpen.* Ich glaube nicht, dass es der positivistischen Philosophie gegenüber unfair ist, wenn ich sage, dass sie der moralischen Pflicht zur Rechtstreue keine kohärente Bedeutung verleiht. Diese Pflicht erscheint als *sui generis*, vollkommen abgetrennt von allen gewöhnlichen, nichtrechtlichen Zwecken des menschlichen Lebens. Das fundamentale Postulat des Positivismus – dass Recht strikt von Moral getrennt werden muss – scheint jegliche Möglichkeit einer Brücke zwischen der Pflicht zum Rechtsgehorsam und anderweitigen moralischen Pflichten zu verhindern. Kein vermittelndes Prinzip kann die Forderungen, die diese beiden Pflichten an unser Gewissen stellen, vergleichen, denn sie existieren in völlig getrennten Welten.

Während ich dem Nachkriegs-Radbruch nicht in allen Dingen zustimmen würde – insbesondere nicht in Sachen »höheres Recht« –, so denke ich doch, dass er besser als Professor Hart verstanden hat, von welcher Art das Dilemma war, in dem sich die Deutschen befanden, als sie ihre zerstörten Rechtsinstitutionen wiederaufzubauen versuchten. Deutschland musste sowohl die Achtung für das Recht als auch die Achtung für die Gerechtigkeit wiederherstellen. Und obwohl keines der beiden ohne das jeweils andere wiederhergestellt werden konnte, entstanden bei dem Versuch, beide gleichzeitig wiederherzustellen, schmerzhafte Antinomien, wie Radbruch sehr deutlich wahrnahm. Im Prinzip verstand Radbruch das Dilemma als eines zwischen den Erfordernissen der Ordnung auf der einen Seite und den Erfordernissen einer guten

* [Anm. d. Hg.: Siehe Lewis Carrolls Gedicht »The Jabberwocky«, zu Deutsch »Der Zipferlake«.]

Ordnung auf der anderen. Natürlich kann aus dieser Formulierung des Problems keine simple Regel abgeleitet werden. Aber im Gegensatz zum Rechtspositivismus müssen wir uns nicht zwischen zwei entgegengesetzten Forderungen entscheiden, die in keinerlei lebendigem Zusammenhang miteinander, sondern einfach einander widersprechend im leeren Raum stehen. Indem wir Ordnung suchen, sollten wir uns ins Gedächtnis rufen, dass Ordnung allein uns nicht viel nützt, wenn sie nicht zu etwas gut ist. Indem wir uns bemühen, unsere Ordnung zu einer guten Ordnung zu machen, sollten wir uns daran erinnern, dass Gerechtigkeit ohne Ordnung unmöglich ist und dass wir die Ordnung selber nicht bei dem Versuch, sie gut zu machen, aus den Augen verlieren dürfen.

VI. Die moralischen Implikationen des Rechtspositivismus

Wir kommen nun zur Frage, ob es Gründe für Gustav Radbruchs Auffassung gibt, dass eine allgemeine Zustimmung zur positivistischen Philosophie im Vorkriegsdeutschland den Weg zur Diktatur geebnet hat. Verständlicherweise hält Professor Hart diese Anschuldigung für besonders empörend.

Tatsächlich begeben wir uns hier auf das gefährliche Terrain einer Kontroverse, auf dem hässliche Worte und hässliche Anschuldigungen mittlerweile gang und gäbe sind. Während des letzten halben Jahrhunderts gab es in diesem Land kein Thema der Rechtsphilosophie, auf das mehr Tinte und Adrenalin verwendet wurden als auf die Behauptung, dass die Ansichten von Oliver Wendell Holmes Jr. »totalitäre« Implikationen hätten. Noch die vorsichtigsten Kritiken an dieser großen und altangesehenen Figur aus der Epoche von Darwin, Huxley und Haeckel scheinen bei den Lesern Erinnerungen an vergangene Kränkungen zu wecken.[26] Es führt hier nicht weiter, zu sagen, Holmes habe vielleicht die Implikationen seiner eigenen Philosophie nicht in ihrer Gänze erfasst, denn damit würde man nur die eine Beleidigung gegen eine andere austauschen. Genauso wenig hilft es, auf das Zitat eines engen Jugendfreundes von Holmes zu verweisen – und zwar eines Freundes, der ganz sicher kein unaufmerksamer Beobachter war –, Holmes

26 Siehe zum Beispiel Mark DeWolfe Howe, »The Positivism of Mr. Justice Holmes«, in: *Harvard Law Review* 4 (1951), S. 529.

bestehe »aus mindestens zweieinhalb verschiedenen Personen in einer, und wie er es fertigbringt, alle zusammenzuhalten, ohne dass sie sich ununterbrochen streiten, ist bewundernswert«.[27]

Wenn man sich in diese stürmischste Ecke der Jurisprudenz begibt, dann beruhigt es einen nicht, dass selbst ein so gemäßigter Mann wie Professor Hart sich zu einem doch sehr allgemeinen Rundumschlag hinreißen lässt. Radbruch zeige »eine außerordentliche Naivität« bei der Einschätzung seiner Kollegen in Deutschland und bei der Annahme, dass deren Festhalten am Positivismus den Nazis bei der Machtergreifung geholfen habe.[28] Seine Einschätzung dieses Themas und anderer Themen zeige, dass er »die geistige Botschaft des Liberalismus (...) nur halb verstanden« habe, von der er fälschlicherweise dachte, er würde sie seinen eigenen Landsleuten beibringen.[29] Diejenigen, die in den Gerichtsentscheidungen über die Denunzianten eine förderliche Umorientierung des deutschen Rechtsdenkens sahen, würden »Hysterie«[30] an den Tag legen.

Lassen wir zumindest die gröberen Invektiven beiseite und beschäftigen wir uns so ruhig wie möglich mit der Frage, ob der Rechtspositivismus, wie er in Deutschland praktiziert und gepredigt wurde, irgendeine kausale Verbindung zu Hitlers Aufstieg hatte oder gehabt haben könnte. Wir sollten uns daran erinnern, dass die positivistische Philosophie in den 75 Jahren vor der Naziherrschaft in Deutschland ein so hohes Ansehen gewonnen hatte wie in keinem anderen Land. Austin lobte einen deutschen Gelehrten dafür, dass er das internationale Recht in die Klarheit herstellenden Schranken des Positivismus gewiesen habe.[31] Gray wies mit Genugtuung darauf hin, dass die »begabteren« deutschen Juristen seiner Zeit allem *»nicht positivische[n] Recht«* abschworen und nannte dafür Bergbohm als Beispiel.[32] Das ist ein erhellendes Beispiel, denn Bergbohm war ein Gelehrter, der anstrebte, dass der deutsche Positivismus seinen eigenen Ansprüchen gerecht werde. Es verstörte

27 Siehe Ralph Barton Perry, *The Thought and Character of William James*, Virginia 1935, S. 297 (einen Brief von William James aus dem Jahr 1869 zitierend).

28 Hart, »Positivism and the Separation of Law and Morals«, S. 617 f. [S. 85 f. in diesem Band].

29 Ebd., S. 618 [S. 86 f. in diesem Band].

30 Ebd., S. 619 [S. 87 in diesem Band].

31 Austin, *Lectures on Jurisprudence*, S. 173.

32 John Chipman Gray, *The Nature and Sources of the Law*, New York 1921, S. 96.

ihn, Reste von naturrechtlichem Denken in Schriften zu entdecken, die vorgaben, positivistisch zu sein. Als besonders verstörend empfand er das regelmäßige Auftreten solcher Ideen wie der, dass das Recht seine Wirksamkeit einem gefühlten moralischen Bedürfnis nach Ordnung verdanke oder dass das Bedürfnis nach einer Rechtsordnung in der Natur des Menschen liege etc. Bergbohm kündigte ein niemals realisiertes Programm an, das dem positivistischen Denken diese letzten Ausdünstungen aus dem Sumpf des Naturrechts austreiben sollte.[33] Deutsche Juristen neigten dazu, das angloamerikanische Common Law als unordentliche und prinzipienlose Vermischung von Recht und Moral anzusehen.[34] Der Positivismus galt als die einzige Theorie des Rechts, die im Zeitalter der Wissenschaft den Anspruch erheben konnte, »wissenschaftlich« zu sein. Abweichler von dieser Sichtweise wurden von den Positivisten mit dem vom modernen Menschen am meisten gefürchteten Schimpfwort bedacht: »naiv«. Das Ergebnis war, dass im Jahr 1927 berichtet wurde, »für schuldig befunden zu werden, dem Naturrecht anzuhängen«, stelle »eine Art gesellschaftlicher Schande« dar.[35]

Diesem Hintergrund müssen wir die Beobachtung hinzufügen, dass die Deutschen scheinbar nie die wundersame Fähigkeit der Briten und teilweise auch der Amerikaner erlernt haben, ihre Logik an der kurzen Leine zu halten. Wenn ein Deutscher den Rechtsbegriff definiert, dann nimmt er diese Definition ernst. Wenn ein Deutscher auf den Slogan des amerikanischen *legal realism* verfallen wäre, Recht bestehe »einfach in den Verhaltensmustern von Richtern und anderen Staatsangestellten«, dann hätte er dies nicht einfach als eine interessante Anregung zum Gespräch verstanden. Er hätte es geglaubt und entsprechend gehandelt.

Der deutsche Rechtspositivismus verbannte nicht nur jegliche Betrachtung der moralischen Zwecke des Rechts aus der Rechtswissenschaft, sondern ignorierte auch das, was ich die innere Moral des Rechts genannt habe. Der deutsche Jurist war deshalb besonders anfällig dafür, alles als »Recht« anzusehen, was sich selbst so

33 Carl Bergbohm, *Jurisprudenz und Rechtsphilosophie*, Michigan 1892, S. 355-552.

34 Siehe z. B. Hermann Heller, »Die Krisis der Staatslehre«, in: *Archiv für Sozialwissenschaft und Sozialpolitik* 55 (1926), S. 289-309.

35 Erich Voegelin, »Kelsen's Pure Theory of Law«, in: *Political Science Quarterly* 2 (1927), S. 268 f.

nannte, was auf Kosten der Regierung gedruckt wurde und was »*von oben herab*« zu kommen schien.

Im Lichte dieser Beobachtungen finde ich es weder absurd noch pervers, zu denken, dass die damals vorherrschenden Einstellungen innerhalb des deutschen juristischen Berufsstandes hilfreich für die Nazis waren. Hitler kam nicht durch eine gewaltsame Revolution an die Macht. Er war Kanzler, bevor er der »Führer« wurde. Die Ausnutzung rechtlicher Formen begann zaghaft und wurde mit der Konsolidierung der Macht dreister. Die ersten Angriffe auf die bestehende Ordnung trafen Schutzmauern, die, wenn sie überhaupt von irgendjemandem verteidigt wurden, von den Juristen und Richtern verteidigt wurden. Diese Schutzmauern fielen fast kampflos.

Professor Hart und andere waren verständlicherweise von den Verweisen auf ein »höheres Recht« in einigen der Entscheidungen über die Denunzianten und in den Nachkriegsschriften Radbruchs verstört. Wenn die deutsche Jurisprudenz sich näher mit der inneren Moral des Rechts befasst hätte, dann wäre meines Erachtens kein solcher Rekurs nötig gewesen, um zumindest die ungeheuerlichsten der Nazigesetze zu annullieren.

Aus meiner Sicht ist nichts Schockierendes an der Aussage, dass eine Diktatur, die sich selbst den Anschein der Rechtsform gibt, sich so weit von der Moralität der Ordnung, von der inneren Moral des Rechts entfernen kann, dass sie aufhört, ein Rechtssystem zu sein. Wenn ein System, das sich selbst Recht nennt, auf einer allgemeinen Missachtung der Bestimmungen des Rechts durch eben die Richter basiert, die dieses Recht durchzusetzen behaupten; wenn dieses System seine rechtlichen Unregelmäßigkeiten, sogar die eklatantesten, gewohnheitsmäßig mit rückwirkenden Gesetzen kuriert; wenn es bloß auf Terrormaßnahmen auf den Straßen zurückzugreifen braucht, gegen die sich niemand zu wehren wagt, um auch noch den letzten Beschränkungen zu entgehen, die der Anschein der Legalität ihm auferlegt – wenn alle diese Dinge auf eine Diktatur zutreffen, dann fällt es zumindest mir nicht schwer, ihr den Titel »Recht« zu verweigern.

Ich glaube, dass die Ungültigkeit der für die Denunziantenfälle relevanten Gesetze durch die soeben skizzierten Erwägungen hätte begründet werden können. Aber wer in einer Generation aufgewachsen ist, die nicht nur sagte »Recht ist Recht«, sondern es auch so meinte, der mag glauben, dass man einem Recht nur entkommen kann, indem man ihm ein anderes Recht entgegenstellt, und dass dieses ein »höheres Recht« sein muss. Deshalb ist die Idee eines »höheren Rechts«, über die man sich berechtigte Sorgen machen kann, möglicherweise selbst eine Spätfolge des deutschen Rechtspositivismus.

Man sollte an dieser Stelle anmerken, dass die Naturrechtstheorie hauptsächlich in den römisch-katholischen Schriften behandelt wird, und zwar nicht einfach als Suche nach Prinzipien, die es Menschen erlauben, erfolgreich zusammenzuleben, sondern als Suche nach einem sogenannten »höheren Recht«. Diese Gleichsetzung von Naturrecht mit einem Recht, das über dem menschlichen Recht steht, scheint tatsächlich ein Erfordernis jeder Doktrin zu sein, welche die Möglichkeit einer autoritativen Verkündung der Forderungen des Naturrechts behauptet. In den Bereichen, in denen bislang solche Verkündungen stattgefunden haben, scheint mir der Konflikt zwischen der römisch-katholischen Doktrin und entgegengesetzten Positionen eigentlich ein Konflikt zwischen zwei Formen von Positivismus zu sein. Glücklicherweise gibt es solche Verkündungen in dem Großteil der von Juristen bevölkerten Bereiche nicht. In diesen Bereichen können diejenigen von uns, die keine Anhänger dieser Religion sind, der katholischen Kirche dankbar sein, dass sie die rationalistische Tradition in der Ethik am Leben erhalten hat.

Ich möchte nicht behaupten, dass die von mir vorgeschlagene Lösung für die Denunziantenfälle nicht ihre eigenen Schwierigkeiten mit sich bringen würde, insbesondere die bekannte Schwierigkeit, einen Endpunkt zu finden. Aber ich denke, man kann zeigen, dass der gravierendste Verfall der Rechtsmoral unter Hitler in Rechtsbereichen wie denen stattfand, zu denen die Denunziantenfälle gehörten; in den gewöhnlichen Bereichen des Privatrechts konnte man keinen vergleichbaren Verfall feststellen. Genau in den Bereichen, in denen die Zwecke des Rechts die schlimmsten waren, wurde auch die Moral des Rechts am schamlosesten missachtet. Mit anderen Worten: Dort, wo man am ehesten gesagt hätte: »Das ist so bösartig, das kann kein Recht sein«, dort hätte man ebenso gut sagen können: »Dies ist das Ergebnis eines Systems, das so wenig Bewusstsein für die Moral des Rechts hat, dass es den Namen ›Recht‹ nicht verdient.« Ich glaube nicht, dass das ein Zufall ist, denn diese Überschneidung zeigt, dass die rechtliche Moral nicht ohne das Streben nach Gerechtigkeit und Anstand überleben kann.

Aber als tatsächliche Lösung für die Denunziantenfälle hätte ich, genau wie die Professoren Hart und Radbruch, ein rückwirkendes Gesetz bevorzugt. Mein Grund hierfür ist nicht, dass das die am ehesten annähernd legale Art und Weise ist, etwas illegal zu machen, das einmal Gesetz war. Vielmehr würde ein solches Gesetz aus meiner Sicht einen scharfen Bruch mit der Vergangenheit symbolisieren und diese Art von Aufräumaktion von der normalen Funktionsweise des Rechtsprozesses isolieren. Diese Isolierung würde der Justiz eine schnellere Rückkehr zu Verhältnissen ermöglichen, in denen den Forderungen der rechtlichen Moral gebührender Respekt gezollt wird. Mit anderen Worten: es würde eine effektivere Planung der Zurückeroberung des Ideals der Gesetzestreue in seiner eigentlichen Bedeutung erlauben.

VII. Das Problem der Interpretation: Kern und Randbereich

Es ist wichtig, dass wir uns die Bedeutung von Professor Harts These »des Kerns und des Randbereichs«[36] so klar wie nur möglich machen, denn ich glaube, dass diese beim beiläufigen Lesen schnell falsch interpretiert wird. Man könnte dann leicht denken, dass Professor Hart lediglich etwas für jeden Juristen Alltägliches beschreibt, nämlich die Tatsache, dass bei der Interpretation von Rechtsregeln typischerweise (jedoch nicht durchgängig) manche Situationen ziemlich klar unter bestimmte Regeln fallen, während das bei anderen zweifelhafter ist. Professor Harts These ist aber eine viel weniger banale. Seine umfassende Besprechung des Kerns und des Randbereichs ist nicht einfach eine komplizierte Art zu sagen, dass manche Fälle schwierig und andere einfach sind. Stattdessen stellt er hier auf der Grundlage einer allgemeinen Theorie sprachlicher Bedeutung eine Theorie der Rechtsauslegung vor, die, so glaube ich, vollkommen neu ist. Zumindest ist sie noch niemals in ähnlich kompromissloser Weise vertreten worden.

So wie ich Professor Harts These verstehe (wenn wir einige im-

36 Hart, »Positivism and the Separation of Law and Morals«, S. 606-608 [S. 72-74 in diesem Band].

plizite Annahmen sowie einige Einschränkungen unterstellen, von denen er sicherlich wollte, dass seine Leser sie beitragen), würde sie in ihrer vollständigen Form ungefähr wie folgt lauten: Die Aufgabe der Auslegung besteht normalerweise darin, die Bedeutung einzelner Worte innerhalb einer Rechtsregel zu bestimmen, wie zum Beispiel das Wort »Fahrzeug« als Teil einer Regel, die Fahrzeuge im Park verbietet. Genauer gesprochen, ist es die Aufgabe der Auslegung, den Bedeutungsumfang des Wortes zu bestimmen, also die Summe der Dinge, auf die es sich bezieht. Kommunikation ist nur deshalb möglich, weil Worte einen »Standardfall« oder eine »Kernbedeutung« haben, die über verschiedene Kontexte hinweg relativ konstant bleibt. Außer in Ausnahmefällen wird ein Wort wie »Fahrzeug« immer seinen »Standardfall« umfassen, also die Summe aller Dinge, die es in allen gewöhnlichen Kontexten, ob innerhalb oder außerhalb des Rechts, umfassen würde. In jeder Rechtsregel – welchen Zweck sie auch haben möge – wird das Wort diese Bedeutung haben. Wenn der Richter nun das Wort auf seinen »Standardfall« anwendet, dann ist er in keiner Weise schöpferisch tätig. Er wendet das Recht einfach so an, »wie es ist«.

Zusätzlich zu diesem beständigen Kern haben Wörter allerdings auch einen Randbereich in ihrer Bedeutung, der anders als der Kern von einem Kontext zum nächsten variiert. Wenn der relevante Gegenstand (sagen wir, ein Dreirad) in den Randbereich fällt, dann wird dem Richter eine schöpferischere Rolle aufgezwungen. Er muss dann, und erst dann, die Regel im Lichte ihres Zwecks oder Ziels interpretieren. Sollte die Regel nun vor dem Hintergrund ihres Zwecks als Verbot von Dreirädern in Parks verstanden werden? Beim Beantworten dieser Art von Frage gibt es zumindest eine Schnittfläche von »sein« und »sollen«, denn wenn der Richter darüber entscheidet, was die Regel »ist«, tut er das im Lichte seiner Auffassung davon, »was sie sein sollte«, damit sie ihren Zweck erfüllt.

Wenn ich Professor Harts Theorie bezüglich des »harten Kerns« hier richtig interpretiert habe, dann ist sie meines Erachtens nicht haltbar. Der offensichtlichste Mangel seiner Theorie liegt in der Annahme, Auslegungsprobleme beträfen typischerweise die Bedeutung einzelner Wörter. Aber bestimmt hat kein Richter bei der Anwendung einer Regel jemals eine solche Prozedur befolgt, wie sie Professor Hart beschreibt (und wohl auch empfiehlt); tatsächlich verstehen wir das Problem des Richters normalerweise gar nicht als ein Problem der »Auslegung«. Selbst im Fall legislativ geschaffener Gesetze weisen wir für gewöhnlich nicht einem einzelnen Wort eine Bedeutung zu, sondern einem Satz, einem Absatz, einer ganzen Seite oder einem noch längeren Stück Text. Ein Absatz hat aber sicherlich keinen »Standardfall«, der unabhängig vom Kontext immer gleich bliebe. Wenn ein Gesetz eine Art »Kernbedeutung« zu haben scheint, die wir ohne eine genauere Erforschung seines Zwecks anwenden können, dann liegt das daran, dass unabhängig von der genauen Formulierung des Ziels des betreffenden Gesetzes *dieser* Fall immer darunter fallen würde.

Sogar in Situationen, in denen unsere Auslegungsprobleme sich scheinbar in einem einzelnen Wort bündeln, scheint mir Professor Harts Analyse keine wirkliche Erklärung dafür zu liefern, was geschieht oder was geschehen sollte. In Bezug auf das Beispiel des »Fahrzeugs« behauptet er zwar, das Wort habe einen Bedeutungskern, der in allen Kontexten eindeutig festlegt, welche Gegenstände darunter fallen, aber er verrät uns nie, welche Gegenstände das sein sollen. Wenn eine Regel, die Fahrzeuge im Park verbietet, in manchen Fälle leicht anwendbar ist, dann liegt das meines Erachtens daran, dass wir deutlich genug sehen können, worauf die Regel »im Allgemeinen abzielt«, und dass wir deshalb wissen, dass wir uns nicht über den Unterschied zwischen Fords und Cadillacs den Kopf zerbrechen müssen. Wenn wir die Regel in manchen Fällen anwenden können, ohne vorher nach ihrem Zweck zu fragen, dann ist der Grund dafür nicht, dass wir eine Vorschrift so behandeln könnten, als hätte sie keinen Zweck. Der Grund ist vielmehr, dass uns – ganz gleich, ob die Regel zum Beispiel die Ruhe im Park oder unbekümmerte Spaziergänger vor Verletzungen schützen soll –, »ohne nachzudenken«, klar ist, dass sie laute Automobile ausschließt.

Was würde Professor Hart sagen, wenn einige ortsansässige Patrioten einen Lastwagen aus dem Zweiten Weltkrieg auf einem Podest im Park aufstellen wollten, während andere Bürger, die das vorgeschlagene Denkmal als unansehnlich empfinden, auf der Regel »keine Fahrzeuge« bestehen würden? Würde dieser voll funktionsfähige Lastwagen zum Kern oder zum Randbereich gehören?

Professor Hart scheint anzunehmen, dass effektive Kommunikation zusammenbrechen würde, wenn Wörter keine »Standardfälle« hätten, die in jedem Kontext gleich bleiben, und dass die Konstruktion eines Systems von »autoritativen Regeln« dann unmöglich wäre.[37] Wenn Worte in jedem Kontext eine jeweils einzigartige, diesem Kontext eigene Bedeutung annähmen, dann würde der ganze Vorgang der Auslegung so unsicher und subjektiv werden, dass die Idee einer rechtlichen Regel ihren Sinn verlieren würde. Mit anderen Worten scheint Professor Hart zu sagen, dass wir jede Hoffnung auf eine gehaltvolle Bedeutung des Ideals der Gesetzestreue aufgeben müssen, wenn wir nicht bereit sind, seine Analyse der Rechtsauslegung zu akzeptieren. Dies ist allerdings eine sehr düstere Aussicht, wenn man wie ich glaubt, dass wir Harts Theorie der Rechtsauslegung nicht akzeptieren können. Mein Blick auf die Zukunft des Ideals der Gesetzestreue ist nicht so düster.

Folgendes Beispiel wird helfen, nicht nur Professor Harts Theorie von Kern und Randbereich zu überprüfen, sondern auch deren Relevanz in Bezug auf das Ideal der Gesetzestreue. Angenommen, beim Durchblättern der Gesetzbücher finden wir das folgende Gesetz: »Das Schlafen in Bahnhöfen ist eine Ordnungswidrigkeit und kann mit einem Bußgeld von bis zu fünf Dollar bestraft werden.« Es fällt uns nicht schwer, zu erkennen, auf wen dieses Gesetz abzielt. Uns steht sofort das Bild eines zerzausten Landstreichers vor Augen, der auf unansehnliche Weise auf einer der Bahnhofsbänke liegt, die anderen Fahrgäste zum Stehen zwingt und ihnen mit seinem lauten und alkoholisierten Schnarchen in den Ohren liegt. Diese Vorstellung stellt den »offensichtlichen Fall« dar, auf den das Gesetz abzielt, obwohl sie weit davon entfernt ist, den »Standardfall« des physiologischen Zustands namens »Schlaf« zu bilden.

Sehen wir uns jetzt an, wie dieses Beispiel zum Ideal der Gesetzestreue passt. Angenommen, ich sei ein Richter und mir werden zwei Männer vorgeführt, die gegen dieses Gesetz verstoßen haben. Der erste ist ein Fahrgast, der um drei Uhr nachts auf seinen verspäteten Zug wartete. Bei seiner Verhaftung saß er ordentlich und aufrecht, jedoch hörte der ihn festnehmende Beamte ein sanftes Schnarchen. Der zweite ist ein Mann, der eine Decke und ein Kissen in den Bahnhof mitgebracht hatte und sich offensichtlich für die ganze Nacht niedergelassen hatte. Er wurde allerdings verhaftet, noch bevor er sich schlafen legen konnte. Welcher dieser beiden

37 Ebd., S. 607 [S. 73 in diesem Band].

Fälle ist der »Standardfall« des Wortes »schlafen«? Wenn ich diese Frage ignoriere und mich dazu entscheide, den zweiten Mann mit einem Bußgeld zu bestrafen und den ersten Mann freizulassen, habe ich dann meine Pflicht zur Gesetzestreue verletzt? Habe ich diese Pflicht verletzt, wenn ich annehme, dass das Wort »schlafen« in diesem Gesetz in etwa so viel bedeutet wie »sich auf einer Bank oder dem Boden niederzulassen, mit der Absicht oder dem Anschein der Absicht, dort die Nacht zu verbringen«?

Um noch einen weiteren Aspekt von Professor Harts Theorie zu prüfen, möchte ich fragen, ob es jemals möglich ist, ein Wort in einem Gesetz zu interpretieren, ohne dabei den Zweck des Gesetzes zu kennen. Nehmen wir an, wir begegnen dem folgenden unvollständigen Satz: »Jede Verbesserung muss sofort gemeldet werden an ...« Professor Harts Theorie scheint zu behaupten, dass wir, auch wenn wir nur dieses Fragment kennen, das Wort »Verbesserung« im Sinne seines »Standardfalls« verstehen dürfen, obwohl wir den Rest des Satzes kennen müssten, um auf intelligente Weise mit den »Problemen des Randbereichs« umzugehen. Aber tatsächlich ist in dem von mir zitierten abgeschnittenen Satz das Wort »Verbesserung« fast so bedeutungslos wie das Symbol »X«.

Das Wort »Verbesserung« nimmt sofort Bedeutung an, wenn wir dem Satz weitere Wörter hinzufügen, »die Oberschwester« oder »die Behörde für Städtebau«, obgleich diese beiden Bedeutungen komplett verschieden sind. Man kann kaum behaupten, die beiden resultierenden Bedeutungen seien eine Art randständiger Zusatz zum »Standardfall« des Wortes. Und nebenbei fragt man sich, wie hilfreich die Theorie über Kern und Randbereich wäre, wenn man bei dem Bericht an die Städtebaubehörde entscheiden müsste, ob das Wort »Verbesserung« auch ein nicht hypothekarisch belastbares Ungeheuer von Haus umfasst, das den Marktwert des darunterliegenden Grundstücks mindert.

Es ist aufschlussreich, sich anzusehen, wie sich andere Ergänzungen desselben Satzes auswirken. Ergänzen wir zum Beispiel »Jede Verbesserung muss sofort gemeldet werden an ...« durch die Worte »den Dekan des Fachbereichs«. Hier tappen wir nicht mehr wie vorher völlig im Dunkeln; eher scheinen wir jetzt in einen leeren Behälter zu greifen. Wir bekommen etwas mehr Orientierung, wenn der letzte Teil »den Schulleiter« lautet, und wir sind vollkommen zufrieden gestellt, wenn er in »den Vorsitzenden des Komitees für Eltern von Kindern der Grundschulklassen« umgewandelt wird.

Ich möchte anmerken, dass wir bei der Entscheidung über die Bedeutung des Wortes »Verbesserung« in allen diesen unterschiedlichen Fällen das Wort nicht einfach in einen allgemeinen Kontext wie Krankenhauspraxis, Stadtplanung oder Bildungswesen stellen. Wenn das so wäre, dann könnte die »Verbesserung« in dem letztgenannten Fall genausogut den Lehrer wie auch den Schüler betreffen. Vielmehr fragen wir uns: »Was soll diese Regel? Welche Übel soll sie verhindern? Welches Gut soll befördert werden?« Wenn »die Oberschwester« die Empfängerin des Berichts ist, dann fragen wir uns wahrscheinlich: »Gibt es vielleicht zu wenig Platz im Krankenhaus, so dass hinreichend genesene Patienten eher heimgeschickt oder auf eine andere Station verlegt werden, auf der man sich weniger um sie kümmert?« Wenn »Schulleiter« uns mehr Orientierung bietet als »Dekan des Fachbereichs«, dann deshalb, weil wir etwas über die Unterschiede zwischen Grundschulbildung und universitärer Bildung wissen. Wir müssen ein Mindestmaß an Vertrautheit sowohl mit der Art und Weise haben, wie diese beiden Bildungseinrichtungen jeweils funktionieren, als auch mit den Problemen, die in beiden auftreten, bevor irgendeine Unterscheidung zwischen »Schulleiter« und »Dekan des Fachbereichs« unsere Interpretation von »Verbesserung« beeinflussen kann. Anders gesagt, müssen wir hinreichend dazu fähig sein, uns in die Position derjenigen zu versetzen, die die Regel gemacht haben, um zu verstehen, wie die Dinge aus ihrer Sicht »sein sollten«. Im Lichte dieses »Sollens« entscheiden wir dann, welches die Regel »ist«.

Was nun das Phänomen angeht, das Professor Hart die »Überbewertung des Randbereichs« nennt, müssen wir uns fragen, was eigentlich die gängige Praxis der Annahme verschiedener »Grenzsituationen« zu dem Prozess der Auslegung beiträgt. Professor Harts Antwort scheint zu sein: »Gar nichts, es sei denn, es geht um Probleme innerhalb des Randbereichs.« Wenn das seine Ansicht ist, dann gibt sie mir ein Rätsel auf, denn sie erklärt nicht, warum es im Rahmen seiner Theorie hilfreich sein könnte, bei der Behandlung eines Problems des Randbereichs über andere Probleme des Randbereichs nachzudenken.

Im Laufe seiner Diskussion der Auslegung scheint Professor Hart durchweg anzunehmen, dass es sich um eine Art Katalogisierungsvorgang handelt. Ein Richter mit einem neuen Fall ist wie ein Bibliothekar, der über den Standort eines neuen Buches entscheiden muss. Es gibt leichte Fälle: die *Bibel* gehört zur Kategorie Religion, *Der Wohlstand der Nationen* zur Ökonomie und so weiter. Dann gibt es schwierige Fälle, in denen der Bibliothekar etwas kreativer entscheiden muss, zum Beispiel bei der Frage ob *Das Kapital* zur Politik oder zur Ökonomie gehört und ob *Gullivers Reisen* eher zur Fantasy-Literatur oder zur Philosophie zählt. Aber ob die Zuordnung zu einer Kategorie nun leichtfällt oder nicht, sobald die Entscheidung getroffen ist, muss der Bibliothekar das Buch nur noch ins Regal stellen. Und so sei es in allen wesentlichen Hinsichten auch mit Richtern, scheint Professor Hart zu meinen. Aber sicherlich ist ein Gerichtsverfahren mehr als eine Katalogisierungsübung. Der Richter hat seine Pflicht nicht getan, indem er den jeweiligen Fall mit einem passenden Etikett versieht. Er muss etwas mit ihm machen, ihn behandeln, wenn man so will. Diese weitergehende Pflicht erklärt, weshalb Interpretationsprobleme beinahe niemals an einem einzigen Wort hängen und weshalb Generationen von Juristen das Durchspielen von imaginären Grenzfällen für hilfreich gehalten haben, und das eben nicht nur im Randbereich, sondern um überhaupt zu verstehen, wo der Randbereich beginnt.

Diese Punkte werden deutlich, wenn man sich noch einmal unser Regelfragment »Jede Verbesserung muss sofort gemeldet werden an …« vornimmt. Wie auch immer der fehlende Satzteil lautet, der Richter hat das Problem nicht gelöst, indem er einfach entscheidet, um welche Art von Verbesserung es hier geht. So ziemlich alle Wörter in diesem Satz können auslegungsbedürftig sein, aber besonders offensichtlich gilt das für die Wörter »sofort« und »gemeldet«. Welche Art von »Meldung« ist gemeint: eine schriftliche Notiz, ein Anruf im Büro, ein Eintrag in die Krankenakte? Wie spezifisch muss sie sein? Reicht es, einfach »sehr viel besser« oder »ein großes Haus mit Erkerfenster« zu sagen?

Es sollte jedem Juristen klar sein, dass es bei der Interpretation von Wörtern wie »Verbesserung«, »sofort« und »melden« nicht wirklich weiterhilft, nach einer Definition durch nichtrechtliche »Standardfälle« zu fragen. Noch wichtiger ist, dass diese Wörter dort, wo alle von ihnen Teil einer einzigen gedanklichen Struktur sind, während des Interpretationsvorgangs miteinander in Wechselwirkung stehen. »Was ist eine Verbesserung? Nun ja, es muss etwas sein, das man melden kann. Also bedeutet ›Verbesserung‹ im Rahmen dieses Gesetzes in Wirklichkeit ›meldepflichtige Verbesserung‹. Welche Art von ›Meldung‹ muss gemacht werden? Nun, das hängt von der Art der ›Verbesserung‹, über die Informationen gebraucht werden, sowie von den Gründen für den Informationsbedarf ab.«

Wenn wir hinter die einzelnen Worte und auf das ganze Gesetz schauen, dann wird deutlich, wie das Ausmalen von hypothetischen Fällen dem interpretativen Prozess insgesamt hilft. Indem sie unsere Gedanken erst in die eine Richtung und dann in eine andere lenken, helfen uns diese Fälle, den Stoff, aus dem die Gesetze gedanklich gemacht sind, zu verstehen. Diesen Stoff versuchen wir einerseits zu erkennen, um wirklich zu verstehen, wie er beschaffen ist, aber gleichzeitig weben wir selbst zwangsläufig daran mit, indem wir uns bemühen (im Einklang mit unserer Pflicht zur Gesetzestreue), das Gesetz zu einem kohärenten und funktionsfähigen Ganzen zu machen.

Ich hätte alle diese Bemerkungen für viel zu banal gehalten, um sie hier niederzuschreiben, wenn sie nicht in Antwort auf Professor Harts Theorie der Interpretation notwendig gewesen wären; eine Theorie, deren er sich so gewiss ist, dass er unterstellt, Gesetzestreue im eigentlichen Sinne wäre nicht möglich, wenn wir sie nicht akzeptieren würden. Aber kann es wirklich sein, dass die positivistische Philosophie von uns verlangt, eine Auffassung von Auslegung zu verabschieden, deren Augenmerk nicht in erster Linie auf einzelnen Wörtern, sondern auf Zweck und Struktur liegt? Wenn dem so ist, dann geht es bei diesem Gefecht der Schulen tatsächlich um viel.

Ich bin erstaunt, dass Professor Hart der Lehre, die ich einst aus Wittgensteins Beispiel, in dem Kindern ein Spiel beigebracht wird, zu ziehen versuchte, so viel Neuigkeitswert zuschreibt.[38] Ich wollte einfach zeigen, welche Rolle das Überlegen bei der Entscheidung darüber spielt, was zu tun ist. Ich wollte so simple Punkte ansprechen wie zum Beispiel den, dass Entscheidungen darüber, was man tun sollte, durch Überlegung, durch den Austausch von Meinungen mit anderen, die sich mit dem gleichen Problem befassen, und durch das Vorstellen von verschiedenen möglichen Si-

38 Lon. L. Fuller, »Human Purpose and Natural Law«, in: *Journal of Philosophy* 53 (1956), S. 697-700.

tuationen verbessert werden. Ich ging davon aus, dass alle diese einfachen und vertrauten Methoden unsere Wahrnehmung davon, was wir eigentlich zu tun versuchen, schärfen können und dass das Ergebnis dieses Vorgehens nicht nur die Wahl besserer Mittel für das angestrebte Ziel sein könnnte, sondern auch eine weitergehende Klärung dieses Ziels selbst. Ich hatte angenommen, dass ein bekannter englischer Richter etwas in dieser Richtung meinte, als er sagte, das Common Law werde »sich selbst zur Reinheit durcharbeiten«.[39] Wenn diese Auffassung des judikativen Prozesses in ihrem Ursprungsland keine Rolle mehr spielt, dann kann ich nur sagen, dass Lord Mansfield in diesem Land immer eine heroische Figur der Jurisprudenz für uns bleiben wird, wie unbeständig sein Ruf in Großbritannien auch sein mag.

Ich habe hier insbesondere die Mängel von Professor Harts Theorie betont, die die Rechtsauslegung betreffen. Ich glaube allerdings, dass die Mängel tiefer gehen und letztendlich von einer fehlerhaften Theorie über die Bedeutung von Sprache im Allgemeinen herrühren. Professor Hart scheint einer Theorie anzuhängen, die man vielleicht die »Zeigertheorie der Bedeutung« nennen kann,[40] einer Theorie, die die Effekte der Absicht des Sprechers und

39 *Omychund vs. Barker*, 1 Atk. 21, 33, 26 Eng. Rep. 15, 22 f. (Kap. 1744) (Argument von Generalstaatsanwalt Murray, später Lord Mansfield): »Es treten nicht alle Fälle auf einmal auf; (…) Ein Gesetz kann nur selten allen denkbaren Fällen Rechnung tragen, und deshalb ist das *Common Law,* das sich selbst anhand von Regeln, die es aus der Quelle der Gerechtigkeit bezieht, *zur Reinheit durcharbeitet,* parlamentarisch verabschiedeten Gesetzen überlegen.« [Übers. d. Hg.]

40 Hier meine ich die linguistische Theorie, die der hier besprochene Aufsatz zu implizieren scheint. In Professor Harts brillanter Antrittsvorlesung »Definition and Theory in Jurisprudence« (in: *Law Quarterly Review* 70 [1954], S. 37) ist der wichtigste Punkt der, dass Ausdrücke wie »Regel«, »Recht« und »juristische Person« nicht durch ein Zeigen auf entsprechende Dinge oder Handlungen in der äußeren Welt definiert werden können, sondern nur unter Rekurs auf die Funktionen, die sie in einem größeren System erfüllen, genauso wie man das »Aus!« des Schiedsrichters nicht ohne ein zumindest allgemeines Verständnis der Baseballregeln verstehen kann. Aber sogar im Rahmen der Analyse, die er in der Antrittsvorlesung darlegt, scheint Professor Hart davon auszugehen, dass die Abhängigkeit der Bedeutung von Funktion und Kontext eine Besonderheit von formalen und expliziten Systemen ist, wie zum Beispiel eines Spiels oder eines Rechtssystems. Er scheint nicht zu erkennen, dass das, was er über explizite Systeme sagt, auch auf die zahllosen informellen und sich überlappenden Systeme zutrifft, die sich durch die gesamte Sprache ziehen. Diese impliziten systemati-

der Struktur der Sprache auf die Bedeutung von Wörtern ignoriert oder minimiert. Charakteristischerweise betont diese Schule die Idee des »gewöhnlichen Sprachgebrauchs«. Der Grund dafür ist, dass man nur mit Hilfe dieser Idee den Anschein erwecken kann, die Bedeutung eines Wortes sei eine isolierte Gegebenheit, auf die sich Absicht und Struktur nicht auswirken.

Es wäre wenig sinnvoll, hier einen ausgedehnten Exkurs in die Linguistik zu versuchen. Ich muss mich auf die Bemerkung beschränken, dass die Theorie der Bedeutung, die Professor Harts Aufsatz impliziert, von drei Männern, die die neuere Entwicklung der logischen Analyse anführen, abgelehnt wurde: Wittgenstein, Russell und Whitehead. Wittgensteins posthume *Philosophische Untersuchungen* stellen eine Art von fortlaufendem Kommentar dazu dar, wie sich die Bedeutung von Wörtern verschiebt und verändert, wenn sie von einem Kontext zum nächsten wandern. Russell lehnt den Kult des »gewöhnlichen Sprachgebrauchs« ab und fragt, welcher »Fall« denn für das Wort »Wort« angegeben werden könne, der keine spezifische Absicht bei dessen Verwendung implizieren würde.[41] Whitehead erklärt die Anziehungskraft der »trügerischen Identität des wiederholten Wortes« auf moderne Philosophen; nur wenn irgendeine linguistische Konstante angenommen wird (wie etwa die »Kernbedeutung«), könnnen die Verfahren der Logik, die notwendigerweise das Wort von einem Kontext zum nächsten bewegen, Gültigkeit beanspruchen.[42]

schen oder strukturellen Sprachelemente ermöglichen es uns oft, die Bedeutung eines Wortes, das in einem komplett neuen Sinn gebraucht wird, dennoch sofort zu verstehen, wie zum Beispiel in der Aussage »Experten betrachten den Ärmelkanal als den schwierigsten Badegang der Welt«. In dem hier besprochenen Aufsatz scheint Professor Hart nirgendwo anzuerkennen, dass eine Regel oder ein Gesetz eine strukturelle oder systemische Qualität hat, die sich ein Stück weit in der Bedeutung eines jeden Hauptbegriffs widerspiegelt.

41 Bertrand Russell, »The Cult of ›Common Usage‹«, in: B. Russell, *Portraits from Memory and Other Essays*, New York 1956, S. 166-171.

42 Alfred North Whitehead, »Analysis of Meaning«, in: A.N. Whitehead, *Science and Philosophy*, Oakland 1947, S. 122-127.

VIII. Die moralischen und emotionalen Grundlagen des Positivismus

Wenn wir von den spezifischen Theorien des Rechts absehen, die mit der positivistischen Philosophie verbunden sind, dann kann man meines Erachtens sagen, dass der vorherrschende Ton des Positivismus von der Angst vor einer zweckbetonten Interpretation des Rechts und der Rechtsinstitutionen bestimmt ist; oder zumindest von der Angst, man könnte es mit dieser Interpretation zu weit treiben. Ich denke, dass sich Indizien für diese Angst bei allen von Professor Hart als »Positivisten« eingeordneten Autoren finden, mit der bemerkenswerten Ausnahme von Bentham, der in jeder Hinsicht ein eigener Fall ist und der Welten davon entfernt war, einen *ethischen* Positivismus zu vertreten.

Allerdings sollte uns die von vielen geteilte Überzeugung, dass diese Angst vor Zwecken im Falle des Positivismus krankhafte Züge annimmt, nicht dazu bringen, diese Angst für völlig grundlos zu halten oder zu denken, dass sie kein wichtiges Problem der Organisation unserer Gesellschaft widerspiegelt. Die Treue zum Gesetz *kann* unmöglich werden, wenn wir nicht die breiteren Verantwortlichkeiten akzeptieren (ihrerseits zweckbezogen, wie alle Verantwortlichkeiten es sind und sein müssen), die mit einer zweckbezogenen Rechtsauslegung einhergehen. Man kann sich einen Gedankengang der folgenden Art vorstellen: Dieses Gesetz verbietet den Verkauf von Absinth. Zu welchem Zweck? Zur Förderung der Gesundheit. Nun ist, wie jeder weiß, Absinth ein einwandfreies, gesundes und wohltuendes Getränk. Aus diesem Grund interpretiere ich das Gesetz nun im Sinne seines Zweckes, indem ich es als eine Anweisung zum allgemeinen Verkauf und Konsum dieses höchst gesundheitsfördernden Getränks, Absinth, auffasse.

Wenn einer zweckorientierten Interpretation das Risiko dieser Art von Vorgehen innewohnt, mit Hilfe welcher Maßnahmen können wir es dann vermeiden oder zumindest auf ein zumutbares Maß reduzieren? Man ist hier vielleicht geneigt zu antworten: »Verlass dich doch einfach auf deinen gesunden Menschenverstand.« Aber damit weicht man nur der Frage aus; es beläuft sich auf die Aussage, dass wir zwar die richtige Antwort kennen, sie aber nicht benennen können. Um eine bessere Antwort zu geben, werde ich leider von den hohen Maßstäben der Klarheit abweichen müssen, die Professor Hart richtigerweise so schätzt und die er selber so umfassend erfüllt. Ich werde sagen müssen, dass die Antwort im Begriff der *Struktur* steckt. Ein Gesetz oder eine Regel des Common Law hat entweder explizit oder aufgrund ihrer Beziehung zu anderen Regeln etwas, das man strukturelle Integrität nennen könnte. Genau das meinen wir, wenn wir von der »Absicht dieses Gesetzes« sprechen, obwohl wir natürlich wissen, dass Menschen Absichten haben und Worte auf dem Papier nicht. Innerhalb der Grenzen dieser Struktur lässt die Treue zum Gesetz nicht nur einen schöpferischen Beitrag des Richters zu, sondern verlangt ihn sogar; er darf aber nicht über diese Struktur hinausgehen. Natürlich treten bei dieser Struktur wieder eigene »Probleme des Randbereichs« auf. Aber in diesem Fall umgibt der Randbereich etwas Reales, etwas, das eine eigene Bedeutung und eine eigene Integrität besitzt. Es ist keine zwecklose Anordnung von Wörtern, die ihre Bedeutung aus dem gewöhnlichen Sprachgebrauch entleiht.

Eine der großen Tugenden von Professor Harts Aufsatz ist, dass er offenlegt, dass das Ideal der Gesetzestreue dem Positivismus ein Anliegen ist. Und trotzdem glaube ich, auch wenn ich es nicht beweisen kann, dass der wesentliche Grund, warum der Positivismus sich vor einer zweckorientierten Auslegung fürchtet, nicht der ist, dass sie zur Anarchie führen würde, sondern der, dass sie uns zu weit in die entgegengesetzte Richtung drängen könnte. Der Positivismus sieht in der zu weit getriebenen zweckorientierten Auslegung eine Gefahr für die menschliche Freiheit und die Menschenwürde.

Lassen Sie mich das, was ich hier meine, so illustrieren: Nehmen wir an, ich bin nicht gläubig, lebe aber in einer streng protestantischen Gemeinde. Ein Gesetz in dieser Gemeinschaft verbietet es mir, sonntags Golf zu spielen. Ich empfinde dieses Gesetz als Ärgernis und akzeptiere diese Einschränkung nur ungern. Aber der Ärger, den ich hier empfinde, ist kein völlig anderer als der Ärger, den ich empfinde, wenn das Golfspielen sonntags zwar erlaubt wäre, aber ein Stromausfall mich daran hindern würde, die Straßenbahn zum Golfplatz zu nehmen. Umgangssprachlich würde man sagen: »Das ist eben eine von diesen lästigen Sachen.«

Aber die Sache sieht ganz anders aus, wenn ein Gesetz mich dazu zwingt, in die Kirche zu gehen oder – noch schlimmer – niederzuknieen und Gebete aufzusagen. In diesem Fall würde ich mich direkt in meiner Integrität als menschliches Wesen angegriffen fühlen. Und doch könnten beide Gesetze denselben Zweck haben: die Zahl der Teilnehmer am Gottesdienst zu steigern. Der Unterschied könnte sogar darin bestehen, dass das erste Gesetz diesen Zweck unaufrichtig und mit List und Tücke verfolgt, während das zweite dies einfach offen und ehrlich tut. Aber das wäre dann zweifellos ein Fall, in dem Unaufrichtigkeit ihre Tugenden hat und Aufrichtigkeit mit menschlicher Würde bezahlt wird.

Ich denke, dass der Positivismus befürchtet, dass eine zu explizite und zügellose zweckorientierte Auslegung die erste Art von Gesetz in die Richtung der zweiten drängen könnte. Wenn der positivistischen Philosophie diese elementare Besorgnis zugrunde liegt, dann befasst sie sich mit einem echten Problem, auch wenn ihr Lösungsvorschlag nicht erfolgreich ist. Das Problem des »aufgedrängten Zwecks« ist in unserer Gesellschaft fundamental. Man denke nur an die vom *National Labor Relations Act*[43] aufgegebene Pflicht, »in gutem Glauben« zu verhandeln. Man wird an die Aussage erinnert, dass die Bestrafung eines Kriminellen weniger seine Würde verletze, als dass sie ihn reformieren und bessern solle. Denken wir weiter an die Gesetzespräambel: ihren zunehmenden Einsatz, ihre gesetzgeberische Angeratenheit, die Bedeutung, die ihr bei der Rechtsauslegung zukommen sollte. Die Fälle zum Flaggengruß[44] werden natürlich ebenfalls jedem einfallen. Ich erinnere an Professor von Hippels glänzende Untersuchung der fundamentalen Übel des Nationalsozialismus, in der er zu dem Schluss kam, dass der Gipfel der juristischen Perversionen die Erzwingung von Handlungen wie zum Beispiel dem Aufstellen von Flaggen und dem Ruf »Heil Hitler« war, die nur dann etwas bedeuten, wenn sie freiwillig geschehen, oder genauer, deren erzwungene Ausübung eine Bedeutung hat, die sich vollkommen aus der Assoziation mit früheren, freiwilligen Äußerungen speist.[45]

Fragen wie diese werden ohne Zweifel immer drängender, wenn

43 § 8(d), hinzugefügt durch 61 Stat. 142 (1947), 29 U.S. Code § 158 (d); siehe National Labor Relations Act §§ 8(a)(5), (b)(3) mit Änderungen, 61 Stat. 141 (1947), 29 U.S. Code §§ 158(a)(5), (b)(3) (1952).

44 *Minersville School Dist. vs. Gobitis*, 310 U.S. 586 (1940), aufgehoben durch West Virginia State Bd. of Educ. vs. Barnette, 319 U.S. 624 (1943).

45 Fritz von Hippel, *Die nationalsozialistische Herrschaftsordnung als Warnung und Lehre*, Göttingen 1946, S. 6 f.

der Staat eine aktivere Rolle in Bezug auf ökonomisches Handeln einnimmt. Keine wichtige ökonomische Aktivität kann ausschließlich durch Verbote gesteuert werden. Es liegt in der Natur der wirtschaftlichen Produktion, dass sie eine kooperative Leistung ist. Im Wirtschaftsbereich gibt es deshalb guten Grund, sich davor zu fürchten, dass ein »Dies darfst du nicht tun« zu einem »Dies musst du tun – aber freiwillig« wird. Bekanntlich besteht die verlockendste Gelegenheit, eine solche Transformation herbeizuführen, in dem, was die Verwaltungspraxis die »Voranhörungskonferenz« nennt, in der die Androhung negativer Sanktionen eines Gesetzes von den Beamten als Mittel eingesetzt wird, das herbeizuführen, was sie besten Gewissens als die »richtige Einstellung« ansehen.

Ich freue mich auf den Tag, an dem die Rechtsphilosophie sich ernsthaft mit dieser Art von Problemen beschäftigen kann, anstatt sie nur zur Stärkung einer vorher schon gewählten Position zu benutzen. Mit seinem Aufsatz scheint mir Professor Hart die Tür für eine solche Diskussion zu öffnen, denn er befreit damit die positivistische Philosophie von einer Vortäuschung, die bislang jedes der von ihr diskutierten Themen verdunkelt hat. Ich meine natürlich die Vortäuschung der ethischen Neutralität des Positivismus. Deshalb kann ich aufrichtig sagen, dass Professor Hart meines Erachtens trotz unserer Meinungsverschiedenheiten in Bezug auf fast alle Punkte seines Aufsatzes einen bleibenden Beitrag zur Rechtsphilosophie geleistet hat.

Übersetzt von Luise Müller

3. H. L. A. Hart

Recht als Einheit von primären und sekundären Regeln*

1. Ein neuer Beginn

In den letzten drei Kapiteln haben wir gesehen, daß es dem einfachen Rechtsmodell an verschiedenen entscheidenden Punkten nicht gelungen war, die Grundzüge eines Systems des Rechts zu reproduzieren. Um dies zu beweisen, hielten wir es nicht für notwendig, das internationale Recht oder das primitive, wie andere Kritiker das früher taten, heranzuziehen – Recht, das man entweder als einen strittigen Fall oder als einen Grenzfall betrachten kann. Statt dessen wiesen wir auf vertraute Grundzüge des staatlichen Rechts im modernen Staat hin und zeigten, daß diese in jener zu einfachen Theorie entweder verkehrt oder überhaupt nicht repräsentiert sind.

Die Hauptgründe, warum diese Theorie versagte, sind so lehrreich, daß wir sie ein zweites Mal zusammenfassen werden. Es wurde erstens klar, daß unter allen verschiedenen Rechtsarten ein Strafgesetz, welches gewisse Handlungen unter Strafe stellt, zwar am meisten den von Drohungen unterstützten Befehlen ähnelt, die von einer Person an andere Personen gerichtet sind, ein solches Gesetz trotzdem sich von diesen Befehlen in der wichtigen Hinsicht unterscheidet, daß es auch für die gelten muß, die es erließen, und nicht bloß für die anderen. Es gibt zweitens andere Normarten, besonders solche, die rechtliche Befugnisse judizieller oder legislativer Art verleihen (öffentliche Befugnisse) oder die rechtliche Beziehungen begründen bzw. verändern (private Befugnisse); diese können nicht, ohne daß die ganze Geschichte absurd wird, wie von Drohungen unterstützte Befehle gedacht werden. Drittens gibt es rechtliche Regeln, die sich von den Befehlen in ihrer Ursprungsweise unterscheiden, weil sie nicht analog den expliziten Vorschriften entstehen. Schließlich gelingt es auch nicht, das Recht mit dem

* [Anmerkung d. Hg.: Hier handelt es sich um einen Auszug aus Harts Buch *Der Begriff des Rechts* (Kapitel 5 und Teile von Kapitel 6). Für den Auszug insgesamt wurde der Titel von Harts Kapitel 5 übernommen.]

Begriff eines Souveräns, dem gewohnheitsmäßig gehorcht wird und der notwendig keinen rechtlichen Begrenzungen unterworfen ist, zu analysieren, denn die Kontinuität der legislativen Autorität, welche für ein modernes Rechtssystem so charakteristisch ist, und die souveräne Person oder die souveränen Personen konnten weder mit der Wählerschaft noch mit der Legislative eines modernen Staates identifiziert werden.

Man erinnere sich aber daran, daß wir nicht nur diese Vorstellung vom Recht als dem Inbegriff zwingender Befehle eines Souveräns kritisierten, sondern auch eine Anzahl von Hilfsmitteln einführten, die zwar die primitive Einfachheit der Theorie zerstörten, sie aber vor ihren Schwierigkeiten retten sollten. Auch diese versagten. Das eine Hilfsmittel, der Begriff eines *stillschweigenden* Befehls, schien keine Anwendung auf die komplexe Wirklichkeit des modernen Rechtssystems zu haben, sondern nur auf viel einfachere Situationen wie die, wo ein General es absichtlich unterläßt, bei Befehlen einzugreifen, die einer seiner Untergebenen gibt. Andere Hilfsmittel, z. B. die Befugnisse einräumenden Regeln als unselbständige Regelfragmente zu behandeln, welche Pflichten auferlegen, oder zu sagen, daß alle Regeln sich nur an Beamte richten, entsprechen nicht deren Stellenwert im sozialen Leben und dem Sprachgebrauch der entsprechenden Begriffe. Alle diese Behauptungen konnten wir so wenig billigen wie die Theorie, daß die Spielregeln »in Wirklichkeit« nur Anweisungen an den Schiedsrichter sind. Das Hilfsmittel, womit wir den selbstverpflichtenden Charakter der Gesetzgebung mit der Theorie versöhnen wollten, daß ein Gesetz ein Befehl ist, der *anderen* gegeben wird, mußte unterscheiden zwischen dem Gesetzgeber, der in öffentlicher Eigenschaft handelt, als *einer* Person, die *anderen* befiehlt, und derselben Person in ihrer privaten Eigenschaft, welche sich selbst als Gesetzgeber unterworfen ist. Zwar hat dieses Hilfsmittel, für sich selbst betrachtet, keinen Fehler, aber dadurch mußte die Theorie mit etwas ergänzt werden, was es in ihr nicht gab: dem Begriff einer Regel, die definiert, wie Gesetze zu geben seien. Denn nur in Übereinstimmung mit einer solchen Regel haben Gesetzgeber überhaupt eine offizielle Eigenschaft und sind eine besondere Persönlichkeit im Gegensatz zu ihnen selbst als privaten Individuen.

Die letzten drei Kapitel sind daher die Dokumentation eines Fehlschlags; wir müssen also auf jeden Fall neu beginnen. Und dennoch ist der Fehlschlag instruktiv; er war die eingehende Erörterung wert, die wir ihm zuteil werden ließen, weil es an jedem Punkt, wo die Theorie den Tatsachen nicht zu entsprechen vermochte, möglich war, zumindest im Umriß zu sehen, warum sie versagen mußte und was für eine bessere Darstellung vonnöten wäre. Die Wurzel des Versagens liegt darin, daß die Elemente, aus denen die Theorie konstruiert wurde, d.h. die Vorstellungen von Befehlen, Gehorsam, Gewohnheiten und Drohungen, allein nicht – und auch nicht durch ihre Kombination – die Idee einer Regel erbringen können, ohne die es hoffnungslos ist, selbst die elementarsten Formen des Rechts zu erhellen. Es ist richtig, daß die Idee einer Regel keineswegs eine einfache ist. Schon im dritten Kapitel sahen wir die Notwendigkeit ein, zwei verschiedene, wenngleich miteinander verbundene Regeltypen zu unterscheiden, wenn wir der Kompliziertheit eines jeden Rechtssystems gerecht werden wollen. Durch die Regeln des einen Typs, den wir durchaus als den grundlegenden oder den primären Typ betrachten können, werden menschliche Wesen dazu angehalten, gewisse Handlungen zu tun oder zu unterlassen, ob sie dies wünschen oder nicht. Die Regeln des anderen Typs sind in einem Sinn parasitär oder sekundär gegenüber denen des ersten: Denn sie bestimmen, daß menschliche Wesen, indem sie gewisse Dinge tun oder sagen, neue Regeln des ersten Typs einführen, alte aufheben oder modifizieren und auf verschiedene Arten deren Vorkommen bestimmen bzw. deren Wirkung kontrollieren. Die Regeln des ersten Typs auferlegen Pflichten; die Regeln des zweiten Typs übertragen öffentliche oder private Befugnisse. Die Regeln des ersten Typs betreffen Handlungen als physische Bewegungen oder Veränderungen; die Regeln des zweiten Typs bieten die Voraussetzungen für Tätigkeiten, die nicht nur zu physischen Bewegungen und Veränderungen führen, sondern ebenfalls Pflichten und Verpflichtungen schaffen oder variieren.

Wir haben bereits eine vorläufige Analyse dessen gegeben, was durch unsere Behauptung, daß in einer gegebenen sozialen Gruppe Regeln dieser zwei Typen existieren, gewonnen wurde; in diesem Kapitel werden wir deshalb diese Analyse nicht nur ein wenig weitertreiben, sondern auch die allgemeine Behauptung aufstellen, daß in der Kombination dieser zwei Regeltypen das liegt, was Austin fälschlicherweise in dem Begriff der zwingenden Befehle gefunden haben wollte, nämlich »den Schlüssel zur Wissenschaft der Jurisprudenz«.[1] Allerdings werden wir nicht behaupten, daß, wo immer das Wort »Recht« angemessen gebraucht wird, diese Kombination von primären und sekundären Regeln zu finden ist. Denn es ist klar, daß die mannigfachen Fälle, wo das Wort »Recht« gebraucht wird, nicht in so simpler und uniformer Weise zusammenstimmen, sondern meist nur sehr indirekt und häufig durch Analogie, entweder der Form oder des Inhalts, zu einem zentralen Beispiel. In diesem und in den folgenden Kapiteln wollen wir zeigen, daß die meisten Grundzüge des Rechts, die uns so verwirrt haben und die Suche nach einer Definition sowohl provozierten wie in die Irre führten, am besten verständlich gemacht werden können, wenn man diese zwei Regeltypen und ihr Zusammenspiel erkennt. Wir messen dieser Kombination so große Bedeutung zu, weil sie die Rahmen- und Grundbegriffe allen Rechtsdenkens so einleuchtend darzulegen vermag. Die Rechtfertigung, warum wir das Wort »Recht« für so viele und verschiedenartige Fälle verwenden, ist eine zweitrangige Angelegenheit, der wir uns erst dann zuwenden wollen, wenn wir das Zentrum des Problems erfaßt haben.

2. Die Idee der Verpflichtung[2]

Wir müssen uns daran erinnern, daß die Theorie, wonach das Recht aus zwingenden Befehlen besteht, unerachtet ihrer Fehler, völlig richtig damit begann, die Tatsache festzuhalten, daß, wo immer es Recht gibt, das menschliche Verhalten in einem gewissen Sinn nicht dem freien Willen unterworfen, sondern obligatorisch ist. Diese Theorie tat recht daran, dies zu ihrem Ausgangspunkt zu nehmen, und wenn wir jetzt eine zweite Darstellung des Rechts durch eine Beschreibung des Zusammenspiels von primären und

1 [Anm. d. Hg.: Hart hat hier mit »jurisprudence« die Rechtstheorie bzw. Rechtsphilosophie im Sinn, nicht aber Rechtswissenschaft.]

2 Die folgenden Erörterungen beruhen auf einer umgangssprachlichen Unterscheidung des Englischen, die im Deutschen nicht direkt wiederzugeben ist. Es kommt darauf an, den Unterschied zwischen »being obliged« und »having an obligation« als einen Unterschied zwischen faktischem Tun-Müssen, Genötigt-Sein, gleichgültig welche Motive dahinterstehen, und »normativer« Verpflichtung, die keine faktische Motivierung kennt, zu verstehen. Das schon in der Einleitung erwähnte Beispiel vom Bankräuber illustriert nur den ersteren Fall, die darauf aufbauende Theorie Austins will aber den letzteren verdeutlichen. [Anm. d. Übers.]

sekundären Regeln beginnen wollen, werden wir von derselben Vorstellung ausgehen. Jedoch haben wir hier, an diesem ersten, entscheidenden Schritt, vielleicht am meisten von den Fehlern der Theorie zu lernen.

Erinnern wir uns an die Bankräubersituation. A befiehlt B, ihm sein Geld herauszugeben, und droht ihm, ihn zu erschießen, wenn er das Befohlene nicht tut. In der Theorie der zwingenden Befehle illustriert diese Situation den Begriff der Verpflichtung bzw. der Pflicht im allgemeinen. Im großen und ganzen liegt das Wesen der rechtlichen Verpflichtung in dieser Situation. A muß der Souverän sein, dem gewohnheitsmäßig gehorcht wird, die Befehle müssen allgemein sein, sie schreiben allgemeine Verhaltensweisen vor, und nicht einzelne Handlungen. Die Behauptung, daß die Bankräubersituation die Bedeutung von Verpflichtung darstellt, ist plausibel und liegt in der Tatsache, daß es sich hier sicherlich um eine Situation handelt, in der wir sagen würden, daß B, wenn er gehorcht, genötigt war (was obliged), sein Geld herzugeben. Es ist jedoch ebenfalls sicher, daß wir die Situation falsch beschreiben, wenn wir aufgrund dieser Tatsachen sagen, daß B »die Verpflichtung« oder eine »Pflicht« hatte (had an obligation), das Geld herzugeben. So ist es von Anfang an klar, daß wir etwas anderes brauchen, um die Idee der Verpflichtung zu verstehen. Es gibt einen noch zu erklärenden Unterschied zwischen der Behauptung, daß jemand *genötigt war*, etwas zu tun, und der Behauptung, daß er *eine Verpflichtung hatte*. Die erste ist häufig eine Aussage über Meinungen und subjektive Motive, die eine Handlung begleiten: B war genötigt, sein Geld herzugeben, kann einfach bedeuten und tut dies auch in diesem Fall, daß er glaubte, er würde zu Schaden kommen oder unangenehme Folgen würden sich einstellen, wenn er das Geld nicht hergäbe, und deswegen gab er es her, um die bösen Folgen zu vermeiden. Die Voraussicht, daß etwas Unangenehmes passiert, wenn er nicht gehorcht, läßt den Handelnden jetzt einen Verhaltensverlauf wählen, den er sonst nicht gewählt hätte; er hätte nämlich das Geld behalten.

Zwei weitere Elemente komplizieren leicht die Erklärung des Begriffs, zu einem Tun genötigt zu sein (being obliged). Natürlich sieht die Sache ganz anders aus, wenn der angedrohte Schaden im Vergleich zu dem, was sonst für Konsequenzen entstehen würden, relativ gering ist, wenn also dem B, damit er das Geld hergäbe, nur angedroht würde, daß man ihn widrigenfalls etwas kneifen würde. Ebensowenig würden wir sagen, daß B genötigt war, wenn wir keinen vernünftigen Grund hätten zu denken, daß A seine Drohung mit einem relativ ernsten Übel wahrmachen würde oder könnte. Obwohl also dieser Begriff Urteile über komparative Übel enthält und deren Wahrscheinlichkeit abschätzt, ist doch im großen und ganzen die Behauptung, daß eine Person zu Gehorsam genötigt war, eine psychologische Behauptung, die sich auf Vermutungen und Motive einer Handlung bezieht. Die Aussage aber, daß irgendeiner *eine Verpflichtung hatte*, ist von ganz anderer Art, und dafür gibt es viele Hinweise. Zwar können wir die Behauptung aufstellen, daß B »verpflichtet« war, seine Brieftasche herzugeben, aber die Fakten in Bs Handlung, seine Vermutungen und seine Motive in diesem Räuberfall *genügen nicht*, um die Behauptung aufzustellen, daß für ihn eine Verpflichtung bestand. Wir können also sagen, daß Tatsachen dieser Art, d. h. tatsächliche Vermutungen und Motive, *nicht notwendig* sind für die Wahrheit der Aussage, daß für eine Person eine Verpflichtung zum Tun bestand. Die Aussage, daß eine Person eine Verpflichtung hatte, z. B., die Wahrheit zu sagen oder sich zum Militärdienst zu melden, bleibt daher auch wahr, wenn diese (mit oder ohne Grund) der Meinung wäre, daß sie weder den Ungehorsam fürchten müsse noch daß man sie dabei ertappen würde. Darüber hinaus ist die Behauptung, daß die Person die Pflicht hatte, sich zum Militärdienst zu melden, ganz unabhängig von der Frage, ob sie es dann auch wirklich tat, während die Behauptung, daß jemand zu einem Tun genötigt war, normalerweise impliziert, daß er wirklich tat, was man von ihm verlangte.

Einige Rechtstheoretiker, darunter Austin, sahen vielleicht die generelle Unerheblichkeit der Vermutungen, Befürchtungen und Motive für die Frage, ob für eine Person die Verpflichtung bestand, etwas zu tun. Deshalb definierten sie diesen Begriff nicht mit Ausdrücken jener subjektiven Tatsachen, sondern mit Worten wie *Chance* oder *Wahrscheinlichkeit*, daß die Person, welche die Verpflichtung hat, eine Strafe oder ein »Übel« erleiden wird, wenn sie nicht gehorcht. In der Tat werden hier keine psychologischen Aussagen über die Verpflichtung mehr gemacht, sondern Voraussagen oder Abschätzungen der Wahrscheinlichkeit, daß eine Bestrafung bzw. ein »Übel« folgt. Vielen späteren Autoren schien dies wie eine Offenbarung, die einen sich verflüchtigenden Begriff wieder auf die Erde zurückholte und ihn mit denselben klaren, harten und empirischen Ausdrücken neuformulierte, wie sie in den Naturwissenschaften gebraucht werden. Eine Zeitlang galt dies wirklich als die einzige Alternative zu den metaphysischen Vorstellungen von der Verpflichtung bzw. der Pflicht als unsichtbaren Gegenständen, die auf mysteriöse Weise »oberhalb« oder »hinter« der Welt der gewöhnlichen beobachtbaren Tatsachen existieren.

Der Haupteinwand dagegen, daß hier Aussagen über Wahrscheinlichkeiten gemacht werden, ist der, daß diese Interpretation die Tatsache verdeckt, daß, wo immer es Regeln gibt, die Abweichungen von ihnen nicht nur der Grund für die Vorhersage einer folgenden feindseligen Reaktion sind (oder welche Sanktionen immer ein Gericht gegenüber denen, die die Regeln brechen, anwenden mag), sondern daß sie auch eine Rechtfertigung für die Reaktion und dafür sind, daß Sanktionen angewandt werden. Schon im vierten Kapitel haben wir auf diesen vernachlässigten inneren Aspekt der Regeln hingewiesen; wir werden ihn weiter unten darlegen.

Natürlich ist es wahr, daß in einem normalen Rechtssystem, wo gegen eine große Anzahl von Verbrechern Sanktionen ergriffen werden, ein Verbrecher wirklich Gefahr läuft, bestraft zu werden. So sind die Behauptung, daß eine Person eine Verpflichtung hat, und die Behauptung, daß sie im Fall des Ungehorsams Strafe erleiden wird, gewöhnlich gleichermaßen wahr. Die Verbindung beider Behauptungen ist sogar noch stärker: Zumindest in einem staatlichen Rechtssystem kann es durchaus wahr sein, daß es keinen großen Sinn ergäbe, Partikularaussagen über die Verpflichtungen einer Person zu machen, wenn nicht *im allgemeinen* die Wahrscheinlichkeit besteht, daß Verbrecher mit Strafe verfolgt werden. In diesem Sinn kann man sagen, daß solche Behauptungen einen Glauben an die kontinuierliche normale Wirkung des Sanktionssystems voraussetzen, genauso wie der Ausdruck »er ist draußen« beim Cricket für die Spieler, die Schiedsrichter und Punktrichter eine allgemeine Bedeutung hat und sie zu entsprechendem Verhalten veranlaßt, obwohl damit noch nichts darüber ausgesagt ist, was wirklich geschehen wird. Trotzdem ist es für das Verständnis der Idee der Verpflichtung entscheidend, zu sehen, daß sich in einzelnen Fällen die Behauptung, eine Person habe wegen irgendeiner Regel eine Verpflichtung, von der Vorhersage unterscheidet, daß diese Person im Fall des Ungehorsams wahrscheinlich Unannehmlichkeiten wird erleiden müssen.

Es ist also klar, daß man in der Bankräubersituation nichts von Verpflichtung findet, während die einfachere Redewendung, zu einem Tun genötigt zu sein (being obliged), durchaus von den Merkmalen dieser Situation definiert wird. Um die allgemeine Idee der Verpflichtung als notwendigen Vorbegriff zum Verständnis ihrer rechtlichen Gestalt zu begreifen, müssen wir uns einer sozialen Situation zuwenden, die anders als die Bankräubersituation die Existenz von sozialen Regeln einschließt. Denn diese Situation zeigt uns auf zweierlei Weise die Bedeutung des Satzes, daß eine Person eine Verpflichtung hat. Erstens ist die Existenz einer sozialen Regel, die einen gewissen Verhaltenstyp zum Standard erklärt, der normale, wenn auch unausgesprochene Hintergrund oder der eigentliche Kontext für eine solche Aussage. Zweitens liegt die spezifische Funktion einer solchen Aussage darin, jene allgemeine Regel auf eine einzelne Person anzuwenden, indem man die Aufmerksamkeit auf die Tatsache lenkt, daß sie von der Regel betroffen ist. Wir haben schon im vierten Kapitel gesehen, daß in jeder sozialen Regel das regelmäßige Verhalten eine besondere Einstellung gegenüber jenem Verhalten als Standard enthält. Wir haben auch die Hauptarten gesehen, wie sich diese sozialen Regeln von den sozialen Gewohnheiten unterscheiden und wie die verschiedenen normativen Worte (»sollen«, »müssen«, »zu tun haben«) dazu dienen, auf den Standard und seine Abweichungen hinzuweisen und die Forderungen, Kritiken oder Bestätigungen, die darauf basieren, zu formulieren. Die Wörter »Verpflichtung« und »Pflicht« sind eine wichtige Unterklasse der Klasse jener normativen Wörter; jedes von ihnen hat gewisse Implikationen, die im allgemeinen bei den anderen nicht zu finden sind. Obwohl das Verständnis der Merkmale, die im allgemeinen soziale Regeln von bloßen Gewohnheiten unterscheiden, mit Sicherheit für das Verständnis des Begriffs der Verpflichtung unerläßlich ist, reicht es alleine nicht aus.

Der Satz, daß jemand eine Verpflichtung hat oder unter ihr steht, impliziert in der Tat die Existenz einer Regel. Wo aber Regeln existieren, wird nicht stets der geforderte Verhaltensstandard mit den Begriffen der Verpflichtung ausgedrückt. »Er hätte das tun sollen« und »er hatte die Verpflichtung, das zu tun« sind keine auswechselbaren Formulierungen, obwohl sie sich darin gleichen, daß sie einen impliziten Bezug auf einen existierenden Verhaltensstandard mit sich führen oder aus einer allgemeinen Regel Folgerungen für einen besonderen Fall ziehen. Regeln des guten Benehmens oder der korrekten Sprache sind sicherlich Regeln: Sie sind mehr als konvergente Gewohnheiten. Man lehrt sie und man bemüht sich, sie zu erhalten. Mit ihnen kritisieren wir unser eigenes Verhalten und das der anderen Leute mit den charakteristisch normativen Worten: »Sie sollten ihren Hut abnehmen«, »Es ist falsch, zu sagen ›Sie warst‹«. In Verbindung mit diesen Regeln aber das Wort »Verpflichtung« zu gebrauchen, wäre irreführend und nicht nur stilistisch schief. Man würde damit eine soziale Situation falsch beschreiben. Zwar ist die Linie, die Verpflichtungsregeln von anderen Regeln unterscheidet, zuweilen sehr dünn, aber der Hauptgrund, warum wir beide auseinanderhalten, ist im großen und ganzen deutlich.

Wir sprechen dann von Regeln, die Verpflichtungen auferlegen, wenn eine beharrliche und allgemeine Forderung nach Konformität besteht und der soziale Druck beträchtlich ist, der auf jenen lastet, die von der Regel abweichen oder sehr wahrscheinlich abweichen werden. Solche Regeln können in ihrem Ursprung gänzlich Regeln des Brauchs sein: Es braucht kein zentral organisiertes System zu geben, das Regelbrüche bestraft. Es genügt schon, wenn der soziale Druck die Form einer allgemeinen, weitverbreiteten, feindseligen oder kritischen Reaktion annimmt, die aber vor physischen Sanktionen haltmacht. Der soziale Druck kann sich auf verbale Begründungen der Mißbilligung beschränken oder darauf, daß vom Individuum Respekt für die verletzte Regel verlangt wird. Er kann hauptsächlich von den Wirkungen der Schamgefühle, der Gewissensbisse und des Schuldbewußtseins abhängen. Wenn er aber von der zuletzt erwähnten Art ist, können wir sagen, daß die Regeln einen Teil der Sittlichkeit der sozialen Gruppe bilden und daß die Verpflichtung durch die Regeln eine sittliche Verpflichtung ist. Umgekehrt werden wir vielleicht die Regeln als eine primitive oder rudimentäre Form des Rechts bezeichnen, wenn physische Sanktionen die überwiegenden oder die gewöhnlichen Formen des Druckes ausmachen, selbst wenn sie weder genau definiert noch von Beamten angewandt werden, sondern der ganzen Gemeinschaft überlassen bleiben. Natürlich können wir die beiden Typen des sozialen Druckes auch hinter derselben Verhaltensregel finden.

Manchmal gibt es nicht einmal einen Hinweis darauf, daß die eine der beiden auf besondere Weise der anderen überlegen ist, und wir können dann die Frage, ob eine Regel der Sittlichkeit oder eine rudimentäre Rechtsregel vorliegt, nicht genau beantworten. Im Moment braucht uns aber die Möglichkeit, eine Linie zwischen Recht und Moral zu ziehen, nicht aufzuhalten. Wichtig ist allein, daß wir auf der *Ernsthaftigkeit* des sozialen Druckes hinter den Regeln bestehen und daß dies den primären Faktor darstellt, wodurch wir bestimmen, ob aus ihnen Verpflichtungen entstehen können. Zwei weitere Merkmale der Verpflichtung treten im allgemeinen mit diesem primären Merkmal zusammen auf. Man hält die Regeln, die durch diesen ernsten Druck aufrechterhalten werden, deswegen für so wichtig, weil man glaubt, daß sie notwendig seien, um das soziale Leben oder einen sehr wertvollen Grundzug davon zu erhalten. Regeln, die den freien Gebrauch der physischen Gewalt einschränken und deshalb eine große Bedeutung besitzen, denken wir charakteristischerweise mit dem Begriff der Verpflichtung. Ebenso bestimmen wir als »Verpflichtung« oder vielleicht häufiger als »Pflicht« solche Regeln, die Aufrichtigkeit oder Wahrhaftigkeit fordern oder verlangen, daß man seine Versprechungen einhält, oder dem Inhaber einer Rolle oder Funktion in der Gruppe sagen, was er zu tun hat. Zweitens wird man allgemein anerkennen, daß das von diesen Regeln verlangte Verhalten mit den Wünschen der Personen kollidieren kann, deren Pflicht es wäre, obwohl andere davon profitieren. Daher denken wir uns Verpflichtungen und Pflichten stets so, daß sie Opfer oder Verzicht implizieren. Und die ständige Möglichkeit des Konflikts zwischen Verpflichtung bzw. Pflicht und Interesse ist in allen Gesellschaften für Juristen wie Moralisten eine Banalität.

Die Vorstellung einer *Fessel*, welche die verpflichtete Person bindet – was ja in dem Wort »obligation« enthalten ist –, und der ähnliche Begriff einer Schuld (»debt«, von lat. *debere*), der sich hinter dem Wort »duty« verbirgt, sind durchaus durch diese drei Faktoren zu erklären, die Regeln der Verpflichtung bzw. der Pflicht von anderen Regeln unterscheiden. In dieser Vorstellung, die das Rechtsdenken geradezu verfolgt, erscheint der soziale Druck als eine Kette, die die Träger der Verpflichtung bindet, so daß sie nicht mehr frei tun können, was sie wollen. Das Ende der Kette wird vielleicht sogar von der Gruppe bzw. deren offiziellen Vertretern gehalten, die auf der pflichtschuldigen Leistung bestehen oder Strafe verhängen. Manchmal überläßt es auch die Gruppe einem privaten Individuum, ob es auf der pflichtschuldigen Leistung bzw. einem Wertäquivalent besteht oder nicht. Der erstere Sachverhalt ist typisch für die Verpflichtungen durch das Strafrecht und der zweite für jene des Zivilrechts, wo private Individuen korrelativ zu den Pflichten Rechte besitzen.

So natürlich und vielleicht einleuchtend diese Vorstellungen und Metaphern auch sind, dürfen wir uns doch nicht durch sie verleiten lassen, einen mißverständlichen Begriff von Verpflichtung anzunehmen, die wesentlich aus irgendeinem Gefühl des Druckes oder des Zwanges bestünde, das von denen empfunden wird, die die Verpflichtungen eingegangen sind. Aus der Tatsache, daß Regeln der Verpflichtung im allgemeinen durch einen ernsthaften sozialen Druck aufrechterhalten werden, folgt noch nicht, daß durch diese Regeln eine Verpflichtung zu haben bedeutet, Zwang oder Druck zu empfinden. Deshalb ist es kein Widerspruch, wenn wir von einem hartnäckigen Schwindler – häufig wohl zutreffend – sagen, daß er zwar die Verpflichtung hatte, die Miete zu bezahlen, daß er sich aber keineswegs zur Zahlung gedrängt fühlte, als er, ohne zu zahlen, verschwand. Sich verpflichtet *fühlen* und eine Verpflichtung haben, sind zwei verschiedene Dinge, die aber häufig zusammen vorkommen. In der Identifikation beider durch psychologistische Ausdrücke besteht die eine Form der Fehlinterpretation des wichtigen internen Aspekts der Regeln, auf den wir schon im dritten Kapitel hingewiesen haben.

In der Tat müssen wir uns dem internen Aspekt der Regeln zuwenden, bevor wir abschließend entscheiden können, ob die Behauptungen jener Theorie zu Recht bestehen, die den Begriff der Regel durch die Wahrscheinlichkeit des regelgerechten Verhaltens definieren. Denn ein Vertreter dieser Theorie kann uns schon fragen, warum wir, wenn der soziale Druck ein so bedeutender Grundzug der Regeln der Verpflichtung ist, dennoch die Mängel dieser Voraussage-Theorie betonen. Denn diese verleiht ja gerade dem sozialen Druck einen so bedeutenden Stellenwert, indem sie die Verpflichtung durch die Wahrscheinlichkeit definiert, daß auf jede Abweichung von bestimmten Verhaltenszügen die angedrohte Strafe oder irgendeine feindselige Reaktion folgen wird. Der Unterschied scheint nicht sehr groß zu sein, wenn wir die Aussage analysieren, worin der Begriff der Verpflichtung mittels einer Vorhersage oder einer definierten Wahrscheinlichkeit der feindseligen Reaktion auf Abweichung bestimmt wird, und wenn wir uns unsere eigene Behauptung ansehen, nach der die Existenz einer Verpflichtung eine Art Hintergrund dergestalt voraussetzt, daß Abweichungen von den Regeln allgemein auf feindselige Reaktionen treffen, ihre eigentümliche Funktion aber nicht darin besteht, dies vorherzusagen, sondern anzugeben, daß der individuelle Fall einer Person unter solch eine Regel fällt. So gesehen, ist der Unterschied wiederum nicht mehr geringfügig. Solange wir aber dessen Bedeutung nicht erfaßt haben, werden wir auch nicht genau verstehen, welcher besondere Stil des menschlichen Denkens, Redens und Handelns die Regeln geschaffen hat, die die normative Struktur der Gesellschaft konstituieren.

In der folgenden Gegenüberstellung von »internem« und »externem« Aspekt der Regeln wollen wir noch einmal hervorheben, was jenen Unterschied für das Verständnis nicht nur des Rechts, sondern auch der Struktur jeder Gesellschaft so wichtig macht. Wenn eine soziale Gruppe gewisse Verhaltensregeln besitzt, lassen sich an diese Tatsache viele verschiedene Aussagen anknüpfen. Denn wir können uns mit diesen Regeln entweder bloß als Beobachter befassen, der sie selbst nicht anerkennt, oder als Mitglied der Gruppe, der sie anerkennt und sich von ihnen bei seinem Verhalten leiten läßt. Wir können dies den »externen« und den »internen« Gesichtspunkt nennen. Aussagen unter dem externen Gesichtspunkt können wiederum in verschiedene Arten zerfallen. Denn der Beobachter kann, ohne daß er die Regeln selbst anerkennt, behaupten, daß die Gruppe sie anerkennt, und sich somit von außen her in der Weise auf sie beziehen, in der *sie* sich mit ihnen befassen, nämlich unter dem internen Gesichtspunkt. Was immer die Regeln sind, ob Schachregeln oder Cricketregeln, Regeln der Sittlichkeit oder des Rechts, wir können ihnen gegenüber, wenn wir wollen, auch die Position des Beobachters einnehmen, der sich nicht einmal in jener Weise auf den internen Gesichtspunkt der Gruppe bezieht. Ein solcher Beobachter ist schon zufrieden, wenn er dort Regelmäßigkeiten des beobachtbaren Verhaltens aufzeichnet, wo regelkonformes Verhalten vorherrscht, und jene anderen Regelmäßigkeiten: die feindseligen Reaktionen, Vorwürfe oder Bestrafungen, welche auf die Abweichungen von den Verhaltensregeln folgen. Nach einiger

Zeit kann der externe Beobachter aufgrund der von ihm beobachteten Regelmäßigkeiten die Abweichung und die feindselige Reaktion korrelieren und mit einigem Erfolg die Wahrscheinlichkeit vorhersagen, daß Abweichung vom normalen Verhalten der Gruppe bestraft werden wird. Dieses Wissen sagt zwar nicht viel über die Gruppe aus, ermöglicht es aber dem Beobachter, in ihr ohne die unangenehmen Folgen zu leben, die den erwarten würden, der dieses Wissen nicht besäße.

Wenn jedoch der Beobachter wirklich auf diesem extremen externen Gesichtspunkt beharrt und in keiner Weise beschreibt, wie die Mitglieder der Gruppe, welche die Regeln annehmen, ihr eigenes regelmäßiges Verhalten betrachten, beschreibt er gerade nicht die Regelhaftigkeit ihres Lebens und ebensowenig definiert er die regelabhängigen Begriffe der Verpflichtung und Pflicht. Statt dessen beschreibt er beobachtbare Verhaltensregelmäßigkeiten, Voraussagen, Wahrscheinlichkeiten und Anzeichen. Für einen solchen Beobachter sind die Abweichungen der Gruppenmitglieder vom normalen Verhalten ein Zeichen, daß wahrscheinlich feindselige Reaktionen folgen werden, und nichts mehr. Er sieht nur soviel wie einer, der die Verkehrsampeln beobachtet hat und dann lediglich sagt, daß, wenn die Ampel rot zeigt, eine hohe Wahrscheinlichkeit besteht, daß der Verkehr anhält. Er nimmt das Ampelsignal bloß als ein *natürliches Zeichen, daß* die Leute sich in einer bestimmten Weise verhalten werden, ebenso wie Wolken ein *Zeichen* sind, daß es bald regnen wird. Dadurch wird eine ganze Dimension des sozialen Lebens ausgelassen; denn für die, die er beobachtet, ist das rote Ampellicht nicht bloß ein Zeichen, daß *andere* halten werden: Sie betrachten es als ein *Signal*, daß *sie* halten müssen. Daher ist das Anhalten, wann immer die Regel es verlangt, ein Verhaltensstandard und somit eine Verpflichtung. Wir erwähnen dies hier, um zu zeigen, wie die Gruppe ihr eigenes Verhalten sieht. Das ist der interne Aspekt der Regeln, unter dem internen Gesichtspunkt betrachtet.

Der externe Gesichtspunkt reproduziert nahezu die Art und Weise, wie die Regeln im Leben gewisser Mitglieder der Gruppe funktionieren, nämlich jener, die sich nicht an Regeln halten und mit ihnen nur dann in Kontakt kommen, wenn sie vermuten, daß unangenehme Konsequenzen dem Bruch folgen werden. Ihr Gesichtspunkt drückt sich so aus: »ich war genötigt, das zu tun«, »vermutlich werde ich bestraft werden, wenn ...«, »vermutlich wirst du bestraft werden, wenn ...«, »man wird dir das antun, wenn ...«. Sie werden sich jedoch nie so ausdrücken: »ich hatte eine Verpflichtung« oder »du hast eine Verpflichtung«, denn diese Redewendungen gelten nur für diejenigen Personen, die ihr eigenes Verhalten und das anderer Personen unter dem internen Gesichtspunkt betrachten. Der externe Gesichtspunkt, welcher sich selbst auf die beobachtbaren Verhaltensregelmäßigkeiten beschränkt, kann nicht reproduzieren, wie die Regeln als Regeln im Leben derjenigen fungieren, die normalerweise die Mehrheit der Gesellschaft bilden. Dies sind Beamte, Juristen und Privatpersonen, die sie in jeder Lebenssituation als Anleitung für ihr Verhalten benützen, als Basis für all die vertrauten Handlungen, die in allen Lebens- und Gesellschaftsbereichen vorkommen. Für sie ist der Bruch einer Regel nicht bloß Grundlage für die Vorhersage, daß eine feindselige Reaktion folgen wird, sondern der *Grund* für diese Feindseligkeit.

Im Leben jeder Gesellschaft, die mit Regeln lebt, seien sie rechtliche oder nicht, ist stets eine Spannung möglich zwischen einerseits denen, die die Regeln anerkennen und freiwillig dazu beitragen, sie aufrechtzuerhalten, und auch ihr Verhalten und das anderer Personen durch Regeln bestimmt sehen, und andererseits denen, die diese Regeln nicht beachten und sie für sich nur unter dem externen Gesichtspunkt gelten lassen wollen, nämlich als Anzeichen für eine mögliche Bestrafung. Jede Rechtstheorie, die ängstlich bemüht ist, den komplizierten Rechtstatsachen gerecht zu werden, sieht sich der Schwierigkeit gegenüber, auf beide Gesichtspunkte zu achten und nicht den einen durch den anderen wegzudefinieren. Vielleicht können wir unsere Kritik an der Voraussage-Theorie der Verpflichtung am besten in der Beschuldigung zusammenfassen, daß sie den internen Aspekt der verpflichtenden Regeln wegdefinieren will.

3. Die Elemente des Rechts

Natürlich können wir uns Gesellschaft ohne Legislative, ohne Gerichte und ohne Beamte jederzeit vorstellen. Es gibt ja viele Studien über primitive Gemeinschaften, wo uns die Realisierung dieser Möglichkeit vor Augen geführt und das Leben dieser Gesellschaft in allen Details beschrieben wird; die einzige soziale Kontrolle besteht dort darin, daß es eine allgemeine Gruppeneinstellung gibt, sich den Verhaltensstandards gegenüber so zu verhalten, wie wir es bei den Verpflichtungsregeln gesehen haben. Eine Sozialstruktur dieser Art wird von vielen als »Brauch« bezeichnet. Wir werden diesen Begriff aber nicht weiter verwenden, weil er oft impliziert, daß Regeln des Brauchs sehr alt sind und von einem geringeren sozialen Druck unterstützt werden als andere Regeln. Um diese Implikationen zu vermeiden, werden wir eine solche soziale Struktur einen *Komplex primärer Verpflichtungsregeln* nennen. Wenn eine Gesellschaft nur mit solchen primären Regeln lebt, gibt es einige Voraussetzungen, die erfüllt sein müssen und die zu den wenigen offensichtlichen Banalitäten der menschlichen Natur und der Welt, in der wir leben, gehören. Die erste Voraussetzung ist die, daß die Regeln in irgendeiner Form Beschränkungen der freien Gewaltausübung, des Diebstahls und des Betrugs enthalten müssen, weil die Menschen ihre Neigung, dies zu tun, unterdrücken müssen, wenn sie in enger Nachbarschaft miteinander auskommen wollen. Solche Regeln kommen in allen primitiven Gesellschaften vor, die wir kennen, zusammen mit einer Vielzahl anderer Regeln, die den Individuen positive Pflichten auferlegen, zu leistende Dienste und Beiträge zum gemeinsamen Leben. Zweitens ist es klar, daß, wo es in einer Gesellschaft jene schon beschriebenen Spannungen zwischen denen, die die Regeln akzeptieren, und denen, die sie verwerfen, gibt, es sei denn der soziale Druck zwingt sie zur Konformität, die letzteren nicht mehr als eine Minderheit sein können, wenn eine so lose organisierte Gesellschaft von Personen, die alle physisch gleich stark sind, überdauern will: Denn sonst hätten ja diejenigen, die die Regeln verwerfen, einen zu geringen sozialen Druck zu fürchten. Auch das bestätigen uns die primitiven Gemeinschaften, in denen die Mehrheit nach den vom internen Gesichtspunkt aus gesehenen Regeln lebt, mag es auch Abweichler und Übeltäter geben.

Für das, was wir jetzt darstellen wollen, ist die folgende Betrachtung wichtiger. Nur eine kleine Gemeinschaft, wo jeder durch familiäre Bande, gemeinsame Gefühle und Vorstellungen mit dem anderen verbunden ist, kann erfolgreich mit einem solchen Regime inoffizieller Regeln leben, und auch nur dann, wenn die natürliche und soziale Umwelt stabil ist. Unter allen anderen Bedingungen muß eine solche simple Form der sozialen Kontrolle sich als ungenügend erweisen; sie wird auf verschiedene Weise ergänzt werden müssen. Zuallererst bilden die Gruppenregeln kein System, sondern sind einfach ein Komplex einzelner Standards ohne jedes gemeinsame Identifizierungsmerkmal, abgesehen davon natürlich, daß sie Regeln sind, die eine bestimmte Gruppe von Menschen anerkennt. In dieser Hinsicht ähneln sie nur unseren Benimm-Regeln. Wenn deshalb Zweifel über den Inhalt der Regeln oder über die präzise Absicht einer bestimmten Regel auftauchen, dann gibt es kein Verfahren, um diese Zweifel zu beheben, weder durch Bezug auf einen autoritativen Text noch auf einen Beamten, dessen Erklärungen zu diesem Punkt autoritativ sind. Denn ein solches Verfahren und die Anerkenntnis entweder eines autoritativen Textes oder autoritativer Personen bringen bereits Regeln eines anderen Typs ins Spiel, die sich von den Regeln der Verpflichtung oder Pflicht unterscheiden, die *ex hypothesi* einzig und allein in der Gruppe vorhanden sind. Dieser Mangel in der einfachen Sozialstruktur der primären Regeln nennen wir ihre *Unbestimmtheit*.

Der zweite Mangel ist der *statische* Charakter der Regeln. Eine solche Gesellschaft kennt nur eine einzige Art, wie sich die Regeln ändern können, nämlich durch einen langen Wachstumsprozeß, wenn ein Verhaltensverlauf, wo es einem freigestellt ist, ob man ihn wählt oder nicht, zuerst eine Gewohnheit und dann obligatorisch wird, und den umgekehrten Prozeß, wenn Abweichungen, die früher schwer bestraft wurden, zuerst toleriert und dann nicht einmal mehr bemerkt werden. Diese Gesellschaft kennt keine Mittel, die Regeln den sich wandelnden Umständen direkt anzupassen, indem entweder alte Regeln abgeschafft oder neue eingeführt werden. Denn diese Möglichkeit würde wiederum die Existenz von Regeln eines anderen Typs voraussetzen als die primären Verpflichtungsregeln, mit denen diese Gesellschaft einzig und allein lebt. Im extremen Fall sind die Regeln vielleicht in einer noch stärkeren Weise statisch. Weil das Heilmittel gegen einen solchen Fall für den Begriff des Rechts sehr charakteristisch ist, wollen wir ihn betrachten, obwohl er wahrscheinlich nie in einer wirklichen Gemeinschaft vorkommt. Denn es gäbe dort nicht nur keine Möglichkeit, die allgemeinen Regeln zu ändern, sondern auch die für die Einzelfälle entstehenden Verpflichtungen könnten niemals von irgendeinem Individuum absichtlich verändert oder modifiziert werden. Jedes

Individuum hat völlig festgelegte Verpflichtungen, bestimmte Dinge zu tun oder zu unterlassen. Zwar würden meistens andere davon profitieren, daß diese Verpflichtungen eingehalten werden; da es aber nur primäre Verpflichtungsregeln gibt, hätten auch sie nicht die Möglichkeit, die zur Leistung Verpflichteten von ihr zu entbinden oder den Profit auf andere zu übertragen, denen dann die Leistung zugute käme. Denn solche Akte der Überlassung und Übertragung verändern die ursprüngliche Stellung der Individuen unter der primären Verpflichtungsregel; um diese Akte zu ermöglichen, müßte es Regeln einer anderen Art geben als die primären Regeln.

Der dritte Mangel dieser einfachen Form des sozialen Lebens ist die *Unwirksamkeit* des weitverbreiteten sozialen Drucks, der die Regeln aufrechterhält. Es wird immer Streit geben, ob eine anerkannte Regel verletzt wurde oder nicht, und er wird ewig fortdauern (außer vielleicht in den ganz kleinen Gesellschaften), wenn es keine Stelle gibt, welche die spezielle Macht besitzt, abschließend und autoritativ die Tatsache des Regelbruchs festzustellen. Das Fehlen einer solchen abschließenden und autoritativen Bestimmung muß aber von einer anderen damit verbundenen Schwäche unterschieden werden. Dies ist die Tatsache, daß Bestrafungen für Regelbrüche und andere Formen des sozialen Drucks – darunter fällt auch die Anwendung von physischer Gewalt – nicht von einer besonders dafür geeigneten Stelle durchgeführt werden, sondern den betroffenen Individuen oder der Gruppe im ganzen überlassen bleiben. Es ist klar, daß der Zeitverlust bei diesen unorganisierten Gruppenmaßnahmen, Verbrecher zu fangen und zu bestrafen, und die schwelende Blutrache, die aus dieser Form der Selbsthilfe in Abwesenheit jedes offiziellen Sanktionsmonopols entstehen kann, beträchtlich ist. Die Rechtsgeschichte zeigt jedoch deutlich, daß das Fehlen einer offiziellen Stelle, die die Tatsache des Regelbruchs autoritativ feststellt, ein sehr ernster Mangel ist. Denn die meisten Gesellschaften haben diesen Mangel lange vor allen anderen Mängeln behoben.

Das Mittel gegen jeden dieser drei Hauptmängel der einfachsten Form einer gesellschaftlichen Struktur besteht darin, die *primären* Verpflichtungsregeln durch *sekundäre* Regeln zu ergänzen, die von anderer Art sind. Die Einführung des Heilmittels für jeden einzelnen Mangel kann für sich selbst genommen als ein Schritt von der vorrechtlichen in die rechtliche Welt betrachtet werden.

Denn jedes Mittel bringt viele Elemente mit sich, die das Recht ausmachen: Ganz gewiß genügen alle drei Heilmittel dafür, das Regime der primären Regeln in etwas zu verwandeln, das unzweifelbar ein Rechtssystem ist. Andererseits werden wir jedes dieser drei Heilmittel betrachten und zeigen, warum man das Recht am besten als die Vereinigung von primären Verpflichtungsregeln mit solchen sekundären Regeln bestimmen kann. Bevor wir uns aber daranmachen, müssen noch die folgenden allgemeinen Punkte erwähnt werden. Obwohl die als Heilmittel eingeführten Regeln sich ebensosehr untereinander unterscheiden wie von den primären Verpflichtungsregeln, die sie ergänzen, haben sie doch wichtige gemeinsame Grundzüge und sind auch in verschiedener Hinsicht miteinander verbunden. So können wir sagen, daß sie alle auf einer anderen Ebene als die primären Regeln angesiedelt sind, denn sie sind Regeln *über* Regeln. Während die primären Regeln damit beschäftigt sind, festzustellen, was die Individuen tun dürfen und was nicht, beschäftigen sich die sekundären Regeln mit den primären. Sie bestimmen, auf welche Weise man sich der primären Regeln schlüssig vergewissern kann, wie sie eingeführt und wieder abgeschafft werden, wie man sie verändert und wie man die Tatsache ihrer Verletzung schlüssig bestimmt.

Die einfachste Form des Heilmittels für die *Unbestimmtheit* des Regimes der primären Regeln besteht darin, eine »Erkenntnisregel«[3] einzuführen, wie wir sie nennen wollen. Sie bestimmt, welche Merkmale eine angenommene Regel haben muß, damit ein schlüssiges und affirmatives Anzeichen vorliegt, daß sie wirklich eine Regel der Gruppe ist und durch den von ihr ausgeübten sozialen Druck unterstützt werden muß. Eine solche Erkenntnisregel kann auf sehr verschiedene Weise existieren, einfach oder komplex. Sie kann wie im archaischen Recht vieler Gesellschaften nichts weiter sein als eine autoritative Liste oder ein Text der Regeln, den man in einem geschriebenen Dokument oder auf einem öffentlichen Monument eingemeißelt findet. Zweifellos kann dieser geschichtliche Schritt von der vorrechtlichen zur rechtlichen Periode sich in unterschiedlichen Phasen vollzogen haben, deren erste vielleicht darin besteht, daß die bislang ungeschriebenen Regeln nunmehr aufge-

3 [Anm. d. Hg.: Harts eigener Terminus lautet »rule of recognition«. Zur Alternative zwischen den deutschen Ausdrücken »Erkenntnisregel« und »Anerkennungsregel« siehe die Erläuterung in der Einleitung zu diesem Band.]

schrieben werden. Das ist aber nicht der entscheidende Schritt, obwohl ein sehr wichtiger: Entscheidend ist die Anerkenntnis des Bezuges auf das Geschriebene oder Eingemeißelte als etwas *Autoritatives*, d.h. als die *eigentliche* Weise, Zweifeln hinsichtlich der Existenz der Regeln zu begegnen. Wo es eine solche Anerkenntnis gibt, gibt es auch schon eine einfache Form der sekundären Regel: eine Regel für die schlüssige Identifizierung der primären Verpflichtungsregeln.

In einem entwickelten Rechtssystem sind die Erkenntnisregeln natürlich komplizierter. Statt die Regeln ausschließlich durch Bezug auf einen Text oder eine Liste zu identifizieren, tun sie dies, indem sie allgemeine charakteristische Eigenschaften feststellen, die jede primäre Regel haben muß. Das kann sein, wenn sie von einer besonderen Körperschaft erlassen wurden, wenn eine lange gebräuchliche Übung vorliegt oder durch ihre Beziehung zu richterlichen Entscheidungen. Wenn mehr als eines dieser allgemeinen Merkmale als Identifizierungskriterien gelten und diese irgendwo sich widersprechen, ist vielleicht auch schon dafür gesorgt, daß sie in einer Hierarchie angeordnet sind, so wie man allgemein den Brauch bzw. den Präzedenzfall dem positiven Gesetz unterordnet, das letztere also eine »höhere Rechtsquelle« ist. Diese komplizierte Struktur der Erkenntnisregeln in einem modernen Rechtssystem erscheint gegenüber der einfachen Annahme eines autoritativen Textes sehr verschieden: Aber selbst in ihrer einfachsten Form enthält eine solche Regel viele entscheidende Elemente des Rechts. Indem sie ein Kennzeichen für Autorität liefert, führt sie die, obgleich embryonale Idee eines Rechtssystems ein: Denn die Regeln bilden jetzt keinen inkohärenten Komplex mehr, sondern in einfacher Form eine Einheit. Weiterhin haben wir mit der simplen Handlung, von einer gegebenen Regel auszusagen, daß sie das verlangte Merkmal besitzt, in einer autoritativen Liste von Regeln vorzukommen, den Kern der Idee der rechtlichen Gültigkeit.

Das Heilmittel gegen die eigentümliche *Statik* des Regimes primärer Regeln besteht darin, »Änderungsregeln« einzuführen. Die einfachste Form einer solchen Regel ist, ein Individuum oder eine Körperschaft zu berechtigen, neue primäre Regeln für das Verhalten des Gruppenlebens (oder für eine Klasse innerhalb der Gruppe) einzuführen und veraltete Regeln abzuschaffen. Wie wir schon im vierten Kapitel dargelegt haben, müssen wir durch solche Regeln, und nicht durch die von Drohungen unterstützten Befehle, die Idee des gesetzgeberischen Erlasses und der Zurücknahme von Regeln verstehen. Die Veränderungsregeln können sehr einfach oder sehr kompliziert sein: Die übertragenen Befugnisse können unbeschränkt oder auf verschiedene Weise begrenzt sein. Abgesehen davon, daß die Regeln angeben, welche Personen Normen setzen dürfen, definieren sie auch mit mehr oder weniger strengen Ausdrücken, wie die Normen gesetzt werden müssen. Natürlich gibt es eine sehr enge Verbindung zwischen den Veränderungsregeln und den Erkenntnisregeln: Denn wo es die ersteren gibt, werden notwendigerweise die letzteren einen Bezug zur Gesetzgebung enthalten als einem Identifizierungsmerkmal für die Regeln, obwohl nicht alle Details der Gesetzgebungsprozedur erwähnt werden müssen. Normalerweise genügt es für die Erkenntnisregel, daß eine offizielle Urkunde oder eine offizielle Kopie als Beweis des rechtsgültigen Erlasses genommen wird. Wenn die Sozialstruktur so einfach ist, daß die einzige Rechtsquelle die Gesetzgebung ist, dann wird natürlich die Erkenntnisregel den Erlaß allein als das einzige identifizierende Zeichen oder Gültigkeitskriterium der Regeln angeben. Dies ist z. B. der Fall in dem imaginären Reich von Rex I, das wir im vierten Kapitel beschrieben: Dort besteht die Erkenntnisregel darin, daß das, was Rex erläßt, Gesetz ist.

Wir haben bereits einigermaßen genau die Regeln beschrieben, welche Individuen Befugnisse erteilen, die von den primären Regeln fixierten ursprünglichen Verhältnisse zueinander zu verändern. Ohne solche private Befugnisse erteilende Regeln hätte die Gesellschaft jene Hauptvorteile nicht, die ihr das Recht bietet. Denn die Handlungen, die diese Regeln ermöglichen, sind das Abfassen von Testamenten, das Eingehen von Verträgen, die Eigentumsübergabe und viele andere freiwillig geschaffene Rechts- und Pflichtverhältnisse, die für ein Leben typisch sind, das unter der Herrschaft des Rechts steht, obwohl natürlich auch eine elementare Form der Befugnisse erteilenden Regel der moralischen Institution des Versprechens zugrunde liegt. Die Verwandtschaft dieser Regeln mit den Veränderungsregeln, welche in dem Begriff der Normsetzung enthalten sind, ist klar, und viele Grundzüge, die uns bei den Institutionen des Vertrags und des Eigentums unverständlich erscheinen, erklären sich dadurch, daß man sie als Handlungen denkt, einen Vertrag zu schließen oder Eigentum zu übertragen, nämlich als Ausübungshandlungen limitierter legislativer Befugnisse durch Individuen; auch so moderne Theorien wie die von Kelsen haben das gezeigt.

Die dritte Ergänzung für das einfache Regime der primären Regeln, welche die *Unwirksamkeit* ihres weitverbreiteten sozialen Druckes beheben soll, besteht darin, daß sekundäre Regeln Individuen die Befugnis verleihen, autoritativ festzustellen, ob bei einer besonderen Gelegenheit eine primäre Regel gebrochen wurde. Die Minimalform einer solchen Entscheidung besteht in solchen Feststellungen; wir werden daher die sekundären Regeln, die diese Befugnis übertragen, »Entscheidungsregeln« nennen. Abgesehen davon, daß diese Regeln die Individuen bestimmen, die entscheiden können, definieren sie auch das zu befolgende Verfahren. Wie die übrigen sekundären Regeln liegen sie auf einer anderen Ebene als die primären Regeln: Obwohl sie durch weitere Regeln verstärkt werden können, die es den Richtern zur Pflicht machen zu richten, legen sie keine Pflichten auf, sondern übertragen judizielle Befugnisse und geben den judiziellen Erklärungen über die Nichteinhaltung von Verpflichtungen einen besonderen Status. Wiederum definieren diese sekundären Regeln eine Gruppe wichtiger Rechtsbegriffe: Hier werden die Begriffe des Richters oder des Gerichtshofes, der Rechtsprechung und des richterlichen Urteils bestimmt. Die Entscheidungsregeln haben neben diesen Ähnlichkeiten noch weitere direkte Verbindungen zu den anderen sekundären Regeln. Ein System, welches Entscheidungsregeln besitzt, braucht auch wieder Erkenntnisregeln einfacher Art. Wenn nämlich die Gerichte die Befugnis haben, autoritativ festzustellen, daß eine Regel gebrochen wurde, kann das ja nur als autoritative Bestimmungen, wie die Regeln überhaupt gemeint waren, genommen werden. Deshalb wird die Regel, welche Jurisdiktion überträgt, ebenfalls eine Erkenntnisregel sein, die die primären Regeln mittels der Urteile der Gerichte identifiziert, und diese Urteile werden auch eine »Rechtsquelle« sein. Es ist richtig, daß diese Form der Erkenntnisregel, die sich von der Minimalform der Jurisdiktion nicht trennen läßt, sehr unvollständig ist. Anders als der autoritative Text bzw. das Gesetzbuch können die Urteile nicht in Allgemeinbegriffe gefaßt werden, und der Wert als autoritative Anleitung zur Identifikation der Regeln hängt von der sehr wackligen Schlußfolgerung aus der besonderen Entscheidung ab, und die Verläßlichkeit des Urteils ändert sich notgedrungen sowohl mit dem Geschick des Gesetzesauslegers als auch mit der Zusammensetzung des Richterkollegiums.

Es muß nicht noch gesagt werden, daß in den wenigsten Rechtssystemen die richterlichen Befugnisse darauf beschränkt sind, autoritativ die Tatsache der Verletzung der primären Regeln festzustellen. Die meisten Systeme haben nach einiger Zeit den Vorteil einer weitergehenden Zentralisierung des sozialen Druckes eingesehen. Sie haben die Anwendung von physischer Selbsthilfe und physischer Gewalt durch Individuen partiell unterbunden. Statt dessen haben sie die primären Verpflichtungsregeln durch weitere sekundäre Regeln ergänzt, indem sie die Strafen spezifizierten oder zumindest begrenzten, und haben den Richtern, wenn einmal die Tatsache des Regelbruches festgestellt worden war, die ausschließliche Befugnis erteilt, die Durchführung der Strafe durch andere Beamte zu leiten. Diese sekundären Regeln ermöglichen zentralisierte, offizielle »Sanktionen« des Systems.

Wenn wir einen Augenblick innehalten und die Struktur betrachten, die aus der Verbindung von primären Verpflichtungsregeln mit den sekundären Regeln der Erkenntnis, des Wandels und der Entscheidung resultieren, haben wir hier eindeutig das Herz eines jeden Rechtssystems und ein höchst machtvolles Instrument, um sehr viele Probleme zu analysieren, die den Juristen und den Politologen bisher in Verlegenheit gebracht haben.

Nicht nur werden durch diese Verbindung von primären und sekundären Regeln die spezifisch rechtlichen Begriffe, mit denen der Jurist von Amts wegen zu tun hat, am besten bestimmt, z. B. die Begriffe der Pflichten und Rechte, der Gültigkeit und der Rechtsquellen, der Gesetzgebung, der Jurisdiktion und der Sanktion. Genauso verlangen die Begriffe des Staates, der Autorität und des Beamten eine ähnliche Analyse, wenn der bisher über ihnen schwebende Dunst zerstreut werden soll; und diese Begriffe liegen ja nicht nur dem Recht zugrunde, sondern auch den politischen Wissenschaften. Der Grund, warum wir mit den Begriffen der primären und sekundären Regeln dies alles so gut erklären können, ist nicht weit zu suchen. Die meisten Verdrehungen und Halbwahrheiten, die die rechtlichen und politischen Begriffe umgeben, entspringen der Tatsache, daß diese nicht ohne einen Bezug auf das, was wir den internen Gesichtspunkt nannten, gedacht werden können: der Gesichtspunkt derjenigen, die nicht nur ein regelkonformes Verhalten vorhersagen, sondern die diese Regeln als Standards *benützen*, um ihr eigenes Verhalten und das der anderen zu bestimmen. Das verlangt aber mehr Aufmerksamkeit bei der Analyse rechtlicher und politischer Begriffe, als ihr bisher geschenkt wurde. Im einfachen Regime der primären Regeln manifestiert sich der interne Gesichtspunkt in seiner einfachsten Form, im Gebrauch der primären Regeln als Basis einer Kritik und als Rechtfertigung für die verlangte Konformität, für den sozialen Druck und für die Strafe. Die Beziehung auf diese elementarste Begründung des internen Gesichtspunkts ist für die Analyse des Grundbegriffs der Verpflichtung notwendig. Mit der Ausweitung zum System der sekundären Regeln verbreitert sich auch der Bereich dessen, was vom internen Gesichtspunkt aus gesagt und getan werden kann. Mit dieser Ausweitung kommt ein ganzer Komplex neuer Begriffe. Sie können nur noch mit Bezug auf den internen Gesichtspunkt analysiert werden. Dazu gehören die Begriffe der Gesetzgebung, der Rechtsprechung, der Rechtsgültigkeit und allgemein der rechtlichen, privaten oder öffentlichen Befugnisse. Der Trend geht dahin, diese Begriffe »wissenschaftlich« abzuhandeln, d. h. nur Tatsachen festzustellen bzw. vorherzusagen. Aber dadurch wird bloß ihr externer Aspekt reproduziert: Um ihrem eigentümlichen internen Aspekt gerecht zu werden, müssen wir die verschiedenen Weisen sehen, wie das Gesetzemachen des Gesetzgebers funktioniert, wie die Gerichte entscheiden, wie private oder offizielle Befugnisse ausgeübt werden und wie überhaupt jede »Rechtshandlung« sich auf die sekundären Regeln bezieht.

Im nächsten Kapitel werden wir zeigen, wie die Ideen der Rechtsgültigkeit und der Rechtsquellen und wie die Wahrheiten, die von den Fehlern der Souveränitätslehre verdeckt waren, durch den Begriff der Erkenntnisregel neu formuliert und geklärt werden können. Wir werden aber dieses Kapitel mit einer Warnung beschließen: obwohl die Verbindung von primären und sekundären Regeln den ihr angewiesenen zentralen Platz verdient hat, da sie nämlich viele Aspekte des Rechts erklärt, kann sie nicht schon von alleine jedes Problem beleuchten. Zwar steht die Einheit von primären und sekundären Regeln im Zentrum eines Rechtssystems, aber sie ist nicht alles, und wenn wir uns vom Zentrum fortbewegen, müssen wir, wie wir in späteren Kapiteln zeigen werden, andere und neue Elemente einführen.

Seite 157. Verpflichtung als die Wahrscheinlichkeit angedrohten Schadens
Zur Analyse der »Voraussage« bei der Verpflichtung vgl. Austin, *The Province of Jurisprudence Determined*, London 1954, Lecture I, S. 15-24, und *Lectures on Jurisprudence, or The Philosophy of Positive Law*, London 1879, Lecture 22; Bentham, *A Fragment on Government*, Kapitel 5, besonders § 6 und die Anmerkung dazu; Holmes, *The Path of the Law*. Austins Analyse wird kritisiert bei Hart, »Legal and Moral Obligation«, in Melden, *Essays in Moral Philosophy*. Zum allgemeinen Begriff der Verpflichtung vgl. Nowell-Smith, *Ethics* (1954), Kapitel 14.

Seite 161. Verpflichtung und das Bild einer Fessel (»vinculum juris«)
Siehe A. H. Campbell, *The Structure of Stair's Institutions* (Glasgow, 1954), S. 31. Pflicht (duty) leitet sich vom französischen *devoir* über das lateinische *debitum* ab. Daher der latente Sinn von Schuld (debt).

Seite 162. Verpflichtung und die Gefühle des Zwanges
Ross analysiert den Begriff der Gültigkeit mittels zweier Elemente, nämlich durch die Effektivität der Regel und durch »wie man fühlt, daß sie motiviert, d. h., wie sie sozial verbindlich ist«. Dies bedingt eine Analyse der Verpflichtung als psychisches Erlebnis, das erlebte Verhaltensmuster begleitet. Vgl. Ross, *On Law and Justice*, Kapitel 1 und 2 und *Kritik der sogenannten praktischen Erkenntnis* (1933), S. 280. Zur gründlichen Diskussion der Idee der Pflicht in ihrem Verhältnis zum Gefühl vgl. Hägerström, *Inquiries into the Nature of Law and Morals*, S. 127-200; dazu siehe Broad, »Hägerström's Account of Sense of Duty and Certain Allied Experiences«, 26 *Philosophy* (1951); Hart, »Scandinavian Realism« in *Cambridge Law Journal* (1959), S. 236-240.

Seite 164. Der interne Aspekt der Regeln
Der Unterschied zwischen dem externen Gesichtspunkt des Beobachters und dem internen Gesichtspunkt derjenigen, die die Regeln als Anleitungen akzeptieren und verwenden, wird von Dickinson, »Legal Rules. Their Function in the Process of Decision«, 79 *University of Pennsylvania Law Review* (1931), S. 833 eingeführt, jedoch nicht mit diesen Ausdrücken. Vgl. L. J. Cohen, *The Principles of World Citizenship* (1954), Kapitel 3. Es ist zu bemerken, daß vom externen Standpunkt aus, d. h. vom Standpunkt des Beobachters, der die Regeln der von ihm beobachteten Gesellschaft nicht akzeptiert, viele unterschiedliche Aussagentypen aufgestellt werden können: 1. kann er bloß die Verhaltensregelmäßigkeiten derjenigen wiedergeben, die sich den Regeln unterwerfen, wie wenn sie Gewohnheiten

wären, ohne daß er der Tatsache Rechnung trägt, daß diese Muster von den Mitgliedern der Gesellschaft als Standards für korrektes Verhalten angesehen werden; 2. kann er zusätzlich die regelmäßig feindselige Reaktion auf Abweichungen von den gebräuchlichen und habituellen Verhaltensmustern wiedergeben, wiederum ohne der Tatsache Rechnung zu tragen, daß solche Abweichungen von den Mitgliedern der Gesellschaft als Gründe und Rechtfertigungen für diese Reaktionen dienen; 3. kann er nicht nur die beobachtbaren Regelmäßigkeiten des Verhaltens und der Reaktionen wiedergeben, sondern auch *die Tatsache, daß* Mitglieder der Gesellschaft bestimmte Regeln als Verhaltensstandards akzeptieren und daß das beobachtbare Verhalten und die beobachtbaren Reaktionen von *ihnen* als etwas angesehen werden, das von den Regeln verlangt und durch sie gerechtfertigt wird. Es ist wichtig, die externe Tatsachenaussage, die feststellt, daß Mitglieder der Gesellschaft eine gegebene Regel akzeptieren, zu unterscheiden von der internen Aussage über die Regel, die von einem gemacht wird, der die Regel selbst akzeptiert. Siehe Wedberg, »Some Problems in the Logical Analysis of Legal Science«, 17 *Theoria* (1951); Hart, »Theory and Definition in Jurisprudence«, 29 *P.A.S.* Suppl. (1955), S. 247-250. Siehe auch Kapitel VI, Abschnitt 1.

Seite 166. Regeln des Brauchs in primitiven Gemeinschaften
In nur wenigen Gesellschaften gab es weder Organe der Legislative und der Rechtsprechung noch zentral organisierte Sanktionen. Untersuchungen darüber und über das, was diesem Zustand am nächsten kam, finden sich bei Malinowski, *Crime and Custom in Savage Society*; A S. Diamond, *Primitive Law* (1935), Kapitel 18; Llewellyn und Hoebel, *The Cheyenne Way* (1941).

Seite 167. Richterliche Entscheidung ohne organisierte Sanktionen
Primitive Gesellschaften, wo Streitigkeiten mittels einer rudimentären Form von Rechtsprechung geschlichtet werden, obwohl es kein System von zentral organisierten Sanktionen gibt, das diese Entscheidungen erzwingt: vgl. dazu Evans-Pritchard über »geordnete Anarchie« in *The Nuer* (1940), S. 117 ff., zitiert bei Gluckman, *The Judicial Process among the Barotse* (1955), S. 262. Im römischen Recht gab es lange vor den Bestimmungen der Staatsmaschinerie ein kompliziertes Prozeß-System, um Urteile in Zivilfällen zu vollstrecken. Bis zum späten Kaiserreich hatte der erfolgreiche Kläger, wenn der Beklagte zahlungsunfähig war, das Recht, seine Ansprüche an ihm oder an seinem Besitz zu befriedigen; vgl. Schulz, *Classical Roman Law*, S. 26; und Kaser, *Römisches Privatrecht*.

Seite 168. Der Schritt von der vorrechtlichen zur rechtlichen Welt
Vgl. Baier über »Law and Custom«, in *The Moral Point of View*, S. 127-133.

Seite 169. Erkenntnisregel
Zur weiteren Diskussion dieses Elementes im Rechtssystem und seines Verhältnisses zu Kelsens *Grundnorm* vgl. Kapitel VI, Abschnitt 1 und Kapitel X, Abschnitt 5 und die dazugehörigen Anmerkungen.

Seite 170. Autoritative Regeltexte
Die Geschichte berichtet, daß in Rom die XII Tafeln in Bronzeplatten auf dem Forum aufgestellt wurden, um damit die Forderungen der Plebejer nach Veröffentlichung eines autoritativen Gesetzestextes zu erfüllen. Nach den wenigen Quellen, die überliefert sind, scheint es unwahrscheinlich, daß die XII Tafeln sich sehr von den traditionellen Regeln des Brauchs unterschieden.

Seite 171. Verträge, Testamente usw. als Ausübung rechtlicher Befugnisse
Zu diesem Vergleich siehe Kelsen, *General Theory*, S. 136 über Rechtshandlungen als »rechtsschöpferische Akte«; vgl. auch *Reine Rechtslehre*, 2. Auflage, S. 139 ff.

Die Grundlagen eines Rechtssystems

1. Erkenntnisregel und rechtliche Gültigkeit

In der im vierten Kapitel kritisierten Theorie gelten als Grundlagen eines Rechtssystems die Art und Weise, wie die Mehrzahl einer sozialen Gruppe gewohnheitsmäßig den von Drohungen unterstützten Befehlen einer souveränen Person oder Personengruppe gehorcht, die selbst niemandem gewohnheitsmäßig gehorcht. In dieser Theorie ist diese soziale Situation sowohl eine notwendige wie eine hinreichende Bedingung für die Existenz von Recht. Wir haben bereits in einigem Detail das Unvermögen dieser Theorie dargelegt, entscheidende Merkmale eines modernen staatlichen Rechtssystems zu begründen: Trotzdem enthält sie, was ihre Macht über viele Denker vermuten läßt, in wie immer verwirrter und mißverständlicher Form Wahrheiten über bedeutende Rechtsaspekte. Diese Wahrheiten können aber nur dann klar vorgestellt und in ihrer Bedeutung richtig erfaßt werden, wenn es gelingt, die ganze komplexe soziale Situation zu beschreiben, wo eine sekundäre Erkenntnisregel anerkannt und für die Identifizierung primärer Verpflichtungsregeln verwendet wird. Wenn überhaupt, verdient es dieser ganze Sachverhalt, Grundlage eines Rechtssystems genannt zu werden. In diesem Kapitel werden wir die verschiedenen Elemente dieses Sachverhaltes diskutieren, die in der Theorie der Souveränität und anderswo bloß einen partiellen oder einen falschen Ausdruck fanden.

Wo immer eine Erkenntnisregel anerkannt wird, haben Beamte und Privatpersonen autoritative Kriterien, um die primären Verpflichtungsregeln zu identifizieren. Wie wir gesehen haben, können diese Kriterien die eine oder die andere von vielen verschiedenen Formen annehmen: Bezugnahme auf einen autoritativen Text, auf einen Erlaß der Legislative, eine Brauch-Praxis, allgemeine Erklärungen besonderer Personen oder bereits ergangene richterliche Entscheidungen in einzelnen Fällen. In einem sehr einfachen System wie dem von Rex I, wo nur das Recht ist, was er erlassen hat, und seine legislativen Befugnisse weder durch Regeln des Brauchs noch durch Verfassungsdokumente begrenzt sind, ist das alleinige Identifizierungskriterium für Recht die Tatsache, daß Rex I die entsprechenden Gesetze erließ. Diese einfache Form der Erkenntnisregel gründet einfach darin, daß Beamte oder Privatpersonen die Regeln nur nach diesem Kriterium identifizieren. In einem modernen Rechtssystem jedoch, wo es verschiedene »Rechtsquellen« gibt, ist die Erkenntnisregel entsprechend komplexer: Die Identifizierungskriterien für Recht sind vielfältiger Art, zu ihnen gehören eine geschriebene Verfassung, legislative Erlasse und von Richtern entschiedene Präzedenzfälle. In den meisten Fällen ist dafür gesorgt worden, daß bei einem möglichen Konflikt zwischen diesen verschiedenen Identifizierungskriterien das eine über dem anderen rangiert und somit eine Hierarchie entsteht. Deswegen ist im englischen Rechtssystem das »common law« dem »statute« untergeordnet.

Wir müssen aber diese relative *Unterordnung* des einen Kriteriums unter das andere von der *Ableitung* unterscheiden, da einige Leute die falsche Auffassung vertreten haben, daß alles Recht wesentlich oder »in Wirklichkeit« (wenn auch bloß »stillschweigend«) das Ergebnis der Gesetzgebung ist, und somit diese beiden Begriffe vermengten. Im englischen Rechtssystem sind Brauch und Präzedenzfall der Gesetzgebung untergeordnet, weil der Brauch und das »common law« durch ein Gesetz ihres Rechtsstatus beraubt werden können. Und dennoch haben sie ihren Rechtsstatus, so widerruflich er auch sein mag, nicht von einer »stillschweigenden« Ausübung legislativer Gewalt, sondern sie verdanken ihn der Anerkennung einer Erkenntnisregel, die ihnen diesen unabhängigen und doch untergeordneten Platz zugewiesen hat. Wiederum manifestiert sich, wie in dem einfachen Fall, die Existenz einer so komplexen Erkenntnisregel mit ihrer hierarchischen Ordnung distinkter Kriterien in der allgemeinen Praxis, primäre Verpflichtungsregeln durch solche Kriterien zu identifizieren.

Im täglichen Leben eines Rechtssystems werden dessen Erkenntnisregeln sehr selten ausdrücklich als Regeln formuliert. Obwohl manchmal die Gerichte in England allgemein die relative Position eines Rechtskriteriums im Verhältnis zu einem anderen verkünden, wenn sie z. B. die vom Parlament erlassenen Gesetze zu den obersten Rechtsquellen erklären. Meistens aber wird die Erkenntnisregel nicht ausgesprochen, sondern ihre Existenz *zeigt sich* in der Weise, wie besondere Regeln identifiziert werden, nämlich entweder von Gerichten oder Beamten, oder aber von Privatpersonen und ihren rechtskundigen Beratern. Natürlich macht es einen Unterschied, ob die Gerichte die Regel und ihre Kriterien identifizieren oder ob das andere tun: Denn wenn die Gerichte auf der Grundlage einer besonderen Regel zu einer besonderen Schlußfolgerung kommen und feststellen, daß die Regel korrekt identifiziert wurde, hat das, was sie sagen, einen speziellen autoritativen Status, der sich wiederum anderen Regeln verdankt. In dieser und in mancherlei anderer Hinsicht ist die Erkenntnisregel eines Rechtssystems etwas Ähnliches wie die Spielregel, nach der Gewinn und Verlust bestimmt werden. Normalerweise wird bei einem Spiel nicht genau gesagt, wie Gewinnen und Verlieren zu definieren sind (z. B. wann ein Tor geschossen ist), statt dessen *benützen* Schiedsrichter und Spieler einfach eine solche Regel, wenn sie während des Spielverlaufes Gewinn oder Verlust feststellen. Auch hier haben die Erklärungen des Schiedsrichters einen besonderen autoritativen Status, der ihnen durch andere Regeln verliehen wurde. Beide Male ist ein Konflikt möglich zwischen diesen autoritativen Anwendungen der Regel und dem allgemeinen Verständnis dessen, was die Regel offensichtlich verlangt. Wie wir später sehen werden, ist dies eine Komplikation, die wir in alle Darstellungen hineintragen müssen, wenn wir die Besonderheiten eines Regelsystems dieser Art beschreiben wollen.

Die Verwendung nicht explizit formulierter Erkenntnisregeln

von Gerichten oder von anderen Personen bei der Identifizierung einzelner Regeln des Systems ist für den internen Gesichtspunkt charakteristisch. Wer sie auf diese Weise benützt, bekundet dadurch, daß er sie als leitende Regeln akzeptiert. Zugleich gebraucht er ein charakteristisches Vokabular, das sich von den sonst üblichen Ausdrücken des externen Gesichtspunkts unterscheidet. Der wohl einfachste Ausdruck dieser Art lautet »es ist Gesetz, daß ...«; er geht nicht nur Richtern über die Lippen, sondern wird auch von normalen Menschen gebraucht, die unter einem Rechtssystem leben, wenn sie nämlich eine gegebene Regel dieses Systems identifizieren. Dies ist, ähnlich wie »Aus« oder »Punkt« beim Cricket, ein Ausdruck eines besonderen Sprachgebrauchs, wenn eine Situation durch Bezug auf Regeln bestimmt wird, die man gemeinsam mit anderen als für diesen Zweck angemessen hält. Diese Haltung der gemeinsamen Anerkennung von Regeln muß von der unterschieden werden, wenn ein Beobachter *ab extra* die Tatsache festhält, daß eine soziale Gruppe jene Regeln akzeptiert, sie aber seinerseits nicht annimmt. Der natürliche Ausdruck für diesen externen Gesichtspunkt ist nicht: »Es ist Gesetz, daß ...«, sondern: »In England anerkennt man als Gesetz ..., was immer die Königin im Parlament erläßt ...« Die erste Form dieser Ausdrücke werden wir eine *interne Aussage* nennen, weil sie den internen Gesichtspunkt bekundet und von denen verwandt wird, welche die Erkenntnisregel angenommen haben, ohne zu sagen, daß sie es tun, und welche mit der Erkenntnisregel jede beliebige andere Regel des Systems als gültig anerkennen. Die zweite Form dieser Ausdrücke werden wir externe Aussage nennen, weil dies die natürliche Sprache ist, mit der ein externer Beobachter des Systems, ohne daß er selbst die Erkenntnisregel anerkennt, feststellt, daß andere sie anerkennen.

Wenn dieser Gebrauch einer anerkannten Erkenntnisregel bei internen Aussagen verstanden und sorgfältig von einer externen Aussage über die Tatsache unterschieden wird, daß die Regel anerkannt ist, werden viele Schwierigkeiten des Begriffs der »Rechtsgültigkeit« verschwinden. Denn der Ausdruck »gültig« wird im Rahmen jener internen Aussagen meist – wenn auch nicht immer – so benutzt, daß er eine unausgesprochene und gleichwohl akzeptierte Erkenntnisregel auf eine einzelne Regel eines Rechtssystems bezieht. Wenn wir also sagen, daß eine bestimmte Regel gültig ist, anerkennen wir, daß sie alle Voraussetzungen erfüllt, welche die

Erkenntnisregel verlangt, und sich somit als Regel des Systems erweist. Dies ist nur insofern unkorrekt, als damit der interne Charakter solcher Aussagen im dunkeln bleibt. Denn so wie die Ausdrücke »Aus« oder »Punkt« beim Cricket beziehen diese Gültigkeitsaussagen normalerweise eine vom Sprecher oder von einer anderen Person anerkannte Erkenntnisregel auf einen besonderen Fall, anstatt ausdrücklich zu versichern, daß der Regel Genüge getan wurde.

Manchmal heißt es, daß einige Schwierigkeiten, welche sich mit der Idee der rechtlichen Gültigkeit verbinden, deren Verhältnis zur »Wirksamkeit« des Rechts betreffen. Wenn man unter »Wirksamkeit« versteht, daß ein Gesetz, welches besonderes Verhalten verlangt, häufiger befolgt als nicht befolgt wird, dann ist es offensichtlich, daß die Gültigkeit irgendeiner Regel und *ihre* Wirkung keine notwendige Verbindung besitzen müssen, es sei denn die Erkenntnisregel des Systems enthält auch die Bestimmung (man nennt sie manchmal Regel der Obsolenz oder Ungültigkeit), daß keine Regel als Regel des Systems zählen soll, wenn sie nicht mehr wirksam ist.

Von dieser Unwirksamkeit der einzelnen Regel, die man gegen ihre Gültigkeit ins Feld führen kann oder nicht, müssen wir die allgemeine Mißachtung der Regeln des Systems unterscheiden. Sie kann so vollständig und so verbreitet sein, daß wir von einem neuen Rechtssystem nur noch sagen können, es habe sich niemals als Rechtssystem einer bestimmten Gruppe etabliert, oder von einem schon etablierten System, es habe aufgehört, Rechtssystem dieser Gruppe zu sein. In beiden Fällen gibt es keinen vernünftigen Zusammenhang, um irgendeine interne Aussage über die Regeln des Systems zu machen. In diesen Fällen hat es einfach *keinen Zweck*, die Rechte und Pflichten einzelner Personen durch Verweis auf die primären Regeln des Systems zu bestimmen, oder die Gültigkeit irgendeiner Regel des Systems durch Verweis auf dessen Erkenntnisregeln zu bestimmen. Wer also unbedingt ein Regelsystem, das entweder niemals wirklich funktionierte oder bereits abgeschafft worden ist (Ausnahmen siehe unten), anwenden will, handelt ebenso unsinnig wie einer, der mit nie anerkannten oder bereits abgeschafften Spielregeln ein Spiel durchführen will.

Wer also eine interne Aussage über die Gültigkeit einer bestimmten Regel des Systems macht, muß die Wahrheit der externen Aussage *voraussetzen*, daß nämlich das System allgemein wirksam ist. Denn normalerweise braucht man interne Aussagen nur, wenn die allgemeine Wirksamkeit feststeht. Es wäre jedoch falsch, zu sagen, daß Gültigkeitsaussagen »bedeuten«, daß das System schon allgemein wirksam ist. Auch wenn es natürlich sinnlos ist, von der Gültigkeit eines Regelsystems zu reden, das sich selbst nie durchgesetzt hat oder wieder abgeschafft worden ist, ist es gleichwohl nicht immer und überall sinnlos. Wer das römische Recht lebendig lehren will, muß so tun, *als ob* das System noch wirksam wäre, er muß nämlich die Gültigkeit der einzelnen Regeln besprechen und Probleme im Sinne dieser Regeln lösen. Wer Hoffnungen auf die Restauration einer vergangenen Sozialordnung, die in einer Revolution zerstört worden war, nähren will und die neue Ordnung zurückweist, muß sich an die Kriterien der Rechtsgültigkeit des alten Regimes halten. Implizit tun das einige konterrevolutionäre Russen, die immer noch ihr Eigentum aufgrund von Regeln fordern, die im zaristischen Rußland galten.

Ein Blick auf den normalen Zusammenhang der internen Aussage, daß eine bestimmte Regel des Systems gültig ist, mit der externen Tatsachen-Aussage, daß das System allgemein wirksam ist, wird uns helfen, die allen bekannte Theorie in ihrer besonderen Bedeutung zu erkennen, nämlich daß die Behauptung, eine Regel sei gültig, die Vorhersage beinhalte, sie werde durch Gerichte oder in bestimmten anderen offiziellen Aktionen durchgesetzt. In mancherlei Hinsicht ähnelt diese Theorie jener Analyse der Verpflichtung, die wir bereits im letzten Kapitel betrachtet und verworfen haben. Beide Male wird eine Voraussage aufgestellt, und beide Male ist das Motiv dasselbe: nämlich die Überzeugung, daß nur so spekulative Interpretationen vermieden werden können. Entweder sagt man, eine gültige Regel enthalte irgendeine mysteriöse Eigenschaft, die auf empirische Weise nicht zu entdecken ist; oder man sagt, daß sie die Voraussage zukünftigen Verhaltens von Beamten ist. In beiden Fällen verdankt sich die Plausibilität der Theorie derselben wichtigen Tatsache: Jeder, der die Regel anerkennt und eine interne Aussage über Verpflichtung oder Gültigkeit macht, setzt normalerweise die Wahrheit der externen Tatsachen-Aussage voraus, wenn ein Beobachter feststellt, daß das System allgemein wirksam ist und weiterhin sein wird. Beide Aussagen sind sicher sehr eng miteinander verbunden; schließlich ist aber auch beide Male der theoretische Fehler derselbe. Er besteht darin, daß der eigentümliche Charakter der internen Aussagen verkannt wird und daß man sie wie externe Aussagen über offizielle Handlungen behandelt.

Dieser Fehler wird sofort offensichtlich, wenn wir uns überlegen, welche Funktion in der richterlichen Entscheidung die Aussage des Richters hat, daß eine bestimmte Regel gültig ist. Denn ganz sicher stellt er hier keine Vorhersage auf, wie er oder andere Beamte handeln werden, obwohl er mit einer solchen Aussage die allgemeine Wirksamkeit des Systems voraussetzt, aber nicht noch einmal ausdrücklich ausspricht. Seine Aussage, daß eine Regel gültig ist, ist eine interne Aussage, welche anerkennt, daß die Regel die Voraussetzungen erfüllt, um das, was vor Gericht als Recht gelten soll, zu identifizieren, aber sie ist keine Prophezeiung, sondern nur einer der *Gründe* seiner Entscheidung. Allerdings kann man mit mehr Recht sagen, daß die Aussage, eine Regel sei gültig, den Wert einer Vorhersage hat, wenn diese Aussage von Privatpersonen gemacht wird. Wenn nämlich inoffizielle Aussagen über Gültigkeit oder Ungültigkeit der gerichtlichen Entscheidung eines Falles widersprechen, dann kann man meist mit einigem Recht sagen, daß die ersteren zurückgenommen werden müssen. Aber auch hier, wie wir sehen werden, wenn wir im siebten Kapitel untersuchen, welche Bedeutung solche Konflikte zwischen den offiziellen Erklärungen und dem, was die Regeln eigentlich verlangt hätten, haben, erscheint es dogmatisch, anzunehmen, daß die private Auffassung als eine *falsche* Aussage zurückgezogen wird, weil sie falsch *vorhersagte*, was das Gericht hätte sagen sollen. Es gibt mehr Gründe, solcherlei Aussagen zurückzunehmen, als die Tatsache, daß sie falsch sind, und es gibt auch mehrerlei Weisen, unrecht zu haben, als es hier der Fall zu sein scheint.

Die Erkenntnisregel, welche die Kriterien für die Gültigkeit anderer Regeln des Systems liefert, ist in einem wichtigen Sinn, den wir jetzt verdeutlichen wollen, eine *letzte Regel*: Und wo es – wie üblich – verschiedene Kriterien gibt, die in einer bestimmten Hierarchie geordnet sind, ist eines dieser Kriterien das oberste und besitzt Vorrang vor den anderen. Diese Begriffe der Letzthinnigkeit der Erkenntnisregel und des Vorranges eines ihrer Kriterien verdienen besondere Aufmerksamkeit. Es ist wichtig, sie von der von uns verworfenen Theorie abzusondern, daß es irgendwo in jedem Rechtssystem eine souveräne Gesetzgebungsgewalt geben muß, die selbst rechtlich unbegrenzt ist, auch wenn sie sich hinter rechtlichen Formen verbirgt.

Von diesen beiden Begriffen, oberstes Kriterium und letzte Regel, ist der erste am leichtesten zu definieren. Wir können ein Kriterium der Rechtsgültigkeit bzw. für die Bestimmung der Rechtsquelle dann das oberste nennen, wenn Regeln, die mit Beziehung auf es identifiziert wurden, auch dann noch als Regeln des Systems anerkannt werden, wenn sie Regeln widerstreiten, die mit Beziehung auf andere Kriterien identifiziert wurden, während Regeln, die mit Beziehung auf die letzteren identifiziert wurden, nicht auf die gleiche Weise anerkannt werden, wenn sie den mit Beziehung auf das oberste Kriterium identifizierten Regeln widersprechen. Eine ähnliche vergleichende Erklärung können wir für die Begriffe »übergeordnet« und »untergeordnet« geben, die wir weiter oben schon gebraucht haben. Natürlich beziehen sich die Begriffe eines übergeordneten und eines höchsten Kriteriums bloß auf die *relative* Position in der Skala und enthalten keinerlei Verweis auf eine rechtlich *unbegrenzte* legislative Gewalt. Und doch kann man »oberste« und »unbegrenzte« leicht verwechseln – zumindest in der Rechtstheorie. Ein Grund besteht darin, daß in den einfacheren Rechtssystemen die Begriffe der letzten Erkenntnisregel, des obersten Kriteriums und der rechtlich unbegrenzten Legislative sich zu verschränken scheinen. Denn wo es eine Gesetzgebung gibt, die keinen verfassungsmäßigen Begrenzungen unterworfen ist und deren Erlasse alle anderen Rechtsregeln, welche aus anderen Rechtsquellen kommen, den Rechtsstatus nehmen kann, ist sie ein Teil der Erkenntnisregel dieses Systems, daß die Erlasse dieser Legislative zugleich das oberste Gültigkeitskriterium darstellen. Dies ist, entsprechend der Verfassungstheorie, im Vereinigten Königreich von Großbritannien und Nordirland der Fall. Aber auch Systeme wie das der Vereinigten Staaten von Nordamerika, wo es keine rechtlich unbegrenzte Legislative gibt, können ebensogut eine letzte Erkenntnisregel enthalten, die eine Anzahl von Gültigkeitskriterien bestimmt, deren eines das oberste ist. Dies ist dort der Fall, wo die legislative Kompetenz der ordentlichen Gesetzgebung durch eine Verfassung begrenzt ist, in der es keine Änderungsmöglichkeit gibt oder einige Klauseln von vornherein für nicht abänderbar erklärt sind. Hier gibt es keine rechtlich unbegrenzte Legislative, selbst nicht bei der weitesten Auslegung des Begriffes »Legislative«. Aber das System enthält eine letzte Erkenntnisregel und in den Artikeln ihrer Verfassung ein oberstes Gültigkeitskriterium.

Wir verstehen die Bedeutung der Erkenntnisregel als *letzte* Regel am besten, wenn wir eine sehr vertraute Kette rechtlichen Denkens verfolgen. Wenn sich die Frage erhebt, ob eine Rechtsregel gültig ist, müssen wir, um die Frage zu beantworten, ein Gültigkeitskriterium verwenden, das uns eine andere Regel liefert: Ist diese bestimmte Verordnung des County Council der Grafschaft Oxford gültig? Ja: Weil sie in Ausübung von Befugnissen erlassen wurde (und einem Verfahren entsprach), die das Gesundheitsministerium durch Erlaß eingeräumt hatte. In diesem Fall liefert der Erlaß die Kriterien, nach denen die Gültigkeit der Verordnung festgestellt wird. Wahrscheinlich gibt es keine praktische Notwendigkeit, hier weiterzuforschen, aber man kann dies stets tun. Wir können die Gültigkeit der gesetzlichen Erlasse in Frage stellen und deren Gültigkeit durch das Gesetz bestimmen, das dem Ministerium erlaubt, solche Erlasse herauszugeben. Und wenn schließlich die Gültigkeit des Gesetzes in Frage gestellt und durch Bezug auf die Regel bestimmt wurde, daß alles, was die Königin im Parlament erläßt, Recht ist, kommen wir an das Ende der Fragen nach der Gültigkeit: Denn wir haben dann eine Regel erhalten, die ebenso wie die mittelbaren Erlasse und Gesetze Kriterien für die Bestimmung der Gültigkeit anderer Regeln liefert. Aber hier gibt es dann, anders als sonst, keine weitere Regel mehr, welche Kriterien für die Bestimmung ihrer eigenen rechtlichen Gültigkeit liefert.

Natürlich können wir zu dieser letzten Regel mancherlei Fragen stellen. Wir können fragen, ob die Gerichte, Legislativen, Beamten oder Bürger in England diese Regel wirklich als die letzte Erkenntnisregel verwenden. Oder war unser rechtsphilosophisches Denken ein sinnloses Spiel mit dem Gültigkeitskriterium eines Systems, das jetzt schon abgeschafft ist? Wir können fragen, ob uns die Form des Rechtssystems befriedigt, das auf einer solchen Regel begründet ist. Bringt es mehr Gutes als Böses? Gibt es vernünftige Gründe für seine Unterstützung? Gibt es dafür eine sittliche Verpflichtung? Dies sind ganz sicher sehr wichtige Fragen; aber ebenso sicher versuchen wir nicht mehr, wenn man uns nach der Erkenntnisregel fragt, diese Frage auf die gleiche Weise zu beantworten, wie wir mit ihrer Hilfe die Frage nach anderen Regeln beantwortet hätten. Wenn wir jetzt nicht mehr sagen, daß ein besonderer Erlaß gültig ist, weil er der Regel entspricht, daß, was die Königin im Parlament erläßt, Recht ist, sondern sagen, daß die letztere Regel in England von Gerichten, Beamten und Privatpersonen als letzte Erkenntnisregel verwendet wird, sind wir von der internen Rechtsaussage, welche die Gültigkeit einer Regel des Systems feststellt, zur externen Tatsachenaussage übergewechselt, die ein Beobachter des Systems selbst dann machen könnte, wenn er sie nicht annähme. Genauso haben wir uns, wenn wir uns von der Aussage, daß ein besonderer Erlaß gültig ist, zu der Aussage wenden, daß die Erkenntnisregel des Systems besonders hervorragend ist und das darauf begründete System unterstützt werden muß, von einer Aussage über Rechtsgültigkeit zu einer Wertaussage bewegt.

Einige Autoren, die die rechtliche Letzthinnigkeit der Erkenntnisregel betont haben, drückten dies mit dem Argument aus, daß, während die Rechtsgültigkeit anderer Regeln des Systems durch Bezug auf die Erkenntnisregel bewiesen wird, ihre eigene Gültigkeit nicht bewiesen werden kann, sondern »angenommen« oder »postuliert« wird bzw. eine »Hypothese« ist. Das ist jedoch sehr irreführend. Aussagen über die Rechtsgültigkeit einzelner Regeln, die im alltäglichen Rechtsleben entweder von Richtern oder von Juristen oder von gewöhnlichen Bürgern gemacht werden, haben in der Tat einige Voraussetzungen. Sie sind interne Rechtsaussagen und geben den Standpunkt derjenigen wieder, die die Erkenntnisregel des Systems anerkennen und dabei allerhand unausgesprochen lassen, was durch externe Tatsachenaussagen über das System zur Sprache gebracht werden könnte. Was unausgesagt bleibt, bildet daher den normalen Hintergrund oder Zusammenhang der Aussagen über die Rechtsgültigkeit und wird somit von ihnen »vorausgesetzt«. Es ist jedoch wichtig, genau zu sehen, was für vorausgesetzte Dinge dies sind, und deren Eigenschaften nicht im dunkeln zu lassen. Sie bestehen aus zweierlei. Erstens: eine Person, die die Gültigkeit einer gegebenen Rechtsregel ernsthaft behauptet, z. B. ein bestimmtes positives Gesetz, bedient sich selbst einer Erkenntnisregel, die sie für angemessen zur Identifizierung des Gesetzes hält. Zweitens: diese Erkenntnisregel, mit der die Person die Gültigkeit eines bestimmten Gesetzes feststellt, wird nicht nur von ihr akzeptiert, sondern sie ist auch die Erkenntnisregel, die von dem ganzen Rechtssystem anerkannt wird und für dessen ganzes Funktionieren dient. Wenn die Wahrheit dieser Voraussetzung in Zweifel gezogen wird, kann man sie durch einen Hinweis auf die allgemeine Rechtspraxis beweisen: Man kann darauf aufmerksam machen, was die Gerichte als Recht identifizieren, und auf die allgemeine Anerkennung dieser Identifikationen oder deren stillschweigende Billigung.

Keine dieser beiden Voraussetzungen ist eigentlich »Annahme« einer »Gültigkeit«, die nicht zu beweisen ist. Wir müssen das Wort »Gültigkeit« nur in seinem gewöhnlichen Gebrauch verwenden, um Fragen zu beantworten, die *innerhalb* eines Regelsystems sich stellen, wo der Stellenwert einer Regel als Teil des Systems davon abhängt, daß sie bestimmte Kriterien erfüllt, welche die Erkenntnisregel angibt. Es gibt keine Frage nach der Gültigkeit gerade dieser Erkenntnisregel, die die Kriterien angibt. Sie kann weder gültig noch ungültig sein, sondern sie wird einfach angenommen für den Zweck, dem sie dienen soll. Diese einfache Tatsache so auszudrükken, indem man mysteriös sagt, daß die Gültigkeit der Erkenntnisregel »angenommen wird, aber nicht bewiesen werden kann«, ist dasselbe, wie wenn man sagt, daß wir annehmen, aber nie werden beweisen können, daß das originale Ur-Meter in Paris, das das letzte Maß aller Messungen in Meter ist, selbst richtig ist.

Ein ernsthafterer Einwand besteht darin, daß die »Annahme« der Gültigkeit der letzten Erkenntnisregel den wesentlich tatsächlichen Charakter der zweiten Voraussetzung verbirgt, die hinter der Gültigkeitsaussage des Juristen steht. Zweifellos ist die Praxis der Richter, der Beamten und der anderen Personen, durch die die Erkenntnisregel allein existiert, eine komplizierte Angelegenheit. Wie wir später sehen werden, gibt es Situationen, wo Fragen nach dem genauen Inhalt und dem Zweck dieser Art von Regel und auch nach ihrer Existenz nicht klar und bestimmt beantwortet werden können. Trotzdem müssen wir die »Annahme der Gültigkeit« von der »Voraussetzung der Existenz« der Erkenntnisregel unterscheiden. Wir müssen dies schon deswegen tun, weil sonst die Bedeutung der Behauptung, daß eine solche Regel *existiert*, nicht klar genug wäre.

Im einfachen System primärer Verpflichtungsregeln, wie wir es im letzten Kapitel skizziert haben, konnte die Behauptung, eine gegebene Regel existiere, nur eine externe Tatsachenaussage sein, so wie ein Beobachter, der die Regeln selbst nicht anerkennt, sie aufstellen und verifizieren würde, indem er feststellt, ob tatsächlich eine gegebene Verhaltensweise allgemein als Standard akzeptiert würde und auch solche Merkmale zeigt, die eine soziale Regel von den bloß konvergenten Gewohnheiten unterscheidet. Auf die gleiche Weise wollen wir jetzt die Behauptung auslegen und verifizieren, daß es in England eine Regel gibt – wenn auch keine rechtliche –, daß die Männer beim Betreten einer Kirche ihr Haupt entblößen müssen. Wenn es in der wirklichen Praxis einer sozialen Gruppe solche Regeln gibt, dann gibt es keine besondere Frage nach ihrer Gültigkeit, obwohl natürlich nach Wert und Wünschbarkeit der Regel weiterhin gefragt werden kann. Wenn wir einmal die Existenz als Tatsache festgehalten haben, würden wir die Dinge nur noch durcheinanderbringen, wenn wir der Regel Gültigkeit zu- oder absprächen oder wenn wir sagten, daß wir ihre Gültigkeit nur »annehmen«, aber nicht beweisen können. Wo aber andererseits, z. B. in einem reifen Rechtssystem, ein System von Regeln eine Erkenntnisregel hat, so daß die Stellung einer Regel als Teil des Systems nun davon abhängt, ob sie gewissen von der Erkenntnisregel bestimmten Kriterien genügt, entsteht eine neue Verwendung des Begriffes »Existenz«. Die Behauptung, eine Regel existiere, ist jetzt nicht mehr dieselbe wie im einfachen Fall der Regeln des Brauchs – eine externe *Tatsachen*-Aussage, daß ein bestimmtes Verhalten allgemein als Standard hingenommen wurde. Sie ist jetzt zu einer internen Aussage geworden, die sich einer angenommenen, aber noch nicht formulierten Erkenntnisregel bedient und ungefähr soviel bedeutet wie: »gültig, unter der Voraussetzung der Gültigkeitskriterien des Systems«. Sowohl in dieser wie in anderer Hinsicht unterscheidet sich die Erkenntnisregel von den übrigen Regeln des Systems. Die Behauptung ihrer Existenz kann nur eine externe Tatsachen-Aussage sein. Denn während eine untergeordnete Regel des Systems zwar gilt und in diesem Sinne »existiert«, selbst wenn niemand sie beachtet, existiert die Erkenntnisregel nur als komplexe, aber normalerweise koordinierte Praxis der Gerichte, Beamten und Privatpersonen, wenn sie mit Hilfe gewisser Kriterien identifizieren, was Recht ist. Die Existenz der Erkenntnisregel liegt in dieser Art von Faktizität.

Seite 177f. Erkenntnisregel und Kelsens »Grundnorm«
Eine der zentralen Thesen dieses Buches ist, daß die Grundlagen eines Rechtssystems nicht aus der allgemeinen Gewohnheit bestehen, einem rechtlich unbegrenzten Souverän zu gehorchen, sondern in der obersten Erkenntnisregel liegen, die autoritative Kriterien für die Identifikation gültiger Regeln des Systems liefert. Diese These ähnelt in bestimmter Weise Kelsens Begriff einer Grundnorm und ähnelt noch mehr Salmonds ungenügend ausgearbeiteter Vorstellung von »letzten Rechtsprinzipien« (siehe Kelsen, *General Theory*, S. 110-124, 131-134, 395-396 und Salmond, *Jurisprudence*, 11. Aufl., S. 137 und Appendix I). Wir haben jedoch eine andere Terminologie als Kelsen gewählt, weil die hier vertretene Ansicht sich in den folgenden entscheidenden Hinsichten von der Kelsens unterscheidet.
1. Die Frage, ob eine Erkenntnisregel existiert und was ihr Inhalt ist, z. B. was die Gültigkeitskriterien in jedem gegebenen Rechtssystem sind, wird im ganzen Buch als eine empirische, wenn auch komplexe Tatsachenfrage angesehen. Dies ist wahr, auch wenn es richtig ist, daß normalerweise ein Jurist, wenn er innerhalb des Systems handelt und feststellt, daß eine bestimmte Regel gültig ist, nicht ausdrücklich *behauptet*, sondern *stillschweigend voraussetzt*, daß die Erkenntnisregel (mit Bezug auf die er die Gültigkeit der gegebenen Regel geprüft hat) als anerkannte Erkenntnisregel des Systems existiert. Wenn aber das, was somit vorausgesetzt und unausgesprochen ist, in Frage gestellt wird, kann es durch Verweis auf die Tatsachen, d. h. auf die aktuelle Praxis der Gerichte und Beamten des Systems, die das von ihnen angewandte Recht identifizieren, deutlich gemacht werden. Kelsens Terminologie verwischt das, worauf es uns in diesem Buch ankommt, wenn sie nicht sogar gänzlich unverträglich damit ist, nämlich daß die Frage, welche Kriterien der Rechtsgültigkeit in jedem beliebigen Rechtssystem gegeben sind, eine Tatsachenfrage ist; statt dessen bestimmt Kelsen die Grundnorm als eine »juristische Hypothese« (ibid. XV), »hypothetisch« (ibid. 396), eine »postulierte letzte Regel« (ibid. 113), eine »Regel, die im juristischen Bewußtsein existiert« (ibid. 116), »eine Annahme« (ibid. 396). Unsere Frage nach der Rechtsgültigkeit ist eine faktische Frage, obwohl sie eine Frage nach der Existenz und dem Inhalt einer Regel ist. Vgl. Ago, »Positive Law and International Law«, in 51 *American Journal of International Law* (1957), S. 704-707.
2. Kelsen spricht davon, daß die *Gültigkeit* der Grundnorm »vorausgesetzt« wird. Aus Gründen, die im Text gegeben werden, kann man aber nicht nach der Gültigkeit oder Ungültigkeit einer allgemein akzeptierten Erkenntnisregel fragen im Unterschied zur faktischen Frage nach der Existenz dieser Regel.

3. Kelsens Grundnorm hat im gewissen Sinne stets den gleichen Inhalt; denn in allen Rechtssystemen ist sie einfach die Regel, daß man der Verfassung oder denen, »die die erste Verfassung aufstellten«, gehorchen soll (*General Theory*, S. 115-116; vgl. auch *Reine Rechtslehre*, 2. Auflage, S. 196 ff.). Dieser Schein von Uniformität und Einfachheit ist irreführend. Wenn eine Verfassung, die verschiedene Rechtsquellen angibt, lebendige Wirklichkeit in dem Sinne ist, daß die Gerichte und Beamten des Systems nach den von der Verfassung gegebenen Kriterien das Recht identifizieren, dann ist die Verfassung akzeptiert und existiert real. Es ist eine unnötige Verdoppelung, zu behaupten, es gebe noch eine weitere Regel, daß man der Verfassung (oder denen, die »sie aufstellten«) gehorchen soll. Dies ist dort besonders deutlich, wo es, wie im Vereinigten Königreich, keine geschriebene Verfassung gibt: Hier scheint es keinen Platz zu geben für eine Regel, »daß man der Verfassung gehorchen soll«, zusätzlich zu der Regel, daß man bestimmte Gültigkeitskriterien (z. B. die Erlasse der Königin im Parlament) zur Identifizierung des Rechts verwenden soll. Dies ist die anerkannte Regel, und man mystifiziert nur die ganze Angelegenheit, wenn man sagt, daß es eine Regel gibt, dieser Regel zu gehorchen.
4. Kelsens Meinung (*General Theory*, S. 373-375, 408-410) ist die, daß es logisch unmöglich ist, eine bestimmte Rechtsregel als gültig anzusehen und zur selben Zeit als moralisch verbindlich eine moralische Regel anzuerkennen, die das von der Rechtsregel geforderte Verhalten verbietet. Aus der Theorie der Rechtsgültigkeit, die wir in diesem Buch aufgestellt haben, folgen aber keinerlei Konsequenzen dieser Art. Ein Grund, warum wir den Ausdruck »Erkenntnisregel« verwenden statt »*Grund*-Norm«, ist der, zu vermeiden, daß wir uns Kelsens Ansicht über den Konflikt von Recht und Moral annähern.

Seite 178. Rechtsquellen
Einige Autoren unterscheiden »formale« bzw. »legale« von »historischen« bzw. »materialen« Rechtsquellen (Salmond, *Jurisprudence*, 11. Aufl., Kapitel V). Dies wird von Allen, *Law in the Making*, 6. Aufl., S. 260 kritisiert, aber dieser Unterschied, der auch als die Unterscheidung von zwei Bedeutungen des Wortes »Quelle« ausgelegt werden kann, ist entscheidend (siehe Kelsen, *General Theory*, S. 131-132, 152-153). Die eine Bedeutung (d. h. »material«, »historisch«) versteht Quelle einfach als kausale oder historische Einflüsse, die den Grund für die Existenz einer gegebenen Rechtsregel zu einer gegebenen Zeit und an einem bestimmten Ort angeben: In diesem Sinne sind Regeln des römischen Rechts oder des kanonischen Rechts oder sogar Regeln der öffentlichen Moral Quellen für bestimmte zeitgenössische Regeln des englischen Rechts. Wenn man aber sagt, daß »das positive Gesetz« eine Rechtsquelle ist, wird das Wort »Quelle« nicht mehr auf historische oder

kausale Einflüsse bezogen, sondern es bezieht sich auf Kriterien der Rechtsgültigkeit, die vom fraglichen Rechtssystem akzeptiert werden. Wenn ein positives Gesetz durch eine kompetente Gesetzgebung erlassen wird, dann ist das ein *Grund*, warum eine gegebene positive Regel gültiges Recht ist und nicht nur eine *Ursache* für deren Existenz. Die Unterscheidung von historischer Ursache und Gültigkeitsgrund einer gegebenen Rechtsregel kann nur dann getroffen werden, wenn das System eine Erkenntnisregel enthält, durch die bestimmte Dinge (Erlaß durch eine Legislative, Brauch-Praxis oder Präzedenzfall) als Identifikationsmarken für gültiges Recht akzeptiert werden.

Aber diese klare Unterscheidung zwischen historischen bzw. kausalen und legalen bzw. formalen Quellen wird in der Praxis häufig verwischt, und dies führte Autoren wie z. B. Allen (op. cit.) dazu, diese Unterscheidung zu kritisieren. In Systemen, wo das positive Gesetz eine formale oder legale Rechtsquelle ist, sind die Gerichte verpflichtet, sich nach den relevanten Gesetzen zu richten, obwohl kein Zweifel besteht, daß es bei der Auslegung der positiven Gesetzessprache noch beträchtliche Freiheit gibt (vgl. Kapitel VII, Abschnitt 1). Aber manchmal bleibt dem Richter viel mehr als die Auslegungsfreiheit. Wo er glaubt, daß kein Gesetz oder keine andere formale Rechtsquelle den ihm vorliegenden Fall zu entscheiden vermag, kann er seine Entscheidung z. B. auf einen Text der Digesten oder auf die Schriften eines französischen Juristen gründen (siehe z. B. Allen, op. cit., S. 260 f.). Das Rechtssystem *verlangt* nicht von ihm, daß er diese Quellen benützt, aber es hält es für völlig in Ordnung, wenn er sich nach ihnen richtet. Es gibt daher mehr als bloß historische und kausale Einflüsse, da solche Schriften als »gute Gründe« für Entscheidungen anerkannt werden. Vielleicht sollten wir von solchen Quellen als von »erlaubten« Rechtsquellen sprechen, im Unterschied zu den »gebotenen« legalen oder formalen Quellen (wie z. B. den Gesetzen) und zu den historischen oder materialen Quellen.

Seite 180 f. Rechtsgültigkeit und Wirksamkeit
Kelsen unterscheidet zwischen der Wirksamkeit eines rechtlichen Befehls, der im ganzen wirksam ist, und der Wirksamkeit einer Partikularnorm (*General Theory*, S. 41-42, 118-122). Für ihn ist eine Norm dann und nur dann gültig, wenn sie zu einem System gehört, das im *ganzen* wirksam ist. Dieser Meinung gibt er auch Ausdruck, vielleicht etwas zu dunkel, wenn er sagt, daß die Wirksamkeit eines Systems im ganzen eine *conditio sine qua non* (eine notwendige Bedingung), wenn auch keine *conditio per quam* (keine hinreichende Bedingung: *sed quaere*) der Gültigkeit ihrer Regeln ist. Das Argument dieser Unterscheidung, ausgedrückt in der Terminologie dieses Buches, ist das folgende: Die allgemeine Wirksamkeit des Systems ist kein Gültigkeitskriterium, das von einer Erkenntnisregel des Rechtssystems

aufgestellt wird, sondern sie wird vorausgesetzt, wenn auch nicht explizit behauptet, wann immer eine Regel des Systems als eine gültige Regel des Systems mit Beziehung auf dessen Gültigkeitskriterien gebraucht wird; es sei denn, das System ist im ganzen unwirksam und es kann keine sinnvolle Gültigkeitsaussage gemacht werden. Unsere im Text vorgetragene Meinung unterscheidet sich von der Kelsens in diesem Punkt, denn wir argumentieren hier, daß, obwohl die Wirksamkeit des Systems der *normale Kontext* ist, um Gültigkeitsaussagen zu machen, trotzdem unter bestimmten Umständen solche Aussagen sinnvoll sein können, selbst wenn das System nicht mehr gültig ist.

Kelsen diskutiert unter dem Titel der *Desuetudo* auch die Möglichkeit, daß ein Rechtssystem die Gültigkeit einer Regel von der dauernden Wirksamkeit des Systems abhängig macht. In einem solchen Fall wäre Wirksamkeit (einer einzelnen Regel) ein Teil der Gültigkeitskriterien des Systems und nicht mehr deren bloße »Voraussetzung« (op. cit., S. 119-122).

Seite 183. Gültigkeit und Vorhersage

Zu der Ansicht, die Aussage, daß ein Gesetz gültig ist, sei eine Vorhersage zukünftigen judiziellen Verhaltens und dessen speziell motivierender Gefühle, vgl. Ross, *On Law and Justice*, Kapitel 1 und 2, kritisiert bei Hart, »Scandinavian Realism«, in *Cambridge Law Journal* (1959).

Seite 184 f. Verfassungen mit begrenzten Änderungsbefugnissen

Vgl. die Fälle von Westdeutschland und der Türkei in den Anmerkungen zu Kapitel V.

4. Ronald Dworkin

Das Regelmodell II

In »Das Regelmodell I« habe ich argumentiert, daß die zentralen Aussagen derjenigen Rechtstheorie, die ich als Positivismus bezeichnet habe, irrtümlich sind und aufgegeben werden müssen.[1] Insbesondere habe ich dargelegt, daß eine Annahme, die diese Theorie macht, daß es nämlich in jedem Rechtssystem einen allgemein anerkannten grundlegenden Test geben wird, mit dem sich feststellen läßt, welche Maßstäbe zum Recht gehören und welche nicht, falsch ist. Ich sagte, daß sich in komplizierten Rechtssystemen wie denjenigen, die in den Vereinigten Staaten und Großbritannien in Kraft sind, kein solcher grundlegender Test finden läßt und daß sich in diesen Ländern nicht letztlich zwischen rechtlichen und moralischen Maßstäben unterscheiden läßt, während der Positivismus auf einer solchen Unterscheidung insistiert.

Ich könnte meine Argumentation auf folgende Weise zusammenfassen. Ich sagte, daß die These, daß es einen allgemein anerkannten Test für das Recht gibt, dann einleuchtend ist, wenn wir nur einfache Rechtsregeln von der Art betrachten, wie sie in Bestimmungen des geschriebenen Rechts auftreten oder fettgedruckt in Lehrbüchern stehen. Aber Anwälte und Richter berufen sich bei der Begründung und Entscheidung von Prozessen nicht nur auf solche fettgedruckten Regeln, sondern auch auf andere Arten von Maßstäben, die ich als Rechtsprinzipien bezeichnet habe, wie zum Beispiel das Prinzip, daß niemand von seinem eigenen Vergehen profitieren dürfe. Diese Tatsache konfrontiert den Positivisten mit der folgenden schwierigen Wahl. Er könnte zu zeigen versuchen, daß Richter, wenn sie sich auf Prinzipien dieser Art berufen, sich nicht auf Rechtsmaßstäbe berufen, sondern nur ihr Ermessen ausüben. Oder er könnte zu zeigen versuchen, daß entgegen meinen Zweifeln ein allgemein anerkannter Test in der Tat immer die Prinzipien identifiziert, die Richter zum Recht zählen, und sie von den Prinzipien unterscheidet, für die das nicht gilt. Ich habe argumentiert, daß keine der beiden Strategien Erfolg haben kann.

1 R. Dworkin, »Das Regelmodell I«, in: *Bürgerrechte ernstgenommen*, Frankfurt/M.: Suhrkamp 1984, S. 54 ff.

Eine Reihe von Juristen hat freundlicherweise auf mein Argument geantwortet; ein Artikel von Dr. Raz ist ein hervorragendes Beispiel.[2] Die Hauptpunkte, die gegen mein Argument vorgebracht werden, scheinen die folgenden zu sein: (i) Es ist nicht klar, so heißt es, daß meine These wirklich mehr involviert als einen Zusatz zur positivistischen Lehre. Wenn man die Arbeiten H. L. A. Harts, dessen Arbeiten ich für die klarsten Beispiele einer positivistischen Theorie hielt, sorgfältig liest, wird man sehen, daß seine Theorie in der Lage ist, meine Folgerungen aufzunehmen, wenn man nur eine kleine Hinzufügung macht.[3] (ii) Es wird gesagt, daß meine eigenen Argumente auf folgende Weise inkonsistent sind: mein Argument gegen die Theorie des Ermessens setzt voraus, daß tatsächlich einige Prinzipien als Recht gelten und einige nicht; wenn dem aber so ist, dann muß es einen Test für die Zugehörigkeit zum Recht geben, der genau von der Art ist, wie ich ihn bestreite.[4] (iii) Meine Argumente legen außerdem die Form dieses letzten Tests nahe. Ich sagte, daß Richter Prinzipien zumindest teilweise durch Bezug auf die Rolle identifizieren, die diese Prinzipien in vorhergehenden rechtlichen Argumenten gespielt haben, und diese Art von Test, die ich als einen Test der »institutionellen Struktur« beschrieben habe,[5] kann den letzten Test für Prinzipien liefern, der sich nach meiner Aussage nicht finden läßt. (iv) Mein Argument, daß Richter in Prinzipienangelegenheiten kein Ermessen haben, ignoriert die Tatsache, daß es manchmal sein kann, daß Richter durch die Tatsache, daß unklar ist, welche Prinzipien zählen und wieviel sie zählen, *ge-*

2 Raz, »Legal Principles and the Limits of Law«, in: *Yale Law Journal* 81 (1972), S. 823. G. Carrio, *Legal Principles and Legal Positivism* (1971); Christie, »The Model of Principles«, in: *Duke L. J.* (1968), S. 649; Gross, »Jurisprudence«, in: *Annual Survey of Am. L. J.* (1968/69), S. 575; Probert, »The Right Way«, in: *Human Rights* (E. Pollack [Hg.], 1971), S 163; Sartorius, »Social Policy and Judicial Legislation«, in: *Am. Phil. Q.* 8 (1971), S. 151; Tapper, »A Note on Principles«, in: *Modern L. Rev.* (1971), S. 628. Zu einem früheren Artikel siehe MacCallum, »Dworkin on Judicial Discretion«, in: *J. Phil.* 60 (1963), S. 638. Ich versuche nicht, auf alle Punkte und Fragen einzugehen, die in diesen Artikeln dargelegt werden, nicht einmal sie alle aufzuführen. Ich habe diejenigen Punkte zur Erörterung ausgewählt, die am häufigsten vorkommen oder die Studenten am überzeugendsten fanden.

3 Siehe zum Beispiel Carrio, S. 22.

4 Sartorius, S. 155.

5 Ebd., S. 156.

zwungen werden, Ermessen auszuüben.[6] (v) Die Unterscheidung zwischen Regeln und Prinzipien, von der meine Argumentation abzuhängen scheint, ist tatsächlich unhaltbar.[7]

Man könnte einen weiteren Einwand vorbringen, den ich jedoch nicht zu beantworten versuchen werde. Ich weiß keine Entgegnung auf das Argument, daß man den Terminus »Recht« so gebrauchen kann, daß die These des Positivisten durch Festsetzung wahr wird. Das heißt, daß er so gebraucht werden kann, daß der Sprecher als »rechtliche« Maßstäbe nur diejenigen von Richtern und Anwälten angeführten Maßstäbe anerkennt, die in der Tat durch einen allgemein anerkannten Test identifiziert werden. Ohne Zweifel läßt sich der Ausdruck »Recht« auf diese Weise verwenden, und vielleicht verwenden ihn einige Juristen in der Tat so. Mir ging es jedoch um etwas, was ich für ein Argument bezüglich des Rechtsbegriffs hielt, wie er zur Zeit allgemein verwendet wird, und das heißt, so meine ich, des Begriffs der Standards, die Rechte und Pflichten festlegen, die eine Regierung anzuerkennen und, im Prinzip zumindest, durch die bekannten Institutionen der Gerichte und der Polizei durchzusetzen verpflichtet ist. Mein Punkt war der, daß der Positivismus mit seiner Lehre eines grundlegenden und allgemein anerkannten Tests für die Zugehörigkeit zum Recht einen Teil des Bereichs dieses Begriffs mit dem ganzen verwechselt.

Ehe ich mich den oben aufgeführten speziellen Einwänden zuwende, möchte ich jedoch einen sehr allgemeinen Einwand betrachten, den ich nicht angeführt habe, der aber, wie ich – aus Gründen, die klar sein werden – meine, verschiedenen der aufgeführten Einwände zugrunde liegt. Dieser allgemeine Einwand hängt von einer These ab, die Hart in *The Concept of Law* vertritt,[8] eine These, die ebenso zur Moralphilosophie wie zur Rechtsphilosophie gehört. In ihrer stärksten Form argumentiert sie, daß Rechte oder Pflichten jeder Art nur kraft einer einheitlichen gesellschaftlichen Praxis der Anerkennung dieser Rechte und Pflichten existieren können. Wenn dem so ist und wenn, wie ich annehme, das Recht eine Sache von Rechten und Pflichten und nicht einfach des Ermessens von Beamten ist, dann muß es einen allgemein erkannten Test geben, mit dem sich die Zugehörigkeit zum Recht feststel-

6 Raz, S. 843 ff., Carrio, S. 27, Christie, S. 669, MacCallum a. a. O.

7 Raz, S. 843-854, Christie, S. 656 ff.

8 H. L. A. Hart, *The Concept of Law* (1961), S. 79-88; dt. *Der Begriff des Rechts* (1973).

len läßt, einen Test in Form einer einheitlichen gesellschaftlichen Praxis, und dann muß mein Argument falsch sein.

Im ersten Abschnitt dieses Essays werde ich diese einflußreiche These ausarbeiten, wobei ich mich besonders auf die richterliche Pflicht beziehe, bestimmte Maßstäbe als Recht anzuwenden. Ich werde dann darlegen, daß diese zurückgewiesen werden muß. In den übrigen Abschnitten werde ich meine ursprünglichen Argumente gelegentlich umformen, um zu zeigen, warum sie von der Zurückweisung dieser These abhängen.

1. Gesellschaftliche Regeln

Ich werde zunächst auf eine wichtige Unterscheidung zwischen zwei der verschiedenen Typen von Begriffen hinweisen, die wir verwenden, wenn wir unser eigenes Verhalten oder dasjenige anderer erörtern. Manchmal sagen wir, daß man etwas im ganzen, unter Berücksichtigung aller Dinge, tun »soll« oder »nicht tun soll«. Manchmal sagen wir auch, daß jemand eine »Verpflichtung« oder »Pflicht« hat, etwas zu tun, oder daß er »kein Recht« hat, es zu tun. Hierbei handelt es sich um verschiedene Arten von Urteilen: es ist zum Beispiel eines, einfach zu sagen, daß jemand für eine bestimmte Wohlfahrtseinrichtung spenden solle, und etwas ganz anderes, zu sagen, daß er eine Pflicht hat, das zu tun, und es ist eines, einfach zu sagen, daß jemand keinen Alkohol trinken oder kein Marihuana rauchen sollte, und etwas ganz anderes, zu sagen, daß er kein Recht hat, das zu tun. Man kann sich leicht Fälle ausdenken, in denen wir bereit wären, die erste dieser Behauptungen aufzustellen, aber nicht die zweite.

Ferner könnte in bestimmten Fällen durchaus etwas davon abhängen, welche Behauptung wir für gerechtfertigt halten. Urteile über Pflichten sind im allgemeinen stärker als Urteile, in denen es einfach darum geht, was man tun sollte. Wir können ein Einverständnis mit einer Verpflichtung oder Pflicht fordern, und wir können manchmal eine Sanktion für die Nichterfüllung vorschlagen, aber weder Forderungen noch Sanktionen sind angemessen, wenn es nur um die Frage geht, was man im ganzen tun sollte. Die Frage, wann Behauptungen über Verpflichtungen oder Pflichten im Unterschied von derartigen allgemeinen Behauptungen über das Verhalten angemessen sind, ist daher eine wichtige Frage der Moralphilosophie, wenngleich eine relativ vernachlässigte Frage.

Das Recht gibt nicht einfach an, was Privatbürger tun sollten oder nicht sollten; es setzt fest, was zu tun sie die Pflicht haben oder was zu tun sie kein Recht haben. Es gibt außerdem Richtern und anderen Beamten nicht einfach Ratschläge über Entscheidungen, zu denen sie kommen sollen; es setzt fest, daß sie eine Pflicht haben, bestimmte Maßstäbe anzuerkennen und durchzusetzen. Es könnte sein, daß ein Richter in einigen Fällen keine Pflicht hat, sich auf eine der beiden Weisen zu entscheiden; in derartigen Fällen muß es uns genügen, davon zu reden, was er tun sollte. Das ist es meiner Auffassung nach, was gemeint ist, wenn wir in einem solchen Fall sagen, daß der Richter »Ermessen« (*discretion*) habe. Aber alle Rechtsphilosophen, ausgenommen die extremsten Vertreter des amerikanischen Rechtsrealismus, haben angenommen, daß der Richter zumindest in einigen Fällen eine Pflicht hat, eine Entscheidung zu treffen, und zwar aus dem ausdrücklichen Grund, daß das Recht diese Entscheidung verlangt.

Es ist jedoch ein gewaltiges Problem für die Rechtstheorie, eine Erklärung dafür zu geben, warum Richter eine solche Pflicht haben. Angenommen zum Beispiel, daß eine Gesetzesbestimmung festsetzt, daß beim Fehlen eines Testaments das Vermögen eines Menschen auf seinen nächsten Verwandten übergeht. Anwälte werden sagen, daß ein Richter eine Pflicht hat, die Verteilung von Eigentum in Übereinstimmung mit dieser Gesetzesbestimmung anzuordnen. Was aber auferlegt dem Richter diese Pflicht? Wir könnten sagen wollen, daß Richter durch eine allgemeine Regel so »gebunden« sind, daß sie tun müssen, was der Gesetzgeber sagt; es ist jedoch unklar, woher diese Regel kommt. Wir können nicht sagen, daß der Gesetzgeber selbst der Ursprung der Regel ist, daß Richter tun müssen, was der Gesetzgeber sagt, weil diese Erklärung die Regel, die wir zu rechtfertigen versuchen, voraussetzt. Vielleicht können wir ein grundlegendes Rechtsdokument wie etwa eine Verfassung entdecken, das entweder explizit oder implizit sagt, daß die Richter dem Gesetzgeber folgen müssen. Aber was auferlegt Richtern eine Pflicht, der Verfassung zu folgen? Wir können nicht sagen, daß die Verfassung diese Pflicht auferlegt, ohne dabei wieder auf dieselbe Weise das vorauszusetzen, was wir zeigen wollten.

Wenn wir uns damit begnügen würden, einfach zu sagen, daß

Richter der Gesetzgebung oder der Verfassung folgen *sollten*, dann wäre die Schwierigkeit nicht so groß. Wir könnten eine ganze Reihe von Gründen für diese begrenzte Behauptung angeben; zum Beispiel den Grund, daß jeder auf lange Sicht und durchschnittlich besser dran wäre, wenn Richter sich auf diese Weise verhielten. Aber diese Art von Grund überzeugt nicht, wenn wir, wie unser Begriff des Rechts anzunehmen scheint, behaupten wollen, daß Richter eine *Pflicht* haben, dem Gesetzgeber oder der Verfassung zu folgen. Wir müssen dann Gründe zu finden versuchen, die nicht einfach Gründe dafür sind, warum Richter das tun sollten, sondern Gründe dafür, diese Pflicht zu behaupten, und das verlangt, daß wir uns mit der gerade genannten Frage der Moralphilosophie konfrontieren. Unter welchen Umständen entstehen Pflichten und Verpflichtungen?

Harts Antwort könnte man folgendermaßen zusammenfassen.[9] Pflichten existieren dann, wenn gesellschaftliche Regeln existieren, die solche Pflichten vorsehen. Solche gesellschaftliche Regeln existieren, wenn die Praxis-Bedingungen für solche Regeln erfüllt sind. Diese Praxis-Bedingungen sind erfüllt, wenn sich die Mitglieder einer Gemeinschaft auf eine bestimmte Weise verhalten; dieses Verhalten *konstituiert* eine gesellschaftliche Regel und auferlegt eine Pflicht. Angenommen, eine Gruppe von Kirchgängern befolgt folgende Praxis: (a) jeder Mann nimmt seinen Hut ab, ehe er die Kirche betritt; (b) wenn einer gefragt wird, warum es das tut, bezieht er sich auf »die Regel«, die verlangt, daß er das tut; (c) wenn jemand vergißt, vor Betreten der Kirche seinen Hut abzunehmen, wird er von den anderen kritisiert oder vielleicht sogar bestraft.[10] Unter solchen Umständen sind nach Hart Praxisbedingungen für eine Pflichten auferlegende Regel erfüllt. Die Gemeinschaft »hat«

9 Harts Analyse a. a. O., betrifft den Begriff »Verpflichtung« (*obligation*). Ich verwende hier ebenso den Begriff »Pflicht« (*duty*), weil man gewöhnlich eher von der Pflicht des Richters spricht, das Recht aufzuerlegen, und nicht von seiner Verpflichtung, und weil Hart seine Analyse auf beide Termini anwenden möchte; in der Tat verwendet er sie in *The Concept of Law* fast austauschbar. Siehe ebd., S. 27, 238.

10 Hart verwendet dieses Beispiel für einen anderen Zweck. Siehe Hart, a. a. O., S. 121 [S. 68 in diesem Band]. Ich habe das Beispiel so skizziert, daß die gesellschaftliche Regel, die hier im Spiel ist, eine eine Verpflichtung (oder Pflicht) auferlegende Regel wäre, zum Beispiel durch die Festsetzung, daß ein strenger gesellschaftlicher Druck auf Übereinstimmung hin besteht.

eine gesellschaftliche Regel dahingehend, daß Männer in der Kirche keine Hüte tragen dürfen, und diese gesellschaftliche Regel auferlegt eine Pflicht, in der Kirche keine Hüte zu tragen. Diese Regel nimmt die Frage des Huttragens in der Kirche aus dem allgemeinen Verlauf von Fragen, über die man in Begriffen dessen, was man tun solle, debattieren kann, heraus, indem sie eine Pflicht erzeugt. Die Existenz der gesellschaftlichen Regel und damit auch die Existenz der Pflicht ist einfach eine Tatsache.

Hart wendet diese Analyse dann auf die Frage der richterlichen Pflicht an. Er ist der Meinung, daß in jedem Rechtssystem durch das Verhalten der Richter die Praxis-Bedingungen für eine gesellschaftliche Regel erfüllt sind, die eine Pflicht auferlegt, bestimmte Maßstäbe als Recht zu identifizieren und anzuwenden. Wenn diese Beamten in einer bestimmten Gemeinschaft (a) bei der Erreichung ihrer Entscheidungen regelmäßig die Regeln anwenden, die die Legislative festgesetzt hat, (b) diese Praxis durch Berufung auf »die Regel« rechtfertigen, daß Richter der Legislative folgen müssen, und (c) jeden Beamten tadeln, der der Regel nicht folgt, dann kann man nach Harts Theorie von dieser Gemeinschaft sagen, daß sie eine gesellschaftliche Regel hat, daß Richter der Legislative folgen müssen. Wenn dem so ist, dann haben Richter in dieser Gemeinschaft eine Pflicht, das zu tun. Wenn wir jetzt in der Weise unserer früheren Spitzfindigkeiten die Frage stellen, warum Richter eine Pflicht haben, gesellschaftlichen Regeln zu folgen, dann wird Hart sagen, daß wir den Punkt nicht erfaßt haben. Nach seiner Erklärung gehört es zum Begriff der Pflicht, daß Pflichten durch gesellschaftliche Regeln der von ihm beschriebenen Art erzeugt werden

Harts Theorie ist jedoch, in der bisher dargestellten Form, einem Einwand ausgesetzt, den man folgendermaßen ausdrücken könnte. Wenn ein Soziologe sagt, daß eine bestimmte Gemeinschaft eine bestimmte Regel »hat« oder »befolgt«, wie z. B. die Regel, in der Kirche den Hut abzunehmen, dann will er damit das Verhalten der Gemeinschaft nur in einer bestimmten Hinsicht beschreiben. Er will nur sagen, daß Mitglieder der Gemeinschaft annehmen, daß sie eine bestimmte Pflicht haben, und nicht, daß er zustimmt. Wenn sich jedoch ein Mitglied der Gemeinschaft selbst auf die Regel beruft, um sein eigenes Verhalten oder das eines anderen zu kritisieren, dann will er nicht einfach das Verhalten anderer Leute beschreiben, sondern er will es bewerten. Er meint nicht einfach, daß andere glauben, daß sie eine bestimmte Pflicht haben, sondern daß sie diese Pflicht *in der Tat* haben. Wir müssen daher eine Unterscheidung zwischen zwei Arten von Aussagen anerkennen, die beide den Begriff einer Regel verwenden. Wir könnten sagen, daß der Soziologe eine *gesellschaftliche* Regel behauptet, der Kirchgänger dagegen eine *normative* Regel. Wir könnten sagen, daß die Behauptung einer gesellschaftlichen Regel, die der Soziologe macht, dann wahr (oder garantiert) ist, wenn eine bestimmte tatsächliche Sachlage eintritt, das heißt, wenn die Gesellschaft sich auf die Weise verhält, die Hart in seinem Beispiel beschreibt. Wir würden aber sagen wollen, daß die Behauptung einer normativen Regel, die der Kirchgänger macht, nur dann wahr (oder garantiert) ist, wenn ein bestimmter normativer Sachverhalt existiert, das heißt nur, wenn Individuen tatsächlich die Pflicht haben, die zu haben sie in Harts Beispiel annehmen. Der Richter, der einen Prozeß verhandelt, befindet sich in der Position des Kirchgängers, nicht des Soziologen. Er will nicht einfach als nackte Tatsache behaupten, daß die meisten Richter der Meinung sind, daß sie eine Pflicht haben, den Bestimmungen der Legislative zu folgen; er will sagen, daß sie in der Tat eine solche Pflicht haben, und er führt diese Pflicht, und nicht die Meinungen anderer, als die Rechtfertigung für seine eigene Entscheidung an. Wenn sich das so verhält, dann kann die gesellschaftliche Regel nicht ohne weiteres der Ursprung der Pflicht sein, die er zu haben glaubt.

Hart nimmt diesen Einwand mit einem Argument vorweg, das das Kernstück seiner Theorie bildet. Er anerkennt die Unterscheidung zwischen Behauptungen einer »gesellschaftlichen Regel« und Behauptungen einer »normativen Regel«, die ich vorgenommen habe, wenn er auch nicht diese Termini benutzt. Er bestreitet jedoch, zumindest hinsichtlich der Fälle, die er erörtert, daß man sagen kann, daß diese zwei Arten von Behauptungen zwei verschiedene Arten von Regeln behaupten. Statt dessen fordert er uns auf, zwischen der *Existenz* einer Regel und ihrem *Akzeptiertwerden* durch einzelne Mitglieder der betreffenden Gemeinschaft zu unterscheiden. Wenn der Soziologe die Existenz einer gesellschaftlichen Regel behauptet, behauptet er nur ihre Existenz: er sagt nur, daß die Praxis-Bedingungen für diese Regel erfüllt sind. Wenn der Kirchgänger die Existenz der Regel behauptet, beansprucht er zwar auch, daß diese Praxis-Bedingungen erfüllt sind, aber er zeigt *zu-*

sätzlich, daß er die Regel als einen Maßstab *akzeptiert*, nach dem er sein eigenes Verhalten ausrichtet und dasjenige anderer beurteilt. Er identifiziert eine gesellschaftliche Praxis und zeigt zugleich an, daß er eine Disposition hat, sich in Übereinstimmung mit ihr zu verhalten. Trotzdem handelt es sich, sofern sich jeder auf eine Regel bezieht, um dieselbe Regel, das heißt um die Regel, die durch die betreffende gesellschaftliche Praxis konstituiert wird.

Der Unterschied zwischen einer Aussage über das Vorliegen einer gesellschaftlichen Regel und einer Aussage über das Vorliegen einer normativen Regel ist dann also nicht ein Unterschied im Typus der Regel, die jeweils behauptet wird, sondern vielmehr ein Unterschied in der Einstellung, die die beiden Aussagen zu der behaupteten gesellschaftlichen Regel einnehmen. Wenn ein Richter sich auf die Regel beruft, daß alles, was die Legislative verfügt, Recht ist, nimmt er einen internen Standpunkt zu einer gesellschaftlichen Regel ein; was er sagt, ist deswegen wahr, weil eine entsprechende gesellschaftliche Praxis existiert. Aber er sagt nicht nur, daß sich das so verhält, sondern er zeigt an, daß er die Disposition hat, die gesellschaftliche Praxis als Rechtfertigung dafür zu betrachten, daß er sich ihr gemäß verhält.

Hart legt also sowohl eine allgemeine Theorie über den Begriff der Verpflichtung und Pflicht vor als auch eine spezielle Anwendung dieser Theorie auf die Pflicht von Richtern, dem Recht Geltung zu verschaffen. Damit dieser erste Abschnitt im Gleichgewicht bleibt, wird es mir um die Kritik der allgemeinen Theorie gehen, die ich als die Theorie der gesellschaftlichen Regel bezeichnen werde, und ich werde starke und schwächere Versionen dieser Theorie unterscheiden. Nach der starken Version gilt: wann immer jemand das Vorliegen einer Pflicht behauptet, muß das so verstanden werden, daß er die Existenz einer gesellschaftlichen Regel voraussetzt und bekundet, daß er die Praxis akzeptiert, die die Regel beschreibt. Wenn ich sage, daß Menschen eine Pflicht haben, nicht zu lügen, muß ich also zumindest meinen, daß eine dahingehende gesellschaftliche Regel existiert, und wenn sie nicht existiert, muß meine Aussage falsch sein. Nach einer schwächeren Version ist es einfach manchmal der Fall, daß man jemanden, der eine Pflicht behauptet, so verstehen sollte, daß er eine gesellschaftliche Regel voraussetzt, die diese Pflicht aufstellt. Es könnte zum Beispiel der Fall sein, daß man einen Kirchgänger, der sagt, daß Männer in der

Kirche keine Hüte tragen dürfen, auf diese Weise verstehen muß, es würde jedoch nicht folgen, daß derjenige, der die Pflicht des Nicht-Lügens behauptet, auf dieselbe Weise verstanden werden muß. Es könnte sein, daß er eine Pflicht behauptet, die tatsächlich nicht von der Existenz einer gesellschaftlichen Regel abhängt.

Hart macht auf den relevanten Seiten von *The Concept of Law* nicht ganz klar, welche Version er annehmen möchte, obwohl viele seiner Ausführungen die starke Version nahelegen. Aber die Anwendung seiner allgemeinen Theorie auf das Problem der richterlichen Pflicht wird natürlich davon abhängen, welche Version der Theorie der gesellschaftlichen Regel er vertreten will. Wenn die starke Version richtig ist, dann müssen Richter, die zum Beispiel von einer grundlegenden Pflicht reden, dasjenige, was die Legislative sagt, als Recht zu behandeln, eine entsprechende gesellschaftliche Regel voraussetzen. Wenn jedoch eine schwächere Version der Theorie der gesellschaftlichen Regel gilt, dann könnte es einfach der Fall sein, daß sich das so verhält, und man bräuchte weitere Argumente, um zu zeigen, daß es sich tatsächlich so verhält.

Die starke Version der Theorie kann dann nicht richtig sein, wenn sie alle Fälle zu erklären beabsichtigt, in denen Leute sich auf Pflichten berufen, bzw. schon dann nicht, wenn sie alle Fälle zu erklären beabsichtigt, in denen sie sich auf Regeln als den Ursprung von Pflichten berufen. Die Theorie muß zugeben, daß es einige Behauptungen des Vorliegens normativer Regeln gibt, die nicht als eine Berufung auf eine gesellschaftliche Regel erklärt werden können, nämlich deswegen nicht, weil keine entsprechende gesellschaftliche Regel existiert. Ein Vegetarier könnte zum Beispiel sagen, daß wir kein Recht haben, Tiere zum Zweck der Nahrungserzeugung zu töten, weil die moralische Regel besteht, daß Töten immer, in jeder Form und unter allen Umständen, falsch ist. Offenkundig existiert keine entsprechende gesellschaftliche Regel: der Vegetarier wird zugeben, daß sehr wenige Menschen derzeit eine solche Regel anerkennen oder eine solche Pflicht anerkennen; und in der Tat ist es ja gerade das, worüber er sich beklagt.

Die Theorie könnte jedoch argumentieren, daß dieser Gebrauch der Begriffe der Regel und der Pflicht einen Sonderfall bezeichnet und in Wirklichkeit zu einer anderen Art von moralischer Praxis gehört, die parasitär von der Standard-Praxis abhängt, die die Theorie erklären soll. Der Vegetarier muß nach dieser Darstellung so verstanden werden, daß er in Wirklichkeit nicht sagt, daß Männer und Frauen derzeit eine Pflicht haben, nicht zu töten, sondern vielmehr sagt, daß, da es sehr starke Gründe dafür gibt, zu sagen, daß man nicht töten *solle*, eine entsprechende gesellschaftliche Regel existieren *solle*. Seine Berufung auf »die Regel« könnte nahelegen, daß irgendeine derartige Regel bereits existiert, aber daß das nahegelegt wird, ist eine Art von Redefigur, d. h., der Vegetarier versucht dadurch, die imperativische Kraft gesellschaftlicher Regeln einzufangen und diese Kraft auf seinen eigenen ganz andersartigen Anspruch auszudehnen.

Diese Verteidigung mißversteht jedoch die Behauptung des Vegetariers. Er will nicht einfach sagen, daß es wünschenswert sei, daß die Gesellschaft ihre Institutionen so neu ordnet, daß niemand je das Recht hat zu töten; vielmehr will er sagen, daß tatsächlich und so, wie die Dinge stehen, niemand je das Recht dazu hat. In der Tat wird er die Existenz einer moralischen Pflicht zur Achtung des Lebens als einen Grund dafür geltend machen wollen, warum die Gesellschaft eine dahingehende gesellschaftliche Regel haben sollte. Die starke Version der Theorie der gesellschaftlichen Regel ermöglicht ihm nicht, dieses Argument anzubringen. Diese Theorie kann daher seine Aussagen nur dadurch unterbringen, daß sie darauf insistiert, daß er etwas sagen soll, was er nicht sagen möchte.

Wenn die Theorie der gesellschaftlichen Regel plausibel sein soll, muß sie daher zumindest so weit abgeschwächt werden. Sie darf nur in einer Art von Fällen eine Erklärung dessen zu bieten vorgeben, was mit einer Behauptung über das Vorliegen einer Pflicht (oder einer Behauptung einer normativen Regel der Pflicht) gemeint ist, nämlich in denjenigen Fällen, in denen in der Gemeinschaft im großen und ganzen Übereinstimmung darüber besteht, daß eine solche Pflicht existiert. Auf den Fall des Vegetariers ließe sich die Theorie nicht anwenden, hingegen wäre sie im Falle des Kirchgängers anwendbar. Diese Abschwächung würde die Anwendung der Theorie auf das Problem der richterlichen Pflicht nicht sehr stark beeinflussen, weil Richter, wenn sie entscheiden, was als das Recht anzuerkennen ist, das durchzusetzen sie gebunden sind, tatsächlich ziemlich denselben Regeln zu folgen scheinen.

Aber auch in dieser abgeschwächten Form ist die Theorie nicht plausibel. Sie beachtet nicht den wichtigen Unterschied zwischen zwei Arten der gesellschaftlichen Moral, die man als *übereinkom-*

mende (*concurrent*) und *konventionelle* Moral bezeichnen könnte. Eine Gemeinschaft zeigt eine übereinkommende Moral, wenn Mitglieder sich darüber einig sind, dieselbe – oder ziemlich dieselbe – normative Regel zu behaupten, wenn sie jedoch die Tatsache dieser Übereinstimmung nicht als einen wesentlichen Teil ihrer Gründe für die Behauptung dieser Regel betrachten. Um eine konventionelle Moral handelt es sich, wenn die Übereinstimmung als ein solcher Grund gilt. Wenn die Kirchgänger glauben, daß jeder Mann eine Pflicht hat, in der Kirche seinen Hut abzunehmen, aber eine solche Pflicht nur hat, weil eine bestimmte dahingehende gesellschaftliche Praxis besteht, dann handelt es sich hier um einen Fall von konventioneller Moral. Wenn sie außerdem der Meinung sind, daß jeder eine Pflicht hat, nicht zu lügen, und daß er diese Pflicht auch dann hätte, wenn die meisten anderen Menschen lügen würden, dann würde es sich hier um einen Fall von übereinkommender Moral handeln.

Die Theorie der gesellschaftlichen Regel muß so abgeschwächt werden, daß sie sich nur auf Fälle konventioneller Moral bezieht. In Fällen von übereinkommender Moral wie dem Beispiel des Lügens wären zwar die Praxis-Bedingungen, die Hart beschreibt, erfüllt. Die Leute würden im großen und ganzen nicht lügen, sie würden »die Regel«, daß Lügen falsch ist, als eine Rechtfertigung dieses Verhaltens anführen, und sie würden diejenigen verurteilen, die lügen. Nach Harts Theorie würde durch dieses Verhalten eine gesellschaftliche Regel konstituiert, und die soziologische Aussage, die Gemeinschaft »habe eine Regel« gegen das Lügen, wäre gerechtfertigt. Die Behauptung, welche Mitglieder der Gemeinschaft machen, wenn sie von einer Pflicht des Nicht-Lügens sprechen, würde jedoch verzerrt, wenn man annehmen würde, daß sie sich auf diese gesellschaftliche Regel *berufen*, oder wenn man annehmen würde, daß sie die Existenz der Regel als für ihre Behauptung notwendig betrachten. Da es sich um einen Fall von übereinkommender Moral handelt, verhält es sich im Gegenteil so, daß sie das nicht tun. Die Theorie der gesellschaftlichen Regel muß daher auf die konventionelle Moral beschränkt sein.

Es könnte durchaus sein, daß diese weitere Abschwächung der Theorie ihre Wirkung auf das Problem der richterlichen Pflicht reduziert. Es könnte sein, daß zumindest ein Teil dessen, was Richter ihrer Meinung nach tun müssen, nicht konventionelle, sondern übereinkommende Moral darstellt. Zum Beispiel könnte es sein, daß viele Richter der Meinung sind, daß sie eine Pflicht zur Durchsetzung von Entscheidungen einer demokratisch gewählten Legislative aufgrund politischer Prinzipien haben, die sie als unabhängig wertvoll akzeptieren, und daß sie diese Pflicht nicht einfach deswegen haben, weil andere Richter und Beamte sie ebenfalls akzeptieren. Andererseits ist es zumindest plausibel, anzunehmen, daß das nicht so ist und daß zumindest die Masse der Richter in typischen Rechtssystemen eine bestimmte allgemeine richterliche Praxis als wesentlichen Teil der Gründe für jede Behauptung über ihre richterlichen Pflichten betrachten würde.

Die Theorie der gesellschaftlichen Regel ist jedoch nicht einmal eine adäquate Darstellung der konventionellen Moral. Sie ist deswegen nicht adäquat, weil sie die Tatsache nicht erklären kann, daß Leute, auch wenn sie eine gesellschaftliche Praxis als notwendigen Bestandteil der Gründe für die Behauptung einer Pflicht betrachten, immer noch über den Umfang der Pflicht verschiedener Meinung sein können. Angenommen zum Beispiel, die Mitglieder der Gemeinschaft, die »die Regel hat«, daß Männer in der Kirche keine Hüte tragen dürfen, sind in der Tat uneinig über die Frage, ob »diese« Regel Anwendung auf den Fall von männlichen Babys hat, die Hauben tragen. Jede Seite glaubt, daß ihre Auffassung der Pflichten der Babys oder ihrer Eltern die richtigere ist, aber keine der beiden Auffassungen kann man so darstellen, daß sie auf einer gesellschaftlichen Regel beruht, weil es zu dieser Frage keinerlei gesellschaftliche Regel gibt.

Harts Beschreibung der Praxis-Bedingungen für gesellschaftliche Regeln ist hinsichtlich dieses Punkts explizit: eine Regel wird konstituiert durch das übereinstimmende Verhalten der Masse einer Bevölkerung. Zweifellos würde er zu übereinstimmendem Verhalten auch ein Verhalten rechnen, das nach Übereinstimmung aller in einem bestimmten Fall erfordert wäre, obwohl der Fall nicht aufgetreten ist. Die gesellschaftliche Regel würde also den Fall eines rothaarigen Mannes »abdecken«, selbst wenn bisher kein solcher zur Gemeinschaft gehören sollte. Aber wenn die Hälfte der Kirchgänger beansprucht, daß Babys ihre Hauben abnehmen müssen, und die andere Hälfte das bestreitet, welche gesellschaftliche Regel wird dann durch dieses Verhalten konstituiert? Wir können weder sagen, daß es eine gesellschaftliche Regel konstituiert, daß Babys ihre Hauben abnehmen müssen, noch daß es eine Regel konstituiert, die festsetzt, daß sie diese Pflicht nicht haben.

Wir könnten versucht sein zu sagen, daß die gesellschaftliche Regel über das Tragen von Hüten in der Kirche hinsichtlich der Frage der Babys »unbestimmt« ist. Das enthält jedoch eine Konfusion gerade der Art, wie sie die Theorie der gesellschaftlichen Regel vermeiden sollte. Wir können nicht sagen, daß die gesellschaftliche Regel unbestimmt ist, wenn alle relevanten Tatsachen über gesellschaftliches Verhalten bekannt sind, was in in diesem Fall gilt; wir können das deswegen nicht sagen, weil das die These verletzen würde, daß gesellschaftliche Regeln durch Verhalten konstituiert werden. Man könnte dann sagen, daß eine gesellschaftliche Regel über das Tragen von Hüten unbestimmt ist, wenn die Tatsachen darüber, was Leute tun und denken, noch nicht zusammengetragen sind, oder vielleicht dann, wenn die Frage der Babys noch nicht aufgetreten ist, also unklar war, ob die Masse der Gemeinschaft ein und derselben Meinung sein würde oder nicht. Aber keine dieser Unbestimmtheiten liegt hier vor; der Fall ist aufgetreten, und wir wissen, daß die Mitglieder der Gemeinschaft verschiedener Meinung sind. Wir können daher in einem derartigen Fall nicht sagen, daß die gesellschaftliche Regel über das Tragen von Hüten in Kirchen unbestimmt ist, sondern wir müssen vielmehr sagen, daß die einzige gesellschaftliche Regel, die durch das Verhalten der Gemeinschaft konstituiert wird, die Regel ist, die erwachsenen Männern verbietet, in der Kirche Hüte zu tragen. Die Existenz dieser Regel ist gewiß, und es ist ebenso gewiß, daß hinsichtlich der Frage der Babys keine gesellschaftliche Regel existiert.

All das scheint aber aus folgendem Grund fast verhängnisvoll für die Theorie der gesellschaftlichen Regel: wenn Leute normative Regeln behaupten – und das gilt auch in Fällen konventioneller Moral –, dann behaupten sie typischerweise Regeln, die sich in der Reichweite oder im Detail unterscheiden oder die sich jedenfalls unterscheiden würden, wenn jeder seine Regel genauer formulieren würde. Aber zwei Leute, deren Regeln sich unterscheiden oder sich unterscheiden würden, wenn sie weiter ausgearbeitet würden, können sich nicht auf dieselbe gesellschaftliche Regel berufen, und mindestens einer von ihnen kann sich überhaupt nicht auf eine gesellschaftliche Regel berufen. Das ist so, obwohl sie in den meisten Fällen, die auftreten oder auftreten könnten, übereinstimmen, wenn die Regeln, die jeder von ihnen gutheißt, im Spiel sind. Die Theorie der gesellschaftlichen Regel muß also, wenn sie überhaupt überleben will, so weit abgeschwächt werden, daß ihre Form unannehmbar wird. Man muß sagen, daß sie – wie einige Spiele – nur in Fällen Anwendung hat, in denen von den Teilnehmern akzeptiert ist, daß eine Pflicht, die kontrovers ist, keine Pflicht ist. Sie hätte dann keine Anwendung auf richterliche Pflichten.

Die Theorie könnte diese Konsequenz auf verschiedene Weisen zu vermeiden versuchen. Sie könnte zunächst argumentieren, daß das, was jemand sagt, wenn er sich auf eine Regel beruft, in einem kontroversen Fall so verstanden werden muß, daß es zwei Teile hat: Erstens identifiziert es die gesellschaftliche Regel, die Übereinstimmung innerhalb der Gemeinschaft darstellt (daß erwachsene Männer in der Kirche keine Hüte tragen dürfen), und zweitens macht es geltend, daß diese Regel ausgedehnt werden *sollte*, so daß sie strittigere Fälle erfaßt (wie den Fall von Babys in der Kirche). Anders ausgedrückt: die Theorie könnte bei allen kontroversen Bezugnahmen auf Regeln ebenso vorgehen, wie ich es im Falle des Vegetariers angedeutet habe. Der Einwand, den ich bei der Erörterung des Falls des Vegetariers machte, ließe sich dann jedoch mit viel größerer Wirkung als eine allgemeine Kritik der Theorie als ganzer vorbringen. Leute oder jedenfalls diejenigen Leute, die außerhalb von philosophischen Texten leben, berufen sich auf moralische Maßstäbe hauptsächlich unter strittigen Umständen. Wenn sie das tun, wollen sie nicht sagen, daß der Maßstab für den vorliegenden Fall gelten sollte, was immer das heißen würde, sondern daß der Maßstab auf diesen Fall tatsächlich Anwendung hat; sie meinen nicht, daß Leute die Pflichten und Verantwortlichkeiten haben sollten, die der Maßstab vorschreibt, sondern daß sie sie tatsächlich haben. Die Theorie könnte kaum argumentieren, daß alle diese Behauptungen spezielle oder parasitäre Anwendungen des Begriffs der Pflicht sind; würde sie das tun, würde sie ihre eigene Anwendung auf Triviales beschränken.

Eine andere Möglichkeit wäre, die Theorie auf ganz andere Weise zu verteidigen, dadurch nämlich, daß man den Begriff einer gesellschaftlichen Regel, den sie verwendet, ändert. Sie könnte das dadurch tun, daß sie sich auf die Tatsache konzentriert, daß, jedenfalls im Falle der konventionellen Moral, bestimmte verbale Formulierungen von Regeln häufig zu einer Standardformulierung werden, wie zum Beispiel die Form »Männer müssen in der Kirche den Hut abnehmen«. Nach dem revidierten Begriff existiert eine gesellschaftliche Regel dann, wenn eine Gemeinschaft eine bestimmte verbale Formulierung ihrer Pflichten akzeptiert und diese Formulierung als Orientierung des Verhaltens und zur Kritik von Verhalten verwendet; man kann dann sagen, daß die Regel in dem Maß »unbestimmt« ist, wie die Gemeinschaft über die geeignete Anwendung eines oder mehrerer Termini in der Standardformulierung verschiedener Meinung ist, vorausgesetzt, es besteht Übereinstimmung darüber, daß die kontroversen Fälle auf der Grundlage der einen oder anderen Interpretation dieser Termini entschieden werden müssen. Diese Revision der Theorie würde eine Antwort auf mein Argument liefern. Die Kirchgänger akzeptieren eine einzige gesellschaftliche Regel über ihre Verantwortlichkeiten des Huttragens, nämlich die Regel, daß Männer in der Kirche keine Hüte tragen dürfen. Diese Regel aber ist unbestimmt, weil Uneinigkeit darüber besteht, ob der Ausdruck »Männer« männliche Babys einschließt oder ob der Ausdruck »Hüte« Hauben einschließt.

Diese Revision des Begriffs legt aber viel zuviel Gewicht auf den zufälligen Umstand, ob Mitglieder der betreffenden Gemeinschaft in der Lage sind, ihre Uneinigkeiten über Pflichten als Uneinigkeiten über die Interpretation eines Schlüsselworts in einer bestimmten verbalen Formulierung, die populär geworden ist, zu lokalisieren, bzw. ob sie sie tatsächlich so lokalisieren. Die Kirchgänger sind in der Lage, ihre Uneinigkeit so auszudrücken, aber es folgt nicht, daß sie das alle tun werden. Die verbale Formulierung der Regel hätte anders sein können, ohne daß dabei die zugrundeliegenden gesellschaftlichen Tatsachen verschieden sein müßten, etwa wenn die Leute die Gewohnheit hätten, zu sagen, daß nur Frauen in der Kirche den Kopf bedecken dürfen; in diesem Fall wäre die Uneinigkeit nicht als Uneinigkeit darüber darzustellen, ob der Ausdruck »Frauen« »männliche Babys« einschließt, sondern darüber, ob die populäre Fassung eine korrekte Angabe der richtigen normativen Regel ist.

Außerdem verlöre die Theorie, würde man sie auf diese Weise umformen, den größten Teil ihrer ursprünglichen explanatorischen Kraft. In der ursprünglichen Darstellung erfaßte sie, wenn auch auf falsche Weise, eine wichtige Tatsache, nämlich die Tatsache, daß die gesellschaftliche Praxis eine zentrale Rolle in der Rechtfertigung zumindest einiger unserer normativen Behauptungen über die individuelle Verantwortlichkeit oder Pflicht spielt. Es sind jedoch Tatsachen konsistenter Praxis, die zählen, und nicht Zufälligkeiten des Verbalverhaltens. Unsere moralischen Verhaltensweisen sind keine Übungen in der Auslegung von Gesetzen.

Schließlich könnte die Theorie der gesellschaftlichen Regel Harts ursprüngliche Definition einer gesellschaftlichen Regel als einer Beschreibung einer einheitlichen Praxis beibehalten, sich aber auf andere Weise zurückziehen und sich mit weniger zufriedengeben. Sie könnte die Behauptung aufgeben, daß gesellschaftliche Regeln die *Grenzen* der Pflichten eines Menschen festsetzen, aber die Vorstellung beibehalten, daß sie ihre *Schwelle* bestimmen. Man könnte dann sagen, daß die Funktion gesellschaftlicher Regeln in der Moral von folgender Art ist: gesellschaftliche Regeln zeichnen das aus, was in der Weise von Pflichten festgesetzt ist, nicht einfach im faktischen Sinn, daß sie einen Bereich beschreiben, in dem ein Konsens besteht, sondern in dem begrifflichen Sinn, daß man, wenn ein solcher Konsens besteht, nicht bestreiten kann, daß Mitglieder der Gemeinschaft zumindest die von ihm umfaßten Pflichten haben, obwohl sie sich, und vielleicht mit Recht, weigern könnten, diese Pflichten zu achten. Die gesellschaftliche Regel setzt jedoch nicht fest, daß Individuen keine Rechte oder Pflichten haben, die über die Bedingungen der Regel hinausgehen (das gilt sogar im Bereich der konventionellen Moral); die Tatsache, daß die gesellschaftliche Regel manche Fälle, zum Beispiel denjenigen der Babies in der Kirche, nicht erfaßt, bedeutet vielmehr, daß jemand, der in diesem Fall das Vorliegen einer Pflicht behauptet, sich auf Argumente stützen muß, die über eine bloße Berufung auf eine Praxis hinausgehen.

Wenn die Theorie der gesellschaftlichen Regel auf diese Weise revidiert wird, dann stützt sie Harts These einer gesellschaftlichen Anerkennungsregel nicht mehr auf die Weise, auf die die ursprünglich beschriebene Theorie das tat. Wenn Richter eine Pflicht haben können, einen Fall auf eine bestimmte Weise zu entscheiden, obwohl keine gesellschaftliche Regel diese Pflicht auferlegt, dann geht Harts These, daß die gesellschaftliche Praxis jede richterliche Pflicht erklärt, verloren. Ich möchte jedoch auf die Schwäche hinweisen, die die Theorie der gesellschaftlichen Regel selbst in dieser revidierten Form behält. Auch die Aussage, daß eine gesellschaftliche Regel die Minimalebene von Rechten und Pflichten festsetzt, stimmt nicht mit unserer moralischen Praxis überein. Es ist allgemein, auch als Aspekt der konventionellen Moral, anerkannt, daß eine Praxis, die sinnlos ist oder die mit anderen Forderungen der Moral prinzipiell unvereinbar ist, keine Pflichten auferlegt, obwohl natürlich dann, wenn eine gesellschaftliche Regel existiert, nur eine kleine Minderheit der Meinung sein wird, daß diese Klausel in der Tat Anwendung hat. Wenn zum Beispiel eine gesellschaftliche Regel existieren würde, daß Männer Frauen bestimmte formelle Höflichkeiten entgegenbringen sollen, dann würden die meisten Leute sagen, daß die Frauen ein Recht auf diese Höflichkeiten haben; aber jemand, der diese Höflichkeiten für eine Beleidigung hält, würde, gehöre er nun zum einen oder zum andern Geschlecht, nicht zustimmen.

Diese Tatsache über die konventionelle Moral, welche die Theorie der gesellschaftlichen Regel ignoriert, ist deswegen von großer Wichtigkeit, weil sie den Weg zu einem besseren Verständnis des Zusammenhangs zwischen der gesellschaftlichen Praxis und normativen Urteilen weist, als diese Theorie es anbietet. Es stimmt, daß normative Urteile oft eine gesellschaftliche Praxis als wesentlichen Teil der Gründe für dieses Urteil annehmen; dies ist, so habe ich gesagt, das Kennzeichen der konventionellen Moral. Die Theorie der gesellschaftlichen Regel faßt diesen Zusammenhang jedoch falsch auf. Sie meint, daß die gesellschaftliche Praxis eine Regel *konstituiert*, die von dem normativen Urteil akzeptiert wird; in Wirklichkeit trägt die gesellschaftliche Praxis dazu bei, eine Regel zu *rechtfertigen*, die von dem normativen Urteil angegeben wird. Die Tatsache, daß eine Praxis des Abnehmens der Hüte in der Kirche existiert, rechtfertigt die Behauptung einer entsprechenden normativen Regel – nicht weil die Praxis eine Regel konstituiert, die das normative Urteil beschreibt und der es beipflichtet, sondern weil die Praxis Möglichkeiten der Erregung von Anstoß erzeugt und Erwartungen der Art entstehen läßt, wie sie gute Gründe für die Behauptung einer Pflicht zum Abnehmen des Hutes in der Kirche oder für die Behauptung einer normativen Regel sind, daß man das tun müsse.

Die Theorie der gesellschaftlichen Regel scheitert, weil sie darauf besteht, daß eine Praxis irgendwie denselben *Inhalt* haben muß wie die Regel, welche Individuen im Namen dieser Praxis behaupten. Wenn wir jedoch einfach annehmen, daß eine Praxis eine Regel rechtfertigen könnte, dann könnte es sein, daß die so gerechtfertigte Regel denselben Inhalt hat wie die Praxis, es könnte aber auch sein, daß sie nicht denselben Inhalt hat; sie könnte hinter ihr zurückbleiben oder über sie hinausgehen. Wenn wir den Zusammenhang zwischen gesellschaftlicher Praxis und normativen Ansprüchen auf diese Weise betrachten, dann können wir den Punkt, mit dessen Erklärung sich die Theorie der gesellschaftlichen Regel abmüht, leicht erklären. Wenn jemand eine gesellschaftliche Praxis für sinnlos oder absurd oder beleidigend hält, dann könnte es sein, daß er der Meinung ist, daß sie nicht einmal im Prinzip die Behauptung irgendeiner Pflicht oder normativer Verhaltensregeln rechtfertigt, und in diesem Fall wird er nicht sagen, daß sie ihm, der sie ablehnt, eine Pflicht auferlegt, sondern daß sie trotz der Meinung der anderen überhaupt keine Pflicht auferlegt.

Außerdem wird es, wenn eine Gemeinschaft eine bestimmte Praxis hat (wie diejenige, keine Hüte in der Kirche zu tragen), nicht überraschend, sondern wahrscheinlich sein, daß Mitglieder verschiedene normative Regeln behaupten werden, die alle angeblich durch diese Praxis gerechtfertigt sind. Sie werden verschiedener Meinung darüber sein, ob Babys Hauben tragen dürfen, weil sie verschiedener Meinung darüber sein werden, ob die Tatsache der Praxis unter Berücksichtigung aller Aspekte die Behauptung dieser Pflicht rechtfertigt. Manche könnten der Meinung sein, daß sie es tut, weil sie der Meinung sind, daß die Praxis als ganze eine Form der Beleidigung oder Respektlosigkeit festsetzt, die stellvertretend von den Eltern eines Kindes begangen werden kann. Andere könnten anderer Meinung sein, und dies aus verschiedenen Gründen. Es stimmt, daß sie ihren Streit selbst in diesem trivialen Fall als einen Streit darüber gestalten werden, was »die Regel« über das Tragen von Hüten in der Kirche verlangt. Aber Bezug genommen wird nicht auf die Regel, die durch das allgemeine Verhalten konstituiert wird, d. h. eine gesellschaftliche Regel, sondern auf die Regel, die durch das allgemeine Verhalten gerechtfertigt ist, d. h. eine normative Regel. Der Streit betrifft genau die Frage, welches *diese* Regel ist.

Es könnte sein, daß die richterliche Pflicht ein Fall von konventioneller Moral ist. Es folgt nicht, daß eine bestimmte gesellschaftliche Regel die Grenzen der richterlichen Pflicht angibt, nicht einmal, daß sie ihre Schwelle angibt. Wenn Richter die Regel anführen, daß sie zum Beispiel der Legislative folgen müssen, dann könnte es sein, daß sie sich auf eine normative Regel berufen, die durch eine bestimmte gesellschaftliche Praxis gerechtfertigt wird, und daß sie auf eine Weise uneinig über den genauen Inhalt dieser normativen Regel sind, die nicht nur eine Uneinigkeit über das tatsächliche Verhalten anderer Richter darstellt. Es könnte sein, daß der Positivist recht hat, aber er muß seine Theorie ohne den Abkürzungsweg begründen, den die Theorie der gesellschaftlichen Regel anbietet.

2. Bin ich wirklich anderer Meinung als Hart?

Es ist vorgeschlagen worden, daß mein Dissens mit dem Positivismus, zumindest in der von Hart präsentierten Form, in Wirklichkeit geringer ist, als ich behauptet habe. Vielleicht habe ich gezeigt, daß eine angemessene Darstellung des Rechts Prinzipien ebenso wie Regeln einen Ort einräumen würde. Aber nichts in Harts Theorie scheint das zu bestreiten. Es stimmt, daß er nur über Regeln spricht, aber er definiert den Ausdruck »Regel« nicht auf die beschränkte Weise, auf die ich es in »Das Regelmodell I« tue, und man könnte ihn daher, wenn er von Regeln spricht, so verstehen, daß er Prinzipien ebenso wie Regeln in einem engen Sinn einschließt. Vielleicht habe ich gezeigt, daß jeder grundlegende Test, mit dem sich die Zugehörigkeit zum Recht feststellen läßt, wenn er Rechtsprinzipien ebenso wie Rechtsregeln einschließen soll, komplexer sein muß als die Beispiele, die Hart als Beispiele einer Anerkennungsregel angibt. Aber Hart sagt, daß die Anerkennungsregel komplex sein könnte, daß sie in der Tat aus verschiedenen Kriterien zusammengesetzt sein könnte, die in einer Hierarchie angeordnet sind. Seine einfachen Beispiele, wie die Regel, daß das, was die Königin im Parlament erläßt, Recht ist, sollen nur Beispiele sein.

Wo also ist die Meinungsverschiedenheit zu lokalisieren? Es stimmt, daß »Das Regelmodell I« Harts These zu bestreiten scheint, daß jedes Rechtssystem einen grundlegenden Test für die Zugehörigkeit zum Recht in der Form einer Anerkennungsregel hat. Aber, worauf Sartorius hinweist, ich kann nicht wirklich meinen, daß ein Rechtssystem existieren kann, das keinen grundlegenden Test hat, mit dem sich Rechtsregeln und Rechtsprinzipien identifizieren lassen.[11] Es gehörte zu meinem Argument, daß einige Prinzipien als Bestandteil des Rechts betrachtet werden müssen und daher eine Rolle in der richterlichen Argumentation spielen, während andere das vielleicht nicht tun. Aber wenn das stimmt, dann muß es eine Art von Test geben, mit dem sich die beiden Arten von Prinzipien unterscheiden lassen. Meine Aussage, daß keine grundlegende Regel existiert, muß daher so verstanden werden, daß sie nur bedeutet, daß die grundlegende Regel so komplex sein muß, daß sie sich nicht in einer einfachen Regel angeben läßt. Da Hart aber nie behauptet hat, daß die grundlegende Regel einfach sein muß, ist dieser Differenzpunkt nur von begrenzter Art.

So lautet der erste der Einwände, die ich berücksichtigen möchte. Als ich »Das Regelmodell I« schrieb, war ich der Meinung, daß die positivistische These, daß in jedem Rechtssystem ein grundlegender Test für die Zugehörigkeit zum Recht existiert, so weit klar sei, daß sie wenig Ausarbeitung erfordere. Ich dachte, daß man alle Zweideutigkeiten dadurch auflösen könnte, daß man Harts sorgfältige Formulierung der These als Beispiel nimmt. Der gerade beschriebene Einwand überzeugt mich, daß ich hierin unrecht hatte, und ich werde jetzt versuchen, den Schaden wiedergutzumachen, indem ich klarer angebe, wie ich die positivistische These auffasse und wie sich diese These von Thesen unterscheidet, die ich selbst vertreten würde.

Ich werde zunächst drei verschiedene Thesen darlegen, die alle etwas mit der Idee eines grundlegenden Tests für die Zugehörigkeit zum Recht zu tun haben. In der Beschreibung dieser verschiedenen Thesen werde ich die Unterscheidung verwenden, die ich im letzten Abschnitt gemacht habe, die Unterscheidung zwischen der Beschreibung gesellschaftlichen Verhaltens durch den Begriff einer gesellschaftlichen Regel einerseits und der Behauptung einer normativen Position durch den Begriff einer normativen Regel andererseits. (i) Die erste These sagt, daß in jeder Nation, die ein entwickeltes Rechtssystem hat, eine gesellschaftliche Regel oder Menge *gesellschaftlicher* Regeln innerhalb der Gemeinschaft ihrer Richter und Rechtsbeamten existiert, wobei diese Regeln die Grenzen der richterlichen Pflicht festsetzen, andere Regeln oder Prinzipien als

11 Sartorius, a. a. O., S. 155.

Recht anzuerkennen. Die These würde zum Beispiel für England gelten, wenn englische Richter als Gruppe eine Pflicht anerkennen würden, bei der Bestimmung rechtlicher Pflichten und Rechte nur Regeln oder Prinzipien anzuerkennen, die vom Parlament erlassen wurden oder in richterlichen Entscheidungen niedergelegt wurden oder durch langwährende Sitte festgelegt sind, und wenn sie als Gruppe anerkennen würden, daß sie keine Pflicht haben, irgend etwas anderes zu berücksichtigen. Hart vertritt diese erste These; in der Tat könnte man seine Theorie, daß in jedem Rechtssystem eine gesellschaftliche Anerkennungsregel existiert, als einen seiner wichtigsten Beiträge zur positivistischen Tradition betrachten. (ii) Die zweite These besagt, daß in jedem Rechtssystem eine bestimmte *normative* Regel oder ein Prinzip oder eine komplexe Menge von diesen der geeignete Maßstab ist, mit dem Richter speziellere Rechtsregeln oder Rechtsprinzipien identifizieren sollten. Jemand, der diese zweite These akzeptiert, könnte zum Beispiel meinen, daß Richter in England eine Pflicht haben, nur Gesetzesbestimmungen, Präzedenzfälle und eindeutige Sitten als Recht anzuerkennen, ob sie nun ihre Entscheidungen tatsächlich auf diese Weise erreichen oder nicht. (iii) Die dritte These sagt, daß in jedem Rechtssystem die meisten Richter *irgendeine* normative Regel oder Theorie annehmen, die ihre Pflicht, andere Maßstäbe als Rechtsmaßstäbe zu berücksichtigen, leitet. Diese These legt dar, daß man, wenn man zum Beispiel die Muster der Entscheidungen verschiedener englischer Richter untersuchen würde, herausfinden könnte, daß jeder Richter mehr oder weniger bewußt einer bestimmten Regel folgt, die bestimmte ausschließliche Rechtsursprünge bezeichnet, oder einer komplexeren Theorie, die festsetzt, wie die Rechtsfindung zu geschehen hat. Es würde aus dieser These, obgleich es ebenfalls zutreffen könnte, nicht folgen, daß die Masse der englischen Richter *derselben* Regel oder Theorie folgt; wenn sie es täten, dann würde auch die erste These mindestens für England zutreffen, andernfalls aber nicht.

Die Meinungsverschiedenheit zwischen Hart und mir betrifft die erste dieser drei Thesen. Er vertritt diese These, ich bestreite sie. Die Frage ist wichtig; von ihr hängt die orthodoxe Vorstellung ab, daß Rechtsmaßstäbe sich prinzipiell und als eine Gruppe von moralischen oder politischen Maßstäben unterscheiden lassen. Wenn die erste These zutrifft, dann existiert in der Tat in jedem Rechtssystem ein allgemein akzeptierter Test für die Zugehörigkeit zum Recht, der die Form einer gesellschaftlichen Regel hat, und das genügt, um rechtliche von moralischen Regeln und Prinzipien zu unterscheiden. Wenn die erste These aber falsch ist, dann existiert kein solcher Test.

Es genügt nicht, daß irgendeine Version der zweiten oder dritten These richtig ist. Angenommen, ich selbst akzeptiere eine normative Rechtstheorie von der Art, wie die zweite sie betrachtet. Meine Theorie wird, wenn sie nicht von allen anderen geteilt wird, strittige Bestimmungen enthalten; sie könnte zum Beispiel eine strittige Theorie des Präzedenzfalls einschließen, die argumentiert, daß Gerichte Präzedenzfällen neueren Datums mehr Gewicht beimessen müssen als veralteten Präzedenzfällen. Ich müßte dann die These unterstützen, daß meine Auffassung des Präzedenzfalls die Pflicht eines Richters richtig angibt, und ich könnte das nur tun, indem ich eine weitere Theorie über den Sinn oder Wert der Institution des Präzedenzfalls entwickeln würde. Meine Gründe für diese weitere Theorie würden zweifellos von kontroversen Prinzipien der politischen Moral abhängen, zum Beispiel von Prinzipien über die richtige Stellung der Richterschaft in einer Demokratie. Es ist gerade diese Art der Abhängigkeit, die der Positivismus am meisten zu bestreiten sich bemüht.

Die Unterscheidung, die ich zwischen diesen drei verschiedenen Thesen getroffen habe, zeigt, warum der Einwand von Sartorius den Punkt nicht trifft. Er meint, wenn ich sage, daß Richter eine Pflicht haben, einige Prinzipien zu benutzen, aber andere nicht, oder dem einen Prinzip ein bestimmtes Gewicht zuzuordnen, aber kein größeres Gewicht, dann folge, daß ich selbst an die Vorstellung gebunden bin, daß es einen grundlegenden Test für die Zugehörigkeit zum Recht gibt. Es folgt tatsächlich, daß ich an eine Version der zweiten These gebunden bin, das heißt, daß ich selbst denke, daß sich eine bestimmte Theorie darüber, wie Richter schwierige Fälle entscheiden müssen, und nicht eine andere Theorie überzeugend begründen läßt. Aber es folgt nicht, daß ich die erste These akzeptieren muß, daß unter Richtern eine gesellschaftliche Regel existiert, die diese Frage entscheidet. Das ist Harts These, aber es ist nicht meine These und braucht es auch nicht zu sein.

Ein Aspekt der Theorie Harts legt jedoch nahe, daß ich ihm eine zu starre Theorie zuschreibe. Hart sagt mit Bedacht, daß eine gesellschaftliche Anerkennungsregel in einigen Fällen unbestimmt sein könnte, so daß sie nicht jede Streitfrage klärt, die hinsichtlich der Frage, was als Recht gilt, auftreten könnte.[12] Damit eine solche Regel existiert, genügt es, daß sie die meisten solcher Fragen klärt. Hart gibt folgendes Beispiel. Er sagt, daß es in England zweifellos zumindest ein Teil der Anerkennungsregel ist, daß alles, was das Parlament erläßt, Recht ist. Es ist trotzdem unbestimmt, ob das Parlament jetzt die Macht hat, zukünftige Parlamente zu binden, was es zum Beispiel zu tun versuchen könnte, wenn es eine bestimmte Rechtsregel annehmen würde und dann sowohl diese Regel als auch die Klausel, daß sie eine befestigte (*entrenched*) Stellung habe, durch die Klausel befestigen würde, daß beide höchstens durch eine Zweidrittelmehrheit beseitigt werden könnten. Würde dieser Fall eintreten, könnten Richter durchaus geteilter Meinung darüber sein, welche rechtlichen Folgen es hätte, wenn ein künftiges Parlament versuchen würde, diese Regeln durch eine einfache Mehrheit zu beseitigen. Wenn die Richter auf diese Weise geteilter Meinung wären, würde das zeigen, daß die Anerkennungsregel in diesem Punkt unbestimmt ist; die Frage könnte dann nur entschieden und die Anerkennungsregel nur geklärt werden, wenn ein Gericht die eine oder andere Entscheidung träfe und es sich zeigen würde, daß es die politische Macht hat, seiner Entscheidung Bestand zu verleihen.

Es könnte also scheinen, daß Hart nicht an die Vorstellung gebunden ist, daß in jedem Rechtssystem eine gesellschaftliche Regel existiert, die alle Fragen darüber entscheidet, welche Maßstäbe als Recht gelten. Er könnte sagen, daß es genügt, die erste These aufzustellen, daß eine gesellschaftliche Regel so behandelt wird, daß sie alle Rechtsentscheidungen *leitet*, obwohl sie nicht so präzise ist, daß nie ein Streit darüber entstehen könnte, was sie erfordert. Hart könnte dann hinzufügen, daß Richter, wenn sie tatsächlich geteilter Meinung sind (wie sie es über die Befestigung wären oder, um mein eigenes Beispiel weiterzuführen, darüber, welche Wirkung älteren Präzedenzfällen beizumessen ist), einen Bereich der Unbestimmtheit innerhalb einer gesellschaftlichen Regel aufdecken, die größtenteils bestimmt ist.

Harts Qualifikation, daß die Anerkennungsregel an bestimmten

12 Hart, a. a. O., S. 144, dt. Ausgabe S. 207 ff.

Punkten unbestimmt sein könne, gibt seiner Theorie aber nicht einfach zusätzliche Flexibilität und Komplexität. Vielmehr untergräbt sie die Theorie, aus Gründen, die ich im letzten Abschnitt deutlich zu machen versuchte. Es paßt einfach nicht in den Begriff einer gesellschaftlichen Regel, wie Hart ihn verwendet, zu sagen, daß eine gesellschaftliche Regel in dem Sinn unbestimmt sein könnte, den Hart jetzt im Sinn hat. Wenn Richter in der Tat geteilter Meinung darüber sind, was sie tun müssen, wenn ein späteres Parlament eine befestigte Regel zu beseitigen versucht, dann ist es nicht unbestimmt, ob irgendeine gesellschaftliche Regel diese Entscheidung leitet; es ist im Gegenteil sicher, daß das nicht der Fall ist. Das Beispiel zeigt einfach, daß die Aussage, daß in England unter Richtern eine gesellschaftliche Regel dahingehend existiert, daß alles, was das Parlament erläßt, Recht ist, strenggenommen ungenau ist, obwohl sie für die meisten Zwecke genau genug sein mag.

Eine sorgfältige Darlegung der Position wäre unter Benutzung des Begriffs einer gesellschaftlichen Regel auf folgende Weise zu geben. Unter Richtern existiert eine gesellschaftliche Regel dahingehend, daß alles, was das Parlament erläßt, abgesehen von einem Gesetz, das beabsichtigt, zukünftige Parlamente zu binden, Recht ist. Zu der Frage, ob das Parlament künftige Parlamente binden kann, existiert keine gesellschaftliche Regel; hierüber sind die Richter geteilter Meinung. Die einen meinen, daß das Parlament künftige Parlamente binden kann und daß sie daher die Pflicht haben, keine beabsichtigte Beseitigung einer befestigten Regel als Recht anzuerkennen. Andere sind der Meinung, daß das Parlament das nicht kann und daß sie daher eine Pflicht haben, eine Gesetzgebung, die frühere Gesetze aufhebt, als Recht anzuerkennen. (Diese einfache Formulierung läßt die komplexeren Positionen unberücksichtigt, die verschiedene Richter tatsächlich einnehmen könnten.)

Aber wenn man die Sache so formuliert, dann bietet das natürlich ein Gegenbeispiel zu der Behauptung der ersten These, daß immer eine gesellschaftliche Regel existiert, die notwendige und hinreichende Bedingungen für das festsetzt, was Richter als Recht anerkennen müssen. Wenn solche Meinungsverschiedenheiten zwischen Richtern nur auf außerordentliche und seltene Fälle beschränkt wären (wie zum Beispiel Klauseln der Befestigung), dann wären solche Gegenbeispiele von geringer Zahl und würden kein wirkliches Hindernis für die These darbieten. Wenn aber, wie ich annehme, derartige Meinungsverschiedenheiten unter Richtern sehr häufig sind und sich in der Tat überall dort finden lassen, wo Berufungsgerichte schwierige oder kontroverse Fälle zu entscheiden versuchen, dann ist die allgemeine Schwäche, die dieses Argument aufdeckt, verhängnisvoll.

Man könnte jetzt sagen, daß ich Harts Aussage, daß die Anerkennungsregel eine gesellschaftliche Regel ist, welche durch das allgemeine Verhalten der Mitglieder einer bestimmten Gemeinschaft, wie etwa der Richter und anderer Beamten, konstituiert wird, zu wörtlich nehme. Vielleicht möchte er diesen strengen Begriff auf die Weise revidieren, die ich im letzten Abschnitt vorgeschlagen habe, das heißt so, daß er sagt, daß eine Anerkennungsregel dann als gesellschaftliche Regel existiert, wenn Richter eine bestimmte verbale Formulierung ihrer Pflicht akzeptieren, wie die verbale Formulierung: »Was immer das Parlament erläßt, ist Recht.« Wenn er das möchte, dann könnte Hart sagen, daß eine gesellschaftliche Anerkennungsregel existiert, aber trotzdem unbestimmt ist, wenn Mitglieder einer Gemeinschaft über die richtige Anwendung dieser verbalen Formulierung auf Einzelfälle verschiedener Meinung sind. Die Anerkennungsregel, daß alles, was immer das Parlament erläßt, Recht ist, existiert also als gesellschaftliche Tatsache, ist aber insofern unbestimmt, als Richter über einzelne Fälle wie den Fall von befestigten Gesetzesbestimmungen verschiedener Meinung sind.

Wie ich zuvor schon sagte, legt diese Revision des Begriffs jedoch zu großes Gewicht auf sprachliche und historische Zufälligkeiten. Das gegenwärtige Beispiel bestätigt das. Es könnte konventionell sein, zu sagen, daß alles, was das Parlament erläßt, Recht ist. Es ist jedoch kaum möglich, die Meinungsverschiedenheit über befestigte Gesetzesbestimmungen als eine Meinungsverschiedenheit über die richtige Interpretation von Begriffen innerhalb dieser konventionellen Formulierung darzustellen. Niemand würde sagen, daß die Kontroverse die Bedeutung von »alles, was« oder die Frage betreffe, welche Kraft man dem Terminus »erläßt« geben solle. Ebensowenig können viele der gewöhnlicheren und zahlreicheren Kontroversen, die ich im Sinn hatte, wie zum Beispiel Meinungsverschiedenheiten über das Gewicht, das älteren Präzedenzfällen beizumessen ist, als Meinungsverschiedenheiten über die Bedeutung von Termini in einer festgelegten verbalen Formel beschrieben werden.

Jemand könnte einen anderen Einwand gegen mein Argument

vorbringen. Er würde mich an die Unterscheidung erinnern, die ich im letzten Abschnitt machte, nämlich diejenige zwischen Aussagen darüber, was Richter tun sollten, und Aussagen darüber, was zu tun sie eine Pflicht haben. Die erste These behauptet nicht, daß immer eine gesellschaftliche Regel existiert, die entscheidet, was Richter in kontroversen Fällen wie dem der Befestigung tun *sollten*. Sie behauptet nur, daß eine gesellschaftliche Regel festsetzt, was Richter in solchen Fällen tun *müssen*, das heißt die Grenze ihrer Pflichten festsetzt. Wenn Richter verschiedener Meinung darüber sind, ob einer Gesetzesbestimmung Geltung zu verschaffen sei, die eine befestigte Regel zu beseitigen beabsichtigt, dann würde nach diesem Einwand die Tatsache dieser Meinungsverschiedenheit selbst zeigen, daß Richter in keiner Richtung eine Pflicht haben. Es würde sich dann um eine Angelegenheit handeln, die ihrem Ermessen überlassen bleibt, bis irgendein Gericht durch die Macht seiner Entscheidung in die eine oder andere Richtung andere Richter ermutigt, diese Entscheidung als eine solche zu akzeptieren, die eine Pflicht erzeugt.

Wenn dem so wäre, dann wäre die erste These gegen das von mir vorgebrachte Argument gefeit. Aber warum sollten wir annehmen, daß es sich so verhält? Der Einwand hängt von einer Annahme der Moralphilosophie ab. Er nimmt an, daß Pflichten prinzipiell nicht kontrovers sein können. Er nimmt an, daß der Richter, wenn nicht klar ist, welches seine Pflicht ist, und wenn keine Übereinstimmung darüber besteht, welche weitere Evidenz die Frage entscheiden würde, keine Pflicht haben kann und wir nur von dem sprechen können, was er tun sollte. Diese Annahme ist aber zumindest fragwürdig. Sie stimmt nicht mit der Weise überein, auf die wir den Begriff der Pflicht in der moralischen Argumentation benutzen. Der Vegetarier braucht nicht zu akzeptieren, daß unsere Pflichten sich auf das beschränken, was sich unstrittig als unsere Pflicht erweisen läßt. Die Annahme stimmt nicht einmal mit der Weise überein, auf die Juristen die Frage der richterlichen Pflicht behandeln. Im Falle des Streits um die Klausel der Befestigung zum Beispiel ist die eine Aussage, die gemeinsamer Grund unter den Disputanten ist, daß es sich nicht um eine Angelegenheit handelt, in der es Richtern freisteht, Ermessen auszuüben. Diejenigen, die der Meinung sind, daß das Parlament die Macht hat, seine Nachfolger zu binden, glauben, daß Richter kein Recht haben, einen späteren Aufhebungsversuch anzuerkennen. Diejenigen, die der Meinung sind, daß das Parlament diese Macht nicht hat, glauben, daß Richter eine Pflicht haben, die spätere Aufhebung anzuerkennen. Es stimmt, daß einige Richter unentschieden sein könnten. Aber sie sind unentschieden über ihre Pflichten, das heißt, sie sind sich nicht sicher, daß sie keine Pflichten haben. Natürlich wäre die Annahme, die ich beschrieben habe, richtig, wenn die starke Version der Theorie der gesellschaftlichen Regel richtig wäre. Aber da diese Theorie falsch ist, muß für die Annahme eine andere Stützung gefunden werden, und ich glaube, daß sie sich nicht finden läßt.

Ich hoffe, niemand wird sagen wollen, daß Richter in einem derartigen Fall verschiedener Meinung über ihre politische oder moralische Pflicht als Richter, aber nicht über ihre rechtliche Pflicht sind. Der einzige Grund, der sich für diese Unterscheidung angeben läßt, setzt in diesem Kontext das in Frage Stehende bereits voraus. Die erste These, die ich unterschieden habe, soll die positivistische Unterscheidung zwischen rechtlichen und anderen Arten von Pflichten erklären, und daher kann sie jene Unterscheidung nicht annehmen. Hart selbst sagt, daß die grundlegende Anerkennungsregel eine Rechtsregel nur in dem Sinn ist, in dem das Urmeter in Paris ein Meter lang ist;[13] wenn Richter eine Pflicht haben, Klauseln der Befestigung durchzusetzen, dann muß es sich dabei um eine rechtliche Pflicht in genau diesem Sinn handeln. Aber die Frage der Terminologie trifft nicht den eigentlichen Punkt. Wenn Richter trotz der Tatsache, daß keine gesellschaftliche Regel diese Pflicht festsetzt, eine Pflicht haben können, bei der Bestimmung des vom Recht Erforderten eine bestimmte Regel oder ein bestimmtes Prinzip anzuwenden, dann ist die erste These falsch, wie immer man diese Pflicht beschreiben mag.

13 Hart, S. 106 [S. 187 in diesem Band].

3. Ist die »institutionelle Stützung« eine Anerkennungsregel?

In »Das Regelmodell I« habe ich gesagt, daß sich Prinzipien wie dasjenige, daß niemand von seinen eigenen Vergehen profitieren darf, durch keine einfache Anerkennungsregel (wie zum Beispiel diejenige, daß alles, was das Parlament erläßt, Recht ist) erfassen lassen. Ich sagte, daß der Positivist folgende Wahl hat. Er könnte argumentieren, daß diese Prinzipien nicht zum Recht gehören, da der Richter keine Pflicht hat, sie zu berücksichtigen, sondern es nur in seinem Ermessen ist, sie zu berücksichtigen. Oder er könnte zugeben, daß sie zum Recht gehören, und zeigen, wie man eine kompliziertere gesellschaftliche Anerkennungsregel konstruieren könnte, die solche Prinzipien doch erfaßt. Natürlich könnte der Positivist diese beiden Strategien miteinander verbinden: er könnte darlegen, daß eine komplexere Anerkennungsregel einige der Prinzipien erfassen würde, welche Richter anführen, und dann argumentieren, daß Richter keine Pflicht haben, andere als diese Prinzipien durchzusetzen.

Raz möchte beide Strategien auf diese Weise verbinden. Er stützt sich hauptsächlich auf das Prinzip, das ich im nächsten Abschnitt betrachten werde, das Prinzip, daß es im Ermessen von Richtern liegt, aber nicht ihre Pflicht ist, bestimmte Prinzipien anzuwenden. Er glaubt jedoch, daß Richter in der Tat eine Pflicht haben, mindestens einige Prinzipien zu berücksichtigen, und daß diese Prinzipien sich unter so etwas wie eine gesellschaftliche Anerkennungsregel bringen lassen, und zwar durch den Begriff dessen, was er als einen »richterlichen Brauch« bezeichnet.[14] Angenommen, ein bestimmtes Prinzip wird tatsächlich von vielen Richtern über einige Zeit hinweg als ein Prinzip angeführt, das berücksichtigt werden muß. Dann würde, so legt er dar, diese Praxis selbst eine gesonderte gesellschaftliche Regel bilden, welche dann zusammen mit Anerkennungsregeln der konventionellen Art, die Hart im Sinn hatte, in einem Bündel von gesellschaftlichen Regeln stehen würde, die einen Test für die Zugehörigkeit zum Recht liefern.

Dieser Begriff des richterlichen Brauchs kann jedoch aus zwei Gründen das Argument nicht sehr weit tragen. Erstens ist die große

14 Raz, S. 852; Carrio, S. 25, verwendet denselben Terminus und Begriff.

Menge der Prinzipien und Zielsetzungen, welche Richter anführen, kontrovers, jedenfalls was ihr Gewicht betrifft; zum Beispiel war das Gewicht des Prinzips, daß niemand von seinem eigenen Vergehen profitieren dürfe, so kontrovers, daß es im Falle von *Riggs vs. Palmer* eine Meinungsverschiedenheit hervorrief.[15] Zweitens betreffen Bezugnahmen auf Prinzipien oft Prinzipien, die überhaupt noch nicht der Gegenstand einer festen richterlichen Praxis sind; das gilt für verschiedene der Beispiele, die ich aus der Entscheidung im Fall *Henningsen* gab, welche Prinzipien enthielten, die in der Tat nicht zuvor auf irgendwie ähnlich Weise formuliert worden waren, wie das Prinzip, daß Autohersteller eine besondere Verantwortlichkeit gegenüber der Öffentlichkeit haben. Raz' Begriff des richterlichen Brauchs würde daher viele der Prinzipien, die Richter als Prinzipien behandeln, die sie berücksichtigen müssen, nicht auszeichnen. Wir werden daher sein Argument, daß Richter in der Tat keine Pflicht haben, Prinzipien Wirksamkeit zu verleihen, die nicht Gegenstand eines solchen richterlichen Brauchs sind, sehr sorgfältig bedenken müssen. Zuerst möchte ich jedoch eine andere und komplexere Vorstellung davon betrachten, wie der Begriff einer gesellschaftlichen Anerkennungsregel so angepaßt werden kann, daß er ebenso Prinzipien wie Regeln erfaßt.

Sartorius stimmt mit mir darin überein, daß die Vorstellung zurückzuweisen ist, daß Richter, wenn sie sich in schwierigen Fällen auf Prinzipien berufen, das in Ausübung eines Ermessens tun.[16] Wenn er sich daher die erste der von mir unterschiedenen Thesen zu eigen machen möchte, muß er eine Art von gesellschaftlicher Regel beschreiben, die tatsächlich alle diese Prinzipien erfaßt oder zumindest zuläßt. Er versucht das zu tun, und er schlägt vor, meine eigenen Argumente gegen mich zu verwenden. Er gibt zu, daß die Entwicklung eines grundlegenden Tests für die Zugehörigkeit zum Recht äußerst mühsam wäre, ist aber der Meinung, daß sie im Prinzip möglich sei. Er ist weiterhin der Meinung, daß der Nerv jedes solchen letzten Tests im Begriff der »institutionellen Stützung« (*institutional support*) liegen würde, den ich in »Das Regelmodell I« entwickelt habe. Er zitiert die folgende Stelle aus dem Aufsatz als Beleg für seine eigene Position:

15 N.Y. 115, S. 506. N. E. 22 (1889), S. 188.
16 Sartorius, S. 155.

Natürlich würden wir, wenn wir aufgefordert würden, unsere These zu stützen, daß ein bestimmtes Prinzip ein Rechtsprinzip ist, alle früheren Fälle anführen, in denen das Prinzip angeführt wurde oder eine Rolle in der Argumentation spielte. Wir würden außerdem jede Bestimmung des geschriebenen Rechts erwähnen, die eine Exemplifikation des Prinzips zu sein scheint (wobei es noch besser wäre, wenn das Prinzip in der Präambel zu der Gesetzesbestimmung angeführt würde oder in den Ausschußberichten oder anderen legislativen Dokumenten, die sie begleiten). Wenn wir nicht eine derartige institutionelle Stützung finden könnten, würde es uns wahrscheinlich nicht gelingen, unsere These zu vertreten, und je mehr Stützung wir finden würden, um so mehr Gewicht könnten wir für das Prinzip beanspruchen.[17]

Natürlich würde Sartorius diese Lehre der institutionellen Stützung mehr im Detail entwickeln wollen. Ich selbst würde sie auf folgende Weise ausarbeiten,[18] und sein Artikel legt nahe, daß er diese Ausarbeitung akzeptieren könnte: angenommen, wir würden alle Regeln zusammentragen, die eindeutig gültige Rechtsregeln zum Beispiel in einem bestimmten amerikanischen Staat sind, und wir würden zu ihnen alle expliziten Regeln über die institutionelle Zuständigkeit hinzufügen, auf die wir uns gestützt haben, als wir sagten, daß die erste Regelmenge in der Tat gültige Regeln dieser Rechtsprechung enthält. Wir hätten jetzt eine eindrucksvolle Menge rechtlicher Materialien. Wir könnten dann fragen, welche Prinzipienmenge insgesamt erforderlich wäre, um die Annahme der expliziten Rechtsregeln und institutionellen Regeln, die wir aufgeführt hatten, zu *rechtfertigen*. Angenommen, jeder Richter und Anwalt dieses Staats sollte eine »Rechtstheorie« entwickeln, welche diese Prinzipienmenge beschreiben und jedem Prinzip jeweils ein Gewicht zuschreiben würde (ich lasse die Tatsache unberücksichtigt, daß eine lebenslange Beschäftigung damit nicht einmal genügen würde, um einen Anfang zu machen). Jeder von ihnen könnte dann argumentieren, daß die Prinzipien seiner Prinzipienmenge als die Prinzipien des betreffenden Rechtssystems gelten müssen.

Wir könnten den Test für die Zugehörigkeit zum Recht, den diese Geschichte nahelegt, folgendermaßen formulieren: ein Prin-

17 Ebd., S. 156, in meinem Aufsatz S. 82 f.

18 Diese Ausarbeitung ist nur eine Zusammenfassung der ausführlichen Argumentation in »Schwierige Fälle«, in: Ronald Dworkin, *Bürgerrechte ernstgenommen*, Frankfurt/M. 1984, S. 144-221.

zip ist ein Rechtsprinzip, wenn es in der treffendsten Rechtstheorie, die sich als Rechtfertigung der expliziten festen und institutionellen Regeln der betreffenden Rechtsprechung angeben läßt, eine Rolle spielt. Sartorius sagt, wobei er offensichtlich diese Art von Test im Sinn hat, daß er, »obwohl er vielleicht ein ganzes Stück von Harts Version des Positivismus entfernt ist, mit dem wichtigen positivistischen Grundsatz, wie Dworkin ihn beschreibt, übereinstimmt, d. h. mit dem Grundsatz, daß das Recht einer Gemeinschaft sich durch besondere Kriterien angeben und unterscheiden [läßt], durch Tests, die nicht mit ... Inhalt, sondern mit ... Herkunft zu tun haben...«.[19]

Jetzt ist jedoch eine gewisse Klärung erforderlich. Sartorius konnte nicht meinen, daß irgendeine Rechtstheorie eines einzelnen Juristen eine *gesellschaftliche* Anerkennungsregel liefere. Wenn ich eine Rechtstheorie für eine bestimmte Rechtsprechung entwickelt hätte, könnte ich diese Theorie durchaus im Geist der zweiten der von mir unterschiedenen Thesen als eine normative Theorie der richterlichen Pflicht vertreten. Wenn die meisten Richter in der Rechtsprechung eine solche Theorie hätten, dann würde die dritte These für diese Rechtsprechung gelten. Aber die Theorie jedes Richters würde sich mehr oder weniger von derjenigen des nächsten Richters unterscheiden. Zum Teil würde er andere Prinzipien vorlegen, und von denjenigen Prinzipien, die die gleichen wären, würden sich einige im Gewicht unterscheiden. Diese Unterschiede sorgen dafür, daß die Theorie eines einzelnen Juristen nie selbst als eine komplexe gesellschaftliche Regel von der Art betrachtet werden kann, wie die *erste* These sie erfordert.

Sartorius kann also nicht sagen, daß die Rechtstheorie irgendeines einzelnen Juristen eine gesellschaftliche Anerkennungsregel liefert, sondern er muß sagen, daß der Test der institutionellen Stützung selbst eine solche gesellschaftliche Regel ist. Das heißt, er könnte sagen, daß die gesellschaftliche Anerkennungsregel gerade die Regel ist, daß ein Prinzip als Recht anerkannt werden muß, wenn es in der zutreffendsten Rechtstheorie vorkommt, und daß es mit dem Gewicht angewandt werden muß, das ihm diese Theorie zuweist. Nach dieser Auffassung sind die verschiedenen Rechtstheorien, die verschiedene Juristen anbieten würden, einfach ver-

19 Sartorius, S. 156, der »Das Regelmodell I«, S. 47, zitiert.

schiedene Theorien darüber, wie man diese gesellschaftliche Regel auf Einzelne anwenden sollte.

Ich sehe jedoch nicht, wie man die Sache auf diese Weise ausdrücken und zugleich an der Vorstellung festhalten kann, daß der Test der institutionellen Stützung »spezifische Kriterien« nicht »des Inhalts«, sondern der »Herkunft« liefert. Der Begriff einer Theorie des Rechts, wie ich ihn beschrieben habe, nimmt nicht an, daß Prinzipien und Zielsetzungen die festen Regeln auf die Weise erklären, auf die ein Rechtshistoriker sie vielleicht erklären würde, das heißt dadurch, daß die Beweggründe derjenigen angegeben werden, die diese Regeln angenommen haben, oder daß auf die Interessengruppen hingewiesen wird, die den Erlaß der Regeln beeinflußten. Wenn eine Theorie des Rechts eine Grundlage für die richterliche Pflicht liefern soll, dann müssen die Prinzipien, die sie aufstellt, die bestehenden Regeln dadurch zu *rechtfertigen* versuchen, daß sie die politischen oder moralischen Anliegen und Traditionen der Gemeinschaft auszumachen versuchen, die nach Meinung des Juristen, um dessen Theorie es sich handelt, die Regeln tatsächlich stützen. Dieser Rechtfertigungsprozeß muß den Juristen tief in die politische und moralische Theorie führen und über den Punkt hinaus, wo es richtig wäre zu sagen, daß ein »Test« durch die »Herkunft« existiert, mit dem sich bestimmen läßt, welche von zwei verschiedenen Rechtfertigungen unserer politischen Institutionen die überlegene ist.

Der Punkt läßt sich durch das einfache Beispiel erläutern, das ich oben gegeben habe. Wenn ein anderer Jurist und ich verschiedener Meinung darüber sind, welche Kraft älteren Präzedenzfällen im Vergleich zu neueren zu geben ist, werde ich eine Theorie des Rechts vorlegen, die den Sinn des Verweisens auf Präzedenzfälle so auffaßt, daß meine Position bestätigt wird. Ich könnte sagen, daß die Lehre vom Präzedenzfall der Gleichbehandlung vorm Recht dienlich ist und daß die Einfachheit der Behandlung weniger wichtig und sogar verkehrt wird, wenn die Zeit, die zwischen den beiden Gelegenheiten vergangen ist, zunimmt. Der andere könnte antworten, daß der Sinn der Lehre vom Präzedenzfall nicht so sehr in der Gleichheit als vielmehr in der Vorhersagbarkeit der Entscheidung liege und daß dieser Zweck am besten erfüllt werde, wenn man Altersunterschiede zwischen Präzedenzfällen unberücksichtigt lasse. Beide werden wir auf Aspekte der richterlichen Entscheidung hinweisen, die die eine Auffassung gegenüber der anderen stützen. Wenn einer von uns keine solchen Aspekte finden könnte, dann wäre, wie ich an der zitierten Stelle gesagt habe, seine Position schwach. Aber welche von unseren Auffassungen man wählen soll, wird nicht nur davon abhängen, wie viele Aspekte jeder finden kann. Es wird ebenso davon abhängen, welche moralischen Gründe ich für die Pflicht der Gleichbehandlung anführen kann, die mein Argument voraussetzt, weil die These, daß diese Pflicht den Präzedenzfall rechtfertigt, annimmt, daß die Pflicht existiert. Ich will nicht sagen, daß sich keine Grundlage finden läßt, auf der man die eine Theorie des Rechts einer anderen vorziehen kann. Im Gegenteil nehme ich, da ich die im nächsten Abschnitt beschriebene Lehre des Ermessens zurückweise, an, daß man überzeugende Argumente vorbringen kann, mit denen sich eine Theorie als überlegen gegenüber einer anderen auszeichnen läßt. Aber diese Argumente müssen Argumente über Fragen der normativen politischen Theorie (wie zum Beispiel das Wesen der Pflicht der Gleichheit, die eine Gesellschaft hat) enthalten, die über die positivistische Konzeption der Grenzen der für die Entscheidung über die Zugehörigkeit zum Recht relevanten Rücksichten hinausgehen. Der Test der institutionellen Stützung liefert keine mechanische oder historische oder moralisch neutrale Grundlage, auf der sich eine bestimmte Rechtstheorie als richtigste erweisen ließe. In der Tat ermöglicht er es nicht einmal einem einzelnen Juristen, aus seiner umfassenderen Menge moralischer oder politischer Prinzipien eine Menge von Rechtsprinzipien auszusondern. Seine Rechtstheorie wird gewöhnlich fast die ganze Menge der politischen und moralischen Prinzipien einschließen, denen er beipflichtet; in der Tat kann man sich kaum irgendein Prinzip der gesellschaftlichen oder politischen Moral vorstellen, das in dieser Gemeinschaft Verbreitung hat und das er persönlich akzeptiert (ausgenommen solche Prinzipien, die durch verfassungsmäßige Erwägungen ausgeschlossen sind), das nicht irgendeinen Platz in dem ausgearbeiteten Schema der Rechtfertigung finden würde, welches erforderlich ist, um die Sammlung von Gesetzen zu rechtfertigen, und das nicht ein bestimmtes Gewicht in diesem Schema hätte. Der Positivist wird also den Test der institutionellen Stützung nur auf Kosten dessen als seinen letzten Test für die Zugehörigkeit zum Recht akzeptieren, daß er den Rest seiner Theorie aufgibt.

Wenn dem so sein sollte, dann hat das beträchtliche Folgen für die Rechtstheorie. Die Rechtswissenschaft stellt die Frage: Was ist Recht? Die meisten Rechtsphilosophen haben diese Frage dadurch zu beantworten versucht, daß sie die *Maßstäbe* identifizierten, auf die sich Argumente für juristische Rechte und Pflichten korrekterweise stützen. Wenn sich jedoch keine solche ausschließliche Liste von Maßstäben aufstellen läßt, dann müssen wir irgendeine andere Art und Weise finden, juristische Rechte und Pflichten von anderen Arten von Rechten und Pflichten zu unterscheiden.

4. Müssen Richter Ermessen haben?

Ich muß nun noch einmal die zweite der beiden Strategien für den Positivismus erörtern, die ich zu Beginn des letzten Abschnitts unterschieden habe. Sie betraf das Argument, daß Richter, wenn sie verschiedener Meinung über Prinzipienfragen sind, nicht darüber verschiedener Meinung sind, was das Recht erfordert, sondern darüber, wie sie ihr Ermessen ausüben sollten. Das heißt, sie sind nicht verschiedener Meinung darüber, wo ihre Entscheidungspflicht liegt, sondern darüber, wie sie unter Berücksichtigung aller Aspekte entscheiden sollten, vorausgesetzt, daß sie in keiner Richtung eine Entscheidungspflicht haben.

Ich habe in meinem ursprünglichen Artikel zu erklären versucht, daß dieses Argument in Wirklichkeit von einer Zweideutigkeit im Begriff des Ermessens abhängt. Wir gebrauchen diesen Begriff in Diskussionen über Pflichten auf drei verschiedene Weisen. Erstens sagen wir dann, daß jemand Ermessen hat, wenn seine Pflicht durch Maßstäbe bestimmt ist, die vernünftige Menschen auf verschiedene Weisen interpretieren können; in diesem Sinn hat ein Feldwebel Ermessen, wenn er beauftragt wird, die fünf erfahrensten Leute als Späher auszusenden. Zweitens sagen wir dann, daß jemand Ermessen hat, wenn seine Entscheidung endgültig ist, in dem Sinn, daß keine höhere Autorität diese Entscheidung überprüfen und außer Kraft setzen kann; dieser Fall liegt zum Beispiel vor, wenn die Entscheidung, ob ein Spieler sich im Abseits befindet, in das Ermessen des Linienrichters gestellt ist. Drittens sagen wir dann, daß jemand Ermessen hat, wenn eine bestimmte Menge von Maßstäben, die ihm Pflichten auferlegen, nicht vorgibt, ihm irgendeine Pflicht hinsichtlich einer bestimmten Entscheidung aufzuerlegen; dies gilt zum Beispiel, wenn eine Klausel in einem Pachtvertrag die Option in das Ermessen des Pächters stellt, den Vertrag zu erneuern.

Es ist offenkundig, daß Richter, wenn keine gesellschaftliche Regel unzweideutig eine bestimmte Rechtsentscheidung erfordert und der Berufsstand geteilter Meinung darüber ist, welche Entscheidung in der Tat erfordert ist, Ermessen in der ersten der genannten Bedeutungen haben werden, weil sie Initiative und Urteilskraft ausüben müssen, die über die Anwendung einer etablierten Regel hinausgehen. Es ist ebenso offensichtlich, daß diese Richter, wenn sie das höchste Berufungsgericht bilden, Ermessen im zweiten Sinn haben werden. Aber solange wir nicht die stärkste Form der Theorie der gesellschaftlichen Regel akzeptieren, daß nur gesellschaftliche Regeln Pflichten und Verantwortlichkeiten erzeugen können, folgt nicht, daß diese Richter Ermessen im dritten Sinn haben. Ein Richter kann Ermessen in sowohl dem ersten als auch dem zweiten Sinn haben und trotzdem seine Entscheidung ganz richtig so sehen, daß sie die Frage aufwirft, was seine Pflicht als Richter ist, eine Frage, die er dadurch entscheiden muß, daß er sich überlegt, was die verschiedenen Rücksichten, die er für relevant hält, von ihm erfordern. Dann aber hat dieser Richter kein Ermessen im dritten Sinn, welches derjenige Sinn ist, den ein Positivist nachweisen müßte, wenn er zeigen möchte, daß die richterliche Pflicht ausschließlich durch eine letzte gesellschaftliche Regel oder eine Menge gesellschaftlicher Regeln definiert ist.

Raz war von meinem Argument nicht überzeugt.[20] Er wiederholt meine Unterscheidung zwischen diesen drei Bedeutungen von Ermessen, aber nachdem er die Unterscheidung wiederholt hat, berücksichtigt er sie weiter nicht. Er meint offenbar, daß ich folgendermaßen argumentieren wollte: (i) Richter haben dann kein Ermessen hinsichtlich einer Entscheidung, wenn sie alle übereinstimmen, daß eine bestimmte Menge von Prinzipien entscheidend ist. (ii) Dies ist manchmal der Fall, wenn keine Rechtsregel den Fall entscheidet. (iii) Daher haben Richter dann nie Ermessen, wenn keine Regel den Fall entscheidet.

Dieses Argument beruht auf einem Fehlschluß; glücklicherwei-

20 Raz, S. 843 ff. Siehe MacCallum, a. a. O.

se ist es nicht von mir. Richter sind sich manchmal über eine Prinzipienmenge einig. Aber selbst wenn sie geteilter Meinung über Prinzipien sind, behandeln sie die Frage manchmal als eine Frage der richterlichen Verantwortlichkeit, das heißt so, daß die Frage aufgeworfen ist, zu welchen Handlungen sie als Richter die Pflicht haben. In einem solchen Fall haben sie Ermessen in der ersten der von mir unterschiedenen Bedeutungen; das ist aber irrelevant – sie sind trotzdem nicht der Meinung, daß sie Ermessen im dritten Sinn haben, und auf diesen Sinn kommt es an.

Warum sollte Raz die Unterscheidungen, die ich vorgenommen habe, ignorieren? Er nimmt an, daß jedes Rechtssystem Aspekte hat, die folgende Konsequenz haben: Wenn Richter Ermessen im ersten Sinn haben, weil keine gesellschaftliche Regel direkt oder indirekt vorschreibt, welches Ergebnis sie erreichen müssen, dann müssen sie auch Ermessen im dritten Sinn haben, so daß ihre Entscheidung keine Sache der richterlichen Pflicht sein kann. Richter können sich hinsichtlich dieser Frage im Irrtum befinden: sie könnten die Sprache der Pflicht verwenden, die hier nicht angemessen ist. Aber wir sollten, wie Raz sagt, Fehler nicht einfach immer weiter beibehalten, weil sie populär sind. Es wäre jedoch erforderlich, zu zeigen, daß es sich um Fehler handelt, und Raz liefert einen solchen Nachweis nicht. Welche Argumente ließen sich dafür vorbringen?

Die Neigung, die Raz hat, nämlich das Ermessen im ersten Sinn in das Ermessen im dritten Sinn umzuwandeln, ist unter Rechtsphilosophen äußerst verbreitet.[21] Wir müssen den Ursprung dieser Neigung zu diagnostizieren versuchen. Wenn ein Richter mit einer schwierigen Entscheidung konfrontiert ist, dann muß er, ehe er seine Untersuchung beginnt, annehmen, daß im Prinzip folgende drei Möglichkeiten bestehen. Die Menge der Maßstäbe, die er berücksichtigen muß, erfordern zusammengenommen, daß er sich für den Kläger entscheidet; oder sie erfordern, daß er sich für den Beklagten entscheidet; oder sie machen keine der beiden Entscheidungen erforderlich, erlauben aber beide. Er muß außerdem anerkennen, daß es vorkommen kann, daß er in einem gewissen Grad unsicher ist, welche dieser drei Möglichkeiten tatsächlich gilt; in diesem Fall muß er sich für die Seite entscheiden, auf der die

21 Sie zeigt sich in allen Artikeln, die in Anm. 6 angeführt sind.

stärksten Gründe liegen. Aber diese Unsicherheit könnte bei der dritten Möglichkeit ebenso vorliegen wie bei den anderen beiden; das Recht könnte ihm das Ermessen (im dritten Sinn) gewähren, sich auf beide Weisen zu entscheiden, aber ob es das tut, hängt davon ab, vorauf sich die Rechtsmaterialien zusammengenommen belaufen, und man könnte ebenso unsicher darüber sein, ob die Materialien diese Folgerung rechtfertigen, wie man bei der Frage unsicher sein kann, ob sie eine der beiden anderen Entscheidungen rechtfertigen.

Raz ist offensichtlich der Meinung, es würde, wenn es unsicher ist, ob die erste oder die zweite Möglichkeit realisiert ist, folgen, daß die dritte Möglichkeit vorliegt. Das heißt, er ist der Meinung, wenn ein Richter unsicher ist, ob er sich für den Kläger oder für den Beklagten entscheiden soll, folgt, daß er sicher sein sollte, daß es in seinem Ermessen ist, sich auf beide Weisen zu entscheiden. Mir fallen nur zwei Argumente ein, mit denen man diese außergewöhnliche Folgerung stützen könnte.

Das erste Argument hängt von der zuvor schon beschriebenen Annahme der Moralphilosophie ab, daß Pflichten grundsätzlich nicht kontrovers sein können. Raz macht diese Annahme, weil er, ausgehend von der Tatsache, daß Richter verschiedener Meinung über Prinzipien und insbesondere über das Gewicht von Prinzipien sein können, für die Folgerung argumentiert, daß Richter in dem Sinn Ermessen haben müssen, in dem ich das bestreite. Dies ist ein *non sequitur*, wenn nicht etwas wie diese Annahme gilt; wir haben jedoch keinen Grund für die Annahme, daß sie gilt, sobald wir die starke Version der Theorie der gesellschaftlichen Regel zurückweisen.

Das zweite Argument stützt sich auf eine andere Annahme, auf die Annahme nämlich, daß jedes Rechtssystem eine Entscheidungsregel enthält, die positiv festlegt, daß Richter in schwierigen Fällen Ermessen haben. Vielleicht gibt es einige Rechtssysteme, die eine solche Regel anwenden. Für das englische und das amerikanische System gilt das jedenfalls nicht. Sie enthalten keine solche explizite Regel, und das richterliche Verhalten zeigt auch nicht – hiermit stimmt Raz überein –, daß irgendeine solche Regel implizit anerkannt wird.

Im Gegenteil ist für uns die Aussage, daß Richter in der einen oder anderen Frage Ermessen im dritten Sinn haben, eine Aussage, die aufgrund der Bilanz der Argumente positiv nachgewiesen werden muß und nicht einfach negativ erwiesen werden kann. Manchmal kommen Richter in der Tat zu diesem Ergebnis, zum Beispiel wenn sie Urteile unter Strafrechtsbestimmungen fällen, die eine Höchst- und eine Mindeststrafe festlegen, oder wenn sie gerechte Abhilfe unter einer allgemeinen Billigkeitsrechtsprechung schaffen. In derartigen Fällen sind Richter der Meinung, daß niemand ein Recht auf eine bestimmte Entscheidung hat; sie bestimmen ihre Aufgabe so, daß sie diejenige Entscheidung wählen, die insgesamt und unter Berücksichtigung aller Aspekte die beste ist, und hier sprechen sie nicht von dem, was sie tun müssen, sondern darüber, was sie tun sollten. In den meisten schwierigen Fällen jedoch nehmen Richter die andere Haltung ein, welche ich beschrieben habe. Sie artikulieren ihre Meinungsverschiedenheit als eine Meinungsverschiedenheit darüber, welche Maßstäbe sie nicht berücksichtigen dürfen oder zu berücksichtigen verpflichtet sind oder welches relative Gewicht sie ihnen zuzuordnen verpflichtet sind, und zwar auf der Grundlage von Argumenten wie demjenigen, das ich im letzten Abschnitt zur Erläuterung der Theorie der institutionellen Stützung beschrieben habe. In solchen Fällen argumentieren einige Richter für die erste der von mir angeführten Möglichkeiten, andere für die zweite, und andere sind unentschieden; alle aber schließen die dritte Möglichkeit aus. Es gibt offensichtlich nicht einmal die Rudimente einer gesellschaftlichen Regel, die das Ermessen, welches Urteilskraft erfordert, in das Ermessen umwandelt, welches das Vorliegen einer Pflicht ausschließt.

5. Unterscheiden sich Regeln wirklich von Prinzipien?

In »Das Regelmodell I« habe ich Regeln von Prinzipien dadurch unterschieden, daß ich zwischen der verschiedenen Kraft unterschieden habe, welche die beiden Typen von Maßstäben in der Argumentation haben. Damit verfolgte ich eine zweifache Absicht: erstens wollte ich auf eine Unterscheidung aufmerksam machen, die meiner Meinung nach wichtig ist, wenn man verstehen will, wie Juristen argumentieren, und zweitens wollte ich auf die Tatsache aufmerksam machen, daß einige der Maßstäbe, auf die sich Richter und Anwälte berufen, besondere Probleme für den Positivismus darstellen, weil diese Maßstäbe sich nicht unter einem grundlegenden Test für die Zugehörigkeit zum Recht, wie die Hartsche Anerkennungsregel ihn anbietet, erfassen lassen. Diese beiden Absichten waren unabhängig voneinander; selbst wenn sich die besondere logische Unterscheidung zwischen Regeln und Prinzipien, die ich behaupte, als unecht erweisen ließe, könnte es immer noch sein, daß Maßstäbe von der Art, wie ich sie angeführt habe, wie immer sie zu identifizieren sein mögen und ob sie als Regeln zu klassifizieren sind oder nicht, sich durch keinen derartigen Test erfassen lassen. Wenn es mir daher nicht gelingt, meine Unterscheidung zwischen Regeln und Prinzipien nachzuweisen, dann folgt keineswegs, daß mein allgemeines Argument gegen den Rechtspositivismus untergraben wäre.

Trotzdem bin ich immer noch der Meinung, daß die Unterscheidung zwischen Regeln und Prinzipien, die ich vorgenommen habe, sowohl eine echte als auch eine wichtige Unterscheidung ist, und ich möchte diese Unterscheidung verteidigen. Ich will natürlich nicht sagen, daß es falsch ist, andere Arten von Unterscheidungen zwischen Typen von Rechtsmaßstäben zu ziehen, und ich meine nicht einmal, daß es falsch oder irreführend ist, mit den Termini »Regel« und »Prinzip« diese Unterscheidungen statt die von mir getroffene zu machen.

Raz' Haupteinwand gegen meine Unterscheidung könnte man folgendermaßen ausdrücken:[22] Ich habe dargelegt, daß Prinzipien wie diejenigen, die ich angeführt habe, miteinander konfligieren und interagieren, so daß jedes Prinzip, das für ein bestimmtes rechtliches Problem relevant ist, einen Grund liefert, der für eine bestimmte Lösung spricht, sie aber nicht festsetzt. Derjenige, der das Problem entscheiden muß, muß daher alle miteinander konkurrierenden und konfligierenden Prinzipien einschätzen, die Auswirkungen auf das Problem haben, und er muß dann nicht eines unter ihnen als »gültig« aussondern, sondern aufgrund dieser Prinzipien zu einer Lösung kommen. Raz möchte argumentieren, daß es nicht nur Prinzipien sind, die die Eigentümlichkeit haben, miteinander auf diese Weise zu konfligieren, sondern daß das auch für Regeln möglich ist, und er ist der Meinung, daß diese Tatsache die von mir gezogene Unterscheidung untergräbt. Er gibt Beispie-

22 Er wird entwickelt in Raz, S. 829 ff.

le sowohl aus der moralischen als auch aus der rechtlichen Argumentation. Ich werde die beiden Beispielmengen der Reihe nach betrachten.

Raz denkt an den Fall, daß jemand als moralische Regeln für die Leitung seines Verhaltens sowohl die Regel akzeptieren könnte, daß man nie lügen solle, als auch die Regel, daß man immer seine Versprechen halten müsse. Er legt dar, daß diese beiden Regeln bei bestimmten Gelegenheiten konfligieren und es erforderlich machen könnten, daß derjenige, der sie beide akzeptiert, zwischen ihnen aufgrund dessen wählen muß, welche von ihnen in den gegebenen Umständen das größere Gewicht oder die größere Wichtigkeit hat, oder aufgrund einer anderen Grundlage. Er zieht die Folgerung, daß moralische Regeln derjenigen Logik folgen, die ich für Prinzipien beschrieben habe, das heißt, daß sie in eine bestimmte Richtung weisen, obwohl sie für keine moralische Frage eine bestimmte Entscheidung notwendig machen.

Aber erstens ist es, obwohl es möglich ist, daß jemand moralische Regeln für die Leitung seines Verhaltens auf die in diesem Argument angenommene Weise akzeptieren könnte, alles andere als zutreffend, daß die meisten Menschen, die die Moral ernst nehmen, irgend etwas Derartiges tun. Für die meisten Leute geht es in einem moralischen Argument oder einer moralischen Entscheidung darum, daß Gründe für oder gegen die Moralität eines bestimmten Verhaltensverlaufs gegeben werden, und nicht darum, daß man sich auf Regeln beruft, die – sei es durch gesellschaftliche, sei es durch individuelle Entscheidung – im voraus festgelegt sind. Es stimmt, daß ein moralischer Mensch in Schwierigkeiten kommen könnte, wenn er zwischen einer Lüge und einem Versprechensbruch wählen muß, aber es folgt nicht, daß er Regeln akzeptiert hat, die über diese Frage in Konflikt geraten. Es könnte sein, daß er einfach anerkannt hat, daß Lügen und Versprechensbrüche beide im Prinzip falsch sind.

Natürlich könnten wir seine schwierige Lage dadurch beschreiben, daß wir sagen, daß er gezwungen ist, zwischen zwei moralischen Maßstäben zu wählen, auch wenn er selbst es nicht auf diese Weise formulieren würde. Aber in diesem Fall würden wir, wenn wir die nur getroffene Unterscheidung verwenden, sagen, daß er gezwungen ist, konkurrierende Prinzipien und nicht Regeln aufzulösen, weil das die genauere Beschreibungsweise seiner Situation wäre. Er erkennt, daß keine moralische Erwägung als solche von überwältigender und die anderen Erwägungen überwiegender Wirkung ist und daß jeder Grund, der gegen eine Handlung spricht, unter bestimmten Umständen einer konkurrierenden Erwägung könnte weichen müssen. Jeder Philosoph oder Soziologe, der seine moralische Praxis als Kodex von Maßstäben beschreiben möchte, muß daher sagen, daß für ihn die Moral eine Sache von Prinzipien und nicht von Regeln ist.

Es ist jedoch möglich, daß jemand eine moralische Regel für die Leitung seines Verhaltens auf die Weise akzeptiert, wie Raz es annimmt. Er könnte zum Beispiel sagen, daß er sich persönlich gebunden hat, nie zu lügen. Wenn er eine klare moralische Regel auf diese Weise akzeptieren kann, dann kann er auch andere akzeptieren, und diese können auf die in dem Beispiel angenommene Weise konfligieren. Es wäre dann, verwendet man meine Unterscheidung, falsch, zu sagen, daß dieser Mensch einfach eine Menge von Prinzipien akzeptiert hat, die im Prinzip konfligieren könnten, weil das seine Einstellungen zu den verschiedenen Bindungen, die er seiner Meinung nach eingegangen ist, falsch beschreibt. Er ist der Meinung, daß er an seine verschiedenen Maßstäbe als Regeln gebunden ist, das heißt als Sätze, die in den Umständen, die sie benennen, einen bestimmten Verhaltensverlauf fordern.

Ich habe jedoch in meinem ursprünglichen Artikel nicht bestritten, daß Konflikte zwischen Regeln vorkommen könnten. Ich sagte, daß solche Konflikte in unserem Rechtssystem Notfälle wären, deren Auftreten eine Entscheidung erfordern würde, die die Menge der Maßstäbe auf eine dramatische Weise verändern würde. In der Tat paßt diese Beschreibung auch auf das gegenwärtige nichtrechtliche Beispiel. Unser moralischer Held kann, wenn er die Begriffe, die er verwendet hat, überhaupt versteht, nach der Auflösung seines Konflikts nicht weiterhin sagen, daß er beiden seiner Maßstäbe als schlichten Regeln gefolgt ist. Wenn er seine Moral immer noch als einen konsistenten Kodex darstellen will, könnte er einen der Maßstäbe oder beide so berichtigen, daß Vorkehrungen für den Konflikt getroffen werden, oder er könnte seine Einstellung zu einem von ihnen oder beiden so verändern, daß er sie von Regeln in Prinzipien umformt. Er könnte auch keines von beidem tun, sondern vielmehr beim Auftreten eines Konflikts bekunden, daß er sich in einem Zustand eines moralischen Dilemmas befindet, und nichts weiter tun oder eine Münze werfen oder auf irgendeine andere irrationale Weise entscheiden kann, die das Rechtssystem nicht erlaubt. Auf jeden Fall ist die von mir vorgenommene Unterscheidung zwischen Regeln und Prinzipien, weit davon entfernt, vom Verhalten dieses ungewöhnlichen Menschen in Frage gestellt zu werden, in der Tat erforderlich, um sein Verhalten zu erklären.

Raz' andere Beispiele gehören in den Bereich des Rechts. Er lenkt unsere Aufmerksamkeit zum Beispiel auf Regeln des Strafrechts, etwa auf die Regel, die eine tätliche Bedrohung verbietet; er sagt, daß diese Regel in Konflikt mit einer anderen Regel steht, die die tätliche Bedrohung im Fall der Notwehr erlaubt. Er kommt zu dem Schluß, daß wir hier zwei Rechtsregeln haben, die beide offensichtlich gültig sind und die hier miteinander in Konflikt stehen. Er ist der Meinung, daß der Richter in Einzelfällen, in denen diese beiden Regeln konfligieren, wie sie es dann tun werden, wenn jemand eine tätliche Bedrohung aus Notwehr begeht, die Regeln abwägen und sich entscheiden muß, die wichtigere Regel anzuwenden, und diese wird immer die Regel sein, die die tätliche Bedrohung bei Notwehr erlaubt. Er führt das als ein Beispiel von zwei Regeln an, die auf annehmbare Weise, und ohne daß das Gefühl eines Notfalls gegeben wäre, konfligieren, die also auf eine Weise konfligieren, wie es meiner These zufolge Regeln nicht tun.

Dieses Beispiel beruht jedoch sicherlich auf einer bizarren Vorstellung von Konflikt. Wenn ein strafrechtlicher Kodex eine allgemeine Regel dahingehend enthält, daß niemand für eine Handlung, die er in Notwehr begangen hat, strafrechtlich verantwortlich sein soll, dann steht diese Regel nicht im Konflikt mit einzelnen Regeln, die einzelne Straftaten definieren, selbst wenn diese einzelnen Regeln die Notwehr nicht erwähnen. Man muß die allgemeine Regel über die Notwehr so interpretieren, daß sie bedeutet, daß, ungeachtet der einzelnen Regeln des Strafrechts, keine Handlung eine Straftat sein soll, wenn sie in Notwehr begangen wird. Tatsächlich sind Regeln, welche allgemeine Verteidigungsgründe festsetzen, oft auf genau diese Weise abgefaßt; aber auch wenn sie es nicht sind, werden sie auf diese Weise verstanden. Aber eine Regel, die eine Ausnahme für eine andere Regel festlegt, steht nicht in Konflikt mit dieser anderen Regel, jedenfalls nicht in dem Sinn, daß der Richter, wenn jemand, der des tätlichen Angriffs beschuldigt ist, das Vorliegen eines Falls von Notwehr bewiesen hat, mit zwei Regeln konfrontiert ist, die ihn in entgegengesetzte Richtungen ziehen und die er irgendwie gegeneinander abwägen muß, um zu einer Entscheidung zu kommen. Die beiden Regeln zusammen bestimmen das Ergebnis auf eine Weise, die es nicht erforderlich macht, daß der Richter zwischen ihnen wählen oder ihre relative Wichtigkeit bestimmen müßte.

Warum sollte Raz annehmen, daß zwei Regeln auch dann miteinander konfligieren, wenn die eine eindeutig eine Ausnahme von der anderen ist? Ich glaube, daß die Antwort in dem zu finden ist, was er über die Individuierung von Gesetzen sagt.[23] Er nimmt an, daß ich seinen Punkt, wonach die Regel, die den tätlichen Angriff verbietet, mit der Regel konfligiert, die den tätlichen Angriff in Notwehr erlaubt, durch das Argument würde beantworten wollen, daß diese beiden Regeln in Wirklichkeit Bestandteile derselben Regel sind. Er sagt, daß ich das nur um den Preis tun könne, daß ich eine inakzeptable Theorie über die Individuierung von Gesetzen akzeptiere, und, einen solchen Fehler auf meiner Seite vorwegnehmend, sagt er, daß ich dem allgemeinen Problem der Individuierung von Gesetzen nicht genügend Aufmerksamkeit schenke. Was das betrifft, ist Raz zu großmütig, denn genauer müßte man sagen, daß ich dieses Problem überhaupt nicht beachte. In Wirklichkeit habe ich mich nicht auf das Argument gestützt, daß eine Regel und ihre Ausnahme tatsächlich als eine einzige Regel zu sehen sind, aber ich wäre ebensowenig geneigt zu argumentieren, daß sie in Wirklichkeit zwei Regeln sein müssen.

Raz ist in seiner Theorie der Individuierung von Gesetzen zwiespältig. Manchmal behandelt er eine Theorie der Individuierung als eine Strategie der Darstellung, das heißt als eine Theorie über die erhellendste Weise, auf die man das Rechtssystem einer Nation beschreiben könnte. Offensichtlich braucht der Verfasser eines Lehrbuchs zum Strafrecht eine Darstellungsstrategie. Er muß die Lehre des subjektiven Tatbestands von der Lehre der Notwendigkeit unterscheiden, und er muß diese beiden allgemeinen Lehren von den spezielleren Regeln unterscheiden, die sie als Qualifikationen und Ausnahmen durchschneiden. Aber obwohl es sein kann, daß einige Darstellungsstrategien verkehrt oder fehlgeleitet sind, weil sie das Recht in einer unhandlichen Form oder in einer Form

23 Raz, S. 825ff.

beschreiben, die man sich nicht aneignen kann, können natürlich eine große Anzahl verschiedener Strategien mehr oder weniger gleich gut geeignet sein.

Manchmal jedoch scheint Raz der Meinung zu sein, daß das Problem der Individuierung von Gesetzen nicht mit einer Strategie der Erklärung dessen zu tun hat, was das Recht für Studenten oder für Juristen ist, sondern mit der mehr philosophischen Frage, was das Recht ist. Er sagt, daß es sich hierbei um ein Problem hinsichtlich der formalen Struktur des Rechts handelt, das für den Rechtsphilosophen, und nicht für den Autor eines Lehrbuchs, von Wichtigkeit ist. Er formuliert das zentrale Problem auf folgende Weise: »Was gilt als ein vollständiges Gesetz?«, und er macht sich Benthams Ausarbeitung dieser Frage zu eigen. »Was ist ein Gesetz? Was der Teil eines Gesetzes? Der Gegenstand dieser Fragen ist wohlgemerkt das logische, das ideelle, das intellektuelle Ganze, nicht das physikalische ...«.[24]

Diese Art von Frage führt uns weit weg von Verfahren der Darstellung des Rechts: sie führt uns zu demjenigen Punkt, an dem, wie Raz insistiert, der Aufstieg oder Niedergang von Rechtstheorien davon abhängt, welches die richtige Antwort auf die Frage ist: »Was soll als ein vollständiges Gesetz gelten?«[25] Das scheint mir viel zu weit zu gehen. Angenommen, Sie haben ein dickes Buch über Geologie gelesen, und ich bitte Sie, mir zu sagen, welche Information es enthält. Sie werden das durch eine Reihe von Tatsachenaussagen tun. Aber nehmen wir jetzt an, daß ich Sie frage, wie viele Tatsachenaussagen das Buch enthält und mit welcher Theorie Sie sie gezählt haben. Sie würden mich für verrückt halten, und zwar nicht einfach deswegen, weil die Frage auf groteske Weise schwierig ist, wie wenn ich Sie gefragt hätte, wie viele gesonderte Sandkörner an einem bestimmten Strand seien, oder weil die Frage eine schwierige begriffliche Unterscheidung erfordert, wie wenn ich Sie gefragt hätte, wie viele menschliche Wesen in einer Gruppe sind, zu der eine Frau gehört, die in einem frühen Stadium der Schwangerschaft ist. Sie würden mich deswegen für verrückt halten, weil ich eine ganz falsche Art von Frage über das vorliegende Material gestellt habe. Das Buch enthält eine ganze Menge an Information; Aussagen sind Weisen der Präsentation dieser Information,

24 Raz, S. 825.
25 Raz, S. 825, 827f.

aber die Anzahl der verwendeten Aussagen wird von Erwägungen abhängen, die vom Inhalt der Information unabhängig sind, zum Beispiel davon, ob man den generellen Terminus »Steine« oder die Namen einzelner Arten von Steinen verwendet.

Auf dieselbe Weise verwenden Juristen Regeln und Prinzipien zur Darstellung rechtlicher Information, und es wäre falsch, anzunehmen, daß irgendeine einzelne dieser Aussagen kanonisch ist. Das gilt sogar für die sogenannten Bestimmungen des geschriebenen Rechts (*statutory rules*), weil es ein Gemeinplatz ist, daß Juristen die Regeln, die durch ein geschriebenes Gesetz erlassen wurden, oft falsch darstellen werden, wenn sie einfach die Sprache wiederholen, die das Gesetz verwendet hat. Zwei Juristen könnten die Wirkung eines bestimmten Gesetzes mit verschiedenen Worten zusammenfassen, wobei der eine mehr Regeln verwendet als der andere; es könnte immer noch sein, daß sie beide dasselbe sagen. Mein Punkt war nicht, daß »das Recht« eine feste Anzahl von Maßstäben enthält, von denen einige Regeln und andere Prinzipien sind. Tatsächlich möchte ich der Vorstellung entgegentreten, daß das Recht eine feste Menge von Maßstäben irgendeiner Art ist. Mein Punkt war vielmehr, daß eine genaue Zusammenfassung der Erwägungen, die Juristen bei der Entscheidung einer bestimmten Frage juristischer Rechte und Pflichten berücksichtigen müssen, Sätze enthalten würde, die die Form und Kraft von Prinzipien haben, und daß Richter und Anwälte, selbst wenn sie ihre Folgerungen rechtfertigen, oft Sätze benutzen, die auf diese Weise verstanden werden müssen. Ich glaube, daß hierin nichts enthalten ist, was mich an eine Rechtsontologie binden würde, die eine bestimmte Theorie der Individuierung annimmt.

Ich habe in der Tat gesagt, daß eine »vollständige« Angabe einer Rechtsregel ihre Ausnahmen einschließen würde und daß eine Angabe einer Regel, die die Ausnahmen vernachlässigt, »unvollständig« wäre. Ich hätte den Punkt nicht auf diese Weise ausgedrückt, wenn ich an Raz' Einwand gedacht hätte. Ich hätte dann deutlich gemacht, daß sich eine Ausnahme in der Form einer gesonderten Regel – wie der Regel über die Notwehr – ebenso wie in der Form einer revidierten Angabe der ursprünglichen Regel angeben läßt. Aber wenn ich das getan hätte, hätte ich außerdem deutlich gemacht, daß der Unterschied hauptsächlich eine Darstellungsfrage ist. Die Unterscheidung zwischen Regeln und Prinzipien bleibt unberührt. Ich könnte eine Menge von Gesetzen durch die Angabe einer Regel, zum Beispiel durch die Regel, daß ein tätlicher Angriff eine Straftat ist, und einer Liste festgelegter Ausnahmen zusammenfassen. Wenn meine Zusammenfassung vollständig ist, dann ist jeder, der einen tätlichen Angriff begeht, einer Straftat schuldig, wenn nicht eine der angegebenen Ausnahmen vorliegt; wenn er nicht schuldig ist, dann war entweder meine Angabe falsch oder das Recht hat sich geändert. Anders verhält es sich im Fall eines Prinzips. Angenommen, ich sage, daß jemand im Prinzip nicht von seinem eigenen Vergehen profitieren dürfe, aber jemand tut das. Meine Aussage braucht nicht berichtigt, auch nicht aktualisiert zu werden; denn jemand kann nicht nur dann zu Recht von seinem Vergehen profitieren – wie diese Begriffe verstanden werden müssen –, wenn eine anerkannte Ausnahme vorliegt, sondern wenn besondere Aspekte seines Falls sich auf ein anderes, neu anerkanntes Prinzip oder eine neue Zielsetzung berufen, das oder die einen Unterschied macht.

Es ist seine zweite, die ontologische Stimmung hinsichtlich der Individuierung von Gesetzen, welche Raz zu seiner merkwürdigen Auffassung von Konflikten veranlaßt. Wenn man die Vorstellung ernst nimmt, daß Rechtsregeln in bestimmten Formen »ganz« und »vollständig« sind, dann könnte man versucht sein zu meinen, daß ganze und vollständige Gesetze auch unabhängig voneinander sind, so daß man die Regel, die den tätlichen Angriff definiert, als eine platte Anweisung verstehen müßte, daß diejenigen, die bestimmte Handlungen tun, zu bestrafen sind. Wenn wir jedoch die Angabe einer Rechtsregel nur als einen Versuch auffassen, die rechtliche Wirkung bestimmter institutioneller Entscheidungen zu beschreiben, sind wir nicht versucht, irgendeinen solchen Konflikt anzunehmen. Wir werden dann nur sagen, daß die Regel über den tätlichen Angriff wie viele andere Regeln über Straftaten in Fällen der Notwehr Ausnahmen zuläßt; wir werden uns dann keine Sorgen darüber machen, ob wir eine Regel beschrieben haben oder zwei Regeln.

Raz hat ein weiteres Argument gegen meine Unterscheidung, das ich nicht vollständig verstehe. Er argumentiert, daß die Unterscheidung von der Tatsache untergraben wird, daß Regeln im Konflikt mit Prinzipien stehen können; zum Beispiel könnte man denken, daß die Regeln des bestrittenen Besitzes (*adverse Possession*) mit dem Prinzip in Konflikt stehen, daß niemand von seinem eigenen Vergehen profitieren dürfe. Ich halte es nicht für erhellend, die Beziehung zwischen diesen Regeln und diesem Prinzip als eine Konfliktbeziehung zu beschreiben. Die Tatsache, daß solche Regeln existieren, ist, wie gesagt, Evidenz dafür, daß das Prinzip, wonach niemand von seinem eigenen Vergehen profitieren solle, tatsächlich ein Prinzip und nicht eine Regel ist. Wenn die Regeln des bestrittenen Besitzes eines Tages entweder durch einen expliziten Erlaß der Legislative oder durch neue Auslegung durch die Richter berichtigt werden, dann könnte ein Grund dafür darin bestehen, daß das Prinzip als wichtiger anerkannt wird als früher, als die Regeln akzeptiert waren. Trotzdem könnte man sogar jetzt sagen, daß die Regeln des bestrittenen Besitzes weniger mit dem Prinzip *konfligieren*, als daß sie es *widerspiegeln*, weil diese Regeln eine andere Form haben, als sie sie hätten, wenn dem Prinzip überhaupt kein Gewicht in der Entscheidung beigemessen worden wäre. Die lange Zeitspanne, die im allgemeinen erforderlich ist, wenn man einen Anspruch durch bestrittenen Besitz erwerben will, wäre zum Beispiel vielleicht viel kürzer, hätte man nicht angenommen, daß dies mit dem Prinzip konfligiert. Tatsächlich bestand einer meiner Gründe für die Unterscheidung zwischen Regeln und Prinzipien gerade darin, zu zeigen, wie Regeln oft auf diese Weise eine Art von Kompromiß zwischen konkurrierenden Prinzipien darstellen, und dieser Punkt könnte verlorengehen oder untergehen, wenn wir zu frei davon reden, daß Regeln mit Prinzipien konfligieren.

Auf jeden Fall kann ich nicht sehen, wie dieses Phänomen Zweifel auf die Unterscheidung zwischen Regeln und Prinzipien werfen sollte, die ich vornehme. Raz meint, es zeige, daß Regeln ebenso wie Prinzipien Gewicht haben, weil er meint, wenn Regeln und Prinzipien konfligieren, müsse eine Entscheidung getroffen werden, welches von beidem vorzuziehen ist, und die Entscheidung müsse dadurch getroffen werden, daß der Regel ein Gewicht zugeordnet wird, welches dann dem Gewicht des Prinzips entgegengesetzt werde. Aber diese Beschreibung stellt die Interaktion zwischen Regeln und Prinzipien gewiß falsch dar. Angenommen, ein Gericht beschließt, eine bestehende allgemeine Rechtsregel zu verwerfen, derzufolge es keine rechtliche Verantwortlichkeit für fahrlässige falsche Angaben geben kann, und es beruft sich auf eine Reihe von Prinzipien, um diese Entscheidung zu rechtfertigen, eingeschlossen das Prinzip, daß es ungerecht ist, daß der eine aufgrund des Fehlers eines anderen leide. Man muß diesen Fall so verstehen, daß das Gericht entscheidet, daß die Menge der Prinzipien, die das Verwerfen der bestehenden Regel verlangt und zu der auch das gerade erwähnte Gerechtigkeitsprinzip gehört, unter den gegebenen Umständen zusammengenommen von größerem Gewicht ist als die Menge von Prinzipien, die unter anderem das Prinzip der bindenden Kraft der Präzedenzfälle enthält und die dafür spricht, die Regel wie zuvor beizubehalten. Wenn das Gericht darüber zu entscheiden hat, ob die Regel beizubehalten ist, wägt es zwei Mengen von Prinzipien gegeneinander ab; daher ist es irreführend, zu sagen, daß das Gericht die Regel selbst gegen die eine oder andere Menge dieser Prinzipien abwägt. Wenn Raz die Abwägung einer entweder rechtlichen oder moralischen Regel beschreibt, dann spricht er in Wirklichkeit über das Abwägen der Prinzipien und Zielsetzungen, denen die Regel dienlich ist; denn das muß er meinen, wenn er von dem »Ziel« einer Regel spricht.

Ich kann nicht auf alle weiteren Einzelheiten antworten, die Raz in seinem Artikel vorbringt, würde aber gerne einige kurze Bemerkungen zu einigen von ihnen machen. (1) Raz heißt eine Unterscheidung zwischen Regeln und Prinzipien gut, die sich von der von mir getroffenen unterscheidet.[26] Er zieht eine Unterscheidung vor, derzufolge Regeln relativ spezifizierte und Prinzipien relativ unspezifizierte Handlungen vorschreiben.[27] Raz sagt: »Eine Handlung ist höchst unspezifiziert, wenn sie bei verschiedenen Gelegenheiten durch die Ausführung sehr vieler heterogener generischer Handlungen bei jeder Gelegenheit ausgeführt werden kann.«[28] Das ist jedoch unbefriedigend, weil Raz seine Kriterien für die Heterogenität »generischer Handlungen« nicht bzw. nur durch Beispiele angibt und seine Beispiele eher verwirrend als erhellend sind. Er sagt, daß der Satz, daß man seine Versprechen halten muß, eine Regel ist, und er verwendet diesen Satz zur Erläuterung seiner These, daß Regeln miteinander konfligieren können. Aber die verschiedensten Arten von Handlungen können jede unter verschiedenen Umständen Handlungen sein, die Versprechen halten, weil man alles, was man tun kann, auch zu tun versprechen kann. Raz sagt

26 Raz, S. 838 ff.
27 Raz, S. 838.
28 Ebd.

andererseits, daß »ein Gesetz, welches die Gerichte und alle Staatsbeamten anweisen würde, die Redefreiheit zu schützen«, ein Prinzip wäre. Die Handlungen, die Beamte angesichts dieses Prinzips ausführen müßten, wären jedoch alle Handlungen des Gebens von Befehlen oder der Stimmabgabe, und diese Handlungen würden homogener und sicherlich nicht weniger homogen erscheinen als die Handlungen, die sie tun müßten, um alle ihre Versprechen als Individuen zu halten. Natürlich gleichen sich alle Handlungen des Haltens eines Versprechens darin, daß sie Handlungen des Haltens eines Versprechens sind. Aber alle Handlungen zum Schutz der Redefreiheit oder zur Förderung der Gleichheit gleichen sich auf dieselbe Weise. Ob eine Gruppe von Handlungen homogen ist, hängt von der Beschreibung ab, unter der die Handlungen betrachtet werden, und solange Raz keine Theorie der kanonischen Beschreibung liefert, können wir von seiner Unterscheidung keinen Gebrauch machen.

(2) Raz hat darin recht, daß man einige Aussagen, die mit »Es ist ein Prinzip unseres Rechts, daß ...« beginnen, als bloße Zusammenfassung anderer Maßstäbe verstehen sollte.[29] Aber er nimmt zu Unrecht an, daß es auf dieselbe Weise zu verstehen sei, wenn ein Gericht wie zum Beispiel in dem erörterten Fall von *Henningsen* auf das Prinzip der Vertragsfreiheit Bezug nimmt. Im Gegenteil anerkennen diese Bezugnahmen die Kraft, die ein Prinzip bei der Bestimmung einzelner juristischer Rechte und Pflichten hat, und versuchen, diese Kraft einzuschätzen und manchmal zu begrenzen.

(3) Raz mißversteht meinen Punkt über die Verwendung, die Wörter wie »begründet« in Regeln haben.[30] Ich wollte nicht sagen, daß die Funktion dieser Ausdrücke darin bestehe, »das Recht« gegen allgemeine Erwägungen »zu immunisieren«, die in bestimmten Prinzipien enthalten sind.[31] Was ich meinte, war vielmehr, daß es ihre Funktion sei, Regeln für die Wirkung bestimmter Prinzipien, aber eben nur bestimmter Prinzipien, zu öffnen. Die Regel, daß unbegründete Handelsbeschränkungen ungültig sind, bleibt eine Regel, wenn jede Beschränkung, die unbegründet ist, ungültig ist, und zwar auch dann ungültig ist, wenn sich vielleicht andere Gründe für ihre Durchsetzung, die ihre Unbegründetheit nicht mildern,

29 Raz, S. 837 f.

30 Siehe Raz, S. 837.

31 Siehe Raz, S. 850 f.

finden lassen könnten. Das Prinzip, das Raz als eines anführt, das einer solchen Regel vollständig entspricht, daß nämlich die Gerichte sich im allgemeinen weigern, ungerechten Verträgen Geltung zu verschaffen, ist aufgrund seiner eigenen Bedingungen in diesem Sinn von anderer Art. Dieses Prinzip zieht den Fall in Betracht, daß ungerechten Verträgen in der Tat Geltung verschafft werden könnte, wenn ungewöhnliche Umstände es erfordern, zum Beispiel vielleicht dann, wenn sich keine andere Möglichkeit finden läßt, unschuldige betroffene Dritte zu schützen. Das wäre anders, wenn die Legislative eine Regel erlassen hätte, daß ungerechte Verträge nichtig und nicht durchsetzbar sind.

(4) Raz nimmt zu Recht an, daß sehr wenige Gemeinschaften eine konsistente Menge moralischer Meinungen gemeinsam haben, aber er mißversteht diejenigen Richter, die sich auf die Moral der Gemeinschaft berufen und denen er vorwirft, sie würden eine schädliche Fiktion propagieren.[32] Er versäumt es, zwischen zwei Begriffen der moralischen Maßstäbe einer Gemeinschaft zu unterscheiden. Dieser Ausdruck kann sich auf einen Meinungskonsens über eine bestimmte Frage beziehen, wie er durch eine Meinungsumfrage eruiert werden könnte. Oder er könnte sich auf Moralprinzipien beziehen, die den Institutionen und Gesetzen der Gemeinschaft in dem Sinn zugrunde liegen, daß diese Prinzipien in einer richtigen Rechtstheorie der Art, wie sie an früherer Stelle in diesem Kapitel erörtert wurde, vorkommen würden. Ob ein Prinzip in diesem Sinn ein Prinzip der Gemeinschaft ist, wäre eine Frage der Argumentation und nicht des Berichts, obwohl typischerweise nicht die Geltung, sondern das Gewicht des Prinzips in Frage stünde. Die Richter, welche Raz kritisiert, verstehen den Begriff in diesem zweiten Sinn, obwohl sie das manchmal in einer Sprache tun, die mit dem ersten Sinn vereinbar ist. Raz nimmt ihr Versäumnis, eine komplizierte Unterscheidung zu beachten, fälschlicherweise für Heuchelei. Wäre es zu weit hergeholt, wenn man annehmen würde, daß seine eigene Nichtbeachtung dieser Unterscheidung zum Ausdruck bringt, daß er sich auf die Theorie der gesellschaftlichen Regel stützt? Wenn die starke Version dieser Theorie richtig wäre, dann könnte man nicht argumentieren, daß Gemeinschaft durch ihre Traditionen und Institutionen an irgend-

32 Raz, S. 828 f.

eine Pflichtmoral gebunden sei, mit Ausnahme der Moral, die in ihrer einheitlichen gesellschaftlichen Praxis anerkannt wird, die im allgemeinen wenig enthält, was von größerer Signifikanz wäre. Ich glaube, daß das die wichtigste Folge ist, welche die Theorie der gesellschaftlichen Regel für die Rechtswissenschaft hat, und daß es der zwingendste Grund dafür ist, auf der Falschheit dieser Theorie zu bestehen.

5. Jules L. Coleman

Negativer und positiver Positivismus

Jede Theorie über die Natur oder das Wesen des Rechts beansprucht, ein Kriterium dafür zu liefern – gewöhnlich in Form notwendiger und zusammen hinreichender Bedingungen –, welche Normen einer Gemeinschaft deren Recht konstituieren. Zum Beispiel behauptet die naive Version des Rechtsrealismus, dass das Recht einer Gemeinschaft durch die offiziellen Aussagen von Richtern konstituiert wird. Für die frühen Positivisten wie etwa Austin besteht das Recht aus den Befehlen eines Souveräns im eigentlichen Sinne. Für substantielle Naturrechtstheorien ist in jedem denkbaren Rechtssystem eine notwendige Bedingung der rechtlichen Geltung zumindest mancher Normen, dass sie wahre Prinzipien der Moral sind. Die Spielart des Rechtspositivismus, die mit H. L. A. Hart in Verbindung gebracht wird, behauptet, dass es in jeder Gemeinschaft, in der es Recht gibt, ein Kriterium gibt, das festlegt, welche Normen der Gemeinschaft Rechtsnormen sind. Im Anschluss an Hart wird dieses Kriterium normalerweise als Anerkennungsregel bezeichnet. Wenn der Rechtspositivismus mit der Anerkennungsregel nichts weiter meinen würde als »dasjenige Kriterium in einer jeden Gemeinschaft, durch das die Rechtsnormen dieser Gemeinschaft festgelegt werden«, dann wäre jede Theorie des Rechts auf die eine oder andere Version des Positivismus reduzierbar. Welche Form des Positivismus eine bestimmte Theorie annehmen würde, hinge dann davon ab, welche spezifischen, substantiellen Bedingungen der Legalität sie vorsieht. Der Rechtspositivismus wäre analytisch wahr, weil es unmöglich wäre, sich eine Theorie des Rechts vorzustellen, die nicht die Minimalbedingungen für eine Anerkennungsregel erfüllen würde. Allerdings wäre die Art von Wahrheit, die der Rechtspositivismus dann aufdecken würde, uninteressant.

Um eine Anerkennungsregel im positivistischen Sinne von anderen Aussagen über die Bedingungen rechtlicher Geltung zu unterscheiden und um damit den Positivismus von alternativen rechtswissenschaftlichen Thesen zu unterscheiden, müssen der

Anerkennungsregel zusätzliche Beschränkungen auferlegt werden. Kandidaten für diese Beschränkungen fallen in zwei Kategorien: Beschränkungen der Bedingungen rechtlicher Geltung, die in einer Anerkennungsregel dargelegt werden, und Beschränkungen der möglichen Quellen der Autorität (oder der Normativität) der Anerkennungsregel.

Ein Beispiel der ersten Art von Einschränkung findet in dem Erfordernis Ausdruck, dass in einer jeden Gemeinschaft die Bedingungen rechtlicher Geltung die Herkunft oder Form, nicht aber die Substanz oder den Inhalt betreffen dürfen. Entsprechend wäre eine Regel, die die Bedingungen rechtlicher Geltung in irgendeiner Gesellschaft spezifiziert, nur dann eine Anerkennungsregel im positivistischen Sinne, wenn sie rechtliche Normativität zum Beispiel daran festmacht, dass eine Norm auf geeignete Weise durch eine zuständige Autorität erlassen wurde.

Beschränkungen der zweiten Art finden Ausdruck in der Behauptung, dass die Autorität der Anerkennungsregel auf ihrer Akzeptanz durch Beamte und nicht auf ihrer Wahrheit als normativem Prinzip beruht, und in der damit zusammenhängenden Behauptung, dass richterliche Pflicht unter einer Anerkennungsregel eine Sache konventioneller Praxis und nicht eine Sache kritischer Moral ist.

Ronald Dworkin drückt diese zweite Beschränkung durch die Feststellung aus, dass eine Anerkennungsregel im positivistischen Sinne eine soziale und keine normative Regel sein muss. Eine soziale Regel ist eine solche, deren Autorität eine Sache der Konvention ist. Das Wesen und der Umfang der Pflicht, die sie auferlegt, werden durch eine bestehende konvergente soziale Praxis spezifiziert oder konstituiert. Im Gegensatz dazu kann eine normative Regel auch in Abwesenheit einer relevanten Praxis oder trotz einer entgegengesetzten Praxis eine Verpflichtung auferlegen oder ein Recht übertragen. Wenn eine normative Regel eine Verpflichtung auferlegt, dann tut sie dies, weil sie ein korrektes Moralprinzip ist und *ex hypothesi* nicht deshalb, weil sie einer akzeptierten Praxis entsprechen würde.

Was Dworkin angeht, so unterliegt aus seiner Sicht die Anerkennungsregel beiden Arten von Beschränkungen. Er ist der Auffassung, dass nur Herkunftskriterien der Legalität Anerkennungsregeln ausmachen können und dass eine Anerkennungsregel eine soziale Regel sein muss.[1] Ist der Rechtspositivismus auf eine dieser beiden Annahmen oder sogar auf beide festgelegt?

I. Negativer Positivismus

Vorschläge für kennzeichnende Merkmale der Anerkennungsregel sind durch das Bedürfnis motiviert, den Rechtspositivismus von anderen rechtsphilosophischen Thesen zu unterscheiden, insbesondere von der Naturrechtstheorie. Der Positivismus lehnt die von der Naturrechtstheorie behauptete notwendige Verbindung zwischen Recht und Moral ab. Ich bezeichne die Verneinung einer notwendigen oder konstitutiven Beziehung zwischen Recht und Moral als die Trennbarkeitsthese. Eine Art zu fragen, ob der Positivismus auf irgendwelche bestimmten Annahmen hinsichtlich der Anerkennungsregel festgelegt ist, besteht einfach darin, die Frage zu stellen, ob die Festlegung auf die Trennbarkeitsthese bestimmte Annahmen erfordert.

Um diese Frage zu beantworten, müssen wir einige Bemerkungen zum Verständnis der Anerkennungsregel und der Trennbarkeitsthese vorwegschicken. Der Begriff der Anerkennungsregel ist ambig, er kann sowohl in einem epistemischen als auch in einem semantischen Sinn verstanden werden. In einem Sinne ist die Anerkennungsregel ein Kriterium, anhand dessen man das Recht einer Gemeinschaft identifizieren, als gültig erweisen oder entdecken kann. In einem anderen Sinn spezifiziert die Anerkennungsregel Bedingungen, die eine Norm erfüllen muss, um einen Teil des Rechts einer Gemeinschaft auszumachen. Ein und dieselbe Regel kann eine Anerkennungsregel in beiden Bedeutungen sein oder auch nicht, da die Regel, anhand deren man feststellt, was das Recht ist, nicht dieselbe Regel sein muss wie die, die bestimmt, was das Recht ist. Diese Ambiguität zwischen epistemischen und semantischen Interpretationen der Anerkennungsregel durchzieht

1 Dworkins Behauptung, dass der Positivismus auf ein Herkunftskriterium der Legalität festgelegt sei, ist zu eng. Wofür er eigentlich argumentieren möchte, ist, glaube ich, dass der Positivismus auf irgendeine Art von »nichtinhaltlichem« Legalitätskriterium festgelegt ist, zum Beispiel auf das Herkunftskriterium. Der Einfachheit halber werde ich »Herkunftstest« in einem weiten Sinne als Bezeichnung für jede Art von nichtinhaltlichem Legalitätskriterium verwenden.

die Literatur und ist für ziemlich viel Verwirrung bezüglich der wesentlichen Behauptungen des Rechtspositivismus verantwortlich. Meiner Ansicht nach ist der Rechtspositivismus auf die Anerkennungsregel wenigstens in ihrer semantischen Lesart festgelegt. Auf die Frage, ob er auch auf die Anerkennungsregel im epistemischen Sinn, d. h. als Kriterium für die Rechtsidentifikation festgelegt ist, werden wir später zurückkommen.

In der Redeweise, die in der formalen Semantik in Mode ist, bedeutet die Aussage, die Anerkennungsregel sei eine semantische Regel, dass sie die Wahrheitsbedingungen für singuläre Rechtsaussagen der Form »es ist Recht in *G*, dass *P*« spezifiziert, wobei *G* eine spezifische Gemeinschaft und *P* eine vermeintliche rechtliche Aussage ist. Die Frage, ob die Trennbarkeitsthese die Anerkennungsregel auf wesentliche Annahmen festlegt, ist nichts anderes als die Frage, ob die Trennbarkeitsthese die Bedingungen rechtlicher Geltung von Normen oder die Wahrheitsbedingungen für rechtliche Aussagen einschränkend spezifiziert.

Die Trennbarkeitsthese ist die Behauptung, dass es mindestens eine denkbare Anerkennnungsregel und daher mindestens ein mögliches Rechtssystem gibt, in denen keine rechtliche Proposition die Wahrheitsbedingung hat, dass sie auch als moralisches Prinzip wahr ist.[2] Deshalb ist es möglich, dass eine gegebene Anerkennungsregel die Wahrheit als moralisches Prinzip zur Wahrheitsbedingung für manche oder alle Rechtsaussagen macht, ohne dass dadurch die Trennbarkeitsthese verletzt würde. Aus der Tatsache, dass in irgendeiner bestimmten Gemeinschaft eine Norm ein Moralprinzip sein muss, um Recht zu sein, folgt nicht, dass es in allen möglichen Rechtssystemen eine notwendige Bedingung rechtlicher Geltung ist, dass rechtliche Normen wahre Moralprinzipien sind.

Es ist verführerisch, die Trennbarkeitsthese mit der ganz anderen Behauptung zu verwechseln, dass das Recht einer Gemein-

2 Die Formulierung »Wahrheit als moralisches Prinzip als Bedingung rechtlicher Geltung« hört sich ein wenig merkwürdig an. Jedoch wäre jede andere Formulierung, wie etwa »Moral als Bedingung rechtlicher Geltung« oder »moralischer Inhalt als Bedingung rechtlicher Geltung« ambig, da unklar bliebe, ob die Trennbarkeitsthese eine Behauptung über die Beziehung zwischen Recht und kritischer Moral oder zwischen Recht und konventioneller Moral wäre. Meinem Verständnis der Trennbarkeitsthese nach ist sie die Ablehnung einer konstitutiven Beziehung zwischen Recht und kritischer Moral.

schaft eine Sache, ihre Moral hingegen eine andere sei. Diese letzte Behauptung ist stark ambig. In einem Sinn kann die Behauptung, dass das Recht einer Gemeinschaft eine Sache und ihre Moral eine andere sei, auf die sehr starke Aussage hinauslaufen, dass zwischen den Normen, die das Recht einer Gemeinschaft konstituieren, und denen, die ihre Moral ausmachen, keinerlei Konvergenz besteht. So verstanden ist dies eine empirische These, deren Inadäquatheit durch die von Recht und Moral geteilten Verbote von Mord, Diebstahl, Körperverletzung und ähnlichem gezeigt wird.

Stattdessen kann die Behauptung auch bedeuten, dass man das Recht einer Gemeinschaft ohne Bezugnahme auf ihre Moral identifizieren oder entdecken kann. Dies ist eine epistemische Behauptung darüber, wie man in einer bestimmten Gemeinschaft etwas über ihr Recht erfahren kann. Es kann gut sein, dass man in manchen Gemeinschaften – auch in solchen, in denen jede Rechtsnorm ebenso ein Moralprinzip ist – ohne Bezug auf ihren Status als Moralprinzip herausfinden kann, welche Normen Recht sind. Ob dies in jeder Gemeinschaft der Fall ist, hängt von den verfügbaren Quellen juristischen Wissens ab, nicht von einer möglicherweise bestehenden begrifflichen Verbindung zwischen Recht und Moral.

Eine dritte Interpretation der These, dass das Recht einer Gemeinschaft eine Sache und ihre Moral eine andere sei – diejenige, die Dworkin dem Positivismus zuzuschreiben bemüht ist –, besagt, dass es keine Wahrheitsbedingung für irgendeine Rechtsaussage (in irgendeiner Gemeinschaft) ist, ein Moralprinzip zu sein. So verstanden wäre die Behauptung genau dann falsch, wenn »es ist Gesetz in *G*, dass *P*« (für irgendeine Gemeinschaft *G* und irgendeine Gesetzesaussage *P*), nur dann wahr wäre, wenn *P* ein (wahres) Moralprinzip ausdrücken würde. Würde man die Trennbarkeitsthese in diesem Sinne verstehen, dann würde sie jeder Anerkennungsregel bestimmte substantielle Beschränkungen auferlegen, und zwar könnte keine Anerkennungsregel Wahrheit als ein Moralprinzip zur Bedingung rechtlicher Geltung machen. Wäre der Rechtspositivismus sowohl auf die Anerkennungsregel als auch auf diese Interpretation der Behauptung festgelegt, dass Recht und Moral einer Gemeinschaft unterschieden sind, dann wären Dworkins Argumente in »Das Regelmodell I« hinreichend, ihn zu verabschieden.

Würde man freilich die Behauptung, dass das Recht einer Gemeinschaft eines, ihre Moral etwas anderes sei, nicht als die Behauptung verstehen, dass in jeder Gemeinschaft Recht und Moral distinkt sind, sondern als die Behauptung, dass sie begrifflich unterscheidbar sind, dann wäre sie auf die Trennbarkeitsthese reduzierbar, da sie dann nicht mehr enthalten würde als die Leugnung einer konstitutiven Beziehung zwischen Recht und Moral.

Zusammengefasst stellt die Aussage »das Recht einer Gemeinschaft ist eines, ihre Moral etwas anderes« entweder eine faktisch falsche Aussage dar oder sie ist eine epistemische Aussage über die Quellen rechtlichen Wissens oder aber sie ist reduzierbar auf die Trennbarkeitsthese. In keinem Fall erfordert sie substantielle Einschränkungen für bestimmte Anerkennungsregeln.

Richtig verstanden und angemessen unterschieden von der Behauptung, dass Recht und Moral einer Gemeinschaft distinkt sind, erfordert die Trennbarkeitsthese keine substantiellen Einschränkungen irgendeiner bestimmten Anerkennungsregel. Es folgt hieraus jedoch nicht, dass aus der Trennbarkeitsthese überhaupt keine Beschränkungen hinsichtlich irgendeiner Anerkennungsregel folgen. Die Trennbarkeitsthese legt den Positivismus auf die Annahme fest, dass es wenigstens ein vorstellbares Rechtssystem gibt, in dem ein Moralprinzip zu sein nicht Teil der Wahrheitsbedingungen irgendeiner Rechtsaussage ist. Der Positivismus ist also genau dann wahr, wenn wir uns ein Rechtssystem vorstellen können, in dem ein Moralprinzip zu sein keine Bedingung der rechtlichen Geltung irgendeiner Norm ist; mit anderen Worten, wenn die Idee eines Rechtssystems, in dem moralische Wahrheit keine notwendige Bedingung rechtlicher Geltung ist, nicht selbstwidersprüchlich ist.

Denjenigen Positivismus, der sich aus der Verpflichtung auf die durch die Trennbarkeitsthese eingeschränkte Anerkennungsregel ergibt, nenne ich negativen Positivismus, um die Aufmerksamkeit sowohl auf das Wesen als auch auf die Schwäche der Behauptung zu lenken, die er aufstellt.[3] Weil der negative Positivismus eine wesentlich negative These ist, kann er nicht durch Gegenbeispiele unterminiert werden, von denen jedes nur zeigen wird, dass in der einen oder anderen Gemeinschaft Moral eine Bedingung der rechtlichen Geltung wenigstens einiger Normen ist.

3 Dies scheint dem Positivismus zu entsprechen, den David Lyons entwickelt, um Dworkins Einwänden gegen den Positivismus zu begegnen (David Lyons, »Review: Principles, Positivism, and Legal Theory«, in: *Yale Law Journal* 87 (1977), S. 415.

II. Positiver Positivismus: Recht als hartes Faktum

In »Das Regelmodell I« argumentiert Dworkin überzeugend dafür, dass in manchen Gemeinschaften Moralprinzipien Rechtskraft besitzen, obwohl das, was sie zu Recht macht, ihre Wahrheit bzw. ihre Akzeptanz als angemessene Lösung für kontroverse Streitigkeiten ist, und eben nicht die Tatsache, dass sie auf richtige Weise durch die maßgeblichen Autoritäten in Kraft gesetzt wurden. Diese Argumente wären hinreichend, den Positivismus zu gefährden, wäre dieser auf die Behauptung festgelegt, dass die Wahrheit als moralisches Prinzip niemals eine Wahrheitsbedingung einer Rechtsaussage unter irgendeiner Anerkennungsregel darstellen könnte. Die Argumente sind aber unzulänglich, um jene Trennbarkeitsthese zu gefährden, die nichts über die Wahrheitsbedingungen irgendeiner bestimmten Rechtsaussage in irgendeiner bestimmten Gemeinschaft behauptet. Die Argumente in Regelmodell I sind daher unzulänglich, um den negativen Positivismus zu gefährden.

Nun ist Dworkins Angriffsziel in Regelmodell I nicht wirklich der negative Positivismus; es ist jener Positivismus, der sich ergibt, wenn man die Anerkennungsregel mit der Anforderung verbindet, dass die Wahrheitsbedingungen keiner Rechtsaussage einen Bezug zur Moral einer Norm haben dürfen. Aus Fairness Dworkin gegenüber sollte man darüber hinaus seine Argumente in einem weiteren Kontext bewerten. In Regelmodell I ist Dworkin nicht nur um den Nachweis der Unzulänglichkeit der Trennbarkeitsthese bemüht, sondern ebenso um den Nachweis der Unzulänglichkeit anderer wesentlicher Grundsätze des Positivismus – oder wenigstens dessen, was Dworkin für wesentliche Elemente des Positivismus hält.

Die Tatsache, dass manche Moralprinzipien – auch wenn sie nicht formal in Kraft gesetzt wurden – Rechtskraft besitzen, weil sie angemessen, wahr oder akzeptiert sind, begründet für Dworkin, dass: (1) das positivistische Verständnis von Recht als Regelkomplex ebenso aufgegeben werden muss, wie (2) die Behauptung, dass Richter insofern Ermessen ausüben, als sie die Autorität haben, über das Recht hinauszugehen und sich auf Moralprinzipien zu berufen, um strittige Fälle zu lösen, und dass (3) die Ansicht aufgegeben werden muss, dass das Recht einer jeden Gemeinschaft durch den Gebrauch eines unstrittigen Tests oder Herkunftstests rechtlicher Geltung identifiziert werden kann.

Die erste Behauptung des Positivismus muss aufgegeben werden, da auch Prinzipien ebenso wie Regeln Rechtsnormen konstituieren; die zweite, weil Richter dem Positivismus zufolge bei der Berufung auf Moralprinzipien ihr Ermessen ausüben, Dworkin sie dagegen richtigerweise so darstellt, dass sie sich zwar auf Moralprinzipien berufen, dass diese aber, wenngleich sie keine Regeln sind, dennoch verbindliche Rechtsstandards sein können. Der dritte Grundsatz des Positivismus muss aufgegeben werden, da die Anerkennungsregel aus Dworkins Sicht eine Herkunftsregel sein muss, d. h., sie darf nicht den Inhalt oder die Wahrheit einer Norm zur Bedingung von deren rechtlicher Geltung machen; und ein Rechtssystem, das Moralprinzipien mit unter seine Rechtsstandards fasst, kann kein Herkunftskriterium als seinen Autoritätsstandard [d. h. als Standard rechtlicher Geltung – d. Hg.] besitzen.[4]

Die Frage ist natürlich, ob der Positivismus auf richterliches Ermessen, auf das Regelmodell oder auf ein Herkunftskriterium oder ein sonstiges unstrittiges Kriterium rechtlicher Geltung festgelegt ist. Wir wissen zumindest, dass er auf die Trennbarkeitsthese festgelegt ist, woraus nur ein negativer Positivismus zu folgen scheint. Der negative Positivismus ist jedenfalls auf keine dieser Behauptungen festgelegt. Gibt es eine andere Variante des Positivismus, die darauf festgelegt ist?

Viele Streitpunkte in der Debatte zwischen den Positivisten und Dworkin erscheinen albern, solange man keine Version des Positivismus hat, die Dworkins Kritik, vielleicht nicht zwingend, aber doch wenigstens relevant machen. Diese Version des Positivismus, worin auch immer sie besteht, kann nicht durch die Trennbarkeitsthese alleine motiviert werden. Die Frage ist dann, ob der Positivismus durch irgendetwas anderes als die Ablehnung des zentralen Grundsatzes der Naturrechtstheorie motiviert sein kann?

Eine einfache, aber letztlich nicht zufriedenstellende Antwort besteht in der Behauptung, dass Dworkins Einwände gegen Harts Version des Positivismus gerichtet sind. Obwohl dies ohne Zweifel wahr ist, ergibt sich aus einer solchen Bemerkung kein Hinweis darauf, was in Harts Version des Positivismus für den Positivismus

4 Jedoch Rolf Sartorius, »Social Policy and Judicial Legislation«, in: *American Philosophical Quarterly 8* (1971), S. 151-160; Jules Coleman, »Review, Taking Rights Seriously«, in: *California Law Review* 66 (1978), S. 885-919; und infra S. 149 f.

überhaupt wesentlich ist. Dworkin versteht seine Kritik an Hart jedenfalls als eine Kritik am Positivismus überhaupt, und es stellt sich die Frage, ob der Positivismus auf die wesentlichen Züge von Harts Version festgelegt ist.

Eine aussichtsreichere Argumentationslinie ist die folgende: Ohne Zweifel ist der Positivismus auf die Trennbarkeitsthese festgelegt. Dennoch kann man fragen, ob die Verpflichtung auf die Trennbarkeitsthese grundlegend ist oder ob sie aus anderen – vielleicht programmatischen – Festlegungen des Rechtspositivismus abgeleitet ist. Das heißt, man kann die Trennbarkeitsthese isoliert betrachten oder als eine Komponente, vielleicht sogar als ein abgeleitetes Element eines Netzes von Festlegungen des Rechtspositivismus.[5] Wir werden zum negativen Positivismus geführt, wenn wir die erste Route verfolgen. Vielleicht gibt es eine interessantere Form des Positivismus, wenn wir die letztere verfolgen.

Sicher besteht ein Grund für die Insistenz einiger Positivisten auf die Unterscheidung zwischen Recht und Moral in Folgendem: Während sowohl Recht als auch Moral Standards bereitstellen, anhand deren die Angelegenheiten der Menschen geregelt werden sollten, ist Moral grundsätzlich umstritten. Menschen sind sich uneins darüber, was die Moral vorschreibt, und es herrscht Ungewissheit bezüglich der Grenzen erlaubten Verhaltens und bezüglich der Art und des Umfangs der eigenen moralischen Verpflichtungen gegenüber anderen. Im Gegensatz dazu ist zumindest für diese Positivisten das Recht offenkundig konkret und unstrittig. Darüber hinaus besteht für eine entstandene Meinungsverschiedenheit darüber, ob etwas Recht ist oder nicht, ein Entscheidungsverfahren, das für den Großteil der Fälle die Frage beantwortet. Das Recht ist wiss- und ermittelbar, so dass eine Person sich, während sie zwar den Umfang ihrer moralischen Verpflichtungen nicht kennen mag, dennoch dessen bewusst ist (oder es herausfinden könnte), was das Recht von ihr erwartet. Eine Festlegung auf traditionelle rechtliche Werte, die mit der Rechtsstaatlichkeit verknüpft sind, erfordert, dass das Recht aus wissbaren, weitestgehend unkontroversen Fak-

5 Die folgende Charakterisierung des Positivismus über Motivationen für die Trennbarkeitsthese ist nach vielen Diskussionen mit Professor Dworkin entwickelt worden. Ich bin ihm für seine Anmerkungen sehr dankbar, jedoch ist es wahrscheinlich, dass ich die Charakterisierungen nicht so vorgenommen habe, wie er es getan hätte.

ten besteht, und es ist dieses Merkmal des Rechts, das der Positivismus hervorhebt und das ihm zugrunde liegt.

Man kann zu dieser Auffassung von Recht als unstrittige und harte Fakten auch dadurch gelangen, dass sich der Rechtspositivismus die epistemologischen und semantischen Kriterien des logischen Positivismus mit Bezug auf rechtliche Fakten aneignet. Für die logischen Positivisten waren moralische Urteile sinnlos, da sie nicht durch einen zuverlässigen und wesentlich unstrittigen Test verifiziert werden können. Damit Rechtsaussagen sinnvoll sind, müssten sie durch einen solchen Test verifizierbar sein (die epistemische Konzeption der Anerkennungsregel). Recht darf daher, um sinnvoll zu sein, nicht wesentlich strittig sein.

Ist der Positivismus einmal durch die Ansicht charakterisiert, nach der das Recht aus harten Fakten besteht, dann wird Dworkins Zuschreibung bestimmter elementarer Grundsätze an ihn plausibel, und seine Einwände gegen diese Grundsätze werden zwingend. Erstens besteht das Recht für den Positivismus aus Regeln, nicht aus Prinzipien, da die rechtliche Geltung einer Regel von ihrem formalen Charakter abhängt – der Art und Weise ihrer Inkraftsetzung –, wohingegen die rechtliche Geltung eines Moralprinzips von seinem Inhalt abhängen wird. Die rechtliche Geltung von Regeln wird also wesentlich unstrittig, die rechtliche Normativität von Prinzipien hingegen wesentlich strittig sein. Zweitens spielt sich richterliches Urteilen sowohl in schwierigen als auch in einfachen Fällen ab. Paradigmatische oder einfache Fälle sind unstrittig. Die Antwort auf sie ist in rechtlicher Hinsicht klar und der Richter ist verpflichtet, diese Antwort zu geben. Fälle, die in den Randbereich einer generellen Regel fallen, sind jedoch ungewiss. Es gibt aus rechtlicher Perspektive keine unstrittige Antwort auf sie, und Richter müssen in ihrer Ermessensausübung das Recht überschreiten, um sie zu lösen. Strittigkeit impliziert die Abwesenheit rechtlicher Pflicht, und insofern es strittige Anwendungsfälle von Rechtsregeln gibt, ist der Positivismus für die Lösung solcher Fälle auf eine Theorie des Ermessens festgelegt. Drittens muss der Positivismus auf die Anerkennungsregel sowohl im epistemischen als auch im semantischen Sinne festgelegt sein, da die Anerkennungsregel nicht nur die Bedingungen rechtlicher Geltung darlegt, sondern auch einen Mechanismus bereitstellt, durch den ein Streit darüber geschlichtet werden kann, was in einem bestimmten Fall

Recht ist. Die Anerkennungsregel ist für den Positivisten das Prinzip, durch das bestimmte Rechtsaussagen verifiziert werden. Die Bedingungen rechtlicher Geltung, die in der Anerkennungsregel dargelegt werden, müssen sich somit auf die Herkunft oder die Form beziehen, sonst wird die Norm darin fehlgehen, ein zuverlässiges Prinzip bereitzustellen, um konkurrierende Behauptungen über das Recht zu verifizieren und zu beurteilen. Schließlich sind Recht und Moral distinkt (die Trennbarkeitsthese), weil das Recht aus harten Fakten besteht, die Moral hingegen nicht.

Wenn die Unterscheidung zwischen Recht und Moral über die Festlegung auf das Recht als unstrittige, harte Fakten motiviert ist, dann muss der Positivismus leider aufgegeben werden, da das Recht, wie Dworkin richtig argumentiert, strittig ist, und da es selbst dort, wo es strittig ist, beim Recht um Verpflichtungen und um genuine Rechte gehen kann und eben nicht um Fragen des Ermessens.

Es gibt keinen plausibleren Weg, Dworkins Begriff des Positivismus zu verstehen und seine Argumente gegen diesen (wenigstens jene aus Regelmodell I) überzeugend zu vertreten. Das Resultat ist eine Art positiver Positivismus, der eine interessante Behauptung über das Wesen des Rechts macht (dass das Recht im Großen und Ganzen aus harten, konkreten Fakten besteht) – eine Behauptung, von der Dworkin präzise nachweist, dass sie falsch ist. Die gesamte Argumentationslinie beruht jedoch darauf, dem Rechtspositivismus entweder eine programmatische oder eine metaphysische These über das Recht zuzuschreiben. Es ist die These des Rechts als eines harten Faktums – ob von semantischen, epistemischen oder normativen Argumenten motiviert –, die nicht nur die Verpflichtung des Positivismus auf die Trennbarkeitsthese erklärt, sondern auch dessen Festhalten an anderen Behauptungen über das Recht, nämlich über richterliches Ermessen, das Regelmodell und das nichtinhaltliche Kriterium rechtlicher Geltung.

Das Argument für das Recht als hartes Faktum, das auf dem positivistischen Programm eines wiss- und ermittelbaren Rechts beruht, ist klarerweise problematisch. Der Rechtspositivismus macht eine begriffliche oder analytische Behauptung über das Recht, die nicht mit den programmatischen oder normativen Interessen vermengt werden sollte, die bestimmte Positivisten, insbesondere Bentham, möglicherweise hatten. Dies anders zu sehen bedeutet ironischerweise, in eine begriffliche Erläuterung des Rechts eine bestimmte normative Theorie des Rechts zu integrieren; es bedeutet, in den Begriff des Rechts (oder das Verständnis davon, was Recht ist) Moral oder eine Vorstellung davon einzuspeisen, wie das Recht sein sollte. Mit anderen Worten: Mit dem Argument dafür, dem Positivismus aufgrund seines normativen Rechtsideals bestimmte Grundsätze zuzuschreiben, begeht man genau den Fehler, auf den der Positivismus ja gerade hinweisen und den er korrigieren möchte.

Das Argument für das Recht als hartes Faktum, das nicht auf den programmatischen Interessen einiger Positivisten, sondern auf der Semantik und der Epistemologie des logischen Positivismus beruht, ist sowohl plausibler als auch interessanter. Harts Charakterisierung seiner Untersuchung als Analyse sowohl des Begriffs des Rechts als auch davon, wie man eine Norm als gültiges Recht bestimmt, als wären diese zwei Dinge ein und dasselbe, legt eine Vermengung von semantischen und epistemischen Fragestellungen nahe, die man mit dem logischen Positivismus in Verbindung bringt. Man erinnere sich diesbezüglich an Harts Diskussion des Übergangs vom »Vorrechtlichen« zum »Rechtlichen«. Der Übergang vom Vorrechtlichen zum Rechtlichen wird durch die Hinzufügung sekundärer Regeln zur Menge primärer sozialer Verpflichtungsregeln erreicht, insbesondere durch die Hinzufügung einer Anerkennungsregel, die das Problem der Unsicherheit löst, also das epistemische Problem der Bestimmung, welche Normen Recht sind. Darüber hinaus legt Harts Diskussion richterlichen Ermessens – d. h. der Abwesenheit rechtlicher Pflicht –, das immer dann relevant wird, wenn die Anwendung eines allgemeinen Ausdrucks in einer Rechtsregel strittig ist, nahe, dass zumindest er selbst das Recht als eine Tatsache betrachtete, die durch die Anwendung einer zuverlässigen Verifikationsmethode ermittelbar ist. Aber um dem Positivismus die Ansicht zuzuschreiben, das Recht bestehe aus harten Fakten, benötigen wir dann immer noch ein Argument, aus dem folgt, dass ein Teil dessen, was es heißt, Rechtspositivist zu sein, darin besteht, auf eine Form des Verifikationismus festgelegt zu sein.

Das Problem eines jeden solchen Arguments ist, dass die Trennbarkeitsthese als fundamentaler Grundsatz des Positivismus ohne weitere Motivation für sich stehen kann. Schließlich könnte der

Verifikationismus falsch, die Trennbarkeitsthese dagegen richtig sein. Ohne einen Widerspruch zu befürchten, kann man sowohl eine (metaphysisch) realistische Position zu rechtlichen Tatsachen als auch die Trennbarkeitsthese vertreten. (Nebenbei bemerkt sollte diese Tatsache allein ausreichen, Vorsicht darin walten zu lassen, dem Rechtspositivismus einen logischen Positivismus einfach zuzuschreiben, weil sie beide Formen des Positivismus seien. Ansonsten könnte jemand versucht sein, dem Rechtsrealismus aus einem ähnlichen Grund einen metaphysischen oder wissenschaftlichen Realismus zuzuschreiben, was, gelinde gesagt, absurd wäre.)[6] Kurz: Jemand, der behauptet, Positivist zu sein, kann die Metaphysik des Verifikationismus ablehnen, an der Trennbarkeitsthese festhalten und die ziemlich plausible Ansicht vertreten, dass das Motiv für die Trennbarkeitsthese – wenn es überhaupt eins gibt – einfach darin besteht, dass die Unterscheidung zwischen Recht und Moral, auf der die Trennbarkeitsthese beruht, berechtigt ist; und für den Fall, dass das nicht ausreicht, kann der Positivist darauf verweisen, dass es eine rechtsphilosophische Strömung gibt, die die Existenz dieser Unterscheidung leugnet. Mit anderen Worten kann der Positivist sich auf den negativen Positivismus zurückziehen und dies mit dem Hinweis darauf rechtfertigen, dass die Trennbarkeitsthese keine weitere Motivation benötigt, jedenfalls keine solche, die für den Vertreter einer vernünftigen rechtsphilosophischen These die Festlegung auf eine Reihe dubioser metaphysischer Thesen mit sich bringt.

Während ich mit dieser Antwort sympathisiere, wird sie Dworkin nicht zufriedenstellen. Es hat etwas Unbefriedigendes für eine Theorie des Rechts, wenn sie keine positive Behauptung über das Recht aufstellt. Schließlich könnte jemand als Adäquatheitsbedingung vorschlagen, dass jede Theorie des Rechts etwas Wahres über das Recht aussagen muss. Der negative Positivismus erfüllt diese Adäquatheitsbedingung nicht. Eine Naturrechtstheorie erfüllt diese Adäquatheitsbedingung dadurch, dass sie behauptet, dass in jedem vorstellbaren Rechtssystem moralische Wahrheit eine

6 Das liegt daran, dass der Rechtsrealismus gegenüber der Existenz rechtlicher Tatsachen skeptisch ist. Rechtliche Tatsachen sind durch offizielles Handeln »geschaffen«, sie sind nicht »dort draußen«, um von Richtern entdeckt zu werden. Der wissenschaftliche oder metaphysische Realismus hält genau an der entgegengesetzten Ansicht von Tatsachen fest.

notwendige Bedingung rechtlicher Geltung ist – wenigstens für manche Normen. Da der negative Positivismus aus der Ablehnung dieser Behauptung besteht, sagt er nichts darüber aus, was in jedem denkbaren Rechtssystem über das Recht gilt. Die Ansicht, die Dworkin Hart zu Recht zuschreibt, jedoch fälschlicherweise dem Positivismus überhaupt, und zwar, dass der Sinn des Positivismus darin besteht, dass das Recht aus harten Fakten besteht, erfüllt diese Adäquatheitsbedingung und stellt jene Art von Behauptung auf, mit der man sich, auch wenn sie falsch sein mag, herzhaft auseinandersetzen kann.

Ich möchte eine alternative Version des Positivismus vorschlagen, die wie die »Recht-als-harte-Fakten«-Version eine Art des positiven Positivismus ist. Die Art des positiven Positivismus, die ich charakterisieren und verteidigen möchte, besteht in ihrem Kern nicht darin, dass das Recht weitestgehend unstrittig ist – das muss es nicht sein –, sondern darin, dass es letztlich konventionell ist: dass die Autorität des Rechts eine Sache seiner Akzeptanz durch Beamte ist.

III. Positiver Positivismus: Recht als soziale Konvention

Es ist wohlbekannt, dass man den Einwänden, die Dworkin in Regelmodell I gegen den Positivismus entwickelt, dadurch begegnen kann, dass man eine Anerkennungsregel (im semantischen Sinne) konstruiert, die Moralprinzipien ebenso wie Regeln als bindende Rechtskriterien zulässt. Zusammengefasst lautet das Argument wie folgt: Selbst, wenn einige Moralprinzipien rechtlich bindend sind, ist nicht jedes Moralprinzip ein rechtliches. Daher muss es einen Test geben, um rechtlich bindende Moralprinzipien von solchen zu unterscheiden, die es nicht sind. Das Charakteristische rechtlich bindender Moralprinzipien, das sie von nicht bindenden Moralprinzipen unterscheidet, kann durch eine Klausel in der relevanten Anerkennungsregel erfasst werden. Anders gesagt: eine Regel ist eine Rechtsregel, wenn sie das Merkmal C besitzt, und ein Moralprinzip ist ein Rechtsprinzip, wenn es das Merkmal C_1 besitzt. Die Anerkennungsregel besagt dann, dass eine Norm genau dann eine Rechtsnorm ist, wenn sie entweder C oder C_1 besitzt. Hat man diese Anerkennungsregel einmal formuliert, dann bleibt alles, was

Dworkin dem Positivismus zuschreibt – außer dem Regelmodell –, erhalten. Die (semantische) Anerkennungsregel bleibt erhalten, da die Frage, ob eine Norm eine rechtliche ist, nicht davon abhängt, ob sie eine Regel oder ein Prinzip ist, sondern davon, ob sie die Bedingungen rechtlicher Geltung erfüllt, die in der Anerkennungsregel dargelegt sind. Die Trennbarkeitsthese bleibt nur so lange erhalten, wie nicht jedes denkbare Rechtssystem in seiner Anerkennungsregel eine C_1-Klausel enthält, d. h. eine Klausel, die die Bedingungen rechtlicher Geltung für einige Moralprinzipien darlegt, bzw. solange es für den Fall, dass sie eine solche Klausel enthält, wenigstens ein denkbares Rechtssystem gibt, in dem kein Prinzip diese Klausel erfüllt. Schließlich bleibt ein Argument für richterliches Ermessen erhalten – dasjenige, das nicht auf Meinungsverschiedenheiten, sondern auf der Erschöpfbarkeit rechtlicher Kriterien beruht. Nur eine bestimmte Anzahl von Normen erfüllt *C* oder C_1, so dass sich ein Fall ergeben kann, in dem keine durch die Anerkennungsregel ausgewiesene Rechtsnorm für dessen Lösung passend oder geeignet wäre. In solchen Fällen müssen Richter auf nichtrechtliche Kriterien Bezug nehmen, um Streitfragen zu klären.[7]

Dworkin könnte, gegeben seine Auffassung, dass der Positivismus das Recht als aus harten Fakten bestehend ansieht, gegen diese Verteidigungslinie einfach einwenden, dass eine »Anerkennungsregel«, die durch die Konjunktion der Bedingungen rechtlicher Geltung für Prinzipien und für Regeln gebildet wurde, keine Anerkennungsregel im positivistischen Sinne sein kann, da die Bezugnahme auf Moral sie grundsätzlich kontrovers machen würde. Anders ausgedrückt: Eine strittige Anerkennungsregel kann keine Anerkennungsregel im epistemischen Sinne sein, sie kann kein zuverlässiges Verifikationsprinzip bereitstellen. Aus diesem Grund kann sie keine Anerkennungsregel im positivistischen Sinne sein. Interessanterweise ist dies nun nicht das Argument, das Dworkin entwickelt. Er argumentiert zwar dafür, dass eine Anerkennungsregel dieser Art keine Anerkennungsregel im positivistischen Sinne konstituieren kann. Zudem argumentiert er dafür, dass eine solche

7 Es wird oft übersehen, dass es zwei verschiedene Argumente für das Ermessen gibt: Eines beruht auf der strittigen Natur von Randbereichsfällen, die allgemeine Ausdrücke enthalten, das andere auf der Endlichkeit rechtlicher Kriterien. Das erste Argument wurzelt eigentlich in einer Sprachtheorie, das zweite, das einer Zurückweisung dieser Theorie standhalten würde, beruht auf Lücken im Recht.

Regel grundsätzlich strittig wäre. Das Argument endet jedoch nicht mit dem Vorwurf, dass eine solche Regel strittig wäre. Der strittige Charakter der Regel ist wichtig für Dworkin, nicht, weil er mit dem Recht im Sinne eines harten Faktums inkompatibel ist oder weil eine strittige Anerkennungsregel kein zuverlässiges Verifikationsprinzip sein kann, sondern weil eine strittige Anerkennungsregel keine soziale Regel sein kann. Eine strittige Anerkennungsregel kann nicht konventioneller Art sein, also nicht so beschaffen, dass ihre Autorität von ihrer Akzeptanz abhängt.

Zu Beginn dieses Essays habe ich zwischen zwei Arten von Bedingungen unterschieden, die einer Anerkennungsregel auferlegt werden könnten: solchen, die mit substantiellen Bedingungen rechtlicher Geltung zu tun haben, und solchen, die mit der Autorität der Anerkennungsregel selbst zu tun haben. Der Unterschied zwischen Dworkins Argument gegen den Positivismus in Regelmodell I und dem in Regelmodell II besteht darin, dass in dem früheren Aufsatz die Version des Positivismus, die er kritisiert, eine Bedingung der ersten Art enthält – rechtliche Geltung muss durch einen nichtinhaltlichen (oder Herkunfts-)Test bestimmt werden – wohingegen die Version des Positivismus, die er in Regelmodell II kritisiert, eine Bedingung der zweiten Art enthält – die Autorität der Anerkennungsregel muss eine Sache der Konvention bzw. des Übereinkommens sein.

Tatsächlich entwickelt Dworkin gegen die »Recht-als-Konvention«-Version des Positivismus vier zusammenhängende Argumente, von denen keines, wie ich argumentieren möchte, letztlich überzeugend ist. Ich bezeichne sie als (1) das Argument der sozialen Regel, (2) das Herkunftsargument, (3) das Kontroverse-Argument und (4) das Moral-Argument.[8]

A. Das Argument der sozialen Regel

Rechtliche Verpflichtungen werden durch geltende Rechtsnormen auferlegt. Eine Regel oder ein Prinzip gilt, wenn es den Bedingungen rechtlicher Geltung genügt, die in der Anerkennungsregel dar-

8 Dworkin unterscheidet nicht explizit zwischen diesen verschiedenen Argumenten, noch benennt er irgendeines davon. Die Bezeichnungen und Unterscheidungen sind von mir.

gelegt sind. Die Frage, die Dworkin in Regelmodell II stellt, betrifft das Wesen von Pflichten im Rahmen der Anerkennungsregel selbst. Erlegt die Anerkennungsregel Richtern deshalb Pflichten auf, weil sie die Regel akzeptieren, oder deshalb, weil die Regel innerhalb einer umfassenderen Moraltheorie des Rechts verteidigt werden kann? Für Dworkin ist dies die Frage danach, ob die Anerkennungsregel eine soziale oder eine normative Regel ist.

Dworkins erstes Argument in Regelmodell II gegen einen Recht-als-Konvention-Positivismus besagt, dass die Theorie der sozialen Regel eine inadäquate generelle Theorie der Pflicht liefert. Das Argument ist dieses: Nach der Theorie der sozialen Regel hat ein Individuum nur dann die Verpflichtung, auf eine gewisse Weise zu handeln, wenn es (1) eine allgemeine Praxis gibt, auf diese Weise zu handeln, und wenn (2) die Regel, die aus dieser Praxis heraus konstruiert oder aufgebaut wird, aus einer internen Perspektive akzeptiert wird. Eine Regel aus einer internen Perspektive zu akzeptieren bedeutet, sie normativ zu verwenden, so dass sie sowohl Gründe dafür bereitstellt, in Übereinstimmung mit ihr zu handeln, als auch dafür, Abweichungen von ihr zu kritisieren. Aber es kann, wie Dworkin zu Recht bemerkt, auch dort Pflichten geben, wo es keine soziale Praxis gibt oder wo eine ihnen konträre Praxis vorherrscht. Dies ist einfach eine andere Art zu sagen, dass nicht jede Pflicht eine solche der konventionellen Moral ist.

Wenn die These des Positivisten besagt, dass die Theorie der sozialen Regel eine adäquate Theorie des Ursprungs aller nichtinstitutionellen Pflichten oder der Bedeutung aller Behauptungen über solche Pflichten bereitstellt, dann ist sie sicherlich falsch. Nicht alle durch Regeln auferlegte Pflichten sind durch konventionelle Regeln auferlegt. Zum Glück behauptet die Recht-als-Konvention-Version des Positivismus so etwas nicht. Die Frage ist nicht, ob die Theorie der sozialen Regel dazu geeignet ist, Pflichten im Allgemeinen zu erklären, sondern, ob die Theorie die Pflicht von Richtern im Rahmen der Anerkennungsregel erklären kann. Eine inadäquate allgemeine Theorie der Verpflichtung könnte eine adäquate Theorie der richterlichen Pflicht sein. Würde man das Argument der sozialen Regel ernst nehmen, dann würde es auf die merkwürdige Behauptung hinauslaufen, dass die Anerkennungsregel keine soziale Regel sein kann und dass daher Verpflichtungen im Rahmen dieser Regel nicht solche der konventionellen Moral sein können, bloß weil nicht jede Pflichten auferlegende Regel eine soziale Regel ist.

B. Das Herkunftsargument

Das erste ernstzunehmende Argument, das Dworkin gegen die Theorie der sozialen Regel als Erklärung richterlicher Verpflichtung vorbringt, beruht teils auf den Argumenten in Regelmodell I. In meiner Entgegnung auf Dworkins Kritik in »Das Regelmodell I« habe ich eine Anerkennungsregel konstruiert, die unterschiedliche Bedingungen rechtlicher Geltung für Regeln (C) und für moralische Prinzipien (C_1) darlegt. Nennen wir diese Regel kurz »C und C_1«. Dworkin behauptet, dass eine solche Regel keine soziale Regel sein kann.

Das Argument ist dieses: Die Wahrheitsbedingungen in »C + C_1« nehmen sowohl auf Moralprinzipien als auch auf Rechtsregeln Bezug. Anders als Rechtsregeln können Moralprinzipien nicht durch ihre Herkunft bestimmt werden. Weil die Bestimmung, welche Moralprinzipien einer Gemeinschaft rechtliche Normen sind, auf dem Inhalt der Prinzipien beruht, wird sie Gegenstand einiger Kontroversen sein. Wenn es aber eine substantielle Uneinigkeit gibt, dann kann es keine Konvergenz im Verhalten geben, die hinreichend dafür wäre, die soziale Regel zu spezifizieren. Die Theorie der sozialen Regel erfordert eine Konvergenz im Verhalten, d.h. eine soziale Praxis. Ein nicht herkunftsbasiertes Kriterium impliziert Uneinigkeit, Uneinigkeit impliziert die Abwesenheit einer sozialen Praxis, die Abwesenheit der erforderlichen sozialen Praxis bedeutet, dass die Regel keine soziale Regel sein kann. Eine Anerkennungsregel, die Bezug auf die Moral nehmen würde – die Art von Anerkennungsregel, die wir konstruiert haben, um Dworkins Einwand in Regelmodell I zu begegnen –, könnte keine soziale Regel sein und daher keine Anerkennungsregel im positivistischen Sinne.

Das Argument geht jedoch zu schnell vor. Nicht jede Bezugnahme auf Moral in einer Anerkennungsregel wäre notwendigerweise kontrovers. Aus der Tatsache, dass C + C_1 auf Moralprinzipen Bezug nimmt, folgt nicht, dass diese Regel rechtliche Geltung nicht auch aufgrund eines nichtinhaltlichen Merkmals moralischer Prinzipien bestimmen kann. Zum Beispiel könnte C_1 ein Erfordernis der »Verankerung« von der Art sein, wie es Rolf Sartorius vorgeschlagen hat, so dass die Frage, ob ein Moralprinzip ein Rechtsprinzip ist, davon abhängen wird, ob es in Präambeln der Gesetzgebung und in anderen autoritativen Dokumenten erwähnt wird: je häufiger es Erwähnung findet, desto mehr Gewicht erhält das Prinzip.[9] Oder C_1 könnte besagen, dass ein Moralprinzip nur dann ein Rechtsprinzip ist, wenn es weitestgehend von den Mitgliedern der Gemeinschaft geteilt wird. Kurz: die rechtliche Geltung eines moralischen Prinzips könnte durch eines seiner nichtinhaltlichen Merkmale bestimmt sein. In solchen Fällen wäre die Bestimmung, welche Moralprinzipien rechtlich bindend sind, nicht problematischer oder kontroverser als die Bestimmung, welche Regeln rechtliche Regeln sind.

Obgleich nicht jede Bezugnahme auf Moral die Anerkennungsregel strittig macht, so doch einige Arten der Bestimmung, welche Moralprinzipien einer Gemeinschaft Recht sind. Angenommen, C_1 erhebt moralische Wahrheit zu einer Bedingung rechtlicher Geltung, so dass ein Moralprinzip nicht Teil des Rechts einer Gemeinschaft sein könnte, sofern es nicht wahr wäre. Während seine Verankerung kein kontroverses Merkmal eines Moralprinzips ist, so doch seine Wahrheit. Jede Anerkennungsregel, die moralische Wahrheit zu einer Bedingung rechtlicher Geltung machte, wäre kontrovers. Eine kontroverse Anerkennungsregel hat Divergenzen im Verhalten zur Folge, die ihren Anspruch, eine soziale Regel zu sein, untergraben. Wenn eine Anerkennungsregel keine soziale Regel ist, dann kann sie keine Anerkennungsregel im positivistischen Sinne sein.

Nicht jede mögliche Anerkennungsregel wäre folglich eine soziale Regel. Zum Beispiel könnte »Recht ist, was auch immer moralisch richtig ist« niemals eine Anerkennungsregel im positivistischen Sinne sein. Weil ein solcher Positivismus, wie ich ihn verteidigen möchte, daran festhält, dass Recht überall konventionell ist – dass (in der Sprache dieser Diskussion) die Anerkennungsregel in jeder Gemeinschaft eine soziale Regel ist –, muss er falsch sein.

9 Sartorius, oben Fn. 4; Dworkin selbst diskutiert zwar diese Möglichkeit, verwirft sie jedoch fälschlicherweise; siehe Ronald Dworkin, *Taking Rights Seriously*, Harvard 1977, Kapitel 2. Siehe auch C.L. Tens hilfreiche Diskussion in C.L. Ten, »The Soundest Theory of Law«, in: *Mind* 88, (1979), S. 522-537.

C. Das Kontroverse-Argument

Nach Dworkins Überzeugung ist die Anerkennungsregel in jeder Rechtsprechung entweder eine soziale oder eine normative Regel; sie erlegt, mit anderen Worten, eine Pflicht entweder deshalb auf, weil sie akzeptiert wird oder weil sie wahr ist. Der Recht-als-Konvention-Positivismus besagt, dass die Anerkennungsregel in jeder Gemeinschaft eine soziale Regel ist. Auf dieser Ebene ist der negative Positivismus die These, dass in wenigstens einer denkbaren Gemeinschaft die Anerkennungsregel eine soziale Regel ist. Eine Naturrechtstheorie wäre dann die Ansicht, dass in jedem denkbaren Rechtssystem die Anerkennungsregel eine normative Regel ist. Dworkin behauptet, dass die Anerkennungsregel eine normative Regel ist, und das rechtfertigt es, ihn innerhalb der Naturrechtstradition zu verorten.

Das Argument im vorangegangenen Abschnitt ist damit vereinbar, dass einige Anerkennungsregeln normative Regeln und andere soziale Regeln sind. Zum Beispiel könnte eine Anerkennungsregel, die keinen Bezug auf die Moral nähme, oder wenn sie es täte, sich nur auf nichtinhaltliche Elemente moralischer Prinzipien bezöge, trotz all dem, was das vorangegangene Argument zeigt, immer noch eine soziale Regel sein. Wenn sie das wäre, dann wäre Dworkins Argument, das auf der kontroversen Natur von Anerkennungsregeln basiert, die sich auf die Moral beziehen, nicht hinreichend dafür, seine normative Theorie des Rechts zu belegen.

Was Dworkin benötigt, ist ein Argument dafür, dass keine Anerkennungsregel eine soziale Regel sein kann: dass also unabhängig von den in ihr niedergelegten Bedingungen rechtlicher Geltung keine Anerkennungsregel bestimmte Merkmale des Rechts erklären kann, sofern sie keine normative Regel ist. Dworkin hat ein solches Argument, und es scheint folgendes zu sein: Jede Anerkennungsregel wird, unabhängig von den spezifischen Bedingungen rechtlicher Geltung, die sie darlegt, an irgendeinem Punkt zu Streitfällen führen. Zum Beispiel könnte eine Regel, die sich nicht auf die Moral bezöge, immer noch zu einem Streitfall bezüglich des Gewichts vorangegangener Gesetzgebung führen oder bezüglich der Frage, ob – und wenn ja, in welchem Ausmaß – die gegenwärtige Legislative eine zukünftige Legislative binden kann. Obgleich die Regel selbst nicht umstritten wäre, wären es doch bestimmte Fälle von ihr. Wäre die Anerkennungsregel eine soziale Regel, dann könnte sie Richtern in solchen kontroversen Fällen keine Pflichten auferlegen. Die Existenz richterlicher Pflichten in kontroversen Fällen kann nur erklärt werden, wenn man die Anerkennungsregel als eine normative Regel versteht.

Dieses Argument beruht auf der Tatsache, dass auch Anerkennungsregeln, die im Großen und Ganzen unstrittig sind, strittige Anwendungen haben können. In diesen strittigen Fällen kann die Interpretation der Anerkennungsregel als soziale Regel nicht erklären, weshalb die Regel Richtern Pflichten auferlegt. Das liegt daran, dass sich in der Theorie der sozialen Regel Verpflichtungen aus der konvergenten Praxis herleiten und sowohl in den umstrittenen als auch in den bisher ungelösten Fällen keine konvergente Praxis oder konvergente Meinung existiert, aus der sich eine Verpflichtung ableiten ließe.

Die Anerkennungsregel ist entweder eine soziale oder eine normative Regel. Wenn sie in kontroversen Fällen Verpflichtungen auferlegt, dann kann sie keine soziale Regel sein. Daher muss die Anerkennungsregel, wenn sie Richtern in umstrittenen Fällen eine Pflicht auferlegt, eine normative Regel sein. Weil die Anerkennungsregel in jeder Gemeinschaft eine normative Regel ist, sind die Verpflichtungen von Richtern, die ihr unterstehen, solche einer kritischen, nicht einer konventionellen Moral; und die letzte Autorität des Rechts ist eine Frage der Moral, nicht der Konvention.

Das Umstrittenheitsargument präsupponiert, dass Richter selbst in umstrittenen Fällen durch eine Pflicht gemäß der Anerkennungsregel gebunden sind. Der Positivismus ist scheinbar in solchen Fällen auf richterliches Ermessen festgelegt und daher unfähig, die Quelle und das Wesen dieser Pflicht zu erklären. Weil die Theorie der sozialen Regel nicht in der Lage ist, die Tatsache richterlicher Verpflichtung in umstrittenen Fällen zu erklären, muss sie falsch und daher ihre Alternative, die Theorie der normativen Regel, wahr sein.

Eine Antwort, die der Positivist auf Dworkins Argument geben könnte, besteht darin, zu bestreiten, dass Richter in solchen Fällen durch eine Pflicht gebunden sind, so dass das Scheitern der Theorie der sozialen Regel, richterliche Pflicht zu erklären, nicht problematisch wäre. Dworkin verwirft die Plausibilität dieser Antwort zügig mit der beiläufigen Bemerkung, dass eine solche Sicht das Recht mit einem Spiel vergleicht, in dem die Teilnehmer im Voraus darin übereinstimmen, dass es keine richtige Antwort und keine Pflicht gibt, wenn hinreichend viele Streitigkeit oder Zweifel bezüglich der Anforderung einer Regel bestehen. Die Analogie zu einem Spiel soll zwar den Positivismus in Verlegenheit bringen, sie muss es aber nicht. Jeder, der auch nur oberflächlich mit Harts Arbeit vertraut ist, weiß, dass ein Großteil der Beispiele, mit denen er seine Behauptungen über Regeln, Recht und das Wesen richterlichen Entscheidens illustriert, Spielen wie Baseball oder Schach entnommen sind.

Ob sie nun bemüht wird, um den Positivismus zu stützen oder zu kritisieren, die vermeintliche Analogie zu Spielen ist unzulänglich. Die interessantere Herangehensweise besteht darin, mit Dworkin anzunehmen, dass Richter durch eine Anerkennungsregel auch in ihren kontroversen Fällen verpflichtet werden können, und dann, trotz Dworkins Argument für das Gegenteil, zu fragen, ob die Theorie der sozialen Regel dieses Merkmal des Rechts erklären kann.

D. Das Moral-Argument

Dass Dworkin richterliche Verpflichtungen in Fällen, die umstrittene Anwendungen der Anerkennungsregel involvieren, als solche einer kritischen Moral und nicht als solche konventioneller Praxis auffasst, wird durch das Moral-Argument illustriert. Anders als die vorangegangenen Argumente, die ich umrissen habe, ist das Moral-Argument direkt und affirmativ in dem Sinne, dass sein Zweck – anstatt zu versuchen, die Unzulänglichkeiten einer Theorie der sozialen Regel zu begründen – darin besteht, direkt die normative Interpretation der Anerkennungsregel zu stützen. Das Argument ist einfach folgendes: Wenn Richter schwierige oder umstrittene Fälle lösen, die unter der Anerkennungsregel entstehen, dann berufen sie sich typischerweise nicht auf die Praxis oder Meinungen anderer Richter. Weil diese Fälle umstritten sind, existiert unter den Richtern keine konvergente Praxis, auf die man sich berufen könnte. Stattdessen berufen sich Richter auf Prinzipien politischer Moral, um diese Streitfälle zu lösen. Um zum Beispiel festzustellen, wie viel Gewicht Präzedenzfällen gegeben werden soll, könnten sie unterschiedliche Konzeptionen von Fairness anwenden. Wenn die

Quelle der Pflicht eines Richters, wie es die Theorie der sozialen Regel behauptet, davon abhängt, auf welche Regel oder welches Prinzip er als Grundlage dieser Pflicht verweist, dann sind die Quellen richterlicher Verpflichtung in diesen umstrittenen Fällen die Prinzipien der politischen Moral, die Richter als für die Lösung der Streitfälle wesentlich anführen. Die Pflicht von Richtern in strittigen Fällen kann nur erklärt werden, wenn die Anerkennungsregel eine normative Regel ist, deren Autorität von ihrem moralischen Wert abhängt, deren Normativität also von einer moralischen Argumentation genau der Art abhängt, auf die sich Richter scheinbar einlassen.

E. Zusammenfassung

Dworkin hat drei verschiedene, starke Argumente gegen einen Recht-als-Konvention-Positivismus. Jedes Argument hat einen etwas anderen Charakter und eine etwas andere Kraft. Die Pointe des Herkunftsarguments besteht darin, dass eine Anerkennungsregel, die auf den Inhalt moralischer Prinzipien als Bedingung ihrer rechtlichen Geltung Bezug nimmt, eine Kontroverse in Gang setzen wird, und weil sie dies tun wird, kann sie keine soziale Regel und daher keine Anerkennungsregel im positivistischen Sinne sein. Das Argument ist insofern schwach, als es – selbst wenn es gültig wäre – nicht hinreicht, die normative Konzeption der Anerkennungsregel zu etablieren. Nur kontroverse Anerkennungsregeln scheitern daran, soziale Regeln zu sein; es ist mit dem Argument vereinbar, dass unstrittige Anerkennungsregeln soziale Regeln sein können.

Das allgemeinere Argument der Umstrittenheit scheint die Lücke zu schließen, die das Herkunftsargument offen gelassen hat. Hier besteht das Argument nicht darin, dass jede Anerkennungsregel systematisch kontrovers sein wird. Stattdessen beruht das Argument auf der schlichten Tatsache, dass selbst grundlegend unstrittige Anerkennungsregeln kontroverse Fälle haben können. Die Theorie der sozialen Regel kann richterliche Verpflichtung in Anbetracht eines umstrittenen Falls nicht erklären. Wenn die Anerkennungsregel Richtern Verpflichtungen für umstrittene Fälle auferlegt, wie Dworkin annimmt, dann kann die Verpflichtung nur erklärt werden, wenn die Regel eine normative ist, deren Vermögen, Pflicht aufzuerlegen, nicht von einer weitverbreiteten

Konvergenz des Verhaltens oder der Meinung abhängt. Der Punkt des Arguments kann in schwächeren oder in stärkeren Begriffen formuliert werden. Man kann einfach sagen, dass in umstrittenen Fällen Verpflichtungen bestehen und dass der Positivismus diese nicht erklären kann, oder man kann den Punkt in Begriffen einer Naturrechtstheorie formulieren als die Forderung, dass Pflichten, die bestehen, solche einer kritischen Moral und nicht solche konventioneller Praxis sind.

Die Pointe des Moral-Arguments ist, dass sich Richter, wenn sie schwierige Fälle lösen, anscheinend auf Prinzipien politischer Moral beziehen und nicht auf eine konvergente soziale Praxis. Richter scheinen zu glauben, dass sie verpflichtet sind, diese umstrittenen Fälle zu lösen und, was noch wichtiger ist, dass ihre Pflicht, sie auf eine bestimmte und nicht auf andere Weise zu lösen, von Prinzipien der Moral abhängt, auf die sie sich berufen.

IV. Konvention und Kontroverse

Jedem der Einwände gegen die Theorie der sozialen Regel kann begegnet werden.[10] Betrachten wir zuerst das Herkunftsargument,

10 Es gibt zwei Weisen, den Begriff der sozialen Regel zu verstehen. Unter der einen Interpretation wäre nicht jede Anerkennungsregel eine soziale Regel, unter der anderen wäre jede eine. So wie Hart und Dworkin den Ausdruck verwenden, ist eine soziale Regel durch ein Verhalten spezifiziert. In Abwesenheit einer Praxis kann keine solche Regel formuliert werden, und das Wesen der Praxis bestimmt den Umfang der Regel und das Ausmaß der Pflichten, die sie auferlegt. Die Regel, dass Männer ihren Hut abnehmen müssen, wenn sie eine Kirche betreten, ist eine soziale Regel in diesem Sinne. Dennoch ist nicht jede Anerkennungsregel eine soziale Regel in diesem Sinne, und zwar aus zwei Gründen. Erstens kann wenigstens in manchen Rechtssystemen der Inhalt der Regel spezifiziert werden, bevor es eine entsprechende Praxis gibt. Zum Beispiel erforderte die Formulierung der Verfassung der Vereinigten Staaten nicht das Bestehen einer maßgeblichen richterlichen Praxis, sie ging der Praxis voraus. Ohne Zweifel werden Ambiguitäten und andere Ungewissheiten in der Regel durch eine richterliche Praxis gelöst. Nichtsdestotrotz wurden die generelle Form und die Natur der Regel ohne Bezug auf eine Praxis spezifiziert. Zweitens ist die Anerkennungsregel nicht selbst eine Pflichten auferlegende Regel, wohingegen sich Dworkins Kontrast zwischen Soziale-Regel-Theorien und Normative-Regel-Theorien des Rechts auf die Art und Weise bezieht, auf die rechtliche Regeln zu Pflichten führen. Wir könnten einen weiter gefassten Begriff einer sozialen Regel kon-

also die Behauptung, dass eine Anerkennungsregel, die auf die Moral Bezug nimmt – die eine C_1 Klausel enthält, die durch eine Norm erfüllt wird –, kontrovers sein wird und deshalb keine soziale Anerkennungsregel sein kann. Angenommen, die Klausel in der Anerkennungsregel besagt: Recht ist alles, was moralisch richtig ist. Der Streit unter Richtern geht nicht um den Inhalt der Anerkennungsregel selbst. Er entsteht darüber, welche Normen die Kriterien erfüllen, die in ihr dargelegt sind. Die Unterschiede im Verhalten der Beamten, die darin zum Ausdruck kommen, dass sie unterschiedliche Normen als Rechtsnormen identifizieren, zeigen nicht, dass sie nicht dieselbe Anerkennungsregel akzeptieren. Im Gegenteil: Richter akzeptieren dieselben Wahrheitsbedingungen für rechtliche Aussagen, nämlich dass das Recht in moralischer Wahrheit besteht. Sie sind uneins darüber, welche Aussagen diese Bedingungen erfüllen. Während es keine Übereinstimmung, welcher Art auch immer, bezüglich der Frage gibt, welche Normen rechtliche Normen sind – da keine Einigkeit über irgendein Kriterium besteht, nach dem die Wahrheit eines moralischen Prinzips festgestellt werden könnte –, besteht volle Übereinstimmung unter den Richtern bezüglich des Kriteriums rechtlicher Geltung selbst. Dass Richter zu verschiedenen Schlussfolgerungen bezüglich des Rechts einer Gemeinschaft gelangen, bedeutet nicht, dass sie verschiedene Kriterien rechtlicher Geltung anwenden. Da eine Meinungsverschiedenheit bezüglich der Frage, welche Prinzipien die Anerkennungsregel erfüllen, voraussetzt, dass Richter dieselbe Anerkennungsregel akzeptieren, ist die Art von Kontroverse, die vom Herkunftsargument betrachtet wird, kompatibel mit dem konventionalistischen Ansatz der Autorität der Anerkennungsregel.

Man beachte jedoch Folgendes: Würden wir die Anerkennungs-

struieren. In diesem Sinne wäre eine Regel eine soziale Regel, wenn ihre Existenz oder Autorität in Teilen von dem Bestehen einer sozialen Praxis abhängt. Hier ist es nicht erforderlich, dass die richtige Formulierung der Regel durch eine Praxis spezifiziert wird. Stattdessen ist die Behauptung die, dass die Autorität der Regel von dem Bestehen einer Praxis abhängt. Die Regel selbst mag, wenigstens im Großen und Ganzen und zu manchen Zeitpunkten, ohne Bezug auf eine Praxis spezifizierbar sein. Dennoch ist die Regel in der Abwesenheit der Praxis in dem Sinne leer, dass sie unfähig ist, Rechtfertigungen für das Handeln zu liefern. Kurz, ihre Normativität hängt von der Praxis ab, obwohl ihr Inhalt nicht durch diese spezifiziert werden muss. Für den Positivisten ist jede Anerkennungsregel eine soziale Regel in diesem Sinne.

regel als eine epistemische Regel verstehen, also als eine, die einen zuverlässigen Test für die Identifizierung des Rechts liefert und nicht als eine, die Wahrheitsbedingungen für rechtliche Aussagen spezifiziert, dann wäre die Art von Kontroverse, die etwa durch diejenige Anerkennungsregel generiert wird, dass Recht alles ist, was moralisch richtig ist, problematisch. Denn die vorgeschlagene Anerkennungsregel wäre dann unfähig, einen zuverlässigen Test zu liefern, um rechtliche Normen zu identifizieren. Dies lenkt unsere Aufmerksamkeit erneut sowohl auf die Wichtigkeit der Unterscheidung zwischen epistemischen und semantischen Interpretationen der Anerkennungsregel als auch auf die Notwendigkeit, auf der semantischen Interpretation zu beharren.

Selbst nach der semantischen Interpretation ist der Ausdruck »Kontroverse in der Anerkennungsregel« ambig. Eine Kontroverse kann, wie sie es im vorangegangenen Fall tut, darüber entstehen, welche Normen die Bedingungen rechtlicher Geltung erfüllen, die in der Anerkennungsregel dargelegt werden, oder sie kann hinsichtlich der Bedingungen rechtlicher Geltung entstehen, die in der Regel dargelegt werden. Fälle der ersten Art sind die, die Dworkin betrachtet und die sich aus einer Anerkennungsregel ergeben, die eine Klausel enthält, die Bedingungen rechtlicher Geltung für Moralprinzipien spezifiziert. Diese Fälle sind unproblematisch, da eine Meinungsverschiedenheit Übereinstimmung über die und Akzeptanz der Anerkennungsregel präsupponiert. Im Gegensatz dazu ist die Behauptung, dass jede Anerkennungsregel in einigen ihrer Details kontrovers sein kann, ebendie Behauptung, dass in manchen Fällen eine Kontroverse über den Inhalt oder die angemessene Formulierung der Anerkennungsregel selbst entstehen kann. Die Frage, die diese Fälle aufwerfen, ist nicht, ob Richter darüber übereinstimmen, welche Normen dieselbe Anerkennungsregel erfüllen, sondern die, ob man von Richtern sagen kann, dass sie dieselbe Regel anwenden. Da die Theorie der sozialen Regel erfordert, dass die Formulierung der Anerkennungsregel durch Konvergenz des Verhaltens oder der Überzeugung spezifiziert wird, bedeutet die Kontroverse bezüglich der angemessenen Formulierung der Regel, dass die Regel keine soziale Regel sein kann und daher keine Anerkennungsregel im positivistischen Sinne.

Eine Art, Dworkins Behauptung zu interpretieren, ist, dass eine Regel weder eine konventionelle noch eine soziale Regel sein kann, sobald ihre angemessene Formulierung strittig ist. Dies ist kontraintuitiv, da alle Regeln – solche der konventionellen wie auch die der kritischen Moral – in bestimmten Hinsichten vage sind, so dass ihre Anwendung in manchen Kontexten kontrovers sein wird. Wenn wir Dworkin das Argument zuschreiben, dass das Bestehen einer Kontroverse mit der Idee einer sozialen Regel unvereinbar ist, dann könnte keine Regel jemals eine soziale Regel sein. Aber sicherlich sind wir doch, trotz der kontroversen Natur aller das Verhalten leitenden Regeln, in der Lage (wenigstens im Großen und Ganzen), die konventionellen Regeln von denen, deren Autorität von ihrer Wahrheit abhängt, zu unterscheiden.

Einer wohlwollenderen und plausibleren Lesart zufolge will Dworkin das Bestehen sozialer Regeln nicht bestreiten. Stattdessen behauptet er, dass soziale Regeln Pflichten nicht außerhalb des Bereichs konvergenter Praxis erklären können. Soziale Regeln können Pflichten in umstrittenen Fällen nicht erklären. In Bezug auf die Anerkennungsregel kann die Theorie der sozialen Regel nicht die Verpflichtung von Richtern erklären, die korrekte Formulierung der Anerkennungsregel in ihren kontroversen Fällen zu geben. Unter der Annahme, dass Richter solche Verpflichtungen haben, geht die Theorie der sozialen Regel fehl. Nur eine normative Interpretation der Anerkennungsregel kann eine Pflicht in Fällen divergenter Meinungen und divergenten Verhaltens erklären, da sich die Pflicht gemäß der normativen Theorie nicht aus der konvergenten Praxis, sondern aus einer gültigen moralischen Argumentation herleitet.

Schematisch sieht Dworkins Argument wie folgt aus:

1. Jede Anerkennungsregel wird mit Bezug auf ihren Umfang strittig sein, und darum auch in Bezug auf die Natur und den Umfang der Verpflichtungen, die sie auferlegt.
2. Dennoch unterliegen Richter – wenn sie Streitfälle lösen, die kontroverse Aspekte der Regel enthalten – einer Verpflichtung, die richtige Antwort zu geben, so wie sie es auch in unkontroversen Fällen tun.
3. Die Theorie der sozialen Regel, die konvergentes Verhalten als Bedingung einer Verpflichtung erfordert, kann die Verpflichtung der Richter in 2 nicht erklären.
4. Daher kann der Positivismus richterliche Verpflichtung in 2 nicht erklären.

5. Daher kann nur eine normative Theorie des Rechts, in der die Pflicht der Richter von moralischer Argumentation und nicht von einer einheitlichen Praxis abhängt, die richterliche Pflicht in 2 erklären.

Wie ich an früherer Stelle vorgeschlagen habe, könnte ein Positivist darauf antworten, dass er die Wahrheit von 2 ablehnt, also ablehnt, dass Richter in kontroversen Fällen, in denen Verhalten und Meinung divergieren, verpflichtet sind. Hart zum Beispiel lehnt 2 ab, und er scheint dies deshalb zu tun, weil er 3 akzeptiert. Dass er 2 ablehnt, wird evident durch seine Beschreibung dieser Fälle als solche, die eine »Unsicherheit in der Anerkennungsregel« dergestalt involvieren, dass dort »alles, was erfolgt, Erfolg ist«.[11] Wenn ein Positivist 2 ablehnen würde, um Dworkins Einwänden auf der Grundlage zu begegnen, dass er (der Positivist) 3 akzeptiert, dann wäre es berechtigt, ihm vorzuwerfen, dass er das in Frage stehende voraussetze. Er würde das Bestehen richterlicher Verpflichtung einfach ablehnen, weil seine Theorie sie nicht erklären kann. Darüber hinaus wäre es aus strategischer Sicht besser, die Frage, ob es solche Pflichten gibt, offen zu lassen, anstatt bereits die Möglichkeit ihrer Existenz als Konsequenz der Theorie auszuschließen. Sonst hätte jedes Argument, das die Existenz solcher Pflichten einsichtig macht, den Effekt, dass es die Theorie vollständig unterminiert. Man beachte jedoch, dass Dworkin selber zu einer analogen Position geführt wird, weil sein Argument für eine normative Theorie des Rechts (d. h. 5) es erfordert, dass Richter in jedem denkbaren kontroversen Fall verpflichtet sind (d. h. 2). Die Theorie der sozialen Regel schließt für solche Fälle eine richterliche Verpflichtung aus, die normative Theorie erfordert sie. Beide Theorien des Rechts scheitern, sofern das Bestehen einer richterlichen Pflicht in kontroversen Fällen bezüglich der Anerkennungsregel eine kontingente Eigenschaft des Rechts ist. Mit anderen Worten, wenn sich herausstellt, dass in manchen Rechtssystemen Richter verpflichtet sind, eine bestimmte Formulierung der Anerkennungsregel zu liefern, sobald Uneinigkeit über die angemessene Formulierung entsteht, wohingegen es in anderen Rechtssystemen keine solche Pflicht gibt und es Richtern frei steht, Ermessen auszuüben – wenigstens bis

11 Hart 2009, S. 181 [Übersetzung durch die Herausgeber abgeändert (ursprünglich: »Hier ist nichts so erfolgreich wie der Erfolg.«].

die ein oder andere Formulierung sich durchsetzt –, dann scheitert sowohl die Theorie, die richterliche Verpflichtung in umstrittenen Fällen ausschließt, als auch die, die diese Pflichten logisch impliziert.

Die Strategie, die Existenz der Pflichten, auf die Dworkin aufmerksam macht, zu bestreiten, erweist dem Positivisten keine guten Dienste. Eine Alternative wäre, das Bestehen der Pflicht für manche Fälle zuzugestehen, die Theorie der sozialen Regel aber, derzufolge das Wesen und der Umfang einer Pflicht vollständig durch eine konvergente Praxis spezifiziert werden, aufzugeben zugunsten einer anderen Theorie über die Art und Weise, auf die konventionelle oder soziale Regeln zu Pflichten führen. Dies ist eine vielversprechende Argumentationslinie, die ich an dieser Stelle nicht diskutieren kann. Mir scheint aber, dass die Diskussion von Konventionen in David Lewis' brillantem Buch *Convention*[12] die theoretischen Grundlagen für eine Alternative zur Standardtheorie der sozialen Regel liefern könnte. Die Idee lautet, kurz gesagt, dass die Pflichten, die durch soziale Regeln oder Konventionen auferlegt werden, die Resultate von Erwartungen sind, die aus dem Bemühen erwachsen, Verhalten zu koordinieren. Etablierte, berechtigte Erwartungen können sich über den Bereich einer konvergenten Praxis hinaus ausdehnen, so dass die Verpflichtungen, zu denen eine soziale Regel führt, strittige ebenso wie unstrittige Fälle abdecken könnten.[13]

Eine andere Alternativstrategie, und zwar diejenige, die ich zu entwickeln versucht habe, folgt der Theorie der sozialen Regel darin, dass sie die Pflicht, die durch eine konventionelle Regel auferlegt wird, auf den Bereich konvergenter Praxis beschränkt. Nach dieser Ansicht folgt dann, wenn eine Kontroverse über die Anerkennungsregel selbst entsteht, nicht, dass Richter frei darin sind, Ermessen auszuüben, um eine Formulierung der Regel zu liefern. Was zählt, ist nicht, ob es eine Kontroverse gibt, sondern ob es eine Praxis unter Richtern gibt, die Kontroverse auf eine bestimmte Art zu lösen. Und um die Frage, ob es solch eine Praxis gibt,

12 David Lewis, *Convention: A Philosophical Study*, Oxford 1969.

13 Gerald Postema hat versucht, eine Alternative zur Theorie der sozialen Regel zu entwickeln, die stark auf Lewis' Theorie der Konventionen beruht. Siehe Gerald J. Postema, »Coordination and Convention at the Foundations of Law«, Journal of Legal Studies 11 (1982) S. 165-203.

zu beantworten, schauen wir nicht auf die Anerkennungsregel – deren Bedingungen rechtlicher Geltung ja zur Debatte stehen –, sondern auf die soziale Regel, die durch das Verhalten der Richter in der Anwendung der Anerkennungsregel konstituiert wird. Ob eine Pflicht besteht, wird teils davon abhängen, ob die Richter eine akzeptierte soziale Regel entwickelt haben, diese Kontroverse auf eine bestimmte Art zu lösen.

Angenommen, Richter haben in der Anwendung der Anerkennungsregel eine Praxis entwickelt, strittige Fälle zu lösen. Weiter angenommen, dass Richter in manchen Rechtssystemen, zum Beispiel der Vereinigten Staaten oder Englands, im Großen und Ganzen solche Streitfälle dadurch lösen – davon ist Dworkin ja überzeugt –, dass sie prinzipienbasierte Argumente entwickeln; so dass Richter etwa in der Bestimmung davon, ob und in welchem Umfang der Supreme Court die Verfassungsmäßigkeit der Bundesgesetzgebung überprüfen kann, anhand von Prinzipien der politischen Moral, z. B. Gewaltenteilung usw., argumentieren. Nach Dworkin hätten wir hier eine Kontroverse über die Anerkennungsregel selbst, die Richter auf angemessene Weise lösen müssten, und die Verpflichtung der Richter würde sich aus den Moralprinzipien herleiten, die das beste Argument ergeben. Dies ist die Essenz dessen, worauf ich mit »Moral-Argument« verwiesen habe, und es würde zeigen, dass die Anerkennungsregel eine normative und keine soziale Regel ist.

Für den traditionellen Positivisten hätten wir hier einen Fall, in dem keine Verpflichtungen bestehen, in dem also alles, was erfolgt, Erfolg wäre: Einen Fall, in dem der Verweis der Richter auf Prinzipien politischer Moral notwendigerweise die Ausübung von Ermessen enthielte.

Beide Positionen sind falsch. Wenn Richter, wie es Dworkin annimmt, als generelle Regel beim Lösen kontroverser Merkmale der Anerkennungsregel auf Moralprinzipien rekurrieren, dann besteht unter ihnen eine Praxis, kontroverse Aspekte der Anerkennungsregel auf diese Weise zu lösen, also so, wie es dem Vorschlag des Moral-Arguments nach Richter in den Vereinigten Staaten und in Großbritannien tun. Wenn dies in der Tat die Praxis von Richtern in konstitutionellen Demokratien wie den unseren ist – und das muss sie sein, wenn Dworkins Argumente ernst genommen werden sollen – und wenn die Praxis von Richtern ernsthaft akzeptiert wird, dann gibt es eine rechtliche Pflicht auch in umstrittenen Fällen: Eine Pflicht, die sich nicht (wie bei Dworkin) aus den Prinzipien herleitet, die Richter anführen, sondern aus ihrer Akzeptanz der Praxis, diese Streitigkeiten durch das Anbieten substantieller moralischer Argumente zu lösen. Dworkins Argumente zeigen tatsächlich nur, dass Richter die Praxis, dass das beste moralische Argument gewinnt, ernsthaft angenommen haben, was sowohl ihre Berufung auf substantielle moralische Prinzipien erklärt als auch, entgegen dem traditionellen Positivisten, ihre Pflicht, so zu handeln. Was aus Dworkins Sicht ein Indiz für die normative Theorie der Anerkennungsregel ist – die generelle und weitverbreitete Berufung auf moralische Prinzipien, um Kontroversen über die Anerkennungsregel zu lösen –, spricht aus meiner Sicht für das Bestehen einer sozialen Praxis unter Richtern, solche Streitigkeiten auf bestimmte Weise zu lösen, eine Praxis, die einen Teil der sozialen Regel bezüglich richterlichen Verhaltens spezifiziert. Die Berufung auf substantielles moralisches Argumentieren ist dann völlig kompatibel mit der konventionalistischen Konzeption des Rechts.

Zu argumentieren, dass die Berufung auf eine moralische Argumentation mit der konventionalistischen Konzeption kompatibel ist, bedeutet nicht, dass diese Konzeption damit bewiesen wäre, denn die Berufung auf moralische Argumentation als ein Mittel der Streitbeilegung ist ebenso konsistent mit der normativen Rechtstheorie. Man könnte argumentieren, dass mein Argument höchstens zeige, dass Dworkins Argumente, welche sowohl auf der kontroversen Natur des Rechts als auch auf der Berufung auf moralische Prinzipien zur Lösung strittiger Fälle beruhen, ungeeignet sind, den Positivismus zu untergraben. Wir benötigen einen weiteren Grund, um zwischen normativen und konventionellen Theorien zu wählen.

Dworkin hat als »Litmustest« für den Positivismus die Frage betrachtet, ob er richterliches Verhalten in Rechtssystemen wie denen der Vereinigten Staaten und Englands erklären kann, in denen sowohl künftige Prozessparteien als auch Richter glauben, dass Streitigkeiten, die aufgrund einer Meinungsverschiedenheit in der Anerkennungsregel entstehen, nicht durch Ermessen, sondern durch prinzipienbasierte Argumentation gelöst werden müssen. Seine Argumente führen alle zu dem Resultat, dass der Positivismus weder die Erwartungen der Prozessparteien noch das

Verhalten der Richter erklären kann, weil der Positivismus auf Ermessen festgelegt ist, wo auch immer eine Meinungsverschiedenheit entsteht. Wenn ein Meinungsstreit mit Bezug auf eine Regel entsteht, die der Anerkennungsregel untergeordnet ist, dann ist der Positivismus auf das Ermessen festgelegt, weil er die Sprachtheorie übernimmt, die so viel Aufhebens um die Differenz zwischen »Kern«- und »Randbereichs«-Fällen allgemeiner Begriffe macht. Wenn ein Meinungsstreit mit Bezug auf die Anerkennungsregel selbst entsteht, dann ist der Positivismus auf Ermessen festgelegt, weil die Anerkennungsregel eine soziale Regel ist, die durch das Richterverhalten spezifiziert wird; und eine soziale Regel kann eine Verpflichtung nur in dem Ausmaß konvergenten Verhaltens auferlegen, d. h. nur bei Abwesenheit eines Meinungsstreits. Ich habe dafür argumentiert, dass der Positivismus entgegen Dworkin in der Tat die Verpflichtungen von Richtern in kontroversen Fällen der Anerkennungsregel erklären kann, da das Bestehen einer Kontroverse das Bestehen von Konformität der Praxis, diese zu lösen, nicht ausschließt. Wenn ich richtig liege, dann sind weder das Bestehen einer Kontroverse noch die Berufung auf eine notwendige moralische Argumentation in bestimmten Rechtssystemen inkompatibel mit einem Recht-als-Konvention-Positivismus. Worin besteht dann aber der Litmustest?

Damit eine normative Theorie des Rechts wahr sein kann, müssen Richter rechtlich verpflichtet sein, durch Bezugnahme auf eine substantielle moralische Argumentation Kontroversen zu lösen, die in jeder vorstellbaren Anerkennungsregel entstehen. Dies liegt daran, dass Dworkins Version der normativen Theorie das Bestehen richterlicher Pflicht in allen Fällen enthält und weil die Lösung der Streitigkeit moralische Argumentation enthalten muss. Denn schließlich beruht die Autorität der Anerkennungsregel, wenn sie, wie es Dworkin behauptet, eine normative Regel ist, auf einer schlüssigen moralischen Argumentation, und die Lösung von Streitigkeiten bezüglich ihres Umfangs muss eine moralische Argumentation in Anspruch nehmen. Würden sich Richter auf irgendetwas anderes beziehen, dann wäre die Autorität der Anerkennungsregel keine Sache ihres moralischen Wertes; würden sie sich auf gar nichts beziehen, dann hätten wir in solchen Rechtssystemen Grund zu der Annahme, dass Richter keiner bestimmten Verpflichtung unterliegen, eine Streitigkeit in der Anerkennungsregel zu lösen.

Der wahre Litmustest scheint nicht der zu sein, ob der Positivismus, wie ich ihn ausarbeite, richterliche Verpflichtung in solchen Fällen, wie wir sie diskutieren, erklären kann, sondern ob diese Verpflichtungen ein notwendiges Element des Rechts konstituieren, welches in jedem Rechtssystem durch ein Moralprinzip auferlegt wird. Solange das Bestehen solcher Pflichten ein kontingentes Element des Rechts ist, genauso wie die Pflicht, Dispute durch Berufung auf moralische Argumentation zu lösen, ist die normative Theorie des Rechts ein unplausiblerer Ansatz als die konventionalistische Theorie. Sie scheint sogar unmittelbar falsch zu sein, da wir uns unreife Rechtssysteme vorstellen können (die gleichwohl Rechtssysteme sind), in denen sich noch keine Praxis entwickelt hat, Streitigkeiten mit Bezug auf die Anerkennungsregel zu lösen – und in denen daher alles, was erfolgt, auch Erfolg ist. Oder wir könnten uns die Entwicklung von denkbar weniger attraktiven Praktiken vorstellen, solche Streitigkeiten zu lösen, z. B. einen Münzwurf: Kopf, der Angeklagte gewinnt, Zahl, der Kläger gewinnt. In der ersten Art eines Rechtssystems würde es merkwürdig scheinen, zu sagen, Richter seien rechtlich gebunden, solche Streitigkeiten zu lösen (obwohl sie immer moralisch daran gebunden sein könnten, dies zu tun), da sich noch keine Praxis ausgebildet hätte. Letztlich ist es wahrscheinlich, dass sich eine solche Praxis entwickelt, und der richterliche Ermessensspielraum wird sich verringern, sobald die Praxis weit verbreitet und grundlegend akzeptiert wird. Wie das zweite Beispiel zeigt, muss die Praxis, die sich schließlich entwickelt, nicht der richterlichen Praxis in den Vereinigten Staaten und England entsprechen. Obwohl sich das richterliche Ermessen verringert, sobald sich der Umfang richterlicher Verpflichtung erweitert, könnte es dies auf eine Weise tun, die denkbar unattraktiver wäre als ein System, in dem alles, was erfolgt, Erfolg wäre.

Anders als der traditionelle Positivismus, der Schwierigkeiten hat, richterliches Verhalten in reifen Rechtssystemen zu erklären, und anders als die normative Theorie des Rechts, die Schwierigkeiten hat, sich entwickelnde und unreife Rechtssysteme zu erklären (aus den Gründen, dass der erste Verpflichtungen in kontroversen Fällen ausschließt, während die zweite diese benötigt), versteht der Recht-als-Konvention-Positivismus solche Pflichten als ein kontingentes Element des Rechts, das so erklärt werden kann, dass es aus der kritischen Akzeptanz einer Praxis, Streitigkeiten zu lösen, entsteht, und nicht aus den Prinzipien der Moral, auf welche sich die Richter einer bestimmten Praxis vielleicht berufen.

V. Schluss

Dworkin macht drei zutreffende Beobachtungen über das umstrittene Wesen einiger Rechtskriterien.

1. Ein Rechtssystem kann (und tut es in den Vereinigten Staaten und in Großbritannien auch) bestimmte Normen als Teil des Rechts anerkennen, selbst wenn sie »wesentlich strittig« in dem Sinne sind, dass unter Richtern Uneinigkeit darüber bestehen kann, welche es sind, und es keine Entscheidungsprozedur gibt, die diese wenigstens prinzipiell aufzeigen könnte, um so eine Einigung zu erzielen.

2. Unter solchen wesentlich umstrittenen Rechtsnormen gibt es Moralprinzipien, die ihren Rechtsstatus dem Umstand verdanken, »wahre« Moralprinzipien zu sein, obgleich ihre »Wahrheit« nicht durch einen anerkannten Test bewiesen werden kann.

3. Die Verfügbarkeit solcher umstrittenen Prinzipien füllt die »Lücken«, die durch gewöhnliche Rechtsquellen eröffnet werden, die teilweise unbestimmt, vage oder konfligierend sein können. Daher muss ein Richter wenigstens mit Bezug auf die Lösung von Streitigkeiten, die der Anerkennungsregel untergeordnete Normen betreffen, niemals rechtserzeugende Macht oder »Ermessen« ausüben, um solche Lücken zu schließen oder die Unbestimmtheit zu beseitigen, wenn derartige Moralprinzipien Teil des Rechts sind.

In diesem Aufsatz habe ich zwischen drei Versionen des Positivismus unterschieden und ihre Beziehung zu Dworkins Behauptungen diskutiert: (1) der »negative Positivismus« als die Ansicht, dass ein Rechtssystem »umstrittene« moralische Kriterien nicht als Recht anerkennen muss; (2) der »positive, Harte-Fakten-Positivismus« als die Ansicht, dass umstrittene Kriterien nicht als Recht betrachtet werden können, und die daher Dworkins drei Punkte zurückweist; und (3) der »positive, Soziale-Regel-Positivismus«, der nur auf dem konventionellen Status der Anerkennungsregel beharrt, Dworkins drei Punkte jedoch akzeptiert.

Da die Einbeziehung kontroverser Moralprinzipien kein notwendiges Element des Begriffs des Rechts ist, sind Dworkins Argumente mit dem Resultat, dass solche Prinzipien in der richterlichen Praxis der Vereinigten Staaten und Großbritanniens eine Rolle spielen, ungeeignet, die sehr schwache Behauptung des negativen Positivismus zu untergraben. Wenn Dworkin andererseits mit seiner Ansicht Recht hat – und ich bin geneigt zu denken, dass er Recht hat –, dass umstrittene Moralprinzipien manchmal in rechtlichen Argumenten eine Rolle spielen, dann ist jede Form des Positivismus, die auf die wesentlich nichtkontroverse Natur des Rechts festgelegt ist, falsch. Was ich schließlich versucht habe, ist, eine Form des Positivismus zu entwickeln, die die kontroverse Natur mancher rechtlicher Überlegungen akzeptiert, während sie ablehnt, dass dies mit der wesentlichen, affirmativen Behauptung der Theorie inkompatibel ist, dass Recht überall dem Wesen nach konventionell ist. Wenn ich richtig liege, dann gibt es eine Form des Positivismus, die Dworkins Einsichten Gerechtigkeit widerfahren lassen kann, während sie zugleich seine Einwände als harmlos ausweist.[14]

Übersetzt von Thomas Meyer

14 Ich habe davon abgesehen, die Argumente gegen den Positivismus zu diskutieren, die Dworkin in seinem brillanten Aufsatz »Schwierige Fälle« anführt, da Dworkin sich dort selbst viel stärker als einen Konventionalisten offenbart, als er uns glauben machen würde. Das Hauptziel dieses Aufsatzes besteht darin, eine Theorie der Rechtsprechung zu liefern, die den Sinn klarmacht, in dem es in umstrittenen Fällen richtige Antworten und richterliche Verpflichtungen gibt. Wenn Dworkin sich für die Annahme richtiger Antworten starkmacht, dann muss der Positivismus – wenigstens Versionen davon, die richterliche Pflicht bei Vorliegen einer Uneinigkeit ablehnen – falsch sein. Darüber hinaus versucht Dworkin zu zeigen, dass die Theorie der Rechtsprechung, die richtige Antworten liefert, notwendigerweise die Moral zu einem Teil des Begriffs des Rechts macht. Einige Bemerkungen zumindest bezüglich dieser letzten Behauptung sind hier angebracht. Dworkins allgemeine Theorie der Rechtsprechung könnte wie folgt expliziert werden: Ein Fall *A* kommt vor einen Berufungsrichter. Der Richter muss entscheiden, ob er sich zugunsten des Angeklagten (Entscheidung *D*) oder zugunsten des Klägers (Entscheidung *Đ*) entscheidet. Während er die Entscheidung fällt, bemerkt der Richter, dass es eine große Menge entschiedenen Rechts *S* gibt, das von seinen »Fehlern« hinreichend gesäubert ist. (Dworkin hat eine Theorie über die Art, auf die Richter fehlerhafte Entscheidungen identifizieren.) Sobald *S* von Fehlern gesäubert wurde, kann es systematisiert werden.

Der Richter muss dann eine Theorie des Rechts konstruieren, die *S* am besten dadurch erklärt und rechtfertigt, dass *S* unter eine Menge genereller Prinzipien subsumiert wird, die die beste Erklärung von *S* konstituieren. Diese Prinzipien konstituieren die schlüssigste Theorie bestehenden Rechts (*STR*). Dworkin benutzt einen philosophischen Standardbegriff von Erklärung, so dass *S*, wenn *STR S* erklärt, logisch oder theoretisch aus *STR* folgt. Sobald *STR* konstruiert wurde, muss der Richter fragen, ob entweder *D* oder *Đ* daraus folgt. Wenn eine der beiden Aussagen aus *STR* logisch folgt, stellt der Fall kein Problem für den Positivisten dar. Für den Fall, dass weder *D* noch *Đ* aus *STR* logisch folgen, ist der Fall einer, der wenigstens für den Positivisten nach einem Ermessen verlangt, da beide Konklusionen gleichermaßen nicht hinreichend durch bestehendes Recht garantiert werden. Dworkins Theorie der richterlichen Entscheidung weicht an dieser Stelle vom Positivismus ab. Denn obwohl weder *D* noch *Đ* in *STR* enthalten sind, steht entweder *D* oder *Đ*, jedoch nicht beide, besser damit »im Zusammenhang« oder »passt« besser dazu. Obwohl weder eine Entscheidung zugunsten des Klägers noch zugunsten des Angeklagten eine logische Folge der schlüssigsten Theorie des Rechts ist, ist die eine, aber nicht die andere eine kohärente Folge davon. Welche auch immer die kohärente Folge ist, ist die »richtige« Antwort – diejenige, die der Richter zu liefern verpflichtet ist. Noch wichtiger ist, dass der Richter im Bestimmen der richtigen Antwort moralische Erwägungen ins Feld führen muss, da die schlüssigste Theorie des Rechts das entschiedene Recht nicht nur erklärt, sondern es ebenso rechtfertigt. Obwohl ich auch andere, systematische Einwände gegen das Argument zugunsten richtiger Antworten habe, bezweifle ich, dass die von Dworkin skizzierte Theorie der Rechtsprechung die richterliche Praxis überall zutreffend beschreibt oder dass sie ein notwendiges Element der Rechtspraxis ist. Wichtiger für unsere gegenwärtigen Zwecke ist, dass die Behauptung, dass die Bestimmung richtiger Antworten notwendigerweise eine Moraltheorie des Rechts involviere, die mit einem konventionalistischen Rechtsansatz inkompatibel ist, einfach falsch ist. Im Gegenteil, Dworkins Argument ist durch und durch dem Wesen nach konventionalistisch. Erstens muss Dworkin auf irgendeine Standardversion der Anerkennungsregel festgelegt sein, da er darauf festgelegt ist, dass ein Richter in der Lage ist, eine bestehende Menge gesetzten Rechts zu identifizieren. Wie die Positivisten, die er kritisiert, ist Dworkin daher auf eine epistemische Anerkennungsregel festgelegt – wenigstens, um gesetztes Recht zu bestimmen. Aus Dworkins Sicht muss der Richter eine Theorie des Rechts konstruieren, die gesetztes Recht erklärt, nachdem es einmal entdeckt wurde. Die Theorie des Rechts besteht aus einer Menge von Prinzipien, die *S* erklären und rechtfertigen. Das Argument für die Behauptung, dass die schlüssigste Theorie des Rechts eine moralische Theorie ist, beruht entweder auf dem Erfordernis, dass ihre Prinzipien das Recht rechtfertigen, oder auf der Behauptung, dass die Prinzipien, die die Theorie konstituieren, moralische Prinzipien sind. In keinem der beiden Fälle kann das Argument aufrechterhalten werden. Dworkins Argument für das Erfordernis der Rechtfertigung beruht auf einem basaleren Prinzip politischer

Verantwortlichkeit: Der Richter muss in der Lage sein, Gründe zur Stützung seiner Entscheidung anzugeben, indem er nachweist, dass dieser Fall mit früheren ähnlichen Fällen vereinbar ist. Der Begriff der Rechtfertigung ist jedoch ambig. Es gibt sowohl schwächere als auch stärkere Begriffe der Rechtfertigung. Einerseits gibt es einen Begriff der Rechtfertigung, der Teil einer kritischen Moral ist, der gemäß ein Prinzip oder eine Entscheidung moralisch verteidigbar sind, wenn sie gerechtfertigt sind. In diesem Sinne kann schlechtes Recht niemals moralisch gerechtfertigt sein. Aber Dworkin glaubt (zu Recht), dass schlechtes Recht dennoch Recht sein kann, so dass er nicht meinen kann, dass die beste Theorie des Rechts das bestehende Recht in dem Sinne rechtfertigt, dass sie zeigt, dass das Recht moralisch verteidigbar ist. Daher ist klar, dass das Prinzip politischer Verantwortlichkeit einen schwächeren Begriff von Rechtfertigung erfordert. Dieser Begriff ist wesentlich institutionell und verwandt mit der Forderung nach Konsistenz oder formaler Gerechtigkeit, der Forderung, dass gleiche Fälle gleich behandelt werden sollen. Dann etabliert jedoch dieser Begriff der Rechtfertigung nicht die Verbindung zwischen Recht und kritischer Moral, was aber notwendig wäre, um den Positivismus zu untergraben. Das Argument, dass die beste Theorie des Rechts eine Moraltheorie ist, weil sie aus einer Menge von moralischen Prinzipien besteht, geht primär deshalb fehl, weil die Prinzipien, die die beste Theorie konstituieren, dies nicht deshalb tun, weil sie wahr sind, sondern weil sie am besten bestehendes Recht systematisieren.

6. Joseph Raz
Autorität, Recht und Moral

H. L. A. Hart ist Erbe und Fackelträger einer großen Tradition in der Rechtsphilosophie, der eine realistische und unromantische Sichtweise zu eigen ist. Diese Tradition betrachtet die Existenz und den Gehalt des Rechts als eine Sache gesellschaftlicher Tatsachen, deren Verbindung mit moralischen oder sonstigen Werten kontingent und prekär ist. Harts Analyse des Rechtsbegriffs ist Teil des Projekts, das Recht zu entmythologisieren und vernünftige, kritische Einstellungen gegenüber dem Recht zu befördern. Bereits seit seiner Antrittsvorlesung in Oxford[1] war es ihm darum zu tun, den philosophischen Nebel aufzulösen, den er sowohl in der Rechtskultur als auch in der Rechtstheorie vorfand. In den vergangenen Jahren hat er immer wieder deutlich werden lassen, in welchem Maße die Zurückweisung der moralisierenden Legenden, die sich um das Recht herum angehäuft haben, das Zentrum seiner ganzen Sichtweise bildet. In seinen Aufsätzen »Bentham and the Demystification of the Law« und »The Nightmare and the Noble Dream«[2] teilt er ganz bewusst und offenkundig Benthams Einschätzung, dass dem Recht in den Common-Law-Staaten eine übermäßige Verehrung entgegengebracht wird, die schädliche moralische Folgen zeitigt. Er äußert dort seine Sorge, dass sich die Rechtstheorie in den vergangenen Jahren in diese Richtung zurückbewegt habe, und meint, dass ein wichtiger Teil ihrer Rolle darin bestehe, die begrifflichen Grundlagen für eine nüchterne und potentiell kritische Bewertung des Rechts zu erarbeiten.

Diese Einstellung rührt an die altbekannte Frage des Verhältnisses zwischen Moral und Recht. Insbesondere betrifft sie die Frage, ob eine Regel jemals deshalb eine Rechtsregel ist, weil sie moralische Verbindlichkeit besitzt, und ob eine Regel jemals deshalb keine Rechtsregel ist, weil sie moralisch inakzeptabel ist. Wie so häufig in der Philosophie besteht ein Teil der Antwort darin, die Frage selber als zu einfach und irreführend zurückzuweisen und

1 H. L. A. Hart, *Definition and Theory in Jurisprudence*, Oxford 1953.

2 Siehe H. L. A. Hart, *Essays on Bentham*, Oxford 1982, Kap. 1, sowie Hart, *Essays in Jurisprudence and Philosophy*, Oxford 1983.

sie durch komplexere Fragen über das Verhältnis zwischen moralischem Wert und rechtlicher Geltung zu ersetzen. Fürs Erste sollten wir aber die vereinfachende Frage im Hinterkopf behalten, weil sie uns hilft, die Untersuchung in Gang zu bringen.

In den vergangenen Jahren sind drei Thesen hinsichtlich des Verhältnisses zwischen Recht und Moral verteidigt worden. In aller Kürze lauten sie in etwa wie folgt:

Die Quellenthese: Alles Recht basiert auf Quellen.
Die Inkorporationsthese: Alles Recht basiert entweder auf Quellen oder wird durch quellenbasiertes Recht impliziert.
Die Kohärenzthese: Das Recht besteht aus quellenbasiertem Recht in Verbindung mit der moralisch schlüssigsten Rechtfertigung quellenbasierten Rechts.[3]

Ein Gesetz ist quellenbasiert, wenn sein Vorhandensein und sein Gehalt vollständig unter Verweis auf gesellschaftliche Tatsachen und ohne Rekurs auf evaluative Argumente festgestellt werden können. Alle drei Thesen weisen quellenbasiertem Recht eine besondere Rolle für die Identifizierung des Rechts zu. Aber während es der sparsamen Quellenthese zufolge kein Recht gibt, das nicht quellenbasiert ist, lassen die anderen beiden Thesen zu, dass das Recht auf unterschiedliche Weise durch nicht quellenbasierte Gesetze angereichert werden kann. Die Kohärenzthese behauptet sogar, dass jedes Rechtssystem notwendigerweise Gesetze dieser Art enthält.

Das hauptsächliche Ziel dieses Aufsatzes ist es, die Quellenthese gegen einige verbreitete Missverständnisse zu verteidigen[4] und ein Argument dafür anzuführen, ihr gegenüber den beiden

3 Diese Formulierungen der Thesen sollen Einfachheit und Vergleichbarkeit sicherstellen und sind deshalb relativ grob. Bei der Kohärenzthese ist die Verzerrung am stärksten. Ihre Befürworter könnten darauf verweisen, dass nur eine holistisch verstandene schlüssigste Theorie es uns überhaupt ermöglicht, viele oder sogar alle Quellen des Rechts angemessen zu interpretieren und festzustellen, welche rechtlichen Regelungen auf ihnen basieren. Auf diesen Punkt komme ich weiter unten zurück.

4 Ich habe die These bereits in früheren Publikationen verteidigt: *The Authority of Law*, Oxford 1979, Kap. 3; *The Concept of a Legal System*, Oxford ²1980, S. 213-216; sowie »The Problem About the Nature of Law«, in: *Ethics in the Public Domain*, Oxford 1994, Kap. 9.

anderen Thesen den Vorzug zu geben. Das Argument hat mit dem Wesen von Autorität zu tun, das im ersten Abschnitt behandelt wird. Im zweiten Abschnitt wird gezeigt, dass einige Implikationen dieser Analyse von Autorität für unser Verständnis des Rechts relevant sind. Anschließend wird der Zusammenhang dieser Implikationen mit den drei Thesen untersucht. Der Zusammenhang zwischen Recht und Autorität wird für eine Kritik an Dworkins Verteidigung der Kohärenzthese sowie für eine Kritik der Inkorporationsthese herangezogen, wie sie von Hart und anderen vertreten wird. Die Zurückweisung dieser Thesen führt zur Bekräftigung der Quellenthese. Der Aufsatz schließt mit einigen Beobachtungen über das Verhältnis zwischen Rechtstheorie, Recht und Moral. Die Argumentation ist durchweg explorativ, nicht konklusiv.

I. Autorität und Rechtfertigung

Autorität im Allgemeinen kann in legitime und *De-facto*-Autorität unterteilt werden. Letztere behauptet entweder, legitim zu sein, oder sie wird für legitim gehalten; und es gelingt ihr, vielen, über die sie Autorität beansprucht, ihren Willen aufzunötigen, unter Umständen deshalb, weil ihr Anspruch auf Legitimität von vielen ihrer Subjekte anerkannt wird. Aber sie ist nicht notwendigerweise tatsächlich legitim. Legitime Autorität ist entweder praktischer oder theoretischer Art (oder beides). Die Direktiven einer Person oder Institution mit praktischer Autorität stellen für deren Subjekte Handlungsgründe dar, wohingegen die Ratschläge einer theoretischen Autorität Gründe für Überzeugungen auf Seiten derjenigen sind, über welche die Person oder Institution Autorität hat. Obwohl die folgenden Überlegungen auch für theoretische Autoritäten gelten, werde ich – soweit nicht anders spezifiziert – den Ausdruck »Autorität« für legitime praktische Autorität verwenden. Da der Gegenstand unseres Interesses das Recht ist, werden wir uns in erster Linie mit politischen Autoritäten befassen. Aber ich werde nicht versuchen, die besonderen Merkmale politischer Autoritäten im Unterschied zu praktischen Autoritäten im Allgemeinen oder rechtlichen Autoritäten im Besonderen zu charakterisieren.

Die Unterscheidung zwischen Handlungsgründen und Gründen für Überzeugungen mag hinreichen, um zwischen praktischen und theoretischen Autoritäten zu unterscheiden, aber sie ist nicht dazu geeignet, zwischen Autoritäten und anderen Personen zu unterscheiden. Die aufrichtige Behauptung jeder beliebigen Person kann ein Grund für eine Überzeugung sein, und die Bitte einer jeden beliebigen Person kann ein Grund für eine Handlung sein. Was autoritative Anweisungen unterscheidet, ist ihr besonderer peremptorischer Status. Man ist versucht zu sagen: Was sie unterscheidet, ist ihre Autorität. Dieser peremptorische Charakter hat manche zu der Behauptung verleitet, die Anerkennung der Autorität eines anderen bedeute die Verleugnung der eigenen moralischen Autonomie und Ähnliches mehr. Manche haben diese angeblichen Merkmale von Autorität für den Großteil dessen gehalten, was in vielen Fällen die Unterordnung unter eine Autorität rechtfertigt. Weitaus mehr Autoren haben aus denselben Überlegungen gefolgert, dass die Anerkennung von Autoritäten falsch oder sogar inkonsistent mit dem Status eines moralischen Akteurs ist. An anderer Stelle[5] habe ich selber eine Konzeption von Autorität entwickelt, die ihre peremptorische Kraft erklärt und zugleich deutlich macht, unter welchen Bedingungen es richtig sein kann, eine Autorität anzuerkennen. Die grundlegenden Gedanken dieser Konzeption möchte ich hier kurz rekapitulieren. Ihre Details und die Argumente, auf die sie sich stützt, kann ich an dieser Stelle nicht ausführen.

Denken wir an den Fall von zwei Personen, die sich mit einem Disput an einen Schiedsrichter wenden. Er hat die Autorität, den Disput beizulegen, insofern die Parteien sich verpflichtet haben, sich an seine Entscheidung zu halten. Zwei Merkmale verdienen hier Beachtung. Erstens ist die Entscheidung des Schiedsrichters ein Handlungsgrund für die Parteien. Sie sollten das tun, was er bestimmt, genau weil er es so bestimmt. Aber dieser Handlungsgrund steht in Beziehung zu den anderen Handlungsgründen, die in diesem Fall vorliegen. Er ist nicht einfach ein weiterer Grund, der zu den bereits bestehenden hinzukommt und gemeinsam mit ihnen in Betracht gezogen wird, wenn man herausfinden möchte, für welche der verschiedenen Alternativen die stärksten Gründe sprechen. Die Entscheidung des Schiedsrichters soll vielmehr auf den anderen Gründen basieren, sie aufnehmen und das Ergebnis

5 J. Raz, »Authority and Justification«, in: *Philosophy and Public Affairs* 14 (1985), S. 3.

ihrer Abwägung wiedergeben. Der Schiedsrichter hat Grund, so zu handeln, dass seine Entscheidung die Gründe der Streitparteien widerspiegelt. Ich werde solche Gründe, die den Schiedsrichter betreffen, abhängige Gründe nennen. Seine Entscheidung werde ich als einen abhängigen Grund für die Streitparteien bezeichnen. In diesem zweiten Sinne ist ein abhängiger Grund nicht etwa ein Grund, der tatsächlich die Bilanz der Gründe widerspiegelt, auf denen er beruht. Er ist vielmehr ein Grund, der diese Bilanz widerspiegeln sollte.

Das führt mich unmittelbar zu dem zweiten wichtigen Aspekt des Beispiels. Die Entscheidung des Schiedsrichters sollte die Gründe ersetzen, von denen sie abhängig ist. Indem die Streitparteien eingewilligt haben, seine Entscheidung anzuerkennen, haben sie eingewilligt, seinem Urteil über die Bilanz der Gründe zu folgen anstatt ihrem eigenen. Im weiteren Verlauf ist für sie seine Entscheidung bestimmend dafür, was sie tun sollten. Juristen sagen in diesem Zusammenhang, dass die ursprünglichen Gründe in der Entscheidung des Schiedsrichters oder in einem Gerichtsurteil zusammengefasst werden und dass dieses Urteil, wenn es gültig ist, zur *res judicata* wird. Das bedeutet, dass die ursprüngliche Klage nicht mehr als Basis für weitere juristische Schritte dienen kann. Einen Grund, der andere Gründe ersetzt, nenne ich einen präemptiven Grund.

Es ist nicht so, dass die Entscheidung des Schiedsrichters ein absoluter Grund wäre, der unter allen Umständen befolgt werden muss. Man kann ihn in Frage stellen und ihm unter bestimmten Bedingungen gerechtfertigterweise zuwiderhandeln. Wenn zum Beispiel der Schiedsrichter bestochen wurde, wenn er während der Abwägung des Falles betrunken war oder wenn wichtige neue Beweise ans Licht kommen, kann jede der Parteien seine Entscheidung ignorieren. Der springende Punkt ist, dass Gründe, die vor seiner Entscheidung zur Rechtfertigung einer Handlung hätten herangezogen werden können, nach dem Vorliegen seiner Entscheidung diese Rolle nicht mehr spielen können. Das bedeutet nicht, dass irgend jemand sein eigenes Nachdenken oder Überlegen in Bezug auf die einschlägigen Gründe einschränken müsste, und es bedeutet auch nicht, dass die Parteien den Schiedsrichter nicht dafür kritisieren können, bestimmte Gründe vernachlässigt oder sich über ihre Bedeutung getäuscht zu haben. Was im weiteren Verlauf ausgeschlossen wird, ist lediglich das praktische Befolgen mancher dieser Gründe.

Die beiden Merkmale der Abhängigkeit und der Präemption sind eng miteinander verbunden. Da der Schiedsrichter auf der Basis ganz bestimmter Gründe entscheiden soll, steht es den Streitparteien nicht frei, sich später selber auf diese Gründe zu berufen. Die Aufgabe der Abwägung dieser Gründe wurde von ihnen an den Schiedsrichter übertragen. Wenn sie in der Folge nicht davon absehen, diese Gründe als Basis für ihr eigenes Handeln zu verwenden, entziehen sie dem Schiedsverfahren seinen Sinn und Zweck. Die einzige angemessene Art, die Autorität des Schiedsrichters anzuerkennen, besteht darin, seine Entscheidung als einen Grund zu behandeln, der die Gründe ersetzt, auf deren Basis er diese Entscheidung treffen sollte.

Die entscheidende Frage ist nun, ob die Autorität eines Schiedsrichters ein typischer Fall ist oder ob die zwei gerade besprochenen Merkmale eine Besonderheit dieser und vielleicht einiger ähnlicher Situationen darstellen, aber nicht charakteristisch für Autorität insgesamt sind. Man könnte zum Beispiel meinen, dass der Schiedsrichter ein typischer Fall rechtsprechender Autoritäten ist und dass rechtsetzende Autoritäten sich davon in genau diesen Hinsichten unterscheiden. Rechtsprechende Autoritäten, so könnte man denken, sind genau solche, deren Rolle darin besteht, die Gründe ihrer Autoritätssubjekte einzuschätzen und entsprechende Entscheidungen zu treffen; ihre Entscheidungen sollen nur darlegen, was in einem bestimmten Fall zu tun ist. Eine rechtsetzende Autorität hätte demgegenüber die Aufgabe, für ihre Subjekte neue Gründe zu schaffen: neu nicht nur im Sinne eines Ersatzes für andere Gründe, von denen die neuen abhängig sind, sondern neu, insofern für sie überhaupt nicht der Anspruch erhoben wird, bereits bestehende Gründe zu ersetzen. Wenn wir »rechtsetzend« und »rechtsprechend« in einem weiten Sinne verstehen, so der Einwand, dann gehören alle praktischen Autoritäten zu mindestens einer dieser beiden Arten. Es wird natürlich zugegeben, dass auch rechtsetzende Autoritäten aus Gründen handeln. Aber ihre Gründe sind solche, die sie selber betreffen und die nicht von den Gründen ihrer Subjekte abhängig sind beziehungsweise diese widerspiegeln sollen.

Die scheinbare Attraktivität dieser Unterscheidung beruht allerdings auf einem Irrtum. Denken wir an ein parlamentarisch verabschiedetes Gesetz, das Eltern dazu verpflichtet, für ihre minderjährigen Kinder zu sorgen. Eltern haben eine solche Pflicht auch ganz unabhängig von diesem Gesetz, und nur weil sie eine solche Pflicht schon haben, ist das Gesetz gerechtfertigt. Es bedürfte weiterer Argumente, um zu zeigen, dass dasselbe für alle praktischen Autoritäten gilt. Stattdessen werde ich hier einfach meine Konzeption von Autorität in drei Thesen zusammenfassen:

Die Abhängigkeitsthese: Alle autoritativen Anweisungen sollen unter anderem auf Gründen beruhen, die für die Adressaten dieser Anweisungen gelten und die für die Umstände relevant sind, die duch die Anweisung abgedeckt werden. Solche Gründe nenne ich abhängige Gründe.[6]

Die These der normalen Rechtfertigung: Die normale und primäre Art zu beweisen, dass eine Person als Inhaberin von Autorität über eine andere Person anerkannt werden sollte, besteht darin zu zeigen, dass der Adressat voraussichtlich seine eigenen Gründe (die autoritative Anweisung nicht eingeschlossen) besser befolgt, wenn er die Anweisungen der mutmaßlichen Autorität als autoritativ verbindlich anerkennt und zu befolgen versucht, als wenn er versuchen würde, die für ihn geltenden Gründe direkt zu befolgen.[7]

Die Präemptionsthese: Die Tatsache, dass eine Autorität eine Handlung fordert, ist ein Grund für diese Handlung, der nicht zu allen anderen relevanten Gründen hinzugefügt weden sollte, sondern zumindest einige von ihnen ersetzen sollte.

6 Die nichtabhängigen Gründe, aus denen Autoritäten handeln dürfen, sind solche, die sie in die Lage versetzen, die These der normalen Rechtfertigung besser zu erfüllen, d. h. Gründe, die dazu führen, dass ihre Direktiven die abhängigen Gründe besser widerspiegeln. Aufgrund der Bedingungen, unter denen sie handeln, wird der Versuch, ausschließlich alle abhängigen Gründe direkt zu befolgen, häufig kontraproduktiv sein. Alle Bürokratien müssen sich Regeln zu eigen machen, die von den letztlich bestimmenden Gründen in bestimmten Einzelheiten abweichen, um diese Gründe insgesamt umso vollständiger zu befolgen.

7 Die These von der normalen Rechtfertigung spezifiziert nur die Gründe für die Anerkennung einer Autorität. Sie sagt nichts über die Gründe dagegen. Solche Gründe existieren von Fall zu Fall in unterschiedlichem Maße. Von ihnen hängt es ab, wie stark das Argument für die Anerkennung der relevanten Autorität sein muss. Es muss hinreichend stark sein, um die Gegengründe zu überwiegen.

Die erste und die letzte dieser Thesen sind Verallgemeinerungen der Merkmale, die am Beispiel des Schiedsverfahrens besprochen wurden. Die These der normalen Rechtfertigung ersetzt die gemeinsame Einwilligung der Parteien, die die Autorität eines Schiedsrichters begründet. Die Einigkeit oder Einwilligung, eine Autorität anzuerkennen, ist im Allgemeinen nur dann bindend, wenn in etwa die Bedingungen der These der normalen Rechtfertigung erfüllt sind.

Die ersten beiden Thesen artikulieren das, was ich die Dienstleistungskonzeption (*service conception*) der Autorität nennen werde. Diesen beiden Thesen zufolge *vermitteln* Autoritäten zwischen Personen und den Gründen, die auf sie zutreffen, so dass die Autorität beurteilt und mitteilt, was diese Personen vernünftigerweise tun sollten. Die Personen orientieren sich ihrerseits an der Autorität, deren Mitteilungen für sie die Kraft der abhängigen Gründe ersetzen. Diese Implikation der Dienstleistungskonzeption wird in der Präemptionsthese explizit festgehalten. Die Autorität kann ihre vermittelnde Rolle nicht erfüllen, wenn die Subjekte ihr Handeln nicht an den Anweisungen der Autorität ausrichten anstatt an den Gründen, von denen diese Anweisungen abhängen sollen. Die Anerkennung einer Autorität bedarf der Rechtfertigung, und das bedeutet im Normalfall, dass die Autorität die in der zweiten These dargelegten Bedingungen erfüllen muss. Damit kommen auch die abhängigen Gründe ins Spiel, denn der Anspruch auf Autorität ist nur dann gerechtfertigt, wenn die Autorität diese Gründe besser befolgt, als ihre Subjekte es könnten. Auf der Ebene der Rechtfertigung von Autoritäten spielen die präemptiv ausgeschlossenen Gründe daher eine wichtige Rolle. Aber sobald wir diese Ebene verlassen und uns mit einzelnen Handlungen befassen, werden diese abhängigen Gründe durch die autoritativen Anweisungen ersetzt. Würde man beide Klassen von Gründen als voneinander unabhängig behandeln, dann würden diese Gründe im praktischen Überlegen doppelt gezählt.

Das sind die Zusammenhänge, auf die die Metapher vom Aufgeben des eigenen Urteils abzielt. Diese Konzeption ist nicht etwa Ausdruck der unglaublichen Macht von Autoritäten. Vielmehr spiegelt sie deren begrenzte Rolle wider. Der Zweck von Autoritäten ist es nicht, neue unabhängige Erwägungen ins Spiel zu bringen (obwohl sie genau das tun, wenn sie Fehler begehen und falsche

Anweisungen erteilen). Sie sollen lediglich in Situationen, in denen sie am besten dazu in der Lage sind, abhängige Gründe widerspiegeln. Sie vermitteln zwischen Gründen und den Personen, deren Gründe es sind.

II. Autorität und Recht

Ich werde von der Annahme ausgehen, dass das Recht – jedes irgendwo bestehende Rechtssystem – notwendigerweise *De-facto*-Autorität genießt. Das impliziert, dass das Recht entweder behauptet, es verfüge über legitime Autorität, oder dass ihm eine solche Autorität zugesprochen wird, oder beides. Ich werde dafür argumentieren, dass jedes Rechtssystem behauptet, über legitime Autorität zu verfügen, auch wenn es sie vielleicht nicht hat oder wenn seine legitime Autorität nicht so weitreichend ist, wie behauptet wird. Wenn die Behauptung von Autorität zum Wesen des Rechts gehört, dann muss das Recht – was auch immer es sonst noch sein mag – zumindest prinzipiell dazu in der Lage sein, über Autorität zu verfügen. Legitime Autorität kann einem Rechtssystem abgehen. Wenn ihm die moralischen Eigenschaften fehlen, die für legitime Autorität erforderlich sind, dann hat es auch keine legitime Autorität. Aber es muss dennoch alle anderen für Autorität erforderlichen Eigenschaften besitzen, weil es sonst seltsam wäre zu sagen, dass es legitime Autorität für sich in Anspruch nimmt. Um Autorität für sich zu behaupten, muss es zumindest in der Lage sein, über Autorität zu verfügen. Es muss eine Art von System sein, das prinzipiell dazu fähig ist, die für legitime Autorität erforderlichen moralischen Eigenschaften zu besitzen. Diese Überlegungen, so möchte ich zeigen, belaufen sich auf ein starkes Argument zugunsten der Quellenthese. Wir können sie Schritt für Schritt in Augenschein nehmen.

Welche Ansprüche das Recht für sich erhebt, wird aus der Sprache ersichtlich, die es verwendet, und aus den Äußerungen derer, die im Namen des Rechts sprechen, d.h. der rechtlichen Institutionen. Der Anspruch des Rechts auf Autorität zeigt sich in einer Reihe von Tatsachen: darin, dass rechtliche Institutionen offiziell als »Autoritäten« bezeichnet werden; darin, dass sie für sich selbst das Recht in Anspruch nehmen, ihren Subjekten Pflichten aufzuerlegen; sowie in ihren Behauptungen, dass ihre Subjekte ihnen Gefolgschaft schulden und dass sie das Recht so befolgen sollten, wie das Recht selber es fordert (d. h. in allen Fällen außer in denen, in denen irgendeine rechtliche Regelung Pflichtverletzungen rechtfertigt). Auch ein schlechtes Gesetz, so die unausweichliche offizielle Lehre, sollte befolgt werden, solange es in Kraft ist, auch wenn unterdessen auf legale Weise auf seine Abänderung oder Abschaffung hingewirkt wird. Hier muss ein Vorbehalt eingefügt werden: In verschiedenen Rechtssystemen sind bestimmte Verhaltensweisen formal rechtswidrig, ohne substantiell rechtswidrig zu sein. Es ist dann den Strafverfolgungsbehörden überlassen, solches Verhalten nicht zu verfolgen, oder den Gerichten, in solchen Fällen freizusprechen. Wo rechtlich anerkannte Regelungen solche Institutionen anweisen, von einer Verfolgung oder Verurteilung abzusehen, dort sollte dieses Verhalten als allenfalls in einem formalen Sinne rechtswidrig betrachtet werden, der für unsere Belange nicht relevant ist.

Kann die Tatsache, dass das Recht Autorität für sich beansprucht, auf irgendeine Weise zu einem weitergehenden Verständnis seines Wesens beitragen? Wenn notwendigerweise alle Rechtssysteme legitime Autorität besitzen würden, dann könnten wir daraus schließen, dass sie über die Merkmale verfügen, die die Dienstleistungskonzeption ausmachen. Aber es ist nur allzu deutlich, dass der Anspruch des Rechts auf legitime Autorität in vielen Fällen der Grundlage entbehrt. Es gibt Rechtssysteme, deren Autorität weder auf dem Wege der These der normalen Rechtfertigung noch auf irgendeine andere Weise gerechtfertigt werden kann. Könnte man nun nicht argumentieren, dass angesichts der Tatsache, dass dem Recht legitime Autorität fehlen kann, eine Konzeption der Autorität nicht zu unserem Verständnis davon beitragen kann, was Recht eigentlich ist – außer, indem sie zeigt, was das Recht zu sein behauptet? Diese Schlußfolgerung wäre zumindest voreilig. Es könnte sein, dass das Recht, um überhaupt Autorität beanspruchen zu können, diesem Ziel zumindest nahekommen, also über einige der Merkmale legitimer Autorität verfügen muss. Es mag daran scheitern, das Ziel zu erreichen. Aber es kann nur auf bestimmte Weise scheitern. Wenn das stimmt, dann gibt es Merkmale der Autorität, die alles Recht besitzen muss. In dem Fall können wir aus einer Konzeption von Autorität etwas über das Wesen des Rechts lernen.

Dieser Vorschlag unterstellt nicht, dass alle notwendigen Merkmale des Rechts notwendige Merkmale jeder Art von praktischer Autorität wären. Es ist gut möglich, dass das Recht spezifische Merkmale hat. Tatsächlich habe ich bereits die Annahme eingeführt, dass das Recht spezifische Merkmale hat, da im Unterschied zum Recht nicht jeder, der über legitime Autorität verfügt, notwendigerweise auch beansprucht, sie zu haben. Was ich hier zu klären versuche, ist nur, ob einige der notwendigen Eigenschaften des Rechts notwendige Eigenschaften von Autorität überhaupt sind, die das Recht haben muss, wenn es dazu fähig sein soll, Autorität für sich zu beanspruchen.

Weiter oben hatte ich gesagt, dass nur diejenigen, die prinzipiell über Autorität verfügen können, auch den Anspruch erheben können, Autorität zu haben, und dass deshalb das Recht dazu fähig sein muss, über Autorität zu verfügen. Diese Behauptung ist so vage, dass sie kaum mehr als ein Fingerzeig in Richtung eines Arguments sein kann, selbst wenn sie zutreffen sollte. Wie könnte ein solches Argument aussehen? Bedenken wir die Tatsache, dass das Recht ein normatives System ist. Wenn es das nicht wäre, dann könnte es nicht über praktische Autorität verfügen. Wenn das Recht zum Beispiel eine Menge von Propositionen über das Verhalten von Vulkanen wäre, dann würde es ihm nicht einfach nur an Autorität über menschliches Handeln fehlen, sondern es würde ihm schon an der Fähigkeit fehlen, solche Autorität zu haben. Die Aussage, dass dieses oder jenes normative System für uns autoritativ verbindlich ist, mag falsch sein, aber sie ist zumindest sinnvoll. Die Aussage, dass eine Menge von Propositionen über Vulkane autoritativ festlegt, was wir tun sollten, ist nicht einmal sinnvoll.

Aber kann man nicht behaupten, dass eine Person X Autorität genießt, selbst wenn es keinen Sinn ergibt, ihr diese Autorität zuzuschreiben? Eine solche Behauptung ist verständlich, weil wir verstehen können, was behauptet wird, obwohl wir wissen, dass es nicht nur einfach falsch, sondern notwendigerweise oder begrifflich falsch ist. Zum Beispiel kann etwas, das nicht mit Menschen kommunizieren kann, keine Autorität über sie besitzen. Bäume können keine Autorität über Personen haben. Aber jemand mit einem unvollständigen Verständnis davon, was Bäume sind, zum Beispiel ein junges Kind, kann behaupten, dass sie Autorität haben. Es würde damit einfach nur falsch liegen. Selbst jemand, der sich über das Wesen von Bäumen im Klaren ist, könnte diese Behauptung auf unaufrichtige Weise machen. Vielleicht versucht er, einen gerade angekommenen marsianischen Soziologen in die Irre zu führen. Aber man kann nicht aufrichtig behaupten, dass jemand Autorität hat, der sie aus begrifflichen Gründen nicht haben kann, solange man das Wesen der eigenen Äußerung und das Wesen der Person versteht, von der diese Äußerung handelt. Wenn ich sage, dass Bäume Autorität über Menschen haben, dann wird meine Zuhörerin wissen, dass ich entweder den Begriff der Autorität oder den Begriff des Baumes nicht richtig verstehe oder dass ich sie zu täuschen versuche (oder dass ich nicht wirklich behaupte, dass Bäume Autorität haben, sondern nur so tue, als ob, oder dass ich es nur spielerisch sage, und so weiter).

Das reicht aus, um zu zeigen, dass das Recht, indem es Autorität zu haben beansprucht, auch in der Lage ist, tatsächlich Autorität zu haben. Da dieser Anspruch überall dort, wo ein Rechtssystem in Kraft ist, von den Trägern dieses Systems erhoben wird, können wir die Möglichkeit ausschließen, dass dieser Anspruch normalerweise auf unaufrichtige oder begrifflich verfehlte Weise erhoben wird. Natürlich kann eine dieser beiden Möglichkeiten in manchen Fällen zutreffen. Aber zumindest im Normalfall zeigt die Tatsache, dass das Recht Autorität zu haben beansprucht, dass es auch dazu fähig ist, sie zu haben.

Weshalb können die Protagonisten und Institutionen eines Rechtssystems nicht begrifflich verwirrt sein? Eine Antwort lautet, dass sie sich zwar dann und wann, aber nicht systematisch begrifflich täuschen können. Aufgrund der zentralen Rolle, die Rechtsinstitutionen in den uns vertrauten Strukturen der Autorität spielen, sind deren Behauptungen und Verständnisse durch und durch von unserem Begriff der Autorität geprägt und tragen umgekehrt zu ihm bei. Unser Begriff von Autorität verdankt seinen Gehalt zum Teil den Behauptungen und Selbstverständnissen rechtlicher Institutionen. Diese Antwort ist dort angebracht, wo die rechtlichen Institutionen selbst den Begriff der Autorität verwenden. Aber Recht könnte es auch in Gesellschaften geben, denen unser Begriff der Autorität fremd ist. Wir sagen dennoch, dass deren rechtliche Institutionen Autorität beanspruchen, insofern sie den Anspruch erheben, Verpflichtungen aufzuerlegen, Rechte zu verleihen und Ähnliches. Insofern sie den Begriff der Autorität nicht haben, können sie sich auch nicht über seinen Gehalt täuschen. Allerdings können wir uns täuschen, wenn wir diesen Institutionen einen Anspruch auf Autorität zuschreiben.

Das Argument in den vier vorangehenden Absätzen hat erstens gezeigt, dass Autorität jemandem deshalb fehlen kann, weil diese Person nicht dazu fähig ist, Autorität zu besitzen (wobei auch denjenigen, die dazu fähig sind, Autorität fehlen kann); und zweitens, dass das Recht Autorität für sich beansprucht und deshalb Autorität besitzen kann. Es gibt zwei unterschiedliche Arten der Gründen für das Fehlen von Autorität. Zum einen können die moralischen oder normativen Voraussetzungen dafür fehlen, dass die Anweisungen einer Person autoritativ sind. In typischen Fällen liegt das entweder daran, dass die oben erläuterte normale Art von Rechtfertigung nicht verfügbar ist, oder daran, dass sie zwar verfügbar ist, aber im konkreten Einzelfall durch konfligierende Gründe überwogen wird. Zum anderen kann Autorität deshalb fehlen, weil jemand einige der anderen, nichtmoralischen oder nichtnormativen Voraussetzungen von Autorität nicht erfüllt, zum Beispiel weil er nicht die Fähigkeit hat, mit anderen zu kommunizieren.

Es ist naheliegend, zu denken, dass die nichtmoralischen, nichtnormativen Voraussetzungen von Autorität zugleich die Bedingungen der Fähigkeit sind, Autorität zu haben. Einer bestimmten Person kann Autorität deshalb abgesprochen werden, weil sie moralisch inkompetent oder schlecht ist. Aber solche Tatsachen zeigen nicht, dass dieser Person die Fähigkeit zum Innehaben von Autorität fehlt, so wie sie etwa Bäumen fehlt. Die Regeln der Nazis haben keine autoritative Verbindlichkeit, aber sie sind die Art von Gegenstand, dem autoritative Verbindlichkeit zukommen könnte, wohingegen Aussagen über Vulkane kein solcher Gegenstand sind. Die meisten Argumente hinsichtlich der Autorität von Regierungen und anderen Institutionen kreisen um deren moralischen Anspruch auf den Gehorsam ihrer Subjekte. Die Erfüllung der nichtmoralischen Bedingungen wird dabei als selbstverständlich vorausgesetzt. Diese Argumente beziehen sich von Beginn an nur auf Personen und Institutionen, die diese anderen Bedingungen erfüllen. Deshalb kann man sie als die Bedingungen betrachten, die dazu befähigen, über Autorität zu verfügen.

Wenn diese Überlegungen zutreffen, dann folgt daraus, dass das Recht im Normalfall alle nichtmoralischen, nichtnormativen Attribute der Autorität besitzt, da das Recht notwendigerweise Autorität für sich reklamiert und deshalb im Normalfall die Fähigkeit hat, Autorität zu besitzen. Der Rest meines Arguments ist aber nicht von dieser starken Konklusion abhängig. Ich werde mich auf zwei Merkmale konzentrieren, die alles, was zu autoritativer Verbindlichkeit fähig sein soll, besitzen muss. Unter Verweis auf diese beiden Merkmale werde ich dann für die Quellenthese argumentieren.

Es bietet sich dabei an, unsere Aufmerksamkeit insbesondere auf Anweisungen oder Direktiven zu richten. In einem weiten Sinne umfasst das Propositionen, Normen, Regeln, Standards, Prinzipien, Doktrinen und Ähnliches. In diesem Sinne ist das Recht ein System von Direktiven, und es ist autoritativ genau dann, wenn seine Direktiven autoritative Verbindlichkeit besitzen. Ebenso hat jeder, der irgendwelche Direktiven erlässt, Autorität genau dann, wenn seine Direktiven deshalb autoritativ verbindlich sind, weil sie von ihm stammen. Sie müssen also (1) Autorität haben und (2) das zumindest teilweise aus dem Grund, dass ein Inhaber von Autorität sie erlassen hat.

Die beiden Merkmale sind die folgenden. Erstens kann eine Direktive nur dann autoritativ verbindlich sein, wenn sie irgendjemandes Auffassung davon wiedergibt oder zumindest als seine Auffassung davon dargestellt wird, wie die Adressaten sich verhalten sollten. Zweitens muss es möglich sein, die Direktive als eine von der Autorität erlassene zu identifizieren, ohne sich dabei auf die Gründe oder Erwägungen zu stützen, über die die Direktive zu entscheiden beansprucht.

Das erste Merkmal spiegelt die vermittelnde Rolle von Autoritäten wider. Eine Autorität ist dazu da, dass wir im Einklang mit Gründen handeln, die wir ohnehin haben, eben weil unser Handeln diesen Gründen besser entsprechen wird, wenn wir uns bemühen, die Direktiven der Autorität zu befolgen, als wenn wir versuchen würden, direkt aus diesen Gründen zu handeln. Auch wenn also die Anweisung der Autorität verfehlt oder irregeleitet sein mag, muss sie doch zumindest das Urteil dieser Autorität über die Gründe ihrer Adressaten zum Ausdruck bringen oder als ein solches Urteil dargestellt werden. Andernfalls könnte sie keine autoritative Anweisung sein. Sie würde dann nicht deshalb scheitern, weil sie eine schlechte Anweisung ist, sondern weil sie keine Anweisung der richtigen Art ist. Sie könnte eine Anweisung sein, die für irgendeinen anderen Anlass gedacht ist, im Scherz geäußert wird oder den Befehl oder die Drohung eines Gangsters darstellt, dem es nur um sein eigenes Wohl geht und der nur sein eigenes Wohl in Erwägung zieht. Streng genommen, muss eine Direktive oder Regel, um Autorität genießen zu können, tatsächlich die Meinung ihres Urhebers darüber wiedergeben, wie die Adressaten handeln sollten. Aber angesichts der Tatsache, dass Verstellung und Täuschung in dieser Hinsicht so leicht zu bewerkstelligen sind, ist es wenig überraschend, dass man sich hier nur an die manifesten Erscheinungen halten kann. Auf diesen Erscheinungen basiert die Idee der *De-facto*-Autorität sowie alle anderen Eigenschaften, die die Fähigkeit, Autorität zu haben, voraussetzen. Wenn eine Regel als Ausdruck eines Urteils darüber dargestellt wird, was ihre Adressaten tun sollten, dann kann diese Regel Autorität genießen.

Das zweite Merkmal ist ebenfalls eng mit der vermittelnden Rolle von Autoritäten verknüpft. Stellen wir uns vor, dass ein Schiedsrichter, der entscheiden soll, was in einer bestimmten Situation fair ist, ein korrektes Urteil über diese Frage getroffen hat. Wir nehmen also an, dass es in diesem Fall nur eine einzige faire Lösung gibt und dass der Schiedsrichter diese gewählt hat. Stellen wir uns weiter vor, dass die Streitparteien nur genau das gerade Gesagte über seine Entscheidung erfahren: Ihnen wird mitgeteilt, dass er die einzig richtige Entscheidung getroffen hat. In diesem Fall werden die Parteien das Gefühl haben, nur wenig mehr über die Entscheidung zu wissen als zuvor. Sie haben eine eindeutig identifizierende Beschreibung der Entscheidung bekommen, und dennoch ist diese Beschreibung für sie vollkommen nutzlos.[8] Wenn sie sich darüber einigen könnten, was fair ist, dann hätten sie den Schiedsrichter nicht benötigt. Eine Entscheidung ist nur dann zweckdienlich, wenn ihr Inhalt auf andere Weise identifiziert werden kann als durch Rekurs auf die Erwägungen, über deren Gewicht und Bilanz diese Entscheidung gerade befinden sollte.

Das gilt für alle Entscheidungen, sowohl für diejenigen, die eine

8 Ich lasse hier bestimmte Komplikationen unberücksichtigt, wie zum Beispiel die folgende: Wenn die Parteien ihren Streit tatsächlich als einen aufrichtigen Disput darüber wahrnehmen, was in diesem Fall fair wäre, dann hilft ihnen die hier genannte Auskunft nicht weiter. Wenn sie dagegen wissen, dass einer von ihnen den anderen auszunutzen versucht, dann ist diese Auskunft möglicherweise informativer für sie.

Person für sich selber trifft, als auch für diejenigen, die andere für sie treffen. Wenn ich entscheide, welches die beste Lebensversicherung für mich wäre, dann ist mir nicht damit weitergeholfen, wenn man mich an meine Entscheidung erinnert, indem man mir sagt, dass ich mich für diejenige Versicherung entschieden habe, die die beste ist. Ich müsste dann erneut entscheiden, um herauszufinden, was ich zuvor entschieden hatte. Die frühere Entscheidung hätte dann genauso gut gar nicht stattfinden können. Dasselbe gilt für die Subjekte jeder beliebigen Autorität. Sie können von den Entscheidungen der Autorität nur dann profitieren, wenn sie das Vorliegen und den Inhalt dieser Entscheidungen auf eine Art und Weise feststellen können, die es nicht erfordert, dieselben Fragen erneut aufzuwerfen, mit deren Beantwortung die Autorität betraut ist.

Könnte man nicht einwenden, mein Argument unterstelle die Kenntnis der These von der normalen Rechtfertigung und der anderen dazugehörigen Thesen? Diese Annahme wäre sicherlich nicht gerechtfertigt, aber sie liegt auch nicht vor. Was ich annehme, ist nur, dass die Dienstleistungskonzeption zutrifft, d. h. dass sie tatsächlich unseren Begriff von Autorität widerspiegelt. Ich stütze mich nicht auf die Annahme, dass die Menschen auch glauben, dass sie zutrifft.

Es lohnt sich hier zu erwähnen, dass in etwa die beiden Bedingungen, für die ich gerade argumentiert habe, auch aus einer deutlich schwächeren Annahme als der oben erläuterten Dienstleistungskonzeption abgeleitet werden können. Ich werde dies das alternative Argument nennen. Seine Prämisse ist schlicht die, dass es ein Aspekt unseres Begriffs legitimer Autorität ist, dass Autoritäten aus Gründen handeln sollten und dass ihre Legitimität davon abhängt, dass ihnen das in einem gewissen Umfang gelingt. Selbst diejenigen, die die Dienstleistungskonzeption ablehnen, werden Bedingungen akzeptieren, die den von mir genannten nahekommen, sofern sie akzeptieren, dass Legitimität von (zumindest partiellem) Erfolg bei der Befolgung von Gründen abhängt. Diese schwache Annahme ist klarerweise ausreichend, um zu zeigen, dass etwas nur dann eine autoritative Direktive sein kann, wenn es als irgendjemandes Ansicht dargestellt wird.

Zudem lassen sich anstelle der zweiten Bedingung – dass Direktiven unabhängig identifizierbar sein müssen (d. h. unabhängig von den Gründen, auf denen sie basieren sollten) – durch das alternative Argument zwei schwächere Bedingungen etablieren. Ich gehe davon aus, dass Autoritäten einen Unterschied machen, d. h., dass die Tatsache, dass eine Autorität eine Direktive erlassen hat, die Gründe der Adressaten verändert. Daraus folgt, dass das bloße Vorliegen von Gründen für das Erlassen einer Direktive nicht als solches, unabhängig von ihrem tatsächlichen Erlass, die Gründe der Adressaten verändert. Die Existenz von Gründen, die zeigen, dass eine bestimmte Direktive die richtige wäre, wenn sie denn erlassen würde, zeigt nicht, dass eine solche Direktive vorliegt und verbindlich ist. Anders gesagt, können die Existenz und der Gehalt der Direktive nicht ausschließlich von den Gründen für diese Direktive abhängen. Die Existenz und der Gehalt jeder Direktive basieren darauf, dass irgendeine weitere Bedingung erfüllt ist, die selber unabhängig von den Gründen für diese Direktive ist. Diese weitere Bedingung kann nicht einfach darin bestehen, dass dieselbe oder irgendeine andere Autorität eine andere Direktive ausgegeben hat. Oft ist die Existenz eines bestimmten Gesetzes ein Grund dafür, ein anderes Gesetz zu verabschieden. Aber wir haben gerade gezeigt, dass die Existenz eines Gesetzes nicht einfach auf der Existenz von Gründen für dieses Gesetz basieren kann, die etwa zeigen, dass es gut wäre, wenn Menschen sich diesem Gesetz gemäß verhalten würden, oder dass es gut wäre, wenn ein Gesetz das von ihnen forderte. Deshalb kann die Existenz einer Direktive zwar zeigen, dass eine bestimmte weitere Direktive wünschenswert oder richtig wäre, aber nicht, dass diese weitere Direktive auch tatsächlich existiert.

III. Die Kohärenzthese

Der vorangehende Abschnitt hat dafür argumentiert, dass das Recht zwar legitimer Autorität ermangeln kann, dass man aber dennoch aus der bloßen Tatsache, dass es diese Autorität für sich beansprucht, viel über das Recht lernen kann. Es muss dazu fähig sein, Autorität zu genießen. Insbesondere muss es jemandes Ansicht darüber widerspiegeln, was die Adressaten tun sollten, oder es muss zumindest als eine solche Ansicht dargestellt werden; und es muss auf eine Weise identifizierbar sein, die unabhängig von den Erwägungen ist, über die die Autorität befinden soll.

Interessanterweise genügen Rechtsquellen beiden Bedingungen. Um vorzugreifen und zugleich zu vereinfachen: Die drei üblichen Quellen des Rechts – Gesetzgebung, Rechtsprechung und Gewohnheit – sind dazu geeignet, als Quellen autoritativer Direktiven zu dienen. Sie erfüllen die nichtmoralischen Bedingungen, die durch die Dienstleistungskonzeption impliziert werden. Gesetzgebung kann willkürlich sein und sie kann auf vielfältige Weise die Abhängigkeitsthese verletzen. Aber sie bringt – zumindest ihrer Selbstdarstellung nach – das Urteil eines Gesetzgebers darüber zum Ausdruck, was die Rechtssubjekte in den Situationen, die diese Gesetzgebung regelt, tun sollten. Deshalb kann Gesetzgebung das Ergebnis eines Urteils seitens des Gesetzgebers über die Gründe der Rechtssubjekte sein. Dasselbe gilt für gerichtliche Entscheidungen. Richter können bestochen werden oder willkürlich handeln. Aber eine gerichtliche Entscheidung bringt ein Urteil über die rechtlichen Folgen des Verhaltens der Streitparteien zum Ausdruck. Sie wird als ein Urteil darüber dargestellt, wie sich die Parteien (und andere unter gleichartigen Umständen) verhalten sollten. Ähnlich ist es mit gewohnheitsrechtlichen Normen. Sie entstehen normalerweise nicht aus der Absicht, Recht zu schaffen. Aber sie können kaum umhin, das Urteil weiter Teile der Bevölkerung darüber widerzuspiegeln, wie Menschen in den relevanten Situationen handeln sollten. Quellenbasiertes Recht kann also der Abhängigkeitsthese genügen. Es erfüllt damit die erste der Bedingungen, die aus der Tatsache folgen, dass das Recht Autorität für sich beansprucht.

Rechtsquellen erfüllen auch die zweite unserer Bedingungen, weil sie auf eine Weise identifiziert werden können, die nicht auf den Erwägungen beruht, über die sie selber befinden sollen. Ein Einkommenssteuergesetz soll festsetzen, welcher Beitrag zum öffentlichen Haushalt fairerweise dem Einkommen entnommen werden sollte. Um den Gehalt des Gesetzes festzustellen, braucht man nur zu wissen, dass das Gesetz verabschiedet wurde und was es aussagt. Das erfordert kaum mehr als die Kenntnis der Landessprache (einschließlich der juristischen Fachsprache) und der Vorgänge, die zu einigen bestimmten Gelegenheiten im Parlament vonstattengegangen sind. Insbesondere braucht man sich kein Urteil über die Frage fairer Beiträge zum öffentlichen Haushalt zu bilden.

Wie oben bereits bemerkt, kommen die drei konkurrierenden Thesen – die Kohärenzthese, die Inkorporationsthese und die

Quellenthese – darin überein, quellenbasiertem Recht eine besondere Bedeutung zuzusprechen. Die soeben gegebene vereinfachte Erläuterung veranschaulicht, auf welche Weise zentrale Eigenschaften des Rechts zu der Dienstleistungskonzeption passen und aus ihr – und aus den zwei notwendigen Merkmalen des Rechts, die sie impliziert – besondere Bedeutung beziehen. Daraus folgt nicht, dass dies die Gründe sind, die normalerweise für die zentrale Bedeutung quellenbasierten Rechts angeführt werden. Die Kohärenzthese steht für eine Erklärung, die zumindest gleichgültig gegenüber den oben skizzierten Erwägungen ist. Dieser These zufolge besteht, wie eingangs erwähnt, das Recht insgesamt aus quellenbasiertem Recht in Kombination mit der moralisch besten Rechtfertigung dieses quellenbasierten Rechts. Das mag nach einer unheiligen Mischung disparater Elemente klingen. Aber so muss es nicht sein. In der Ausarbeitung ihres besten Verteidigers, R. M. Dworkin, verkörpert diese These eine bedeutende und interessante Konzeption des Rechts.

Dworkins Rechtskonzeption, die er über viele Jahre hinweg in einer Reihe von Aufsätzen dargelegt hat, ist nicht ganz leicht zu ermitteln. Bestimmte Details, die für ihr Verständnis wesentlich sind, bleiben undeutlich. Viele Leser seines hoch gelobten Aufsatzes »Hard Cases« von 1975 lasen diesen als Ausdruck einer Sichtweise auf das Recht, die man wie folgt zusammenfassen kann:

> Um den Gehalt des Rechts in einem bestimmten Land festzustellen, ermittelt man zuerst, welche Rechtsquellen in diesem Land Gültigkeit besitzen, und stellt sich dann eine einzige weitere Leitfrage: Angenommen, dass alle noch in Kraft befindlichen Gesetze, die jemals aus diesen Quellen hervorgegangen sind, von einer einzigen Person zu einem einzigen Anlass erlassen worden wären, in Zusammenstimmung mit einer vollständigen und in sich konsistenten politischen Moral (d. h. demjenigen Teilbereich einer Moraltheorie, der das Handeln politischer Institutionen betrifft): Wie sähe diese Moral aus?

Dieser Lesart Dworkins zufolge besteht das Recht eines Landes in der Antwort auf diese eine Leitfrage und in allem, was aus dieser Antwort zusammen mit anderen wahren Prämissen folgt. Aus zwei unterschiedlichen Gründen kann es dazu kommen, dass diese Leitfrage keine Antwort ergibt, und Dworkin erweitert seine Konzeption, um beiden Gründen gleichermaßen Rechnung zu tragen.

Erstens kann es innerhalb eines Rechtssystems Unstimmigkeiten geben, die verhindern, dass das System mit irgendeiner konsistenten politischen Moral im Einklang steht. Um diesem Problem zu begegnen, lässt Dworkin zu, dass die Antwort eine politische Moral identifiziert, mit der alle außer einer geringfügigen Anzahl konfligierender Gesetze im Einklang stehen. Zweitens kann es sein, dass mehr als nur eine politische Moral die in der Leitfrage artikulierte Bedingung erfüllt (insbesondere, wenn man die Ausnahme in Betracht zieht, die sich aus der ersten Komplikation ergeben hat). In diesem Fall besteht nach Dworkin das Recht in derjenigen politischen Moral, die die moralisch bessere ist, die sich also der idealen, richtigen oder wahren Moral in größerem Maße annähert.

In einer Replik auf seine Kritiker von 1977 nimmt Dworkin die Frage nach dem Wesen des Rechts wieder auf.* Er bietet eine Antwort an, die er selber »zu simpel« nennt und die unter Rekurs auf eine zweite Leitfrage artikuliert werden kann:

> Um den Gehalt des Rechts in einem bestimmten Land festzustellen, ermittelt man zuerst, welche Rechtsquellen in diesem Land Gültigkeit besitzen, und stellt sich dann eine einzige weitere Leitfrage: Was ist die gerinfügigste Veränderung, die man an der zutreffenden, gerechtfertigten politischen Moral vornehmen müsste, um eine möglicherweise unvollkommene Moraltheorie zu erhalten, die einen Großteil der Rechtsgeschichte dieses Landes erklären würde, wenn man annähme, dass diese Rechtsgeschichte das Ergebnis einer politischen Moral ist?

Diese (möglicherweise unvollkommene) politische Moral ist das Recht dieses Landes. Beide hier genannten Leitfragen beruhen auf einem Wechselspiel zwischen zwei Dimensionen: einerseits dem Einklang mit der idealen Moral, andererseits der Fähigkeit, die Rechtsgeschichte des Landes zu erklären. Die neue Leitfrage unterscheidet sich in zwei Hinsichten von ihrer Vorgängerin. Erstens betrifft ihre Passensbedingung die gesamte Rechtsgeschichte des betreffenden Landes. Dazu gehören auch Gesetze, die das Parlament im dreizehnten Jahrhundert erlassen und fünfzig Jahre später wieder aufgehoben hat. Solche Gesetze sind mit in Betracht zu ziehen, wenn wir ermitteln, in welchem Maße eine politische Moral

* Ronald Dworkin, »Seven Critics«, in: *Georgia Law Review* 11 (1977), S. 1201-1268 [Anm. d. Übers.].

zu den Tatsachen passt. Der frühere Test bezog sich dagegen nur auf gegenwärtig geltendes Recht. Nur die Passung mit gegenwärtigem Recht sollte zählen. Zweitens legt die neue Leitfrage weniger Gewicht auf die Passensbedingung. Es ist nicht mehr so, dass das Recht in derjenigen politischen Moral besteht, die am besten zu den Tatsachen passt, und dass die ideale Moral nur in einem zweiten Schritt den Ausschlag gibt, wenn sich mehr als eine politische Moral als passend erweist. Passung (beziehungsweise ein nicht näher spezifiziertes Maß an Passung) dient jetzt nur noch als eine Art flexibler Schwellenbedingung. Unter den vielen politischen Moralen, die diese Schwelle passieren, ist diejenige das Recht, die der wahren Moral am nächsten kommt.

Ich zögere, Dworkin die eine oder die andere dieser beiden Sichtweisen zuzuschreiben. Seine Aufsätze sind in einigen relevanten Punkten nicht hinreichend deutlich, und sein Denken hat sich möglicherweise seitdem in eine etwas andere Richtung entwickelt. Zum Glück spielt die genaue Formulierung von Dworkins Leitfrage für unsere Zwecke keine Rolle. Seine Überlegungen sind hinreichend klar, um sagen zu können, dass er zwei grundlegende Gedanken verfolgt. Erstens den Gedanken, dass richterliche Entscheidungen ausnahmslos auf Erwägungen der politischen Moral beruhen. Wo es um Fälle geht, in denen das quellenbasierte Recht unterbestimmt ist oder Gesetze miteinander konfligieren, ist das nicht allzu kontrovers. Dworkin besteht aber darauf, dass genau dasselbe für ganz alltägliche Fälle gilt, in denen es einfach um die Auslegung eines geschriebenen Gesetzes geht oder auch nur um die Entscheidung, irgendein Gesetz überhaupt anzuwenden. Das bedeutet nicht, dass Richter bei jeder Anwendung eines Gesetzes ihren Glauben an die repräsentative Demokratie überdenken und bekräftigen, oder ihren Glauben an irgendeine andere Doktrin der politischen Moral, aus der folgt, dass sie dieses Gesetz anwenden sollten. Es bedeutet nur, dass sie sich als solche darstellen, die glauben, dass es eine solche Doktrin gibt. Ihre Entscheidungen sind moralische Entscheidungen, insofern sie eine moralische Position zum Ausdruck bringen. Ein gewissenhafter Richter ist dadurch gekennzeichnet, dass er tatsächlich glaubt, dass sein Handeln durch eine gültige Doktrin, eine politische Moral gerechtfertigt ist.

Wenn ich Dworkins ersten grundlegenden Gedanken damit richtig deute, dann teile ich ihn. Ich bin weniger zuversichtlich, was seinen zweiten Grundgedanken angeht. Er lautet, dass Richter eine bestimmte Pflicht haben (die Dworkin manchmal als eine Pflicht beruflicher Verantwortung bezeichnet), die von ihnen verlangt, die quellenbasierten rechtlichen Regeln ihres Landes anzuwenden und in Fällen, in denen diese miteinander konfligieren oder unterbestimmt sind, anhand derjenigen Maßstäbe der politischen Moral zu entscheiden, von denen das quellenbasierte Recht durchdrungen ist oder die ihm einen Sinn verleihen, wenn man es als Ausdruck einer kohärenten politischen Sichtweise versteht.

Man sollte sich klarmachen, wie weitreichend dieser zweite Gedanke ist. Viele meinen, dass das Recht ihres Landes respektiert werden sollte, auch wenn es unvollkommen ist. Es enthält vernünftige verfassungsmäßige Mittel zu seiner eigenen Weiterentwicklung. Wo Reformen erforderlich sind, sollten sie auf legalem Wege vorgenommen werden. Solange das Recht Geltung hat, sollte es eingehalten werden. Für die meisten Menschen sind diese Überzeugungen in weitgehendem Maße vom Gehalt des Rechts abhängig. Sie würden bestreiten, dass die Gesetze Nazi-Deutschlands Respekt verdienten. Dworkins Pflicht der beruflichen Verantwortung impliziert etwas anderes. Sie gilt für jedes Rechtssystem unabhängig von dessen Gehalt, einfach weil es ein Rechtssystem ist. Zudem ist sie eine Pflicht, nicht nur dem Buchstaben, sondern auch dem Geist des Gesetzes Folge zu leisten. Richter sind dazu angehalten, in Fällen unterbestimmten oder konfligierenden quellenbasierten Rechts im Einklang mit dem im Großteil des Rechts vorherrschenden Geist zu entscheiden. Das würde zum Beispiel von einem südafrikanischen Richter erfordern, seine Macht für die Ausweitung der Apartheid einzusetzen.

Schwierigkeiten dieser Art sind für die Abschwächung der Passensbedingung in der zweiten Formulierung von Dworkins Leitfrage verantwortlich. Aber damit wird zugleich die Pflicht der beruflichen Verantwortung abgeschwächt. Der folgende Gedanke hat etwas bestechend Einfaches: Wenn eine Person in eine Institution eintritt, dann ist sie moralisch verpflichtet, sowohl den Buchstaben als auch den Geist dieser Institution zu respektieren. Wenn dieses einfache Prinzip in dieser Form nicht auf Richter zutrifft – wenn ihr Respekt für ihre Institution, das Recht, von seiner reinen Form im Sinne von Dworkins erster Leitfrage auf die Form der zweiten Leitfrage abgeschwächt wird –, dann kommt einem das theoretische Motiv für eine solche Pflicht abhanden – zumindest, wenn diese Pflicht mehr besagt, als dass man die rechtlichen Institutionen eines Landes respektieren sollte, weil oder insoweit deren Struktur und Handlungen einen solchen Respekt verdienen.

Das sind einige der Zweifel im Hinblick auf Dworkins zweiten grundlegenden Gedanken. Meine Formulierungen der beiden grundlegenden Gedanken (und meine Zweifel hinsichtlich des zweiten Gedankens) sind lediglich Skizzen. Sie sollen eine Sichtweise auf das Recht umreißen, die quellenbasiertem Recht aus anderen als den im vorhergenden Abschnitt erläuterten Gründen eine besondere Rolle einräumt. Es ist leicht zu sehen, dass Dworkins Konzeption des Rechts den beiden notwendigen Eigenschaften des Rechts widerspricht, für die ich weiter oben argumentiert habe. Erstens kann es laut Dworkin Gesetze geben, von denen nicht gilt, dass darin irgendjemandes Urteil darüber zum Ausdruck kommt, was die Addressaten dieser Gesetze tun sollten, und die auch nicht als Ausdruck eines solchen Urteils dargestellt werden. Um noch einmal die knappe Beschreibung in Form der Kohärenzthese zu wiederholen, von welcher Dworkins zwei Leitfragen zwei Interpretationen darstellen: Die beste Rechtfertigung quellenbasierten Rechts ist selber Teil des Rechts. An diese Rechtfertigung, oder zumindest an manche Aspekte von ihr, mag niemals irgendjemand gedacht haben, geschweige denn, dass irgendjemand sie jemals bekräftigt hätte. Auf diese Tatsache weist Dworkin uns durch die Aussage hin, dass es eines Herkules bedürfe, um zu ermitteln, was das Recht ist. Dworkins »beste Rechtfertigung« des (quellenbasierten) Rechts besteht auch nicht einfach aus den Implikationen derjenigen politischen Moral, die *de facto* das Handeln rechtlicher Institutionen bestimmt hat. Er ist sich bewusst, dass verschiedene Regierungen und deren Beamte im Laufe der Jahrhunderte von zahlreichen unterschiedlichen und inkompatiblen moralischen Auffassungen beeinflusst gewesen sind. Die beste Rechtfertigung könnte eine solche sein, die sich keine Regierung auch nur in ihren grundlegenden Zügen jemals zu eigen gemacht hat. Nach Dworkins Konzeption könnte ein Großteil des Rechts jedes beliebigen Landes niemandem bekannt sein. Dennoch ist das Recht in seinem ganzen Umfang bereits rechtlich verbindlich und wartet nur darauf, entdeckt zu werden. Weder besteht es in irgendjemandes Urteil darüber, was die Rechtssubjekte tun sollten, noch wird es als ein solches Urteil dargestellt.

Zweitens erfordert nach Dworkins Analyse die Identifizierung großer Teile des Rechts, genau diejenigen Überlegungen anzustellen, in Bezug auf welche das Recht seinem Zweck nach gerade eine abschließende Regelung treffen sollte. Dieser Aspekt seiner Theorie kommt in seiner zweiten Leitfrage deutlicher zum Tragen, aber er ist in abgemilderter Form bereits in der ersten enthalten. Zu klären, was das Recht ist, beinhaltet hier ein Urteil darüber, was das Recht sein sollte. Man stelle sich eine steuerliche Frage vor, auf die das quellenbasierte Recht keine vollständige Antwort liefert. Manche vertreten die Auffassung, dass der betreffende Sachverhalt in einem solchen Fall nicht rechtlich geregelt ist. Das Gericht sollte sich hier fragen, wie der Sachverhalt rechtlich geregelt werden *sollte*, und eine entsprechende Entscheidung treffen. Wenn es sich um ein höheres Gericht handelt, dessen Entscheidungen die Verbindlichkeit von Präzedenzfällen zukommt, dann wird das Gericht damit neues Recht schaffen. Demgegenüber glaubt Dworkin, dass in Fällen dieser Art eine rechtliche Regelung bereits existiert. Sie besteht in der besten Rechtfertigung des quellenbasierten Rechts. Um zu entscheiden, welche Steuerlast das Recht hier vorsieht, müsse demnach das Gericht der Frage nachgehen, was ein faires Steuerrecht darstellen würde und was die geringfügigste Änderung des quellenbasierten Rechts ist, anhand deren das Gericht dieses in Übereinstimmung mit jenem bringen kann. Damit wird aber das zweite Merkmal des Rechts verletzt, für das ich oben argumentiert habe.

Es ist wichtig, zu sehen, dass der Disput hier nicht darum kreist, wie Richter Fälle entscheiden sollten. In meinen Bemerkungen zu Dworkins zweitem grundlegenden Gedanken habe ich Zweifel auch hinsichtlich seiner Ansichten zu dieser Frage gäußert. Sie sind aber an dieser Stelle nicht relevant. Gehen wir einmal davon aus, dass die von Dworkin behauptete richterliche Berufspflicht tatsächlich besteht und dass sein Ratschlag an die Richter hinsichtlich der Frage, wie sie Fälle entscheiden sollten, der richtige ist. Wir sind uns dann immer noch darüber uneinig, was Richter eigentlich tun, *indem* sie seinen Rat befolgen. Wir gehen jetzt davon aus, dass sie das moralisch Richtige tun, aber befolgen sie dabei bloß geltendes Recht oder schaffen sie vielmehr neues Recht? Laut Dworkin befolgen sie bloß bereits bestehendes Recht. Mein Disput mit Dworkin betrifft die Tatsache, dass er damit (zum Beispiel) die Identifizierung eines bestimmten Steuergesetzes von einer Klärung der Frage abhängig macht, was ein moralisch gerechtes Steuerrecht wäre, also von einem Nachdenken über genau diejenigen Erwägungen, im Hinblick auf welche ein Steuerrecht gerade eine autoritative Regelung treffen sollte.

Aus ähnlichen Gründen verletzt Dworkins Theorie die Bedingungen des alternativen Arguments, das auf nichts weiter als der schwachen Annahme beruht, dass Autoritäten aus Gründen handeln sollten und dass die Geltung autoritativer Anweisungen davon abhängt, dass sie das mit einem gewissen Maß von Erfolg tun. Diese Annahme führt uns zu derselben ersten Bedingung zurück, nämlich dass das Recht sich als das Urteil des Gesetzgebers über die Handlungsgründe seiner Adressaten darstellen muss. Wie wir eben gesehen haben, verletzt Dworkins Konzeption diese Bedingung. Sie verletzt auch die zweite Bedingung, die aus dem alternativen Argument folgt, nämlich dass die Geltung eines Gesetzes sich nicht vollständig aus der bloßen Wünschbarkeit dieses Gesetzes im Lichte anderer Gesetze ableiten kann. Dworkins Theorie muss behaupten, dass zumindest manche der Regeln, die in Anbetracht bestehenden quellenbasierten Rechts wünschenswert sind, deshalb bereits selber rechtlich bindend sind.

Wir müssen also konstatieren, dass Dworkins Theorie nicht mit dem autoritativen Wesen des Rechts vereinbar ist. Mit anderen Worten kann sie dem Umstand nicht Rechnung tragen, dass das Recht notwendigerweise Autorität für sich reklamiert und deshalb so beschaffen sein muss, dass es über legitime Autorität verfügen könnte. Um dazu fähig zu sein, muss das Recht, wie jede andere Autorität, eine vermittelnde Rolle zwischen den Vorgaben der Moral und deren Anwendung durch Personen in ihrem tatsächlichen Handeln einnehmen können. Es ist diese vermittelnde Rolle von Autorität, die dem Recht in Dworkins Konzeption vorenthalten wird.

IV. Die Inkorporationsthese

Das Problem mit der Kohärenzthese bestand darin, dass sie zwar quellenbasiertem Recht eine besondere Rolle zuerkennt, aber die besondere Verbindung zwischen quellenbasiertem Recht und dem Anspruch des Rechts auf Autorität nicht erkennt und deshalb mit diesem Anspruch nicht vereinbar ist. Sie kappt den wesentlichen Zusammenhang zwischen zwei Elementen: einerseits dem Recht, andererseits den Urteilen über das richtige Handeln der Rechtssubjekte, die diejenigen, die diese Subjekte zu regieren beanspruchen, ihnen vorlegen. In diesen Hinsichten scheint die Inkorporationsthese einen bessseren Stand zu haben. Ihr zufolge besteht das Recht insgesamt aus quellenbasiertem Recht sowie denjenigen Standards, die durch das quellenbasierte Recht als verbindlich anerkannt werden. Die Anerkennung einer Regel durch diejenigen, die für sich selber das Recht in Anspruch nehmen, andere zu regieren, ist eine Bedingung dafür, dass die betreffende Regel eine rechtliche Regel ist. Der Anspruch des Rechts auf Autorität scheint daher mit der Inkorporationsthese vereinbar zu sein.[9]

Ich sollte gleich hinzufügen, dass viele Verfechter der Inkorporationsthese sich zu deren Verteidigung nicht auf das oben ausgeführte Argument berufen und die zentrale Rolle quellenbasierten Rechts in ihrer Konzeption auch nicht auf diese Weise interpretieren. Sie meinen vielmehr, dass ihre eigene Konzeption durch die eine oder andere Version einer These über die Trennbarkeit von Recht und Moral gestützt wird und für diese zugleich notwendig ist. So ist zum Beispiel Jules Coleman besonders daran gelegen, zu bestreiten, dass es »eine notwendige Verbindung zwischen Recht und Moral« gibt.[10] Er setzt diese These irrtümlicherweise mit einer anderen gleich: »Die Trennbarkeitsthese ist die Behauptung, dass es mindestens eine denkbare Anerkennnungsregel und daher mindestens ein mögliches Rechtssystem gibt, in denen keine rechtliche Proposition die Wahrheitsbedingung hat, dass sie auch als moralisches Prinzip wahr ist.«[11] Wenn das eine zutreffende Wiedergabe der Trennbarkeitsthese wäre, auf die sich das erste der beiden Zitate bezieht, dann würde die Inkorporationsthese in der Tat Trennbarkeit implizieren. Aber Colemans erläuternde Refor-

9 Für die Inkorporationsthese wird unter anderem in den folgenden Arbeiten argumentiert: Philip Soper, »Legal Theory and the Obligation of a Judge. The Hart-Dworkin Dispute«, in: *Michigan Law Review* 75 (1977), S. 511 f.; Jules L. Coleman, »Negative and Positive Positivism«, in: *Journal of Legal Studies* 11 (1982), S. 139, 160, 162 [S. 245, 274, 277 in diesem Band]; David Lyons, »Moral Aspects of Legal Theory«, in: P. A. French u. a. (Hg.), *Midwest Studies in Philosophy* 7 (1982), S. 237.

10 Coleman, »Negative and Positive Positivism«, S. 140 [S. 247 in diesem Band].

11 Ebd., S. 141 [S. 248 in diesem Band].

mulierung seiner eigenen Trennbarkeitsthese ist falsch. Das Bestehen einer notwendigen Verbindung zwischen Recht und Moral erfordert nicht, dass eine Bedingung rechtlicher Geltung die Wahrheit rechtlicher Regeln als moralische Prinzipien ist. Es erfordert nur, dass die gesellschaftlichen Merkmale, die ein Regelsystem als ein Rechtssystem identifizieren, zugleich implizieren, dass dieses System moralisch wertvoll ist. Nehmen wir zum Beispiel an, die Aufrechterhaltung geordneter sozialer Beziehungen besäße moralischen Wert. Nehmen wir außerdem an, ein Rechtssystem könne nur dann das geltende Recht einer Gesellschaft sein, wenn es ihm gelingt, geordnete soziale Beziehungen aufrechtzuerhalten. Damit wäre eine notwendige Verbindung zwischen Recht und Moral dargelegt, ohne dass die rechtliche Geltung irgendeiner Norm mittels einer entsprechenden Anerkennungsregel von der Wahrheit irgendeiner moralischen Proposition abhängig wäre.

Anhänger der Inkorporationsthese könnten zugeben, dass diese zwar nicht hinreichend, aber doch zumindest notwendig für die Wahrheit der Trennbarkeitsthese ist und deshalb von ihr gestützt wird. Aber die Trennbarkeitsthese selber ist nicht plausibel. Natürlich wird sie nicht durch meine Bemerkungen über geordnete soziale Beziehungen widerlegt; dazu sind diese Bemerkungen viel zu vage und skizzenhaft. Aber es ist sehr wahrschenlich, dass es *irgendeine* notwendige Beziehung zwischen Recht und Moral gibt, dass also jedes geltende Rechtssystem irgendeinen moralischen Wert hat oder irgendwelche moralisch guten Zwecke befördert, selbst wenn es zugleich die Ursache großer moralischer Übel ist. Hier sollte man sich vergegenwärtigen, dass alle großen Traditionen des abendländischen politischen Denkens, darunter sowohl die aristotelische als auch die hobbesianische Tradition, eine solche Verbindung behauptet haben.[12] Wenn die Inkorporationsthese viel

12 Zu den Autoren, die die eine oder andere Version einer solchen Verbindungsthese vertreten – ohne damit im Widerspruch zu der Inkorporationsthese zu stehen –, gehören die folgenden: H. L. A. Hart, *The Concept of Law*, Oxford 1961, Kap. 9 (über den Minimalgehalt des Naturrechts); Lon Fuller, *The Morality of Law*, New Haven 1964, sowie »Forms and Limits of Adjudication«, in: *Harvard Law Review* 92 (1978), S. 353-409; J. M. Finnis, *Natural Law and Natural Rights*, Oxford 1980. Ich habe diesen Ansatz in *Practical Reason and Norms*, Oxford 1975, S. 162-170, diskutiert. Philip Soper diskutiert ihn in »Legal Theory and the Obligation of a Judge« und David Lyons in »Moral Aspects of Legal Theory« (S. 223, 226). Überraschenderweise vertritt Lyons dort – wenn auch zögerlich – die Auf-

gesicherter erscheint als die Trennbarkeitsthese, dann deshalb, weil die Tatsache, dass alles Recht im Gewand der Autorität auftritt, in Verbindung mit den zuvor ausgeführten Überlegungen zum Wesen der Autorität diese These zu erfordern scheint. Das Recht ist ein Produkt menschlicher Tätigkeit, da es andernfalls nicht das Ergebnis eines auf »abhängigen Gründen« basierenden Urteils sein könnte und also selber keine autoritätsbasierten Gründe liefern könnte.

Sicherlich könnte es auch noch andere gute Gründe geben, die Inkorporationsthese zu akzeptieren. Dem werde ich hier nicht nachgehen. Stattdessen werde ich dafür argumentieren, dass die These abgelehnt werden sollte und dass der Eindruck, sie werde durch das Argument aus dem Wesen der Autorität gestützt, eine Täuschung ist. Tatsächlich ist die Inkorporationsthese unvereinbar mit dem autoritativen Wesen des Rechts. Um das zu erläutern, wende ich mich für einen Augenblick dem Fall der theoretischen Autorität zu.

Nehmen wir an, ein brillanter Mathematiker, Andrew, beweist, dass die Goldbachsche Vermutung – dass jede gerade Zahl größer als zwei die Summe zweier Primzahlen ist – genau dann wahr ist, wenn die Lösung einer bestimmten Gleichung einen positiven Wert hat. Weder er noch sonst irgendjemand kennt die Lösung der Gleichung. Fünfzig Jahre später wird sie von einem anderen Mathematiker gelöst, und die Wahrheit der Goldbachschen Vermutung ist damit bewiesen. Klarerweise würden wir nicht sagen, dass Andrew die Vermutung bewiesen hat, obwohl er den ersten großen Durchbruch auf dem Weg dorthin erzielt hat und obwohl die Wahrheit der Hypothese aus seiner Entdeckung logisch folgt. Oder stellen wir uns vor, Betty sei eine Astrophysikerin, die zeigt, dass die Urknalltheorie genau dann wahr ist, wenn bestimmte Gleichungen auf eine bestimmte Weise gelöst werden können. Auch hier ist die Lösung zum Zeitpunkt dieses Beweises nicht bekannt und wird erst später gefunden. Wie im Fall von Andrew scheint für

fassung, dass die Tatsachen, die die Existenz und den Gehalt des Rechts festlegen, nicht garantieren, dass das Recht irgendeinen moralischen Wert hat (S. 251). Wie bereits gesagt, erscheint mir das nicht plausibel. Was mir aber zuzutreffen scheint, ist, dass die notwendige Verbindung zwischen Recht und Moral, die durch die von den eben genannten Autoren vorgebrachten Argumente vermutlich belegt wird, nur eine schwache ist. Sie reicht zum Beispiel nicht dazu aus, eine *Prima-facie*-Pflicht zum Rechtsgehorsam zu erzeugen.

Betty zu gelten, dass man ihr nicht den Beweis (oder die Widerlegung) der Urknalltheorie zuschreiben kann, obwohl die Wahrheit (oder Falschheit) dieser Theorie durch ihre Entdeckung impliziert wird. Stellen wir uns jetzt vor, Alice würde uns von Andrews Entdeckung berichten oder Bernard von Bettys. Alice und Bernard sind Experten auf ihren jeweiligen Gebieten. Sie geben uns eine autoritative Auskunft. Aber Alice rät uns nicht etwa, die Goldbachsche Vermutung für wahr zu halten. Sie rät uns dazu nur, insofern die relevante Gleichung eine positive Lösung haben sollte. Die Tatsache, dass die Wahrheit der Vermutung durch den Gehalt ihrer Erläuterung logisch impliziert wird, tut nichts zur Sache. Dasselbe gilt für Bernards Ratschlag in Bezug auf die Frage, der Bettys Arbeit gilt.

All das ist unkontrovers. Es ist nicht schwierig zu verstehen, weshalb man nicht sagen kann, jemand habe uns zu einer bestimmten Überzeugung geraten, bloß weil der Gehalt dieser Überzeugung durch eine andere Proposition impliziert wird, für die ihrerseits ein solcher Rat ausgesprochen wurde. Menschen haben nicht all die Überzeugungen, die durch ihre Überzeugungen impliziert werden. Überzeugungen spielen in unserem Leben eine bestimmte Rolle bei der Stützung anderer Überzeugungen und als Prämissen für unser praktisches Überlegen. Sie färben unser emotionales und imaginatives Erleben. Allgemeiner dienen sie als Fixpunkte unserer Orientierung in der Welt. Viele der Propositionen, die durch unsere Überzeugungen impliziert werden, spielen keine solche Rolle. Deshalb zählen sie nicht selber zu unseren Überzeugungen. Ein Indiz dafür ist die Tatsache, dass das Bewusstsein für bestimmte Implikationen ihrer Überzeugungen eine Person vielleicht eher dazu bringen würde, diese Überzeugungen aufzugeben, als die Implikationen zu glauben (oder sogar dazu, diese Überzeugungen provisorisch beizubehalten und ihre Implikationen nicht zu glauben, also Inkonsistenzen zu akzeptieren, bis ein befriedigender Ausweg gefunden ist). Das erklärt, weshalb wir Personen nicht den Glauben an alle logischen Implikationen ihrer Überzeugungen zuschreiben können. Es erklärt auch, weshalb man nicht sagen kann, jemand habe zu einer Überzeugung geraten, die er selbst nicht hat. (Allerdings ist es möglich, anderen zu raten, auf eigene Gefahr bestimmte Propositionen als wahr zu behandeln, auch wenn man selber nicht von ihnen überzeugt ist; und ebenso ist es möglich, jemandem zu raten, eine Proposition genau dann zu glauben, wenn sie wahr sein sollte.)

Genau wie autoritative Anweisungen spielen Ratschläge eine vermittelnde Rolle. Auch sie bringen Urteile über die Gründe der Adressaten zum Ausdruck. Da Ratschläge diese vermittelnde Rolle spielen, können sie sich nur auf Dinge beziehen, zu denen der Ratgebende eine Meinung hat oder (in Fällen unaufrichtigen Ratschlags) zu haben behauptet. Da eine Person nicht alle Implikationen der eigenen Überzeugungen glaubt, sind diese Implikationen außer in besonderen Fällen auch nicht Gegenstand ihrer Ratschläge.

Die Analogie zum Fall der Autorität liegt auf der Hand und bedarf kaum einer weiteren Erläuterung. Die vermittelnde Rolle der Autorität impliziert, dass der Gehalt einer autoritativen Anweisung sich auf das beschränkt, was die Autorität als Urheberin der Verbindlichkeit dieser Anweisung selber für wahr hält oder für wahr zu halten behauptet. Der Gehalt erstreckt sich nicht auf das, was die Autorität unter bestimmten Bedingungen angewiesen hätte, und auch nicht auf alle Implikationen dessen, was sie angewiesen hat. Inzwischen dürfte klar geworden sein, weshalb die Inkorporationsthese zurückgewiesen werden muss, wenn das Recht notwendigerweise Autorität für sich beansprucht. Die hauptsächliche Stoßrichtung der Inkorporationsthese ist die, dass Recht all das ist, was (mit Hilfe anderer wahrer Prämissen) aus dem Recht abgeleitet werden kann. Der These nach gehören daher zum Recht auch Standards, die unvereinbar mit dessen vermittelnder Rolle sind, weil die rechtsetzenden Institutionen, auf deren Autorität diese Standards beruhen sollen, sie sich nicht zu eigen gemacht haben. Der Irrtum der Inkorporationsthese besteht darin, dass sie die Eigenschaft, durch quellenbasiertes Recht impliziert zu sein, mit der Eigenschaft identifiziert, von den Quellen des Rechts bekräftigt worden zu sein.

Das Recht ist eine komplexe gesellschaftliche Institution, und einige seiner Komplexitäten verdecken den Irrtum der Inkorporationsthese. Wenn wir an einen Ratschlag oder an eine autoritative Anweisung denken, dann stellen wir uns dabei normalerweise einen einzelnen Urheber vor. Aber im Recht, wie auch in anderen hierarchischen Institutionen, liegen die Dinge in zwei Hinsichten komplizierter. Erstens werden autoritative Anweisungen im typischen Fall von Institutionen erteilt, die dabei einem ausgeklügelten

Prozedere von Entwurf und Begutachtung folgen. Zweitens werden solche Anweisungen häufig durch eine Abfolge nachfolgender legislativer, administrativer und judikativer Handlungen ergänzt, erweitert und anderweitig verändert. Manchmal existieren bestimmte Konventionen der Bezugnahme, die es ermöglichen, sich beim Verweis auf eine rechtliche Regel einfach auf ein bestimmtes geschriebenes Gesetz oder auf die ursprüngliche richterliche Entscheidung zu beziehen, obwohl diese lediglich die Anfangspunkte der Entwicklung der betreffenden Regel sind, die tatsächlich in einem ganz realen Sinn das Produkt der Aktivitäten mehrerer Körperschaften über eine gewisse Zeitspanne hinweg ist.

Diese Komplexitäten bedeuten natürlich, dass die Regel, wie sie jetzt besteht, Aspekte beinhalten kann, die sich nicht ihrem anfänglichen Urheber zurechnen lassen. Diese Aspekte sind Teil der Regel, weil sie den Urhebern späterer Interventionen zugeschrieben werden können. So haben zum Beispiel sukzessive richterliche Auslegungen normalerweise den Effekt, die Bedeutung von Gesetzen zu verändern oder zu ergänzen. Ähnlich gilt, dass wir Institutionen und Körperschaften ihre Überzeugungen und Absichten zwar auf der Basis der Überzeugungen und Absichten ihrer ausführenden Mitglieder zuschreiben, dass unsere Verfahren der Zuschreibung es aber manchmal zulassen, einer Körperschaft eine Überzeugung oder Absicht zuzuschreiben, die keines dieser Mitglieder gehabt hat. Ich kann an dieser Stelle nicht im Einzelnen den Zuschreibungsregeln nachgehen, auf die wir uns stützen, wenn wir von den Absichten oder Überzeugungen von Staaten, Regierungen, Unternehmen, Gewerkschaften, Universitäten und so weiter sprechen. Für unsere gegenwärtigen Zwecke brauchen wir nur festzuhalten, dass solche Zuschreibungen von einer begrenzten Art sind, die es nicht erlaubt, diesen Körperschaften alle logischen Implikationen ihrer Überzeugungen und Absichten zuzuschreiben. Besonders häufig findet sich im Recht die Einschränkung solcher Zuschreibungen auf alle vorhergesehenen oder vorhersehbaren Folgen. Das reicht aus, um zu zeigen, dass der Verweis auf die institutionellen Komplexitäten des Rechts die Inkorporationsthese nicht stützen kann, da dieser These zufolge das Recht sämtliche logischen Implikationen quellenbasierten Rechts enthält.

Die Zurückweisung der Inkorporationsthese bedeutet nicht die Ablehnung zweier anderer Behauptungen, die David Lyons im Zuge der gründlichsten Verteidigung dieser Position aufstellt. Erstens stimme ich ihm zu, dass Richter, die zu ermitteln versuchen, was zum Beispiel die Klausel zur Garantie eines ordentlichen Verfahrens in der amerikanischen Verfassung erfordert, mit der Interpretation der Verfassung befasst sind. Lyons hat aber unrecht, wenn er daraus schließt, dass diese Richter lediglich schon bestehendes Recht anwenden (zumindest insoweit es ihnen gelingt, die richtige Antwort zu ermitteln). Richterliche Rechtsauslegung kann so kreativ sein wie eine Glenn-Gould-Interpretation einer Beethoven-Klaviersonate. Es ist ein Irrtum, Interpretation mit Paraphrase gleichzusetzen oder mit irgendeiner anderen bloßen Wiedergabe dessen, was der interpretierte Gegenstand ganz unabhängig von der Interpretation schon ist. Zweitens hat Lyons recht, dass das Recht mehr beinhaltet als nur das, was explizit in den autoritativen Texten ausgesagt wird. Autoritäten können per Implikation anweisen und anleiten und tun das auch. Das bedeutet aber nicht, dass sie all das implizieren, was aus dem von ihnen explizit Gesagten folgt, geschweige denn all das, was aus dem von ihnen Gesagten unter Hinzuziehung wahrer weiterer Prämissen folgt. Die Grenzen der gerechtfertigten Zuschreibung von Anweisungen sind, wie ich zu zeigen versucht habe, nicht weiter als die Grenzen der Zuschreibung von Überzeugungen.

V. Die Quellenthese

Der letzte Abschnitt hat gezeigt, dass nicht alle moralischen Implikationen einer rechtlichen Regel Teil des Rechts sind.[13] Das lässt aber die Möglichkeit offen, dass einige es sind: dass einige der moralischen Implikationen einer Regel dem Urheber dieser Regel als von ihm beabsichtigte oder gemeinte zugeschrieben werden können und damit einen Teil des Rechts bilden. Ich werde diese Möglichkeit nicht zu widerlegen versuchen. Das Ziel des vorliegenden Abschnitts ist ein bescheideneres. Ich werde dafür argumentieren, dass das autoritative Wesen des Rechts einen Grund darstellt, die Quellenthese zu bevorzugen. Das lässt die Möglichkeit offen, dass weitere Erwägungen zu einer komplexeren Sichtweise des Rechts

13 Zugleich wird gezeigt, dass nicht alle Tatsachenimplikationen einer Rechtsregel Teil des Rechts sind.

führen könnten, die zwischen der Inkorporations- und der Quellenthese liegt.

Unterscheiden wir zwischen dem, was das quellenbasierte Recht ausdrücklich behauptet und den Regeln, die es per Implikation aufstellt. Wenn ein Gesetz im Land A besagt, dass im Ausland erzielte Einkommen der Bürger von A der Einkommenssteuer im Land A unterliegen, dann besagt dieses Gesetz nur per Implikation, dass ich selber einer solchen Steuer unterliege. Meine Steuerpflicht wird von dem Gesetz nicht behauptet, sondern lässt sich aus ihm schließen (unter Hinzuziehung weiterer Prämissen). Oder wenn ausländisches Einkommen nach einem anderen Steuersatz versteuert wird als inländisches, dann ist die Tatsache, dass Einkommen aus Exporten dem inländischen Steuersatz unterliegen, nur impliziert und nicht ausdrücklich erwähnt. Sie folgt aus dem relevanten Gesetz in Verbindung mit weiteren rechtlichen Regeln, die die örtliche Zuordnung unterschiedlicher Arten von Transaktionen betreffen.

Diese zwei Beispiele unterscheiden sich in folgender Hinsicht: Die Aussage, dass ich einem bestimmten Steuersatz unterliege, ist eine angewandte rechtliche Aussage, deren Wahrheit sowohl auf rechtlichen als auch auf nichtrechtlichen Tatsachen beruht. Die Aussage, dass Exporteinkommen einem bestimmten Steuersatz unterliegen, ist eine rein rechtliche Aussage, deren Wahrheit ausschließlich auf rechtlichen Tatsachen basiert (d. h. auf Tatsachen über gesetzgeberische Handlungen und auf anderen Recht konstituierenden Tatsachen). Die Quellenthese, wie sie zu Anfang dieses Aufsatzes formuliert wurde, kann in einem engeren oder in einem weiteren Sinne verstanden werden. Die engere Version der These handelt nur von den Wahrheitsbedingungen reiner rechtlicher Aussagen. Reine rechtliche Aussagen sind solche, die den Gehalt des Rechts beschreiben, also den Gehalt rechtlicher Regeln, Prinzipien, Lehren und so weiter. Die weitere Version der These handelt von den Wahrheitsbedingungen aller rechtlicher Aussagen, einschließlich der angewandten. Nach dieser umfassenderen Version der These basiert die Wahrheit oder Falschheit aller rechtlichen Aussagen auf sozialen Tatsachen, die ohne Rekurs auf moralische Argumente festgestellt werden können.

Die Tatsache, dass das Recht Autorität beansprucht, stützt die enge Quellenthese, weil sie zu einer Konzeption des Rechts als Vermittlungsinstanz zwischen den fundamentalen Handlungsgründen von Personen und ihren Entscheidungen und Handlungen führt. Um diese Rolle spielen zu können, muss das Recht Ausdruck des Urteils bestimmter Menschen oder Institutionen hinsichtlich des Status dieser Handlungen sein oder sich zumindest so darstellen. Die Identifikation einer Regel als Rechtsnorm besteht dann darin, dass diese Regel einer relevanten Person oder Institution als deren Entscheidung und als Ausdruck von deren Urteil zugeschrieben wird. Eine solche Zuschreibung erfordert nicht unbedingt, dass die fragliche Regel von der Person oder Institution ausdrücklich geäußert wurde. Sie kann stattdessen auch auf einer Implikation beruhen. Aber die Zuschreibung muss darin begründet sein, dass die Ansicht, die in der fraglichen rechtlichen Aussage zum Ausdruck kommt, die Ansicht der relevanten rechtlichen Urheber ist. Solche Zuschreibungen können nur auf Basis von Tatsachenerwägungen vorgenommen werden. Moralische Argumente können zeigen, was rechtliche Institutionen hätten sagen oder meinen sollen, aber nicht, was sie tatsächlich gesagt oder wie sie geurteilt haben.

Eine bestimmte Quelle des Widerstrebens gegen diese Konklusion haben wir bereits auf die Annahme zurückgeführt, dass eine Zuschreibung, die auf Tatsachenargumenten und nicht auf moralischen Argumenten beruht, ebendeshalb zugleich auch unkontrovers und leicht zu demonstrieren sein müsse und dass die dafür erforderlichen Beweisverfahren die Gestalt von Algorithmen haben müssten, die zu unstrittigen einfachen Tatsachen führen. Aber nichts spricht für die Annahme, dass nur moralische Fragen sich einfacher Übereinstimmung oder der Lösung durch algorithmische Verfahren entziehen können, und ich teile diese Annahme in keiner Weise. Das Argument für die These, dass die Zuschreibung von Überzeugungen und Absichten auf Tatsachenkriterien basiert, ist nicht von der falschen Annahme abhängig, dass solche Zuschreibungen simpel und unkontrovers sind. Eine zweite Quelle des Widerstands, ebenfalls bereits zuvor angemerkt, ist die fehlende Berücksichtigung der besonderen Komplexität der Zuschreibung von Überzeugungen und Absichten an komplexe Institutionen, deren Tätigkeiten sich über lange Zeiträume erstrecken, und die Annahme, in solchen Fällen sei nichts anderes im Spiel als bei der Zuschreibung von Überzeugungen oder Absichten an Individuen.

Es gibt aber eine dritte Schwierigkeit mit der hier verteidigten Sichtweise, die wir jetzt ansprechen müssen. Man könnte fragen:

Wenn eine Autorität ausdrücklich (zum Beispiel) unfaire Diskriminierung verbieten würde, wäre dann nicht die Tatsache, dass in einem bestimmten Fall unfaire Diskriminierung vorliegt, hinreichende Evidenz dafür, der Autorität für diesen Fall ein Verbot zuzuschreiben? Im Allgemeinen werden zwei verschiedene Überlegungen für die These ins Feld geführt, dass diese Gründe hinreichend dafür sind, in solchen Fällen den Gehalt des Rechts festzulegen. Ich werde die These zu widerlegen versuchen, indem ich zeige, dass diese beiden Überlegungen falsch sind. Die erste Überlegung besagt, dass die einzige alternative Ansicht behaupten müsse, das Recht verfüge überhaupt nur in Bezug auf genau diejenigen Einzelfälle über Bestimmtheit, an die die rechtsetzende Instanz bei der Schaffung des Rechts tatsächlich gedacht hat. Es sei sofort zugestanden, dass das nicht nur eine falsche, sondern sehr wahrscheinlich eine inkohärente Ansicht ist. Zweitens wird manchmal behauptet (und es spielt keine Rolle, dass dieser Punkt möglicherweise unvereinbar mit dem ersten ist), dass die einzige alternative Ansicht davon ausgehen müsse, die Schöpfer des Rechts hätten beabsichtigt, dass ihr eigenes spezifisches Urteil darüber, was unfaire Diskriminierung darstellt, Recht sein solle, selbst wenn sie mit diesem Urteil falsch liegen sollten.

Nehmen wir an, dass die Urheber der Verfassung grausame Bestrafungen verboten haben. Und nehmen wir weiter an, es sei über jeden Zweifel erhaben, dass sie Auspeitschen nicht für grausam hielten, und weiter, dass diese Strafe tatsächlich, also im Lichte der wahren Moral, grausam ist. Sollten wir dann glauben, die Urheber der Verfassung hätten beabsichtigt, Auspeitschen aus dem Umfang des verfassungsmäßigen Verbots grausamer Bestrafungen auszuschließen? Ist die richtige Sichtweise nicht vielmehr die, dass die Gesetzgeber, indem sie Grausamkeit zu einem (negativen) Kriterium von Legalität machten, ihr eigenes Urteil diesem Kriterium zu unterstellen beabsichtigten; dass sie also, obwohl sie Auspeitschungen nicht für grausam hielten, der Auffassung waren, dass Auspeitschungen illegal sind, *sofern* sie grausam sind?

Beide Punkte fühlen sich ein wenig nach Déjà-vu an. Sie beruhen auf der wenig fantasievollen Annahme, dass das Recht entweder nur durch die Gedanken determiniert ist, die tatsächlich von den Urhebern des Rechts gedacht wurden, oder dass es andernfalls alle Implikationen dieser Gedanken enthalten muss. Da man zugeben muss – und ich gebe es zu –, dass Ersteres nicht der Fall ist, soll dann Letzteres der Fall sein. Das war die Struktur von Lyons' Argument hinsichtlich der These über den ausdrücklichen Gehalt des Rechts. Aus seiner Sicht ist das Recht entweder auf seinen ausdrücklichen Gehalt beschränkt oder aber es enthält alle Implikationen dieses Gehalts. Da Hart die zweite Alternative ablehnt, legt Lyons ihn auf die erste fest. Und da Lyons natürlich erkennt, dass die erste Alternative falsch ist, entscheidet er sich für die zweite. Die beiden eben referierten Überlegungen sind die psychologischen Varianten von Lyons' linguistischer Dichotomie. Anstelle einer Gegenüberstellung von tatsächlich Gesagtem und seinen Implikationen nehmen sie eine Gegenüberstellung von tatsächlich Gedachtem und dessen Implikationen vor.

Die Antwort auf beide Argumente ist dieselbe: Es handelt sich um eine falsche Dichotomie. Es gibt weitere Alternativen. Manchmal wissen wir zum Beispiel über eine Person, dass sie nicht so gleichgültig gegenüber bestimmten Formen psychologischer Mißhandlung wäre, wenn sie nur wüsste, dass diese grausam sind. Und manchmal wissen wir, dass dieselbe Person, hätte sie dieses Wissen, irgendeine andere Art und Weise finden würde, dieses Verhalten zu rechtfertigen. Sie würde zu der Überzeugung gelangen, dass Grausamkeit manchmal gerechtfertigt werden kann. Indem wir Menschen solche Überzeugungen zuschreiben, machen wir uns keine der beiden oben beschriebenen inakzeptablen Auffassungen zu eigen. Natürlich ist es manchmal schwierig, Personen irgendeine derartige Überzeugung zuzuschreiben. In diesen Fällen gibt es keine Antwort auf die Frage, ob jemand seine Absicht, grausame Strafen zu verbieten, auch dann aufrechterhalten hätte, wenn er gewusst hätte, dass (wie wir für den Augenblick unterstellen wollen) die Todesstrafe grausam ist.

Zudem wird häufig übersehen, dass die Quellenthese als solche uns auf keine bestimmten Regeln der Auslegung festlegt. Die These ist mit unterschiedlichen derartigen Regeln vereinbar. Sie ist zum Beispiel mit der Ansicht vereinbar, dass dort, wo bekannt ist, dass die Gesetzgeber grausame Strafen nur deshalb verboten haben, weil sie Auspeitschungen nicht für grausam hielten, das Gesetz Auspeitschungen nicht verbietet. Ebenso ist die These vereinbar mit der Regel, dass das Recht in solchen Fällen auf die vom Gesetzgeber zum Ausdruck gebrachte Absicht beschränkt ist. Das wäre in diesem Fall die Absicht, grausame Strafen zu verbieten. Da dem Gesetzgeber laut dieser Interpretationsregel keine spezifischere Absicht zugeschrieben werden kann, räumt das Recht hier den Gerichten den Spielraum ein, Strafen zu verbieten, die sie selber für grausam halten (darin manifestiert sich die mangelnde Spezifizität des Gesetzes) und weist sie zugleich an, Strafen zu verbieten, die grausam sind.[14] Welche dieser (oder weiterer möglicher) Interpretationen die richtige ist, unterscheidet sich von einem Rechtssystem zum nächsten; es hängt von den diesen Systemen eigenen Interpretationsregeln ab. Eine Möglichkeit ist dabei, dass bestimmte Rechtssysteme keine Interpretationsregel haben, dass also in diesen Systemen die Frage gar nicht geregelt ist. Die einzige wesentliche Annahme der Quellenthese ist, dass der Gehalt der Interpretationsregeln in einem gegebenen Rechtssystem, also der Gehalt der Regeln, anhand deren in diesem System den rechtlichen Autoritäten Absichten und Anweisungen zugeschrieben werden, eine Tatsachenfrage und keine Sache der Moral ist. Es ist eine Tatsachenfrage, weil sich darauf Konklusionen der folgenden Form müssen stützen lassen: »Das hier ist *de facto* die Auffassung dieser Institutionen hinsichtlich der hier relevanten moralischen Belange.«

Zwei weitere Bemerkungen sind hier angebracht, um Missverständnisse zu vermeiden. Erstens betrifft nichts von dem gerade Gesagten die Frage, wie Richter handeln sollten, wie sie Fälle entscheiden sollten. Worum es geht, ist vielmehr das Wesen und die Grenzen des Rechts. Wenn das hier vorgetragene Argument gültig ist, dann folgt daraus, dass die Funktion der Gerichte, das Recht anzuwenden und durchzusetzen, mit anderen Funktionen koexistiert. Eine davon ist die autoritative Beilegung von Disputen, mag deren Lösung nun durch geltendes Recht hinreichend bestimmt sein oder nicht. Eine weitere Funktion der Gerichte besteht darin, das Funktionieren des Rechts selber zu beaufsichtigen und es wo nötig zu revidieren. In manchen Rechtssystemen erfüllen Gerichte zusätzliche Funktionen, die von großer Bedeutung sein können. Die Gerichte können zum Beispiel zu Wächtern der Redefreiheit gemacht werden, die mit der Aufgabe betraut sind, sowohl Normen zum Schutz der Redefreiheit zu schaffen als auch Dispute zu entscheiden, die sich aus der Anwendung dieser Normen ergeben.

14 Zu einer detaillierten Erklärung verweise ich auf meinen Aufsatz »The Inner Logic of the Law«, in: J. Raz, *Ethics in the Public Domain*, Oxford 1994.

Zweitens könnte man einwenden, dass die Berufung auf die vermittelnde Rolle der Autorität zur hohlen Phrase wird, wenn es um rechtliche Regeln geht, die sich durch die Tätigkeit vieler Personen über einen langen Zeitaum hinweg herausgebildet haben. Die Tatsache, dass wir uns ausdrücklich oder unausdrücklich auf Zuschreibungsregeln stützen, die auch dort die Rede von den Absichten des Rechts ermöglichen, wo keine einzelne Person jemals die betreffende Absicht gehabt hat, wäre demzufolge keine Stütze für das Argument aus der vermittelnden Rolle des Rechts. Sie zeigt nur, dass diese Redeweise eine formalistische, leere Hülle ist. Wie bereits einige der vorhergehenden Einwände zeugt auch dieser von einer gewissen Ungeduld hinsichtlich der Komplexitäten und Unzulänglichkeiten der wirklichen Welt. Jede Zuschreibung einer Absicht an das Recht basiert auf der Zuschreibung einer tatsächlichen Absicht an eine tatsächliche Person, die Autorität genießt oder einen Einfluss darauf hat, was autoritativ gilt. Diese Absicht mag in manchen Fällen nur einen untergeordneten Aspekt oder eine geringfügige Veränderung einer Regel betreffen. Wenn die Absicht des Rechts im Ganzen von der Absicht jedes beliebigen einzelnen Individuums abweicht, dann deshalb, weil sie eine Funktion vieler individueller Absichten ist. Manchmal – bei weitem nicht immer – führt das zu fürchterlichen Ergebnissen. Wie dem auch sei, die hier vorgeschlagene Konzeption wird in solchen Fällen auf die indirekte und komplexe Art und Weise verweisen, auf die das Recht seine vermittelnde Rolle gespielt hat.

Alle bisher dargelegten Argumente betreffen nur die enge Version der Quellenthese. Bislang habe ich nichts über die Geltung der Quellenthese für angewandte rechtliche Aussagen gesagt. Ich neige zu der Ansicht, dass die These auch auf letztere zutrifft, weil sie rechtliche Aussagen sind, deren Wahrheitswert von kontingenten Tatsachen in Verbindung mit rechtlichen Tatsachen abhängt. Wenn man davon ausgeht, dass kontingente Tatsachen keine moralischen Tatsachen sein können, dann gilt auch hier die Quellenthese. Mit anderen Worten benötigen wir hier die folgende Annahme: Wenn es in einem bestimmten Fall kontingenterweise wahr ist, dass eine Person fair gehandelt hat, dann ist das, was diesen Satz wahr macht, nicht die Norm der Fairness selber – denn diese ist nicht kontingent –, sondern vielmehr die »nackte Tatsache«, dass die Person eine bestimmte Handlung ausgeführt hat, die ihrerseits auf wertneutrale Art und Weise beschrieben werden kann. Wenn diese Annahme in allen Fällen verteidigt werden kann, dann gilt die Quellenthese auch hinsichtlich angewandter rechtlicher Aussagen.

Die hier dargestellten Überlegungen räumen einige der Missverständnisse aus, die sich in Bezug auf die Quellenthese ausgebildet haben. Erstens legt die These uns nicht auf die Ansicht fest, alles Recht sei ausdrückliche artikuliertes Recht.[15] Vieles, was in rechtlichen Quellen nicht explizit ausgesagt wird, ist dennoch rechtlich bindend. Zweitens geht die Quellenthese nicht von der Annahme aus, es könne nicht kontrovers sein, was das Recht ist. Ebensowenig folgt das aus der Quellenthese. Die Behauptung der Quellenthese, dass die Existenz und der Gehalt des Rechts auf gesellschaftlichen Tatsachen beruhen, die ohne Rekurs auf moralische Argumente festgestellt werden können, setzt weder die falsche Annahme voraus (und impliziert sie auch nicht), dass alle Tatsachenfragen unkontrovers sind, noch die ebenso falsche Annahme, dass alle moralischen Aussagen umstritten sind. Die Quellenthese beruht auf der vermittelnden Funktion des Rechts. Es stimmt, dass das Recht in Bezug auf diese Rolle scheitert, wenn sein Gehalt nicht im Allgemeinen leichter festzustellen und weniger umstritten ist als die zugrundeliegenden Erwägungen, die es widerspiegeln soll. Aber diese wahre Verallgemeinerung wird übertrieben und verzerrt, wenn sie in Form der dogmatischen begrifflichen Thesen auftritt, alles Recht müsse ausdrücklich oder unumstritten sein.

Die Quellenthese führt zu der Konklusion, dass Gerichte häufig Ermessen ausüben und sich an dem Prozess der Rechtsschöpfung beteiligen. Sie tun das dort, wo ihre Entscheidungen für zukünftige Gerichte verbindlich sind (selbst wenn diese Entscheidungen unter bestimmten Bedingungen modifiziert oder rückgängig gemacht werden können) und wo ihre Entscheidungen nicht lediglich frühere autoritative Entscheidungen widerspiegeln. Das bedeutet nicht, dass Richter bei der Ausübung ihres Ermessens einfach auf der Grundlage ihrer persönlichen Ansichten darüber handeln oder handeln sollten, wie die Welt idealerweise zu regeln wäre. Das wäre

15 Siehe die Diskussion dieser Unterscheidung bei Lyons, »Moral Aspects of Legal Theory«, S. 238 ff. Irrtümlicherweise behauptet Lyons dort, H. L. A. Hart und ich selber seien auf eine These verpflichtet, die er die These vom expliziten Gehalt nennt. Siehe dazu meine oben in Fußnote 4 erwähnten Arbeiten.

der pure Leichtsinn. Sicherlich handeln Richter im Lichte ihrer persönlichen Ansichten, andernfalls wären sie unaufrichtig. (Wobei die Tatsache, dass dieses ihre Ansichten sind, nicht ihr Grund ist, sich auf sie zu stützen: Ihre Gründe sind vielmehr, dass diese Ansichten wahr oder tragfähig sind, weshalb auch immer diese Richter sie dafür halten.) Aber Richter dürfen nicht vergessen, dass sie keine Diktatoren sind, die die Welt nach ihrem eigenen Entwurf einer idealen Gesellschaft gestalten können. Sie müssen gewahr bleiben, dass ihre Entscheidungen im Kontext der jetzt bestehenden Gesellschaft wirksam werden, und die moralischen und ökonomischen Gründe, auf die sie sich berufen, sollten zeigen, dass die getroffene Entscheidung die beste oder die gerechte Entscheidung im Rahmen der tatsächlichen Gegebenheiten ist und nicht einfach im Hinblick auf die Welt, wie sie idealerweise wäre.

Zuletzt setzt die Quellenthese keine nichtnaturalistische Position hinsichtlich ethischer Tatsachen voraus. Selbst wenn eine gesellschaftliche Tatsache bestimmte moralische Tatsachen impliziert, kann sie dennoch eine Rechtsquelle sein. Sie ist dann eine solche Quelle als die gesellschaftliche Tatsache, die sie ist, und nicht als Quelle moralischer Rechte und Pflichten. Sie ist eine Rechtsquelle unter ihrer naturalistischen und nicht unter ihrer moralischen Beschreibung.[16]

VI. Die Rolle von Werten in der Theorie des Rechts

Nach R. M. Dworkins Auffassung vertreten Rechtspositivisten deshalb ein »Regelmodell«, weil sie von einer bestimmten politischen Theorie der Funktion des Rechts ausgehen: Sie sehen diese Funktion darin, »eine festgesetzte, öffentliche und zuverlässige Menge von Maßstäben für das private und öffentliche Verhalten [zu liefern], deren Geltung nicht durch die Wahrnehmung von Politik oder Moral, die ein einzelner Beamter hat, in Frage gestellt werden

16 Das ist der Grund, weshalb die Quellenthese sich auf gesellschaftliche Tatsachen bezieht, die ohne Rekurs auf moralische Argumente beschrieben werden können, und nicht auf »eine gesellschaftliche Tatsache, die keinerlei moralische Implikationen hat«. In diesem Punkt liegt bei Lyons, »Moral Aspects of Legal Theory«, ein Missverständnis vor.

kann«.[17] Die hier angestellten Überlegungen zeigen, dass Dworkins Beschreibung in gewissem Maße auf meine Argumentation zutrifft. Seine Bemerkung legt allerdings nahe, dass Rechtspositivisten die Unumstrittenheitsthese und die Ausdrücklichkeitsthese akzeptieren, die ich beide nicht teile. Zudem ist es irreführend, die hier von mir vorgebrachte These und das Argument dafür als moralisch zu klassifizieren. Das Argument ist in der Tat evaluativ, aber nur in dem Sinne, in dem jede gute Gesellschaftstheorie auf evaluativen Überlegungen beruht: Der Erfolg solcher Theorien besteht darin, wichtige gesellschaftliche Strukturen und Prozesse zu erhellen, und jedes Urteil über Wichtigkeit ist evaluativ.[18]

Um den Unterschied zwischen meinem und Dworkins Verständnis der Rolle evaluativer Urteile in Erklärungen des Wesens des Rechts zu verdeutlichen, möchte ich einen zentralen Einwand gegen die Quellenthese ansprechen. Einigen missfällt zwar nicht die Zuschreibung von Absichten an Gesetzgeber oder Interpreten des Rechts als solche, wohl aber die Unterstellung der Quellenthese, dass sich überall dort, wo gültige Gesetzgebung vorliegt, auch eine dahinterstehende Absicht identifizieren lässt. Ist das wirklich immer der Fall? Sind wir uns nicht alle der Tatsache bewusst, dass Abgeordnete manchmal ihre Stimme abgeben, ohne sich im Geringsten auszukennen, nur um möglichst früh Feierabend machen zu können? Eine befriedigende Antwort auf diese und ähnliche Fragen bedürfte einer umfassenden Untersuchung der Praxis der Rechtsauslegung und der Rolle, die Absichten darin spielen. An dieser Stelle kann ich nur in aller Kürze andeuten, in welcher Richtung man sich hier nach Antworten umsehen sollte.

Betrachten wir zunächst die Sichtweise, die überhaupt die Bedeutung gesetzgeberischer Absichten für unser Verständnis des Rechts leugnet. Auf die Frage: »Weshalb sollte man einem be-

17 R. Dworkin, *Bürgerrechte ernstgenommen*, Frankfurt/M. 1990, S. 554.

18 In »Moral Aspects of Legal Theory«, S. 245, schreibt D. Lyons mir – ohne Seitenverweise auf Stellen meiner Arbeiten, die diese Interpretation stützen würden – das folgende Argument zu: »Die gesellschaftliche Ordnung würde zusammenbrechen, wenn substantielle moralische Argumente in der Rechtsprechung als Interpretationen des Rechts zählen würden, weil das die Mitglieder der Gesellschaft dazu ermutigen würde, das Recht zu brechen, in der Hoffnung, dass sie durch Anfechtung dieser Rechtfertigungen den rechtlichen Folgen entgehen könnten.« Zum Glück ist mir nichts Derartiges jemals durch den Kopf gegangen oder aus der Feder geflossen.

stimmten Text rechtliche Verbindlichkeit zuschreiben?« werden Vertreter dieser Sichtweise antworten: »Weil dieser Text durch ein relevantes verfassungsmäßiges Verfahren verabschiedet wurde«. Auf die Frage: »Auf welche Weise sollte dieser Text interpretiert werden, wenn nicht unter Rekurs auf die Absichten seines Urhebers oder derjenigen, deren Handeln für die fortgesetzte rechtliche Gültigkeit dieses Textes sorgt?« wird die Antwort auf die bestehenden Auslegungskonventionen verweisen, die keine Bezugnahme auf irgendjemandes Absichten enthalten müssen. Diese Antworten sind grundsätzlich nicht problematisch. Sie werfen nur weitere Fragen auf. Weshalb sollte die Verabschiedung eines Textes im Einklang mit den relevanten Verfahren dem Text einen besonderen Status verleihen? Hat das nicht etwas Magisches oder Fetischistisches an sich?

Das Verfahren verleiht dem Text deshalb Rechtskraft, weil es zu dem Zweck entworfen ist, es den mit Autorität ausgestatteten Personen zu ermöglichen, ein Urteil darüber zum Ausdruck zu bringen, wie Menschen sich verhalten sollten, und dieses Urteil auf eine Weise zum Ausdruck zu bringen, die es verbindlich macht. Dass das Verfahren gerade so geartet ist und nicht stattdessen in einem beliebigen Ritual besteht, ist Teil dessen, was es zu einem rechtlichen Verfahren macht. Das Verfahren der Rechtsschöpfung enthält zugleich Konventionen der Rechtsauslegung. Eine Änderung in den Auslegungskonventionen eines Rechtssystems läuft auf eine Änderung des Rechts hinaus. Betrachten wir das einfache Beispiel einer Verschiebung in der herrschenden Auffassung des Ausdrucks »Person« von einer Bedeutung, die sich nur auf geborene Menschen bezieht, hin zu einer Bedeutung, die auch Embryos umfasst. Die Urheber von Rechtsnormen brauchen keine weitere Absicht zu haben als die, dass ein bestimmter Gesetzesentwurf geltendes Recht werden solle und die Bedeutung haben möge, die die Auslegungskonventionen in diesem Land dafür vorsehen. Die Möglichkeit einer solchen Absicht zu bestreiten hieße, diesen Personen abzusprechen, dass sie wissen, was sie tun, wenn sie Recht schaffen.

Wie ließe sich diese skizzenhafte Antwort auf den Einwand verteidigen? Die Antwort basiert auf einem evaluativen Verständnis davon, was an bestimmten zentralen gesellschaftlichen Institutionen – nämlich denen des Rechts – bedeutsam und wichtig ist. Aber bestimmte Eigenschaften als wichtig auszuzeichnen heißt nicht, sie für gut zu befinden. Ihre Wichtigkeit können auch Anarchisten anerkennen, die jede Möglichkeit der Legitimität solcher Institutionen leugnen. Behauptet wird hier nur, dass für unsere gesellschaftliche Erfahrung Institutionen zentral sind, die kollektive und verbindliche Urteile ihrer Gesellschaft über das richtige Verhalten von Personen zum Ausdruck zu bringen behaupten.

Angesichts dessen ist es gerechtfertigt, auch das Handeln der Abgeordneten, die es eilig haben, nach Hause zu kommen, und die nicht darauf achten, worüber sie eigentlich abstimmen, auf die beschriebene Weise zu interpretieren. Zwei Merkmale sind dabei wichtig. Erstens ist hier zwar ein evaluatives Urteil im Spiel, aber kein Urteil über die moralische Wünschbarkeit von irgendetwas. Zweitens stützt sich dieses Urteil darauf, dass das hier betonte Merkmal rechtlicher Institutionen in unserer Gesellschaft insgesamt und damit auch von den Abgeordneten selber als besonders wichtig angesehen wird.

Der Begriff des Rechts ist Teil unserer Kultur und unserer kulturellen Traditionen. Er prägt die Art und Weise, in der sowohl Laien als auch Juristen ihre eigenen Handlungen und die Handlungen anderer Menschen begreifen. Er ist Teil ihrer »Konzeptualisierung« der gesellschaftlichen Wirklichkeit. Aber die Kultur und die Tradition, zu denen der Begriff gehört, verleihen ihm weder völlig scharfe Konturen noch einen klar identifizierbaren Fokus. Vielmehr enthalten sie unterschiedliche und mitunter widerstreitende Ideen. Die Aufgabe der Rechtstheorie ist es, diejenigen Ideen aufzugreifen, die zentral und bedeutsam für die Rolle des Rechtsbegriffs im Gesellschaftsverständnis der Menschen sind, und diese Ideen auszuführen und zu erläutern.

Auf diese Weise trägt die Theorie des Rechts zu einem besseren Verständnis der Gesellschaft bei. Aber es wäre verfehlt, daraus wie David Lyons[19] zu schließen, dass der Erfolg einer Analyse des Rechtsbegriffs an der theoretischen oder soziologischen Fruchtbarkeit dieser Analyse zu messen sei. Dieser Schluss übersieht, dass der Begriff »Recht«, anders als Begriffe wie »Elektron« oder »Masse«, von Menschen dazu verwendet wird, sich selbst zu verstehen. Es steht uns nicht offen, Begriffe hier einfach nach ihrer Dienlichkeit auszuwählen. Eine zentrale Aufgabe der Rechtstheorie besteht dar-

19 David Lyons, *Ethics and the Rule of Law*, Cambridge 1983, S. 57-59.

in, unser Verständnis der Gesellschaft zu befördern, indem sie uns zu verstehen hilft, wie Menschen sich selbst verstehen.

Bei der Verfolgung dieser Aufgabe fällt die Rechtstheorie in der Tat evaluative Urteile, denn solche Urteile sind unausweichlich, wenn es darum geht, zu klären, welche Aspekte des alltäglichen Verständnisses des Rechtsbegriffs zentral und bedeutsam sind. Die These dieses Aufsatzes lautet, dass ein solcher zentraler Aspekt der Anspruch des Rechts auf Autorität und die damit einhergehende vermittelnde Rolle ist. Die Bedeutung dieses Merkmals liegt sowohl in seiner Spezifizität als einer Methode gesellschaftlicher Ordnung als auch in seinem spezifisch moralischen Aspekt, der dazu führt, dass die Bestimmung der angemessenen moralischen Einstellung gegenüber autoritativen Institutionen auf ganz bestimmten Erwägungen beruht. Diese Pointe übersehen sowohl diejenigen, die das Recht bloß für ein ins Große übertragenes Szenario von Gewaltandrohung halten, als auch diejenigen, die unter Verweis auf die engen Verbindungen zwischen Recht und Moral eine Art von Verschränkung zwischen den beiden behaupten, die mit dieser Pointe nicht vereinbar ist.

Übersetzt von Felix Koch

7. John Finnis

Wertung, Beschreibung und das Wesen des Rechts*

I. Wertung und die Beschreibung des Rechts

I.1 Die Begriffsbildung für eine deskriptive Sozialwissenschaft

Es gibt menschliche Güter, die sich nur durch die Institutionen des Rechts sichern lassen, und es gibt Anforderungen der praktischen Vernünftigkeit, denen ebenfalls nur jene Institutionen gerecht werden können. Das Ziel dieses Buches ist es, diese Güter und Anforderungen der praktischen Vernünftigkeit zu bestimmen, um auf dieser Grundlage aufzuzeigen, inwiefern jene Institutionen als gerechtfertigt gelten können – und unter welchen Bedingungen dies nicht der Fall ist.

Nun wird häufig angenommen, dass der Bewertung des Rechts (sofern sie denn überhaupt in Angriff genommen werden soll) als eines bestimmten Typs sozialer Institution die wertfreie Beschreibung und Analyse der faktischen Existenz dieser Institution voranzugehen hat. Die Entwicklung der modernen Rechtsphilosophie legt allerdings nahe, was auch durch die Reflexion über die Methodologie jeder Gesellschaftswissenschaft bestätigt wird: Kein Theoretiker kann eine Beschreibung und Analyse sozialer Tatsachen liefern, ohne gleichzeitig Evaluationsarbeit zu leisten, ohne teilzunehmen sowohl an der Herausarbeitung der Anforderungen praktischer Vernünftigkeit als auch an der Etablierung des Verständnisses davon, was wirklich gut ist für den Menschen.

Eine Wissenschaft der sozialen Wirklichkeit – wie etwa die analytische oder soziologische Rechtstheorie – möchte einen bestimmten Gegenstand oder sachlichen Zusammenhang beschreiben, analysieren und erklären. Dieser Gegenstand ist durch menschliche Handlungen, Praktiken, Gewohnheiten, Einstellungen und Diskurse konstituiert. Diese Handlungen, Praktiken usw. sind sicherlich durch »natürliche« Ursachen bedingt, die mit den Me-

* [Anmerkung d. Hg.: Hier handelt es sich um Auszüge aus Finnis' Buch *Natural Law and Natural Rights* (Kapitel I und Teile von Kapitel X). Der für diesen Band gewählte Titel ist an die Titel der beiden Kapitel von Finnis angelehnt.]

thoden der Naturwissenschaften, zu denen auch ein Teilbereich der Psychologie zu zählen ist, angemessen erforscht werden. Ein umfassendes Verständnis jener Handlungen, Praktiken usw. ist allerdings nur dann erreichbar, wenn auch ihr Sinn, das heißt ihr spezifischer Zweck, ihr Wert, ihre Relevanz oder Bedeutsamkeit aus der Perspektive der Handelnden mitberücksichtigt werden. Diese Verständnisse des Sinns, des Wertes, der Relevanz und Bedeutsamkeit spiegeln sich in den Diskursen der Handelnden selbst wider, in den begrifflichen Unterscheidungen, die sie treffen oder zu treffen versäumen oder zu treffen sich weigern. Überdies gibt es zwischen diesen Handlungen, Praktiken usw. und dementsprechend auch zwischen den Begriffen von Person zu Person, von Gesellschaft zu Gesellschaft und je nach historischem Zeitpunkt enorme Unterschiede. *Wie aber soll dann eine allgemeine deskriptive Theorie dieser variierenden Besonderheiten möglich sein?*

Der Theoretiker versucht, etwa das Recht als eine soziale Institution deskriptiv zu erfassen. Die von den Subjekten gebrauchten Verständnisse von Recht (oder von *jus*, *lex*, *droit*, *nomos* usw.), an denen sie ihr eigenes Verhalten ausgerichtet haben, sind allerdings äußerst verschieden. Der deskriptiv zu erfassende Gegenstand des Theoretikers ist dabei von den übrigen Aspekten der sozialen Wirklichkeit keineswegs fein säuberlich abgegrenzt. Darüber hinaus existieren für das soziale Geschehen und die sozialen Praktiken Bezeichnungen in einer Vielzahl von Sprachen. Sie können zwar von Sprechern anderer Sprachen erlernt werden, doch die Grundsätze, nach denen Bezeichnungen übernommen und angewendet werden – das heißt die praktischen Anliegen und Selbstdeutungen der Menschen, deren Verhalten und Einstellungen Gegenstand der Analyse sind –, sind nicht einheitlich. Kann der Theoretiker vor diesem Hintergrund mehr leisten als eine bloße Auflistung der variierenden Verständnisse und Praktiken und der korrespondierenden Bezeichnungen? Dabei verlangt selbst jede Liste noch nach Auswahlkriterien für die Aufnahme der Gegenstände. Rechtsphilosophie, und das gilt auch für andere Gesellschaftswissenschaften, will freilich mehr sein als die bloße Verknüpfung von Lexikographie und Heimatkunde und auch mehr als die Aneinanderreihung aller Lexikographien in ihrer Verbindung mit aller Heimatkunde.

Wie also entscheidet der Theoretiker, was im Zuge seiner deskriptiven Darstellung als Recht gelten kann? Die frühen analytischen Rechtsphilosophen haben dieser Problematik wenig Beachtung geschenkt. Weder bei Bentham noch bei Austin finden sich Gründe oder gar Rechtfertigungen für die verwendeten Definitionen von Recht und von Rechtsphilosophie. Beide suchen aufzuzeigen, wie sich die Erfahrungsdaten von Recht durch jene Definitionen strukturieren und erklären lassen. Dabei werden diese Definitionen gleich zu Beginn einfach gesetzt – und gelten anschließend als gegeben. Benthams Vorstellung von den »realen Bestandteilen« der Ideen legt die Vermutung nahe, dass er seine Definition eines Gesetzes (»eine Ansammlung von Zeichen, die ein Wollen verkündet, das der Souverän eines Staates sich einfallen lässt oder zu dem er sich entschließt«[1]) aufgrund der Tatsache gewählt hat, dass Ansammlungen von Zeichen (und die Befehle und Verbote bestimmter Individuen oder Gruppen von Individuen) »reale Entitäten« sind, die eine empirische Wirkung auf den Geist ausüben. Austins beiläufige Bemerkungen zur Methodologie deuten darauf hin, dass für ihn die Attraktivität der Begriffe »Befehl«, »politische Hoheit« und »Gehorsam« gerade in ihrer Klarheit und Einfachheit begründet liegt.[2] Er hat offenbar gewollt, dass die »leitenden Begriffe« seiner Theorie jene »Einfachheit und Klarheit« aufweisen, die sich in der von »Geometrikern so erfolgreich zur Geltung gebrachten Methode« wiederfinden lässt.[3] Darum hat er sich weder an der Komplexität mancher seiner durch die definitorischen Prämissen auferlegten Schlussfolgerungen gestört (etwa mit Bezug auf die Frage der Souveränität innerhalb von Föderationen) noch an der Neuartigkeit und Gekünsteltheit anderer seiner Schlussfolgerungen (etwa mit Blick auf den außergesetzlichen Charakter des Verfassungsrechts oder auf die Nichtexistenz juridischer Rechte des Souveräns). Er schätzte die »Knappheit« seiner leitenden Begriffe;[4] dabei wird jedem Leser Austins die sich daraus ergebende Verflachung oder Ausdünnung seiner Darstellung der rechtlichen Wirklichkeit klar.

1 Jeremy Bentham, *Of Laws in General*, London 1945, S. 1; für »reale Elemente« und »reale Entitäten« siehe Bentham, *Of Laws*, S. 2 f., S. 251 f., 278, 294 und Jeremy Bentham, *A Fragment on Government*, Cambridge 1988, Kapitel V, para, vi, Anmerkung 1 (6).

2 John Austin, *The Province of Jurisprudence Determined*, London 1832, S. 77 f.

3 Ebd., S. 78.

4 Ebd.

Auch in Kelsens allgemeiner Rechtstheorie wird dem methodologischen Problem, wie im Rahmen einer wertfreien bzw. deskriptiven Theorie eigentlich Begriffe zu entwickeln sind, keine Beachtung geschenkt. Anders als bei Bentham und Austin findet sich bei Kelsen immerhin die Einsicht, dass Sinn oder Funktion ein intrinsischer Aspekt der Konstitution des Forschungsgegenstands und somit auch seiner deskriptiven Erfassung ist. Darum definiert Kelsen Recht als eine bestimmte soziale Technik: »Die soziale Technik, die das gewünschte soziale Verhalten der Menschen durch Androhung einer Zwangsmaßnahme herbeiführt, die im Falle des Zuwiderhandelns angewandt wird.«[5] Auf dieser Grundlage bestimmt er die einzelne rechtliche Norm als eine Norm zur Anwendung einer Sanktion; und hieraus folgen wiederum weitere Merkmale seiner Auffassung von Rechtsstatik und Rechtsdynamik. Wie aber begründet Kelsen die Definition von Recht selbst? Einfach wie folgt:

Was könnte die soziale Ordnung eines Negerstammes unter der Leitung eines despotischen Häuptlings – ebenfalls eine Ordnung, die als »Recht« bezeichnet wird – mit der Verfassung der Republik Schweiz gemein haben?

[Wir werfen ein: Wer betreibt eigentlich diese Bestimmungen, diese Namensgebungen? Wessen Bereitschaft, so auf die soziale Ordnung des Stammes zu referieren (in einer Sprache, die Unterscheidungen zum Ausdruck bringt, die zu treffen jenen Häuptling und seine Untertanen nicht interessiert), wird auf diese Weise ausschlaggebend?]

Und gleichwohl gibt es ein gemeinsames Element, wodurch diese Terminologie völlig gerechtfertigt ist [...] denn der Begriff bezieht sich auf jene soziale Technik, die – trotz der enormen Unterschiede – für alle Menschen, die sich zeitlich, räumlich und kulturell so stark unterscheiden, im Wesentlichen dieselbe ist [...].

5 Hans Kelsen, *General Theory of Law and State*, Cambridge (MA) 1945, S. 19 [Übersetzung A. M.]. Darum ist Recht ein bestimmtes Mittel für einen bestimmten Zweck: »Das Recht ist eine Ordnung zur Beförderung von Frieden.« (Kelsen, *General Theory*, S. 21); daher ist »Recht eine Ordnung, der zufolge der Gebrauch von Gewalt generell verboten ist, allerdings ausnahmsweise unter bestimmten Bedingungen und für bestimmte Individuen als Sanktion erlaubt ist« (Kelsen, *General Theory*, S. 22); siehe außerdem Kelsen, *General Theory*, S. 392, 399.

Was könnte simpler sein? Man nehme das Wort »*law*« (»Recht« beziehungsweise »Gesetz«). Man ignoriere eine Vielzahl von Bedeutungen und Bezügen (wie etwa bei »Naturgesetz«, »moralisches Gesetz«, »soziologisches Gesetz«, »internationales Recht«, »Kirchenrecht«, »grammatisches Gesetz«); man ignoriere außerdem alternative Bezugnahmen etwa auf »die soziale Ordnung eines Negerstammes«, und man schaue auf eine Reihe von Untersuchungsgegenständen, die durch den Begriff gekennzeichnet sind, den man vorher (ohne Begründung) ausgewählt hat. Anschließend hält man nach einem »gemeinsamen Element« Ausschau. Jenes *gemeinsame Element* ist das Kriterium für das »Wesen« des Rechts – und somit *das eine Merkmal*, das zur Charakterisierung und deskriptiven Erklärung des ganzen Gegenstands genutzt wird. Es gibt daher einen Begriff, der gleichermaßen und *im selben Sinne* auf alles angewandt werden kann, was jemand im vortheoretischen Gebrauch (den der Theoretiker zum Bestimmungsgrund seines theoretischen Gebrauchs werden lässt) »Recht« bzw. »Gesetz« (*law*) zu nennen gewillt ist.

Die deutlich größere Erklärungskraft späterer deskriptiver Analysen des Rechts – wie etwa derjenigen von H. L. A. Hart und Joseph Raz – ist auf ihren entschiedenen Bruch mit den einigermaßen naiven Methodologien Benthams, Austins und Kelsens zurückzuführen. Diese Verfeinerung der Methode hat drei grundlegende Merkmale, die in den folgenden drei Abschnitten diskutiert werden.

I.2 Aufmerksamkeit auf den praktischen Sinn

Harts Kritik an Austin und Kelsen behält gleichwohl deren grundlegenden deskriptiven theoretischen Anspruch bei, denn sein Einwand lautet, dass deren Theorien »den Tatsachen nicht zu entsprechen vermochte[n]«.[6] Die Tatsachen aber, die durch deren Theorien nicht eingefangen wurden, sind Hart zufolge Tatsachen über Funktionen. Wo Kelsen Recht als eine »spezifische soziale Technik« bestimmt, erwidert Hart, dass Kelsens Beschreibung »den besonderen Charakter des Rechts als eines Mittels der sozialen Kontrolle«[7]

6 Herbert Lionel Adolphus Hart, *Der Begriff des Rechts. Mit dem Postskriptum von 1994 und einem Nachwort von Christoph Möllers*, Berlin 2011, S. 100.

7 Ebd., S. 54.

faktisch dadurch verdunkelt, dass er die »verschiedenen sozialen Funktionen verzerre, die die verschiedenen Arten von Rechtsregeln erfüllen«.[8] Harts Beschreibung (»Begriff«) des Rechts nährt sich durch die ständige Bezugnahme auf den praktischen Sinn der Bestandteile des Begriffs. Recht soll mit Bezug auf Regeln beschrieben werden, die der Verhaltenssteuerung sowohl von Beamten als auch von Bürgern *dienen*; es ist darum nicht bloß als eine Menge von Vorhersagen über das zu erwartende Verhalten von Beamten zu erfassen. Ein Rechtssystem ist ein System, in dem »sekundäre« Regeln sich entwickelt haben, *um den Mängeln zu begegnen*, durch die sich diejenigen vorrechtlichen Ordnungen auszeichnen, in denen nur »primäre Regeln« gelten. Das Recht muss einen minimalen Bestandteil an primären Regeln haben und über Sanktionen verfügen, *um* für das Überleben der Gesellschaft oder ihrer Mitglieder zu sorgen und ihnen praktische Gründe für die Regelbefolgung zu liefern.

Raz verfeinert diese Bestandteile im Zuge einer Beschreibung des Rechts, die sich noch einen weiteren Schritt von jener Gewalt androhenden Monopolisierung der Gewalt durch den »despotischen Stammesführer« entfernt. Für Raz wie für Hart ist das Recht nicht einfach *irgendeine* Menge von Normen; es ist ein System von Normen, das eine Methode (d. h. Technik) zur verbindlichen Konfliktbewältigung bereitstellt, und zwar durch Normen, die sowohl (a) bindende Richtlinien für »primäre Institutionen«[9] bereitstellen, die Konflikte durch »bindende normanwendende Feststellungen«[10] beilegen, als auch (b) die Individuen leiten, deren Verhalten in den Bewertungs- und Beurteilungsbereich jener Institutionen fällt (und das sind »genau dieselben Normen«[11]). Aufgrund dieser dualen Funktion seiner Normen unterscheidet sich ein Rechtssystem grundlegend von jeder sozialen Ordnung, in der eine Befehlsgewalt durch ihren uneingeschränkten Entscheidungsspielraum jedes einzelne Problem nach Gutdünken löst.[12] Darüber hinaus geht es dem Recht nicht bloß um das Gewaltmonopol und somit um Friedenssicherung. Typischerweise beansprucht es die Autorität, jede

8 Ebd., S. 53.

9 Joseph Raz, *Praktische Gründe und Normen*, Berlin 2006, S. 184.

10 Raz, *Praktische Gründe*, S. 184.

11 Ebd., S. 187.

12 Ebd.

Form von Verhalten zu regeln; das betrifft auch die Regelung aller normativen Institutionen, zu denen die Mitglieder seiner ihm unterstehenden Gemeinschaft gehören;[13] schließlich enthält es Normen, deren »Zweck es ist, Normen, die dem System nicht angehören, Bindungskraft zu verleihen«.[14] »Damit beansprucht das Recht, den allgemeinen Rahmen für die Behandlung aller Aspekte des sozialen Lebens zu setzen, und postuliert sich selbst als höchste gesellschaftliche Kontroll- und Schutzinstanz.«[15] Daraus folgt klarerweise, dass Sanktionen und ihre gewaltsame Durchsetzung – weit davon entfernt, das spezifische Identifikationskriterium des Rechts als sozialer Ordnung zu sein – »kein Merkmal [sind], das zu unserem Rechtsbegriff gehört«.[16] Da die menschliche Natur so ist, wie sie ist, ist der Rückgriff auf Sanktionen ubiquitär, und das Funktionieren des Rechts ohne einen solchen Rückgriff ist zwar »logisch durchaus möglich, wenn auch menschlich unmöglich«.[17] Doch die koordinierenden, konfliktvermeidenden und Schädigungen ausgleichenden Funktionen des Rechts würden selbst dann eine *vollständige* rechtliche soziale Ordnung erfordern, wenn wir es mit einer »Gesellschaft von Engeln« zu tun hätten, die keine Verwendung für Sanktionen hätten.[18]

Raz entwickelt – im Gegensatz zu früheren Theoretikern – seine Theorie des Rechts im Wissen um die Existenz von Sozialwissenschaftlern, die dem Rechtsbegriff oder dem Begriff eines Rechtssystems keinerlei Bedeutung beimessen, wenn es um die Beschreibung von menschlicher sozialer und sogar politischer Ordnung geht.[19] Ihm ist bewusst, dass deren theoretische Entscheidung, diese Begriffe durch andere zu ersetzen, nur angefochten werden kann (d. h. angefochten werden muss), indem aufgezeigt wird, dass sie sowohl (i) wichtige Funktionen (oder Zielsetzungen und Techniken) der Gesellschaftsordnung übersehen haben als auch (ii) die Frage unbe-

13 Ebd., S. 206.
14 Ebd., S. 208.
15 Ebd., S. 210.
16 Ebd., S. 217.
17 Ebd., S. 216.
18 Ebd., S. 217.
19 Vgl. Joseph Raz, »On the Functions of the Law«, in: *Oxford Essays in Jurisprudence* 2 (1973), S. 278-304, hier S. 300-303, der eine Analyse von G. A. Almonds und G. B. Powells *Comparative Politics* (Boston 1966) liefert.

antwortet lassen, wie sich ebendiese Funktionen im Rahmen einer vielschichtigen Institution, die als distinktes Element im Rahmen der sozialen Ordnung erhaltenswert ist, zueinander ins Verhältnis setzen lassen.

Durch die Hervorhebung des Unterschieds zwischen Recht und Sozialsystemen mit uneingeschränkter Entscheidungsgewalt – gerade im Hinblick darauf, dass rechtliche Normen, die den Bürger leiten sollen, auch für die Gerichte (als die »primären Organe der Rechtsprechung«) *bindend* sind – nähert sich Raz (in seinen jüngsten Arbeiten) in seiner Argumentation Lon Fullers Analyse der sozialen Funktion des Rechts. Wo Hart noch Kelsens Auffassung des Rechts als einer Methode der sozialen Kontrolle beibehält und lediglich dessen zu undifferenziertes Verständnis dieser Methode zurückweist, lehnt Fuller die Vorstellung vom »Mittel der sozialen Kontrolle« als nicht hinreichend ausdifferenzierte und unzureichende allgemeine Kategorie gänzlich ab. Für Fuller stellt sich das Recht in der Tat als Sozialordnung dar, bestehend aus Herrschern und Untergebenen, jedoch ist es zu unterscheiden von jeder Sozialordnung, in der die Herrscher ihren Beherrschten gegenüber eine Art von »bestimmender Lenkung« ausüben. Das Recht sei von einem solchen Lenkungsverhältnis zu unterscheiden, zum Teil durch die Allgemeingültigkeit seiner wichtigsten Regeln, vor allen Dingen jedoch durch die Tatsache, dass seine offiziellen Vertreter an die Anwendung der Regeln gebunden sind, die sie zuvor gegenüber ihren Untergebenen verkündet haben. Es bestehe daher ein wesentliches Moment der Zusammenarbeit und der Reziprozität in dem Unterfangen, menschliches Verhalten rechtlichen – anstatt bloß lenkenden – Normen zu unterstellen.[20]

All diese Rechtsauffassungen, sogar die soeben beschriebene von Fuller, sind ihrer Absicht nach deskriptiv; sie versuchen, »das Recht auf der Grundlage wertfreier Merkmale [zu identifizieren]«.[21] Raz zufolge sollten derlei »wertfreie Merkmale [...] solche Phänomene auszeichnen, die eine besondere Art von gesellschaftlicher Institution bilden – eine Institution, die einen wichtigen Teil vieler gesellschaftlicher Systeme darstellt und sich erheblich von anderen gesell-

20 Vgl. Lon L. Fuller, *Morality of Law. Revised Edition*, New Haven/London 1969, S. 210, 214, 216; S. 39 f., 61, 155; S. 20.

21 Raz, *Praktische Gründe*, S. 224.

schaftlichen Institutionen unterscheidet.«[22] So ist es offensichtlich, dass die Unterschiede in der Beschreibung auf unterschiedliche Überzeugungen der jeweiligen Theoretiker zurückzuführen sind, was denn – mit Blick auf das allen völlig vertraute Daten- und Erfahrungsfeld – *wichtig* und was *entscheidend* sei.

I.3 Bestimmung der zentralen Fälle und der Kernbedeutung

Die offensichtliche Fragestellung, die auf der Grundlage der im letzten Abschnitt skizzierten Theoriebildung zutage tritt, ist folgende: Aus welchem Blickwinkel und in Relation zu welchen Anliegen sind *Wichtigkeit* und *Stellenwert* zu bewerten? Bevor wir uns dieser Frage widmen, ist es jedoch notwendig, das philosophische Hilfsmittel zu bestimmen, das eine zunehmend *ausdifferenzierte* Beschreibung des Rechts als nach wie vor *allgemeine* Rechtstheorie erlaubt.

Aristoteles führte dieses Hilfsmittel ein, diskutierte es und brachte es regelmäßig zum Einsatz, nicht zuletzt in seiner Philosophie menschlicher Angelegenheiten. Er bezeichnete es als die Identifikation der Kernbedeutung (*Pros-hen-* oder *Aph'henos*-Homonymie). Dieses Hilfsmittel entspricht einem Hauptaspekt von Max Webers nicht besonders klar erläutertem methodologischen Hilfsmittel, dem *Idealtypus*. Es impliziert die bewusste Abkehr von einer Annahme, der Kelsen, wie wir bereits gesehen haben, gefolgt war: Dass nämlich deskriptive und erklärende Termini durch den Theoretiker so zu gebrauchen sind, dass sie sich unmittelbar und im selben Sinne auf *sämtliche* Zustände beziehen lassen, die im vortheoretischen Diskurs sinnvollerweise »als ›Recht‹ bezeichnet« werden könnten – mögen diese Zustände auch noch so unentwickelt sein, und mögen diese Zustände noch so wenig irgendein Anliegen ihrer Urheber manifestieren (z. B. der »despotischen Fürsten«), zwischen Recht und Gewalt, Recht und Moral, Recht und Gewohnheit, Recht und Politik, Recht und absolutem Ermessensspielraum oder Recht und irgendetwas anderem zu unterscheiden. Ein solches Insistieren auf einer kategorisch eindeuti-

22 Ebd., S. 224 f.

gen Bedeutung theoretischer Begriffe, das die Suche nach einem kleinsten gemeinsamen Nenner oder einem höchsten *gemeinsamen* Faktor oder nach dem »einen gemeinsamen Merkmal« motiviert, ist von Aristoteles[23] geradewegs angegriffen worden und wird von Hart und Raz bewusst aufgegeben. Deshalb weist Hart die Ansicht zurück, dass »die verschiedenen Beispiele eines allgemeinen Begriffes [...] auch alle die gleichen Merkmale haben [müssten]«. Stattdessen geht er von der Annahme aus, dass »die Ausweitung der allgemeinen Ausdrücke einer jeden beliebigen ernsthaften Disziplin niemals ohne Erörterung von deren Prinzipien und Gründen geschehen kann«.[24] Was Aristoteles in Bezug auf »Freund[schaft]«, »Verfassung[smäßigkeit]« und »Bürger[schaft]« sagt,[25] wird von Raz in Bezug auf ein »Rechtssystem« gut ausgedrückt:

> Es gibt mehrere allgemeine Eigenschaften, die ein System als Rechtssystem ausweisen, und jede dieser Eigenschaften kann grundsätzlich mehr oder weniger stark ausgeprägt sein. Bei typischen Beispielen von Rechtssystemen liegen sie alle in sehr starker Ausprägung vor. Aber es lassen sich auch Systeme finden, in denen alle oder einige von ihnen nur in geringem Maße vorhanden sind oder in denen gar die eine oder andere völlig fehlt. [...] Da wir es mit Grenzfällen zu tun haben, ist es am besten, ihre problematische Zuordnung einzugestehen, ihre Übereinstimmungen mit typischen Fällen, aber auch die Unterschiede zu ihnen zu benennen und es dabei zu belassen.[26]

Da das Wort »typisch« nahelegen könnte, dass das relevante Kriterium in der statistischen Häufigkeit besteht (ob in der Geschichte oder heute), ziehe ich es vor, den Zustand, auf den man mit einem theoretischen Begriff in seiner Kernbedeutung verweist, den *zentralen Fall* zu nennen.

Wenn man die systematische Bedeutungsvielfalt der eigenen theoretischen Begriffe ausschöpft (ohne das »Prinzip oder den Grund« dieser Bedeutungsvielfalt aus dem Blick zu verlieren), kann man reife von unentwickelten Fällen in menschlichen Angelegenheiten unterscheiden, komplexe von einfachen, die blühenden von verdorbenen Fällen, das Prachtexemplar vom abweichenden Fall, das »schlicht«, »einfach gesagt« (*simpliciter*) und »ohne Einschränkung«

23 Aristoteles, *Eudemische Ethik*, VII, 2: 1236a16-30.

24 Hart, *Der Begriff des Rechts*, S. 253.

25 Aristoteles, *Nikomachische Ethik*, VIII, 4: 1157a30-3: *Pol.* III, 1: 1275a33-1276b4.

26 Raz, *Praktische Gründe*, S. 205.

vom »in gewissem Sinne«, »sozusagen« und »auf gewisse Weise« (*secundum quid*) – jedoch alles, ohne die unentwickelten, primitiven, verdorbenen, abweichenden oder andere »eingeschränkte« oder »erweiterte« Fälle des Gegenstandes zu ignorieren oder in eine andere Disziplin zu verbannen (siehe dazu XII.4).

So gibt es, wie Aristoteles insistierte, zentrale Fälle von Freundschaft sowie mehr oder weniger periphere Fälle (Geschäftsfreundschaft, Zweckfreundschaft, berechnende Liebe, lockere und Vergnügungsbeziehungen usw.: siehe VI.4). Es gibt zentrale Fälle einer verfassten Regierung und periphere Fälle (so wie Hitlers Deutschland, Stalins Russland oder sogar Amins Uganda). Einerseits gibt es keinen Grund zu leugnen, dass die peripheren Fälle tatsächlich Fälle (der Freundschaft, Verfasstheit ...) *sind*. Tatsächlich wird die Untersuchung dieser Fälle erhellt, wenn man sie als verwässerte Versionen der zentralen Fälle ansieht, oder manchmal als Ausnutzungen menschlicher Einstellungen, die ihre Gestalt durch Bezug auf den zentralen Fall erhalten. Und andererseits gibt es keinen Grund, eine Erklärung der zentralen Fälle auf diejenigen Merkmale zu beschränken, die nicht nur in den zentralen, sondern auch in jedem der peripheren Fälle präsent sind. Vielmehr sollte jemandes deskriptive Erklärung der zentralen Fälle begrifflich so reichhaltig und komplex sein, wie es die Antwort auf alle angemessenen Fragen über die zentralen Fälle erfordert. Und dann kann die Erklärung der anderen Fälle das Netzwerk der Ähnlichkeiten und Differenzen, der Analogien und Disanalogien zum Beispiel hinsichtlich der Form, Funktion oder des Inhalts zwischen diesen und den zentralen Fällen verfolgen. Auf diese Weise deckt man das »Prinzip oder den Grund« auf, durch das bzw. den der allgemeine Begriff (»Verfassung«, »Freund«, »Recht«...) von dem zentralen auf die mehr oder weniger randständigen Fälle erweitert wird, von seiner Kern- auf seine sekundäre Bedeutung.

I.4 Bestimmung des Standpunktes

Aber durch welches Kriterium wird die eine Bedeutung als zentral und die andere als sekundär angesehen, ein Zustand als zentral und ein anderer als Grenzfall? Dies ist einfach die Reformulierung der Frage, die aus I.2 offengeblieben war: Von welchem Standpunkt aus und relativ zu welchen Anliegen müssen *Wichtigkeit* und *Stellenwert* beurteilt werden?

Hart und Raz sind sich klar darüber, dass ein deskriptiv arbeitender Theoretiker, der »entscheidet«, einem bestimmten Merkmal oder Merkmalen in seiner Beschreibung eines Bereichs menschlicher Angelegenheiten »eine zentrale Rolle zuzuschreiben«, sich mit einem bestimmten *praktischen* Standpunkt (oder einer bestimmten Menge einander ähnlicher Standpunkte) »beschäftigen«, auf diesen »Bezug nehmen« oder ihn »reproduzieren« muss. Mit »praktisch« meine ich hier und das gesamte Buch hindurch nicht »brauchbar/geeignet« im Gegensatz zu »unbrauchbar/ungeeignet«, »wirksam im Gegensatz zu unwirksam«; ich meine »im Hinblick auf Entscheidung und Handlung«. Praktisches Denken ist Nachdenken darüber, was zu tun ist beziehungsweise was man tun sollte. Praktische Vernünftigkeit ist Vernünftigkeit im Entscheiden, im Übernehmen von Verpflichtungen, im Auswählen und Durchführen von Projekten und allgemein im Handeln. Praktische Philosophie ist eine disziplinierte und kritische Reflexion über die Güter, die im menschlichen Handeln realisiert werden können, und über die Anforderungen praktischer Vernünftigkeit. Wenn wir also sagen, dass deskriptive Theoretiker (deren Zwecke nicht praktische sind) in ihrer unentbehrlichen Auswahl und Bildung von Begriffen so verfahren müssen, dass sie einen praktischen Standpunkt einnehmen, dann meinen wir Folgendes: sie müssen die Wichtigkeit oder Relevanz von Ähnlichkeiten und Unterschieden innerhalb ihres Gegenstandes derart bewerten, dass sie sich fragen, was diejenigen in dem Bereich für wichtig oder relevant erachten würden, deren Anliegen, Entscheidungen und Handlungen den Gegenstandsbereich schaffen oder konstituieren.

Daher weist Hart den Anliegen und Bewertungen (und konsequenterweise der Sprache) derjenigen Menschen mit einem »internen Standpunkt« deskriptiv-explanatorische Priorität zu, also derjenigen, die nicht »bloß ein regelkonformes Verhalten registrieren und vorhersagen«[27] oder Regeln »nur unter dem externen Gesichtspunkt gelten lassen wollen, nämlich als Anzeichen für eine mögliche Bestrafung«,[28] sondern die vielmehr »diese Regeln als Standards *benützen*, um ihr eigenes Verhalten und das der anderen

27 Hart, *Begriff des Rechts*, S. 120.
28 Ebd., S. 112.

zu beurteilen«.[29] Und Raz übernimmt in seinen älteren Arbeiten »die Ansicht des gewöhnlichen Mannes«,[30] wechselt in seinen jüngeren Arbeiten jedoch zum »rechtlichen Standpunkt«,[31] welches der Standpunkt der Menschen ist, die »an die Gültigkeit der Normen glauben und sie befolgen« (paradigmatisch der Standpunkt des Richters *qua* Richter).[32]

Es ist offensichtlich, dass diese Position von Hart und Raz instabil und nicht zufriedenstellend ist. Gegen Austin und Kelsen haben sie zwar scharf den »internen« oder »rechtlichen« Standpunkt vom Standpunkt derjenigen unterschieden, die das Recht bloß hinnehmen und dies nur deshalb tun, weil und insofern sie die Bestrafungen fürchten, die auf ein Nicht-Hinnehmen folgen. Jedoch lehnen es beide Theoretiker entschieden ab, weiter zu differenzieren. Sie erkennen an, dass der »interne« oder »rechtliche Standpunkt«, wie sie ihn beschreiben, ein Amalgam sehr verschiedener Standpunkte ist. »[I]hre Systemtreue [kann] auf vielen verschiedenen Betrachtungen basieren: Berechnungen ihrer langfristigen Interessen, uninteressiertes Interesse an anderen, unreflektiert ererbte oder traditionelle Einstellungen oder einfach der Wunsch zu tun, was andere tun.«[33] Raz ist bereit, seine Konzeption »des rechtlichen Standpunkts« zu erweitern, um den Standpunkt eines »Anarchisten« zu umfassen, der Richter wird, »weil er gerade dann, wenn er das Gesetz in den meisten Fällen befolgt, in der Lage sein wird, es in den wenigen, aber wichtigen Situationen zu brechen, in denen dies seiner vermutlichen Aushöhlung am ehesten dienen wird«.[34] Aber all dies ist insofern instabil und unbefriedigend, als es eine Ablehnung enthält, Differenzen eine Bedeutsamkeit zuzuschreiben, die jeder Akteur in dem Bereich (ob nun der subversive Anarchist oder sein Gegner, der »ideale gesetzestreue Bürger«[35]) als praktisch relevant erachten würde. Und unter der Voraussetzung jener Analysetechnik von zentralem Fall und Kernbedeutung, die

29 Ebd., S. 120.
30 Joseph Raz, *The Concept of a Legal System. An Introduction to Theory of a Legal System. Second Edition*, Oxford 1980, S. 200 Fn. 2 [Übersetzung A. M].
31 Raz, *Praktische Gründe*, S. 241.
32 Ebd., S. 242.
33 Ebd., S. 239.
34 Ebd., S. 200.
35 Ebd., S. 234.

Hart und Raz an anderer Stelle mit ertragreicher Entschiedenheit zur Anwendung bringen, scheint es keinen guten Grund zu geben, die Unterscheidung zwischen zentralen und peripheren Fällen *des internen oder rechtlichen Standpunkts* selbst abzulehnen.

Schließlich ist es nicht schwer, zu erkennen, dass der Standpunkt von Raz' anarchistischem Richter, der heimlich unter den Gesetzen, die er durchsetzen wird, aussucht und auswählt, mit der Absicht, das gesamte System umzustürzen, kein Musterbeispiel sei es des richterlichen oder des rechtlichen Standpunkts ist. Weder der Anarchist noch seine Kollegen würden ihn als ein solches ansehen. Warum sollte es dann der deskriptive Theoretiker tun? Ähnlich verhält es sich mit Harts »unreflektiert ererbte[n] oder traditionelle[n] Einstellungen oder einfach de[m] Wunsch zu tun, was andere tun«.[36] Das sind Einstellungen, die bis zu einem bestimmten Punkt zur Aufrechterhaltung eines Rechtssystems (etwa im Unterschied zu einem System despotischer Willkür) tendieren, wenn bereits ein solches existiert. Aber sie werden nicht den Übergang von einer vorrechtlichen (oder nachrechtlichen!) sozialen Gewohnheits- oder Willkürordnung zu einer Rechtsordnung hervorbringen, da sie nicht das Anliegen teilen, das Hart selbst als explanatorische Quelle rechtlicher Ordnung ansieht, nämlich den Mängeln vorrechtlicher sozialer Ordnungen zu begegnen. Auf ähnliche Weise verwässern Harts Personen, die von »Berechnungen ihrer langfristigen Interessen«[37] (Eigeninteressen) bewegt werden, jedes Interesse, das sie für die Funktion des Rechts als Antwort auf echte soziale Probleme haben könnten. Wie Raz' anarchistischer Richter verwässern sie ihre Bindung an das Recht und ihr Streben nach rechtlichen Methoden des Denkens mit Dosen genau desjenigen Eigeninteresses, das (nach jedermanns Ansicht) sozialen Bedürfnissen unterzuordnen die elementare Funktion des Rechts darstellt. All diese Überlegungen und Einstellungen sind dann offenkundig abartige, verdünnte oder verwässerte Fälle des praktischen Standpunkts, der das Recht als einen bedeutsam differenzierten Typus sozialer Ordnung erzeugt und als solchen erhält. Tatsächlich verhalten sie sich parasitär zu jenem Standpunkt.

Aus der Liste von Typen des internen oder rechtlichen Standpunktes, die Hart und Raz anbieten, bleibt uns nur noch »inter-

36 Hart, *Begriff des Rechts*, S. 239.
37 Ebd.

esseloses Interesse an anderen«[38] und die Sichtweise derer, die die Regeln oder wenigstens die Anerkennungsregeln für »moralisch gerechtfertigt«[39] erachten. Wenn interesseloses Interesse an anderen von moralischem Interesse getrennt wird, wie es Hart tut,[40] dann ist sehr unklar, was es enthält, und solange keine Präzisierung erfolgt, muss man seine Beziehung zum Recht und zu rechtlichen Anliegen als ebenso unklar und instabil erachten wie seine Beziehung (in diesem Bild) zu moralischen Anliegen.

Der Schluss, den wir ziehen sollten, ist klar. Wenn es einen Standpunkt gibt, von dem aus rechtliche Verpflichtung zumindest präsumptiv als eine moralische Verpflichtung betrachtet wird (und somit als etwas von »großer Bedeutung«, das aufrechterhalten werden muss »gegenüber allen Trieben der Leidenschaft« und »sogar dann, wenn man dafür beträchtliche persönliche Interessen opfern muss«[41]), einen Standpunkt, auf dem die Etablierung und Aufrechterhaltung rechtlicher Ordnung – im Unterschied zu willkürlicher oder statisch gewohnheitsmäßiger Ordnung – als moralisches Ideal, wenn nicht sogar als zwingende Forderung der Gerechtigkeit betrachtet wird, dann wird ein solcher Standpunkt den zentralen Fall des rechtlichen Standpunktes konstituieren. Denn nur auf einem solchen Standpunkt ist es eine Sache vorrangiger Wichtigkeit, dass Recht im Unterschied zu anderen Formen sozialer Ordnung erzeugt werden sollte und damit Gegenstand der Beschreibung des Theoretikers wird. Aber der Ausdruck »moralisch« hat eine einigermaßen unbestimmte Konnotation. Daher ist es besser, unsere Schlussfolgerung in Begriffen praktischer Vernünftigkeit zu formulieren (siehe V.1, V.10, VI.1, XI.1, XI.4). Wenn es einen Standpunkt gibt, auf dem die Institution der Rechtsstaatlichkeit (siehe X.4) und die Befolgung von Regeln und Prinzipien des Rechts entsprechend ihrem Tenor wenigstens als präsumptive Anforderungen praktischer Vernünftigkeit selbst angesehen werden, dann ist solch ein Standpunkt derjenige Standpunkt, der vom Theoretiker als Referenzstandard genutzt werden sollte, wenn er die Merkmale rechtlicher Ordnung beschreibt.

Es ist noch eine weitere Differenzierung möglich. Unter denen,

38 Ebd.

39 Raz, *Praktische Gründe*, S. 199.

40 Hart, *Begriff des Rechts*, S. 271 f.

41 Ebd., S. 204.

die das Recht von einem praktischen Standpunkt aus als einen Aspekt praktischer Vernünftigkeit behandeln, wird es einige geben, deren Ansichten darüber, was praktische Vernünftigkeit in diesem Bereich tatsächlich erfordert, im Detail vernünftiger sind als andere. Daher ist der Standpunkt des zentralen Falles selbst der Standpunkt derjenigen, die sich nicht bloß auf praktische Vernünftigkeit berufen, sondern auch praktisch vernünftig *sind*, d. h.: konsistent; sensibel für alle Aspekte menschlichen Vermögens und Gedeihens und sich dabei der begrenzten Vergleichbarkeit jener Aspekte bewusst; bemüht um die Behebung von Defiziten und Rückfällen, und sich dabei der Wurzeln dieser Defizite in den verschiedenen Aspekten menschlicher Individualität und in den ökonomischen und anderen materiellen Bedingungen sozialer Interaktion bewusst.[42] Was für einen Grund könnte man als deskriptiver Theoretiker dafür haben, die begrifflichen Entscheidungen und Unterscheidungen dieser Personen zurückzuweisen, wenn man die Begriffe auswählt, mit denen man die eigenen Beschreibungen des zentralen Falles und dann all der anderen Fälle des Rechts als einer spezifischen sozialen Institution konstruiert?

Als deskriptiv arbeitender Theoretiker ist man natürlich nicht daran gebunden, all die Begriffe in die eigene Theorie zu übernehmen, die die Gesellschaften, die man studiert, in ihrer Selbstinterpretation ihrer Praktiken verwendet haben. Viele solcher Begriffe offenbaren ein schwach ausgeprägtes Feingefühl für bestimmte Aspekte menschlichen Wohlergehens; andere offenbaren den Einfluss ideologischer Mythen, zum Beispiel, dass »das Volk« »sich selbst« regiert (vgl. IX.4) oder dass »die Revolution« die Rechtsstaatlichkeit durch die »Verwaltung von Dingen« ersetzt. Aber es ist gerade ein diszipliniertes und informiertes *praktisches* Denken (ob nun »theoretisch«, das heißt in reflektierender Absicht, oder unmittelbarer

42 Hinter Aristoteles' methodologischem Hauptprinzip in der Untersuchung menschlicher Angelegenheiten – nämlich, dass Begriffe ausgewählt und substantiell so verwendet werden müssen, wie sie in der Praxis vom *spoudaios* (der reifen Person praktischer Vernünftigkeit) verwendet werden, siehe XII.4 unten – steht Platons Argument (*Politeia* IX: 582a-e), dass der Weisheitsliebende die Angelegenheiten von Menschen anderen Charakters verstehen kann, während das Umgekehrte nicht gilt. Mit anderen Worten: Die Anliegen und Auffassungen der reifen und vernünftigen Person liefern eine bessere *empirische* Basis für die reflektierte Darstellung menschlicher Angelegenheiten: siehe auch *Politeia* III: 408d-409c.

auf das Handeln gerichtet), das eine Kritik dieser Vorstellungen bereitstellen kann, um die Hindernisse zu beseitigen, die dem klaren Denken darüber, was getan werden sollte, im Weg stehen. Deskriptive Sozialtheorie teilt ein solches Interesse daran, was getan werden sollte, nicht. Sie kommt jedoch in ihren Beschreibungen nicht ohne die Begriffe aus, die von Menschen *praktischer* Vernünftigkeit selbst als angemessen dafür betrachtet werden, *sich selbst gegenüber zu beschreiben*, was zu tun und zu erreichen sie für wert halten angesichts all der Ungewissheiten, Missverständnisse und Mythen, mit denen sie in der Praxis konfrontiert sind.

So gelangen wir nach einem langen Marsch durch die (implizite) Methodologie der gegenwärtigen analytischen Rechtsphilosophie zu dem Schluss, zu dem auf kürzerem Wege (wenn auch auf viel weitreichenderer sozialwissenschaftlicher Grundlage) schon Max Weber gelangte: Die Bewertungen des Theoretikers selbst stellen eine unverzichtbare und entscheidende Komponente bei der Auswahl und Formierung eines jeden Begriffs zum Gebrauch in Beschreibungen menschlicher Angelegenheiten wie Recht oder rechtliche Ordnung dar. Denn Theoretiker können den zentralen Fall des praktischen Standpunktes, den sie verwenden, um den zentralen Fall ihres Gegenstandes zu identifizieren, nicht bestimmen, wenn sie nicht entscheiden, worin die Forderungen praktischer Vernünftigkeit mit Bezug auf diesen gesamten Aspekt menschlicher Angelegenheiten und Interessen wirklich bestehen. Mit Bezug auf das Recht sind das Wichtigste, was der Theoretiker kennen und beschreiben muss, diejenigen Dinge, die nach seinem Urteil die Existenz von Recht von einem praktischen Standpunkt aus als wichtig erscheinen lassen – die Dinge, auf die »zu achten« daher in der Praxis wichtig ist, wenn es um die Ordnung menschlicher Angelegenheiten geht. Und wenn diese »wichtigen Dinge« (in manchen oder sogar in vielen Gesellschaften) tatsächlich fehlen oder entwertet, ausgebeutet oder auf andere Weise mangelhaft sind, dann sind die wichtigsten Dinge, die der Theoretiker beschreiben muss, solche Aspekte der Situation, die diese Abwesenheit, Entwertung, Ausbeutung oder Defizienz manifestieren.

Bedeutet dies, dass deskriptive Rechtsphilosophie (und Sozialwissenschaft als Ganze) zwangsläufig den Konzeptionen und Vorurteilen eines jeden Theoretikers darüber unterworfen ist, was gut und praktisch vernünftig ist? Ja und nein. »Ja«, insofern der theoretischen Bedingung nicht zu entkommen ist, dass ein Urteil über Bedeutsamkeit und Wichtigkeit getroffen werden muss, wenn Theorie mehr als ein wüster Haufen vermischter Tatsachen sein soll, beschrieben in einer Vielzahl inkommensurabler Terminologien. »Nein«, insofern die disziplinierte Aneignung akkuraten Wissens über menschliche Angelegenheiten – und daher darüber, was andere Personen als praktisch wichtig betrachtet haben, und über die wirklichen Resultate ihres Interesses – eine wichtige Hilfe für reflektierte und kritische Theoretiker in ihrem Bemühen ist, ihre eigenen praktischen »Vorurteile« (und die ihrer Kultur) in wahre, vernünftige Urteile darüber zu überführen, was gut und praktisch vernünftig ist. Deskriptives Wissen kann also eine Modifikation der Urteile über Wichtigkeit und Signifikanz veranlassen, mit denen man zuallererst die Daten als Theoretiker angegangen war, und eine Rekonzeptualisierung nahelegen. Dieses Wissen wird jedoch nicht ohne vorausgehende Konzeptualisierung und damit nicht ohne eine vorausgehende Menge an Auswahl- und Relevanzprinzipien, die einem praktischen Standpunkt entnommen sind, erlangt werden.

Daher gibt es ein Hin und Her zwischen der Bewertung eines menschlichen Guts und seiner praktischen Anforderungen auf der einen Seite und den explanatorischen Beschreibungen (unter Einsatz aller geeigneten historischen, experimentellen und statistischen Techniken, um alle relevanten kausalen Wechselbeziehungen aufzuspüren) des menschlichen Kontextes, in dem menschliches Wohlergehen auf verschiedene Weise realisiert und zerstört wird, auf der anderen. Ebenso wie es nicht möglich ist, seine grundlegenden Urteile über menschliche Werte und die Anforderungen praktischer Vernünftigkeit durch einen Schluss aus den Tatsachen der menschlichen Existenz abzuleiten, kann auch nicht die Rede davon sein, deskriptive Sozialwissenschaft auf eine Apologie der eigenen ethischen oder politischen Urteile zu reduzieren oder auf ein Projekt, Lob und Tadel unter den Akteuren der menschlichen Szene zu verteilen: in diesem Sinne ist deskriptive Sozialwissenschaft »wertfrei«. Sind aber einmal alle Unterschiede mit Bezug auf Gegenstand und Methode zwischen praktischer Philosophie und deskriptiver Sozialwissenschaft hinreichend deutlich gemacht, dann zwingen uns die methodologischen Probleme der Begriffsbildung, wie wir sie in diesem Kapitel verfolgt haben, anzuerkennen, dass das Überlegungsgleichgewicht in der deskriptiven Sozialwissenschaft nur von jemandem erreichbar ist, bei dem breite Kenntnis der Daten und durchdringendes Verständnis der praktischen Standpunkte und Angelegenheiten anderer Personen zu einem schlüssigen Urteil über alle Aspekte genuinen menschlichen Gedeihens und authentischer praktischer Vernünftigkeit vereint sind.

I.5 Die Naturrechtstheorie

Bentham, Austin, Kelsen, Weber, Hart und Raz haben alle strikte Zurückweisungen dessen veröffentlicht, was sie als die Naturrechtstheorie verstanden, und Fuller hat sich sorgfältig von dieser Theorie in ihrer klassischen Form distanziert. Aber die theoretische Arbeit jedes dieser Autoren war bei der Konstruktion der deskriptiven Analyse durch die – in Teilen unbegründete und unbeleuchtet gebliebene – Einnahme eines praktischen Standpunktes als Kriterium für Wichtigkeit und Signifikanz bestimmt. Eine schlüssige Naturrechtstheorie ist eine, die explizit, in vollem Bewusstsein der gerade beschriebenen methodologischen Situation, eine Kritik praktischer Standpunkte unternimmt, um das praktisch Unvernünftige vom praktisch Vernünftigen zu unterscheiden und um damit das wirklich Wichtige von dem zu unterscheiden, was unwichtig oder nur durch seinen Gegensatz zum wirklich Wichtigen oder durch seine unvernünftige Ausbeutung desselben wichtig ist. Eine Naturrechtstheorie beansprucht, in der Lage zu sein, die Bedingungen und Prinzipien praktischer Rechtschaffenheit, guter und richtiger Ordnung zwischen Personen und im individuellen Verhalten zu identifizieren. Nur wenn irgendein derartiger Anspruch gerechtfertigt ist, können die analytische Rechtsphilosophie im Besonderen und alle (oder wenigstens die meisten) Sozialwissenschaften im Allgemeinen kritisch gerechtfertigte Kriterien für die Bildung allgemeiner Begriffe haben. Andernfalls müssten sie sich damit zufriedengeben, nichts weiter als Manifestationen verschiedener Begriffe zu sein, die jeweils für bestimmte Gruppen und/oder für bestimmte Theoretiker, die sich mit diesen Gruppen befassen, eigentümlich sind.

Eine Naturrechtstheorie muss nicht primär zu dem Zweck in Angriff genommen werden, einen derart gerechtfertigten begrifflichen Rahmen für die deskriptive Sozialwissenschaft zu liefern. Sie kann auch unternommen werden, wie dieses Buch es tut, um primär die praktischen Reflexionen derjenigen zu unterstützen, denen es um das Handeln geht, sei es als Richter, Politiker oder Bürger. In jedem Fall kann jedoch dieses Unternehmen nicht ohne ein Wissen des gesamten Bereichs menschlicher Möglichkeiten und Chancen, Neigungen und Fähigkeiten sicher voranschreiten – ein Wissen, das auf die Unterstützung deskriptiver und analytischer Sozialwissenschaft angewiesen ist. Es gibt daher eine wechselseitige, wenn auch nicht ganz symmetrische Beziehung zwischen dem Projekt, menschliche Angelegenheiten durch eine Theorie zu beschreiben, und dem Projekt, menschliche Optionen zu bewerten in der Absicht, wenigstens ansatzweise vernünftig und gut zu handeln. Die Bewertungen werden keinesfalls aus den Beschreibungen abgeleitet (siehe II.4). Allerdings ist es unwahrscheinlich, dass jemand, dessen Wissen über Tatsachen des Menschseins sehr begrenzt ist, in Bezug auf die praktischen Implikationen der grundlegenden Werte gut urteilen wird. Ebenso sind die Beschreibungen nicht aus den Bewertungen abgeleitet; aber ohne die Bewertungen lässt sich nicht feststellen, welche Beschreibungen wirklich erhellend und bedeutsam sind.

Endnoten zu Kapitel I

I.1

Die Beschreibung menschlicher Institutionen und Praktiken erfordert die Identifikation ihres Sinns... Siehe Weber, Max, *Wirtschaft und Gesellschaft*, Tübingen 2002, Erster Teil, Kapitel I und Zweiter Teil, Kapitel 7; Schütz, Alfred »Concept and Theory Formation in the Social Sciences«, in: *Journal of Philosophy* 51 (1954), S. 257-272; Voegelin, Eric, *The New Science of Politics*, Chicago/London 1952, S. 27 ff.

Bentham zur Definition des Rechts ... Siehe außerdem Bentham, Jeremy, *Collected Works. Hg. v. J. Bowring*, Edinburgh 1863, Band IV, S. 483; und den Exkurs zu XI.8 (Anmerkungen)

Kelsens Technik der Definition ... Siehe auch Kelsen, Hans, *Pure Theory of Law*, Berkeley/Los Angeles 1967, S. 30 f.

II.2

Die Beschreibung sozialer Institutionen, wie etwa des Rechts, erfordert die Identifizierung ihres Sinns oder ihrer Funktionen ... Siehe auch Raz, Joseph, »On the Functions of Law«, in: *Oxford Essays in Jurisprudence II* (1973), S. 278-304, hierm S. 278; außerdem Raz, Joseph, *The Concept of a Legal System. An Introduction to Theory of a Legal System. Second Edition*, Oxford 1980, S. 145.

Raz über das Kriterium des Rechts ... Raz ist bewusst, dass jeder Theoretiker, der das Recht beschreiben möchte, sich zwischen verschiedenen theoretischen Begriffen entscheiden muss und dass eine »explizite Formulierung metatheoretischer Kriterien eine Voraussetzung für einen rationalen und vernünftigen Vergleich von Theorien« darstellt (Raz, *Legal System*, S. 146). Für sein eigenes Verständnis von metatheoretischen Kriterien ist seine Entscheidung zentral, dass eine Rechtstheorie »gesunden Menschenverstand und Expertenmeinung« (S. 201) explizieren sollte. In *Legal System* bietet er ein »rechtsphilosophisches Kriterium« (S. 200) an, nämlich dass »ein jeweiliges Rechtssystem all jene, und nur all jene, Gesetze beinhaltet, die durch ein primäres rechtsanwendendes Organ anerkannt werden, das selber durch dieses Rechtssystem instituiert ist« (S. 192). Er unterstreicht, dass es bei diesem Kriterium »um das tatsächliche Verhalten der primären Organe geht, und nicht um das, was sie tun sollten« (S. 198). Aber in *Praktische Gründe und Normen* (2006) kritisiert er jene Rechtstheoretiker, für die »das Recht aus all den Standards besteht, die die Gerichte *de facto* anwenden. Das [...] verwischt den Unterschied zwischen institutionalisierten Systemen und Systemen mit absolutem Ermessensspielraum« (Raz, *Praktische Gründe I, S.* 192). Daher lautet sein neues Kriterium, dass »nur solche Normen als zum System gehörig angesehen werden [dürfen], zu deren Anwendung die primären Organe verpflichtet sind« (S. 192; siehe auch S. 198). Diese Verschiebung von Raz' rechtstheoretischem Kriterium für die Zugehörigkeit zu einem Rechtssystem ist zurückzuführen auf sein Abrücken von dem Anspruch, den eher undifferenzierten »Blick des Normalbürgers« auf das Recht darzustellen, hin zum Anspruch der Darstellung »des rechtlichen Standpunkts« – der Perspektive von jemandem (in der Regel ein Richter oder ein idealer gesetzestreuer Bürger), der daran glaubt, dass die Menschen die Gesetze in bestimmter Hinsicht *berechtigterweise* befolgen (S. 189, 193, 210 ff.).

I.3

Aristoteles über Kernbedeutung und Analyse der zentralen Fälle ... Siehe Hardie, W. F. R., *Aristotle's Ethical Theory*, Oxford 1968, S. 59 f., 63 ff.; Gau-

thier-Jolif II/1, S. 45 f.; II/2, 686 ff.; siehe außerdem Fortenbaugh, W. W., »Aristotle's Analysis of Friendship. Function and Analogy, Resemblance and Focal Meaning«, in: *Phronesis* 20 (1975), S. 51-62; und XII.4. Harts Diskussion in *Begriff des Rechts*, (S. 28 ff., 274) unterscheidet nicht klar zwischen dem, was Aristoteles als Analogie bezeichnet (was die Scholastik »Analogie der Proportionalität« nannte), und dem, was er *Pros-hen*-Homonymie oder Kernbedeutung genannt hat (und die Scholastik »Analogie der Attribution oder Proportion« nannte). Harts Ansatz scheint sich auf das Erstere zu stützen; dabei ist das Letztere das wichtigere Mittel in der Gesellschaftstheorie.
Diese Unterscheidung erkenne ich an; gleichwohl halte ich am allgemeineren Begriff der »Analogie« fest, der durch die Scholastik eingeführt wurde und seitdem im philosophischen Sprachgebrauch mehr oder weniger üblich ist. In diesem allgemeinen Sinn ist ein Ausdruck dann »analog«, wenn seine Bedeutung sich systematisch (also einem bestimmten Prinzip folgend) verschiebt, sobald sich der Gebrauchskontext ändert. Zur Suche nach Prinzipien in solchen Fällen siehe auch Hart, Herbert Lionel Adolphus, »Definition and Theory in Jurisprudence«, in: *Law Q. Review* 70 (1954), S. 37 f., 44, 56-59.

Max Weber über die Konstruktion idealtypischer Begriffe für die allgemeine Soziologie ... Siehe Weber, Max, *Gesammelte Aufsätze zur Wissenschaftslehre*, Tübingen 1954, S. 190-213. Vgl. außerdem Schütz, Alfred, »Das Problem der Rationalität in der sozialen Welt«, in: Brodersen, Arvid (Hg.), *Alfred Schütz. Gesammelte Aufsätze II. Studien zur soziologischen Theorie*, Den Haag 1972, S. 22-50, hier S. 23 ff.

Unterscheidung zwischen »reifen« und »ärmlichen« Instanziierungen von Recht und Rechtssystem ... Austin hat anerkannt, dass die Rechtsphilosophie primär die »umfassenderen und reiferen« Rechtssysteme erforschen sollte: siehe Austin, *Province*, S. 367. Vgl. außerdem Raz, *Legal System*, S. 140; Raz, *Praktische Gründe*, S. 204 ff.

Häufigkeit des Vorkommens oder der Instanziierung ist kein entscheidendes Kriterium der Relevanz oder der Bedeutsamkeit... Vgl. hierzu Weber, *Gesammelte Aufsätze zur Wissenschaftslehre,* S. 171-181; Voegelin, Eric, »The Theory of Legal Science. A Review«, in: *Louisiana Law Review* 4 (1942), S. 554-572, hier S. 554, 558-564.

I.4

Praktisches Denken, Vernünftigkeit, Philosophie usw. ... Zu meinem Gebrauch von »praktisch« im gesamten Buch siehe Aristoteles, *Nikomachische*

Ethik VI.2: 1139a26-31; *De Anima* III.9: 432b27; Thomas von Aquin, *Buch I*, Quaestio 79 und 11, sowie Raz, *Praktische Gründe*, S. 9-16. Zur Unterscheidung zwischen »praktisch« und »theoretisch« (von der Scholastik als »spekulativ« übersetzt) siehe Aristoteles, *Metaphysik* VI.1: 1025b19-29. Die aristotelisch-thomistische Unterscheidung birgt immanente Probleme, da praktische Philosophie herkömmlicherweise nur indirekt auf das Handeln gerichtet ist, und zwar »theoretisch« vermittelt. Trotz dieser Probleme sollte an der Unterscheidung festgehalten werden; sie belegt das Bewusstsein der antiken Philosophen für die basale Unterscheidung von Sein und Sollen (die in ihren Anwendungen keineswegs unkompliziert ist).

Weber über die Notwendigkeit, dass der Theoretiker seine eigenen Werturteile fällt, um überhaupt die Bedeutung der deskriptiven Theorie einschätzen zu können … Vgl. Weber, *Gesammelte Aufsätze zur Wissenschaftslehre,* S. 148-161; vgl. außerdem Freund, Julien, *The Sociology of Max Weber*, New York 1968, S. 51-61. Selbstverständlich sind diese Werturteile des Theoretikers für Weber als nichtwissenschaftlich zu betrachten, das heißt, es fehlt ihnen der Rang des Objektiven. Daher würde er den Standpunkt ablehnen, nach dem es an dieser Stelle der Forschung die Aufgabe des Theoretikers sei, zu entscheiden, worin die grundlegenden Formen des Guten und die Erfordernisse der praktischen Vernünftigkeit »tatsächlich bestehen«. Daher sei hinzugefügt, dass ich durch die Bezugnahme auf Webers Standpunkt, wonach Wertung notwendig für jedwede Sozialwissenschaft ist, nicht gleichzeitig jeden Aspekt seiner Argumentation für diesen Standpunkt teile – eine Argumentation, die nicht frei ist von der neukantianischen Vorstellung, dass alle Begriffe durch den menschlichen Verstand dem Fluss der Phänomene aufgestülpt werden müssen, der seinerseits keine intelligible Struktur aufweist, die man entdecken könnte.

In der deskriptiven Sozialwissenschaft geht es nicht darum, was getan werden sollte … Daher müssen die Ziele und Methoden einer allgemeinen und analytischen Rechtsphilosophie wie derjenigen Harts oder Raz' deutlich von den Zielen und Methoden einer »Theorie des Rechts« unterschieden werden, wie R. M. Dworkin sie versteht. Für Dworkin (Dworkin, Ronald, *Bürgerrechte ernstgenommen*, Frankfurt/M. 1990, S. 124) ist es eine der Hauptfunktionen einer »Rechtstheorie«, dass sie »eine Grundlage für die richterliche Pflicht liefern soll«; daher »müssen die Prinzipien, die sie aufstellt, die bestehenden Regeln dadurch zu rechtfertigen versuchen, daß sie die politischen oder moralischen Anliegen und Traditionen der Gemeinschaft auszumachen versuchen, die nach Meinung des Juristen, um dessen Theorie es sich handelt, die Regeln tatsächlich stützen«. (Der Ausdruck »tatsächlich« meint hier »wirklich« (im normativen Sinne), nicht »per Kausalzusammenhang«; vgl. außerdem Dworkin, *Bürgerrechte*, S. 98, Zeilen 2 und 12); vgl. außerdem Dworkin, *Bürgerrechte*, S. 199 f., sowie Dworkin, Ronald, »No Right Answer?«, in: Hacker, P. M. S. und Raz, Joseph (Hg.), *Law, Morality, and Society. Essays in Honor of H. L. A. Hart*, Oxford 1977, S. 82. Natürlich ist eine Theorie, die derart auf die moralischen Überzeugungen und Praktiken einer gegebenen Gemeinschaft bezogen ist, keine allgemeine Theorie in dem von den Naturrechtstheorien beanspruchten Sinne. Gleichwohl erwägt Dworkin eine »allgemeine Rechtstheorie«, die unter anderem, in ihrem (durchaus ambitionierten) »normativen Teil [...] Maßstäbe darlegt, mit denen Richter schwierige Fälle vor Gericht entscheiden sollen« und auch erklärt, »warum und wann Richter – und nicht andere Gruppen und Institutionen – die Entscheidungen treffen sollten, die die Theorie [...] erfordert« (Dworkin, *Bürgerrechte*, S. 8). Aus Gründen, die undeutlich bleiben, erwägt er außerdem einen zwar unterschiedenen, aber dennoch verknüpften »begrifflichen Teil«, der bestimmte Fragen – etwa, ob die grundlegendsten Prinzipien der Verfassung als Teil des Rechts aufgefasst werden können – klärt (es wird nicht erklärt, wie dies geschehen soll). Jedenfalls misslingt seine Debatte mit »Positivisten« wie Hart und Raz, weil er nicht einsieht, dass deren theoretisches Interesse nicht, wie das seine, darin besteht, einen grundlegenden »Test für Recht« zu identifizieren, um herauszufinden, worin (selbst in den umstrittensten »schwierigen« Fällen) in einer gegebenen Gemeinschaft zu einer bestimmten Zeit die rechtliche (moralische und politische) Pflicht eines Richters tatsächlich besteht. Vielmehr besteht deren Interesse darin, zu beschreiben, was in einer bestimmten Gemeinschaft zu einer bestimmten Zeit als Recht behandelt (das heißt akzeptiert und wirksam) wird; und es besteht darin, Begriffe zu entwickeln, die eine solche Beschreibung klar und erhellend werden lassen, ohne allerdings die Absicht zu verfolgen, Lösungen für Fragen anzubieten (entweder durch »richtige Antworten« oder durch die Bereitstellung von Maßstäben, die, wenn denn richtig angewandt, die richtigen Antworten liefern), die unter kompetenten Anwälten umstritten sind. Die von Dworkin aufgelisteten quälenden Fragen sind Fragen, die weder Hart noch Raz zu beantworten suchen. Daher ist Dworkins Theorie vom Grund her eine normative Theorie des Rechts (wenn auch mit vielen erhellenden Momenten der Beschreibung), die dem Richter Handlungsempfehlungen bezüglich seiner rechtlichen Pflichten gibt. Hart und Raz geht es um eine deskriptive Theorie, die es Historikern ermöglichen soll, eine differenzierte Geschichte der Rechtssysteme schreiben zu können. Die Tatsache, so habe ich in diesem Kapitel zu zeigen versucht, dass der deskriptive Theoretiker einer allgemeinen normativen Theorie bedarf, um hinreichend ausdifferenzierte Begriffe und vernünftige Maßstäbe der Relevanz zu entwickeln, verhindert nicht den unterschiedlichen Gebrauch, den normative und deskriptive (historische) Theoretiker jeweils von dem mehr oder weniger gemeinsamen Bestand an theoretischen Begriffen machen.

Reflexionsgleichgewicht in der deskriptiven Sozialwissenschaft ... Der Theoretiker, der diesen Punkt erreichen könnte, wäre jemand, dessen Blickpunkt sich dem von Lonergan postulierten »universellen Blickpunkt« systematisch angenähert hat: Lonergan, B. J. F., *Insight. A Study of Human Understanding*, London 1957, S. 554-568. Nach Lonergan (S. 566) ist ein solcher Blickpunkt »universell nicht durch seine Abstraktheit, sondern durch seine potentielle Vollständigkeit. Er erreicht seine Inklusivität nicht durch das Streichen der Eigentümlichkeiten der Objekte« (wie etwa bei Kelsen, Austin ...), »sondern dadurch, dass Subjekte (das heißt Personen) »in ihren notwendigen Eigenschaften dargestellt werden«.

[...]

X. Recht

[...]

X.6 Eine Definition des Rechts

Dieses ganze Kapitel hindurch ist der Ausdruck »Recht« mit einer solchen Kernbedeutung verwendet worden, dass er primär auf Regeln Bezug nimmt, die in Übereinstimmung mit regulativen Rechtsregeln von einer bestimmten und wirksamen Autorität (selbst durch rechtliche Regeln identifiziert und im Normalfall als Institution durch solche Regeln konstituiert) für eine »vollständige« Gemeinschaft geschaffen wurden; unterstützt durch Sanktionen, die im Einklang mit regelgeleiteten Entscheidungen rechtsprechender Institutionen stehen, wobei dieses Ensemble von Regeln und Institutionen darauf ausgerichtet ist, um des Gemeinwohls dieser Gemeinschaft willen jedes ihrer Koordinationsprobleme auf vernünftige Weise zu lösen (und Koordinationslösungen jeder anderen Institution oder Normquelle zu bestätigen, zu tolerieren, zu regulieren oder außer Kraft zu setzen); und zwar in einer Weise und Form, die ihrerseits diesem Gemeinwohl angepasst ist durch die Merkmale der Bestimmtheit, der Minimierung von Willkür und der Aufrechterhaltung von Reziprozität zwischen Rechtssubjekten, sowohl untereinander als auch in ihrem Verhältnis zu den rechtmäßigen Autoritäten.

Diese vielgestaltige Rechtskonzeption ist reflektierend konstruiert worden, insofern – gegeben bestimmte grundlegende Werte und empirische Merkmale von Personen und ihren Gemeinschaften – die Implikationen bestimmter Anforderungen praktischer Vernunft nachverfolgt wurden. Die Absicht war keine lexikographische; die Konstruktion liegt jedoch durchaus innerhalb der Grenzen des gewöhnlichen Gebrauchs von »Recht« und seinen Äquivalenten in anderen Sprachen. Es war nicht die Absicht, bestehende soziale Ordnungen zu beschreiben, allerdings entspricht die Konstruktion vielen bestehenden sozialen Phänomenen, die typischerweise als zentrale Fälle des Rechts, von Rechtssystemen, der Rechtsstaatlichkeit usw. angesehen werden. Vor allem wurde die Bedeutung als *Kern*bedeutung konstruiert, nicht als eine Bestimmung des Ausdrucks »Recht« in einem eindeutigen Sinne, der aus der Bedeutung des Ausdrucks alles ausschließen würde, das nicht alle Charakteristika des zentralen Falles (und in vollem Ausmaße) besitzt. Und, ebenso wichtig, wurde voll anerkannt, dass jeder der Ausdrücke, die verwendet werden, um die Elemente in der Konzeption auszudrücken (z. B. »schaffen«, »bestimmt«, »wirksam«, »eine Gemeinschaft«, »Sanktion«, »regelgeleitet«, »vernünftig«, »nichtwillkürlich«, »reziprok« usw.), selbst eine Kernbedeutung und einen primären Bezug besitzt und sich daher auch auf analoge und sekundäre Fälle, denen etwas von dem zentralen Fall fehlt, erstreckt. Zum Beispiel werden Gebräuche nicht *geschaffen* im vollen Sinne von »geschaffen« – denn schaffen ist etwas, das sich jemand zur Aufgabe setzen kann, aber niemand setzt sich zur Aufgabe, einen Brauch zu schaffen. Gleichzeitig sind Gebräuche »geschaffen« in einem Sinne, in dem Anforderungen praktischer Vernunft nicht geschaffen, sondern entdeckt werden. Inwiefern jeder der anderen entscheidenden Ausdrücke stets *mehr oder weniger* instanziiert ist, ist ziemlich offensichtlich. (Falls der Ausdruck »vernünftig« Bedenken erregt, siehe VI.1.) Recht in der Kernbedeutung des Ausdrucks ist nur dann *vollständig* instanziiert, wenn jeder dieser Komponentenausdrücke vollständig instanziiert ist.

Wenn man die empirische/historische Bedeutung[43] oder die praktische/rationale Erwünschtheit von Sanktionen hervorheben möchte, könnte man, etwas aufgeladen, sagen, dass eine nicht

43 Man erinnere sich übrigens, dass empirische oder historische *Bedeutung* in der letzten Analyse nur mit Bezug auf die Werte und Prinzipien praktischer Vernunft gemessen werden kann: siehe I.1, I.4.

sanktionierte Menge von Gesetzen »nicht wirklich Recht« ist. Wenn man die empirische/historische Bedeutung oder die praktische/rationale Erwünschtheit wohlbestimmter legislativer und/oder judikativer Institutionen hervorheben möchte, kann man, etwas aufgeladen, sagen, dass es einer Gemeinschaft ohne solche Institutionen »an einem richtigen Rechtssystem mangelt« oder dass man ihr »nicht wirklich ein Rechtssystem zuschreiben kann«. Wenn man die empirische/historische Bedeutung oder die praktische/rationale Erwünschtheit von Regeln betonen möchte, die private oder öffentliche Änderungen der Regeln oder ihrer Vorkommnisse autorisieren oder regulieren, kann man, etwas aufgeladen, sagen, dass eine Menge von Regeln, die solche Regeln nicht enthält, »kein Rechtssystem ist«. All diese Dinge sind oftmals gesagt worden und können vernünftigerweise gesagt werden, vorausgesetzt, man möchte die Aufmerksamkeit auf ein Merkmal des zentralen Falles von Recht lenken und nicht vielmehr die anderen, nichtzentralen Fälle in irgendeine andere Disziplin verbannen.

Ich habe bis jetzt genügend betont, dass man meine Konzeption von Wesen und Zweck explanatorischer Definitionen theoretischer Begriffe einfach missverstehen würde, nähme man an, dass meine Definition Gesetze, die darin scheitern, das eine oder andere Element der Definition zu erfüllen oder vollständig zu erfüllen, »als Nicht-Gesetze aussortier[en]«[44] würde. Aber ich sollte hinzufügen, dass es ebenso ein Missverständnis wäre, die Definition deshalb zu verwerfen, weil es ihr nicht »gelingt, unseren üblichen Rechtsbegriff korrekt wiederzugeben, wonach es durchaus Gesetze von derart unerfreulicher Art geben kann«.[45] Denn nicht nur räumt meine Definition diese Möglichkeit ein, sie wird auch nicht mit der Absicht vorgetragen, »unseren [sc. der gewöhnlichen Personen, J. F.] üblichen Rechtsbegriff korrekt wiederzugeben«. Die Wahrheit ist, dass der »übliche Rechtsbegriff« (angenommen – aber nicht zugegeben –, dass es *einen* solchen Begriff gibt) ziemlich unscharf ist. Es ist ein Begriff, der es »uns« erlaubt, Juristen zu verstehen, wenn sie über komplexe Rechtssysteme reden, ebenso wie Anthropologen, wenn sie über elementare Rechtssysteme reden, und Tyrannen und Banditen, wenn sie über die Ordnungen und Gewohnheiten ihrer Syndikate reden, und Theologen und Moralisten ... Es gibt

44 Siehe Raz, *Praktische Gründe*, S. 224.
45 Ebd.

keinen Grund, einen *Common-Sense-Begriff* erklären zu wollen, der seine Bedeutungen aus seinen sehr verschiedenen Kontexten bezieht und der von jedem in diesen Kontexten sehr gut verstanden wird. Mein Ziel war es nicht, einen unscharfen »gewöhnlichen Begriff« zu erklären, sondern einen Begriff für den Gebrauch in einer theoretischen Erklärung einer Menge menschlicher Handlungen, Dispositionen, Wechselbeziehungen und Verständnisse zu entwickeln, die (i) aufgrund ihrer Angepasstheit an eine spezifizierbare Menge menschlicher Bedürfnisse, die im Lichte empirischer Merkmale der menschlichen Existenz betrachtet werden, als eine Menge zusammenhängen und die (ii) entsprechend in sehr verschiedenen Formen und in verschiedenen Graden der Eignung für – und der absichtlichen oder unbewussten Abweichung von – solche(n) Bedürfnisse(n) gefunden werden, wie sie eine vollständig vernünftige Person einschätzen würde. Um zu wiederholen: die Absicht war nicht, einen Begriff zu erklären, sondern einen Begriff zu entwickeln, der verschiedene Phänomene erklären würde, auf die (auf unscharfe Weise) durch »gewöhnliche« Rede über Recht Bezug genommen wird – und diese dadurch zu erklären, dass gezeigt wird, wie sie (vollständig oder teilweise) auf die bestehenden Anforderungen praktischer Vernünftigkeit antworten, die für diesen weiten Bereich menschlicher Angelegenheit und Interaktion relevant sind.

Juristen werden wahrscheinlich ungeduldig, wenn sie hören, dass gesellschaftliche Einrichtungen *mehr oder weniger* rechtlicher Art sein können, dass Rechtssysteme und die Rechtsstaatlichkeit eine graduelle Angelegenheit sind und so weiter. Juristen streben systematisch danach, Sprache so zu verwenden, dass sie daraus eine eindeutige Lösung für eindeutige Probleme ablesen können – in letzter Konsequenz ein Urteil für die eine und nicht für die andere Partei in einem Rechtsstreit. Wenn Autos in der und der Höhe versteuert werden sollen, muss man als Jurist in der Lage sein, von jedem Objekt schlicht zu sagen (das heißt zu entscheiden), ob es ein Auto ist oder nicht ist: Einschränkungen (etwa: »in dieser Hinsicht … aber in jener Hinsicht«, *secundum quid* und Ähnliches) sind zwar in der Argumentation erlaubt (und ein guter Jurist ist sich sehr wohl bewusst, wie sehr die meisten Ausdrücke und Begriffe eine offene und analogieartige Struktur haben), aber genauso, wie sie nicht in gesetzlichen Formulierungen auftauchen, können sie auch nicht in finalen Urteilsverkündungen auftauchen. Und Juristen erweitern aus denselben guten praktischen Gründen, die dem Unternehmen der rechtlichen Ordnung, wie ich es in diesem Kapitel beschrieben habe, intrinsisch sind, ihren technischen Sprachgebrauch auf die Ausdrücke »Recht«, »Regel«, »rechtlich« und »Rechtssystem« selbst. Um ihren Punkt in Form einer Aussage zu fassen, werden sie sagen, dass ein vorgebliches Gesetz oder eine Regel entweder gültig oder ungültig ist. Es gibt keine dazwischenliegenden Kategorien (obwohl es dazwischenliegende Zustände gibt, zum Beispiel aufhebbare Gesetze, die jetzt gültig sind oder als gültig behandelt werden oder für gültig gehalten werden, die aber als ungültig erwiesen oder behandelt werden oder für ungültig gehalten werden könnten). Mit diesem Begriff der Gültigkeit ausgestattet, strebt der Jurist danach, von jeder Regel sagen zu können, dass sie gültig und daher eine Rechtsregel ist oder dass sie ungültig und daher keine Rechtsregel ist. Die Gültigkeit einer Regel wird mit ihrer Zugehörigkeit zu dem Rechtssystem (verstanden als einer Menge gültiger Regeln) gleichgesetzt, das dann unter rechtlichem Gesichtspunkt als die Menge aller gültigen Regeln angesehen werden kann, inklusive der Regeln, die die gültigen regelschaffenden Akte der Inkraftsetzung und/oder Rechtsprechung autorisierten, die (nach dieser Konzeption) die notwendigen und hinreichenden Bedingungen für die Gültigkeit der gültigen Regeln sind.

Es gibt keinen Grund, hier die Hinlänglichkeit dieser Menge von Begriffen und Postulaten für die praktischen Zwecke des Juristen in Frage zu stellen – obwohl sicherlich Fragen über die Rolle von Prinzipien (die keinen bestimmten Ursprung haben und nicht ohne Unbeholfenheit als gültig bezeichnet werden können) in rechtlicher Argumentation aufgeworfen werden könnten. Stattdessen muss betont werden, dass jene Menge ein technisches Mittel zum Gebrauch innerhalb des Rahmens rechtlicher Vorgänge ist und im rechtlichen Denken darauf abzielt, innerhalb dieser Vorgänge zu Lösungen zu gelangen. Man darf nicht davon ausgehen, dass dieses Mittel auch auf das ganz anders geartete Problem der Beschreibung und Erklärung der Rolle rechtlicher Vorgänge innerhalb der Ordnung menschlichen Lebens in der Gesellschaft angewendet werden kann oder auf das ebenfalls anders geartete Problem der Erklärung und Beschreibung der Rolle rechtlichen Denkens für das Bemühen der praktischen Vernunft, das wirkliche menschliche

Gute zu verstehen und zu bewirken. Es ist ein philosophischer Fehler, in Diskursen dieser letzteren Arten zu verkünden, eine soziale Ordnung oder eine Menge von Begriffen müsse entweder Recht oder nicht Recht, rechtlich oder nicht rechtlich sein.

Für unsere Zwecke sind physikalische, chemische, biologische und psychologische Gesetze nur metaphorisch gesprochen Gesetze. Dies zu sagen bedeutet nicht, die Legitimität des Diskurses der Naturwissenschaften in Frage zu stellen, für deren Zwecke umgekehrt das, was wir »Recht im strengen Sinne« nennen, nur metaphorisch eine Menge von Gesetzen ist. Die Ähnlichkeit zwischen unserem zentralen Fall und den Gesetzen der Künste, der Handwerke und der angewandten Wissenschaften ist größer. Wir bedenken dort jeweils die Regulierung eines Vollzugs durch selbstregulierende Akteure, deren eigene Begriffe dessen, was sie vorhaben, den Verlauf ihrer Vollzüge bestimmt. Jedoch sind die Unterschiede immer noch systematisch und bedeutsam. Wie ich zuvor gesagt habe (siehe VII.7, X.1), ist das Ordnen einer Gesellschaft zugunsten einer größeren Teilhabe ihrer Mitglieder an menschlichen Werten dem Befolgen eines Rezeptes zur Herstellung eines bestimmten Produktes oder dem Verfolgen einer Route zu einem bestimmten Ziel nicht sehr ähnlich. »Naturrecht« [*natural law*] – die Menge der Prinzipien praktischer Vernünftigkeit, um menschliches Leben und menschliche Gemeinschaft zu ordnen – ist nur im analogen Sinne Recht in Beziehung auf meinen gegenwärtigen Kerngebrauch des Ausdrucks: Das ist der Grund, weshalb dieser Ausdruck in diesem Kapitel über Recht vermieden wurde, außer in Beziehung auf vergangene Denker, die diesen Ausdruck verwendet haben. Diese vergangenen Denker hätten allerdings ohne Bedeutungsverlust stattdessen von »natürlichem Recht« [*natural right*], »intrinsischer Moral«, »natürlicher Vernunft« oder »richtiger Vernunft im Handeln« usw. sprechen können. Aber es gibt keine Synonyme für »Recht« in unserer Kernbedeutung.

Die Kernbedeutung von ›Recht‹ ... Mit der Kernbedeutung von ›Recht‹, die in diesem Kapitel nach und nach konstruiert, angewandt und identifiziert wurde, vergleiche man die »Definition des Rechts« (definitio legis), die Thomas von Aquin in S.T. I-II, q. 90, a. 4c anbietet: »quaedam ordinatio rationis ad bonum commune, ab eo qui curam communitativ habet, promulgata« (»eine Richtschnur, welche von der Vernunft ausgeht, das Gemeinbeste zum Zwecke hat und von dem, der das Gemeinwesen vertritt, veröffentlicht ist«).

Recht, das hinsichtlich seiner Vernünftigkeit defizitär ist, ist nur in einem ausgedünnten Sinne Recht .... Dies ist nicht als eine Aussage gemeint, die ohne weiteres vor Gericht (oder in einem anderen intrasystemischen Kontext) Anwendung finden könnte; sie impliziert auch nicht, dass ein Gericht oder ein Bürger einem solchen Recht nicht Folge leisten sollte: Vgl. Kapitel XII.3 sowie Thomas von Aquin, S.T. I-II, q. 96, a.4c. Die Aussage ist allerdings als eine solche gemeint, die für jedes Nachdenken über das Recht unausweichlich ist, dem es um die Beantwortung von Fragen hinsichtlich des Ortes von Recht und Rechtssystemen innerhalb des menschlichen Bemühens geht, Verstehen und Handeln miteinander zu vermitteln.

Juristen neigen dazu, Legalität in Kategorien von »entweder-oder«, »schwarz/weiß« zu sehen ... Fuller bemerkt das in *The Morality of Law*, S. 199, stellt aber nicht die Verbindung zu genau denjenigen Merkmalen des rechtlichen Unterfangens her, die er selber unterstreicht.

Naturgesetze, wie sie die Naturwissenschaft erforscht, sind für uns nur in einem metaphorischen Sinne Gesetze ... Vgl. Suarez, *De Legibus* I, c.i., Abs. 2: »non proprie sed per metaphoram«. Regeln der Kunst, fährt er fort, sind Regeln nur *secundum quid* (Abs. 5). Schließlich »kann, obwohl ungerechte Vorschriften und Regeln gewöhnlich »Recht« genannt werden [...] dennoch in einem strengen und uneingeschränkten Sinn [*proprie et simpliciter loquando*] nur eine solche Regel »Recht« heißen, die ein Kriterium moralischer Richtigkeit (mit anderen Worten, eine moralisch richtige und angemessene Regel) ist [...]. Denn ein ungerechtes Gesetz ist kein Kriterium der Richtigkeit menschlichen Handelns [...]. Deshalb ist es kein Recht, sondern trägt den Namen »Recht« nur durch eine Art Analogie [*per quandam analogiam*], insofern es ein bestimmtes Handeln in Beziehung auf einen gegebenen Zweck vorschreibt« (Abs. 6). Siehe dazu auch XII.4 unten.

Naturrecht ist für unsere Zwecke nur in einem analogen Sinne Recht ... Zu einem anregenden (wenngleich nicht über alle Zweifel erhabenen) Argument für die These, dass in der thomistischen Analyse des Rechts das Naturrecht nur im Sinne einer Analogie der Zuschreibung Recht ist (also im Sinne einer losen Analogie, nicht im Sinne der strengen Analogie der Proportionalität), siehe Adler, Mortimer J., »A Question about Law«, in: Brennan, R. E. (Hg.), *Essays in Thomism*, New York 1942, S. 207-236.

Übersetzt von Amir Mohseni

8. *John Gardner*

Rechtspositivismus: Fünfeinhalb Mythen[1]

I. Zur Eingrenzung des Rechtspositivismus

Die Bezeichnung »Rechtspositivismus« wird bisweilen mit einer weitläufigen intellektuellen Tradition in Verbindung gebracht, die sich durch ihre Betonung bestimmter Aspekte juristischen Denkens und rechtlicher Erfahrung (nämlich der empirischen Aspekte) auszeichnet. Diese Verwendung der Bezeichnung ist für ideengeschichtliche Arbeiten gut geeignet, in denen der Sinn der Übung darin besteht, nachzuvollziehen, wie philosophische Themen über Generationen hinweg aufgegriffen und überarbeitet wurden. In solchen Arbeiten ist es nicht nötig, irgendeine spezifische These zu identifizieren, die alle als »Rechtspositivisten« Bezeichneten verteidigt oder akzeptiert haben, da diese Bezeichnung eher auf gemeinsame Themen als auf gemeinsame Thesen verweist. Anders liegen die Dinge jedoch, wenn die Bezeichnung »Rechtspositivismus« in einer philosophischen Argumentation verwendet wird. In philosophischen Debatten gilt das Interesse der Wahrheit von Thesen und man muss stets wissen, um welche These es in der jeweiligen Debatte gerade geht. Folglich können wir über die »Rechtspositivisten« als Gruppe nichts Philosophisches sagen, solange es nicht eine spezifische These oder Menge von Thesen gibt, die sie allesamt verteidigt oder vorausgesetzt haben. Mit anderen Worten: In der philosophischen Auseinandersetzung werden die »Rechtspositivisten« nur dann zusammen obsiegen oder untergehen, wenn sie durch Thesen statt nur durch Themen geeint sind. Es gibt in der Philosophie weder Sippenhaft noch Sippenrettung.

In diesem Beitrag beabsichtige ich, eine und nur eine These als die spezifische These des »Rechtspositivismus« zu behandeln und alle und nur diejenigen als »Rechtspositivisten« zu bezeichnen, die diese These vertreten oder unterschreiben. Die These lautet:

1 Dies ist die überarbeitete Version eines Vortrags, der am 10. April 2001 an der Notre Dame Law School gehalten wurde.

(RP) In jedem Rechtssystem hängt die Antwort auf die Fragen, ob eine gegebene Norm rechtlich gültig und ob sie somit Teil des Rechts dieses Systems ist, von den Quellen dieser Norm und nicht von ihren Werten ab.

In einer philosophischen Auseinandersetzung ist nicht entscheidend, welche These wie benannt wird; entscheidend ist, welche wahr ist. Dennoch fiel meine Wahl auf die These (RP) als Grundbaustein des berühmten »Rechtspositivismus« nicht zufällig. Erstens wollte ich meine eigene Verwendung dieses Ausdrucks auf eine hinlängliche extensionale Übereinstimmung mit der Verwendung bringen, die aus der Ideengeschichte vertraut ist. Die Autoren, die für gewöhnlich als die dominanten historischen Figuren der »rechtspositivistischen Tradition« geführt werden – Thomas Hobbes, Jeremy Bentham, John Austin und Herbert Hart – stimmen nicht in vielen Thesen über das Recht überein. Aber abgesehen von einigen interpretatorischen Unterschieden sind sie bezüglich (RP) einer Meinung. Zweitens ist die These (RP) diejenige, auf die sich zeitgenössische selbsternannte »Rechtspositivisten« – wie etwa Joseph Raz und Jules Coleman – *als* Rechtspositivisten festlegen und deren korrekte Interpretation sie untereinander *als* Rechtspositivisten debattieren. Schließlich nimmt meine Verwendung der Bezeichnung ihren wörtlichen Sinn in Anspruch. Was sollte ein »Rechtspositivist« auch glauben, wenn nicht, dass Gesetze *gesetzt* sind? Und dies ist in Annährung das, was (RP) über Gesetze sagt. Etwas genauer besagt die These, dass in jedem Rechtssystem eine Norm als Norm dieses Systems allein aufgrund der Tatsache gültig ist, dass zu einer relevanten Zeit und an einem relevanten Ort ein relevanter Akteur oder Akteure sie bekanntgemacht, angewendet, angeführt, durchgesetzt, verteidigt oder sich auf andere Weise damit auseinandergesetzt hat bzw. haben. Es ist kein Einwand gegen ihre Geltung als Gesetz, dass es eine abstoßende Norm war, welche diese Akteure nie hätten in Anspruch nehmen sollen. Wenn sie umgekehrt nie von irgendwelchen relevanten Akteuren in Anspruch genommen wurde, dann gilt sie auch dann nicht als Gesetz, wenn sie eine vortreffliche Norm ist, die alle relevanten Akteure ohne Einschränkung hätten in Anspruch nehmen sollen. Austin hat diesen Punkt auf berühmte (wenn auch vielleicht zu ungestüme) Weise zum Ausdruck gebracht: »Das Vorhandensein von Recht ist eine Sache; sein Wert oder Unwert eine andere.«[2]

Daran sieht man, wie der Gegensatz zwischen »Quellen« und »Werten« in (RP) gelesen werden sollte. »Quelle« ist in einem weiten Sinn so zu lesen, dass jedes verständliche Argument für die Gültigkeit einer Norm als quellenbasiert gilt, wenn es nicht wertbasiert ist. Die beiden Kategorien erschöpfen, mit anderen Worten, die möglichen Gültigkeitsbedingungen einer jeden Norm. Schließen sie sich aber auch gegenseitig aus? Man könnte sagen, dass es ein Überschneidungsproblem gibt, das uns davon abhält, manche Argumente für die Gültigkeit einer Norm als entweder quellen- oder wertbasiert zu klassifizieren, da sie Bedingungen beider Typen anführen. (i) Einerseits gibt es Argumente, welche die Gültigkeit bestimmter Normen auszuweisen versuchen, indem sie sich auf *wertbasierte Prüfungen ihrer Quellen* stützen, z. B. indem sie sich auf den Umstand stützen, dass die Normen von Rex bekanntgemacht und praktiziert wurden und Rex ein edler König ist. (ii) Andererseits gibt es Argumente, welche die Gültigkeit bestimmter Normen auszuweisen versuchen, indem sie sich auf *quellenbasierte Prüfungen ihrer Werte* stützen, z. B. indem sie sich auf den Umstand stützen, dass es sich um vernünftige Normen handelt, in Verbindung mit dem Umstand, dass eine andere Norm (deren Gültigkeit allein durch ihre Quelle ausgewiesen ist) uns anweist, alle und ausschließlich vernünftige Normen anzuwenden.

Die rechtspositivistische Tradition ist darin vereint, Argumente vom Typ (i) so aufzufassen, dass sie sich auf eine Art von Vorzüglichkeitsbedingung berufen, die unmöglich zu den Gültigkeitsbedingungen einer Rechtsnorm zählen kann. Die Frage, ob Rex ein edler König ist (oder ob das Regime von Lilliput gerecht ist usw.), spielt für die moralische Bedeutsamkeit seiner Verkündigungen und Praktiken offenkundig eine Rolle, aber den Rechtspositivisten zufolge können Antworten auf solche Fragen den Rechtsstatus jener Verkündigungen und Praktiken nicht beeinflussen. Damit wird natürlich nicht bestritten, dass sie für einen bloß *kausalen* Unterschied bezüglich des Rechtsstatus sorgen können: Vielleicht erklärt der Umstand, dass Rex ein edler König ist, warum seine Untertanen oder seine Bediensteten dazu gekommen sind, sein Wort als Gesetz

2 John Austin, *The Province of Jurisprudence Determined*, Cambridge 1995, S. 157.

zu betrachten. Es ist aber *sein Wort*, das sie als Gesetz betrachten. Damit sein Wort als Gesetz betrachtet werden kann, muss es möglich sein, sein Wort als Gesetz zu betrachten, ohne dann, wenn sein Wort gehört wird, die Frage, ob er ein edler König ist, von Grund auf neu zu stellen. Folglich kann Rex' Edelmut den Rechtspositivisten zufolge keinen *konstitutiven* Unterschied hinsichtlich seiner Fähigkeit ausmachen, rechtliche Gültigkeit zu beeinflussen. Also sollte unser vorläufiges (RP) wie folgt genauer reformuliert werden:

(RP*) In jedem Rechtssystem hängt die Antwort auf die Fragen, ob eine gegebene Norm rechtlich gültig und ob sie somit Teil des Rechts dieses Systems ist, von den Quellen dieser Norm und nicht von ihren Werten ab (wobei ihre Werte im relevanten Sinn die Werte ihrer Quellen einschließen).

Was Argumente vom Typ (ii) angeht, ist die Tradition eher gespalten. Diejenigen, die als »weiche« oder »inklusive« Rechtspositivisten bekannt geworden sind, lassen zu, dass in manchen Rechtssystemen Normen aufgrund ihrer Werte (z. B. ihrer Vernünftigkeit) rechtlich gültig sein können, aber nur, wenn andere rechtlich gültige Normen ebendiese Werte zufällig als für Rechtsgültigkeit relevant herausgreifen.[3] Andere, die dementsprechend als »harte« oder »exklusive« Rechtspositivisten bekannt sind, bestreiten dies und vertreten die Auffassung, dass ein Gesetz, welches etwa feststellt, dass alle und nur vernünftige Gesetze gültig sein sollen, entgegen dem Anschein keinen anderen Normen Rechtsgültigkeit verleiht. Vielmehr überträgt ein solches Gesetz einem Amtsinhaber (etwa einem Richter) die Aufgabe, weitere Normen selbst für gültig zu erklären, indem er sie als vernünftig *ausweist*. Gemäß dieser »harten rechtspositivistischen« Auffassung rührt die Gültigkeit der jeweili-

3 Diese Möglichkeit hat Hart in H. L. A. Hart, *Der Begriff des Rechts*, Berlin 2011, S. 240, klarerweise im Blick gehabt und sie wird im Postskriptum zur zweiten Auflage des Buches (Oxford 1994, S. 250) vorausgesetzt. In der Zwischenzeit wurde die Position des »weichen« Rechtspositivismus von Philip Soper, »Legal Theory and the Obligation of a Judge. The Hart/Dworkin Dispute«, in: *Michigan Law Review* 75 (1977), S. 473, und von David Lyons, »Principles, Positivism, and Legal Theory«, in: *Yale Law Journal* 87 (1977), S. 415, vorgeschlagen; die vielleicht einflussreichste Fassung findet sich bei Jules Coleman, »Negative and Positive Positivism«, in: *Journal of Legal Studies* 11 (1982), S. 139 [S. 245 in diesem Band].

gen weiteren Gesetze nicht von ihrer Vernünftigkeit (ihren Werten) her, sondern vielmehr von dem Umstand, dass ein relevanter Akteur sie als vernünftig ausgewiesen hat (ihrer Quelle).[4]

Im Folgenden werde ich die interne Debatte zwischen »harten« und »weichen« Rechtspositivisten weitestgehend ausklammern und (RP*) in dieser Hinsicht mehrdeutig lassen. Wo nötig, werde ich die »harte« Fassung als Standardversion übernehmen, da ich sie selbst vertrete. Ich überlasse es dem Leser, an den relevanten Stellen die Modifikationen vorzunehmen, die nötig wären, um die weiche Fassung mit einzubeziehen. Diese Modifikationen sollten aber am Folgenden nicht viel ändern, da die Probleme, zu denen ich einen Überblick gebe – und es wird größtenteils ein Überblick aus zweiter Hand sein –, harten und weichen Rechtspositivisten gleichermaßen zusetzen dürften. Im Allgemeinen sind dies keine hausgemachten Probleme des Rechtspositivismus, sondern Probleme der systematischen Fehldarstellung durch andere. Wurden die tatsächlichen philosophischen Festlegungen der Mitglieder irgendeiner Denktradition jemals so umfassend zerrissen, verdreht, im Nachhinein angezweifelt, krude psychoanalysiert und auf absurde Weise durch schlecht informierten Tratsch und Gerüchte neu erfunden wie die der Rechtspositivisten? Ist je eine andere These der Philosophiegeschichte so weitläufig und despektierlich falsch wiedergegeben, falsch interpretiert, falsch angewendet und falsch angeeignet worden wie (RP*)? Nun, mir fallen sogar ein paar ein. Derlei ist absehbar, wenn eine Bezeichnung sowohl in der Philosophie als auch damit verbunden in der Ideengeschichte verwendet wird. »Naturrechtler« werden hier etwas Mitleid haben, da sie oft unter ähnlichen Demütigungen zu leiden haben. Dennoch ist aus dem Katalog der Mythen über den Rechtspositivismus, die sukzessive dazu beigetragen haben, ihm in so weiten Teilen der juristischen Literatur den Status des Prügelknaben einzubringen, einiges Spezifisches und Interessantes zu ler-

4 Dies war offenkundig Kelsens Auffassung, vgl. Hans Kelsen, *General Theory of Law and State,* Cambridge (MA) 1961, S. 134-136. Der einflussreichste zeitgenössische Vertreter der »harten« rechtspositivistischen Position ist Joseph Raz, vgl. seinen Beitrag: Joseph Raz, »Authority, Law, and Morality«, in: *The Monist* 68 (1985), S. 295; [S. 282 in diesem Band]), der in Scott Shapiro, »On Hart's Way Out«, in: *Legal Theory* 4 (1998), S. 469, weiter verteidigt wird.

nen.[5] Einige dieser Lektionen betreffen, wenig überraschend, das Recht selbst.

II. Warum so missverstanden?

Bevor wir uns den Mythen zuwenden, sollten wir innehalten und uns fragen, was den Rechtspositivismus so anfällig für Fehldarstellungen gemacht hat. Meines Erachtens liegt dies an zwei Hauptfaktoren.

Erstens: Obwohl die These (RP*) eine These zu den Gültigkeitsbedingungen bestimmter Normen ist, die im praktischen Überlegen verwendet werden dürfen, ist sie selbst normativ inert. Sie liefert überhaupt keine Orientierung dazu, was irgendjemand unter irgendwelchen Umständen tun sollte. Wie jede These dient sie natürlich bisweilen als untergeordnete (oder informierende) Prämisse eines praktischen Syllogismus. Wenn jemand zufällig die Pflicht hat, zu bestimmen, was das Recht des Bundesstaats Indiana bezüglich irgendeiner Sache unter bestimmten Umständen besagt, dann hat die Wahrheit von (RP*) Einfluss darauf, wie er verfahren sollte. (RP*) zufolge sollte er nach den Quellen des Rechts von Indiana suchen und sich nicht fragen, was für die Menschen in Indiana das Verdienstvollste zu tun wäre. Andererseits fungiert (RP*) nie als übergeordnete (oder operative) Prämisse eines praktischen Syllogismus. Das heißt, dass sie *aus sich heraus* überhaupt nicht für oder gegen eine bestimmte Handlungsweise spricht. Damit meine ich nicht nur, dass sie keine moralische Orientierung bietet. Sie bietet auch keine rechtliche Orientierung. Sie bringt nur ein notwendiges Merkmal jedweder rechtlichen Orientierung zum Ausdruck, dass sie nämlich, wenn sie als rechtliche gültig ist, kraft ihrer Quellen und nicht kraft ihrer Werte gültig ist.[6] Rechtsanwälte und Rechts-

5 Vgl. Fred Schauer, »Positivism as Pariah«, in: Robert P. George (Hg.), *The Autonomy of Law,* Oxford 1996, S. 31-56.

6 Dworkins Rede von den »Grundlagen des Rechts« [»the grounds of law«] in Ronald Dworkin, *Law's Empire,* Cambridge (MA) 1986, S. 4 ff., unterläuft die hier getroffene Unterscheidung absichtlich. Dworkin behandelt sowohl die These, rechtliche Normen gälten aufgrund ihrer Quellen, als auch die These, Gesetzgebung konstituiere eine Quelle gültiger rechtlicher Normen, als *rechtliche* Thesen. Aber nur die zweite ist eine rechtliche These. Die erste ist eine These darüber, was die zweite überhaupt zu einer rechtlichen These *macht.* Genauer gesagt, ist die

lehrende finden diese umfassende normative Inertheit von (RP*) wenig glaubwürdig. Sie denken (zu Recht), dass Rechtspraxis eine praktische Angelegenheit ist, und sie erwarten, dass die Rechtsphilosophie aus der zweiten Reihe den Praktikern an der Front sagt, wie man sich erhobenen Hauptes gut anstellt. Rechtsanwälte und Rechtslehrende sind häufig frustriert, wenn ein Rechtsphilosoph eine These aufstellt, die sie in dem, was sie tun, weder stützt noch kritisiert, sondern nur ein notwendiges Merkmal ihres Tuns identifiziert. Sie beginnen dann automatisch nach versteckten Hinweisen auf Stützung oder Kritik zu suchen, nach geheimen Normen, die sie zu befolgen aufgefordert werden. Sie weigern sich zu glauben, dass es keine solchen Normen gibt.[7] Sie können nicht akzeptieren, dass Rechtsphilosophie nicht nur (oder wenigstens großenteils) die Hinterzimmeraktivität ist, die das Gute oder Schlechte an der Rechtspraxis identifiziert und damit praktische Vorschläge zu ihrer Verbesserung (oder andernfalls zu ihrem Abbruch) bereitstellt. In diesem grundlegend antiphilosophischen Klima muss eine These wie (RP*), die auf inerte Weise informativ ist, ungeheuer verzerrt werden.

Zweitens: Um (RP*) zu einer aufschlussreichen These über das Recht zu machen, muss man davon überzeugt sein, dass es eine *Alternative* dazu gibt, Normen gemäß ihren Quellen Gültigkeit zuzusprechen. Man muss glauben, dass manche Normen aufgrund ihrer Werte gültig sind, oder man bekommt den relativen Mehrwert von (RP*) nicht in den Blick. (RP*) erscheint ansonsten bloß als Wiederholung einer allgemeinen Wahrheit über Normen – dass nämlich alle Normen durch jemandes Auseinandersetzung mit ihnen gültig gemacht werden – und brächte nichts Besonderes über das Recht zum Vorschein. Alle eingangs erwähnten Fackelträger der rechtspositivistischen Tradition stimmten darin überein, dass die Gültigkeit einer Norm im Normalfall von ihren Werten ab-

These »Gesetzgebung ist eine Quelle gültiger rechtlicher Normen« nur dann eine rechtliche These, wenn die in ihr genannte Norm (d. h. die Norm bezüglich des Befolgens der Gesetzgebung) selbst nur kraft ihrer Quellen als gültig behauptet wird und nicht kraft ihrer Werte (z. B. kraft der Tatsache, dass Gesetzgebung in einem Verfassungsdokument oder in der Rechtspraxis als Rechtsquelle identifiziert wird).

7 Ein besonders klares Beispiel für diese Weigerung findet sich bei Gerald J. Postema, »Jurisprudence as Practical Philosophy«, in: *Legal Theory* 4 (1998), S. 329.

hängt: Der Umstand, dass eine bestimmte Norm zu befolgen gut wäre, ist standardmäßig dasjenige, was ihr Gültigkeit verleiht. Alle der genannten Autoren stimmten beispielsweise darin überein, dass dies auf moralische Normen zutrifft.[8] Rechtsnormen sind, so waren sie sich einig, insofern besonders (wenn auch nicht einzigartig), als sie dieser Standardlogik der Normvalidierung trotzen. Wie um alles in der Welt trotzen sie dieser Logik? Dies löst bei vielen Philosophen tiefe Verwunderung aus.[9] Leider teilen viele Rechtsanwälte, Rechtslehrende und -studierende diese Verwunderung nicht. Viele in dieser Branche – beeinflusst von einem Merkmal, das sie an rechtlichen Normen täglich beobachten und als gegeben hinnehmen – meinen, dass die Antwort auf die Frage, ob *irgendeine* Norm gültig ist, nur von ihren Quellen abhängen kann. Sie gehen davon aus, dass es sich mit moralischen und ästhetischen Normen ebenso verhält: Wie rechtliche Normen können sie nur durch die Überzeugungen und Unterstützungen ihrer Verwender oder durch soziale Konventionen oder Praktiken usw. für gültig erklärt werden. Wenn jemand eine moralische oder ästhetische Norm nennt, reagieren solche Leute oftmals eher in klassischer positivistischer Manier und fragen »Wer sagt das?« oder »Gemäß wessen Autorität?« (als hinge die Gültigkeit einer moralischen oder ästhetischen Norm davon ab, dass jemand sie *ausspricht* oder *autorisiert*), als dass sie fragen würden, worin der Wert der Norm liegt. Solche allgemeinen Normpositivisten – die von jeher die *Critical Legal Studies* und ähnliche pseudoradikale Lager dominiert haben – können natürlich nicht erkennen, was (RP*) zur Erhellung des spezifischen Wesens des Rechts beizutragen hat.[10] Wenn also der Rechtspositivismus das

8 Kelsen scheint hier eine Ausnahme zu sein. Normalerweise behielt er die Bezeichnung »Moral« einer besonderen Ordnung gesetzter (konventionell oder kirchlich validierter) Normen vor, die mit dem Recht rivalisieren. Trotzdem setzen seine Arbeiten immer die Möglichkeit genuin moralischer Normen voraus, die aufgrund ihrer Werte gültig sind. Diese Lesart Kelsens habe ich verteidigt in »Law as a Leap of Faith«, in: Peter Oliver, Sionaidh Douglas Scott and Victor Tadros (Hg.), *Faith in Law*, Oxford 2000.

9 Hart brachte diese Verwunderung wie folgt zum Ausdruck: »Wie sind die Schaffung, Auferlegung, Veränderung und das Auslöschen von Verpflichtungen und andere Vorgänge bezüglich anderer rechtlicher Entitäten, wie Rechten, möglich? Wie geht derlei vonstatten?« Vgl. H.L.A. Hart »Legal and Moral Obligation«, in: *Michigan Law Review* 73 (1974), S. 443-458.

10 Wenn Rechtspositivisten bloß als »Positivisten« bezeichnet werden oder wenn

spezifische Wesen des Rechts erhellen soll, so der Gedanke, dann kann (RP*) nicht alles sein. Da muss mehr sein. Und an diesem Punkt setzt die Mythenbildung ein.

III. Die Mythen

A. Der Wert der Positivität

Der Titel meines Beitrags kündigt an, dass ich fünfeinhalb Mythen über den Rechtspositivismus behandeln werde; ich beginne mit dem halben Mythos. Zu Beginn der rechtspositivistischen Tradition – bei Hobbes und plausiblerweise auch bei Bentham – lässt sich ein durch (RP*) befeuerter Optimismus in Bezug auf den Wert des Rechts ausmachen. Insofern Rechtsnormen aufgrund ihrer Quellen anstatt aufgrund ihrer Werte gültig sind, wird dieser bloße Umstand so verstanden, als statte er Rechtsnormen auch dann mit einer Art von Wert aus, wenn sie in jeder anderen Hinsicht aller Werte entbehren.[11] Ihr eigentümlicher Wert liege in ihrer speziellen Eignung dazu, Angelegenheiten zu entscheiden, über die aufgrund ihrer sonstigen Werte nicht entschieden werden kann. Anhänger dieser These werden bisweilen als »normative Rechtspositivisten« bezeichnet, ich werde sie jedoch hier »Positivitätsfreunde« nennen, weil sie (RP*) nicht befürworten müssen und folglich nicht in dem Sinne Rechtspositivisten sein müssen, den ich untersuche.[12]

auf andere Weise nahegelegt wird, dass sie die weiter gefassten philosophischen Positionen von z. B. Comte oder Ayer teilen – aufgepasst! Da redet üblicherweise der Topf über den Tiegel. Und nirgends spektakulärer als in den Arbeiten von Stanley Fish, siehe z. B. Stanley Fish, »Wrong Again«, in: *Texas Law Review* 62 (1983), S. 299 ff., hier 309 ff., insbesondere Fußnote 31.

11 Vgl. beispielsweise Thomas Hobbes, »Questions Concerning Liberty, Necessity, and Chance«, in: W. Molesworth (Hg.), *The English Works of Thomas Hobbes,* London 1840, S. 194. Benthams komplexe Ansichten zum eingebauten Wert des Rechts sind gründlich dokumentiert in Gerald Postema, *Bentham and the Common Law Tradition,* Oxford 1986.

12 Prominente neuere Beispiele für Positivitätsfreunde sind die folgenden: Neil MacCormick, »A Moralistic Case for A-moralistic Law«, in: *Valparaiso Law Review* 20 (1985), S. 1; Tom Campbell, *The Legal Theory of Ethical Positivism,* Aldershot 1996; Jeremy Waldron, »Normative (or Ethical) Positivism«, in: Jules Coleman (Hg.), *Hart's Postscript*, Oxford 2001, S. 410. Die Liste von Rechtspositivisten, die ich in meiner Rezension zu Campbells Buch (im *King's College Law*

Als Positivitätsfreunde befürworten sie lediglich die folgende These:

(PF) In dem Maße, in dem die These (RP*) überzeugend ist, benennt sie nicht nur etwas Wahres bezüglich Rechtsnormen, sondern auch einen Wert oder ein Verdienst aller solcher Normen.

Diejenigen, die sowohl Rechtspositivisten als auch Positivitätsfreunde sind, frustrieren Rechtsanwälte und akademische Juristen weniger als andere Rechtspositivisten, denn solche Leute messen (RP*) eine bestimmte unmittelbare und kontextunabhängige praktische Bedeutung bei, die unsere juristischen Herzen wärmt. Sie sagen uns, dass wir mit der Positivität des Rechts nicht nur leben müssen, sondern dass wir auch stolz darauf sein können. Dank der Wahrheit von (RP*) im Verbund mit der Wahrheit von (PF), so sagen sie, ist es immer in einer Hinsicht verdienstvoll – und damit *ceteris paribus* gerechtfertigt –, eine rechtliche Lösung (so wenig verdienstvoll sie sonst auch sein mag) für ein moralisches oder ökonomisches Problem vorzubringen, das aufgrund seines Für und Wider allein unlösbar wäre.

Dieser selbstgefällige Schluss bildet keinen gemeinsamen Nenner der führenden Figuren der rechtspositivistischen Tradition, und insbesondere der philosophische Reifeprozess der Tradition im 20. Jahrhundert hat zu seiner Ablehnung durch die wichtigsten modernen Fackelträger der Tradition geführt, zu denen Kelsen, Hart und Raz zählen. Hart ist ein besonders interessanter Fall. Er stimmte mit denen überein, die meinen, dass alle Gesetze einen bestimmten Wert haben, der in ihrem Wesen als Gesetze gründet. Jedoch führte er diesen Wert nicht auf ihre Positivität zurück, sondern vielmehr auf den Umstand, dass Gesetze seiner Ansicht nach nicht bloß Normen, sondern *Regeln* sind, d. h. Normen, die von Fall zu Fall wiederholt angewendet werden können. Er glaubte, diese Tatsache ihrer normativen Allgemeinheit bedeute, dass mit Gesetzen automatisch eine Art Gerechtigkeit (und folglich eine Art Wert) einhergehe, da die korrekt wiederholte Anwendung eines Gesetzes beinhalte, dass gleiche Fälle gleich behandelt würden.[13] Ich vertrete

Journal 9 (1998), S. 180) als Positivitätsfreunde einordne, ist etwas zu umfangreich geraten.

13 Vgl. Harts Aufsatz von 1958, »Positivism and the Separation of Law and

im Gegensatz zu Hart die Auffassung, dass in der bloßen Tatsache, dass gleiche Fälle gleich behandelt werden, keine Gerechtigkeit (und allgemeiner: kein Wert) liegt.[14] Aber wie dem auch sei, Harts Überzeugung, nach der alle Gesetze einen aussöhnenden Wert haben, geht allein darauf zurück, dass ihm zufolge Gesetze allgemeine Normen sind, und dies hat nichts mit dem Umstand zu tun, dass sie ihm zufolge gesetzte Normen sind. Es besteht kein Zusammenhang zwischen diesen beiden Merkmalen.[15] Zu beachten ist, dass (RP*) in dieser Fassung keine spezifisch auf *Gesetze* bezogene These ist. Es ist eine These darüber, was Normen als *rechtliche Normen* gültig und somit zu einem Teil des Rechts macht. Ihre Reichweite umfasst nichtallgemeine Normen wie die Entscheidung, dass Tice an Summers eine Entschädigung von $50 zahlen muss. Auch diese ist (RP*) gemäß als rechtliche Norm aufgrund ihrer Quellen gültig, obwohl es sich hierbei nicht um eine Norm handelt, die wiederholt angewendet werden kann und demnach Hart zufolge kein Gesetz wäre – und folglich auch nicht den Wert aufwiese, den Hart allen Gesetzen zuschreibt.

Manche Rechtspositivisten, wie etwa Raz, gehen weiter und leugnen, dass es irgendeinen in alle Gesetze, geschweige denn in alle rechtlichen Normen, eingebauten Wert gibt.[16] Beobachter solcher Debatten stellen oft die folgende Frage: Wenn Rechtspositivisten untereinander uneins sind, ob die Positivität rechtlicher Normen ihnen irgendeinen Wert verleiht, warum sind sie sich dann alle auf mysteriöse Weise einig darüber, so ein *Aufheben* um die Positivität des Rechts zu machen? Zeigt dies nicht, dass sie alle es für *wichtig* halten, dass rechtliche Normen gesetzte Normen sind? Das

Morals« [Kapitel 2 in diesem Band]; und H. L. A. Hart, *Der Begriff des Rechts*, Kapitel 8.

14 Vgl. meinen Beitrag: J. Gardner, »The Virtue of Justice and the Character of Law«, in: *Current Legal Problems* 53 (2000), S. 1.

15 Einige von Benthams Bemerkungen, die Postema (Gerald Postema, *Bentham and the Common Law Tradition*) zitiert, legen nahe, dass für ihn der einzige eingebaute Wert von Gesetzen in ihrer Kombination aus Allgemeinheit und Positivität liegt, weshalb ich gesagt habe, dass er nur *vertretbarerweise* als Vetreter von (PW) anzusehen ist.

16 Vgl. Raz' versammelte Argumente in den Kapiteln 12 und 13 von Joseph Raz, *The Authority of Law*, Oxford 1979. Sie laufen auf eine Ablehnung nicht nur einer ins Recht eingebauten vernunftmäßigen Anziehungskraft, sondern auch (aus demselben Grund) eines vermeintlich eingebauten Werts hinaus.

tun sie allerdings. Wie alle Philosophen bieten auch diejenigen, die (RP*) verteidigen, eine Interpretation ihres Gegenstandes an, die das Wahre und Wichtige aufwertet und das Wahre, aber Unwichtige abwertet.[17] Das Wichtige an Rechtsnormen, auch das zu ihrer Beurteilung Wichtige, muss aber nichts sein, das ihnen Wert oder Werte verleiht. Festzustellen ist, dass die Positivität des Rechts auch als Grund für die *Verachtung* des Rechts evaluativ wichtig sein könnte, und zwar als etwas, das jeder Rechtsnorm automatisch Werte entzieht, anstatt ihr Werte hinzuzufügen. Beispielsweise können Anarchisten ihre Argumente gegen die Anerkennung von Autorität allein dadurch in Argumente gegen die Achtung vor dem Gesetz verwandeln, dass sie (RP*) als Sprungbrett benutzen. Nur wenn Rechtsnormen von jemandem gesetzt werden, gelten sie als Ausübung von Autorität. Anarchisten, die (RP*) nicht unterschreiben, sollten daher keine generelle Opposition gegen die Achtung von Rechtsnormen *qua* Rechtsnormen eingehen. Dass Anarchisten typischerweise eine generelle Opposition gegen die Achtung von Rechtsnormen *qua* Rechtsnormen eingehen, zeigt, dass sie typischerweise Rechtspositivisten sind. Aber würde man etwa mutmaßen, dass dies seinerseits auf eine geheime Überzeugung seitens aller solcher Anarchisten hindeutet, dass allen rechtlichen Normen oder allen Gesetzen ein bestimmter Wert innewohnt?

Wenn nicht, sollte man jenen Schluss auch bezüglich nichtanarchistischer Rechtspositivisten nicht voreilig ziehen. Zum Beispiel steht es ihnen offen, die Auffassung zu vertreten, dass die Wahrheit von (RP*) genau deshalb evaluativ wichtig ist, weil (RP*) ein Merkmal von Rechtsnormen zum Vorschein bringt, aufgrund dessen Anarchisten Gesetze ausnahmslos (in einer Hinsicht) für abstoßend und aufgrund dessen ihre Gegner Gesetze ausnahmslos (in einer Hinsicht) für attraktiv halten. Dabei sind dies – ausnahmsloses Abgestoßensein und ausnahmsloses Angezogensein – nicht die einzig möglichen evaluativen Reaktionen auf die Positivität des Rechts. Vielleicht sorgt die Positivität des Rechts manchmal dafür,

17 Dies zeigt, dass es ein Fehler ist, Ronald Dworkin bei der Gegenüberstellung von »interpretativen« und »deskriptiven« Konzeptionen des Wesens des Rechts zu folgen, wenn man nicht zufällig auch Dworkins idiosynkratisches »konstruktives« Verständnis von Interpretation teilt. Vgl. Ronald Dworkin, »Legal Theory and the Problem of Sense«, in: Ruth Gavison (Hg.), *Issues in Contemporary Legal Philosophy*, Oxford 1987), S. 9, 13 f.

dass Recht abstoßender, manchmal dafür, dass es attraktiver ist, und hat in wieder anderen Fällen überhaupt keine Auswirkungen auf den Wert des Rechts, je nachdem, welche sonstigen Bedingungen erfüllt sind. Zum Beispiel könnte es sein, dass die Positivität einem Gesetz nur dann zusätzlichen Wert verleiht, wenn es bereits in irgendeiner anderen Hinsicht wertvoll ist. Ich vertrete diese Position nicht, sondern sage nur, dass die Wahrheit von (RP*) zumindest unterstellt werden muss, um über diese Position überhaupt diskutieren zu können. Dies zeigt, warum Rechtsphilosophen die Positivität rechtlicher Normen als evaluativ wichtig einstufen, ohne deshalb zu der durch (RP*) inspirierten, aber nicht in (RP*) enthaltenen These (PF) prädisponiert zu sein.

B. Rechtsstaatlichkeit

Rechtspositivisten werden manchmal darüber identifiziert, dass sie das Ideal der Rechtsstaatlichkeit gegenüber anderen Idealen des Regierens besonders betonen. Zweifellos ist dies bisweilen nur eine andere Art zu sagen, dass Rechtspositivisten bezüglich des Rechts relativ enthusiastisch sind, insofern sie einen gewissen inhärenten Wert in Rechtsnormen *als* gesetzten Normen ausmachen. Dies ist der halbe Mythos, den wir in Abschnitt (A) schon betrachtet haben und der sich die zusätzliche These (PF) zu eigen macht. Aber wenigstens manchmal soll die Verbindung von Rechtspositivismus und Rechtsstaatlichkeit offenbar einen anderen Punkt nahelegen, der (PF) nicht beinhaltet. Die Verbindung soll dann nahelegen, dass Rechtspositivisten Gesetze nach Maßgabe ihrer Form (z. B. ihrer Klarheit, Bestimmtheit, Prospektivität, Allgemeinheit und Offenheit) und nicht ihres Inhalts (z. B. welchen Einkommenssteuersatz sie festsetzen oder welche Beschränkungen der Meinungsfreiheit sie autorisieren) bewerten. Die Bezeichnung »Rechtsstaatlichkeit« dient dann dazu, auf das letztere Bündel »inhaltsunabhängiger« evaluativer Kriterien zu verweisen.[18]

Die verschiedenen Irrtümer, die diesem Mythos zugrunde liegen, sind schwer zu entwirren. Dank der nachlässigen, vielfältigen

18 Siehe z. B. Hugh Collins, »Democracy and Adjudication«, in: Neil MacCormick, Peter Birks (Hg.), *The Legal Mind*, Oxford 1986), S. 67 f.; Kenneth Winston, »Constructing Law's Mandate«, in: David Dyzenhaus (Hg.), *Recrafting the Rule of Law*, Oxford 1999, S. 290 ff.

Zwecken dienenden Weisen, auf die Juristen mit dem Wort »formal« um sich werfen, wird die soeben getroffene Unterscheidung zwischen der Form eines Gesetzes und seinem Inhalt oft mit der Unterscheidung gleichgesetzt, die in (RP*) zwischen quellenbasierten Kriterien normativer Gültigkeit und wertbasierten Kriterien getroffen wird. Das hat zur Folge, dass diejenigen, die meinen, Normen seien aufgrund ihrer Quellen und nicht aufgrund ihrer Werte rechtlich gültig, mit denen zusammengepfercht werden, die meinen, dass Normen aufgrund ihrer Form und nicht aufgrund ihres Inhalts rechtlich gültig seien.[19] Dieses Zusammenpferchen ist konfus. Während die erstere die durch (RP*) erfasste rechtspositivistische Position ist, ist die letztere eine klassische *anti*rechtspositivistische Position, die häufig (zu Recht oder zu Unrecht) mit Lon Fuller in Verbindung gebracht wird.[20] Eine Norm aufgrund ihrer formalen Werte anstatt aufgrund ihrer inhaltlichen Werte für rechtlich gültig zu halten bedeutet gleichwohl, sie aufgrund ihrer Werte für gültig zu halten, und dies bringt einen auf Kollisionskurs mit (RP*).

Hart verdeutlicht diesen Punkt in einer Passage am Ende seines Werks *Der Begriff des Rechts*.[21] Leider hat Hart bezüglich desselben Punkts später Verwirrung gestiftet, indem er suggerierte, dass rechtliche Gründe (einschließlich rechtlicher Normen) sich dadurch auszeichnen, dass sie inhaltsunabhängige Gründe seien.[22] Anders als moralische und ökonomische Normen könne ihre Gültigkeit nicht durch ihren Inhalt beeinflusst werden. Damit legte Hart eine falsche Fährte, die noch heute sichtbar ist.[23] Die Gültig-

19 Siehe z.B. Ronald Dworkin, *Taking Rights Seriously*, London 1977, S. 17: »die rechtsgültigen Kriterien der Rechtspositivisten haben »nichts mit [dem] Inhalt [von Normen], sondern mit... der Art, in der sie angenommen oder entwickelt wurden, zu tun«.

20 Vgl. Fuller, »Positivism and Fidelity to Law. A Reply to Professor Hart«, in: *Harvard Law Review* 71 (1958), S. 630 [S. 101 in diesem Band]. Ich füge hier »zu Recht oder zu Unrecht« ein, weil Fuller wohl überhaupt nicht von den Bedingungen rechtlicher Geltung spricht und somit nicht mit (RP*) befasst ist. Wovon er aber spricht, sind die Bedingungen, unter denen (zugegebenermaßen geltendes) Recht keinen Respekt seitens der Staatsbeamten verdient.

21 Hart, *Der Begriff des Rechts*, S. 285-290.

22 Siehe Hart, »Commands and Authoritative Legal Reasons«, in: *Essays on Bentham*, Oxford 1982, S. 243, 254 f.

23 Ich zweifle den Wert der Idee der Inhaltsunabhängigkeit für die Formulierung

keit von Rechtsnormen *kann* von deren Inhalt abhängen, solange sie nicht von den *Werten* des Inhalts abhängt. Dass eine bestimmte Autorität nur dazu befugt ist, das Strafrecht zu ändern, bedeutet, dass von dieser Autorität ergriffene Maßnahmen, die neue zivilrechtliche Deliktformen zu schaffen behaupten, kraft ihres Inhalts keine gültigen rechtlichen Gründe erzeugen. Umgekehrt, und aus demselben Grund, kann die Gültigkeit von Rechtsnormen auch dann nicht von ihren Werten abhängen, wenn ihr Wert nicht in ihrem Inhalt, sondern in ihrer Form liegt, z. B. in dem Maß, in dem sie Standards der Rechtsstaatlichkeit genügen. Um auf den entscheidenden Punkt zu kommen: Hart hätte sagen sollen, dass rechtliche Gründe (einschließlich rechtlicher Normen) Gründe einer spezifisch *wert*unabhängigen Art sind. Sie beziehen ihre rechtliche Gültigkeit aus ihren Quellen, nicht aus ihren Werten, und mit ihren Werten sind in diesem Zusammenhang nicht nur die Werte ihres Inhalts, sondern auch die Werte ihrer Form gemeint (sowie die Werte der Person bzw. der Menschen, die sie zu machen vorgeben, oder die Werte des Systems, innerhalb dessen sie vorgeblich gemacht wurden usw.). Folglich ist, wie Hart in seinem früheren Austausch mit Fuller korrekt erklärt hatte, eine Rechtsnorm, die retroaktiv, radikal unbestimmt und bar jeder Allgemeinheit und somit gemessen am Ideal der Rechtsstaatlichkeit auf dramatische Weise defizitär ist, *als* rechtliche Norm nicht weniger gültig als eine, die prospektiv, bewundernswert genau bestimmt und völlig allgemein ist.[24]

und Lösung anderer philosophischer Probleme nicht an. So hilft diese Idee (wie Hart anmerkt) dabei, den Unterschied zwischen Normen und anderen Gründen zu erhellen. Ausgreifendere (aber meines Erachtens erfolglose) Einwände gegen den philosophischen Wert der Idee der Inhaltsunabhängigkeit finden sich bei P. Markwick, »Law and Content-Independent Reasons«, in: *Oxford Journal of Legal Studies* 20 (2000), S. 579.

24 Widerspricht aber dieses Bestehen auf der Möglichkeit rechtlicher Geltung ohne Konformität bezüglich Rechtsstaatlichkeit nicht Harts in Fn. 13 bereits erwähnter Auffassung, dass alle Gesetze (verstanden als Regeln und nicht bloß als Normen) ein eingebautes Element der Allgemeinheit haben? Nein. Denn wie wir gesehen haben, wirkt sich das Fehlen dieses Elements der Allgemeinheit Hart zufolge auf die rechtliche Geltung keiner Norm aus. Es wirkt sich nur darauf aus, ob es sich um ein geltendes Gesetz im Unterschied zu einer rechtlich gültigen Norm nichtallgemeinen Typs handelt (z. B.: Tice muss Summers $50 zahlen). Wie dem auch sei, die rechtliche Geltung einer Norm hängt von seiner Quelle und nicht von seiner Allgemeinheit ab. Außerdem fällt die minimale Allgemeinheit, die zum

Die Verwechslung der Unterscheidung zwischen Form und Inhalt mit der Unterscheidung zwischen Quelle und Wert wird in vielen Diskussionen des Verhältnisses zwischen Rechtspositivismus und Rechtsstaatlichkeit durch eine Vielzahl anderer Verwirrungen verschlimmert. Im Hintergrund solcher Diskussionen scheint oft die weitere Annahme zu stehen, dass die geeigneten Weisen der Bewertung jedweder Norm durch die Bedingungen ihrer Gültigkeit vorgegeben werden. Wenn wir demnach annehmen, dass alle Bedingungen rechtlicher Gültigkeit quellenbasiert sind, so sind wir auf quellenbasierte Kritiken am Recht beschränkt; wenn wir uns für »formale« Bedingungen rechtlicher Gültigkeit aussprechen, so sind wir auf »formale« Kritiken am Recht beschränkt usw. Aber warum sollte das so sein? Es impliziert, dass die einzige Kritik an einer mutmaßlichen Rechtsnorm, die man sachgemäß vorbringen kann, darin besteht, dass sie rechtlich ungültig ist. Aber dies ist nicht nur nicht die einzige sachgemäße Kritik einer mutmaßlichen Rechtsnorm, *es muss überhaupt keine Kritik sein.* Zuzugeben, dass eine Norm rechtlich gültig ist, ist nicht unvereinbar mit der Überzeugung, dass diese Norm vollkommen wertlos ist und durchgängig angegriffen, gemieden, ignoriert oder verspottet werden sollte. Man kann – unabhängig von der normativ inerten These (RP*) – substantielle moralische Debatten darüber führen, welche Einstellung man gegenüber rechtlich gültigen Normen haben sollte. Dabei steht das ganze Spektrum möglicher Einstellungen zur Wahl. Erinnern wir uns an die Anarchisten, denen wir oben begegnet sind und die so weit gingen, den Umstand, dass eine Norm gesetzt ist, gerade als Grund dafür anzusehen, sie anzugreifen, zu meiden, zu ignorieren oder zu verspotten. Selbst für positivitätsfreundliche Rechtspositivisten, die (RP*) mit (PF) kombinieren und schlussfolgern, dass rechtlich gültige Normen notwendig einen bestimmten Wert haben, ist dies dennoch nur ein *bestimmter* Wert. Er steht nicht der Möglichkeit im Wege, dieselbe Rechtsnorm aufgrund ihrer vielen hervorstechenderen und wichtigeren *Schwachstellen* anzugreifen, zu meiden, zu ignorieren oder zu verspotten. Diese

Erreichen von »Regelhaftigkeit« erforderlich ist, klarerweise deutlich hinter das Maß an Allgemeinheit zurück, das von jeder glaubhaften Version des Ideals der Rechtsstaatlichkeit erwartet wird. Man kann sich nicht bloß aufgrund der Tatsache, dass die von einem selbst gemachte Norm eine Regel war, dazu gratulieren, der Allgemeinheitsklausel der Rechtsstaatlichkeit genügt zu haben.

Schwachstellen können offenkundig sowohl ihren Inhalt (z. B. welchen Einkommensteuersatz sie festsetzt oder welche Beschränkungen der Meinungsfreiheit sie autorisiert) als auch ihre Form betreffen (z. B. ihre Unklarheit, Unbestimmtheit, Retroaktivität, mangelnde Allgemeinheit und Undeutlichkeit).

Und warum sollten, um eine letzte Verwirrung unter diesem Punkt abzuhandeln, diese letzten beiden Dimensionen der Kritik als Konkurrenten betrachtet werden? Zu glauben, dass Unklarheit, Ungewissheit, Retroaktivität, mangelnde Allgemeinheit, Mangel an Publizität usw. Schwachstellen einer Rechtsnorm sind, bedeutet nicht, zu leugnen, dass weitere Schwachstellen im Inhalt derselben Norm bestehen (z. B. dass sie einen zu niedrigen Einkommenssteuersatz oder einen zu geringen Schutz der Meinungsfreiheit festsetzt). Ebensowenig bedeutet es, dass man die ersteren Schwachstellen für wichtiger hält als die letzteren. Man kann zwar sehr wohl meinen, dass die letzteren Schwachstellen gewissermaßen *eigentümlicher rechtliche* Schwachstellen sind als die anderen. Als Anhänger von (RP*) ist man darauf festgelegt, Hart darin zuzustimmen, dass die Frage, ob das Recht den rechtsstaatlichen Werten gerecht wird, die Fuller als die »interne Moral des Rechts« bezeichnet hat, nicht zu den Bedingungen der rechtlichen Gültigkeit einer Norm zählen kann. Aber solange sie nicht zu den Bedingungen der rechtlichen Gültigkeit irgendeiner Norm gezählt werden, hält einen nichts davon ab, mit Fuller darin übereinzustimmen, dass diese Werte die besondere interne Moral des Rechts ausmachen und das Recht mit spezifischen eigenen Zielsetzungen und Imperativen ausstatten.[25] Der Rechtspositivismus ist schließlich keine umfassende Theorie über das Wesen des Rechts. Er ist eine These über rechtliche Gültigkeit, die mit allen möglichen weiteren Thesen bezüglich des Wesens des Rechts kompatibel ist, einschließlich der These, dass alles gültige Recht seinem Wesen nach speziellen moralischen Zielsetzungen und Imperativen unterliegt. Von dieser These aus ist es jedoch ein weiter Weg zu der Schlussfolgerung, dass gültiges Recht *nur* seinen eigenen speziellen Zielsetzungen und Imperativen Rechenschaft schuldet und nicht dem Rest der Moral. Eine glaubwürdigere Annahme besagt, dass die interne Moral des Rechts, wenn es eine hat, *zusätzliche* moralische Zielsetzungen und Imperative

25 Siehe Hart, *Der Begriff des Rechts*, S. 285.

hinzufügt, denen Rechtsnormen gerecht zu werden haben und die über die gewöhnlichen moralischen Zielsetzungen (z. B. das Zufügen von Leid zu vermeiden, seine Adressaten nicht zu täuschen) *hinausgehen*, der jede Praxis oder Aktivität ganz selbstverständlich gerecht werden sollte. Natürlich kann dieses Hinzufügen zusätzlicher moralischer Zielsetzungen und Imperative zusätzliche Konflikte erzeugen. Manchmal können dementsprechend Gesetze mit wertvollem Inhalt durch den Umstand moralisch fragwürdig werden, dass es nicht möglich ist, sie hinreichend klar, bestimmt, prospektiv, allgemein oder publik zu machen. Deshalb – so viel ist wahr – kann das Verfolgen anderer vernünftiger Ideale des Regierens manchmal durch das Festhalten am Ideal der Rechtsstaatlichkeit behindert werden.

Das ist jedoch kein Grund zu denken, dass diejenigen, die das Ideal der Rechtsstaatlichkeit vertreten, nicht auch auf potentiell damit konfligierende Ideale des Regierens festgelegt seien, dass sie potentiell konfligierende Ideale automatisch als untergeordnet ansehen würden oder dass sie nicht meinten, das Recht sei auch auf andere Ideale als auf das spezialisierte Ideal der Rechtsstaatlichkeit verpflichtet.[26] Insbesondere hat keine der führenden Figuren der rechtspositivistischen Tradition irgendeine der dieser ähnelnden Ansichten vertreten. Und selbst wenn es so gewesen wäre, hätte dies aus den genannten Gründen keinen philosophischen Bezug zu der Tatsache haben können, dass sie Rechtspositivisten waren.

C. Positivistische Rechtsprechung

Manche meinen, Rechtspositivisten seien auf eine spezifische Auffassung bezüglich der richtigen Art des Entscheidens von Fällen festgelegt, nach der Richter in ihren Entscheidungen Wert- und Gerechtigkeitserwägungen – die Meriten des Falls – außer Betracht lassen sollten. Diese Schlussfolgerung ergibt sich generell aus der Kombination der Befürwortung von (RP*) mit der weitverbreiteten Annahme, dass Richter unter einer Berufspflicht (d. h. einer

26 Friedrich von Hayek hat sich sehr für die Auffassung stark gemacht, dass eine Verpflichtung auf Rechtsstaatlichkeit die Unterdrückung aller anderen Ideale des Regierens und des Rechts erfordert; vgl. F. Hayek, *The Road to Serfdom*, London 1944, S. 54 ff. Von Hayeks diesbezügliche Argumente waren jedoch durchgehend fehlerhaft.

rollenbasierten moralischen Verpflichtung) stehen, Fälle nur durch Anwendung gültiger Rechtsnormen zu entscheiden.[27] Diese letztere Annahme wird jedoch im Allgemeinen von Rechtspositivisten nicht geteilt, sie wird sogar von einigen der führenden Figuren der Tradition bestritten. Am einfachsten kann man sie bestreiten, indem man sich auf ihre systematische und unvermeidliche Kollision mit einer anderen Berufspflicht von Richtern stützt, nämlich deren Verpflichtung, sich nicht zu weigern, jeden beliebigen Fall zu entscheiden, der ihnen vorgelegt wird und in ihrer Zuständigkeit liegt. Wenn Richter kraft ihres Berufes daran gebunden sind, Fälle nur durch Anwendung gültiger Rechtsnormen zu entscheiden, so das Argument, dann gibt es notwendig Fälle, die zu entscheiden sie sich weigern sollten, da es notwendig Fälle gibt, die nicht allein durch Anwendung gültiger Rechtsnormen entscheidbar sind. Dies wiederum liegt gerade an der Positivität von Rechtsnormen. Es gibt inhärente Grenzen der Fähigkeit von Akteuren, zukünftige Fälle zu antizipieren, in denen sich andere auf die von ihnen geschaffenen Normen berufen könnten, und diese Normen so zu gestalten, dass umfassend festgelegt ist, auf welche Fälle sie anzuwenden sind.[28] Insofern Rechtsnormen von Akteuren geschaffen werden – d. h. insofern sie derart gesetzte Normen sind, wie (RP*) es besagt –, erzeugen diese inhärenten Grenzen unweigerlich einige Lücken im Recht.

Wenn ich hier von »Lücken« spreche, meine ich nicht, dass das Recht bezüglich einiger Fälle schweigt. Schließungsregeln (wie »Alles, was das Recht nicht verbietet, erlaubt es«) sind bestens geeignet, ein solches Schweigen des Rechts zu verhindern.[29] Die Lücken, an die ich hier denke, entstehen vielmehr (i) in Fällen, in denen eine gegebene Rechtsnorm weder einschlägig noch uneinschlägig,

27 Vgl. Dworkin, *Law's Empire*, S. 6-8.

28 Wie Hart in Hart, *Der Begriff des Rechts*, S. 144-155, ausführlich erklärt.

29 Vgl. Kelsens Leugnung der Möglichkeit rechtlicher Lücken im Sinne eines Stillschweigens in »On the Theory of Interpretation«, in: *Legal Studies* 10 (1990), S. 127, 132. Wie Kelsen richtig anmerkt, liefert die deontische Logik automatische Schließungsregeln für Fälle, in denen es das Recht nicht tut. Da diese Standardlösungen nicht kraft ihrer Quellen gültig sind, sondern notwendige Wahrheiten sind, sind sie gemäß (RP*) nicht als rechtliche Normen gültig. Dies erinnert uns daran, dass die Auffassung, nach der Richter nur gültige Normen anwenden sollten, in einer Hinsicht absurd ist. Sie müssen wenigstens auch die Normen der Logik anwenden, die kraft ihrer (intellektuellen) Werte gültig sind.

sondern vielmehr in ihrer Anwendung unbestimmt ist, und (ii) in Fällen, in denen gültige Rechtsnomen so konfligieren, dass zwei konkurrierende Normen (z. B. eine, die eine bestimmte Handlung verbietet, und eine andere, die dieselbe Handlung erfordert) beide zugleich einschlägig sind und es keine dritte Rechtsnorm gibt, die den Konflikt auflöst. Keine Schließungsregel, so ausgefeilt sie auch sein mag, kann garantieren, diese letzteren Arten von Lücken auszuschließen.[30] Aufgrund der Positivität des Rechts sind sie ihm in allen Rechtssystemen eingeschrieben. Dies macht es unvermeidlich, dass Richter, wenn sie alle Fälle entscheiden müssen, die auf gültige Weise an sie herangetragen werden, manchmal über die bloße Anwendung gesetzter (einschließlich rechtlicher) Normen hinausgehen müssen. Und wenn sie schon alle normativen Ressourcen gesetzter Normen ausgeschöpft haben, worauf sollen sie sich dann stützen, wenn nicht auf die Meriten des Falls und somit auf die diversen Normen, die *nunmehr* gesetzt werden könnten, um ihn zu lösen?

Das hier gezeichnete Bild – das sich hauptsächlich den Arbeiten von Hart und Raz zuschreiben lässt, aber auch Kelsen etwas verdankt – macht Rechtspositivisten zu den natürlichen Feinden der mythologischen »rechtspositivistischen« Auffassung, nach der Richter den Meriten von Fällen beim Entscheiden keine Beachtung schenken sollten. Ohne Richter von der Anforderung zu entbinden, jeden auf gültige Weise vorgebrachten Fall zu entscheiden, kommen Rechtspositivisten nicht umhin, Richtern die Rolle zuzuschreiben, wenigstens manche Fälle zumindest teilweise aufgrund ihrer Werte zu entscheiden, und von ihnen zu erwarten, dass sie über die Aufgabe hinausgehen, bloß gültiges Recht anzuwenden. Dies verdeutlicht den wichtigen Umstand, dass quellenbasierte und wertbasierte Normen angesichts des ganzen Spektrums menschlicher Entscheidungen dazu neigen, die Dienste der jeweils anderen häufig in Anspruch zu nehmen. Wenigstens manchmal ist es gerechtfertigt, sich auf quellenbasierte Normen zu stützen, weil dies einen Weg zur Lösung von Fällen eröffnet, die allein auf Basis ihrer Meriten nicht vollständig gelöst werden können. Von jeder Warte aus liefert dies wenigstens einen Teil der Rechtfertigung dafür, Rechtssysteme zu haben. Es ist dieser Umstand, wie wir uns erin-

30 Vgl. Joseph Raz, *The Authority of Law*, S. 70 ff.

nern, den die Positivitätsfreunde aufblähen, um ihre Schlussfolgerung zu erhalten, dass alle Gesetze allein kraft ihrer Positivität einen gewissen Wert haben. Was sie weniger oft bemerken, ist jedoch, dass der umgekehrte Punkt mit ähnlicher Kraft und aus ähnlichen Gründen ebenfalls zutrifft. Wenigstens manchmal ist es gerechtfertigt, sich auf manche oder alle Werte eines Falls zu stützen, weil dies einen Weg eröffnet, Fälle zu lösen, die gemäß den einschlägigen quellenbasierten Normen nicht vollständig gelöst werden können. Daraus ergibt sich nicht notwendig ein fortwährendes Weiterreichen der Verantwortung zwischen den beiden Arten von Normen. Die quellenbasierten Normen können offenkundig das Problem so weit eingrenzen, dass es dann auf Basis der Meriten gelöst werden kann, obwohl es ohne den Eingriff quellenbasierter Normen nicht auf dieser Basis lösbar gewesen wäre.

Dieser Vorschlag legt eine Abwandlung des hier betrachteten Mythos nahe. Sind Rechtspositivisten vielleicht wenigstens auf die Auffassung festgelegt, dass Richter Fälle *nach Möglichkeit* durch Anwendung quellenbasierter Normen entscheiden sollen? Sollten Richter nur im Notfall zur Entscheidung aufgrund der Meriten greifen, wenn Rechtsnormen den Gegenstand nicht regeln? Dieser Gedanke ist moralisch recht attraktiv, aber auch er hat keine natürliche Affinität zum Rechtspositivismus. Wie oben erklärt, ist (RP*) normativ inert. Jene These besagt nur, dass die Normen, die Richter anwenden sollen, insofern sie bei Fallentscheidungen Rechtsnormen anwenden sollen, quellenbasierte Normen sind. Das lässt jedoch die umstrittene Frage völlig offen, ob und wann Richter nur Rechtsnormen anwenden sollten. Wie es sich trifft, sind manche Rechtspositivisten – hier denkt man insbesondere an Bentham – begeistert von der Idee, die Rolle von Richtern bei der Fortbildung des Rechts zu begrenzen.[31] Es wäre dieser Bentham'schen Auffassung nach besser, wenn Richter sich so weit wie möglich auf die bloße Rechtsanwendung beschränkten und rechtsetzende Aktivitäten im Großen und Ganzen der Legislative überließen. Spielt (RP*) für diese Auffassung irgendeine Rolle? Nein. Benthams Präferenz dafür, dass die Legislative Recht setzt und Richter es anwenden, ist

31 Siehe Gerald Postema, *Bentham and the Common Law Tradition,* S. 197, der folgende Bemerkung aus Benthams Manuskript zitiert: »[Kein] Grad der Weisheit … kann es für einen Richter zweckdienlich machen … von bereits etablierten Regeln abzuweichen.«

tatsächlich vollständig unabhängig von seinem Rechtspositivismus. Man könnte ebensogut Rechtspositivist und begeisterter Anhänger der Idee sein, dass Richter die hauptsächlichen Rechtsetzer sind. Überdies ändert sich in dieser Hinsicht nichts, wenn man zusätzlich (PF) vertritt. Anders als (RP*) ist (PF) offensichtlich nicht normativ inert. (PF) hat sogar, für sich genommen, Implikationen dafür, was manche Menschen manchmal tun sollten. Dies führt uns aber kein bisschen näher an die Konklusion heran, dass Legislativen Recht setzen und Richter es soweit möglich nur anwenden sollten. Denn wie (RP*) ist auch (PF) völlig indifferent bezüglich legislativer und judikativer Quellen.[32] (PF) besagt, dass die *Positivität* von Rechtsnormen diese mit einem bestimmten Wert ausstattet, was auch immer ihre Schwachstellen sind. Wenn es wirklich die *Positivität* von Rechtsnormen ist, die sie mit diesem angeblichen Wert (und nicht mit einem anderen Merkmal) ausstattet, dann bleibt dieser Wert notwendig konstant zwischen legislativ gesetzten und von Richtern geschaffenen Rechtsnormen. Denn von Richtern geschaffene Rechtsnormen sind nicht weniger gesetzt als ihre legislativen Gegenstücke. Dies wird eben durch den Gedanken anerkannt, dass von Richtern geschaffenes Recht von Richtern *geschaffen* ist, das heißt, dass es rechtlich gültig ist, weil ein (oder mehrere) Richter es zu einer relevanten Zeit und an einem relevanten Ort bekannt gegeben, angewendet, angeführt, durchgesetzt, verteidigt oder sich auf andere Weise damit auseinandergesetzt haben.

D. Richterliche Gesetzgebung

Der Rechtspositivismus spricht sich gegen die Annahme aus, dass Richter nur und immer gültige Rechtsnormen anwenden sollten. Dies wird zuweilen als Grund dafür angesehen, den Rechtspositivismus abzulehnen. Dieser Vorschlag bildet den Kern von Ronald Dworkins erster Kritik an Harts Arbeiten. Dworkin stimmte mit Hart darin überein, dass Richter nicht umhinkönnen, wenigstens

32 Diese Aussage bleibt wahr, wenn sie zu der These umformuliert wird, dass »das Recht so sein sollte, dass rechtliche Entscheidungen ohne Einsatz moralischen Urteilsvermögens getroffen werden können«. Vgl. Jeremy Waldron, »The Irrelevance of Moral Objectivity«, in: Robert George (Hg.), *Natural Law Theory*, Oxford 1992. Richter können genauso sehr dabei helfen, auf diese Weise Recht zu gestalten, wie Gesetzgeber es können.

manche Fälle zumindest zum Teil aufgrund ihrer Meriten zu entscheiden. Er weigerte sich jedoch zuzugestehen, dass dies möglicherweise etwas anderes sein könnte, als gültige Rechtsnormen anzuwenden. Täten sie irgendetwas anderes, als gültige Rechtsnormen anzuwenden, dann wären sie Teilzeitgesetzgeber, meinte Dworkin, womit die wichtige Lehre von der Gewaltenteilung zwischen Legislative und Judikative in Schutt und Asche gelegt würde. Es würde zudem das Recht dazu verurteilen, gegen das rechtsstaatliche Verbot rückwirkender Gesetzgebung zu verstoßen, denn Richter würden von ihnen selbst geschaffenes Recht dann notwendigerweise rückwirkend auf die zu entscheidenden Fälle anwenden. Aus diesen beiden Gründen sah sich Dworkin zur Ablehnung von (RP*) gezwungen. Daraus zog er bekanntermaßen den Schluss, dass die Gültigkeit *mancher* Rechtsnormen von ihren Werten statt von ihren Quellen abhängt. Seiner Auffassung nach hängt sie von ihrer Qualität als moralische Rechtfertigung anderer (quellenbasierter) Rechtsnormen ab.[33]

Selbst wenn wir diese Prämissen zugestehen, sind wir vielleicht doch über die Schlussfolgerung erstaunt. Warum sollte der Umstand, dass das Recht bestimmten Idealen unvermeidlich nicht gerecht würde, wenn (RP*) wahr wäre, eher ein Grund für die Ablehnung von (RP*) sein als ein Grund dafür, zuzugeben, dass das Recht unvermeidlich bestimmten Idealen nicht gerecht wird, oder vielleicht ein Grund dafür, sich zu fragen, ob man die Ideale selbst übermäßig aufgebauscht hat?[34] Lassen wir diesen bekannten

33 Siehe Ronald Dworkin, *Taking Rights Seriously*, Kapitel 2 [S. 193 in diesem Band]. Ich übergehe hier die weitere und davon unabhängige Behauptung, der zufolge quellenbasierte rechtliche Normen »Regeln« und wertbasierte Normen »Prinzipien« sind. Hart verwendete das Wort »Regel« in seinem gewöhnlichen Sinn, in dem es schlicht »allgemeine Norm« bedeutet. Prinzipien sind allgemeine Normen und zählen daher in Harts Sinn als Regeln. Demgegenüber hat Dworkin dem Ausdruck »Regeln« eine besondere technische Bedeutung gegeben: Sie sind allgemeine Normen, die nicht mehr oder weniger gewichtig sein können. Seine Behauptung, nach der alle quellenbasierten Normen in diesem besonderen technischen Sinn Regeln sein müssen, ist irrig. Quellenbasierte Normen sind mehr oder weniger gewichtig, je nach der Wichtigkeit ihrer Quelle: eine vom Obersten Gerichtshof stammende Norm hat größeres Gewicht als eine von einem Berufungsgericht stammende usw.

34 Zu von (RP*) unabhängigen Gründen für die Auffassung, dass Recht unvermeidlich hinter das wohlverstandene Ideal der Rechtsstaatlichkeit zurückfällt, siehe meinen Beitrag »Rationality and the Rule of Law in Offences Against the

Einwand gegen Dworkins Schlussfolgerung jedoch einmal beiseite. Ich will stattdessen seine Prämisse in den Blick nehmen, derzufolge (RP*) – wenigstens nach Harts Verständnis – Richter zu Teilzeitgesetzgebern macht. Darin begegnen wir einem neuen Mythos, der manchmal, in Verbindung mit dem in Abschnitt (C) behandelten Mythos, hervorgekarrt wird, um eine Art Zangenangriff gegen die Rechtspositivisten als Gruppe auszuführen. Entweder Rechtspositivisten meinen, dass Richter Fälle nicht aufgrund von deren Meriten entscheiden sollten (absurd!), oder sie legen sich auf die Ansicht fest, dass Richter Teilzeitgesetzgeber sind (untragbar!).

Dieser neue Mythos – Dworkins Mythos – rührt von der irrtümlichen Annahme her, dass jedwede Rechtsetzung notwendig *legislative* Rechtsetzung ist. Es ist angebracht, darauf hinzuweisen, dass Hart zu dieser irrtümlichen Annahme versehentlich ermutigt hat. Er schrieb, dass dann, wenn ein Fall nicht allein durch die Anwendung gültiger Rechtsnormen entschieden werden kann, der Richter einen »Ermessensspielraum« habe, den Fall auf die eine oder andere Weise zu entscheiden.[35] Streng genommen, trifft das zu. *Ex hypothesi* ist das Resultat eines solchen Falls rechtlich nicht geregelt, was das Resultat rechtlich gesehen zu einer Ermessenssache macht. Doch ist die Rede von einem »Ermessensspielraum« hier auch irreführend. Sie legt nahe, dass eine Richterin dazu berechtigt ist, im Einklang mit ihren Berufspflichten rechtliches Überlegen beiseitezulassen und stattdessen einfach moralisch oder ökonomisch oder ästhetisch zu überlegen, oder sogar überhaupt nicht mehr zu überlegen und sich schlicht nach ihrem Bauchgefühl, einem Münzwurf usw. zu richten. Rechtliches Überlegen jedoch auf diese Weise aufzugeben wäre, zumindest in dieser frühen Phase des Spiels, zugegebenermaßen eine Verletzung der Berufspflichten der Richterin. Denn Richterinnen haben sicherlich eine Berufspflicht, ihre Entscheidungen auf dem Wege rechtlichen Überlegens zu treffen. Auch bei einem Fall, der allein durch die Anwendung bestehender Rechtsnormen nicht entschieden werden kann, ist es möglich,

Person«, in: *Cambridge Law Journal* 53 (1994), S. 502. Zu von (RP*) unabhängigen Gründen für die Auffassung, dass manche das Ideal der Rechtsstaatlichkeit übertreiben und deshalb Konformität als Verstoß lesen, vgl. Timothy Endicott, »The Impossibility of the Rule of Law«, in: *Oxford Journal of Legal Studies* 19 (1999), S. 1. [S. 540 in diesem Band].

35 Vgl. Hart, *Der Begriff des Rechts*, S. 152.

rechtliches Überlegen dazu zu nutzen, auf eine neue Norm zu kommen, die eine Entscheidung im fraglichen Fall ermöglicht (oder sie konstituiert), und diese Norm wird im Zuge desselben Vorgangs als neue Rechtsnorm anerkannt.

Offenkundig ist rechtliches Überlegen in diesem Fall nicht einfach ein Nachdenken darüber, welche Rechtsnormen bereits auf den Fall zutreffen. Es ist ein Überlegen, zu dessen übergeordneten oder operativen Prämissen die bereits gültigen Rechtsnormen zählen, das diese aber auf nichtredundante Weise in demselben Argument mit moralischen oder anderen wertbasierten Prämissen kombiniert. Um ein (rechtlich vereinfachtes) Beispiel zu geben: (1) Der *Civil Rights Act* von 1964 räumt jedem das Recht ein, mit Blick auf Dienstverhältnisse nicht aufgrund des Geschlechts diskriminiert zu werden (eine quellenbasierte Rechtsnorm); (2) einer Frau aufgrund ihrer Schwangerschaft eine Anstellung zu verweigern steht moralisch auf einer Stufe damit, sie aufgrund ihres Geschlechts zu diskriminieren, auch wenn es keine genaue männliche Vergleichsgröße zu einer schwangeren Frau gibt, welche die Verweigerung als geschlechterdiskriminierend im streng juristischen Wortsinn gelten lassen könnte (eine wertbasierte moralische These); folglich (3) haben Frauen ein Recht darauf, dass ihnen keine Anstellung aufgrund ihrer Schwangerschaften verweigert wird (eine neue Rechtsnorm); nun wird (4) Frau P durch D eine Anstellung aufgrund ihrer Schwangerschaft verweigert (bewiesene Tatsache); folglich (5) schuldet D P eine Anstellung (eine weitere, aber nichtallgemeine neue Rechtsnorm).

Dies ist ein klassisches Beispiel für rechtliches Überlegen. Natürlich habe ich hier einige mögliche Komplikationen beiseitegeschoben. Insbesondere habe ich konfligierende Rechtsnormen außer Acht gelassen, die das richterliche Erzeugen neuer Rechtsnormen durch diese Art von Überlegen blockieren würden. Wenn ein vorangegangener Gerichtsbeschluss mit (3) unvereinbare Normen etabliert, dann können die Regeln des *stare decisis*, die in dem fraglichen Rechtssystem gelten, Einfluss darauf haben, wozu eine Richterin, die mit den Tatsachen in (4) konfrontiert ist, rechtlich befähigt ist. Möglicherweise kann sie den früheren Beschluss aufheben. Oder vielleicht bietet sich ihr ein Spielraum, auf einen Unterschied zu der früheren Entscheidung zu verweisen, d. h. sich auf eine Norm zu stützen (und diese dadurch zu bestätigen), die enger als (3) und mit dem früheren Beschluss vereinbar ist, die aber dennoch den moralischen Gehalt von (2) widerspiegelt und gleichwohl (5) ergibt. Vielleicht auch nicht. Diese Fragen hängen von den lokalen Rechtsnormen ab, die ihre Kompetenz als Richterin festlegen. Diese Normen legen quellenbasierte Grenzen bezüglich der richterlichen Verwendung wertbasierten rechtlichen Überlegens fest. Unterschiedliche Rechtssysteme gehen unterschiedlich damit um, wenn eine Richterin diese Grenzen verletzt. Manche haben eine *Per-incuriam*-Lehre, ähnlich derjenigen des *Common Law*, die die rechtliche Geltung von Norm (3) aufhebt, Norm (5) aber rechtsgültig belässt, bis Berufung eingelegt wird. Anderswo kann es andere Lösungen geben. Die Möglichkeiten sind unendlich.

Aber nichts davon beeinträchtigt den zentralen Punkt. Der zentrale Punkt ist, dass das Überlegen von (1) zu (5) ein Beispiel für spezifisch rechtliches Überlegen ist – Überlegen *gemäß dem Recht* –, weil die bestehende Rechtsnorm in Prämisse (1) eine nichtredundante, aber auch nichtentscheidende Rolle in dem Argument spielt. Weil das bestehende Recht keine Entscheidung vorsieht, wird die Richterin letztlich notwendig eine neue Norm oder neue Normen (die freilich Abwandlungen bestehender Rechtsnormen sein können) bekanntmachen, anwenden, anführen, durchsetzen oder sich auf andere Weise damit auseinandersetzen, in diesem Fall die Normen in (3) und (5). Kraft (und gemäß) der rechtlichen Kompetenz der Richterin, Fälle in diesem Bereich zu entscheiden, werden diese neuen Normen im Verlauf rechtsgültig, wenigstens im Hinblick auf den aktuellen Fall. Wenn die Richterin an einem hinreichend übergeordneten Gericht sitzt, dann können die neuen Normen, abhängig von der Funktionsweise der lokalen *Stare-decisis*-Lehre, auch für den Zweck zukünftiger Fälle rechtsgültig werden, stets nach Maßgabe der künftigen richterlichen Kompetenzen, frühere Entscheidungen aufzuheben und Unterschiede festzustellen. Diese zukünftige Gültigkeit macht aber diese neuen Normen auch dann nicht zu legislativ geschaffenen Normen, wenn sie exakt dieselben Rechtsfolgen haben wie jene. Indem sie neue Rechtsnormen durch rechtliches Überlegen oder dem Recht gemäß schafft, spielt die Richterin eine andere Rolle als eine Legislative. Denn eine Legislative ist dazu berechtigt, neue Rechtsnormen aus vollständig nichtrechtlichen Gründen zu schaffen, d. h. ohne dass irgendwelche bestehenden Rechtsnormen in ihrem Überlegen operativ wären. Eine

Legislative ist dazu berechtigt, über ein Problem rein im Lichte seiner Meriten nachzudenken. Folglich kann sie Gesetze gegen die Verweigerung einer Anstellung aufgrund einer Schwangerschaft in Kraft setzen, ohne sich dafür auf die bestehenden Normen des *Civil Rights Act* (oder auf irgendwelche anderen spezifisch rechtlichen Materialien) stützen zu müssen. Nicht so die Richterin. Abgesehen von besonderen Umständen darf eine Richterin diese neue Rechtsnorm nur aus rechtlichen Gründen schaffen, d. h., indem sie sich beim Schaffen neuer Rechtsnormen auf bereits gültige stützt.

Dies ist nicht der einzige Unterschied zwischen legislativer und richterlicher Rechtsetzung, aber für unsere Zwecke ist es der wichtigste.[36] Dworkin mag einwenden, dass dies bloß Wortklauberei sei. Seine Argumente richteten sich gegen richterliche Rechtsetzung, könnte er sagen, ob wir sie nun »Gesetzgebung« nennen oder nicht. Das ist aber nicht wahr. Dworkins Argumente beruhten zum einen auf der moralischen Bedeutsamkeit der Gewaltenteilung und zum anderen auf dem rechtsstaatlichen Verbot der Rückwirkung. Nicht die Trennung zwischen Kompetenzen zur Rechtsetzung und Kompetenzen zur Rechtsanwendung ist unter dem Titel der Gewaltenteilung wirklich moralisch bedeutsam, sondern vielmehr die Trennung zwischen *legislativen* Kompetenzen zur Rechtsetzung (d. h. Kompetenzen, Gesetze ohne rechtliche Präzedens zu schaffen) und *judikativen* Kompetenzen zur Rechtsetzung (d. h. Kompetenzen, das Recht schrittweise unter Verwendung bestehender rechtlicher Ressourcen fortzuentwickeln). Entsprechend ist das einzige moralisch glaubwürdige rechtsstaatliche Verbot rückwirkender Gesetzgebung ein Verbot rückwirkender *Gesetzgebung* und nicht ein Verbot der rückwirkenden Änderung von Rechtsnormen auch dort, wo diese Änderung im Einklang mit dem Recht vorgenommen wird. Kurzum, die Unterscheidung, die ich zwischen Gesetzgebung und richterlicher Rechtsetzung getroffen habe und die bei weitem keine bloß verbale ist, ist in vielen moralischen (und manchen rechtlichen) Auseinandersetzungen von großer Bedeutung – insbesondere in den klassischen moralischen Auseinandersetzungen über Gewaltenteilung und Rechtsstaatlichkeit, auf die Dworkin selbst sich beruft.

Die Unterscheidung ist überdies vollständig konsistent mit

36 Er wird am umfassendsten erörtert von Joseph Raz, *Ethics in the Public Domain*, Oxford 1994, Kapitel 11 u. 13.

(RP*). Gemäß (RP*) beziehen Normen ihre rechtliche Geltung daraus, dass irgendjemand sich mit ihnen auseinandergesetzt hat. Wenn eine Richterin sich mit Normen auseinandersetzt, indem sie sie teilweise mit Blick auf andere Rechtsnormen verteidigt, ist dies eine solche Art von Auseinandersetzung. Sie unterscheidet sich auf zutiefst bedeutsame Weise von der legislativen Auseinandersetzung, die in der direkten (rechtlich nicht verteidigten) Bekanntmachung der Norm besteht. Es ist also ein Mythos, dass Rechtspositivisten an richterliche Gesetzgebung glauben müssen, sobald sie zustimmen, dass Rechtsnormen nicht jeden Fall entscheiden.

E. Auslegung

Manchmal deuten Kritiker an, und es wird von vielen Studierenden angenommen, dass Rechtspositivisten spezielle Methoden der Rechtsauslegung vorziehen müssen. Sie müssten zum Beispiel vertreten, dass die Auslegung nur die Ressourcen des Rechtstexts selbst verwenden darf[37] oder dass die Auslegung der ursprünglichen Absicht des Rechtsetzers zu folgen hat.[38] Warum ausgerechnet diese Auslegungsmethoden? Weil davon auszugehen ist, dass der Akt des Setzens, der eine Norm (RP*) zufolge rechtlich gültig macht, auch die damit validierte Norm identifizieren muss. Und es kann so scheinen, als gäbe es nur zwei Aspekte des setzenden Aktes, die für diese identifizierende Rolle geeignet sind: der Text, in dem die Norm gesetzt wird, und die Absicht des Akteurs, der sie setzt. Deshalb müssen sich Rechtspositivisten angeblich zwischen dem Hammer des »Textualismus« und dem Amboss des »Originalismus« entscheiden. So ungefähr will es die weitverbreitete Mythologie.

Ein vorläufiger, aber vielsagender Einwand dagegen, Rechtspositivisten vor diese »Friss oder stirb«-Wahl zu stellen, besagt, dass dies schon voraussetzt, dass die in (RP*) erwähnten rechtlich gültigen

37 Siehe z. B. Stanley Fish, »Wrong Again«, S. 309 f. Vgl. Ronald Dworkin, *A Matter of Principle*, Cambridge (MA) 1986, der freundlicherweise anmerkt, dass »nicht einmal« Rechtspositivisten diese »textualistische« Ansicht vertreten – obwohl das bei ihnen »besonders wahrscheinlich erschiene«! (Dworkin, *A Matter of Principle*, S. 37.)

38 Siehe z. B. Michael Freeman, »Positivism and Statutory Construction. An Essay in the Retrieval of Democracy«, in: Stephen Guest (Hg.), *Positivism Today*, Aldershot 1996, S. 11, 21.

Normen auf *artikulierte* Weise (d.h. mit Worten) und *absichtlich* (d.h. mit der Absicht, eine Norm zu setzen) gesetzt werden müssen. Aber dies ist keineswegs die geteilte Annahme derer, die von (RP*) überzeugt sind. Die »Befehls«-Versionen von (RP*), für die Bentham und Austin eintraten, machen sich zugegebenermaßen diese Annahme zu eigen. Aber Hart hat sich große Mühe gegeben, sich davon zu distanzieren. Er argumentierte (meines Erachtens erfolgreich), dass in allen Rechtssystemen wenigstens manche gültigen Rechtsnormen dadurch gesetzt und folglich validiert sind, dass sie praktiziert oder verwendet werden, und nicht dadurch, dass sie artikuliert werden, und dass die relevanten Verwendungen dieser Normen von den relevanten Verwendern nicht als normsetzende Akte betrachtet oder beabsichtigt sein müssen.[39] Aber auch diese Normen bedürfen häufig der Auslegung. Wenn dies so ist, was hieße es dann, sie »unter alleiniger Verwendung der Ressourcen des Texts selbst« oder »gemäß der ursprünglichen Absicht« auszulegen? Keiner dieser beiden Vorschläge ergibt Sinn. Also wird es andere Vorschläge zur Auslegung von durch die Praxis validierten Normen geben müssen, die Sinn ergeben. Warum sollte man diese anderen Vorschläge, wie auch immer sie lauten mögen, nicht auch auf artikulierte und absichtliche Akte der Rechtsetzung wie etwa die Gesetzgebung anwenden? Warum sollte man beispielsweise nicht alle diese Akte in ihrem normschaffenden Aspekt so auslegen, wie sie von anderen zu der Zeit ihrer Anwendung ausgelegt wurden (was weder auf eine textualistische noch auf eine originalistische Auslegung hinauslaufen müsste)? Dies erfüllt die Bedingung, dass der Setzungsakt, der gemäß (RP*) eine Norm rechtlich validiert, die dadurch validierte Norm auch identifizieren muss. Die Norm wird als diejenige Norm identifiziert, von der bestimmte Andere, die die fraglichen Setzungsakte beobachteten, meinten, es sei die dadurch geschaffene.

Der Grund, warum dies für Gesetzgebung und andere Akte absichtlicher Rechtsetzung nicht reicht, so könnte jetzt jemand sagen, ist der folgende: Um die Kompetenz zu haben, absichtlich Recht zu setzen – oder, wie man es bisweilen ausdrückt, um eine *Autorität* zu sein –, muss man sicherlich die Kompetenz haben, wenigstens zu einem gewissen Grad absichtlich zu bestimmen, welches Recht

39 Vgl. Hart, *Der Begriff des Rechts*, S. 135, 177 f.

man setzt.[40] Und dies erfordert sicherlich, dass die Auslegenden dem Glauben schenken, was man meinte (Originalismus), oder alternativ, dass sie allein auf die Wortwahl zur Mitteilung dessen achten, was man gemeint hat (Textualismus). Es kann nicht ausreichen, die Bestimmung darüber, welche Norm man geschaffen hat, vollständig Anderen zu überlassen, die den normsetzenden Akt beobachtet haben, indem man deren Auslegung gegenüber der eigenen für autoritativ erklärt. Aber *warum* soll das nicht ausreichen? Solange man einigermaßen feststellen kann, wie relevante Andere aufnehmen, was man sagt oder tut, kann man auch das, was man sagt oder tut, in Antizipation ihrer Lesarten anpassen. Wenn man feststellen kann, dass die relevanten Anderen zu einer perversen Sorte gehören, die unter »Katze« immer »Hund« verstehen, dann kann man die Hunde betreffenden Gesetze, die man schaffen will, dadurch schaffen, dass man ein Gesetz zur Regelung von Katzen erlässt. Über diesen Weg der Rückkopplung hat man die Fähigkeit, absichtlich zu bestimmen, welches Gesetz man erlässt, obwohl die Norm zur Auslegung dieses Gesetzes nicht auf die eigenen Absichten Bezug nimmt (d.h. nicht originalistisch ist) und dem Text eine sonderbare Bedeutung gibt (d.h. nicht textualistisch ist). All dies hängt allerdings von der Annahme ab, dass man mehr oder weniger verlässlich feststellen kann, wie die relevanten Anderen aufnehmen, was man gesagt oder getan hat. In einem Rechtssystem kann diese Bedingung jedoch normalerweise dadurch erfüllt werden, dass es (quellenbasierte) rechtliche Auslegungsregeln gibt. Auslegende (z.B. Richter) verwenden diese Regeln, und so können sich Gesetzgeber und Rechtsetzende im Vorhinein auf diese Regeln stützen, um herauszufinden, wie sie reden oder sich verhalten sollen, damit man ihnen später die Schaffung genau derjenigen rechtlichen Normen zuschreibt, die sie zu schaffen versucht haben.

Daher müssen sich die völlig verschiedenen Auslegungsnormen, die in verschiedenen Rechtssystemen eingeführt und angewendet werden, nicht in dem Maß der Fähigkeit unterscheiden, die sie Rechtsetzenden dazu verleihen, dem Recht, das sie setzen, Gestalt zu geben. Solange die lokalen Auslegungsnormen von den Rechtsetzenden (oder denen, die in ihrem Namen Gesetze und Urteile verfassen) erfasst werden können, kann den Gesetzen absichtlich

40 Vgl. J. Raz, »Intention in Interpretation«, in: Robert P. George (Hg.), *The Autonomy of Law,* Oxford 1996, S. 249, 256-260.

Gestalt gegeben werden, indem man antizipiert, wie sie von anderen ausgelegt werden, und sie entsprechend verfasst. Daraus folgt natürlich nicht, dass wir zwischen verschiedenen möglichen Auslegungsnormen indifferent sein sollten – dass wir uns beispielweise nicht darum kümmern sollten, ob die traditionelle britische strenge Auslegung von Gesetzestexten gegenüber dem lockereren amerikanischen Ansatz maßgebend ist. Möglicherweise sorgt einer dieser Ansätze für insgesamt bessere Gerichtsbeschlüsse als der andere, oder vielleicht ist keiner der beiden so gut wie ein dritter Ansatz, oder vielleicht wäre eine Mischung von Ansätzen am besten usw. Mein Punkt ist an dieser Stelle nur, dass *dieses Desiderat* – das Erreichen insgesamt besserer Gerichtsbeschlüsse – die richtige Grundlage dafür ist, Auslegungsnormen auszuwählen (und für rechtlich gültig zu erklären). Bei der Auswahl solcher Normen braucht man sich nicht von dem Bedürfnis hemmen zu lassen, eine besondere Rücksichtnahme auf die Worte oder Absichten des Rechtsetzenden einzubauen, weil diese sich dank der erwähnten Rückkopplungsschleife weitgehend von selbst ergibt, egal welche Norm man einführt oder anwendet.

Ich sage hier »weitgehend«, weil es natürlich einen Vorbehalt gibt. Da Gesetzgeber und andere Rechtsetzer nicht besser in die Zukunft sehen können als wir anderen, können sie ihr Rechtsetzen nur den Auslegungsnormen anpassen, die schon Verwendung finden oder vorgeschlagen wurden. Damit haben die eben genannten Erwägungen eine gewisse konservative Tendenz. Insoweit rechtsetzende Akteure bezüglich der von ihnen gesetzten Normen als *Autoritäten* behandelt werden sollen, gibt es einen Grund, auf jene Normen diejenigen Auslegungsnormen anzuwenden, die bekanntermaßen *zu der Zeit* anwendbar waren, *als sie gesetzt wurden.*[41] Aber wie bedeutsam ist diese Einschränkung? Man muss im Blick behalten, dass Rechtsnormen, auch wenn sie absichtlich gesetzt wurden, nicht von bloß einem Akteur auf einen Schlag gesetzt wurden. Sie wurden durch eine Folge rechtlicher Akte gesetzt. Wenn Menschen ihren Anwalt oder ihre Rechtsprofessorin fragen »Was sagt der Erste Zusatzartikel zu diesem Problem?«, dann wollen sie normalerweise den Fokus nicht auf die Norm beschränken, die durch die ursprüngliche Übereinkunft bezüglich des Textes im Jahre 1789

41 Raz, »Intention in Interpretation«, S. 271.

kreiert wurde. Sie wollen nach dem Recht des Ersten Zusatzartikels fragen, das die ursprünglichen Quellen von 1789 sowie die oft miteinander konfligierenden Erklärungen, Argumente und Praktiken unzähliger Richter in Fällen, die den Ersten Zusatzartikel betreffen, in den dazwischen liegenden Jahrhunderten umfasst. Da ein großer Teil der zwischenzeitlichen Rechtsetzung selbst absichtlich war, betrifft die Frage nicht nur die Behandlung des Kongresses von 1789 als Autorität, sondern auch die Behandlung des *Supreme Court* von 1926 als Autorität und insbesondere als Autorität bezüglich der Behandlung des Kongresses von 1789 als Autorität, und dann die Behandlung des *Supreme Court* von 1968 als Autorität bezüglich des Kongresses von 1789 und des *Supreme Court* von 1926, und bezüglich der rechtlich passenden Art, sie in Beziehung zu setzen, und so weiter. Daraus folgt, dass die begrenzten konservativen Implikationen des Prinzips des Verweises auf die Autorität so begrenzt sind, dass sie selten irgendeine wirklich moralische Besorgnis wert sind. Sie verweisen auf nichts in Richtung »Originalismus« oder »Textualismus«, begriffen als Auslegungslehren, die den Ersten Zusatzartikel oder den *Civil Rights Act* zum Zeitpunkt ihres Erlasses einfrieren oder den Umfang des Hintergrundkontextes, der sich auf ihre Bedeutung auswirken könnte, begrenzen würden.

Bei alledem habe ich eine weitere sehr verbreitete Annahme zugestanden, die Unterstützer von (RP*) nicht teilen müssen und auch oft nicht teilen. Ich habe zugestanden, dass die Auslegung von Rechtsnormen ausschließlich zum rechtsanwendenden Schritt anstatt zum rechtsetzenden Schritt rechtlichen Überlegens gehört. Erinnern wir uns, dass wir bei der Frage angesetzt hatten, wie wir (RP*) zufolge die Normen *identifizieren* sollen, die gemäß quellenbasierten Kriterien validiert werden, und wir hielten dies für den passenden Ausgangspunkt für die Auslegungsfrage. Das ist aber schon ein Fehler. Auslegung überbrückt die Unterscheidung zwischen der Identifikation bestehender Rechtsnormen und ihrer weiteren Verwendung beim Setzen neuer Rechtsnormen. In dem Maß, in dem ein Richter bestimmen kann, was der Erste Zusatzartikel bedeutet, indem er sich ausschließlich auf die einschlägigen quellenbasierten Normen stützt (also auf den Text des Ersten Zusatzartikels in Verbindung mit seinen gerichtlichen Auslegungen sowie gerichtlichen Auslegungen dieser Auslegungen und einschlägigen Gesetzen der Präzedenz und der Auslegung), befasst er sich durch seine Auslegung bloß mit der Identifizierung des Ersten Zusatzartikels. In dem Maß aber, in dem der Richter auf Konflikten zwischen oder Unbestimmtheiten in den relevanten quellenbasierten Normen sitzenbleibt – einschließlich der Normen hinsichtlich Präzedenz und der Auslegung –, führt ihn der Prozess der Rechtsauslegung notwendig über das Recht hinaus. Die versammelte Riege quellenbasierter Normen führte den Richter nur bis zu einem bestimmten Punkt, aber jenseits davon ließen sie die Bedeutung des Ersten Zusatzartikels im Unklaren, so dass sie aufgrund der Meriten geklärt werden muss. An diesem Punkt heißt, die Bedeutung des Ersten Zusatzartikels zu klären, ihm eine Bedeutung zu *geben*. Dies geht notwendig über Normanwendung hinaus zu Normänderung.

Erinnern wir uns an das Beispiel für rechtliches Überlegen bezüglich Geschlechterdiskriminierung unter dem *Civil Rights Act*. Da begann unsere imaginäre Richterin mit (1) einer Auslegung des Gesetzes, nach der es Menschen das Recht verleiht, hinsichtlich der Anstellung nicht aufgrund ihres Geschlechts diskriminiert zu werden. Davon ausgehend und in Verbindung mit einer moralischen Prämisse, beschloss unsere imaginäre Richterin (und machte es damit zum Gesetz), dass (3) eine Frau das Recht hat, dass ihr nicht aufgrund einer Schwangerschaft eine Anstellung verwehrt wird. War dies wiederum eine Auslegung von (1)? Vielleicht. Vielleicht vergaßen wir zu erwähnen, dass unserer imaginären Richterin zufolge (3A) eine Frau *unter dem Civil Rights Act* das Recht hat, dass ihr nicht aufgrund einer Schwangerschaft eine Anstellung verwehrt wird. Dworkin und viele andere haben eine solche Redeweise von Richtern so aufgefasst, dass sie beim Schließen auf (3A) nichts anderes tun, als die Normen des *Civil Rights Act* anzuwenden.[42] Doch legt diese Redeweise das überhaupt nicht nahe. Sie legt nahe, dass Richter die Normen des *Civil Rights Act auslegen*, wenn sie auf (3A) schließen, und das kann *entweder* heißen, dass sie sie anwenden *oder* dass sie sie weiterentwickeln. Bei manchen Akten der Auslegung geht es darum, das Recht festzulegen im Sinne einer Feststellung davon, was es bereits besagt, aber bei anderen Akten der Auslegung, wie bei dem durch (3A) erfassten, geht es darum, das Recht festzulegen in dem Sinn, es etwas Neues besagen zu lassen.[43] (RP*) zufolge

42 Siehe z. B. Ronald Dworkin, *Law's Empire*, S. 6.

43 So erklärt es Bentham mit Nachdruck in J. Bentham, *Of Laws in General*, London 1970, S. 162 ff.

markiert der Unterschied zwischen den beiden Fällen den Unterschied zwischen vollständig *quellenbasierten* Modi der Auslegung (die auf bestehende Auslegungskonventionen schauen oder auf das Verständnis einer bestimmten Person oder einer Wählerschaft usw.) und teilweise oder vollständig *wertbasierten* Modi der Auslegung (die darauf schauen, was die Norm moralisch vertretbar oder für ihren beabsichtigten Zweck besser geeignet machen würde usw.). Wie vorherzusehen war – und zur Frustration von Rechtsanwälten und Rechtslehrenden auf der ganzen Welt – hat (RP*) überhaupt nichts dazu zu sagen, wie die Balance zwischen diesen beiden Familien interpretativer Erwägungen aussehen sollte, denn wie sonst auch hat (RP*) überhaupt nichts dazu zu sagen, wo Rechtsetzung aufhören und Rechtsanwendung beginnen sollte. Die These besagt nur, dass alles Recht, das angewendet wird, auch gesetzt werden muss, denn wenn es nicht gesetzt wird (entweder vorab oder im Prozess der Anwendung), gibt es nichts Gültiges anzuwenden. Es auszulegen kann sich jedoch darauf belaufen, es zu setzen und/oder es anzuwenden.[44]

F. Die »Kein-notwendiger-Zusammenhang«-These

Schließlich komme ich zu dem unter Jurastudierenden beliebtesten Mythos über den Rechtspositivismus. Angeblich glauben Rechtspositivisten Folgendes:

44 Einiger Widerstand gegen dieses Bild bei Studierenden scheint aus folgendem Gedankengang herzurühren: (i) Man muss feststellen, an welcher Norm man interessiert ist, bevor man gemäß (RP*) nach ihrer Geltung fragen kann; man kann aber (ii) nicht feststellen, an welcher Norm man interessiert ist, ohne zuerst die dank (RP*) unvermeidlichen Unbestimmtheiten und andere Lücken in ihrer Anwendung zu beseitigen, also ohne zuerst ihre Auslegung zu vervollständigen. Dieses Argument funktioniert aber nur, wenn es so etwas wie eine identifizierbare Norm mit eingebauten Unbestimmtheiten gar nicht geben kann. Wenn man aber wie alle Rechtspositivisten, die darüber nachgedacht haben, sagt, dass man sich für die Geltung von Normen einschließlich ihrer Unbestimmtheiten interessiert, dann nimmt man das Gegenteil an. Es kann natürlich einen genuinen Disput darüber geben, wie unbestimmt eine Norm sein kann, bevor sie aufhört, überhaupt eine Norm zu sein. Sie hört aber nicht einfach deshalb auf, eine Norm zu sein, weil es Handlungen gibt, deren normativen Status sie unklar lässt. In genau dieser Hinsicht ist es irreführend (wenngleich nicht falsch), (RP*) als eine These bezüglich der Identifikation von Rechtsnormen anstatt bezüglich ihrer Geltung darzustellen.

(KNZ) Es besteht kein notwendiger Zusammenhang zwischen Recht und Moral.

Diese These ist absurd und kein bedeutender Rechtsphilosoph hat sie in dieser Form jemals vertreten.[45] Schließlich besteht doch ein notwendiger Zusammenhang zwischen Recht und Moral, wenn Recht und Moral einander notwendigerweise in irgendeiner Weise *ähnlich* sind. Und selbstverständlich sind sie dies. Nicht zuletzt sind sie einander notwendig ähnlich, insoweit sie beide notwendigerweise irgendwelche gültigen Normen enthalten. Es gibt aber außerdem noch eine Vielzahl anderer notwendiger Zusammenhänge zwischen Recht und Moral jenseits dieser eher unbedeutenden, und Rechtspositivisten haben sich oftmals große Mühe gegeben, diese zur Geltung zu bringen. Hobbes, Bentham, Austin, Kelsen, Hart, Raz und Coleman stützen sich bei der Erklärung verschiedener Aspekte des Wesens des Rechts alle auf wenigstens einige bedeutendere notwendige Zusammenhänge zwischen Recht und Moral (wenngleich sie sich nicht alle auf dieselben stützen).

Wie kam also der Mythos auf, dass sie als führende Rechtspositivisten jeden solchen Zusammenhang leugnen müssten? Er scheint auf Harts frühe Arbeiten zurückzugehen. In einer vielzitierten Fußnote verwechselte Hart Benthams und Austins eindringliche Befürwortung von (RP*) – insbesondere Austins Bemerkung, dass »das Vorhandensein des Rechts [...] eine Sache [ist]; sein Wert oder Unwert eine andere« – mit Befürwortungen von (KNZ). Daraufhin schien er aufgrund seines Verweises und der Betonung (KNZ) selbst zu befürworten.[46] Ein paar Seiten weiter gestand er jedoch, dass er selbst diese These nicht wirklich befürworte. Schon in seinen frühen Arbeiten unterbreitete er nämlich den (oben in Abschnitt (A) erwähnten) Vorschlag, dass jedes Gesetz notwendig einen bestimmten moralischen Wert aufweise, eine Spur von Gerechtigkeit, die von dem bloßen Umstand herrührt, dass ein Gesetz eine allgemeine Norm ist, die einen gleiche Fälle gleich behandeln lässt.[47]

45 Obwohl sie hilfreicherweise von Howard Davies und David Holdcroft in dem Lehrbuch *Jurisprudence. Texts and Commentaries*, London:1991, als »Quintessenz des Rechtspositivismus« beworben wird (ebd., S. 3).

46 Vgl. Harts Aufsatz von 1958, »Positivism and the Separation of Law and Morals« [S. 55-100 in diesem Band].

47 Ebd.

Für Hart erzeugt diese eingebaute Spur moralischen Werts in jedem Gesetz einen notwendigen Zusammenhang zwischen Recht und Moral. Damit müssen seine scheinbaren Befürwortungen von (KNZ) als fehlgeschlagene vorläufige Versuche gelesen werden, die These (RP*) zu formulieren und zu verteidigen, die er wie Bentham und Austin befürwortete.

Wie unterscheidet sich (KNZ) von (RP*)? In zwei Hinsichten ist (RP*) die weitreichendere der beiden Thesen, und in zwei anderen Hinsichten ist sie enger gefasst. Ich erkläre zuerst, inwiefern sie enger gefasst ist. Erstens ist (RP*) enger als (KNZ), insofern sie es nur mit den Bedingungen rechtlicher *Gültigkeit* zu tun hat. Das Wesen des Rechts zu untersuchen schließt deutlich mehr ein – wie meine Bemerkungen der letzten paar Seiten hinlänglich gezeigt haben – als nur die Untersuchung der Bedingungen rechtlicher Gültigkeit. Dass manche Leute eine Konzeption der Bedingungen rechtlicher Gültigkeit mit einer Konzeption des gesamten Wesens des Rechts verwechseln (und folglich die vom Rechtspositivismus vertretene spezifische *These über* das Recht als eine umfassende Rechts*theorie* missverstehen) mag von dem Umstand herrühren, dass man die Gültigkeit eines bestimmten mutmaßlich gültigen Gesetzes mit der Frage »Ist dies wirklich ein Gesetz?« in Zweifel ziehen kann und dass diese Frage ihrerseits leicht mit der abstrakteren (und hochtrabenderen) Frage »Was ist Recht?« verwechselt werden kann.[48] Tatsächlich ist es aber so, dass auch dann, wenn man die Frage angegangen ist, ob ein bestimmtes Gesetz gültig ist, noch viele davon relativ unabhängige Fragen bestehen bleiben: bezüglich seiner Bedeutung, seiner Übereinstimmung mit den Zwecken des Rechts, seiner Rolle in stimmigem rechtlichem Überlegen, seiner Rechtswirkungen und seiner sozialen Funktionen, um nur einige zu nennen. Bei der Untersuchung des Wesens des Rechts muss man seine Aufmerksamkeit auch auf die philosophischen Aspekte dieser weiteren Fragen richten. Auf diese weiteren Fragen gibt es keine spezifisch »rechtspositivistische« Antwort, weil der Rechtspositivismus nur eine These über die Bedingungen rechtlicher Gültigkeit ist.

Die These (RP*) verengt (KNZ) noch weiter, indem sie ihre Aufmerksamkeit auf einen spezifischen Zusammenhang beschränkt,

48 Diese Verwechslung ist eine weitere, der durch Dworkins undurchsichtige Frage »Was sind die Gründe des Rechts?« (Ronald Dworkin, *Law's Empire*, S. 4.) Vorschub geleistet wird.

der bisweilen zwischen der Gültigkeit eines Gesetzes und seinen moralischen Werten angenommen wird, nämlich ein Verhältnis der *Abhängigkeit* Ersterer von den Letzteren. Dies ist eine einseitige Beziehung. Rechtspositivisten leugnen, dass Gesetze aufgrund ihrer moralischen Werte gültig sind. Sie streiten aber die umgekehrte Auffassung nicht ab, der zufolge Gesetze aufgrund ihrer Gültigkeit moralisch verdienstvoll sein können. Wie gesehen hielten einige Rechtspositivisten – unter ihnen sind Hobbes, Bentham und Hart die prominentesten – gültige Gesetze allein kraft der Tatsache, dass es gültige Gesetze sind, für notwendig mit moralischem Wert ausgestattet, ungeachtet dessen, wie moralisch abstoßend sie in anderen Hinsichten sein mögen. (KNZ) schließt diese Sichtweise aus. Andererseits ist (RP*) damit vereinbar, erfordert sie jedoch nicht.

Gleichwohl ist (RP*) weiter gefasst als (KNZ), insofern sie nicht nur mit dem Zusammenhang zwischen der Gültigkeit eines Gesetzes und seinen *moralischen* Werten zu tun hat, sondern mit dem Zusammenhang zwischen der Gültigkeit eines Gesetzes und *jedem beliebigen* seiner Werte. Rechtspositivisten stellen sich ebenso gegen Auffassungen, nach denen die Gültigkeit eines Gesetzes zum Beispiel von seinen ökonomischen oder ästhetischen Werten abhängt. Zudem müssen Rechtspositivisten – wie wir in Abschnitt (B) gesehen haben – auch solche Auffassungen zurückweisen, nach denen die Gültigkeit eines Gesetzes nur von seinem Wert als Mittel abhängt, d. h. von seiner Eignung für seinen Zweck (sei dieser Zweck nun wertvoll oder nicht). Folglich ist, wie gesehen, die These, dass unzureichend klare oder unzureichend bestimmte Normen keine Gültigkeit haben, eine klassische *anti*positivistische These.

Schließlich begrenzt (RP*), anders als (KNZ), ihre Blockade nicht auf vermeintlich *notwendige* Zusammenhänge zwischen der Gültigkeit eines Gesetzes und seinen Werten, d. h. auf solche, die angeblich aufgrund des Wesens des Rechts bestehen. Wenigstens tut sie das nicht in der Form, in der ich sie ausgedrückt habe. Hierin liegt jedoch, wie man sich erinnern wird, der wichtigste Punkt, in dem sich Rechtspositivisten in ihrer Auslegung von (RP*) unterscheiden, so dass ich am besten sage, dass (RP*) in dieser Hinsicht nur *unter Umständen* weiter gefasst ist als (KNZ). Den sogenannten »weichen« Rechtspositivisten zufolge kann es Gesetze geben, deren Gültigkeit von ihren Werten abhängt, aber nur wenn der einschlägige wertbasierte Test durch ein anderes Gesetz vorgegeben wird, dessen Gültigkeit *nicht* von seinen Werten abhängt. Laut den weichen Rechtspositivisten gibt es demnach kein Gesetz, dessen Gültigkeit allein aufgrund des Wesens des Rechts, d. h. notwendig, von seinen Werten abhängt. Es kann jedoch in bestimmten Rechtssystemen Gesetze geben, deren Gültigkeit von ihren Werten abhängt, weil andere Gesetze jener Rechtssysteme es so diktieren, also kontingenterweise. Hart vertrat diese Auffassung. Ich persönlich schließe mich hier, wie ich zu Beginn erwähnt habe, den »harten« Rechtspositivisten an, die dies zurückweisen. Meiner Ansicht nach hängt kein Gesetz in seiner Gültigkeit von seinen Werten ab, *punktum*, sei es nun aufgrund des Wesens des Rechts (notwendigerweise) oder bloß aufgrund dessen, was andere Gesetze besagen (kontingenterweise). Um sowohl die »harte« als auch die »weiche« rechtspositivistische Position zu erfassen, sollte (KNZ) – ganz abgesehen von den weiteren Dimensionen der Über- und Unterinklusivität – nicht zwischen notwendigen und kontingenten Zusammenhängen unterscheiden.

IV. Rechtspositivismus für Naturrechtler

Die Mythen, mit denen ich mich hier befasst habe, sind Mythen, die häufig bezüglich des Rechtspositivismus als einer gedanklichen Tradition verbreitet werden. Mein erstes Ziel war es, der verbreiteten, aber philosophisch anrüchigen Tendenz entgegenzuwirken, führende Autoren dieser Tradition in Sippenhaft zu nehmen. Da sie Rechtspositivisten sind, so der Gedanke, *müssen* sie diese oder jene verrückte »rechtspositivistische« These vertreten. Im Großen und Ganzen vertreten aber, wie wir gesehen haben, die führenden Figuren, die anhand dieser Methode für schuldig befunden werden, die verrückten Thesen nicht, mit denen sie in Verbindung gebracht werden. Was sie tatsächlich gemeinsam vertreten, ist die These (RP*), die von Kritikern häufig fälschlich als eine ganz andere und viel verrücktere These dargestellt wird oder die wenigstens so dargestellt wird, als zählten einige viel verrücktere Thesen zu ihren Implikationen. Deshalb bestand mein zweites Ziel, und vielleicht das philosophisch wichtigere der beiden, hier darin, festzustellen, was von (RP*) impliziert wird und was nicht. Die Haupttendenz, die sich durch mehrere unserer Mythen hindurchzieht, ist eine Tendenz anzunehmen, dass (RP*) eigene Implikationen dafür haben muss, was wenigstens manche Leute (z. B. Richter, Regierungen) tun sollten. Sie hat aber in Wirklichkeit keine solchen Implikationen. Sie sagt uns, wie die rechtliche Gültigkeit jedweder Norm in jedwedem Rechtssystem bestimmt wird – nämlich anhand ihrer Quellen –, lässt aber offen, ob, wann und warum es irgendjemanden von uns jemals kümmern sollte, gültige Rechtsnormen zu haben oder zu befolgen. Zu zeigen, dass gültige Rechtsnormen es wert sind, sie jemals zu haben oder zu befolgen, und wie sie zu befolgen sind, erfordert immer ein separates Argument, bezüglich dessen (RP*) selbst völlig agnostisch ist.

Unsere Freunde aus der Naturrechtstradition sperren sich gegen den Gedanken, dass wir die Gültigkeit von Rechtsnormen auf die agnostische Weise, die (RP*) vorsieht, untersuchen können, d. h. ohne vorab zu entscheiden, ob gültige Rechtsnormen (oder wenigstens manche) es wert sind, sie zu haben oder zu befolgen. Es ist nicht so, dass Naturrechtler die Möglichkeit oder das Interesse an einer Untersuchung der Gültigkeitsbedingungen bestimmter Normen in dem praktisch unverbindlichen Sinn von »Gültigkeit« nicht einsehen können. Gewiss können Spielregeln *als* Regeln eines Spiels gelten, ohne irgendeine Bedeutung dafür zu haben, was irgendjemand tun sollte, außer in dem Maß, in dem er das Spiel zu spielen beliebt. Recht ist aber kein Spiel. Es beansprucht, uns moralisch zu binden, d. h. auf eine Weise, die auch diejenigen bindet, die nicht mitzuspielen belieben. Warum sollte man also nicht direkt zu der Frage übergehen, ob ihm dies gelingt? Warum sollte man zuerst nach seiner rechtlichen Gültigkeit in dem dünnen, praktisch unverbindlichen Sinn fragen, der in (RP*) vorzufinden ist, und erst dann weiter fragen, ob es gültiges Recht ist in dem reichhaltigeren Sinn, wenigstens für manche Menschen moralisch bindend zu sein? Dieser Kritik zufolge liegt das Problematische des Rechtspositivismus nicht darin, dass er verrückte Antworten der Art gibt, die von den Mythendichtern in seinem Namen verbreitet werden. Problematisch ist vielmehr, dass er sich um eine ablenkende und Ausflüchte suchende *Frage* dreht, nämlich um die Frage, was rechtliche Gültigkeit in dem dünnen, praktisch unverbindlichen Sinn von »rechtlicher Gültigkeit« bestimmt.

Dies sind in der Tat zwei Sinnvarianten von »rechtlich gültig«, und sie entsprechen zwei Bedeutungen von »rechtlich«. In den meisten europäischen Sprachen außer dem Englischen gibt es zwei Wörter für *law*, die praktischerweise diesen beiden Bedeutungen von »rechtlich« entsprechen: *lex* und *ius*, *Gesetz* und *Recht*, *loi* und *droit* und so weiter. Rechtspositivisten müssen nicht leugnen, dass es einen moralisierten Rechtsbegriff gibt, der durch den jeweils zweiten Ausdruck dieser Paare erfasst wird.[49] Sie müssen nicht leugnen, dass »Legalität« dementsprechend in manchen Kontexten einen moralischen Wert benennt, so dass in der zweiten, moralisierten Bedeutung von »geltendes Recht« Gesetze mehr oder weniger gültig sein können, abhängig von dem Maß, in dem sie Legalität aufweisen, und folglich abhängig von ihren Werten. Ebenso wenig müssen sie leugnen, dass man diesen moralischen Wert der Legalität, worin auch immer er bestehen mag, erfassen muss, um die gesamte Geschichte vom Wesen des Rechts zu erzählen. Wie bei jedem anderen menschlichen Unterfangen erfordert ein vollständiges Verständnis des Wesens dieses Unterfangens, dass man in der Lage ist, dessen Gelingen und Scheitern auseinanderzuhalten. Vielleicht hat das Recht tatsächlich eine besondere Art zu gelingen, wie diese kontinentaleuropäischen Sprachen es nahezulegen scheinen. Möglicherweise spiegelt zum Beispiel das Ideal der Rechtsstaatlichkeit ein für Recht spezifisches moralisches Ideal wider, so dass man das Wesen des Rechts nicht vollständig versteht, bis man verstanden hat, dass wenigstens ein Teil seines Gelingens, wenn es jemals gelingt, darin besteht, dass es diesem Ideal entspricht. Vielleicht handelt es sich bei dem Ideal der Legalität auch um etwas ganz anderes. Die einschlägigen Ideale zu identifizieren ist aber für die Wahrheit und die Bedeutsamkeit von (RP*) irrelevant, denn (RP*) sucht eine Antwort auf eine logisch vorgelagerte Frage. Was macht dieses Feld menschlicher Betätigung aus, auf das die von Naturrechtlern aufgestellten Gelingens- und Scheiternsbedingungen angewendet werden? Was sorgt dafür, dass etwas ein Kandidat dafür ist, unter diesen Bedingungen als Gelingen oder Scheitern verbucht zu werden? Was ist dieses *lex*, so dass es *ius* sein sollte? Der Rechtspositivismus liefert natürlich nur einen Teil der Antwort. Um genau zu sein: Der Rechtspositivismus erklärt, was es braucht, damit ein Gesetz in dem dünnen Sinn von *lex* rechtlich gültig ist, so dass überhaupt die Frage aufkommt, ob es auch in dem dichteren Sinn

49 Hart hat in Hart, *Der Begriff des Rechts*, S. 239-244, explizit darauf hingewiesen.

von *ius* rechtlich gültig, d. h. *qua* Gesetz moralisch bindend ist. Bei diesem Vorgehen unterscheidet der Rechtspositivismus Recht zugegebenermaßen nicht von einem Spiel, das ebenfalls aus gesetzten Normen aufgebaut ist. Um Recht von einem Spiel zu unterscheiden, muss man, neben vielen anderen Dingen, hinzufügen, dass Recht anders als ein Spiel beansprucht, uns moralisch zu binden. Dies hat zweifellos Implikationen dafür, was als erfolgreiches Gesetz gilt, und folglich dafür, was man für den zentralen Fall von Recht hält.[50] Dies beeinträchtigt die Wahrheit oder Bedeutsamkeit der These (RP*) aber nicht, die keine These über den zentralen Fall des Rechts ist, sondern eine These über die Geltungsbedingungen aller Rechtsnormen, seien sie nun zentrale (moralisch erfolgreich) oder periphere (moralisch verfehlte) Beispiele.

Übersetzt von David P. Schweikard

50 Die wichtigste Studie dazu – in der (RP*) als gegeben angenommen, aber zugleich mit einem gründlichen Mangel an Begeisterung behandelt wird – ist John Finnis, *Natural Law and Natural Rights*, Oxford 1981 [teilweise in diesem Band, S. 326-357].

9. Michael S. Moore

Recht als Gerechtigkeit

I. Die Relationsthese des Naturrechts

Eine immerwährende Frage der Rechtswissenschaft lautet, ob es einen Zusammenhang zwischen Recht und Moral gibt. Diejenigen, die glauben, dass es keinen solchen Zusammenhang gibt, sind als »Rechtspositivisten« bekannt, während diejenigen, die behaupten, dass ein derartiger Zusammenhang besteht, für gewöhnlich mit dem Etikett »Naturrechtler« versehen werden. Unglücklicherweise ist der letztere Ausdruck in recht unterschiedlicher Weise gebraucht worden. Manchmal wird er gebraucht, um jedwede objektivistische Position bezüglich der Moral zu fassen; genauso oft benennt er die Sichtweise, dass die menschliche Natur bestimmt, was objektiv gut oder richtig ist; und vielleicht genauso oft benennt er die Sichtweise, dass einige natürliche Tatsachen unabhängig von Tatsachen über die menschliche Natur bestimmen, was objektiv gut oder richtig ist; und manchmal setzt das Etikett einen göttlichen Ursprung sowohl der Moral als auch des menschlichen Rechts voraus.

Angesichts dieser Unterschiede hinsichtlich dessen, was sowohl in der antiken als auch in der gegenwärtigen Literatur mit »Naturrecht« gemeint ist, möchte ich zunächst denjenigen Wortgebrauch festlegen, den ich seit geraumer Zeit für hilfreich halte.[1] Unter »Naturrecht« im Rahmen der Rechtstheorie verstehe ich die folgenden beiden Behauptungen: (1) Es gibt objektive moralische Wahrheiten; und (2) diese moralischen Wahrheiten sind zumindest zum Teil konstitutiv für die Wahrheitsbedingungen von Rechtsaussagen. Ich habe die erste Behauptung die *metaethische These des Naturrechts* und die zweite Behauptung die *Relationsthese des Naturrechts* genannt. In diesem Aufsatz befasse ich mich allein mit der Relationsthese.[2]

1 Michael Moore, »Law as a Functional Kind«, in: Robert George (Hg.), *Natural Law Theories*, Oxford 1992, wiederabgedruckt als Kapitel 9 von Michael Moore, *Educating Oneself in Public. Critical Essays in Jurisprudence*, Oxford 2000.

2 Meine Auffassung zur metaethischen These findet sich in: Michael Moore, »Moral Reality«, in: *Wisconsin Law Review* 6 (1982), S. 1061-1156; Michael Moore, »Moral

Die Relationsthese besagt, dass es zwischen menschlichem Recht und den Gesetzen der Moral einen Zusammenhang gibt. In einem früheren Aufsatz habe ich mich bemüht, diese These zu verdeutlichen.[3] Unter dem Strich ergab diese Analyse die folgende Deutung der Relationsthese des Naturrechtlers: Die Natur des Rechts ist so bestimmt, dass notwendigerweise gilt, dass eine Institution, die hinreichend ungerecht ist, keine *rechtliche* Institution ist. In anderen Worten, Legalität hat notwendigerweise teil an der Moral.

Legalität ist ein Merkmal von vier unterschiedlichen Arten von Institutionen. Auf der allgemeinsten Ebene kann sie ein Merkmal eines wie auch immer gearteten Systems innerhalb einer Gesellschaft sein. Wenn wir fragen »Verfügt diese Inselgesellschaft über Recht?«, erkundigen wir uns danach, ob die wesentlichen Merkmale einer *Rechtsordnung* vorhanden sind.[4] Sprechen wir hingegen vom Recht innerhalb einer bestimmten Ordnung, die wir als Rechtsordnung anerkennen, dann fragen wir oft nach *Gesetzen*. Wir können uns beispielsweise fragen, ob der Brauch, dass die Öffentlichkeit Zugang zu den Meeresstränden hat, ein Gesetz ist. In solchen Fällen fragen wir nach der Legalität einer einzelnen Regel oder irgendeiner einzelnen, individuierten Norm.[5] Der dritte mögliche Schauplatz für Legalitätsurteile hat mit Klassen von Regeln zu tun. Hier fragen wir, ob Regeln einer bestimmten Art *rechtliche* Regeln sind oder nicht. Zum Beispiel könnte man darauf bestehen, wie es Bentham getan hat, dass Regeln, die durch Gerichtsentscheide aufgestellt wurden, kein Recht darstellen, und dass die Idee eines *Common Law* auf Basis bereits entschiedener Gerichtsfälle vollständig illusionär sei.[6] Der vierte Punkt, der nach einem Legali-

Reality Revisited«, in: *Michigan Law Review* 90/8 (1992), S. 2424-2533; und Michael Moore, »Good without God«, in: Robert George (Hg.), *Natural Law, Liberalism, and Morality*, Oxford 1995.

3 Moore, »Law as a Functional Kind«.

4 Diese Merkmale sind das Anliegen von H. L. A. Hart, *Der Begriff des Rechts*, Berlin 2011; und Joseph Raz, *The Concept of a Legal System*, Oxford 1970.

5 In seinem Aufsatz »Positivism and Seperation of Law and Morality«, in: *Harvard Law Review* 71/4 (1958), S. 593-629 [S. 55-100 in diesem Band], hat Herbert Hart diese Sorge in Bezug auf Gesetze schön von allgemeineren Sorgen bezüglich Rechtsordnungen unterschieden.

6 Zu Benthams Abneigung gegen das Common Law siehe A. W. B. Simpson, »The Common Law and Legal Theory«, in: A. W. B. Simpson (Hg.), *Oxford Essays in*

tätsurteil verlangt, hat mit dem zu tun, was Juristen das »Recht des Falls« [*law of the case*] nennen.[7] Solches Recht besteht aus einzelnen Rechtsaussagen wie etwa »Dieser Vertrag ist gültig«. Diese Aussagen lassen sich nur auf die besonderen Tatsachen eines bestimmten Rechtsstreits anwenden, aber in Bezug auf diese Tatsachen sind sie entscheidend; sie legen die Rechtsansprüche und Rechtspflichten bestimmter Parteien in bestimmten Situationen fest.

Es gibt sogar eine fünfte von uns gefällte Art von Urteil, die mit diesen vieren eng verwandt ist. Dies ist das Urteil, das wir über Rechts*gebiete* fällen; das heißt, wenn wir anerkennen, dass wir uns in einer *Rechts*ordnung befinden und dass eine Regel oder Institution einen *rechtlichen* Charakter hat, könnte es nichtsdestoweniger klärungsbedürftig sein, ob diese Regel oder Institution Teil des einen oder eher des anderen Rechtsgebiets ist.[8] Die Art von Urteilen, die mir vorschweben, handeln zum Beispiel davon, ob Regeln bezüglich Strafschadensersatz Teil des Strafrechts oder des zivilrechtlichen Deliktrechts sind und ob Regeln bezüglich der Auslegung von Pachtverträgen Teil des Vertragsrechts oder des Vermögensrechts sind. In solchen Fällen besteht kein Zweifel über die Legalität der Regeln, sondern vielmehr darüber, um welche *Art* von Recht es sich bei diesen Regeln handelt.

Die Relationsthese des Naturrechts kann auf jeder dieser fünf Ebenen behauptet werden. Das heißt, ein Naturrechtler kann behaupten: (a) dass eine soziale Ordnung nur dann eine Rechtsordnung ist, wenn sie in ihrer gesamten Funktionsweise eine bestimmte Schwelle an Gerechtigkeit überschreitet; (b) dass eine Regel nur dann ein Gesetz ist, wenn sie ihrem Inhalt oder ihrer Ausübung nach nicht zu ungerecht ist; (c) dass eine Klasse von Regeln nur dann Teil des Rechts ist, wenn diese Regeln als Klasse einer Sache dienen, die insgesamt betrachtet ein Gut ist; (d) dass eine wirkliche (oder vorausgesagte) richterliche Anordnung nur dann das Recht

Jurisprudence, Oxford 1973; und Gerald Postema, *Bentham and the Common Law Tradition*, Oxford 1984.

7 Wenn Michael Detmold auf der Einheit von *Recht* und Moral besteht, scheint er genau dies im Sinn zu haben. Siehe M. J. Detmold, *The Unity of Law and Morality*, London 1987.

8 Zu Rechtsgebieten siehe Michael Moore, »A Theory of Criminal Law Theories«, in: Dan Friedmann (Hg.), *Tel Aviv University Studies in Law* 8 (1990), überarbeitet und wiederabgedruckt als Kapitel 1 von Michael Moore, *Placing Blame. A General Theory of the Criminal Law*, Oxford 1997.

des Falles ist, für den sie getroffen wurde (oder getroffen werden wird), wenn diese Anordnung nicht zu ungerecht ist; oder (e) dass ein einzelnes Gesetz nur dann Teil eines bestimmten Rechtsgebiets ist, wenn dieses einzelne Gesetz den Wert (bzw. die Werte) befördert, die diesem Rechtsgebiet eigentümlich sind. Der Naturrechtler, der mich interessiert, behauptet all diese fünf Varianten der Relationsthese. In diesem Aufsatz werde ich nicht versuchen, die Naturrechtsposition im Hinblick auf alle fünf dieser Varianten zu untersuchen. Vielmehr werde ich mich auf die zweite und die vierte fokussieren, das heißt auf Gesetze und auf das Recht von Fällen. Dabei hoffe ich, dass die Probleme und Lösungen, die in diesen eher speziellen Bereichen erforscht werden, auf die allgemeineren Themen von Recht (als Rechtsordnung), Arten des Rechts und Rechtsgebiete ausgeweitet werden können.

Bevor ich mich der Relationsthese mit Blick auf Gesetze und das Recht von Fällen zuwende, werde ich in den unmittelbar folgenden Abschnitten einige vorbereitende Punkte erörtern. In Abschnitt II lege ich das traditionelle Argument für die Relationsthese des Naturrechtlers dar; ein Argument, das sich auf die Idee rechtlicher Verpflichtung fokussiert. In Abschnitt III erörtere ich die typische Art und Weise, in der Naturrechtler für die notwendigerweise verpflichtende Kraft des Rechts argumentiert haben; eine Argumentationsweise, die auf der funktionalen Analyse von Recht, Gesetzen, dem Recht von Fällen und so weiter basiert. In Abschnitt IV behandle ich zwei eher allgemeine Einwände gegen das in Abschnitt III umrissene funktionalistische Programm; Einwände, die alle fünf Varianten der Relationsthese des Naturrechtlers betreffen. Nach diesen allgemeinen Vorbemerkungen wende ich mich anschließend der Relationsthese in Bezug auf das Recht von Fällen (Abschnitt V) und auf Gesetze (Abschnitt VI) zu.

II. Das traditionelle Argument für die Relationsthese

Die vorherrschende Weise, für die Relationsthese (auf allen Abstraktionsebenen) zu argumentieren, dreht sich um den Gedanken der Verpflichtung; einen Gedanken, von dem man annimmt, er sei entscheidend für Legalität. Der Gedanke lautet, dass das Recht etwas anderes sein muss als das ins Große übertragene Szenario von Gewaltandrohung (um Augustinus zu paraphrasieren[9]) und dass dasjenige, was das Recht von bloßer Gewalt unterscheidet, in der Fähigkeit des Rechts liegt, zu Gehorsam zu verpflichten, statt ihn bloß zu erzwingen. Wir wollen dies den ersten Schritt des naturrechtlichen Arguments für die Relationsthese nennen. Thomas von Aquin hat diesen Schritt wie folgt zusammengefasst: Das Recht verpflichtet notwendigerweise das Gewissen.[10]

Der zweite Schritt dieses Arguments besteht darin, zu behaupten, dass nur dasjenige, was moralisch gerecht (oder zumindest »gut genug für Regierungsarbeit«) ist, das Gewissen verpflichten kann. Der erste Gedanke ist hierbei, dass es nur eine Art von Verpflichtung gibt, und zwar moralische Verpflichtung.[11] Es ist nicht so, dass wir dem Gedanken rechtlicher Verpflichtung keinen Sinn verleihen können. Eine rechtliche Verpflichtung ist gemäß dieser Sichtweise einfach eine moralische Verpflichtung in Bezug auf eine rechtliche Institution. Dies macht die rechtliche Verpflichtung zu einer Art moralischer Verpflichtung, anstatt zu etwas, das von moralischer Verpflichtung verschieden ist. Der zweite, hier zentralere Gedanke besagt, dass rechtliche Verpflichtungen – moralische Verpflichtungen, die durch menschengemachte Regeln erschaffen wurden – nur dann existieren können, wenn diese Regeln ihrem Inhalt nach nicht zu ungerecht sind. Der plausible Gedanke ist, dass niemand durch moralisch schlechte Regeln moralisch verpflichtet sein kann.

Das zweischrittige Argument für die Schlussfolgerung des Naturrechtlers lautet daher:

(1) Etwas ist nur dann rechtlich, wenn es verpflichtet.
(2) Etwas verpflichtet nur dann, wenn es nicht ungerecht ist.
(3) Also ist etwas nur dann rechtlich, wenn es nicht ungerecht ist.

9 Augustinus, *De Libero Arbitrio*, Paderborn 2006, Buch I.

10 Thomas von Aquin, *Summa Theologiae*, I-II, q. 90, a. 4.

11 Wir können diese Position mit dem Rechtspositivismus von Austin und Bentham kontrastieren, für die es zwei Arten von Verpflichtungen gab: Moralische Verpflichtungen und rechtliche Verpflichtungen. Für sie waren rechtliche Verpflichtungen keine Art moralische Verpflichtung; rechtliche Verpflichtungen bestanden lediglich darin, rechtlichen Sanktionen zu unterliegen. Dies ist ein sehr pickwickianischer Sinn von »Verpflichtung«, weil man in keinem eigentlichen Sinn durch Androhung schmerzhafter Konsequenzen verpflichtet ist. Man kann, wie Hart es formuliert hat, *genötigt* sein, solchen Drohungen nachzugeben, ohne *verpflichtet* zu sein, ihnen nachzugeben. Siehe Hart, *Der Begriff des Rechts*.

Es gibt andere Wege, die Schlussfolgerung des Naturrechtlers herzuleiten. Man könnte eine These der konventionalistischen Semantik bemühen, indem man behauptet, im Gebrauch von »Recht«, »*law*«, »*droit*« etc. ein gemeinsames Kriterium des richtigen Gebrauchs zu entdecken, ein Kriterium, das moralischer Natur ist.[12] Alternativ dazu könnte man das Recht als einen »deutungsbedürftigen Begriff« ansehen und dann behaupten, dass die beste Deutung dieses Begriffs eine ist, die Recht an Moral knüpft.[13] Man könnte auch eine kosmopolitische soziologische Studie erstellen, indem man aus sozialen Praktiken weltweit diejenigen herausfiltert, die in ihren jeweiligen Kulturen durchgängig als *Rechts*praktiken gelten, und dabei entdeckt, dass solche Praktiken nur dann als rechtliche gelten, wenn sie zugleich moralisch sind.[14]

Das traditionelle Argument des Naturrechtlers, wie ich es oben rekonstruiert habe, unterscheidet sich von diesen semantischen, deutungstheoretischen und soziologischen Argumentationsweisen. Im Gegensatz zu all diesen ist das traditionelle Argument erfrischend *praktisch*. In seinem ersten Schritt behandelt es das Recht als etwas von praktischer Relevanz – das Recht verändert, was wir auf Basis von Gründen tun sollten.[15] Wenn die erste Prämisse des Arguments richtig ist, dann wird das theoretische Nachsinnen über die Natur des Rechts keine akademische Betätigung in irgendeinem negativ besetzten Sinne sein, weil das, wonach derlei theoretisches Nachsinnen strebt, die Natur eines der Dinge ist, die uns als rationale und moralische Personen verpflichten. Ein solcher Ansatz ist nicht »akademisch angestaubt«, wie es leicht der Fall sein kann, wenn man die oben umrissenen semantischen, deutungstheoretischen und soziologischen Ansätze verwendet.

Unser praktisches Interesse am traditionellen Argument wird man unabhängig davon behaupten, *wer* es ist, der durch das Recht notwendigerweise verpflichtet ist. Hier gibt es zwei Möglichkeiten,

12 John Austin argumentiert gegen eine Naturrechtsposition, indem er diese Art semantischer Analyse verwendet, um die Bedeutung von »Recht« zu analysieren. John Austin, *The Province of Jurisprudence Determined*, hg. v. H. L. A. Hart, New York 1954.

13 Siehe zum Beispiel Ronald Dworkin, *Law's Empire*, Cambridge (MA) 1986.

14 Dies ist Harts Methode in *Der Begriff des Rechts*.

15 In der gegenwärtigen Rechtswissenschaft ist dieser Ansatz aufs engste mit Joseph Raz verbunden. Siehe insbesondere Joseph Raz, *Praktische Gründe und Normen*, Frankfurt/M. 2006.

die es sich zu unterscheiden lohnt:[16] Wir könnten meinen, dass das Recht *als* Recht jeden innerhalb der Rechtsordnung verpflichtet, sowohl die Bürger, auf die das Recht angewendet wird, als auch die Richter, die die Anwendung des Rechts auf die Bürger durchführen. Alternativ dazu könnten wir denken, dass das Recht nur Richter notwendigerweise verpflichtet; dieser schwächeren Sichtweise zufolge könnten Bürger durch verschiedene Gesetze verpflichtet sein, bei Gegenständen dieser Art könnte es sich aber auch dann um Gesetze handeln, wenn sie Bürger nicht dazu verpflichten, sie zu befolgen. In beiden Fällen wäre die Natur des Rechts von praktischem Interesse für uns. Wenn die stärkere Sichtweise wahr ist, dann ist selbstverständlicherweise das Recht deshalb von praktischem Interesse für uns, weil wir ein Interesse daran haben, zu wissen, wozu wir verpflichtet sind. Selbst gemäß der schwächeren Sichtweise hätten, obzwar nur wenige von uns Richter sind, alle von uns prudentielle Gründe dafür, wissen zu wollen, wozu Richter verpflichtet sind, weil es Richter sind, die unser Verhalten sanktionieren.

III. Das funktionalistische Argument für die verpflichtende Kraft des Rechts

Mir geht es hier vor allem um das Argument für die erste Prämisse des oben erwähnten traditionellen Arguments. Im Besonderen wird mein Fokus auf dem liegen, was ich das *funktionalistische Argument* nennen möchte. Dies ist das Argument, das Naturrechtler verwenden, um zu zeigen, dass etwas nur dann Recht sein kann, wenn es jemanden verpflichtet, seien es Bürger oder (zumindest) Richter.

Die allgemeine Form des funktionalistischen Arguments lässt sich am besten so darstellen, dass es drei Prämissen hat:

16 Es lohnt sich für Argumentationszwecke, diese beiden Rollen zu unterscheiden, selbst wenn man Heidi Hurds These akzeptiert, dass die Verpflichtung eines Richters und eines Bürgers einander entsprechen. Heidi Hurd, *Moral Combat*, Cambridge 1999. Es ergeben sich Vorteile für die Darstellung, wenn wir diese Rollen trennen, weil die Intuitionen für diese beiden Rollen in vielerlei Fällen in verschiedene Richtungen gehen.

(1) Irgendein beliebiger Gegenstand X ist nur dann Recht, wenn er die eigentümliche(n) Funktion(en) des Rechts erfüllt.
(2) Die eigentümliche(n) Funktion(en) des Rechts ist (sind) Y.
(3) Y wird nur dann erfüllt, wenn X verpflichtet.
(4) Darum ist etwas nur dann Recht, wenn es verpflichtet.

Näher an der Umgangssprache formuliert, besagt die erste Prämisse, dass das Recht eine *funktionale Art* ist, das heißt, eine Art, deren Wesen eher darin zu finden ist, welchen Wert (oder welche Werte) sie befördert, als in den besonderen strukturellen Merkmalen, über die sie möglicherweise verfügt. Diese funktionalistische Prämisse lässt sich auf die verschiedenen Aspekte des Rechts anwenden. Betrachten wir beispielsweise Rechtsordnungen: Genau wie ein menschliches Herz höchst unterschiedliche strukturelle Ausführungen haben und dennoch ein Herz sein kann, weil es die für Herzen eigentümliche Funktion (nämlich Blut zu pumpen) ausübt, könnten auch Rechtsordnungen durch ganz unterschiedliche Institutionen verwirklicht werden und dennoch Rechtsordnungen sein, weil sie die eigentümliche(n) Funktion(en) solcher Ordnungen ausüben.

Man kann die funktionalistische Prämisse auch auf Gesetze, auf Arten von Recht, auf das Recht von Fällen und auf Rechtsgebiete übertragen. Die Prämisse würde zum Beispiel besagen, dass man die Frage, ob eine Regel ein Gesetz ist, dadurch entscheidet, dass man statt der strukturellen Merkmale der Regel – wie etwa ihren exakten Wortlaut in einem vom Gesetzgeber erlassenen Gesetz oder in einer vorhergehenden Urteilsbegründung – den Zweck untersucht, dem eine solche Regel dient (das heißt, ihren Wert oder ihre Funktion). Analog dazu bilden die Regeln, die von Gerichten verwendet werden, um Fälle zu entscheiden, eine eigenständige Art von Recht (»*Common Law*«), weil sie eine gemeinsame Funktion erfüllen bzw. einem gemeinsamen Wert dienen. Ein Rechtssatz, der die Rechte und Pflichten bestimmter Parteien in einem bestimmten Fall regelt, ist, was er ist, aufgrund des Werts (bzw. der Werte), den (die) er befördert, und nicht etwa aufgrund der Tatsache, dass er durch einen Richter zu einem bestimmten Zeitpunkt des Verfahrens zwischen diesen Parteien festgelegt wurde. Schlussendlich ist ein einzelnes Gesetz z. B. Teil des Strafrechts, wenn das Gesetz die eigentümliche Funktion des Strafrechts erfüllt, ungeachtet der

Frage, ob das Gesetz »strafrechtlich« genannt wird, und unabhängig von Dingen wie der Sanktion, die an das Gesetz geknüpft ist.

Die zweite Prämisse beinhaltet eine nähere Bestimmung des Wertes, der etwas zu einer Rechtsordnung, einem Gesetz, einer bestimmten Art von Gesetz, einem Recht eines Falls oder einem Rechtsgebiet macht. Bezüglich Rechtsordnungen könnte man zum Beispiel behaupten, dass die Funktion des Rechts als solchem – neben anderen Möglichkeiten – in der Aufrechterhaltung der Ordnung,[17] in der Abstimmung individueller Güter mit dem Gemeinwohl,[18] in der durch eine »integrative« Behandlung aller Bürger ermöglichten Beförderung von Gemeinschaft[19] oder in der Steigerung der Freiheit durch klare, prospektive Regeln besteht.[20] In Bezug auf Gesetze können die Werte, die befördert werden, genauso unterschiedlich sein wie die zulässigen Ziele der Gesetzgebung. Beispielsweise könnte die funktionalistische These bezüglich eines vom Gesetzgeber erlassenen Gesetzes, das Fahrzeuge in einem Park verbietet, lauten, dass die Anwendung einer solchen Regel durch die Beförderung des Wohls der Fußgänger anstatt durch die wörtliche Bedeutung der Ausdrücke eines solchen Gesetzes angeleitet werden sollte – so dass es eher an den Werten, die durch das betreffende Gesetz befördert werden, als an seinen formalen Eigenschaften liegt, »was das Gesetz ist«.[21] In Bezug auf Arten des Rechts sind die Werte, die befördert werden, weniger unterschiedlich. Die funktionalistische These könnte beispielsweise im Hinblick auf das *Common Law* besagen, dass solches Recht den Wert der Gleichheit befördert, wie er auf den Grundsatz der formalen Gerechtigkeit gebracht wurde, dass »gleiche Fälle gleich zu behandeln sind«.[22] Wir finden eine größere Verschiedenheit von Werten vor, wenn wir die

17 Siehe zum Beispiel Thomas Hobbes, *Leviathan*, Hamburg 1996.

18 Siehe Thomas von Aquin, *Summa Theologiae*, Salzburg u. a. 1933 ff.; und John Finnis, *Natural Law and Natural Rights*, Oxford 1980.

19 Siehe Dworkin, *Law's Empire*.

20 Siehe Lon Fuller, *The Morality of Law*, New Haven (CT) ^{2}1969.

21 Dies ist das Beispiel, das in der Debatte zwischen Hart und Fuller gebraucht wird. Hart, »Positivism and the Separation of Law and Morals« [S. 72 in diesem Band]; Lon Fuller, »Positivism and Fidelity to Law – A Reply to Professor Hart«, in: *Harvard Law Review* 71/4 (1958), S. 630-672 [S. 101-151 in diesem Band].

22 Siehe Michael Moore, »Precedent, Induction, and Ethical Generalization«, in: Laurence Goldstein (Hg.), *Precedent in Law*, Oxford 1988.

Rechtsgebiete betrachten. Hier könnte die funktionalistische These lauten, dass beispielsweise das Strafrecht eine eigenständige Art von Gerechtigkeit, die retributive Gerechtigkeit,[23] befördert, wohingegen das Deliktsrecht eine andere Art von Gerechtigkeit, die ausgleichende Gerechtigkeit, befördert usw. Wenn wir schließlich das Recht von Fällen betrachten, dann können die Werte, die befördert werden, sogar noch unterschiedlicher sein. In der Tat werde ich argumentieren, dass jedweder Wert derjenige Wert sein kann, der durch das Recht eines bestimmten Falles befördert wird.

Die dritte Prämisse behauptet die Wahrheit einer instrumentellen Berechnung, einer Berechnung der Mittel, die notwendig sind, damit das Recht seine eigentümliche Funktion erfüllen kann. Genau gesagt, lautet die Behauptung, dass die unterschiedlichen Güter von Rechtssystemen, Gesetzen, Arten des Rechts, Rechtsgebieten und dem Recht von Fällen nur dann befördert werden, wenn diese Dinge zu Gehorsam verpflichten.

IV. Zwei allgemeine Probleme mit dem funktionalistischen Argument für das Naturrecht

A. Das vermeintliche Fehlen jeglicher Bedeutung des Verpflichtungscharakters des Rechts im funktionalistischen Argument für das Naturrecht

Es könnte so scheinen, als sei eine funktionalistische Sichtweise auf das Recht hinreichend für die Schlussfolgerung des Naturrechtlers und als werde daher die Behauptung überflüssig, dass etwas nur dann legal ist, wenn es verpflichtet. Der Gedanke hierbei ist, dass, wenn das Recht eine funktionale Art ist, etwas die Werte des Rechts befördern muss, damit es Recht ist; nur gutes Recht kann überhaupt Recht sein.[24] Dies, so wird behauptet, ist die Schlussfolgerung des Naturrechts, die ohne Hilfe einer vermittelnden Prämisse

23 Siehe Moore, »A Theory of Criminal Law Theories«.

24 Ruth Gavison legt diesen Einwand nahe. Ruth Gavison, »Natural Law, Positivism, and the Limits of Jursiprudence. A Modern Round«, in: *Yale Law Journal* 91/6 (1982), S. 1266 f. Siehe auch Daniel Robinson, »Antigone's Defense. A Critical Study of *Natural Law Theory. Contemporary Essays*«, in: *Review of Metaphysics* 45/2 (1991), S. 382.

bezüglich des notwendigen Verpflichtungscharakters des Rechts gewonnen wurde.

Es ist viel Wahres an diesem Einwand: Wenn das Recht eine funktionale Art ist, dann muss es *irgendeinen* Wert haben, um überhaupt Recht zu sein. Jedoch ist es eine sehr schwache naturrechtliche These, dass das Recht notwendigerweise irgendeinen Wert haben muss. Pedantische Nazis, die pflichtbewusst die mit der Rechtsstaatlichkeit verbundenen prozeduralen Feinheiten einhielten, würden eine Ordnung erschaffen, die *irgendeinen* Wert hat, obwohl der Inhalt ihrer Regeln schrecklich ungerecht wäre. Wenn man die Funktion des Rechts darin erkennen würde, die prozeduralen Werte der Rechtsstaatlichkeit zu sichern, dann könnte man sagen, dass solche Nazis über eine Rechtsordnung verfügten. Aber jedes Naturrecht, das der Rede wert ist, sollte davon Abstand nehmen, mit dieser Schlussfolgerung einverstanden zu sein und sollte bestreiten, dass die Ordnung, die diese Nazis erschaffen würden, eine Rechtsordnung wäre. Eine akzeptable Theorie des Naturrechts sollte behaupten, dass es nur dann Recht gibt, wenn die Gerechtigkeit einer Ordnung insgesamt eine Stufe erreicht, die zumindest Richter innerhalb der Ordnung verpflichtet, und dazu wird es notwendig sein, dass der Naturrechtler sich auf eine Prämisse stützt, die den Verpflichtungscharakter des Rechts beinhaltet.

Selbst wenn man diese Antwort zulässt, könnte man durchaus denken, dass noch ein Funken Überzeugungskraft in dem Einwand steckt. Angenommen, für das Recht wird irgendeine Funktion entdeckt, die garantiert, dass, wenn etwas Recht ist, es hinreichend gerecht ist, um zu Gehorsam zu verpflichten. In einem solchen Fall würde der Verpflichtungscharakter des Rechts für das Argument des Naturrechtlers nichts leisten. Das heißt, dass der Funktionalist gezeigt hätte, dass Recht und Moral notwendigerweise verbunden sind, weil etwas im starken Sinne moralisch sein muss, damit es Recht ist. Weil alles, was im starken Sinne moralisch ist, plausiblerweise auch für verpflichtend gehalten wird, würde der Funktionalist daher gezeigt haben, dass das Recht verpflichtend ist. Aber die Behauptung, dass etwas nur dann legal ist, wenn es verpflichtet, wäre logisch gesehen ein Epiphänomen der naturrechtlichen Schlussfolgerung und kein notwendiger Schritt in der Argumentation für diese Schlussfolgerung.

Was dieser verbesserte Einwand offenbart, ist, dass der funktionalistische Ansatz zum Naturrecht analog zu den bereits genannten semantischen, interpretativen oder soziologischen Ansätzen verfahren könnte. Eine solche direkte funktionalistische Herangehensweise würde ganz auf das traditionelle Argument des Naturrechts verzichten und angesichts der Entdeckung eines funktionalistischen Wesens des Rechts direkt zu dessen Schlussfolgerung übergehen. Dies würde auf ungefähr die gleiche Weise geschehen, auf die die semantischen, interpretativen und soziologischen Ansätze jeweils auf direktem Weg zur Schlussfolgerung des Naturrechtlers voranschreiten – ausgehend von bestimmten linguistischen Tatsachen bezüglich des Gebrauchs von »Recht«, ausgehend von den Entdeckungen, dass das Recht ein deutungsbedürftiger Begriff und dass »Recht als Integrität« dessen beste Deutung ist, oder ausgehend von irgendwelchen in allen Kulturen bestehenden sozialen Tatsachen bezüglich des Rechts.

Sicherlich ist ein direkter funktionalistischer Ansatz bezüglich des Wesens des Rechts genau wie diese anderen Ansätze möglich. Jedoch hält der direkte funktionalistische Ansatz genau wie diese anderen Ansätze keine Rolle für die rechtliche Verpflichtung bereit und zeigt daher nicht, dass das Recht über praktische Relevanz verfügt. Der Vorteil darin, dass das traditionelle Argument auf die Verpflichtung von jemandem (Richter oder Bürger) fokussiert, ist, dass dieser Fokus dem Recht eine solche Relevanz verleiht. Diese Relevanz wiederum gibt uns argumentative Mittel, die uns fehlen, wenn wir die abstrakteren, direkten Ansätze wählen. Der Philosoph Joel Feinberg gestand einmal, dass er ratlos sei, wenn er überlegen sollte, wie die Relationsthese des Naturrechtlers zu begründen sei, wenn man die Verpflichtungen einer Rolle – wie die des Richters – beiseiteließe.[25] Obwohl dies zu stark sein mag, fängt Feinberg schön den argumentativen Vorteil ein, den der Fokus des traditionellen Arguments auf rechtliche Verpflichtung, insbesondere auf die rechtlichen Verpflichtungen von Richtern, bietet.

25 Joel Feinberg, »The Dilemmas of Judges Who Must Interpret ›Immoral Laws‹«, in: Joel Feinberg und Jules Coleman (Hg.), *Philosophy of Law*, Belmont (CA) [6]2000, S. 108-129.

B. Die angebliche Inkompatibilität des notwendigerweise verpflichtenden Charakters des Rechts mit seiner funktionalistischen Natur

Im Gegensatz zum vorhergehenden Einwand, der den funktionalistischen Ansatz als derart *stark* deutete, dass er die Frage danach, ob die Natur des Rechts wertbehaftet sei, von vornherein bejahte, betrachtet ein anderer Einwand den Ansatz als notwendigerweise zu *schwach*. Gemäß diesem Einwand kann keine Ordnung wirklich zu Gehorsam verpflichten, wenn sie nicht alle Werte, die es gibt, befördert. Man kann diesen Einwand am deutlichsten nachvollziehen, wenn man sich der dritten Prämisse des funktionalistischen Arguments zuwendet. Diese Prämisse besagt nicht nur, dass Verpflichtung eine *notwendige* Bedingung dafür ist, dass etwas den eigentümlichen Wert (bzw. die eigentümlichen Werte) des Rechts befördert; sie besagt ebenso, dass die Tatsache, dass etwas den eigentümlichen Wert (bzw. die eigentümlichen Werte) des Rechts befördert, eine *hinreichende* Bedingung dafür ist, dass dieses Etwas verpflichtend ist. Aber wie kann das sein? Schließlich ist es höchst unplausibel zu denken, dass es irgendeinen alleinigen Wert gibt, der dermaßen gut ist, dass er im Konfliktfall alle anderen Werte überwiegt, und es ist sogar noch weniger plausibel, zu denken, dass dieser dominante Wert *der* Wert ist, den das Recht befördert. Was irgendjemand tatsächlich zu tun verpflichtet ist, ist plausiblerweise eine Funktion aller Werte, die es gibt; wenn also die Werte, die das Recht notwendigerweise befördert, auf die Art und Weise beschränkt sind, wie es der Funktionalismus behauptet, wie könnte das Recht dann immer verpflichtend sein?

Der einzige Weg, wie das funktionalistische Argument angesichts dieses Einwandes schlüssig sein kann, ist, wenn der eigentümliche Wert (bzw. die eigentümlichen Werte), die eine Ordnung zu einer Rechtsordnung machen, mit allen Werten, die es gibt, derart verbunden sind, dass die Werte des Rechts zu befördern bedeutet, alle Werte zu befördern. Dann könnte Legalität für Verpflichtung plausiblerweise auf die Art und Weise hinreichend sein, wie es das Argument des Funktionalisten behauptet. Die Geschichte der naturrechtlichen Rechtswissenschaft nach dem Zweiten Weltkrieg kann als die Suche nach genau einem solchen Wert gesehen werden. Lon Fuller zum Beispiel war der Ansicht, dass das

Recht ein prozedurales Ziel als seine wesentliche Funktion hat.[26] Für Fuller besteht die Funktion allen Rechts in der Ausübung sozialer Kontrolle durch allgemeine Regeln. Wenn Regeln prospektiv, klar, allgemein, konsistent angewendet, befolgbar, stabil, öffentlich usw. sind, dann wissen Bürger, was von ihnen erwartet wird, dann erfolgt die Rechtsprechung nicht ad hoc und willkürlich und dann setzt sich das Recht für angemessen motivierte Bürger auf effiziente Weise von selbst durch.

Herbert Hart hat hinsichtlich Fullers Position eine Version des von uns hier untersuchten Einwands vorgelegt und dabei behauptet, dass das prozedurale Ziel des Rechts auch von einem Regime erreicht werden könnte, dessen Gesetze ihrem Inhalt nach dennoch unbarmherzig böse wären.[27] In einer solchen »Hölle, in der rechtsstaatliche Verfahren minutiös beachtet würden«,[28] gäbe es weder eine Verpflichtung der Bürger, die Erlasse des Regimes zu befolgen, noch hätten gar Richter eine Verpflichtung, sie zu vollstrecken.

Fullers Antwort auf Harts Version des Einwands offenbart deutlich, was der Naturrechtler an dieser Stelle benötigt. Fuller war überzeugt, dass Personen »die richtigen Dinge« tun werden (d. h. Gesetze haben, die substantiell gerecht sind), wenn sie »die Dinge auf die richtige Weise tun« (d. h. die prozeduralen Ziele des Rechts erreichen).[29] Wenige haben Fullers Überzeugung geteilt, dass gutes Verfahren die Macht hat, für gute Substanz zu sorgen, aber seine Antwort veranschaulicht deutlich das Problem, dem ein funktionalistischer Naturrechtler gegenübersteht. Das Problem besteht darin, Verpflichtung (von Bürgern oder sogar Richtern) aus den begrenzten Werten abzuleiten, die für die wesentliche Funktion des Rechts gehalten werden; denn wenn diese begrenzten Werte mit den vielen anderen Werten, die es gibt, konfligieren, warum sind

26 Fuller, *The Morality of Law*.

27 H. L. A. Hart, »Book Review – The Morality of Law«, in: *Harvard Law Review* 78/6 (1965), S. 1281-1296.

28 Grant Gilmores schöne Paraphrase von Harts Punkt. Grant Gilmore, *The Ages of American Law*, New Haven, (CT) 1974, S. 111.

29 Lon Fuller, »What the Law Schools Can Contribute to the Making of Lawyers«, in: *Journal of Legal Education* 1/2 (1948), S. 189-204, hier S. 204; Fuller, *The Morality of Law*, S. 152-186, 223 f.; Fuller, »Fidelity to Law«, S. 636, 643, 661 [S. 108, 116, 138 in diesem Band]; und Lon Fuller, »A Reply to Professors Cohen and Dworkin«, in: *Villanova Law Review* 10/4 (1965), S. 661-666.

Bürger oder sogar Richter nur durch diejenigen Werte verpflichtet, die dem Recht seinen Sinn verleihen?

Man kann beobachten, dass dasselbe Problem John Finnis bei seiner Wiederbelebung der Sichtweise von Thomas von Aquin antreibt, dem zufolge die Funktion des menschlichen Rechts in der Beförderung des Gemeinwohls besteht.[30] Das Gemeinwohl nimmt einen besonderen Platz in der Werttheorie von Finnis ein. Es ist keines der sieben Grundgüter, deren Existenz Finnis annimmt. Vielmehr besteht das Gemeinwohl aus derjenigen Menge an Bedingungen, die es Mitgliedern politischer Gemeinschaften ermöglicht, die sieben Grundgüter nicht nur auf individuelle Art und Weise, sondern durch koordinierte Tätigkeiten für sich zu erlangen; diese Bedingungen ermöglichen es dem Individuum auch, das Gut zu genießen, überhaupt mit anderen zusammenzuarbeiten, was selbst Teil des Gemeinwohls ist.[31] Es ist wichtig, dass Finnis bestrebt ist, dieses Ziel des Rechts an die sieben Grundgüter zu knüpfen: »Es gibt ein ›Gemeingut‹ für alle menschlichen Wesen, insofern Leben, Wissen, Spiel, ästhetische Erfahrung, Freundschaft, Religion und Freiheit innerhalb der vernünftigen Grenzen des praktisch Durchführbaren für jede und alle Personen gut sind. Und jeder dieser menschlichen Werte ist selbst ein ›Gemeingut‹.«[32] Wenn dies richtig ist, dann bedeutet, das Ziel des Rechts – das Gemeinwohl – zu befördern, etwas zu befördern, was an sich selbst gut ist – nämlich menschliches Zusammenwirken –, was auch deshalb gut ist, weil es alle Werte, die es gibt, befördert. Dies ist sowohl eine plausible Grundlage für Verpflichtung als auch eine starke Spielart des Naturrechts.

Betrachten wir als letztes Beispiel Ronald Dworkins Versuch, zu zeigen, dass alles Recht die Funktion der »Integrität« erfüllt.[33] Integrität ist keines der vier politischen Güter, die Dworkin postuliert (diese Güter, sagt er, sind Verteilungsgerechtigkeit, Fairness, Verfahrensgerechtigkeit und Brüderlichkeit). Vielmehr ist Integrität das Gut einer politischen Gemeinschaft, die mit einer Stimme spricht. Es ist eine Art und Weise, die vier politischen Güter voranzutreiben, eine Art und Weise, die dem Recht eigentümlich

30 Finnis, *Natural Law and Natural Rights.*

31 Ebd., S 154f.

32 Ebd.

33 Dworkin, *Law's Empire.*

ist. Integrität wird daher nur dann befördert, wenn alle politischen Güter befördert werden; und dass das Recht die Integrität befördert, heißt, dass es derlei Güter befördert. Wenn dies wahr ist, dann existiert das Recht wiederum nur dann, wenn es im starken Sinne das Gute befördert, und vom Recht kann plausiblerweise angenommen werden, dass es sowohl zu Bürgergehorsam als auch zur richterlichen Vollstreckung notwendigerweise verpflichtet.

Es ist hier nicht mein Ziel, die Angemessenheit dieser drei gegenwärtigen funktionalistischen naturrechtlichen Positionen zu beurteilen oder gar zu untersuchen, ob irgendeine derartige allgemeine Deutung des Rechts Erfolg haben kann. Vielmehr werde ich die funktionalistische Strategie auf einer viel niedrigeren Abstraktionsebene verfolgen. In den nachfolgenden Abschnitten werde ich mich mit dem Recht von Fällen und mit Gesetzen auseinandersetzen und *en passant* vorschlagen, wie man das, was wir dort lernen, im Hinblick auf Rechtsordnungen, Arten des Rechts und Rechtsgebiete verallgemeinern kann.

V. Die funktionalistische Konzeption des Rechts von Fällen

Man könnte plausiblerweise annehmen, dass das Recht eines Falles, bevor in diesem Fall eine formale Entscheidung durch einen Richter gefällt wurde, sich vom Recht eines Falles nach einer solchen Entscheidung unterscheidet. Ich werde daher meine Erörterung entlang dieser zeitlichen Dimension gliedern.

A. Das Recht des Falls vor der Entscheidung

Hier stoßen wir zu Beginn auf die Behauptung, dass es kein Recht des Falls gibt, bis es der Richter in diesem Fall bestimmt. Gemäß dieser Behauptung mag es »vorhergesagtes Recht« oder »wahrscheinliches Recht« geben, aber es gibt kein »wirkliches Recht«, bis eine richterliche Anordnung ergangen ist.[34] Diese Sichtweise des Rechts ist analog zur Sichtweise eines Baseballschiedsrichters, dessen Motto lautet »They ain' nothing 'til I call 'em«.* Sogar Hart

34 Dies ist die Sichtweise von Jerome Frank, *Law and the Modern Mind*, New York 1930.

* [Anm. d. Übers.: Dieser Ausspruch eines Baseball-Schiedsrichters bringt zum

hat diese Sichtweise zu einem Zeitpunkt vertreten; dies war zu der Zeit, als er unter dem Einfluss der sich entwickelnden Ansichten J. L. Austins zu »performativen Äußerungen« stand.[35] Hart behauptete, dass einzelne Rechtsaussagen wie »Dieser Vertrag ist gültig« so lange keinen Wahrheitswert haben, bis die erforderliche sprachliche Performanz eines Richters sie mit Hilfe einer Behauptung wahr macht.[36]

Jedoch kann diese alte rechtsrealistische Sichtweise des Rechts von Fällen nicht aufrechterhalten werden. Richter erschaffen nicht (immer und notwendigerweise) Rechtsansprüche und Rechtspflichten zum Zeitpunkt der richterlichen Entscheidung; zumindest in manchen Fällen entdecken sie die zuvor existierenden Rechte und Pflichten der Parteien, Rechte und Pflichten, die existierten, als die Parteien vor der richterlichen Entscheidung handelten. Folglich hatten die Parteien in diesen Fällen vor jeder Urteilsverkündung rechtliche Verpflichtungen mit Bezug aufeinander, und die Pflicht des Richters ist es, genau zu beschreiben, worin diese Verpflichtungen der Bürger bestanden.

Man könnte natürlich einen Keil treiben zwischen bürgerliche und richterliche Verpflichtungen auf der einen Seite und dem Recht auf der anderen. Das heißt, man könnte darauf bestehen, dass es so lange kein Recht für einen bestimmten Fall gibt, bis ein Richter dieses erzeugt, obwohl man gleichzeitig zugesteht, dass Bürger so verpflichtet sind, als gäbe es ein solches, und dass Richter dazu verpflichtet sind, das Recht mit solchen Bürgerpflichten verträglich *zu machen*. Aber weshalb sollte man auf dieser Sichtweise insistieren? Wenn Bürger durch irgendwelche Normen verpflichtet sind und wenn Richter in ihrer Rolle als Richter verpflichtet sind, gegen diejenigen zu entscheiden, die gegen diese Verpflichtungen verstoßen, warum sollten wir uns dann weigern, solche Normen Recht zu nennen? Mit einer solchen Weigerung würde das theoretische Nachsinnen über die Natur des Rechts die zuvor diskutierte

Ausdruck, dass die Tatsache, ob ein Ball regelgemäß geworfen wurde oder nicht, von der diesbezüglichen Schiedsrichterentscheidung abhängt. Solange der Schiedsrichter den Status eines Wurfs nicht bestimmt hat, hat er keinen.]

35 J. L. Austin, »A Plea for Excuses«, in: *Proceedings of the Aristotelian Society* 57 (1957), S. 1-30.

36 H. L. A. Hart, »The Ascription of Responsibility and Rights«, in: *Proceedings of the Aristotelian Society* 49 (1949), S. 171-194.

praktische Bedeutsamkeit verlieren und solches theoriebezogenes Nachsinnen würde zu einem akademischen Unterfangen im negativen Sinne werden.

Wir wollen daher annehmen, dass die Existenz fallspezifischen Rechts richterlichen Entscheidungen vorausgehen kann. Als Nächstes müssen wir die funktionalistische Deutung solcher Rechtslagen ausarbeiten. Betrachten wir das Recht eines Falles, der unter ein vom Gesetzgeber erlassenes Gesetz fällt. In solchen Fällen hängt es gänzlich von der gültigen Auslegung des Gesetzes ab, ob die einzelne Rechtsaussage, die den Fall entscheidet, Recht ist. Wenn gültige Auslegungen von Gesetzen immer Werte beinhalten, dann tun dies auch die Rechtslagen von Fällen, die unter solche Gesetze fallen.

Wir benötigen ein Beispiel; betrachten wir eines, das Fuller anführt.[37] Zwei Bürger werden gemäß einer Stadtverordnung verhaftet, die es jedem verbietet, »im Bahnhof zu schlafen«. Der erste Angeklagte ist ein mit einer Fahrkarte versehener Reisender, der auf seinen Zug wartete; er war beim Sitzen eingenickt. Der zweite Angeklagte ist ein Obdachloser (ein »Penner« zu Zeiten Fullers), der seine Habseligkeiten auf dem Boden des Bahnhofs ausgebreitet und sich hingelegt hatte, der aber festgenommen wurde, bevor er wirklich eingeschlafen war.

Der erste Angeklagte stellt das dar, was Thomas von Aquin eine Spannung zwischen dem »Buchstaben« und dem »Geist« der Stadtverordnung nennen würde.[38] Der Buchstabe der Verordnung ist seine wörtliche Bedeutung; wörtlich genommen, schlief der erste Angeklagte, also würde der Buchstabe der Verordnung seine Verurteilung verlangen. Der Geist der Verordnung ist die Funktion oder der Wert, den er befördert; wenn diese Funktion darin besteht, die Benutzung des Bahnhofs als Übernachtungsmöglichkeit zu verbieten, würde die Verurteilung des ersten Angeklagten nicht dem Geist der Verordnung gerecht werden. Thomas von Aquin argumentiert überzeugendermaßen, dass in Fällen, in denen der Buchstabe und der Geist eines Gesetzes konfligieren, der Geist den Sieg davontragen sollte. Das korrekte Recht des Falls ist hier also »Der Angeklagte ist nicht des Schlafens im Bahnhof schuldig«.

Es ist viel für und wider die Theorie der Interpretation des Tho-

37 Fuller, »Fidelity to Law« [S. 141 in diesem Band].
38 Thomas von Aquin, *Summa Theologiae*, I-II, q. 96, a. 6.

mas von Aquin geschrieben worden.[39] In meinen Augen haben ihre Verteidiger die besseren Argumente auf ihrer Seite, und sie haben die meisten Richter in den meisten Rechtsordnungen überzeugt. »Zweckgerichtete Auslegung« ist mittlerweile eine feste Größe amerikanischer Rechtswissenschaft. Das Resultat ist, dass in unserer Rechtsordnung der Wahrheitswert einer einzelnen Rechtsaussage – »Der Angeklagte ist nicht des Schlafens im Bahnhof schuldig« – in gleichem Maße eine Frage des Werts ist (dessen, wozu dieses Gesetz gut ist) wie der wertneutralen Tatsachen (wie etwa die historische Tatsache, dass eine solche Verordnung verabschiedet wurde, oder die semantische Tatsache, dass »schlafen« in der Alltagssprache umfasst, was der erste Angeklagte, nicht aber der zweite Angeklagte getan hat).

Wenn Thomas von Aquin recht hat und ihm im Allgemeinen auch unsere Richter folgen, dann wurde hier eine Verbindung zwischen Recht und Moral ermittelt. Die einzelnen Aussagen, die konkrete Fälle entscheiden, sind nur insofern *Rechts*aussagen, als sie den Wert hinter bestimmten allgemeinen Rechtsaussagen befördern (wie etwa denjenigen, der durch die Verordnung im oben genannten Beispiel bereitgestellt wird).

Rechtspositivisten stehen drei Wege offen, diese Verbindung zwischen Recht und Moral zu bestreiten. Einer besteht darin, zu bestreiten, dass der Geist eines vom Gesetzgeber erlassenen Gesetzes den Buchstaben dieses Gesetzes übertrumpfen sollte. Obwohl Fuller glaubte, Hart vertrete eine solche Konzeption des »schlichten Bedeutungsgehalts«,[40] gibt es andernorts eindeutigere Beispiele für diese Art von Positivismus. Man trifft insbesondere bei den von Reagan und Bush ernannten Bundesrichtern in zunehmendem Maße auf die Sichtweise, dass das Recht eines Falls, der unter ein vom Gesetzgeber erlassenes Gesetz fällt, ausschließlich von den historischen Tatsachen, die die Verabschiedung eines Gesetzes umgeben, und von den semantischen Tatsachen abhängt, die den Wörtern des Gesetzes ihre übliche Bedeutung geben. Wenn die Bedeutung eines vom Gesetzgeber erlassenen Gesetzes klar ist, sollten

39 Auf der Seite von Thomas siehe Fuller, »Fidelity to Law« [S. 145 in diesem Band]; und Max Radin, »Statutory Interpretation«, in: *Harvard Law Review* 43/6 (1930), S. 863-890. Auf der anderen Seite siehe z. B. Frank Easterbrook, »Statute's Domains«, in: *University of Chicago Law Review* 50/2 (1983), S. 533-552.

40 Fuller, »Fidelity to Law«.

Richter gemäß dieser Sichtweise nicht zögern, sich über den Zweck des Gesetzes hinwegzusetzen, wenn es mit dieser Bedeutung konfligiert; wenn die Bedeutung nicht klar ist, gibt es kein Recht von Fällen, die unter Berufung auf dieses Gesetz vor Gericht gebracht werden, bis Richter durch ihre Beschlüsse ein Gesetz für diese Fälle erschaffen.[41]

Zum Glück wird von diesem Pfad der schlichten Bedeutung (auch »Literalismus« oder »strenge Auslegung« genannt) mehr geredet, als er wirklich beschritten wird. Wenige Richter haben wirklich den Mut, ein vom Gesetzgeber erlassenes Gesetz so anzuwenden, dass es seine wörtliche Bedeutung erfüllt und dabei gegen seinen Zweck verstößt.[42] Richter Oliver Wendell Holmes hat diese Art der Gesetzesanwendung verspottet, indem er anmerkte, dass Richter, die sie betreiben, eigentlich zum Gesetzgeber sagen würden »Ich sehe, worauf Sie hinauswollen, aber Sie haben es nicht gesagt, also werden wir wie gehabt fortfahren.«[43]

Ein zweiter Weg für den Rechtspositivisten besteht darin, zu bestreiten, dass die Funktion oder der Zweck eines vom Gesetzgeber erlassenen Gesetzes ein Wert ist. Gemäß dieser Sichtweise ist der Zweck eines Gesetzes nur eine weitere wertneutrale historische Tatsache – es ist dasjenige, was der Gesetzgeber durch die Verabschiedung des Gesetzes zu erreichen gedachte. Wenn Richter das Recht von Fällen, die unter vom Gesetzgeber erlassene Gesetze fallen, entscheiden, indem sie auf diese tatsachenbezogenen Kriterien verweisen, dann hängt bei diesen Entscheidungen nichts von einer Verbindung zwischen Recht und Moral ab.[44]

Die Probleme mit dieser »originalistischen« Art des Positivismus sind zahlreich und wohlbekannt.[45] Es ist unklar, welcher Sinn der Vorstellung von der Absicht des Gesetzgebers verliehen werden kann. Wenn diese nur fiktiv ist, verliert sie ihren Status als bloß

41 Siehe z. B. Easterbrook, »Statute's Domains«.

42 Vergleiche Easterbrooks Worte in »Statute's Domains« mit seinen Taten in *In re Erickson*, 815 F.2d 1090 (7th Cir. 1987).

43 Oliver Wendell Holmes, Jr., zitiert nach Learned Hand, *The Bill of Rights*, Cambridge (MA) 1958, S. 18.

44 Siehe z. B. Joseph Raz, »Authority and Consent«, in: *Virginia Law Review* 67/1 (1981), S. 103-131.

45 Zu einer von vielen Kritiken siehe Michael Moore, »The Semantics of Judging«, in: *Southern California Law Review* 54/2 (1981), S. 256-270.

historische Tatsache.[46] Wenn sie auf die Absichten reduziert wird, die eine Mehrheit einzelner Gesetzgeber hat, existiert sie selten und hat wenig normative Zugkraft, weil die Aufgabe des Gesetzgebers hinsichtlich der Verabschiedung eines Gesetzes nicht darin besteht, einen »Augenblick gemeinsamen Beabsichtigens« zu haben, sondern in irgendeiner gemeinsamen Formulierung die wie auch immer geartete Mischung unterschiedlicher vorliegender Absichten auszudrücken.[47] Zudem gilt, dass selbst dann, wenn es möglich wäre, sich ein normativ ansprechendes Modell legislativer Absicht verständlich zu machen, eine solche Absicht nicht verhindern würde, dass das Recht von Fällen, die unter vom Gesetzgeber erlassene Gesetze fallen, eine Verbindung zu Werten hat. Angenommen zum Beispiel, dass die Absicht des Stadtrats bei der Verabschiedung der Schlafverbotsverordnung darin bestand, die Belästigung, Überfüllung und Gefahr zu vermeiden, die entstehen würden, wenn der Bahnhof faktisch zu einer Unterkunft für Obdachlose würde. Dies könnte einer Richterin die Marschrichtung für die Anwendung der Verordnung vorgeben, aber es sagt ihr nicht, wie weit sie in diese Richtung gehen soll. Das Erfüllen des Zwecks der Verordnung muss gegen die (für andere Werte bestehenden) Kosten einer solchen Zweckerfüllung abgewogen werden. Es ist beispielsweise nicht eindeutig, dass ein Richter verhindern sollte, dass der Bahnhof als Unterkunft in Fällen genutzt wird, in denen Personen in der Folge einer Zugkatastrophe oder eines anderen Unglücks benommen oder verletzt sind. Betrachten wir als ein zweites Beispiel den zweiten Angeklagten in Fullers fiktivem Beispiel. Obwohl seine Verurteilung den Zweck der Verordnung erfüllen würde, hat er nicht im Wortsinne geschlafen und die erhöhte Bedeutsamkeit, die wir in Strafrechtsfällen dem Prinzip der Bekanntmachung beimessen, könnte seine Verurteilung durchaus verhindern.

Hart hat einen dritten Weg aufgezeigt, die Verbindung zwischen dem Recht von Fällen und der Moral zu bestreiten. Dieser basiert

46 Dworkin betont diesen Punkt in seinem Aufsatz »The Forum of Principle«, in: *New York University Law Review* 56/2-3 (1981), S. 469-518, wiederabgedruckt in *A Matter of Principle*, Cambridge (MA) 1985. Siehe auch Moore, »The Semantics of Judging«.

47 Siehe Radin, »Statutory Interpretation«; Moore, »The Semantics of Judging«; und Antonin Scalia, *A Matter of Interpretation*, hg. v. Amy Gutmann, Princeton (NJ) 1997, S. 17.

auf der Beobachtung, dass sogar die bestmögliche moralische Deutung eines durchweg ungerechten Gesetzes, das vom Gesetzgeber erlassen wurde, in sehr ungerechten Anwendungen dieses Gesetzes resultieren kann.[48] Zum Beispiel könnte ein Richter den amerikanischen Vorkriegsgesetzen bezüglich flüchtiger Sklaven den bestmöglichen Zweck beilegen und dennoch dahin gelangen, solche Gesetze in einer Art und Weise anzuwenden, die kaum gerecht ist.[49]

Sowohl Harts Einwand als auch der vorherige Einwand offenbaren etwas, was bereits vorher erwähnt wurde: Sie zeigen beiden, wie schwach Recht mit Moral auf der Grundlage der funktionalistischen Deutung des Naturrechts verbunden sein kann. Gemäß diesen Einwänden erzeugt die Tatsache, dass die Rechtslage irgendeines Falls *irgendein* Gut befördert (d. h. die Funktion dieser Rechtslage), nicht viel Vertrauen dahingehend, dass dieses Recht des Falls *das* Gute, in irgendeinem umfassenden Sinne, befördert. Der Punkt hier ist ein gänzlich allgemeiner über funktionale Arten. Es ist plausibel anzunehmen, dass Mausefallen eine Funktion haben (nämlich Mäuse zu fangen) und dass etwas eine Mausefalle ist, sofern es diese Funktion erfüllt. Trotzdem könnte es sein, dass die beste Mausefalle nicht der Apparat ist, mit dem man am besten Mäuse fängt, da andere Werte in die Quere kommen können, wenn man beurteilt, ob eine Mausefalle gut genug für den Einsatz ist.[50] Zum Beispiel könnte eine Sicherheitsvorrichtung, die die Effizienz des Mäusefangens verringert, aber die Sicherheit von Menschen vergrößert, die den Gegenstand benutzen, diesen zu einer besseren Mausefalle machen. Die unsichere Mausefalle *ist* eine Mausefalle, weil sie die spezifische Funktion von Mausefallen erfüllt; aber dies garantiert nicht, dass sie gut genug ist, um benutzt zu werden.

Wie wir gesehen haben, haben zeitgenössische Theoretiker auf

48 Hart hat dieses Argument sowohl gegen Fuller als auch gegen Dworkin vorgebracht: Hart, »Book Review – *The Morality of Law*«; Hart, »Comment«, in: Ruth Gavison (Hg.), *Issues in Contemporary Legal Philosophy*, Oxford 1987.

49 Dies ist eines von Dworkins liebsten Beispielen. Vergleiche Ronald Dworkin, »Review of Cover's *Justice Accused*«, in: *Times Literary Supplement*, 5. Dezember 1975, mit J. L. Mackie, »The Third Theory of Law«, in: *Philosophy and Public Affairs* 7/1 (1977), S. 3-16; und mit Joel Feinberg, »The Dilemmas of Judges Who Must Interpret ›Immoral Laws‹«.

50 Dieses Beispiel stammt von Kenneth Stern, aus seinem Aufsatz »Either-or or Neither-nor«, in: Sidney Hook (Hg.), *Law and Philosophy*, New York 1963, S. 249 f.

der Ebene von Rechtsordnungen versucht, die Erfüllung der allgemeinen Funktion des Rechts mit der Beförderung aller Werte, die es gibt, zu verbinden. Im Hinblick auf Mausefallen wäre dieser Zug analog zur Behauptung, dass eine Mausefalle, die gut darin ist, Mäuse zu fangen, nicht gefährlich für Menschen sein könne (zum Beispiel weil sie selbst dann, wenn sie etwas gefährlicher wäre als andere Mausefallen, aufgrund ihrer größeren Effektivität seltener gebraucht würde und damit zu einem insgesamt ungefährlicheren Mäusefang führen würde). Für das Recht von Fällen ist ein solcher Zug jedoch unplausibel. Der Wert, der durch das Recht eines bestimmten Falls befördert wird, ist zu speziell, als dass wir uns darauf verlassen könnten, dass das Recht eines bestimmten Falls alle Werte respektiert, die es gibt.

Betrachten wir in dieser Hinsicht den Fall *Kirby gegen die Vereinigten Staaten*.[51] In diesem Fall hatte der Angeklagte ein Dampfboot angehalten, um einen Postboten der Bundespost festzunehmen. Der Angeklagte wurde dementsprechend für die auf Bundesebene geltende Straftat der »Behinderung und Aufhaltung der Beförderung der Post der Vereinigten Staaten« festgenommen und verurteilt. Er wurde trotz der Tatsache verurteilt, dass er ein Sheriff war, und trotz der Tatsache, dass er das Dampfboot angehalten hatte, um mit einem gültigen bundesrichterlichen Haftbefehl den Postboten wegen Mordes zu verhaften.

Meiner Ansicht nach erfüllte der angeklagte Sheriff die wörtliche Bedeutung der im Bundesgesetz verwendeten Wörter – wörtlich genommen hatte er tatsächlich die Beförderung der Post der Vereinigten Staaten behindert und aufgehalten. Zudem erfüllte seine Verurteilung den scheinbaren Zweck des Bundesgesetzes, der darin bestand, die Beförderung von Bundespost in einem föderalen System unabhängiger staatlicher Autoritäten zu sichern. Nichtsdestotrotz sah das Recht des Falls, das der Richter anzuwenden verpflichtet war, vor, dass der Angeklagte die Beförderung der Post der Vereinigten Staaten nicht behindert und aufgehalten hat. Ein zweiter Wert mischt sich hier ein, nämlich der Wert, Mörder von der Straße (oder, wie es hier geschehen ist, vom Fluss) zu holen. Dieser Wert übertrumpft mühelos die leicht erhöhte Geschwindigkeit bei der Beförderung der Post, die erreicht werden kann, wenn mörderi-

51 *Kirby vs. United States*, 74 U.S. (7 Wall.) 482 (1869).

sche Postboten als immun gegen vom Bund verfügte Verhaftungen gelten, solange sie die Post befördern. Des Weiteren ist dieser sich einmischende Wert in keiner Weise im Zweck des Behinderungsgesetztes enthalten. Sicherzustellen, dass Mörder ihre gerechte Strafe bekommen, ist ein echtes Gut, genauso wie sicherzustellen, dass sie nicht wieder morden können. Jedoch sind dies nicht die Güter, die die Funktion des Behinderungsgesetzes ausmachen; sie sind dem Zweck des Gesetzes äußerlich, und aus diesem Grund nenne ich Urteile, die solche der Sache äußerlichen Werte verwenden, »Sicherheitsventilurteile«.

Der funktionalistische Ansatz für das Recht von Fällen ist daher nicht in der Lage, eine naturrechtliche Sichtweise solcher Rechtslagen ohne etwas Unterstützung von außen hervorzubringen. Der funktionalistische Ansatz verbindet das Recht von Fällen mit Werten, aber nur auf schwache Weise, und auf eine zu schwache Weise, um das Recht von Fällen mit der richterlichen Verpflichtung in Einklang zu bringen. Fälle wie *Kirby* machen deutlich, dass die Verpflichtung eines Richters in einem bestimmten Fall darin besteht, eine Balance herzustellen zwischen (1) den politischen Werten, die durch das Festhalten an der gewöhnlichen Bedeutung der in dem betreffenden (vom Gesetzgeber erlassenen) Gesetz verwendeten Wörter befördert werden, (2) der Funktion, die dieses Gesetz erfüllen sollte und (3) allen Werten, die durch eine vorläufige Deutung des Gesetzes, die allein auf dem Wortsinn oder der Funktion des Gesetzes beruht, betroffen sind.[52] Das Resultat dieses Werteausgleichs konstituiert das Recht des Falles: es ist die Pflicht eines Richters, dieses Recht zu finden, und die Pflicht eines Bürgers, es zu befolgen. Dies ist eine naturrechtliche Schlussfolgerung über das Recht von Fällen, eine Schlussfolgerung, die der Funktionalismus für sich allein genommen nicht herbeiführen kann.

Diese Schlussfolgerung scheint vielmehr durch ein nichtfunktionalistisches Argument für den ersten Schritt des traditionellen Arguments für das Naturrecht – nämlich die Behauptung, dass etwas verpflichten muss, um Recht zu sein – begründet zu sein. Thomas von Aquin selbst versucht, den notwendigen Verpflichtungscharakter des Rechts mit einer zweifelhaften Etymologie von

52 Ich verteidige diese Sichtweise der Deutung von Gesetzen, die vom Gesetzgeber erlassen wurde, ausführlich in Michael Moore, »A Natural Law Theory of Interpretation«, in: *Southern California Law Review* 58/2 (1985), S. 277-398.

»*ligare*«, dem lateinischen Wort für Recht zu begründen.[53] Selbst, wenn diese Etymologie richtig wäre, würde eine solche semantische Herangehensweise an die hier verhandelte Frage dennoch nicht das Argument durchbringen.

Das Argument wird besser durch drei verschiedene Beobachtungen gestützt. Erstens sollte das Recht, zumindest, wenn wir es mit dem Recht von Fällen innerhalb irgendeiner Rechtsordnung zu tun haben, ein Begriff sein, dem unser praktisches Interesse gilt. Eine Möglichkeit ist hier, dass unser Begriff des Rechts von Fällen dem rein klugheitsmäßigen Interesse eines Bürgers entsprechen sollte, rechtlichen Sanktionen zu entgehen. Ein solches Klugheitsinteresse erzeugt mühelos Holmes' berühmte prädiktive Theorie des Rechts von Fällen: das Recht ist eine Vorhersage richterlicher Gewalt.[54] Wie aber wohlbekannt ist, ist ein solch klugheitsorientierter Begriff für Richter oder andere Justizbeamte völlig unzureichend, weil es nicht plausibel ist, anzunehmen, dass sie in der Tätigkeit begriffen sind, entweder ihre eigenen Entscheidungen oder die Entscheidungen derer, die die Macht haben, sie zu disziplinieren, vorherzusagen.[55]

Ein Begriff des Rechts, der sowohl für Richter als auch für Bürger von praktischem Interesse ist, wird daher nicht daran geknüpft sein, was Richter in bestimmten Fällen tun *werden*, sondern daran, was sie tun *sollten*. Damit das Recht von praktischem Interesse ist, muss es folglich Handlungsgründe für zumindest einige der Akteure innerhalb einer Rechtsordnung erzeugen. Dies stellt ein Problem für Rechtspositivisten dar, denn wenn das Recht, wie sie argumentieren, seiner Natur nach nicht verpflichtend ist, dann ist schwer zu verstehen, wie das Recht Gründe liefern und daher von praktischem Interesse sein könnte. Rechtspositivisten, die dieses Problem erkennen, antworten mit der Behauptung, dass sie in ihrer rechtstheoretischen Reflexion von Festlegungen frei (oder »distanziert«[56]) bleiben können. Solche Positivisten argumentieren, dass das Recht »behaupten« muss, Handlungsgründe für manche Personen zu erzeugen,[57] oder dass Akteure glauben oder »akzep-

53 Thomas von Aquin, *Summa Theologiae*, I-II, q. 90, a. 1.

54 Oliver Wendell Holmes, »The Path of the Law«, in: *Harvard Law Review* 10/8 (1897), S. 457-468.

55 Siehe z. B. Hart, *Der Begriff des Rechts*.

56 Dies ist der Ausdruck von Raz. Joseph Raz, *The Authority of Law*, Oxford 1979.

57 Ebd.

tieren« müssen, dass das Recht solche Handlungsgründe erzeugt, ohne dass solche Positivisten selbst behaupten würden, dass das Recht wirklich Handlungsgründe erzeugt.[58]

Diese Distanziertheit mag möglich sein, wenn man Rechtsphilosophie äußerlich, das heißt außerhalb jeder besonderen Rechtsordnung betreibt.[59] Wenn man es jedoch mit einzelnen Rechtsaussagen innerhalb einer Rechtsordnung zu tun hat, kann man nicht derart distanziert bleiben. Wenn zum Beispiel ein amerikanischer Bürger oder Richter den Rechtsbegriff des Positivisten im Ganzen auf das amerikanische Recht anwenden möchte, dann wird er diese Losgelöstheit aufgeben müssen. Der Grund hierfür ist, dass diese distanzierten positivistischen Begriffe des Rechts von uns verlangen, zu glauben, dass wir dann, wenn irgendeine einzelne Aussage eine rechtliche ist, auch glauben müssen, dass diese Aussage einen Grund *beschreibt*, aus dem wir handeln sollten. Wenn wir jedoch dies glauben, dann müssen wir glauben, dass die Aussage uns tatsächlich einen Handlungsgrund *gibt*. Das heißt, wir sind darauf festgelegt, dass die Aussage uns tatsächlich einen Handlungsgrund gibt, weil sie eine *Rechts*aussage ist. Das Ergebnis ist hier, dass man dann, wenn man einen Begriff des Rechts haben möchte, der von praktischem Interesse ist, dabei aber die holmesianische Identifikation des Rechts von Fällen mit vorhergesagter richterlicher Gewalt vermeiden will, auf die Sichtweise festgelegt ist, dass eine einzelne Aussage, wenn sie Teil des Rechts des eigenen Rechtssystems ist, notwendigerweise jemandem einen Handlungsgrund gibt.

Der zweite Punkt, der nahelegt, dass das Recht von Fällen verpflichtend ist, hat mit der Art von Handlungsgrund zu tun, die das Recht erzeugt. Das Recht wird eine gewisse praktische Relevanz für uns haben, wenn es einfach *einen* Grund für jemanden innerhalb unserer Rechtsordnung erzeugt, eher auf die eine statt auf eine andere Weise zu handeln. Jedoch wird das Recht viel größere praktische Relevanz besitzen, wenn es nicht nur *irgendeinen* Handlungsgrund, sondern einen entscheidenden (oder fast entscheidenden) Grund für eine solche Handlung erzeugt, die Art von Grund, die

58 Dies ist die Sichtweise von Hart in *Der Begriff des Rechts*.

59 Ich verteidige die Möglichkeit dieser Art von äußerlicher Rechtswissenschaft gegen Dworkin und andere in Michael Moore, »Hart's Concluding Scientific Postscript«, in: *Legal Theory* 4/3 (1998), S. 301-327; und in Moore, *Educating Oneself in Public*, Kapitel 1 und 3.

wir für gewöhnlich eine Verpflichtung nennen. Wenn das Recht diese Art von Grund erzeugt, dann erregt die Frage, ob irgendeine Aussage eine Rechtsaussage ist, unsere Aufmerksamkeit auf die Art und Weise, wie die Frage, ob wir versprochen haben, etwas zu tun, unsere Aufmerksamkeit erregt: Antworten auf jede dieser Fragen sagen uns oft, was wir tun sollen.

Vielleicht kann man diesen Verpflichtungscharakter des Rechts von Fällen aus der Funktion des Rechts im Allgemeinen ableiten. Betrachten wir erneut die Analogie zum Versprechen. Ein Argument dafür, warum Versprechen eine Verpflichtung erzeugen, die versprochene Handlung zu vollziehen – im Gegensatz zur bloßen Erschaffung eines Grundes, diese Handlung zu vollziehen –, entstammt einer funktionalistischen Sichtweise des Versprechens. Angenommen, die Praxis des Versprechen-Gebens hat das Gut gesellschaftlicher Kooperation zu ihrer Funktion, sowohl um der Kooperation selbst als auch um des weiteren Guten willen, das solche Kooperation ermöglicht. Das funktionalistische Argument wäre, dass gesellschaftliche Kooperation nur dann möglich ist, wenn die Parteien eines Versprechens glauben, dass Versprechen Verpflichtungen erzeugen – eine Überzeugung, die die Parteien nur dann aufrechterhalten können, wenn Versprechen tatsächlich Verpflichtungen erzeugen. Das Gute, das die Pointe des Versprechen-Gebens ausmacht, rechtfertigt es, Versprechen als verpflichtungserzeugende Handlungen und nicht nur als bloß gründeerzeugende Handlungen anzusehen. Analog dazu könnte man meinen, dass das Recht im Allgemeinen die Funktion hat, das Gemeinwohl zu befördern oder gesellschaftliche Kooperation zu ermöglichen, und dass das Recht von Fällen für verpflichtend gehalten werden und daher tatsächlich verpflichtend sein muss, um dieses Gut zu befördern.

Sehen wir einmal ab von diesem sehr allgemeinen funktionalistischen Argument, das von einigen kontroversen Ansichten über die allgemeine Funktion des Rechts ausgeht, und betrachten wir – als eine Art *reductio ad absurdum* – die Alternative zu der Identifikation einzelner Rechtsaussagen mit Verpflichtungen. Nehmen wir an, dass wir in einem Fall wie *Kirby* die einzelne Rechtsaussage für diesen Fall als diejenige einzelne Aussage identifizieren, die sich logisch aus der allgemeinen Aussage ableiten lässt, die sich aus der schlichten Bedeutung des Bundesbehinderungsgesetzes ergibt. Gemäß einer wörtlichen Lesart von »Behinderung« hat Sheriff Kirby buchstäblich die Beförderung der Post der Vereinigten Staaten behindert, als er den mörderischen Postboten festnahm; also wäre die einzelne Rechtsaussage in diesem Fall »Kirby ist schuldig, die Beförderung der Post der Vereinigten Staaten behindert zu haben«. Angenommen nun, wir trennen das Recht von richterlicher Verpflichtung, indem wir sagen, dass Kirby zwar dem Gesetz nach schuldig ist, dass aber Kirbys rechtliche Verpflichtung darin bestand, genau das zu tun, was er getan hat, und dass die rechtliche Verpflichtung des Richters dem Recht nach in diesem Verfahren darin besteht, Kirby nicht schuldig zu befinden, die Beförderung der Post der Vereinigten Staaten behindert zu haben. Diese Sichtweise wird von manchen Positivisten eingenommen, unter ihnen insbesondere dem Rechtsphilosophen Andrei Marmor.[60]

Es ist ziemlich deutlich, dass Ansichten wie diejenige Marmors von dem Wunsch motiviert sind, einzelne Rechtsaussagen von der Verunreinigung durch Werturteile freizuhalten – insbesondere durch diejenigen Werturteile, die benötigt werden, um den »Geist« eines Gesetzes festzustellen, und die bereits genannten »Sicherheitsventilurteile in-Anbetracht-aller-Umstände«. Dennoch ist Marmor, wie andere, nicht willens, die absurden Konsequenzen zu akzeptieren, zu denen man gelangt, wenn man ernsthaft einen deutungstheoretischen Ansatz verfolgt, der auf der Idee der schlichten Bedeutung basiert. Folglich spaltet er richterliche Verpflichtung vom Recht ab und der Richter ist demnach verpflichtet – *als* Richter, *rechtlich* verpflichtet – gegen das Recht zu entscheiden!

Das wollen wir klarerweise unserem Begriff des Rechts nicht antun. Wenn man das Recht des Falls im Fall *Kirby* allein von der gewöhnlichen Bedeutung von »behindern« im dem betreffenden vom Gesetzgeber erlassenen Gesetz bestimmt sieht, dann hat das »Recht« lediglich *einen* Grund für Kirby geschaffen, auf eine Weise zu handeln, und *einen* Grund für einen Richter, ihn zu bestrafen, falls er anders handeln sollte. Stärkere Gründe, die *nicht* dem Recht entspringen, haben Kirby dazu gebracht, nicht so zu handeln, wie das Recht es vorschreibt, und dieselben nicht vom Recht erschaffenen Gründe haben den Richter dazu gebracht, Kirby nicht für die Verletzung des Rechts zu bestrafen. Was das Recht ist, ist gemäß dieser Sichtweise von Recht schlicht keine sehr interessante Frage.

60 Andrei Marmor, *Interpretation and Legal Theory*, Oxford 1992.

Das Recht spielt gemäß dieser Sichtweise lediglich eine kleine Rolle im Gleichgewicht der Gründe, die sowohl das Verhalten der Bürger als auch das der Richter rechtfertigen. In der Tat würde man in Verlegenheit geraten, wollte man dem Ideal der Rechtsstaatlichkeit – der »Herrschaft des Rechts« – einen Sinn verleihen, weil das (derart verstandene) Recht in keiner Weise das Verhalten von irgendjemandem beherrschen würde.

Der dritte Punkt zugunsten des Verpflichtungscharakters des Rechts von Fällen hat damit zu tun, wer es ist, der notwendigerweise durch das Recht verpflichtet ist. Die traditionelle rechtswissenschaftliche Antwort, die sowohl der Naturrechtler als auch der Rechtspositivist gibt, lautet *Richter*: Das Recht verpflichtet notwendigerweise Richter dazu, in Übereinstimmung mit ihm zu entscheiden. Sogar Hart, der der von der amerikanischen Rechtswissenschaft gepflegten »Obsession« für Richter unverhohlen kritisch gegenüberstand,[61] erschuf selbst eine allgemeine Theorie des Rechts, in der die (realen oder nur dafür gehaltenen) Verpflichtungen von Richtern zentral sind.[62]

Ob die realen oder nur dafür gehaltenen Verpflichtungen von Richtern wirklich zentral dafür sind, dass es eine Rechtsordnung gibt, ist eine interessante Frage, aber es ist nicht unsere Frage hier. Was auch immer man über richterliche Verpflichtung als Prüfstein der Legalität ganzer Gesellschaftssysteme denkt, sie ist intuitiv sicherlich am engsten mit der Legalität einzelner Aussagen verbunden. Wenn das Recht des Kirby-Falls darin bestand, dass Kirby nicht schuldig war, die Beförderung der Post der Vereinigten Staaten behindert zu haben, dann bestand die Verpflichtung des Richters gewiss darin, ebendies zu erkennen.[63]

61 H. L. A. Hart, »American Jurisprudence through English Eyes. The Nightmare and the Noble Dream«, in: *Georgia Law Review* 11/5 (1977), S. 969-989, wiederabgedruckt in H. L. A. Hart, *Essays in Jurisprudence and Philosophy*, Oxford 1983.

62 In Harts *Der Begriff des Rechts* müssen Richter die Anerkennungsregel als verpflichtend betrachten, damit eine Rechtsordnung existiert.

63 Es ist vielleicht fast genauso einleuchtend, dass Kirbys Rechtsansprüche und Verpflichtungen dieselben waren, die der Richter verpflichtet war, in seiner Entscheidung zu entdecken. Dennoch vertage ich die Frage, ob das Recht von Fällen notwendigerweise sowohl Bürger als auch Richter verpflichtet. (Vgl. jedoch in dieser Hinsicht Hurd, *Moral Combat*.) Wenn es das tut, dann macht dieser stärkere erste Schritt des traditionellen Arguments für das Naturrecht den zweiten Schritt leichter, da im Vergleich zu richterlichen Pflichten, die nur dieje-

Zusammenfassend halte ich folglich das traditionelle Argument für eine naturrechtliche Sichtweise jener einzelnen Rechtsaussagen, die aus vom Gesetzgeber erlassenen Gesetzen abgeleitet werden, für recht stark. Der Grund hierfür ist, dass ich beide Schritte des Arguments des Naturrechtlers (die ich hier in der Reihenfolge vertausche, um der Argumentation in diesem Abschnitt zu entsprechen) auf dieser Ebene der Legalität für einleuchtend halte. Erstens sind Richter in Fällen wie *Kirby* und Fullers fiktivem Schlaf-Beispiel dazu verpflichtet, in Übereinstimmung mit »Sicherheitsventil-« und »Geist«-Werturteilen zu entscheiden; zweitens sind die Rechtslagen solcher Fälle mit diesen wertgeladenen Entscheidungen zu identifizieren und nicht mit irgendwelchen angeblich wertfreien Bestandteilen von ihnen (wie der »schlichten Bedeutung« der entsprechenden Gesetze). Wie wir gesehen haben, kann der Funktionalismus keinen der beiden Schritte hinreichend begründen. Die Notwendigkeit, den Wert oder die Funktion eines Gesetzes zu berücksichtigen, zeigt, dass die Verpflichtung eines Richters die Pflicht beinhaltet, in seinen Entscheidungen Werturteile zu fällen, aber Fälle wie Kirby erinnern uns daran, dass das bloße Erfüllen einer solchen Funktion eine unzureichende Grundlage für die Rechtfertigung eines richterlichen Urteils ist. Eine allgemeine Funktion des Rechts in seiner Gesamtheit könnte die Verpflichtung eines Richters stützen, in Übereinstimmung mit dem Recht irgendeines Falls zu entscheiden, aber diese Verpflichtung scheint auch gestützt werden zu können, ohne sich auf irgendeine allgemeine Funktion des Rechts in seiner Gesamtheit zu verlassen. Kurz gesagt unterstützt der Funktionalismus eine Naturrechtstheorie der einzelnen Rechtsaussagen, die unter Gesetze fallen, aber er erzeugt diese Theorie nicht selbst.

B. Das Recht eines Falls nach einer rechtskräftigen richterlichen Entscheidung

Es könnte so scheinen, als verändere sich der Status des Rechts eines besonderen Falls radikal, nachdem eine Entscheidung gefallen ist. Wenn die Berufungsfrist abgelaufen ist oder wenn nicht in Be-

nige Werte ausdrücken, die eine spezifische Rolle definieren, die Verpflichtungen von Bürgern leichter als ein Ausdruck aller Werte, die es gibt, gesehen werden können.

rufung gegangen werden kann, weil das Gericht, das die Entscheidung getroffen hat, das höchste ist, dann ist die Entscheidung des Richters rechtskräftig. Diese Entscheidung, was auch immer sie ist, scheint die Rechte und Pflichten der Parteien unwiderruflich festzulegen; obendrein scheint sie dies ganz alleine zu tun.

Die Unwiderrufbarkeit einer solchen Entscheidung wird ihre »*Res-judicata*-Wirkung« genannt. Selbst wenn die Entscheidung später »streng auf die ihr zugrunde liegenden Tatsachen beschränkt« wird oder gar in einem anderen Fall gekippt wird, bleibt die Entscheidung im Hinblick auf die Parteien des ursprünglichen Falls bestehen. Selbst wenn zum Beispiel der Schluss eines Richters, dass es einen gültigen Vertrag zwischen zwei Parteien gibt, falsch ist, haben die Parteien die Rechte und Pflichten vertraglich gebundener Parteien, sobald die Entscheidung rechtskräftig ist.

Die scheinbare Zulänglichkeit der Entscheidung, das Recht des Falls zu konstituieren, lässt sich erkennen, wenn man von einer vollkommen falschen Entscheidung ausgeht. Wenn die Parteien mit einer solchen Entscheidung, die über ihre Rechte und Pflichten bestimmt, leben müssen, dann würde dies zeigen, dass die Entscheidung selbst – was auch immer sie ist – hinreichend dafür ist, das Recht ihres Falls zu konstituieren. Vor einer solchen falschen Entscheidung können wir annehmen, dass alles (schlichte Bedeutung, Geist, Sicherheitsventilüberlegungen) die Behauptung unterstützt, dass die einzelne Rechtsaussage »Dieser Vertrag ist gültig« den Wahrheitswert »wahr« hat; nach der falschen Entscheidung scheint der Wahrheitswert dieser Aussage nichtsdestoweniger »falsch« zu sein. Die Entscheidung selbst scheint vollständig darüber zu bestimmen, was das Recht dieses Falles jetzt ist.

Rechtspositivisten dürfte diese Deutung des Rechts eines Falles ganz gut gefallen. Schließlich scheint die Wahrheit solcher einzelnen Rechtsaussagen von einer rein nichtmoralischen Tatsache abzuhängen, nämlich von der historischen Tatsache, dass die zuständige Richterin so entschieden hat, wie sie es tat. Die Klarheit und Einfachheit dieser Sichtweise lässt den Positivisten folglich zu der rechtsrealistischen Idee tendieren, dass es kein Recht eines besonderen Falls gibt, bis der Richter eine Entscheidung trifft.

Unglücklicherweise für den Positivisten ist jedoch nichts von alldem so, wie es scheint. Zunächst einmal haben wir, wie oben erörtert, gute Gründe zu sagen, dass es ein Recht für einen Fall gibt, schon bevor irgendein Richter ihn entscheidet. Darüber hinaus gilt, dass zwar ein Urteil in einem Fall fast immer eine *Res-judicata*-Wirkung als das Recht des Falls erhält, dass dies aber aufgrund eines Abwägens von Werten (und nicht allein aufgrund irgendeiner historischen Tatsache) der Fall ist *und* dass es nicht eintritt, wenn dieses Abwägen in die andere Richtung kippt.

Die Lehre, dass ein Rechtsurteil den Streit zwischen Parteien beenden sollte, sobald es gefällt wurde, ist durch wichtige Erwägungen gerechtfertigt. Dazu zählt, dass es nicht wünschenswert ist, bei Streitigkeiten die Unermüdlichen und Reichen zu bevorzugen, dass es nicht wünschenswert ist, mehrere Versuche zuzulassen, Schuld nachzuweisen, und dass es wünschenswert ist, eine effiziente Urteilsfällung zu fördern, indem man den Prozessparteien Anreize gibt, ihren Fall bei der ersten Gelegenheit auf die bestmögliche Weise zu präsentieren. Wir könnten uns diese Erwägungen als die zusätzlichen Funktionen denken, die das Recht eines Falls erfüllt, sobald eine Entscheidung getroffen wurde (»zusätzlich«, weil die grundlegende Funktion, die wesentlich für das Recht des Falls ist – und zwar unabhängig davon, ob ein Richter die Angelegenheit tatsächlich entschieden hat –, die Festlegung der Rechtsansprüche und Rechtspflichten der Parteien ist). Solche Erwägungen, die *res judicata* unterstützen, können sehr wohl so stark sein, dass sie fast immer sowohl die Weigerung eines Richters rechtfertigen, ein vorhergehendes Urteil bezüglich des Rechts des Falls »aufzuheben«, als auch einen Bürger, der dem Urteil unterworfen ist, darin rechtfertigen, es nicht zu missachten. Diese Erwägungen sind allerdings nicht so stark, dass sie *res judicata* zu der Art von eiserner Regel machen, als die sie viele Juristen darstellen.

Betrachten wir einen Fall, in dem (1) die Mutter in einem Kindersorgerechtsverfahren für ungeeignet erklärt wird, weil der Richter gemäß den Gesetzen in seinem Zuständigkeitsbereich fälschlicherweise zu dem Schluss kommt, dass die Vollzeitanstellung der Mutter sie daran hindert, ein geeigneter Elternteil zu sein; (2) der Vater fälschlicherweise für geeignet erklärt wird, weil der Richter nicht weiß, dass der Vater das Kind sexuell missbraucht hat; und (3) der Richter auf Basis der Entscheidungen in (1) und (2) ein Urteil fällt, das das alleinige Sorgerecht dem Vater überträgt. Es ist evident für mich, dass die Mutter in diesem Fall nicht verpflichtet ist, sich dem Urteil des Gerichts zu fügen. Vielmehr hat sie die

Verpflichtung, alles zu tun, was sie kann, um ihr Kind zu schützen; dies beinhaltet, das Kind bei der ersten Gelegenheit vor dem Vater zu verstecken. Es ist fast genauso einleuchtend, dass ein Richter, der weiß, was die Mutter weiß – das heißt, er weiß, wie falsch das Sorgerechtsurteil sowohl in rechtlicher als auch in faktischer Hinsicht ist –, verpflichtet ist, es nicht gegen die Mutter zu vollstrecken.[64] Diese Position erregt natürlich eine prozedurale Sorge dahingehend, dass es Prozessparteien ermutigen wird, Tatsachen-

64 In der Angloamerikanischen Rechtsordnung haben wir jahrhundertelang den Wunsch für die Endgültigkeit in Rechtsurteilen mit einem Wunsch ausgeglichen, »rechtskräftige« Urteile anzufechten, um ernsthafte inhaltliche oder prozedurale Fehler zu korrigieren. Im Common Law wurde dies durch die althergebrachten gerichtlichen Verfügungen des *coram nobis* und *audita querela* auf prozedurale Art und Weise bewerkstelligt, und im Billigkeitsrecht durch billigkeitsrechtliche Gesetzesvorlagen, die gerichtliche Verfügungen gegen die Vollstreckung von Rechtsurteilen anstrebten. (Siehe J. W. Moore, *Moore's Federal Practice*, New York [3]1999, sec. 60 App. 105-108.) Sogar unter gegenwärtigem amerikanischen Recht überlebt die alte Sichtweise, dass Gerichte eine ihnen innewohnende Macht haben, ihre eigenen Urteile anzufechten; *Federal Rule of Civil Procedure* 60(b) zählt fünf traditionelle Gründe für die Anfechtung eines Urteils auf und fügt dann eine Sicherheitsventil-Klausel hinzu, die bestimmt, dass ein Urteil auch aus »jedem anderen Grund, der die Befreiung von der Wirksamkeit des Urteils rechtfertigt«, angefochten werden kann. Gemäß dieser Klausel »kann das Ausmaß der Ungerechtigkeit auf geeignete Weise in Betracht gezogen werden, um zu bestimmen, ob ein Gericht gerechtfertigt ist, die Endgültigkeit eines Urteils zu stören«. Moore, *Moore's Federal Practice*, sec. 60, App. 37. Diese allumfassende oder Sicherheitsventil-Klausel ist, wie die Gerichte anerkennen, »ein gewaltiges Reservoir billigkeitsrechtlicher Macht, um in einem Einzelfall für Gerechtigkeit zu sorgen«. *Compton vs. Alton Steamshop Co.*, 608 F.2d 96, 106 (5th Cir. 1979). Gegenwärtig stehen die oben genannten Vorgehensweisen, um ein Urteil anzufechten, nur demjenigen Gericht zur Verfügung, das das Urteil gefällt hat. Jedoch kann eine »kollaterale« Urteilsanfechtung durch ein anderes Gericht erfolgen, wenn das Ausmaß der Ungerechtigkeit, die durch ein falsches Urteil verursacht wurde, schwerwiegend genug ist. Siehe z. B. *Fay vs. Noia*, 372 U.S. 391 (1963) und *Townsend vs. Sain*, 372 U.S. (1963), wo eine kollaterale Überprüfung tatsachenbezogener Feststellungen eines bundestaatlichen Gerichts durch den Obersten Gerichtshof der Vereinigten Staaten zugelassen wurde, um verfassungsmäßige Werte zu schützen. In einem zivilrechtlichen Kontext siehe Feinberg, »The Dilemmas of Judges Who Must Interpret ›Immoral Laws‹« zu einer Diskussion der verschiedenen Verfahrensweisen, die von Richtern bundestaatlicher Gerichte im Norden vor dem Sezessionskrieg angewendet wurden, um zu verhindern, dass von Gerichten des Südens gefällte Urteile, die entflohene Sklaven betrafen, vollständige Anerkennung erfuhren.

und Rechtsangelegenheiten, die bereits entschieden sind, wieder zu eröffnen, aber dies muss gegen die Sorge abgewogen werden, dass schwerwiegende Ungerechtigkeit verursacht werden kann, wenn Richtern die Autorität eingeräumt wird, die Rechtsansprüche und Rechtspflichten von Prozessparteien unwiderruflich festzulegen.

Was uns Fälle wie das Sorgerechtsbeispiel zeigen, ist Folgendes: Wenn das Ausmaß der Ungerechtigkeit, das durch ein Urteil in einem bestimmten Fall verursacht wird, ziemlich hoch ist, dann werden sogar die starken zugunsten *res judicata* vorzubringenden Erwägungen überwogen. Also verpflichtet das Urteil allein weder Bürger noch Richter zum Gehorsam. Vielmehr wird der Inhalt solcher Verpflichtungen bestimmt durch ein Gleichgewicht zwischen den Erwägungen zugunsten von *res judicata* und den Erwägungen, die durch das Urteil beeinträchtigt werden. Selbst wenn dieses Gleichgewicht in Richtung der *Res-judicata*-Erwägungen kippt – wie es normalerweise innerhalb einer halbwegs gerechten Rechtsordnung der Fall sein wird –, ergibt sich die Verpflichtung aus diesem Wertegleichgeweicht und nicht aus irgendeiner wertfreien Tatsache.

Hier begegnen wir wieder der bereits vertrauten Option, die Verpflichtung vom Recht des Falls abzuspalten. Sicherlich besteht eine idiomatische Art und Weise, die Verpflichtung der Mutter in einem Fall wie dem obigen zu beschreiben, darin zu sagen »Sie war verpflichtet, dem Recht nicht zu folgen«. Wir könnten dies sogar von dem Richter behaupten – das heißt wir könnten sagen, dass er verpflichtet war, nicht das Recht des Falls zu vollstrecken. Es ist jedoch vorzuziehen, bürgerliche und richterliche Verpflichtung mit dem Recht in Einklang zu belassen. Wenn sowohl Richter als auch Bürger dazu verpflichtet waren, das Kind vom sexuell übergriffigen Vater fernzuhalten, bevor irgendein Urteil gefällt war, und wenn sie gleichermaßen nach dem Urteil verpflichtet sind, dann hat sich das Recht des Falls nicht geändert, als das Urteil gefällt wurde.

Diese Sicht der Dinge wird durch die Tatsache bestärkt, dass es wünschenswert ist, sagen zu können, dass unsere spätere Entscheidung, die dieses Urteil korrigiert, rückwirkend anwendbar ist, wenn wir feststellen, dass ein früheres Urteil falsch war.[65] Nehmen

65 Angloamerikanisches Recht, wie es formell niedergelegt ist, unterscheidet sich davon, wofür ich in diesem Aufsatz argumentiere. Siehe z. B. den Fall *United States vs. United Mine Workers*, 330 U.S. 258, 294 (1947), bei dem festgehalten

wir an, dass im Sorgerechtsfall ein nachfolgendes Gericht befindet, dass das oben erörterte ursprüngliche Urteil falsch war. Was war das Recht des Falls zwischen dem Zeitpunkt, als das ursprüngliche Urteil gefällt wurde, und dem Zeitpunkt, als es für falsch erklärt wurde? War es das falsche Urteil, das demnach sowohl das vor dem Urteil geltende Recht des Falls änderte als auch selbst durch die darauffolgende Feststellung des Irrtums geändert wurde? Wenn das so wäre, dann wäre eine Anklage wegen Missachtung des Urteils gegen die ungehorsame Mutter nach wie vor angemessen, und ebenfalls nach wie vor angemessen wäre ein Disziplinarverfahren gegen den Richter, der sich vor der Feststellung des Fehlers geweigerte hatte, den Sorgerechtsbeschluss zu vollstrecken. Weil diese Folgen nicht wünschenswert sind, ist es besser, das Urteil, das im Nachhinein als falsch erkannt wurde, so zu behandeln, als sei es niemals das Recht des Falls gewesen. Gemäß dieser Sichtweise hat sich das Recht des Falls zu keinem Zeitpunkt geändert und niemand kann dafür bestraft werden, getan zu haben, wozu er dem Recht nach verpflichtet war. Eine solche Sichtweise verlangt von uns, Verpflichtung *nicht* von Legalität zu trennen und daher *nicht* zu denken, dass ein Urteil selbst das Recht seines Falls konstituiert.

Das Recht eines Falls, nachdem ein Urteil gefällt wurde, sollte demnach von genau derselben Mischung aus Werturteilen und historischen / semantischen Tatsachen abhängen, von der es auch vor dem Urteil abhing. Der Unterschied ist, dass, um das Recht des Falles zu bestimmen, nachdem ein Urteil gefällt worden ist, das Gleichgewicht von Erwägungen, das das Recht des Falls vor dem Urteil bestimmt hat, nun selbst gegen die Erwägungen abgewogen werden muss, die für die Endgültigkeit von Urteilen sprechen. Diese Sichtweise des Rechts eines Falls als eines komplexen Gleichgewichts von Werten ist nach wie vor eine naturrechtliche Sichtweise. Es ist eine Sichtweise, die teilweise von einer funktionalistischen

wurde, dass »eine gerichtliche Verfügung [...] befolgt werden muss [...], egal, wie falsch die Maßnahme des Gerichts auch sein mag«. Wenn unser Recht dies wirklich meint, dann ist es schlechtes Recht. Ich bezweifle allerdings, dass unser Recht dies wirklich meint. Um den meisten Leuten die angemessenen Anreize zu geben, ist es zweifellos nützlich, solche kategorischen, ausnahmslosen Äußerungen zu tätigen; in Wirklichkeit jedoch lassen die Gerichte Täter wie Martin Luther King mit einer leichten Strafe davonkommen, wenn diese Täter richterliche Anordnungen verletzen (die daraufhin aus sehr guten Gründen für falsch befunden werden).

Sicht auf das Recht von Fällen unterstützt wird; jedoch gilt, dass der Funktionalismus – ebenso wie er nicht in Lage ist, die naturrechtliche Sichtweise von Fällen vor einem Urteil zu begründen – unzureichend ist, um eine naturrechtliche Sichtweise des Rechts von entschiedenen Fällen zu begründen.

VI. Die funktionalistische Auffassung von Gesetzen

Wenn wir von der Legalität allgemeiner Standards sprechen, ist es wie beim Recht von Fällen hilfreich, die Erörterung von Gesetzen vor ihrem Inkrafttreten von der Erörterung von Gesetzen zu trennen, nachdem sie durch irgendeine rechtliche Institution (ein Gericht, eine gesetzgebende Gewalt, eine verfassunggebende Versammlung, eine Regierungsbehörde und so weiter) erfolgreich in Kraft gesetzt worden sind. Nachdem ich bislang in meiner Erörterung des Rechts von Fällen vom Gesetzgeber erlassene Gesetze verwendet habe, werde ich mich nun auf Gesetze konzentrieren, die durch Gerichtsentscheidungen entstehen – was angloamerikanische Juristen das *Common Law* nennen.

A. Common Law ohne leitenden Präzedenzfall

In diesem Abschnitt werde ich als gegeben annehmen, was Juristen des *Common Law* einen »Ersteindrucksfall« [»case of first impression«] nennen. Das sind Fälle, in denen es weder einen mustergültigen Präzedenzfall für den vorliegenden Fall gibt noch eine etablierte Regel des *Common Law*. Von Tausenden möglicher Beispiele aus dem amerikanischen Recht werde ich den Fall *Union Pacific Railway gegen Cappier* betrachten.[66]

Der Fall *Cappier* wurde im Jahr 1903 entschieden und brachte das Thema von Hilfeleistungspflichten in einem Fall des zivilrechtlichen Deliktsrechts, in dem der Angeklagte arglos verursacht hatte, dass das Opfer in Gefahr geriet, vor den Obersten Gerichtshof von Kansas. Eine Eisenbahn der *Union Pacific Railway* hatte vorsätzlich einen Jugendlichen namens Cappier, der unbefugt die Gleise betreten hatte, überfahren; die Lokomotive trennte einen

66 *Union Pacific Ry. vs. Cappier*, 72 Pac. 281 (Kansas 1903).

Arm und ein Bein des Jungen ab. Die Bahnangestellten hielten den Zug an, stellten Cappiers Verletzungen fest, trugen ihn neben die Gleise und fuhren weiter. Cappier verblutete daraufhin und seine Mutter reichte Klage ein.

Bis zum Jahr 1903 hatten die Gerichte in Kansas noch nicht über die Frage geurteilt, ob Fremde, die schuldlos jemanden einer Gefahr aussetzen, eine positive Pflicht haben, das Opfer vor dieser Gefahr zu retten. Vor 1903 war festgelegt worden, dass Fremde sich im Allgemeinen weder im straf- noch im zivilrechtlichen Deliktsrecht positive Hilfspflichten schulden; von einigen Ausnahmen abgesehen, machte das Deliktsrecht in Kansas geltend, dass es nur negative Pflichten gab, anderen durch unsere Taten keinen Schaden zuzufügen. Allerdings war den Gerichten in Kansas die Frage, ob diejenigen, die schuldlos einen Fremden in Gefahr bringen, diesem Fremden vielleicht die positive Pflicht schulden, ihn zu retten, noch nicht begegnet.

In einer Situation wie dieser fühlen sich manche Rechtspositivisten von der Sichtweise angezogen, dass es keine Gesetze gibt, die solche Fälle regeln. Sie würden für diese Sichtweise hier argumentieren, indem sie darauf hinweisen, dass sich keine vom Gesetzgeber erlassene oder verfassungsmäßige Regel mit diesem Gebiet des *Common Law* beschäftige und dass keine Regel des *Common Law* durch vorherige Fälle in Kansas etabliert worden sei. Allerdings gerät diese Sichtweise in Konflikt mit Dworkins wohlbekannten Argumenten, dass Parteien in Rechtsklagen wie im Fall *Cappier* sogar in Abwesenheit jedweder offensichtlicher Rechtsnormen, die ihren Fall regeln, Rechtsansprüche und Rechtspflichten haben.[67] Die von Dworkin seit langem vertretene »Rechte-These« behauptet, dass es sogar in den schwierigsten Fällen Rechtsansprüche gibt und dass die Existenz solcher Rechtsansprüche erfordert, dass es mehr Gesetze gibt, als man auf den ersten Blick meinen könnte.[68]

Dworkins Argument für die Rechte-These leitete sich teilweise aus Beobachtungen der angloamerikanischen Rechtspraxis ab. Prozessparteien wie Frau Cappier erscheinen vor Gericht nicht als Bittsteller, indem sie um eine für sie vorteilhafte Ausübung der

67 Ronald Dworkin, »The Model of Rules«, in: *University of Chicago Law Review* 35/1 (1967), S. 14-54.

68 Ronald Dworkin, »Hard Cases«, in: *Harvard Law Review* 58/6 (1975), S. 1057-1109.

Verfügungsfreiheit des Richters bitten, der für sie einen Rechtsanspruch *erschaffen* soll. Vielmehr treten solche Prozessparteien auf, als stünden ihnen Rechtsansprüche zu, Rechtsansprüche, deren Existenz der Feststellung durch einen Richter, dass sie existieren, vorausgehen muss. Ergänzt wurde dieser auf der Rechtspraxis basierende Schluss durch Dworkins Argumente, die auf bestimmten Idealen bezüglich der Rechtsstaatlichkeit beruhen. Er verwies darauf, dass Richter das Recht nicht erzeugen (dies ist die Aufgabe des Gesetzgebers); stattdessen wenden sie bereits im Voraus existierende Gesetze auf die Tatsachen von Fällen an. Darüber hinaus wenden Richter Gesetze nicht rückwirkend auf Vorgänge an, die stattfanden, bevor solche Gesetze entstanden; sie wenden Gesetze an, die existierten, als die Parteien handelten.

An anderer Stelle habe ich versucht, diese Argumente Dworkins auf zwei Arten zu ergänzen.[69] Zunächst verlangt meines Wissens niemand, dass Richter »Ersteindrucksfälle« dadurch entscheiden sollten, dass sie Münzen werfen, Kräftemessen zwischen den Prozessparteien abhalten, mittelalterliche Wasserprobe verwenden oder irgendwie sonst von einem klarerweise willkürlichen Entscheidungsverfahren Gebrauch machen. Hart und die gegenwärtigen Rechtspositivisten, die seinem Beispiel gefolgt sind, geben alle zu, dass Richter, denen in schwierigen Fällen das offensichtliche Recht ausgeht, diverse Standards wie Nützlichkeit, Effizienz, Freiheit und Ähnliches heranziehen sollten. Jedoch zwingt der Positivismus diese Theoretiker zu der Behauptung, dass solche Standards keine *rechtlichen* Standards sind und dass die Rechte, die solche Standards erzeugen, so lange keine *Rechts*ansprüche sind, bis der Richter sie durch seine Entscheidung zu solchen macht. Es gilt aber zu beachten, dass Richter verpflichtet sind, diese Standards zu verwenden; sie haben keine Verfügungsfreiheit in der Sache. Weil diese Verpflichtung für eine Richterin aus ihrer Rolle als Richterin erwächst, haben wir allen Grund, ihre Verpflichtung, für die eine statt für die andere Partei zu entscheiden, für eine *rechtliche* Verpflichtung zu halten, die Rechte der siegreichen Prozesspartei für *Rechts*ansprüche zu halten und die Standards, die solche Rechts-

69 Michael Moore, »Legal Principles Revisited«, in: *Iowa Law Review* 82/3 (1997), S. 867-891, wiederabgedruckt als Kapitel 7 von Moore, *Educating Oneself in Public*.

ansprüche rechtfertigen, für *rechtliche* Standards, d. h. Gesetze, zu halten.[70]

Mein zweites Argument, das Dworkins Rechte-These unterstützt, beruht auf der Beobachtung, dass die Standards, an die sich Richter tatsächlich halten und halten sollten, um schwierige Fälle auf eine nichtwillkürliche Art und Weise zu entscheiden, bestimmte funktionale Kriterien für Gesetze erfüllen. Als Teil des Rechts im Allgemeinen erfüllen alle Gesetze zumindest die Funktion, uns unsere Verpflichtungen deutlicher zu machen, als sie es ohne Gesetze wären. Indem sie eine solche gewissheitsfördernde Funktion erfüllen, verdienen die allgemeinen Standards, die von Richtern in schwierigen Fällen gebraucht werden, die Bezeichnung »Gesetz«.[71]

Angenommen also, dass es Gesetze gibt, die schwierige Fälle wie *Cappier* regeln, müssen wir als Nächstes den Status dieser Gesetze vom Standpunkt der Debatte um Naturrecht und Positivismus untersuchen, sowie das Ausmaß, in dem der funktionalistische Ansatz die naturrechtliche Sichtweise dieser Sache unterstützen kann. Prima facie erscheint die naturrechtliche Deutung der Gesetze, die schwierige Fälle regeln, recht plausibel. Im Fall *Cappier* sind die zur Debatte stehenden Standards unter anderem ein Prinzip der Freiheit, das es für unmoralisch erklärt, dass der Staat uns dazu zwingt, einen Eingriff zu vollziehen, der Schaden verhindert, obwohl uns der Staat gerechtfertigterweise dazu zwingen kann, jegliche Handlung zu unterlassen, die diesen Schaden verursachen würde; ein Prinzip, dem zufolge die Verursachung einer Gefahr, die letztlich Wirklichkeit wird, ein hinreichendes Maß an kausaler Beteiligung an der Situation des Opfers darstellt, um den Erzeuger der Gefahr zu nötigen, den Schaden der von ihm verursachten Gefahr abzuwenden; und ein Prinzip ausgleichender Gerechtigkeit, dem zufolge eine Pflicht zum Ausgleich eines Schadens (durch eine Entschädigungszahlung) immer dann entsteht, wenn man moralisch verpflichtet ist, diesen Schaden abzuwenden. Wenn man annimmt, dass dies alles *Rechts*prinzipien sind, weil sie gute moralische Prinzipien sind, dann ist dies ganz ohne Umschweife eine naturrechtliche Position bezüglich solcher Standards.

Es gibt zwei Manöver, die Rechtspositivisten anwenden könnten, um den unliebsamen Schluss zu vermeiden, dass die Stan-

70 Ebd., S. 873, Fn. 40.
71 Ebd., S. 875 f.

dards, die schwierige Fälle entscheiden, nur rechtliche Standards sind, insofern sie moralische Standards sind. Ich werde diese Manöver die oberflächliche positivistische Antwort und die tiefsinnige positivistische Antwort nennen.

Ein oberflächlicher Positivist behauptet, dass das Recht Rückfallregeln der folgenden Form enthält: Wenn eine Tat nicht klarerweise durch ein Gesetz verboten ist, dann ist diese Tat erlaubt.[72] Im Fall *Cappier* gibt es dieser Sichtweise zufolge einen Standard, der schon vor der Entscheidung des Richters existiert und der den Fall entscheidet, aber er ist keines der zuvor aufgezählten moralischen Prinzipien. Vielmehr ist der entscheidende Standard eine Rückfallregel für das Deliktsrecht: Wenn eine Tat nicht unter die Beschreibung der bestehenden Klageansprüche für Deliktsrechtsfälle fällt, dann besagt das geltende Recht, dass es keinen Klageanspruch auf Schadensersatz gibt. Da es keine Regel des *Common Law* gab, die Cappier einen Klageanspruch gegen einen (un)barmherzigen Samariter, der die Gefahrenlage für das Opfer verursacht hatte, eingeräumt hätte, sah das Recht von Kansas (das heißt die angebliche Rückfallregel) vor, dass es keinen solchen Klageanspruch gab.

Diese oberflächliche positivistische Antwort hat sowohl deskriptive als auch normative Probleme. Deskriptiv gesehen beinhaltet das angloamerikanische Deliktsrecht keine derartige Rückfallregel. Wie der verstorbene William Prosser in seiner berühmten Fibel über das Deliktsrecht anführte: »Dem Namen eines Delikts oder irgendeiner willkürlichen Klassifikation wohnt kein Zauber inne.« Prosser führte an, dass das angloamerikanische Deliktsrecht vielmehr von dem Grundsatz ausgehe, dass »es die Aufgabe des Rechts ist, das Unrecht zu berichtigen, das es verdient«.[73] Normativ gesehen ist jede Rückfallregel, die neuartige (und daher namenlose) Delikte ausschließt, eine schlechte Idee. Um es mit einem Bonmot J. L. Austins zu sagen: »Fakten sind reichhaltiger als Diktionen.«[74]

72 Dies ist Hans Kelsens Sichtweise. Siehe Hans Kelsen, »The Pure Theory of Law«, in: *Law Quarterly Review* 51/203 (1935), S. 528. »Es gibt natürlich keine derartige Sache wie eine echte Lücke in dem Sinne, dass ein Rechtsstreit aufgrund einer Regelungslücke für den konkreten Fall nicht gemäß gültiger Normen entschieden werden könnte [...]. Das Recht besagt nicht nur, dass eine Person zu einem bestimmten Verhalten verpflichtet ist [...], sondern auch, dass es einer Person freisteht, zu tun oder nicht zu tun, was sie nicht verpflichtet ist zu tun.«

73 W. Page Keeton, *Prosser and Keeton on Torts*, St. Paul (MN) [5]1984, S. 56 f.

74 Austin, »A Plea for Excuses«.

Die Arten, auf die eine Person schuldhaft eine unschuldige Person verletzen kann, sind nicht alle ausprobiert worden; da es wünschenswert ist, dass solche Personen für die Schäden aufkommen, die sie unschuldigen Personen verursachen, ist es nicht wünschenswert, dass die Klageansprüche auf Schadensersatz dauerhaft auf die Arten von Vergehen beschränkt werden, die bislang begangen worden sind.

Die tiefsinnige positivistische Antwort ist sehr verschieden von der des oberflächlichen Positivisten. Der tiefsinnige Positivist gibt zu, dass es nichtoffensichtliche rechtliche Standards wie das oben beschriebene Prinzip der Freiheit gibt, aber er bestreitet, dass diese Standards Teil des Rechts sind, weil sie moralische Standards sind. Stattdessen sagt der tiefsinnige Positivist, dass diese Standards Gesetze sind, weil sie einer wertfreien Überprüfung ihrer Herkunft standhalten. Wenn derartige Prinzipien von den offensichtlicheren Regeln des *Common Law* »inkorporiert«, »impliziert« oder »exemplifiziert« werden, dann sind diese Prinzipien aufgrund dieser allein auf Logik und Geschichte basierenden Überprüfung ihrem Wesen nach rechtlich.[75]

Der tiefsinnige Positivist vertritt eine außergewöhnliche Behauptung. Bezüglich des *Common Law* lautet die Behauptung, dass es in einer etablierten Rechtsordnung wie der unsrigen, mit ihrer Vielzahl an vergangenen Entscheidungen, selbst dort, wo es scheinbar keine einschlägige Regel des *Common Law* für einen Ersteindrucksfall gibt, dennoch möglich ist, ein einzigartiges Prinzip, das ausreichend ist, um diesen Fall zu entscheiden, aus den bestehenden Regeln durch die wertfreien Verfahren der Inkorporation, Implikation und Exemplifikation zu gewinnen.

Diese Behauptung ruft umgehend die Sorge auf den Plan, dass wir es mit problematischer Unbestimmtheit zu tun bekommen könnten. Für jede endliche Menge von entschiedenen Fällen gibt es eine unendliche Anzahl allgemeiner Standards, die diese Fälle als ihre Instanzen abdecken würden.[76] Darüber hinaus gilt im Hinblick auf jeden besonderen neuartigen Fall, der zu entscheiden ist, dass manche dieser Standards zu einem Ergebnis führen werden, wohingegen andere Standards zum gegenteiligen Ergebnis führen

75 Rolf Sartorius, *Individual Conduct and Social Norms*, Encino (CA) 1975, liefert ein gutes Beispiel für einen solchen tiefsinnigen Positivismus.

76 Siehe Moore, *Placing Blame*, S. 14-18.

werden. In anderen Worten ist wertfreie Extrapolation aus vergangenen Fällen im Hinblick auf »Ersteindrucksfälle« unbestimmt. Das Ergebnis hiervon ist, dass es keine rein tatsachenbasierte Herkunft für rechtliche Standards gibt, die verwendet werden, um schwierige Fälle zu entscheiden. Solche Standards sind in der Tat, was sie ihrem Anschein nach zu sein scheinen: moralische Standards, die aufgrund ihres moralischen Status ebenso rechtliche Standards sind.

Dies ist ein naturrechtlicher Schluss bezüglich der Gesetze, die Rechtsansprüche in schwierigen Fällen erzeugen, aber der funktionalistische Ansatz trägt wenig dazu bei, ihn zu beweisen. Es stimmt zwar, dass man schließen könnte, dass ein Standard wie das Prinzip der Freiheit zum Teil wegen der erhöhten Gewissheit, die der Gebrauch dieses Prinzips in schwierigen Fällen herstellt, ein *rechtlicher* Standard ist. Jedoch sollten Richter zur Lösung von schwierigen Fällen sicherlich Standards eher so auswählen – und sie tun dies auch –, dass sie auf die alles in Betracht ziehende moralische Richtigkeit dieser Standards mehr achten als auf die erhöhte Gewissheit, die der Rekurs auf solche Prinzipien ermöglicht. Diese gewissheitserhöhende Funktion mag allen Rechtsprinzipien, die schwierige Fälle lösen, gemein sein, aber der Umstand, dass sie diese Funktion erfüllen, kann nicht der Hauptgrund dafür sein, sie auszuwählen.

B. Common Law mit mustergültigem Präzedenzfall

Wie bei einzelnen Rechtsaussagen, so gilt auch hier, dass die Dinge ganz anders zu sein scheinen, sobald Gerichte in vorhergehenden Fällen eine Regel erlassen haben, die unmittelbar einen gegenwärtigen Fall betrifft. Außer denjenigen, die das Recht ausschließlich mit (1) einzelnen Rechtsaussagen, die Fälle entscheiden (wie es die Rechtsrealisten taten), oder (2) mit vom Gesetzgeber erlassenen Gesetzen identifizieren (wie Bentham), sollte jeder zugeben, dass es hier Gesetze gibt. Deshalb können wir erneut jegliche Sorge beiseitelassen, dass es hier gar kein Gesetz gibt, über das wir eine naturrechtliche Theorie haben könnten.

Im historischen *Cappier*-Fall stellte der Oberste Gerichtshof von Kansas fest, dass die angeklagte Eisenbahngesellschaft dem verstorbenen Jungen keine positiven Pflichten schuldete, obwohl die Eisenbahn schuldlos die Gefahrenlage des Jungen verursacht hatte.

Nehmen wir an, dass ein ähnlicher Fall im Jahr 1904 in Kansas aufkommt, ein Jahr nach der Entscheidung im Fall *Cappier*. Wenn wir fragen, was das Gesetz ist, das meinen hypothetischen Fall von 1904 regelt, müssen wir zwei voneinander verschiedene Fragen stellen und beantworten. Die erste Frage betrifft die Ausdehnung der im *Cappier*-Fall festgelegten Regel: Wie sehr muss der Fall von 1904 dem *Cappier*-Fall ähneln, damit er von der Regel des *Common Law* geregelt wird, die der *Cappier*-Fall aufgestellt hat? Eine eng gefasste Regel würde ein großes, eine weiter gefasste Regel weniger Ähnlichkeit erfordern. Die zweite Frage lautet, ob es möglich ist, dass die im Fall *Cappier* aufgestellte Regel in Kansas nicht Gesetz war – nicht im Jahr 1904 und nicht einmal im Jahr 1903. Diese beiden Fragen entsprechen den beiden rechtswissenschaftlichen Bedenken gegenüber Regeln des *Common Law*: (1) zu bestimmen, wie man eine Gerichtsentscheidung (oder »*ratio decidendi*«) eines Präzedenzfalls wie des Falls *Cappier* festlegt, und (2) die Kraft oder das »Gewicht« dieser Entscheidung für zukünftige Fälle zu ermitteln. Ich betrachte beide Bedenken nacheinander.

1. *Regeln aus Präzedenzfällen gewinnen*. Die beiden führenden Theorien der Gerichtsentscheidung sind die klassische Theorie und die rechtsrealistische Theorie.[77] Gemäß der klassischen Theorie ist die allgemeine Rechtsaussage, für die ein Präzedenzfall steht, diejenige Aussage, die als Entscheidung in der Urteilbegründung des vorangehenden Gerichts verkündet ist. Gemäß der rechtsrealistischen Theorie des Präzedenzfalls muss die Präzedenzentscheidung dadurch gebildet werden, dass man die Tatsachen des Präzedenzfalls beschreibt und feststellt, welche rechtlichen Maßnahmen das vorangehende Gericht bezüglich dieser Tatsachen ergriffen hat; gemäß dieser Sichtweise ist die Regel eine, die es zukünftigen Richtern auferlegt, ähnliche Maßnahmen zu ergreifen, wenn sie Fälle mit ähnlicher Faktenlage entscheiden. Es gibt Variationen und Mischformen dieser beiden Sichtweisen,[78] aber diese einfache Charakterisierung wird für unsere Zwecke genügen.

Welche dieser Sichtweisen man sich zu eigen macht, hängt davon ab, was man für die Funktion der Praxis hält, vergangenen Entscheidungen die Kraft von Präzedenzfällen zuzuschreiben. Um die düstere Ausdruckweise von Dickens zu verwenden: Warum ist es gut, dass

77 Siehe dazu im Allgemeinen Moore, »Precedent«.

78 Ebd.

»Tote auf unseren Richterbänken sitzen«? Eine Antwort auf diese Frage lautet, dass diese Praxis des *stare decisis* die Vorhersagbarkeit des Verhaltens von Gerichten erhöht und dass dies gut ist, weil es die gerichtliche Urteilsfindung effizienter macht, weil es die Hürden für Freiheit abbaut, die sich ergeben, wenn Sanktionen unsicher sind, und weil es ungerechte Überraschungen für die Bürger reduziert. Es liegt zumindest nahe, dass die klassische Theorie diese Werte am besten befördert, weil man gemäß dieser Theorie lediglich die Fallberichte öffnen und die festgelegten Regeln lesen muss.

Manche, darunter ich selbst, haben argumentiert, dass der Hauptwert, der *stare decisis* rechtfertigt, Gleichheit ist.[79] Das Ideal formaler Gerechtigkeit besagt, dass gleiche Fälle gleich zu behandeln sind, und dies wird nur dann erreicht, wenn Richter den Richtern folgen, die ihnen in einer Angelegenheit vorausgegangen sind. Es ermöglicht es gegenwärtigen Richtern, Prozessparteien gleich zu behandeln (indem sie sich an einer bedeutenden vergangenen Entscheidung ausrichten), und es behandelt gegenwärtige Prozessparteien auf dieselbe Weise, wie frühere Prozessparteien behandelt wurden.

Wenn formale Gleichheit die Funktion ist, die durch das *Common Law* erfüllt wird, dann spricht dies dagegen, die Entscheidung, die durch das vorhergehende Gericht in der Urteilsbegründung verkündet wurde, für die wirkliche Entscheidung des Falls zu halten. Der Grund hierfür ist die Tatsache, dass man gemäß dieser Art von Theorie formaler Gleichheit, um zu beurteilen, ob ein nachfolgender Fall dem vorhergehenden Fall gleich ist (und daher dieselbe Behandlung verdient) oder nicht, beurteilen muss, ob die Fälle in moralisch relevanten Hinsichten wirklich gleich sind. Solche Urteile über Gleichheit können nicht einfach die Kategorien übernehmen, die in der vorhergehenden Urteilsbegründung festgelegt sind; stattdessen verlangt das Prinzip der Gleichheit von dem nachfolgenden Gericht, dass es die verkündete Reichweite der vorhergehenden Urteilsbegründung prüft und selbst entscheidet, was einen relevanten Unterschied ausmacht und was nicht. Stellen wir uns zum Beispiel vor, der Oberste Gerichtshof von Kansas hätte in der Urteilsbegründung des Falls *Cappier* gesagt »Wir urteilen,

79 Ebd. Siehe auch Moore, »Legal Principles Revisited«, wo Dworkins Festlegung diskutiert wird, Gleichheit (und eben nicht Integrität) als die Funktion des Common Law anzusehen.

dass diejenigen, die ohne Schuld einen Gefahrenzustand für einen Anderen verursachen, diesem Anderen keine positive Hilfspflicht schulden«. Seinen eigenen Kriterien zufolge gilt das angeführte Urteil nicht für *schuldhafte* Verursacher einer Gefahr. Nehmen wir jedoch an, dass ein darauffolgendes Gericht, das den Fall von 1904 entscheidet, keinen relevanten Unterschied zwischen schuldlosen und schuldhaften Verursachern einer Gefahr sieht; der Sichtweise des Gerichts zufolge ist keine Art von Angeklagtem derart in die Notlage des Opfers verwickelt, dass er diesem Opfer eine positive Pflicht der Hilfeleistung schuldet. Gleichheit verlangt, dass das Gericht von 1904 die Grenzen der Entscheidung des Falls *Cappier*, die das Gericht von 1903 festgelegt hat, ignoriert und durch eine weiter gefasste Regel ersetzt, für die der Fall *Cappier* steht: »Die Verursachung einer Gefahrenlage erzeugt, ob sie schuldhaft oder schuldlos geschieht, keine positiven Pflichten der Hilfeleistung.« Nur gemäß dieser weiter gefassten Entscheidung des *Cappier*-Falls können wir den Fall von 1904 wie den *Cappier*-Fall selbst behandeln, weil wir uns nur gemäß dieser weiter gefassten Entscheidung auf eine nicht-willkürliche Ähnlichkeit zwischen den Tatsachen der beiden Fälle berufen können, um zu beurteilen, ob die beiden Fälle die gleiche Behandlung verdienen.

Diese Theorie formaler Gerechtigkeit ist eine Naturrechtstheorie des *Common Law*. Der Grund hierfür ist, dass gemäß dieser Sichtweise die allgemeinen Regeln, aus denen das *Common Law* besteht, eine Mischung aus historischen Tatsachen (was in vorhergehenden Fällen entschieden wurde) und moralischen Tatsachen sind (wie weit die Behandlung, die den Prozessparteien in den vorhergehenden Fällen gewährt wurde, auf andere, ein Stück weit verschiedene Fälle angewandt werden sollte; eine Frage des moralischen Urteilens). Wenn eine solche naturrechtliche Sichtweise ausschließlich aus dem funktionalistische Argument hervorgeht, lässt sie uns weiterhin mit dem Bedenken zurück, das wir bereits kennengelernt haben: Wenn vorhergehende Entscheidungen hinreichend schlecht sind, kann man möglicherweise nur wenig tun, um ein *Common Law* zu konstruieren, das hinreichend moralisch ist, um Bürger und Richter zu Gehorsam zu verpflichten. Das *Common Law* begegnet diesem Bedenken mittels einer Lehre des *overruling*, des Abrückens von Präzedenzurteilen.

2. *Abrücken von schlechten Präzedenzurteilen*. Zusätzlich zu

der Möglichkeit, die augenscheinliche Entscheidung eines Präzedenzfalles wie *Cappier* zu erweitern, hat das *Common Law* immer über eine Vielzahl von Mitteln verfügt, um die Klasse zukünftiger Fälle, auf die sich Präzedenzfälle anwenden lassen werden, *einzuschränken*. Präzedenzfälle, die sehr umfangreiche Auswirkungen auf zukünftige Fälle haben, können nichtsdestoweniger durch das altehrwürdige Hilfsmittel des *distinguishing*, des Unterscheidens, eingeschränkt werden. Fälle, die komplett falsch entschieden wurden, die es aber aufgrund der Werte, die durch *stare decisis* befördert werden, weiterhin verdienen, befolgt zu werden, werden oft massiv in ihrer Reichweite eingeschränkt und können sogar »auf ihre Tatsachen beschränkt werden«, wie Juristen oft sagen. Zusammen mit den oben erörterten Verfahren der Ausweitung sind diese Verfahren des Einschränkens Teil der beharrlichen Forderung des *Common Law*, kontinuierlich neu darüber zu urteilen, welche Gesetze durch Präzedenzfälle aufgestellt wurden.

Manchmal ist ein Präzedenzfall derart im Irrtum, dass weder der Wert, den er befördert, noch die Werte, die durch *stare decisis* befördert werden, zu Gehorsam ihm gegenüber verpflichten können. *Cappier* war ein solcher Fall. Die Freiheit, nicht dazu gezwungen zu werden, einem anderen zu helfen, die hinter der Entscheidung des Gerichts stand, ist ein reales Gut. Andere reale Güter, wie etwa Gleichbehandlung und Gewissheit, werden im Allgemeinen dadurch befördert, dass man Präzedenzfälle befolgt, und wären daher auch befördert worden, wenn der Fall *Cappier* befolgt worden wäre. Allerdings missachtete das Urteil Werte von noch größerer Bedeutsamkeit. Es war nicht nur ein supererogatorisches Sollen, das die Eisenbahner ignorierten, als sie den jungen Cappier zurückließen; es war ein moralisch verpflichtendes Sollen. Darüber hinaus war es keine schwache moralische Verpflichtung, wie eine solche, die man Fremden schuldet; es war eine starke Verpflichtung, die sich aus der Tatsache ergibt, dass es die Handlungen der Eisenbahngesellschaft waren, die Cappier in Todesgefahr brachten. Indem sie diese starke primäre Verpflichtung verletzte, hatte sie eine sekundäre Verpflichtung, die Ungerechtigkeit auszugleichen, die sie verübt hatte, indem sie Cappier dem Tod überließ. Dieses Gut ausgleichender Gerechtigkeit überwog jedes freiheitliche Interesse der Eisenbahngesellschaft daran, nicht durch das Gesetz dazu gezwungen zu werden, ihre Pflicht zu tun.

Aus diesen Gründen hat das amerikanische Deliktsrecht im Großen und Ganzen Fälle wie *Cappier* aufgehoben. Eine Betrachtungsweise besteht darin, zu sagen, dass sich das Deliktsrecht von Kansas geändert hat, als von *Cappier* abgerückt wurde. Angenommen, dieses Abrücken fand mittels einer im Jahr 1905 verkündeten Urteilsbegründung des Obersten Gerichtshofs von Kansas statt. Die Sichtweise, die ein Abrücken als eine Veränderung des Rechts ansieht, würde sagen, dass Fälle, die sich aus Tatsachen ergeben, die 1904 eintreten – nach der *Cappier*-Entscheidung 1903, aber vor der Aufhebung 1905 –, durch das »Keine positiven Pflichten«-Urteil geregelt werden, das im Fall *Cappier* festgelegt ist. Jedoch ist dies mit vereinzelten Ausnahmen, meistens im Bereich von Strafverfahren, nicht die Art, wie das Abrücken von Urteilen in Rechtsordnungen des *Common Law* funktioniert. Was wir tatsächlich vorfinden, ist, dass wenn einmal von einem Präzedenzfall abgerückt wurde, kein anhängiges Verfahren, egal, wann seine Tatsachen eintraten, so behandelt wird, als ob es durch die ursprüngliche Regel beherrscht würde. Für unser Beispiel bedeutet dies, dass das Recht von Kansas im Jahr 1904 nicht die Keine-Pflicht-Regel des *Cappier*-Falls war, sondern vielmehr die Regel von 1905, dass man sehr wohl eine Pflicht denen gegenüber hat, die man in Gefahr bringt. In anderen Worten war der Fall *Cappier* niemals das Recht von Kansas, nicht einmal im Jahr 1903. Allerhöchstens war die Entscheidung im Fall *Cappier* lediglich das Recht dieses Falls – und wie wir in Abschnitt V gesehen haben, könnte es sein, dass nicht einmal das zutrifft.

Was dies zeigt, ist, dass eine Regel des *Common Law* wie die des *Cappier*-Falls nicht nur eine Sache historischer Tatsachen ist. Des Weiteren ist eine solche Regel auch mehr als nur eine Mischung aus einer historischen Tatsachenlage, den Werten, die die Regel rechtfertigen, und den Werten, die das *Common Law* im Allgemeinen rechtfertigen. Vielmehr ist das *Common Law* zu jedem gegebenen Zeitpunkt abhängig von allen drei Elementen sowie einem alles in Betracht ziehenden Werturteil über die betreffende Regel. Die Regel in Fällen wie *Cappier* ist nur dann Recht, wenn die ihr zugrunde liegenden Werte zusammen mit den Werten, die dafür sprechen, überhaupt Regeln des *Common Law* zu haben, stärker sind als die Werte, denen geschadet wird, wenn man eine solche Regel aufrechterhält.

Diese Sicherheitsventilfunktion des Abrückens von der Entscheidung eines vorhergehenden Gerichts weist durchaus Parallelen zu der Sicherheitsventilfunktion auf, die erfüllt wird, wenn – wie in Fällen der Art von *Kirby gegen die Vereinigten Staaten* – ein gesetzgeberisch erlassenes Gesetz sowohl dem Buchstaben als auch dem Geist nach durch ein ähnliches, alles in Betracht ziehendes Werturteil beiseitegestellt wird. In beiden Situationen muss die Funktion der fraglichen Regel zusammen mit der Funktion der relevanten Art von Regeln (das heißt der Funktion der vom Gesetzgeber erlassenen Gesetze oder des *Common Law*) gegen alle möglicherweise widerstreitenden Werte abgewogen werden. Nur Regeln, die Ausdruck eines solchen Gleichgewichts sind, sind Richtern und Bürgern gegenüber verpflichtend – das heißt, nur sie sind *Gesetze*.

VII. Abschließende Überlegungen

Von Aristoteles über Thomas von Aquin bis hin zu Theoretikern der Nachkriegszeit wie Fuller haben wir eine Tradition des Naturrechts geerbt, die in ihrer Ausrichtung funktionalistisch (das heißt »teleologisch«) ist. Diese Tradition ist derart stark, dass viele annehmen, dass man, obwohl »man nicht in Bezug auf alles Teleologe sein muss, um ein Naturrechtstheoretiker zu sein [...], man ein Teleologe in Bezug auf das Recht selbst sein muss«, um als Naturrechtler durchzugehen.[80]

Wenn das zuträfe, wäre das Naturrecht problematisch. Wie wir sowohl im Hinblick auf das Recht von Fällen, die unter vom Gesetzgeber erlassene Gesetze fallen, als auch im Hinblick auf die Gesetze, die aus Regeln des *Common Law* bestehen, gesehen haben, ist der funktionalistische Ansatz zu schwach, um, für sich genommen, die Schlussfolgerung des Naturrechts herbeizuführen. Argumente, die von verschiedenen Funktionen, sei es des Rechts von Fällen, einzelner vom Gesetzgeber erlassener Gesetze, einzelner Regeln des *Common Law*, des *Common Law* im Allgemeinen, der vom Gesetzgeber erlassenen Gesetze im Allgemeinen oder des Rechts im Allgemeinen, ausgehen, zeigen nicht, dass Gesetze oder das Recht von Fällen notwendigerweise so gut sind, dass sie zu Gehorsam

80 Susan Dimock, »The Natural Law Theory of St. Thomas Aquinas«, in: Feinberg und Coleman (Hg.), *Philosophy of Law*, S. 31.

verpflichten können. Um eine solche Verpflichtung zu beweisen, muss der Funktionalismus durch andere Argumente darüber, wie das Recht am besten angewendet wird, ergänzt werden.

Diese Überlegungen entscheiden nicht die Frage, ob der ambitioniertere funktionalistische Ansatz, der sich auf das Recht im Allgemeinen richtet, eine naturrechtliche Sichtweise tragen kann. Meiner Meinung nach haben weder Fullers Tugenden der Rechtsstaatlichkeit noch Dworkins Begriff der »Integrität« große Aussichten, das Recht gut genug zu machen, damit es notwendigerweise zu Gehorsam verpflichtet; beide sind viel zu prozedural, um substantielle Gerechtigkeit in Rechtsordnungen, die ihnen entsprechen, zu garantieren. Das Gemeinwohl von Thomas von Aquin und Finnis ist hier vielversprechender, aber das ist vielleicht nur deshalb der Fall, weil das Gemeinwohl mit dem Wohl eines jeden Bürgers und damit mit dem Guten *tout court* zusammenzufallen droht. Eine Untersuchung dieser Fragen liegt jedoch jenseits der Ziele dieses Aufsatzes.

Übersetzt von Sebastian Ostritsch

10. Joseph Raz

Die Rechtsstaatlichkeit und ihr Wert*

Von F. A. Hayek stammt eine der klarsten und wirksamsten Formulierungen des Ideals der Rechtsstaatlichkeit**:

> Wenn man von allen technischen Einzelheiten absieht, so bedeutet dies, daß die Regierung in allen ihren Handlungen an Normen gebunden ist, die im voraus festgelegt und bekanntgegeben sind – Normen, nach denen man mit ziemlicher Sicherheit voraussehen kann, in welcher Weise die Obrigkeit unter bestimmten Umständen von ihrer Macht Gebrauch machen wird, und die es dem Einzelnen erlauben, sein persönliches Verhalten danach einzurichten.[1]

Zugleich illustriert die Art und Weise, in der Hayek aus diesem Ideal bestimmte Schlussfolgerungen zieht, einen der beiden hauptsächlichen Irrtümer im heutigen Umgang mit der Doktrin der Rechtsstaatlichkeit: die Annahme, dass Rechtsstaatlichkeit von überragender Bedeutung ist. Ich möchte in diesem Aufsatz das Ideal der Rechtsstaatlichkeit im Geiste von Hayeks soeben zitierter Darstellung analysieren und zeigen, weshalb einige der Schlüsse, die er selber daraus gezogen hat, der Grundlage entbehren. Zunächst aber müssen wir uns vor dem anderen weitverbreiteten Irrtum hinsichtlich der Rechtsstaatlichkeit in Acht nehmen.

Wenn ein politisches Ideal große Gruppen von Menschen in seinen Bann zieht, dann wird sein Name häufig zu einem Slogan und als solcher von den Unterstützern anderer Ideale verwendet, die ihrerseits nur geringen oder auch überhaupt keinen Bezug zu dem ursprünglich damit benannten Ideal haben. Das Schicksal der »Demokratie« vor nicht allzu langer Zeit und der »Privatsphäre« in

* Zuerst veröffentlicht in *The Law Quarterly Review* (1977). Eine erste Fassung dieses Aufsatzes wurde bei einer Tagung des Liberty Fund und der University of San Francisco vorgetragen. Ich danke Rolf Sartorius, Douglas Hutchinson und David Libling für nützliche Hinweise zur Verbesserung einer frühen Version.

** [Anm. d. Übers.: »Rechtsstaatlichkeit« übersetzt hier den englischen Ausdruck »rule of law«. An anderen Stellen dieser Übersetzung wird für denselben Ausdruck auch die wörtliche Wiedergabe »Herrschaft des Rechts« gewählt.]

1 F. A. Hayek, *Der Weg zur Knechtschaft*, München 1991, S. 101.

unserer heutigen Gegenwart sind nur zwei Beispiele dieser wohlbekannten Entwicklung. Im Jahr 1959 erteilte der Internationale Juristenkongress bei seinem Treffen in Neu-Delhi einer ähnlichen Deformation der Lehre der Rechtsstaatlichkeit seinen Segen.

> Die Funktion der Legislative in einer freien Gesellschaft unter der Herrschaft des Rechts ist es, die Bedingungen zu schaffen und zu erhalten, unter denen die Würde des Menschen als eines Individuums gewahrt wird. Diese Würde erfordert nicht nur die Anerkennung seiner Bürgerrechte und seiner politischen Rechte, sondern auch die Schaffung der gesellschaftlichen, ökonomischen, bildungspolitischen und kulturellen Bedingungen, die für die vollständige Entwicklung seiner Persönlichkeit wesentlich sind.[2]

Daran anschließend erwähnt oder beschreibt der Bericht so ziemlich jedes politische Ideal, das während der Nachkriegsjahre in irgendeinem Teil der Welt hochgehalten wurde.

Wenn die »Herrschaft des Rechts« die Herrschaft guten Rechts bedeutet, dann beinhaltet eine Erklärung ihres Wesens die Entwicklung einer umfassenden Philosophie der Gesellschaft. Aber in dem Fall würde der Begriff keinerlei nützliche Funktion erfüllen. Wir haben nichts davon, zur Rechtsstaatlichkeit bekehrt zu werden, um dann zu entdecken, dass unser Bekenntnis dazu sich einfach auf die Überzeugung beläuft, dass das Gute siegen sollte. Die Rechtsstaatlichkeit ist ein politisches Ideal, das ein Rechtssystem auch verfehlen kann und das es in größerem oder geringerem Maße realisieren kann. So weit sind sich alle einig. Wir sollten außerdem darauf bestehen, dass Rechtsstaatlichkeit nur eine unter den verschiedenen Tugenden ist, die ein Rechtssystem besitzen kann und anhand deren es zu beurteilen ist. Rechtsstaatlichkeit sollte nicht mit Demokratie, Gerechtigkeit, Gleichheit (vor dem Gesetz oder anderweitig), Menschenrechten jedweder Art oder mit der Achtung für Personen oder für die Würde des Menschen verwechselt werden. Ein undemokratisches Rechtssystem, das auf der Verweigerung von Menschenrechten, weitverbreiteter Armut, Rassentrennung, Ungleichbehandlung der Geschlechter und religiöser Verfolgung basiert, könnte grundsätzlich den Erfordernissen der Rechtsstaatlichkeit in höherem Maße entsprechen als sämtliche Rechtssysteme

2 Satz 1 des Berichts der Kommission I des Internationalen Juristenkongresses in Neu-Delhi, 1959.

der aufgeklärteren westlichen Demokratien. Das bedeutet nicht, dass dieses Rechtssystem besser wäre als die westlichen Demokratien. Es wäre ein unvergleichlich schlechteres Rechtssystem, aber es würde sich in einer ganz bestimmten Hinsicht hervortun: eben in der Verwirklichung der Rechtsstaatlichkeit.

Angesichts der ausufernden Verwendung des Ausdrucks »Rechtsstaatlichkeit« in den letzten Jahren wäre es kaum überraschend, wenn die eben gemachte Behauptung viele beunruhigen würde. Wir sind an einem Punkt angelangt, an dem kein Purist einfach behaupten kann, die Wahrheit sei auf seiner Seite, und dementsprechend alle anderen einer Verzerrung des Begriffs der Rechtsstaatlichkeit beschuldigen könnte. Zugunsten meines eigenen Ansatzes kann ich nur anführen, dass er erstens eine in sich kohärente Sichtweise auf eine wichtige Tugend anbietet, die jedes Rechtssystem besitzen sollte, und dass er zweitens keine Originalität beansprucht, da ich mich damit auf den Spuren Hayeks und anderer bewege, die die Idee einer »Herrschaft des Rechts« auf ähnliche Weise verstanden haben.

I. Die grundlegende Idee

»Die Herrschaft des Rechts« ist buchstäblich zu verstehen: als Herrschaft des Rechts. Im weitesten Sinne ist damit gemeint, dass die Menschen sich an das Recht halten und von ihm regiert werden sollten.[3] Aber in der politischen Theorie und der Rechtstheorie hat sich ein spezifischeres Verständnis herausgebildet, dem zufolge im Besonderen die Regierung vom Recht beherrscht und ihm unterworfen sein sollte. In diesem Sinne wird das Ideal der Rechtsstaatlichkeit häufig als eine »Herrschaft des Rechts anstatt von Personen« beschrieben. Aber die Undurchsichtigkeit solcher Formulierungen tritt zutage, sobald man sie verwendet. Herrschaft bedarf sicherlich sowohl des Rechts als auch des Handelns von Personen. Die Herrschaft des Rechts soll bedeuten, dass alles Regierungshandeln eine rechtliche Grundlage haben oder rechtlich autorisiert sein

3 Zu dieser Bedeutung vgl. Ivor Jennings, *The Law and the Constitution*, London 1933, S. 42-45.

muss. Aber ist das nicht eine Tautologie? Handlungen, die nicht rechtlich autorisiert sind, können keine Handlungen einer Regierung qua Regierung sein. Sie wären rechtlich wirkungslos und in vielen Fällen auch widerrechtlich.

Natürlich stimmt es, dass wir einen politischen Begriff der Regierung in Anschlag bringen können, der sich von dem rechtlichen Begriff unterscheidet. Regierung in diesem Sinne ist das Zentrum realer Macht in einer Gesellschaft. In genau diesem Sinne kann man zum Beispiel behaupten, Großbritannien werde von der City of London oder von den Gewerkschaften regiert. In diesem Sinne von »Regierung« ist es nicht tautologisch zu sagen, dass die Grundlage des Regierens das Recht sein sollte. Wenn die Gewerkschaft, die ein Land regiert, das Arbeitsrecht bricht, um dem Parlament ihren Willen aufzuzwingen, oder wenn der Präsident oder das FBI Einbrüche autorisieren und das Recht untergraben, dann kann man sagen, dass dadurch die Rechtsstaatlichkeit verletzt wird. Aber in diesem Kontext hat der Ausdruck »Rechtsstaatlichkeit« dann seine ursprüngliche Bedeutung als Befolgung des Rechts. Die Mächtigen und die Regierenden sollten genau wie alle anderen das Recht befolgen. Das ist sicherlich zutreffend, aber ist damit die Bedeutung von Rechtsstaatlichkeit bereits erschöpft? Tatsächlich beinhaltet dieser Begriff mehr, als es die »Recht und Ordnung«-Lesart zulässt. Rechtsstaatlichkeit ist auch mehr als nur die Anwendung der Forderung nach Recht und Ordnung auf die Regierung im besonderen. Ich werde im Weiteren davon ausgehen, dass es uns um die Regierung im rechtlichen Sinne geht und um eine Konzeption von Rechtsstaatlichkeit, die sich auf eine solche Regierung und auf das Recht bezieht, anstatt bloß um einen spezifischen Anwendungsfall der Forderung nach Recht und Ordnung.

Das Problem ist, dass wir jetzt wieder bei unserer anfänglichen Schwierigkeit angelangt sind. Wenn mit »Regierung« *per definitionem* eine rechtlich autorisierte Regierung gemeint ist, dann scheint sich die Rede von der Herrschaft des Rechts in einer leeren Tautologie zu erschöpfen, anstatt ein politisches Ideal zu benennen.

Die Lösung dieses Problems liegt in der Unterscheidung zwischen zwei Bedeutungen von »Recht«, einer fachjuristischen und einer Laienbedeutung. Aus Sicht des Juristen ist etwas dann Recht, wenn es den Geltungskriterien genügt, die sich in den Anerkennungsregeln und in anderen Regeln des betreffenden Rechtssystems finden.[4] Diese Regeln umfassen zum Beispiel die Verfassung, parlamentarische Gesetzgebung, ministerielle Anordnungen, polizeiliche Anweisungen, die Regulierungen von GmbHs, in Handelslizenzen enthaltene Standards und so weiter. Aus Sicht des Laien besteht das Recht nur aus einer Untermenge dieser Regeln. Er betrachtet das Recht im Wesentlichen als eine Menge von offen zugänglichen, allgemeinen und relativ stabilen Gesetzen. »Herrschaft des Rechts anstatt von Menschen« ist nicht tautologisch, wenn wir mit »Recht« allgemeine, offen zugängliche und relativ stabile Gesetze meinen. Diese Lesart birgt umgekehrt die Gefahr, dass Rechtsstaatlichkeit sich als eine zu hohe Anforderung herausstellt, der kaum ein Rechtssystem gerecht werden kann und der wir nur geringen Wert beimessen sollten. Es ist nicht vorstellbar und auch nicht wünschenswert, dass das Recht nur aus allgemeinen Regeln bestehen sollte. Genauso, wie es der Herrschaft sowohl durch Gesetze als auch durch Menschen bedarf, so bedarf es sowohl allgemeiner als auch partikularer Gesetze, damit das Recht seine Zwecke erfüllen kann.

Die Doktrin der Rechtsstaatlichkeit leugnet nicht, dass jedes Rechtssystem sowohl (dem populären Rechtsverständnis entsprechend) allgemeine, offene und stabile Regeln als auch partikulare Gesetze (rechtliche Anordnungen) enthalten sollte, die ein wesentliches Instrument in den Händen der Exekutive wie auch der Judikative sind. Wie wir noch sehen werden, fordert die Doktrin die Unterordnung solcher partikularer rechtlicher Regeln unter die allgemeinen, offenen und stabilen. Eines der wichtigen Prinzipien der Doktrin lautet, dass *die Schaffung partikularer Gesetze sich an offenen und relativ stabilen allgemeinen Regeln orientieren sollte.*

Dieses Prinzip zeigt, unter welcher Lesart der Slogan einer »Herrschaft des Rechts, nicht der Menschen« ein signifikantes politisches Ideal zum Ausdruck bringt. Die Bedeutung von »Rechtsstaatlichkeit« erschöpft sich allerdings nicht in diesem Prinzip, und die angebliche Wichtigkeit des Ideals wird durch dieses Prinzip allein noch nicht erklärt. Kehren wir deshalb noch einmal zu der wörtlichen Bedeutung der »Herrschaft des Rechts« zurück. Sie beinhaltet zwei Aspekte: (1) Menschen sollten unter der Herrschaft des Rechts stehen und das Recht befolgen; (2) das Recht sollte so

4 Hier folge ich Hart, *The Concept of Law*, Oxford 1961, S. 97-107 [S. 152-192 in diesem Band].

beschaffen sein, dass es den Menschen möglich ist, das Recht zu befolgen. Wie oben bereits bemerkt, sind wir hier insbesondere mit dem zweiten dieser Aspekte befasst: das Recht muss dazu geeignet sein, befolgt zu werden. Eine Person verhält sich rechtmäßig, soweit sie keine Rechtsbrüche begeht. Aber sie befolgt das Recht erst dann, wenn ihr Wissen vom Recht Teil ihres Grundes für das rechtmäßige Handeln ist. Damit das Recht befolgt werden kann, muss es deshalb in der Lage sein, das Handeln der Rechtssubjekte anzuleiten. Es muss so beschaffen sein, dass sie herausfinden können, was das Recht ist, und danach handeln können.

Das ist die grundlegende Intuition, aus der sich die Doktrin der Rechtsstaatlichkeit herleitet. Das Recht muss dazu fähig sein, dass Handeln seiner Subjekte anzuleiten. Es liegt auf der Hand, dass diese Konzeption der Rechtsstaatlichkeit eine formale ist. Sie besagt nichts darüber, auf welchem Wege Recht geschaffen werden sollte: von einem Tyrannen, von demokratischen Mehrheiten oder auf irgendeine andere Weise. Sie besagt nichts über Grundrechte, Gleichheit oder Gerechtigkeit. Man könnte sogar versucht sein zu glauben, dass diese Version der Doktrin so formal ist, dass es ihr fast gänzlich an Gehalt fehlt. Das ist aber keineswegs der Fall. Die meisten der Erfordernisse, die man mit der Idee der Rechtsstaatlichkeit verband, bevor sie zum Sammelbegriff für alle denkbaren Tugenden eines Staates wurde, lassen sich aus diesem einen grundlegenden Gedanken ableiten.

II. Einige Prinzipien

Viele der Prinzipien, die sich aus der grundlegenden Idee der Rechtsstaatlichkeit herleiten lassen, sind in ihrer Geltung oder in ihrer Bedeutung von den jeweils besonderen Umständen unterschiedlicher Gesellschaften abhängig. Es hat wenig Sinn zu versuchen, alle diese Prinzipien aufzuzählen, aber einige der wichtigeren sollten hier erwähnt werden.

(1) *Alle Gesetze sollten prospektiv, offen und klar verständlich sein.* Man kann sich nicht an einem retroaktiven Gesetz orientieren. Zum Zeitpunkt des Handelns existiert dieses Gesetz noch nicht. Manchmal ist bereits zum Zeitpunkt des Handelns mit Sicherheit

bekannt, dass ein retroaktives Gesetz erlassen werden wird. Wo das der Fall ist, besteht kein Konflikt zwischen Retroaktivität und Rechtsstaatlichkeit (obwohl man dagegen vielleicht Einwände anderer Art erheben kann). Das Recht muss offen zugänglich sein und angemessen publiziert werden. Damit es das Handeln von Personen anleiten soll, müssen diese in der Lage sein, das Recht zu kennen. Aus demselben Grund muss das Recht klar sein. Ein mehrdeutiges, vages, obskures oder ungenaues Gesetz wird zumindest manche derjenigen, die sich an ihm orientieren möchten, verwirren oder in die Irre führen.

(2) *Gesetze sollten relativ stabil sein.* Sie sollten nicht zu häufig geändert werden. Wenn Gesetze häufig geändert werden, dann ist es für die Rechtssubjekte schwierig, zu wissen, was zu einem gegebenen Zeitpunkt die Rechtslage ist, und sie müssen ständig befürchten, dass sich das Recht geändert hat, seit sie sich zuletzt darüber informiert haben. Aber wichtiger noch ist die Tatsache, dass Menschen das Recht nicht nur im Zusammenhang mit kurzfristigen Entscheidungen kennen möchten (wo sie ihr Auto parken können, welche Menge Alkohol zollfrei ist und so weiter), sondern auch im Zusammenhang längerfristigen Planens. Das Wissen um – mindestens – die allgemeinen Umrisse des Steuerrechts und des Unternehmensrechts ist häufig von Bedeutung für Geschäftspläne, die erst Jahre später Früchte tragen. Stabilität ist wesentlich, damit Menschen sich in ihren langfristigen Entscheidungen am Recht orientieren können.[5]

An diesem Prinzip werden drei wichtige Dinge deutlich. Erstens ist Rechtsstaatlichkeit häufig etwas Graduelles, nicht nur in Bezug auf das Rechtssystem als Ganzes, sondern auch in Bezug auf einzelne Gesetze. Ein Gesetz ist entweder retroaktiv oder nicht, aber es kann mehr oder weniger klar, mehr oder weniger stabil sein und so weiter. Dass der Einklang mit rechtsstaatlichen Prinzipien eine graduelle Angelegenheit ist, bedeutet allerdings nicht, dass der Grad dieses Einklangs quantitativ messbar wäre, indem man

5 Natürlich wirkt sich auch die Unsicherheit, die durch rechtliche Instabilität erzeugt wird, auf das Planen und Handeln von Personen aus. Wenn sie das nicht täte, hätte auch Stabilität keine Konsequenzen. Worum es hier geht, ist die Tatsache, dass nur stabiles Recht es ermöglicht, dass Menschen sich *an ihrem Wissen um den Gehalt des Rechts* orientieren.

etwa die Anzahl der Verstöße zählen würde oder Ähnliches. Manche Verstöße sind gravierender als andere. Manche verstoßen in formaler Hinsicht gegen die Prinzipien, geschehen aber dennoch im Geiste dieser Prinzipien. Zweitens betreffen die Prinzipien der Rechtsstaatlichkeit zwar in erster Linie den Gehalt und die Form des Rechts (es sollte prospektiv und klar sein und so weiter), aber nicht nur diese. Sie betreffen auch die Art und Weise des Regierens jenseits dessen, was sinnvollerweise durch rechtliche Vorschriften geregelt werden kann. Das Erfordernis der Stabilität kann nicht sinnvollerweise einer vollständigen rechtlichen Regelung unterliegen; es ist weitgehend eine Sache kluger Regierungspolitik. Drittens richtet sich zwar das Ideal der Rechtsstaatlichkeit an private Bürger in erster Linie als Träger rechtlicher Pflichten und an Regierungsbehörden in der Ausübung ihrer rechtlichen Kompetenzen (dazu unten mehr), es betrifft aber auch die Ausübung privater Kompetenzen. Ermächtigende (d. h. mit Kompetenzen ausstattende) Regeln sind ebenfalls darauf angelegt, das Handeln anzuleiten, und sollten dem Ideal der Rechtsstaatlichkeit entsprechen, um das auf effektive Weise tun zu können.

(3) *Die Schaffung partikularer Gesetze (partikularer rechtlicher Anordnungen) sollte an offenen, stabilen, klaren und allgemeinen Regeln orientiert sein.* Es wird manchmal angenommen, dass das Erfordernis der Allgemeinheit das Wesen der Rechtsstaatlichkeit ausmacht. Wie bereits erwähnt, stammt diese Vorstellung aus einer wörtlichen Auslegung des Ausdrucks »Herrschaft des Rechts«, wenn »Recht« in seiner Laienbedeutung als begrenzt auf allgemeine, stabile und offene Gesetze verstanden wird. Die Vorstellung wird durch die Ansicht verstärkt, dass Rechtsstaatlichkeit besonders relevant für den Schutz von Gleichheit ist und dass Gleichheit mit der Allgemeinheit des Rechts zu tun hat. Wie vielfach bemerkt worden ist, ist diese letztere Ansicht ein Irrtum. Diskriminierung mit Bezug auf Rasse, Religion und vieles andere ist nicht nur vereinbar mit allgemeinen Regeln, sondern häufig durch genau solche Regeln institutionalisiert.

Die formale Konzeption der Rechtsstaatlichkeit, die ich hier verteidige, richtet sich nicht gegen partikulare rechtliche Anordnungen, solange diese stabil, klar usw. sind. Aber natürlich werden partikulare rechtliche Anordnungen von Regierungsorganen in erster Linie zum Zwecke rechtlicher Flexibilität verwendet. Ein Polizist, der den Verkehr regelt, eine Lizensierungsbehörde, die unter bestimmten Bedingungen eine Lizenz erteilt – diese und ähnliche Fälle gehören zu den eher ephemeren Teilen des Rechts. Für sich gesehen laufen sie der grundlegenden Idee der Rechtsstaatlichkeit zuwider. Sie erschweren es den Bürgern, auf Grundlage ihrer Kenntnis des Rechts ihre Zukunft zu planen. Diese Schwierigkeit kann zum großen Teil dadurch überwunden werden, dass partikulare Gesetze mit ephemerem Status nur innerhalb eines Rahmens allgemeiner Gesetze erlassen werden, die beständiger sind und der Unvorhersehbarkeit partikularer Anordnungen bestimmte Schranken auferlegen.

Ein Rahmen für den Erlass partikularer Gesetze wird durch zwei unterschiedliche Arten von allgemeinen Regeln hergestellt: solche, die die erforderlichen Kompetenzen für den Erlass rechtlich gültiger Anordnungen verleihen, und solche, die den Inhabern dieser Kompetenzen bestimmte Pflichten im Hinblick auf die Ausübung ihrer Kompetenzen auferlegen. Beide Arten von Regeln sind gleichermaßen wichtig für die Schaffung eines stabilen Rahmens für den Erlass partikularer rechtlicher Anordnungen.

Ähnliches gilt natürlich für allgemeine rechtliche Regelungen, die dem Erfordernis der Stabilität nicht genügen. Auch sie sollten so umschrieben sein, dass sie sich in einen stabilen Rahmen einfügen. Daraus erklärt sich die Forderung, dass ein Großteil der untergeordneten Rechtsetzung durch Verwaltungen den detaillierten Regelungen entsprechen sollte, die in Rahmengesetzgebungen enthalten sind. Allerdings darf man dieses Argument nicht mit demokratischen Argumenten dafür verwechseln, dass Rechtsetzung durch nicht gewählte Körperschaften einer genauen Kontrolle durch gewählte Körperschaften unterliegen sollte. Solche weitergehenden Argumente mögen gültig sein, aber sie haben nichts mit Rechtsstaatlichkeit im Besonderen zu tun, und obwohl sie in manchen Fällen rechtsstaatlichkeitsbezogene Argumente stärken, führen sie in anderen Fällen zu abweichenden oder sogar konfligierenden Schlüssen.

(4) *Die Unabhängigkeit der Judikative muss garantiert werden.* Es ist für staatliche Rechtssysteme von wesentlicher Bedeutung, dass sie rechtsprechende Körperschaften einsetzen, die unter anderem dazu

verpflichtet sind, das Recht auf die Fälle anzuwenden, die an sie herangetragen werden, und deren Urteile und Konklusionen hinsichtlich der rechtlichen Einordnung dieser Fälle endgültig sind. Da so ziemlich jede Art von rechtlicher Frage Gegenstand eines endgültigen Gerichtsurteils sein kann, wäre es offensichtlich vergeblich, sich in seinem Handeln am Recht zu orientieren, wenn die Gerichte im Falle einer Verhandlung nicht das Recht anwendeten, sondern stattdessen aus irgendwelchen anderen Gründen handelten. Man kann denselben Gedanken auch noch stärker formulieren. Da das Urteil eines Gerichts abschließend darüber befindet, was in einem gegebenen Fall die Rechtslage ist, können die Parteien eines Rechtsstreites sich nur dann am Recht orientieren, wenn die Richter das Recht richtig anwenden.[6] Andernfalls könnten Menschen sich nur an ihren eigenen Prognosen darüber orientieren, wie die Gerichte wohl handeln werden – aber die Grundlage dieser Prognosen wird dann nicht das Recht selber sein, sondern andere Erwägungen.

Die Regeln, die die Unabhängigkeit der Judikative betreffen – die Verfahren zur Ernennung von Richtern, deren Unkündbarkeit, die Festlegung ihrer Bezüge und andere Aspekte ihrer Berufstätigkeit – sollen garantieren, dass Gerichte frei von äußeren Zwängen und unabhängig von aller Autorität außer der des Rechts agieren können. Deshalb sind diese Regeln unabdingbar für die Erhaltung der Rechtsstaatlichkeit.

(5) *Die Prinzipien der natürlichen Gerechtigkeit müssen eingehalten werden.* Eine offene und faire Anhörung, Unvoreingenommenheit und Ähnliches sind klarerweise entscheidend für die richtige Anwendung des Rechts und damit aufgrund der bereits angestellten Überlegungen auch für die Fähigkeit des Rechts, das Handeln anzuleiten.

(6) *Die Gerichte sollten Kompetenzen zur rechtlichen Prüfung der Einhaltung der anderen Prinzipien der Rechtsstaatlichkeit haben.* Das schließt eine Überprüfung sowohl untergeordneter als auch parla-

6 Ich leugne damit nicht, dass Gerichte auch Recht schaffen. Dieses Prinzip der Rechtsstaatlichkeit betrifft sie primär in ihrer Pflicht, bestehendes Recht anzuwenden. Als rechtsetzende Institutionen unterliegen Gerichte denselben Prinzipien wie alle anderen rechtsetzenden Instanzen.

mentarischer Gesetzgebung sowie von Verwaltungsakten ein, aber es ist, für sich betrachtet, eine sehr eingeschränkte Art der Überprüfung, die nur die Einhaltung der Rechtsstaatlichkeit gewährleisten soll.

(7) *Die Gerichte sollten leicht zugänglich sein.* Angesichts der entscheidenden Rolle der Gerichte für die Gewährleistung von Rechtsstaatlichkeit (siehe die Prinzipien 4 und 6) liegt es auf der Hand, dass ihre Zugänglichkeit von größter Bedeutung ist. Lange Verzögerungen, übermäßige Kosten und so weiter können auch das aufgeklärteste Recht in tote Buchstaben verwandeln und die Fähigkeit der Bürger untergraben, sich effektiv am Recht zu orientieren.

(8) *Die Ermessensspielräume von Behörden, die mit der Verhinderung von Straftaten betraut sind, dürfen nicht das Recht untergraben.* Nicht nur die Gerichte, sondern auch die Tätigkeit der Polizei und der Strafverfolgungsbehörden können das Recht erodieren. Zum Beispiel sollte es Staatsanwaltschaften nicht erlaubt sein, ganz bestimmte Arten von Straftaten oder die Straftaten ganz bestimmter Tätergruppen nicht zu verfolgen. Und die Polizei sollte nicht entscheiden dürfen, ihre Mittel so zu verwenden, dass die Verhinderung oder Aufdeckung bestimmter Arten von Straftaten oder die Verfolgung bestimmter Gruppen von Straftätern vermieden wird.

Diese Liste ist sehr unvollständig. Weitere Prinzipien ließen sich nennen, und die hier genannten bedürfen weiterer Ausarbeitung und Rechtfertigung (weshalb sollten zum Beispiel, wie in dem sechsten Prinzip vorgesehen, die Gerichte die Einhaltung der Rechtsstaatlichkeit überprüfen und nicht irgendeine andere Körperschaft?).[7] Der Zweck dieser Auflistung bestand lediglich darin, die Reichweite und die Fruchtbarkeit der formalen Konzeption von Rechtsstaatlichkeit deutlich werden zu lassen. Man sollte dabei

7 Ähnliche Auflistungen von Prinzipien sind von verschiedenen anderen Autoren diskutiert worden. Englische Autoren haben sich zu lange von Diceys misslungener Lehre fesseln lassen. Eine Auflistung, die meiner ähnelt, findet sich in Lon Fuller, *The Morality of Law*, New Haven 1969, Kap. 2. Fullers Besprechung vieler dieser Prinzipien ist sehr umsichtig. Mein hauptsächlicher Grund dafür, einige seiner Prinzipien zu verabschieden, ist unser unterschiedliches Verständnis von Konflikten zwischen den Gesetzen ein und desselben Rechtssystems.

nicht vergessen, dass diese gesamte Konzeption letztlich auf dem grundlegenden Gedanken beruht, dass das Recht dazu in der Lage sein sollte, effektive Orientierung anzubieten. Die Prinzipien stehen nicht für sich. Sie müssen ständig aufs Neue im Lichte dieses grundlegenden Gedankens interpretiert werden.

Die acht genannten Prinzipien lassen sich in zwei Gruppen einteilen. Die ersten drei Prinzipien verlangen, dass das Recht bestimmten Standards genügen sollte, die es dazu geeignet machen, effektive Orientierung im Handeln zu bieten. Die Prinzipien vier bis acht sollen garantieren, dass der juristische Apparat der Rechtsdurchsetzung das Recht nicht durch Verzerrungen seiner Orientierungsfunktion beraubt und dass dieser Apparat über die Einhaltung rechtsstaatlicher Prinzipien wacht und wirksame Behelfe zur Verfügung stellt, wenn von ihnen abgewichen wird. Alle acht Prinzipien betreffen unmittelbar das System und die Methode des Regierens in Hinsichten, die von direkter Relevanz für die Rechtsstaatlichkeit sind. Es versteht sich von selbst, dass es auch viele andere Aspekte des gesellschaftlichen Lebens gibt, die auf indirekterem Wege die Rechtsstaatlichkeit entweder stärken oder schwächen. Eine freie Presse, die von Menschen am Laufen gehalten wird, denen die Verteidigung der Rechtsstaatlichkeit ein wichtiges Anliegen ist, ist für deren Bewahrung sehr hilfreich, genauso wie eine geknebelte Presse oder eine, deren Organe von Gegnern der Rechtsstaatlichkeit kontrolliert werden, eine Bedrohung für diese darstellen. Aber mit diesen indirekteren Einflüssen müssen wir uns an dieser Stelle nicht beschäftigen.

III. Der Wert der Rechtsstaatlichkeit

Einer der Vorteile derjenigen Doktrin der Rechtsstaatlichkeit, die ich hier verteidige, ist, dass es so viele Werte gibt, in deren Dienst sie nicht steht. Die Verwirklichung von Rechtsstaatlichkeit ist eine Tugend, aber sie ist nur eine unter den vielen Tugenden, die ein Rechtssystem haben sollte. Es ist deshalb umso wichtiger, sich darüber klar zu werden, welchen Werten genau die Rechtsstaatlichkeit dient.

Die Rechtsstaatlichkeit oder Herrschaft des Rechts wird häufig zu Recht mit willkürlicher Machtausübung kontrastiert. Willkürliche oder arbiträre Macht ist eine breitere Kategorie als Rechtsstaatlichkeit. Viele Formen willkürlicher Herrschaft sind mit Rechtsstaatlichkeit vereinbar. Ein Herrscher kann zum Beispiel aus kapriziösen oder egoistischen Gründen allgemeine Regeln unterbreiten und verstößt in diesem Fall nicht gegen das Ideal der Rechtsstaatlichkeit. Aber sicherlich trifft es zu, dass viele der bekannten Erscheinungsformen willkürlicher Macht diesem Ideal nicht genügen. Eine Regierung, die der Herrschaft des Rechts unterworfen ist, ist nicht dazu in der Lage, das Recht rückwirkend, plötzlich oder insgeheim zu ändern, wenn das gerade ihren Zwecken dienen sollte. Der einzige Bereich, in dem die Rechtsstaatlichkeit alle Formen willkürlicher Herrschaft ausschließt, ist die rechtsanwendende Funktion der Judikative. Die Gerichte dürfen nur dem Recht unterworfen sein und müssen einigermaßen strenge Verfahrensweisen einhalten.[8] Nicht weniger wichtig sind die Begrenzungen, die die Rechtsstaatlichkeit der Schaffung partikularer Gesetze und damit den Kompetenzen der Exekutive auferlegt. Der willkürliche Einsatz politischer Macht mit dem Ziel der persönlichen Bereicherung, aus Rache oder zur Bevorzugung bestimmter Personen manifestiert sich am häufigsten in partikularen rechtlichen Anordnungen. Diese Möglichkeiten werden durch eine strikte Einhaltung der Rechtsstaatlichkeit in weitgehendem Maße beschnitten.

»Willkürliche Macht« ist ein problematischer Begriff. Wir haben keinen Grund, ihn hier genauer zu analysieren. Es scheint allerdings so zu sein, dass ein Akt der Machtausübung nur dann willkürlich ist, wenn seine Ausführung entweder gleichgültig gegenüber der Frage ist, ob er den Zwecken dient, die allein diese Machtausübung rechtfertigen könnten, oder wenn er in dem Glauben vollzogen wird, dass er diesen Zwecken nicht dient. Welches diese Zwecke sind, hängt vom Wesen der relevanten Macht oder Kompetenz ab. Diese Erläuterung stellt das Vorliegen »willkürlichen Macht« unter eine subjektive Bedingung. Alles hängt von dem mentalen Zustand der machtausübenden Personen ab. In diesem Sinne hat die Rechtsstaatlichkeit keine unmittelbaren Implikationen für das Ausmaß willkürlicher Macht. Aber um den subjektiven Begriffskern herum hat die Idee der willkürlichen Macht einen

8 Die Rechtsstaatlichkeit als solche schließt nicht die zahlreichen Möglichkeiten willkürlicher Rechtsschaffung durch die Gerichte aus.

harten objektiven Rand ausgebildet. Da es eine universell geteilte Auffassung ist, dass öffentliche Macht nicht für private Zwecke eingesetzt werden darf, ist jeder solche Einsatz selber ein Fall willkürlicher Machtausübung. Wie wir gesehen haben, ist Rechtsstaatlichkeit durchaus dazu geeignet, solchen Formen willkürlicher Macht Schranken aufzuerlegen.

Es gibt aber auch noch andere Gründe dafür, Rechtsstaatlichkeit wertzuschätzen. Wir schätzen die Möglichkeit, Lebensstile und Lebensformen zu wählen, uns langfristige Ziele zu setzen und unser Leben an ihnen auszurichten. Unsere Fähigkeit, das zu tun, setzt stabile, gesicherte Rahmenbedingungen des Lebens und Handelns voraus. Das Recht kann auf zwei unterschiedliche Weisen dabei helfen, solche festen Orientierungspunkte zu garantieren. Erstens, indem es soziale Beziehungen stabilisiert, die sich in Abwesenheit des Rechts auflösen oder sich auf erratische und unvorhersehbare Weise entwickeln würden. Und zweitens durch eine Politik der Selbstbeschränkung, die dazu dient, das Recht selber zu einer stabilen und sicheren Basis für die Pläne von Individuen zu machen. Um den zweiten dieser beiden Aspekte geht es bei der Rechtsstaatlichkeit.

Diese zweite Tugend der Rechtsstaatlichkeit wird häufig, prominent zum Beispiel bei Hayek, mit dem Schutz individueller Freiheit identifiziert. Das ist zutreffend, insoweit man unter Freiheit die wirksame Fähigkeit versteht, unter einer möglichst großen Zahl von Optionen wählen zu können. Die Vorhersehbarkeit des eigenen Handlungsumfelds steigert in der Tat die Handlungsmacht einer Person.[9] Wenn Freiheit genau darin besteht, schön und gut. Man sollte sich aber klarmachen, dass dieser Sinn von Freiheit sich von dem unterscheidet, was normalerweise mit politischer Freiheit gemeint ist. Politische Freiheit besteht aus zwei Komponenten: erstens dem Verbot bestimmter Verhaltensweisen, die die persönliche Freiheit einschränken, und zweitens Beschränkungen der Kompetenzen öffentlicher Autoritäten, um den Eingriff in die persönliche Freiheit zu minimieren. Die Strafbarkeit bestimmter gegen andere

9 Allerdings steigern auch Wohlfahrtsgesetzgebung und politische Eingriffe in die Wirtschaft die persönliche Freiheit, indem sie – im Erfolgsfall – das Wohlergehen von Personen erhöhen. Wenn die Rechtsstaatlichkeit als Bollwerk der Freiheit in diesem Sinne verteidigt wird, kann sie kaum zur prinzipiellen Abwehr einer politischen Steuerung der Wirtschaft verwendet werden.

Personen gerichteter Handlungen ist ein Beispiel der ersten Art von Schutz persönlicher Freiheit, und die Nicht-Kompetenz der Regierung, die Bewegungsfreiheit einzuschränken, ist ein Beispiel der zweiten. Die Bedeutung verfassungsmäßig geschützter Rechte hat mit politischer Freiheit in genau diesem Sinne zu tun. Rechtsstaatlichkeit mag ein weiterer Modus des Schutzes persönlicher Freiheit sein. Aber sie hat keine Implikationen im Hinblick auf die Existenz von Handlungssphären, die vor Eingriffen der Regierung geschützt sind, und sie ist mit massiven Verletzungen von Menschenrechten vereinbar.

Wichtiger als beide der bisher genannten Tugenden ist die Tatsache, dass Rechtsstaatlichkeit eine notwendige Bedingung dafür ist, dass das Recht die Menschenwürde achtet. Die Achtung der Menschenwürde erfordert, dass Menschen als Personen behandelt werden, die die Fähigkeit haben, ihre Zukunft zu planen und zu gestalten. Die Achtung der Menschenwürde beinhaltet deshalb die Achtung ihrer Autonomie, ihr Recht darauf, Kontrolle über ihre eigene Zukunft zu haben. Die Kontrolle, die Personen über ihr Leben haben, ist niemals vollständig. Sie kann in mehrfacher Hinsicht unvollständig sein: eine Person kann sich über ihre Optionen nicht im Klaren sein, sie kann unfähig sein, sich zu entscheiden, sie kann unfähig dazu sein, ihre Entscheidungen umzusetzen oder in ihren Versuchen scheitern, oder es kann ihr überhaupt an Entscheidungsmöglichkeiten fehlen (jedenfalls an Optionen, die es wert sind, gewählt zu werden). Alle diese Hindernisse können entweder auf natürliche Ursachen zurückgehen oder auf Einschränkungen, die vom Charakter und den Fähigkeiten der Person selber herrühren.

Zudem gibt es natürlich viele Arten, auf die die Handlungen einer Person das Leben einer anderen beeinflussen können. Manche dieser Eingriffe belaufen sich auf eine Verletzung der Würde oder der Autonomie der betroffenen Person. Solche Verletzungen lassen sich in drei Rubriken einteilen: Beleidigung, Versklavung und Manipulation. (Ich verwende die letzten beiden Ausdrücke in einer speziellen Bedeutung.) Eine Beleidigung verletzt die Würde eines anderen, wenn dadurch geleugnet oder die Leugnung der Tatsache impliziert wird, dass dieser andere eine autonome Person ist oder ein Anrecht darauf hat, als autonome Person behandelt zu werden. Eine Handlung versklavt eine andere Person, wenn sie dieser Person durch Eingriffe in deren Umgebung praktisch alle Handlungsoptionen verschließt. (Das kann sich, wie bei tatsächlicher Versklavung, auf einen längeren Zeitraum erstrecken, aber ich schließe hier auch Eingriffe ein, durch die jemand in einem einzigen Fall dazu gezwungen wird, auf bestimmte Weise zu handeln.) Man manipuliert eine andere Person, wenn man absichtlich ihre Vorlieben, ihre Überzeugungen oder ihre Handlungs- oder Entscheidungsfähigkeit verändert. Manipulation meint also die Manipulation der Person selber, das heißt interner autonomierelevanter Faktoren. Versklavung umfasst den Entzug von Kontrolle durch die Veränderung externer Faktoren.

Das Recht kann die Würde von Personen auf ganz unterschiedliche Weisen verletzen. Die Wahrung von Rechtsstaatlichkeit garantiert mitnichten, dass solche Verletzungen nicht stattfinden. Aber es ist klar, dass die willentliche Missachtung von Rechtsstaatlichkeit die Menschenwürde verletzt. Es ist zwar die Aufgabe des Rechts, menschliches Handeln durch die Veränderung verfügbarer Optionen anzuleiten – das Recht kann zum Beispiel Sklaverei institutionalisieren, ohne die Prinzipien der Rechtsstaatlichkeit zu verletzen. Aber die absichtliche Verletzung der Rechtsstaatlichkeit verletzt zugleich die Menschenwürde. Die Verletzung der Rechtsstaatlichkeit kann zwei Formen annehmen: Sie kann entweder Unsicherheit erzeugen oder zur Folge haben, dass Erwartungen enttäuscht werden. Die erste dieser beiden Formen liegt dann vor, wenn das Recht es den Menschen nicht ermöglicht, zukünftige Entwicklungen abzusehen oder feste Erwartungen auszubilden (etwa aufgrund von Vagheit oder übermäßig großer Ermessensspielräume). Die zweite Form – die Enttäuschung von Erwartungen – liegt dann vor, wenn der Anschein von Stabilität und Planungssicherheit, der Menschen dazu anregt, sich in ihren Vorhaben auf bestehendes Recht zu verlassen, zerstört wird, zum Beispiel durch rückwirkende Gesetzgebung oder indem die Durchsetzung geltenden Rechts verhindert wird. Die Übel der Unsicherheit liegen in den dadurch eröffneten Möglichkeiten zur Willkürherrschaft und in der Einschränkung der Fähigkeit von Personen, ihre eigene Zukunft zu planen. Die Übel enttäuschter Erwartungen sind schwerwiegender. Selbst abgesehen von dem dadurch verursachten Schaden, wird hier die Würde von Personen verletzt, insofern die Geringschätzung ihrer Autonomie zum Ausdruck gebracht wird. Das Recht ermutigt in solchen Fällen autonomes Handeln, nur um dann selber dessen Bedingungen zu zerstören. Wenn eine solche Zerstörung aus menschlichem Handeln oder aus dem Handeln gesellschaftlicher Institutionen resultiert, dann kommt in ihr Mißachtung zum Ausdruck. In vielen Fällen ist dieser Vorgang analog zu einer vorsätzlichen Provokation strafbaren Handelns durch die Polizei: Jemand wird dazu ermutigt, sich auf geltendes Recht zu verlassen, und diese Zusicherung wird dann zurückgenommen, so dass das eigene Vertrauen zur Ursache einer Schädigung wird. Ein Rechtssystem, das im Allgemeinen die Rechtsstaatlichkeit respektiert, behandelt Menschen als Personen zumindest in dem Sinne, dass es ihr Verhalten genau dadurch zu lenken versucht, dass es Einfluss auf die Rahmenbedingungen ihres Handelns nimmt. Auf diese Weise operiert das Recht unter der Voraussetzung, dass seine Adressaten vernünftige, autonome Wesen sind, und es versucht ihr Handeln und ihre Gewohnheiten nur auf dem Wege ihres eigenen Überlegens zu beeinflussen.

Die Konformität eines Rechtssystems mit dem Ideal der Rechtsstaatlichkeit ist eine graduelle Angelegenheit. Vollständige Konformität ist unmöglich (da ein bestimmtes Maß an Vagheit unumgänglich ist) und größtmögliche Konformität ist im Allgemeinen nicht wünschenswert (ein gewisser Ermessensspielraum seitens der Verwaltung ist besser als gar keiner). Es besteht allgemein Einigkeit darüber, dass weitgehende Konformität mit dem Ideal der Rechtsstaatlichkeit sehr viel wert ist. Aber man sollte dem Wert der Rechtsstaatlichkeit nicht auf gut Glauben vertrauen oder ihn als nicht weiter klärungsbedürftig behandeln. Um angemessen einschätzen zu können, was bei verschiedenen möglichen oder tatsächlichen Verletzungen der Rechtsstaatlichkeit auf dem Spiel steht, muss man die unterschiedlichen Werte entflechten, denen die Rechtsstaatlichkeit dient. Manche Verletzungen der Rechtsstaatlichkeit sind Verletzungen der Menschenwürde, lassen Willkürherrschaft freien Lauf, enttäuschen bestehende Erwartungen und untergraben die Fähigkeit, Pläne zu verfolgen. Andere Fälle beinhalten nur einige dieser Übel. Das Übel unterschiedlicher Verletzungen der Rechtsstaatlichkeit ist nicht immer ein und dasselbe, auch wenn die Doktrin im Ganzen auf einer einheitlichen Idee basiert.

IV. Die Rechtsstaatlichkeit und ihr Wesen

Lon Fuller[10] hat behauptet, dass die Prinzipien der Rechtsstaatlichkeit, die er aufzählte, wesentlich für das Bestehen eines Rechtssystems seien. Sollte diese Behauptung zutreffen, wäre das entscheidend nicht nur für unser Verständnis der Rechtsstaatlichkeit, sondern auch für unser Verständnis des Verhältnisses zwischen Recht und Moral. Ich habe die Rechtsstaatlichkeit hier als ein Ideal behandelt, als einen Standard, dem sich das Recht annähern sollte, den es aber auch auf radikale und systematische Weise verletzen kann und manchmal verletzt. Obwohl Fuller zugesteht, dass Abweichungen vom Ideal der Rechtsstaatlichkeit vorkommen können, leugnet er, dass solche Abweichungen radikal oder vollständig sein können. Ein Rechtssystem, so seine These, muss notwendigerweise ein gewisses Maß an Konformität mit dem Ideal der Rechtsstaatlichkeit aufweisen. Daraus schließt er, dass es eine wesentliche Verknüpfung zwischen Recht und Moral gibt. Recht ist notwendigerweise moralisch, zumindest in bestimmten Hinsichten.

Natürlich stimmt es, dass die meisten der oben in Abschnitt II genannten Prinzipien von keinem Rechtssystem vollständig verletzt werden können.[11] Rechtssysteme basieren auf rechtsprechenden Institutionen, und Institutionen jedweder Art kann es nur dort geben, wo es allgemeine Regeln gibt, die solche Institutionen etablieren. Eine partikulare Regel kann eine Rechtsentscheidung in einem spezifischen Fall autorisieren, aber keine noch so große Anzahl partikularer Regeln kann eine Institution etablieren. Genauso kann es retroaktive Gesetze nur dort geben, wo es Institutionen gibt, die diese Gesetze anwenden. Daraus folgt, dass es in solchen Fällen zugleich prospektive Gesetze geben muss, die diese Institutionen anweisen, die retroaktiven Gesetze anzuwenden. In der Termino-

10 Fullers Argument in *The Morality of Law* ist komplex und seine Behauptungen zahlreich und schwer zu entwirren. Viele seiner Behauptungen sind schwach und nicht zu stützen, andere sind weiterführend und hilfreich. Es ist nicht mein Ziel, sie zu analysieren oder zu bewerten. Eine entgegenkommende Behandlung findet sich bei R. E. Sartorius, *Individual Conduct and Social Norms*, Encinco 1975, Kap. 9.

11 Ich greife hier nicht Fullers Konzeption des Rechts auf, sondern folge meiner eigenen Entwicklung von Harts Konzeption. Vgl. dazu Harts *The Concept of Law* sowie mein *Practical Reason and Norms* (1975), S. 132-154. Die folgende Diskussion ist daher keine direkte Bewertung von Fullers eigenen Aussagen.

logie von H. L. A. Hart kann man sagen, dass zumindest einige der Anerkennungsregeln und der Rechtsprechungsregeln jedes Rechtssystems allgemein und prospektiv sein müssen. Natürlich müssen sie zudem relativ klar sein, wenn sie überhaupt Sinn ergeben sollen, und dergleichen mehr.

Das Maß, in dem Allgemeinheit, Klarheit, Prospektivität und so weiter wesentlich für die Existenz von Recht sind, ist sicherlich minimal und ist mit weitreichenden Verletzungen der Rechtsstaatlichkeit vereinbar. Aber sind Überlegungen der eben genannten Art nicht dennoch hinreichend dafür, zu zeigen, dass jedes Rechtssystem zumindest einen gewissen moralischen Wert hat? Ich denke nicht. Die Rechtsstaatlichkeit ist ein wesentlich negativer Wert. Durch die Existenz eines Rechtssystems entsteht unweigerlich eine große Gefahr willkürlicher Machtausübung. Die Rechtsstaatlichkeit dient dazu, diese Gefahr zu minimieren, die durch das Recht selbst geschaffen wird. Genauso kann das Recht durch seine Instabilität, seine Unverständlichkeit, seinen retrospektiven Charakter und Ähnliches die Freiheit und Würde der Menschen verletzen. Auch diese Gefahr soll die Rechtsstaatlichkeit abwehren. Sie ist deshalb in zweifachem Sinn eine negative Tugend: Die Konformität mit dem Ideal der Rechtsstaatlichkeit schafft nichts Gutes außer der Vermeidung von Übeln, und die Übel, die vermieden werden, sind solche, die nur durch das Recht selbst verursacht werden können. Die Rechtsstaatlichkeit ist deshalb ein Stück weit analog zu der Tugend der Aufrichtigkeit, wenn wir darunter im engeren Sinne die Vermeidung von Täuschung verstehen. (Ich möchte nicht bestreiten, dass Aufrichtigkeit oder Ehrlichkeit normalerweise in einem umfassenderen Sinn verstanden wird, der andere Arten tugendhafter Handlungen und Neigungen einschließt.) Das Gut der Aufrichtigkeit umfasst nicht das Gut der Kommunikation zwischen Menschen, da Aufrichtigkeit mit der Verweigerung von Kommunikation vereinbar ist. Ihr Wert liegt ausschließlich in der Vermeidung des Übels der Täuschung – und zwar nicht der Täuschung durch andere, sondern nur der Täuschung durch die aufrichtige Person selbst. Deshalb kann nur derjenige aufrichtig sein, der auch täuschen kann. Jemand, der überhaupt nicht kommunizieren kann, kann sich Ehrlichkeit nicht als moralisches Verdienst anrechnen lassen. Jemand, der aufgrund von Unwissen oder Unfähigkeit andere nicht mit Gift töten kann, macht sich nicht dadurch verdient, dass er es nicht tut. Genauso ist es auch kein moralisches Verdienst des Rechts, dass es die Ausübung willkürlicher Gewalt oder Verletzungen von Freiheit und Würde nicht durch das völlige Fehlen von Allgemeinheit, Prospektivität und Klarheit sanktionieren kann. Es bedeutet nur, dass es bestimmte Übel gibt, die durch das Recht nicht bewirkt werden können. Das ist keine Tugend des Rechts, genauso wenig wie es eine Tugend des Rechts ist, dass es nicht morden oder vergewaltigen kann (sondern solche Handlungen nur sanktionieren kann).

Fuller scheitert mit seinem Versuch, eine notwendige Verbindung zwischen Recht und Moral nachzuweisen. Insoweit die Konformität mit dem Ideal der Rechtsstaatlichkeit eine moralische Tugend ist, ist Rechtsstaatlichkeit etwas, dessen Verwirklichung wünschenswert ist, aber scheitern kann. Es gibt allerdings ein anderes Argument, das eine notwendige Verbindung zwischen dem Recht und der Rechtsstaatlichkeit beweist, aus dem aber nicht folgt, dass das Recht irgendwelche Tugenden besitzt. Die Konformität mit dem Ideal der Rechtsstaatlichkeit ist eine wesentliche Bedingung dafür, dass das Recht die ihm zugedachten Zwecke verwirklichen kann. Diese Behauptung sollte eingeschränkt werden. Wir könnten die einem Gesetz zugedachten Zwecke in zwei Klassen unterteilen: diejenigen, die durch die Befolgung dieses Gesetzes als solche verwirklicht werden, und diejenigen weiteren Auswirkungen seiner Befolgung (oder des Wissens um sein Bestehen), die ebenfalls durch das Gesetz bezweckt werden.[12] So hat zum Beispiel ein Gesetz, das Diskriminierung aufgrund von Rassenzugehörigkeit verbietet, als direkten Zweck die Herstellung von Rassengleichheit bei der Einstellung, der Beförderung und den Arbeitsbedingungen von Angestellten im öffentlichen Dienst (da diskriminierende Behandlung einen Bruch dieses Gesetzes darstellen würde). Die indirekten Zwecke könnten zum Beispiel darin bestehen, insgesamt die Rassenbeziehungen im Land zu verbessern, Gewerkschaften von einem Streik abzuhalten oder einem Popularitätsverlust einer Regierung entgegenzuwirken.

Die Einhaltung der Rechtsstaatlichkeit hilft nicht immer bei der Umsetzung der indirekten Zwecke des Rechts, aber sie ist wesentlich für die Verwirklichung ihrer direkten Zwecke. Diese Zwecke

12 Zu dieser Unterscheidung siehe J. Raz, *The Authority of Law. Essays on Law and Morality*, Oxford 1979, Kap. 9 (»The Functions of Law«).

werden dadurch verwirklicht, dass Menschen im Einklang mit geltendem Recht handeln, und das tun sie (abgesehen einmal von bloß zufälliger Rechtskonformität), indem sie das Recht zur Kenntnis nehmen und sich an ihm orientieren. Wenn das Recht seine direkten Zwecke erreichen soll, muss es deshalb in der Lage sein, menschliches Verhalten zu steuern, und dazu ist es umso besser in der Lage, je mehr es den Prinzipien der Rechtsstaatlichkeit genügt.

In Abschnitt II haben wir gesehen, dass die Einhaltung der Rechtsstaatlichkeit eine unter vielen unterschiedlichen moralischen Tugenden ist, die das Recht besitzen sollte. Die soeben angestellte Überlegung zeigt, dass die Rechtsstaatlichkeit nicht einfach nur eine moralische Tugend ist – sie ist vielmehr eine notwendige Bedingung dafür, dass das Recht überhaupt irgendeinen guten Zweck auf direkte Weise erfüllen kann. Es ist klar, dass die Wahrung der Rechtsstaatlichkeit das Recht auch dazu in die Lage versetzt, schlechten Zwecken zu dienen. Damit ist nicht gezeigt, dass sie keine Tugend ist, genauso wie die Tatsache, dass man anderen mit einem scharfen Messer Schaden zufügen kann, nicht zeigt, dass Schärfe keine gutmachende Eigenschaft von Messern ist. Allenfalls ist gezeigt, dass die Rechtsstatlichkeit aus der Perspektive dieser Überlegung kein moralisches Gut ist. Schärfe ist eine inhärente gutmachende Eigenschaft von Messern. Dazu analog ist die Wahrung der Rechtsstaatlichkeit ein inhärenter Wert von Gesetzen und sogar ihr wichtigster inhärenter Wert. Es ist ein wesentliches Merkmal des Rechts, dass es Verhalten durch Regeln anleitet und durch Gerichte, die mit der Anwendung dieser Regeln betraut sind. Die Rechtsstaatlichkeit ist deshalb die spezifische Ausgezeichnetheit des Rechts. Da die Wahrung von Rechtsstaatlichkeit die Tugend des Rechts als solchem ist, des Rechts als Recht – unabhängig davon, welchen Zwecken es dient –, ist es verständlich und richtig, dass die Rechtsstaatlichkeit als eine der wenigen Tugenden des Rechts angesehen wird, die in die besondere Verantwortung der Gerichte und des juristischen Fachs fallen.

Die Einordnung der Rechtsstaatlichkeit als inhärente oder spezifische Tugend des Rechts ist das Resultat einer instrumentellen Auffassung des Rechts. Das Recht ist nicht einfach eine Tatsache unseres Lebens. Es ist eine Form von sozialer Organisation, die auf die richtige Weise und für die richtigen Zwecke eingesetzt werden sollte. Das Recht ist ein Werkzeug des Menschen, das sich von vielen anderen Werkzeugen darin unterscheidet, dass es für eine große Vielfalt ihm angemessener Zwecke eingesetzt werden kann. Wie im Fall mancher anderer Werkzeuge, Maschinen und Instrumente gehört etwas nicht zu der spezifischen Art »Recht«, wenn es nicht zumindest die rudimentäre Fähigkeit dazu hat, dessen spezifische Funktion zu erfüllen. Etwas ist nur dann ein Messer, wenn es in einem gewissen Maße fähig ist zu schneiden. Um Recht zu sein, muss das Recht dazu fähig sein, Verhalten zu leiten, und sei es auf ineffiziente Weise. Wie andere Instrumente hat auch das Recht eine spezifische Tugend, die moralisch neutral ist, insofern sie neutral gegenüber den Zwecken ist, für welche das Instrument eingesetzt wird. Diese Tugend ist die Tugend der Effizienz; die Tugend des Instruments als Instrument. Im Falle des Rechts ist diese Tugend die Rechtsstaatlichkeit. Die Rechtsstaatlichkeit ist daher eine inhärente Tugend des Rechts, aber nicht als solche eine moralische Tugend.

Aus diesem besonderen Status der Rechtsstaatlichkeit folgt nicht, dass die Wahrung der Rechtsstaatlichkeit keine moralische Bedeutung hat. Abgesehen von der Tatsache, dass die Einhaltung der Rechtsstaatlichkeit auch eine moralische Tugend sein kann, ist sie dort moralisch gefordert, wo sie dafür notwendig ist, dass das Recht nützliche gesellschaftliche Funktionen erfüllen kann – genauso, wie es moralisch wichtig sein kann, ein scharfes Messer herzustellen, wenn bestimmte moralische Zwecke das erforderlich machen. Im Fall der Rechtsstaatlichkeit bedeutet das, dass sie nahezu immer großen moralischen Wert besitzt.

V. Einige Fallstricke

Der unzweifelhafte Wert der Wahrung der Rechtsstaatlichkeit sollte uns nicht dazu verleiten, ihre Bedeutung zu überschätzen. Wir haben gesehen, dass Hayek zutreffend ihre Relevanz für den Schutz der Freiheit betonte. Wir haben auch gesehen, dass die Rechtsstaatlichkeit als solche keinen hinreichenden Schutz von Freiheit bedeutet. Aber betrachten wir noch einmal Hayeks Auffassung. Er setzt mit einer hochtrabenden Behauptung ein, die unweigerlich zu überzogenen Erwartungen führt:

Der Begriff der Freiheit unter dem Gesetz, der der Hauptgegenstand dieses Buches ist, beruht auf der Ansicht, daß wir mit der Befolgung von Gesetzen im Sinne von allgemeinen abstrakten Regeln, die, unabhängig von ihrer Anwendung auf uns, niedergelegt werden, nicht dem Willen eines anderen unterworfen und daher frei sind. Weil der Gesetzgeber die besonderen Fälle nicht kennt, auf die seine Regeln Anwendung finden werden, und weil der Richter, der sie anwendet, in den Schlüssen, die aus dem bestehenden System von Regeln und dem Tatbestand folgen, keine Wahl hat, können wir sagen, daß nicht die Menschen sondern die Gesetze regieren. [...] So wie ein echtes Gesetz keine partikulären Umstände anführen soll, so sollte es insbesondere keine besonderen Personen oder Gruppen herausgreifen.[13]

Im Bewusstsein der Absurdität, auf die das hinführt, ändert er seine Position ab, versucht aber weiterhin, die Rechtsstaatlichkeit als obersten Garanten der Freiheit darzustellen:

Das Erfordernis, daß die Regeln echter Gesetze allgemein sein müssen, bedeutet nicht, daß nicht manchmal bestimmte Gesetze auf verschiedene Menschenklassen nicht anwendbar sind, weil sie sich auf Eigenschaften beziehen, die nur gewisse Menschen haben. Es kann Gesetze geben, die nur auf Frauen, oder auf Blinde, oder Personen über einem gewissen Alter anwendbar sind. (Meistens wäre es nicht einmal nötig, die Klasse zu nennen, für die die Regel gilt, denn es kann zum Beispiel nur eine Frau vergewaltigt oder geschwängert werden.) Solche Unterscheidungen sind nicht willkürlich, unterwerfen nicht eine Gruppe unter den Willen anderer, wenn sie sowohl von den Leuten innerhalb als auch von denen außerhalb der Gruppe als berechtigt anerkannt werden. Das heißt nicht, daß über die Erwünschtheit der Unterscheidung Einstimmigkeit herrschen muß, sondern nur, daß die Meinung der verschiedenen Menschen nicht von ihrer Zugehörigkeit zu der Gruppe abhängt.[14]

Hier wird aber die Idee der Rechtsstaatlichkeit auf solche Weise abgewandelt, dass sie eine Form des Regierens auf Basis von Zustimmung einschließt, und diese ist es, die angeblich Freiheit garantiert. Damit geraten wir auf die schiefe Ebene, die schließlich zur Gleichsetzung der Rechtsstaatlichkeit – der Herrschaft des Rechts – mit der Herrschaft guten Rechts führt.

Das hauptsächliche Ziel von Hayeks Einwänden ist das politische Eingreifen in das Wirtschaftsleben:

13 F. A. Hayek, *Die Verfassung der Freiheit*, Tübingen 1971, S. 185.
14 Ebd., S. 186.

Wir müssen uns jetzt den Maßnahmen der Regierung zuwenden, die die Herrschaft des Gesetzes prinzipiell ausschließen, weil sie nicht durch bloße Durchsetzung allgemeiner Regeln erreicht werden können, sondern notwendig mit willkürlicher Unterscheidung zwischen Personen verbunden sind. Die wichtigsten darunter sind die Entscheidungen, wem die Erlaubnis gegeben werden soll, verschiedene Dienstleistungen oder Waren bereitzustellen, zu welchen Preisen und in welchen Mengen – mit anderen Worten, Maßnahmen zur Kontrolle des Zugangs zu den verschiedenen Geschäfts- und Berufszweigen, die Bedingungen des Verkaufs und die Mengen, die produziert oder verkauft werden sollen. [...]

Aus verschiedenen Gründen ist jede direkte staatliche Preiskontrolle mit dem Funktionieren eines freien Systems unvereinbar, ob nun die Regierung tatsächlich Preise festsetzt oder bloß Regeln aufstellt, nach denen die zulässigen Preise zu bestimmen sind. Zunächst ist es unmöglich, Preise, die die Produktion wirkungsvoll lenken sollen, nach langfristigen Regeln festzusetzen. Angemessene Preise hängen von den Umständen ab, die sich ständig ändern und an die sie ständig angepasst werden müssen. Andererseits werden Preise, die nicht direkt festgesetzt, sondern durch irgendeine Regel bestimmt werden (etwa, daß sie in einem bestimmten Verhältnis zu den Kosten stehen müssen), nicht für alle Verkäufer dieselben sein und daher die Funktion des Marktes behindern. Noch wichtiger ist die Überlegung, daß bei anderen als den Preisen, die sich auf dem freien Markt bilden würden, Angebot und Nachfrage nicht gleich sein werden, und wenn die Preiskontrolle wirksam sein soll, eine Methode gefunden werden muß, zu entscheiden, wer kaufen oder verkaufen darf. Das müßte einem Ermessen überlassen sein und in ad-hoc-Entscheidungen bestehen, die zwischen Personen aus durchaus willkürlichen Gründen Unterschiede machen müssen.[15]

Auch hier sollen wieder Argumente, die bestenfalls zeigen, dass eine bestimmte Art von Politik aus ökonomischen Gründen falsch ist, als Argumente dafür dienen, dass eine solche Politik die Rechtsstaatlichkeit verletzt, und das Erlassen angeblich verfehlter, aber tatsächlich von soliden Grundsätzen geleiteter partikularer Verordnungen wird als Ausübung von Willkürherrschaft verurteilt.

Da die Rechtsstaatlichkeit nur eine der Tugenden ist, die das Recht besitzen sollte, ist ihr Gewicht erwartungsgemäß nur *prima facie*. Sie muss in jedem Fall gegen die konkurrierenden Ansprüche anderer Werte abgewogen werden. Deshalb können Hayeks

15 Ebd., S. 292-294.

Argumente, insoweit sie nur zeigen, dass manche anderen Ziele notwendig mit der Rechtsstaatlichkeit konfligieren, aus prinzipiellen Gründen nicht beweisen, dass die Verfolgung solcher Ziele mit den Mitteln des Rechts unangebracht ist. Konflikte zwischen der Rechtsstaatlichkeit und anderen Werten sollten uns nicht überraschen. Die Verwirklichung der Rechtsstaatlichkeit ist eine graduelle Angelegenheit, und obwohl gilt, dass *ceteris paribus* ihre weitgehende Verwirklichung besser ist, ist die *Ceteris-paribus*-Bedingung selten erfüllt. Ein geringeres Maß an Rechtsstaatlichkeit ist häufig gerade deshalb vorzuziehen, weil damit der Verwirklichung anderer Ziele gedient wird.

Beim Nachdenken über das Verhältnis zwischen der Rechtsstaatlichkeit und den anderen Werten, denen das Recht dienen sollte, ist es besonders wichtig zu berücksichtigen, dass die Rechtsstaatlichkeit ein wesentlich negativer Wert ist. Sie dient lediglich dazu, diejenigen Verletzungen von Freiheit und Würde zu minimieren, die das Recht selber bei der Verfolgung seiner Ziele verursachen kann – wie wertvoll auch immer diese Ziele sein mögen. Und schließlich bedeutet die Auffassung der Rechtsstaatlichkeit als der inhärenten Tugend des Rechts, dass sie eine wesentlich dienende Rolle spielt. Die Wahrung der Rechtsstaatlichkeit macht das Recht zu einem guten Instrument für die Umsetzung bestimmter Ziele, aber die Wahrung der Rechtsstaatlichkeit ist nicht selber ein letztes Ziel. An dieser untergeordneten Rolle der Rechtsstaatlichkeit zeigen sich sowohl ihre Macht als auch ihre Begrenzungen. Einerseits sollten Ziele, deren Verfolgung vollständig unvereinbar mit der Rechtsstaatlichkeit ist, nicht mit rechtlichen Mitteln verfolgt werden. Aber andererseits sollte man vorsichtig sein, die Verfolgung bedeutender gesellschaftlicher Ziele unter Berufung auf die Rechtsstaatlichkeit zu disqualifizieren. Die Rechtsstaatlichkeit soll ja gerade das Recht dazu in die Lage versetzen, dem gesellschaftlichen Wohl zu dienen, und sie sollte nicht leichtfertig dazu verwendet werden zu zeigen, dass das Recht genau das nicht tun sollte. Wer zu viele gesellschaftliche Ziele auf dem Altar der Rechtsstaatlichkeit opfert, läuft Gefahr, das Recht nutzlos und leer zu machen.

Übersetzt von Felix Koch

11. Leslie Green

Der Positivismus und die Untrennbarkeit von Recht und Moral*

H.L.A. Harts *Holmes Lecture* hat der alten, üblicherweise als Rechtspositivismus bezeichneten These, dass Rechtssysteme ausschließlich positives Recht beinhalten, neuen Ausdruck verliehen. Hart tat dies auf zwei Arten. Erstens unterschied er die These von den davon unabhängigen und ablenkenden Projekten der Befehlsheorie des Rechts, der analytischen Untersuchung rechtlicher Sprache und der nonkognitivistischen Moralphilosophie. In einem zweiten Schritt schlug er eine neue Formulierung der These vor: nämlich, wie schon in seinem Titel deutlich wird, dass der Rechtspositivismus eine »Trennung von Recht und Moral« beinhalte.[1]

Natürlich meinte Hart damit keineswegs die sinnlose Idee, dass Recht und Moral getrennt werden sollten (als wäre die Trennung von Recht und Moral so etwas wie die Trennung von Kirche und Staat).[2] Die Moral gibt die Ideale für das Recht vor, und das Recht sollte ihnen gerecht werden. Genausowenig meinte er, Recht und

* Dieser Aufsatz stützt sich auf Leslie Green, »Legal Positivism«, in: Edward N. Zalta (Hg.) *The Stanford Encyclopedia of Philosophy*, Stanford 2003 (⟨http://plato.stanford.edu/entries/legal-positivism>), und entwickelt dessen Gedanken weiter. Frühere Fassungen dieses Aufsatzes wurden an der Columbia Law School, auf dem Weltkongress der Internationalen Vereinigung für Rechts- und Sozialphilosophie im Jahr 2003 sowie bei einem Symposium zur Hart-Fuller-Debatte an der New York University Law School am 1. und 2. Februar 2008 vorgetragen. Für kritische Hinweise danke ich insbesondere John Gardner, Chris Morris, Denise Réaume, Jeremy Waldron, Wil Waluchow und den Herausgebern des *New York University Law Review*.

1 H.L.A. Hart, »Positivism and the Separation of Law and Morals«, in: *Harvard Law Review* 71 (1957), S. 593-629, hier S. 593 [S. 55 in diesem Band].

2 Die Assoziation dieser Idee mit Hart scheint mir auf einer verwirrten Interpretation einer These zu beruhen, die er tatsächlich vertrat, nämlich dass das Recht harmlose Abweichungen von konventionellen moralischen Maßstäben nicht verbieten sollte. Siehe H.L.A. Hart, *Law, Liberty, and Morality*, Stanford 1963 (»Wo es keinen Schaden zu verhindern und kein potentielles Opfer zu schützen gibt, (...) dort ist es schwierig, die Behauptung zu verstehen, dass Konformität (...) einen Wert darstellt, den es ungeachtet des Leidens und und der Opfer an Freiheit,

Moral seien tatsächlich getrennt. Wir sehen ihre Vereinigung überall. Wir verbieten Diskriminierung aufgrund von Geschlechtszugehörigkeit, weil wir sie für unmoralisch halten; und der Sinn des Verbotes besteht darin, dieser Haltung Geltung und Klarheit zu verschaffen. Das tun wir, indem wir gebräuchliche moralische Begriffe wie »Pflicht« und »Gleichheit« benutzen. Sofern der Begriff »Trennung« etwas anderes suggeriert, ist er irreführend. Zur Besänftigung derjenigen, die alles wörtlich nehmen, hätte Hart seine Vorlesung auch »Positivismus und die *Trennbarkeit* von Recht und Moral« nennen können.[3] Genau das bedeutet nämlich seine Idee, dass »kein notwendiger Zusammenhang besteht zwischen Recht und Moral oder zwischen dem Recht, wie es ist, und dem Recht, wie es sein sollte«.[4] Lon Fuller weigerte sich, Hart beim Wort zu nehmen. Er dachte, Hart empfehle *tatsächlich*, dass »das Recht strikt von der Moral getrennt« werden solle[5] – warum würde Hart sonst sagen, dass es *moralisch* besser sei, ein weites Verständnis von Recht zu haben; ein Verständnis, das sich sogar auf böse Rechtssysteme anwenden lässt? Und selbst wenn die Positivisten die Trennung von Recht und Moral *nicht* empfehlen würden, was *hätten* sie denn den Politikern anzubieten, die Verfassungen entwerfen sollen, oder den Richtern, die Fälle entscheiden?

Die Antwort lautet, dass es den Rechtspositivisten nicht darum ging, Empfehlungen abzugeben. Sie wollten das Wesen des Rechts verstehen. Fullers Weigerung, dieses Projekt anzuerkennen, scheint seiner offensichtlichen Überzeugung zu entspringen, dass dies zu

die damit einhergehen, zu verfolgen gilt.«). Dies ist eine normative These über die Gesetzgebung, keine These über die Natur des Rechts. Wenn das positive Recht notwendigerweise die konventionelle Moral durchsetzen würde, dann wäre diese Empfehlung sinnlos.

3 Hart beschrieb die von ihm bestrittene These manchmal als die Behauptung, Recht und Moral seien »irgendwie untrennbar miteinander verknüpft« (Hart, »Positivism and the Separation of Law and Morals«, S. 594 [S. 56 in diesem Band]. Meines Erachtens hat Jules Coleman als Erster den Ausdruck »Trennbarkeitsthese« verwendet. Siehe Jules L. Coleman, »Negative and Positive Positivism«, in: *The Journal of Legal Studies* 11 (1982), S. 139-164, hier S. 140 f. [S. 246 f. in diesem Band]; er verwendet dort den Ausdruck für »die Leugnung einer notwendigen konstitutiven Beziehung zwischen Recht und Moral«.

4 Hart, »Positivism and the Separation of Law and Morals«, S. 601, Fn. 25 [S. 65 in diesem Band].

5 Lon L. Fuller, »Positivism and Fidelity to Law – A Reply to Professor Hart«, in: *Harvard Law Review* 71 (1958), S. 630-672, hier S. 656 [S. 131 in diesem Band].

nichts weiter als zu »eine[r] Reihe definitorischer Setzungen« führen würde.[6] Fuller war sicherlich nicht der Letzte, der an der Aussicht auf eine Klärung des Rechtsbegriffs gezweifelt hat, und auch nicht der Erste, der es für wichtiger hielt, die Welt zu verändern, als sie zu interpretieren. Einzig überraschend war Fullers Vermutung, die Veränderung der Welt könnte durch die Veränderung der Philosophie zustande kommen. Er dachte, Juristen könnten die Gesellschaft verändern, indem sie die Rechtsphilosophie nicht als Streben nach einem besseren Verständnis der sozialen Realität behandelten, sondern als »Richtungsweiser für den Einsatz menschlicher Tatkraft«.[7] Und in welche Richtung sollte sie weisen? In die Richtung einer viel umfassenderen »Gesetzestreue«.[8]

Aber das war erst der Anfang. Fuller wollte außerdem, dass die allgemeine Rechtsphilosophie dafür sorgen möge, dass Verfassungen nicht »eine Reihe von wirtschaftlichen und politischen Vorkehrungen, die man normalerweise eher als Sache der Gesetzgebung betrachten würde«,[9] beinhalten, und dass sie denjenigen Richtern eine Stütze sein möge, die sich mit wirtschaftlichen Fragen auskennen, sich aber unter der Fuchtel eines Verfassungsgerichts ohne jedweden Geschäftssinn befinden.[10] Die Laxheit des Rechtspositivismus gegenüber solchen Dingen ärgerte ihn: »Was mir an der rechtspositivistischen Schule Sorge bereitet, ist nicht nur ihre Weigerung, sich mit [diesen] Problemen zu befassen, sondern (…), dass sie diese aus Prinzip aus dem Bereich der Rechtsphilosophie verbannen möchte.«[11]

In Wirklichkeit gibt es keinen solchen Ausschluss; Rechtspositivisten sind lediglich der Meinung, dass es mehr als ein Gebiet im Reich der Rechtsphilosophie gibt. Sie meinen zum Beispiel, dass der Einspruch gegen Wirtschaftsverfügungen in Verfassungen in-

6 Ebd., S. 631 [S. 102 in diesem Band].
7 Ebd., S. 632 [S. 103 in diesem Band].
8 Ebd., S. 631 [S. 103 in diesem Band].
9 Ebd., S. 643 [S. 116 in diesem Band].
10 Siehe ebd., S. 646 f. [S. 120 in diesem Band] Er weist dort auf den Richter hin, der »zu seinem Unglück unter einem Verfassungsgericht [agiert], das seiner Meinung nach ganz und gar blind für die Methoden und Bedürfnisse des Handelsgewerbes ist« und der »dieses Dilemma nicht befriedigend lösen kann, solange er nicht seine Pflicht zur Gesetzestreue mit seiner Verantwortung zusammendenkt, das Recht so zu formen, wie es sein soll«.
11 Ebd., S. 643 [S. 117 in diesem Band].

nerhalb des Gebietes der politischen Moral erhoben werden muss und nicht als angebliche Folgerung aus irgendeiner Theorie über das Wesen des Rechts in das Gebiet der allgemeinen Jurisprudenz gezerrt werden sollte. Positivisten finden, dass die allgemeine Jurisprudenz selbst keine Ambitionen haben sollte, »dem Gewissen eine Orientierungshilfe anzubieten«,[12] und auch weder überrascht noch enttäuscht sein muss, wenn sie sich als »außer Stande, [einem] Richter zu helfen«,[13] erweisen sollte. Ebendeshalb ist es nicht die Aufgabe des Rechtspositivismus, Wirtschaftsliberalismus oder »Gesetzestreue« zu fördern. Er sollte sich überhaupt nicht an solchen Frömmigkeiten orientieren, sondern an Wahrheit und Klarheit – an dem, was Hart »eine überragende Tugend in der Rechtstheorie«[14] nannte. Genau in diesem Projekt und nicht in irgendeinem anderen ist die »Trennung von Recht und Moral« zu verorten.

Der Erfolg, mit dem Harts Vorlesung diesen Slogan beförderte, war nahezu vollkommen. Selbst diejenigen, die sonst gar nichts über Jurisprudenz wissen, wissen nun, dass die Rechtspositivisten auf der Trennbarkeit von Recht und Moral bestehen. Die einzige Gruppe, bei der der Slogan kein Feuer fing, war die der Rechtspositivisten selbst. Joseph Raz hat vor über dreißig Jahren bemerkt, dass die Trennbarkeitsthese logisch unabhängig von der Idee ist, dass Rechtssysteme nur aus positivem Recht bestehen:

> Die Behauptung, dass es allein von gesellschaftlichen Tatsachen abhängt, was Recht ist und was nicht, lässt die Frage offen, ob die gesellschaftlichen Tatsachen, anhand deren wir das Recht identifizieren oder sein Vorhandensein feststellen, das Recht auch moralisch wertvoll machen. Wenn sie das tun, dann ist das Recht notwendigerweise moralischer Natur.[15]

In jüngerer Zeit hat Jules Coleman die Trennbarkeitsthese als unbestreitbar und damit als ungeeignet für den Zweck gedeutet, als rechtstheoretische Demarkationslinie zu dienen: »Wir können den Rechtspositivismus nicht sinnvoll durch die Trennbarkeitsthese

12 Ebd., S. 634 [S. 106 in diesem Band].

13 Ebd., S. 647 [S. 122 in diesem Band].

14 Hart, »Positivism and the Separation of Law and Morals«, S. 593 [S. 55 in diesem Band].

15 Joseph Raz, *The Authority of Law. Essays on Law and Morality*, Oxford 1979, S. 38 f.; siehe auch Joseph Raz, *Praktische Gründe und Normen*, Frankfurt/M. 2006, S. 226-231.

charakterisieren, sofern wir sie richtig verstehen, denn beinahe niemand – weder Positivisten noch andere – lehnt diese These ab.«[16] Auf der anderen Seite meint John Gardner, dass die Trennbarkeitsthese genau aus den entgegengesetzten Gründen den Positivismus nicht kennzeichnen kann: Sie sei »absurd und kein bedeutender Rechtsphilosoph hat sie in dieser Form jemals vertreten«.[17] Inmitten dieses Stimmengewirrs überrascht es nicht, dass manch ein Beobachter die These »hoffnungslos mehrdeutig« und das halbe Jahrhundert an Debatten über die Trennbarkeit von Recht und Moral »vollkommen sinnlos« findet.[18]

Ich biete in diesem Aufsatz eine andere Diagnose an. Die Trennbarkeitsthese ist weder mehrdeutig noch absurd noch offensichtlich. Im Gegenteil, sie ist klar, kohärent und falsch. Aber sie ist falsch aus Gründen, die Fuller nicht sah und die seine huldigende Sichtweise auf das Recht gleichermaßen verdeutlichen wie auch in Frage stellen.

I. Was die Trennbarkeitsthese nicht ist

Die Trennbarkeitsthese ist keine methodologische These. Sie betrifft nur die Objektebene, also Gesetze und Rechtssysteme.[19] Was die Methode angeht, näherte Hart sich dem Wesen des Rechts über eine hermeneutische Untersuchung seines Begriffs an. Er verstand diese Methode als frei von Festlegungen im Hinblick auf den mo-

16 Jules L. Coleman, *The Practice of Principle. In Defense of a Pragmatist Approach to Legal Theory*, New York 2001, S. 152.

17 John Gardner, »Legal Positivism: 5 ½ Myths«, in: *The American Journal of Jurisprudence* 46 (2001), S. 199-227, hier S. 223 [S. 392 in diesem Band].

18 Klaus Füßer, »Farewell to ›Legal Positivism‹. The Separation Thesis Unravelling«, in: Robert P. George (Hg.), *The Autonomy of Law. Essays on Legal Positivism*, Oxford 1996, S. 119-153, hier S. 120.

19 Deshalb geht es hier, wie Stephen Perry bemerkt, um einen »substantiellen« anstelle eines »methodologischen« Positivismus. Siehe Stephen R. Perry, »The Varieties of Legal Positivism«, in: *Canadian Journal of Law & Jurisprudence* 9 (1996), S. 361-381. Zu der Auffassung, dass die Trennbarkeitsthese mindestens eine methodologische Festlegung beinhaltet, siehe James Morauta, »Three Separation Theses«, in: *Law and Philosophy* 23 (2004), S. 111-135, hier S. 128: »Die richtige Analyse [des Rechtsbegriffs] impliziert für sich genommen keine substantiellen Aussagen über den moralischen Wert des Rechts an sich.«

ralischen Wert ihrer Gegenstände und in diesem Sinne also als moralisch neutral. Aber das ist nicht der Antrieb für die Trennbarkeitsthese. Es gibt keinen Grund, warum eine solche unverbindliche Methode keine notwendigen Verbindungen zwischen Recht und Moral entdecken könnte, zumal die Entdeckung dieser Verbindungen nicht voraussetzt oder zeigt, dass deren Vorliegen moralisch gut wäre. Harts methodologische Neutralität bedeutet nichts weiter, als dass die allgemeine Rechtsphilosophie sich in ihren Schlussfolgerungen über den moralischen Wert des Rechts nicht von vorgefertigten Festlegungen leiten lassen sollte. Diese Neutralität gibt weder eine bestimmte Schlussfolgerung vor noch schließt sie irgendeine aus, und sie setzt auch keine andere Art von Wertneutralität voraus.

Ist diese Neutralität aufgrund von Harts Diskussion der moralischen Gründe anzuzweifeln, die für einen weiten Begriff des Rechts sprechen? Nein. Die Trennbarkeitsthese speist sich gänzlich aus seinen negativen Argumenten gegen die These einer notwendigen Verbindung. Die moralischen und pragmatischen Überlegungen, die er erwähnt, antworten auf etwas, das seines Erachtens »weniger ein verstandesmäßiges Argument … als ein leidenschaftlicher Appell« ist.[20] Dieser Aufruf kommt von einem Begriffsreformer, der von uns eine Revision des Begriffs des Rechts erwartet, damit moralisch schlechten Rechtssystemen jeglicher Reiz entzogen wird, den das Etikett »Recht« mit sich bringt. Hart legt uns nicht etwa nahe, dass moralische und pragmatische Überlegungen die Trennbarkeit von Moral und Recht *stützen* würden. Er argumentiert vielmehr, dass es moralische und pragmatische Gründe *dagegen* gibt, so zu tun, als sei die Natur des Rechts eine andere als die, die mit Hilfe einer neutralen Methode aufgedeckt werden kann. Dies setzt in der Tat voraus, dass der Begriff des Rechts hinreichend bestimmt ist, um die Idee einer begrifflichen Revision überhaupt verständlich zu machen – es muss ja etwas da sein, das der Revisionist revidieren kann –, aber es setzt nicht voraus, dass das Wesen des Rechts eines ist, das uns als wünschenswert erscheint.

Weil die Trennbarkeitsthese eine substantielle These über das Wesen des Rechts ist, mag es verlockend erscheinen, sie mit einer von zwei einflussreichen Theorien über das Wesen des Rechts zu identifizieren, von der jede für sich eine Verbindung mit der Tradi-

20 Hart, »Positivism and the Separation of Law and Morals«, S. 615 [S. 83 in diesem Band].

tion des Rechtspositivismus beansprucht – die Sozialthese und die Quellenthese.

Die Sozialthese besagt, dass das Recht auf gesellschaftlichen Tatsachen basiert und dass jegliche nichtfaktischen Kriterien für die Existenz und den Inhalt des Rechts ebenso in solchen Tatsachen begründet sein müssen. Coleman ist Anhänger der Sozialthese. Er meint, die »richtig verstandene« Trennbarkeitsthese sei lediglich eine These über »den *Inhalt* der Zugehörigkeitskriterien zum Recht« und als solche nicht ernsthaft zu bezweifeln.[21] Wenn die gerade genannte Bemerkung besagen soll, dass die Trennbarkeitsthese einfach nur eine These darüber ist, *welches die Zugehörigkeitskriterien sind*, dann stimmt es vermutlich, dass niemand behauptet, *diese Kriterien* seien notwendigerweise moralischer Art – nicht einmal ein Thomist wie John Finnis, der vernünftigerweise anerkennt, dass »menschliches Recht ein Artefakt und künstlich ist, keine Schlussfolgerung aus moralischen Prämissen.«[22] Coleman schließt daraus, dass die eigentliche Demarkationslinie zwischen den Positivisten und den anderen in den »Existenzbedingungen« der nichtnotwendigerweise-moralischen Kriterien besteht. Seines Erachtens behaupten Positivisten, diese Bedingungen seien konventioneller oder gesellschaftlicher Art, während andere genau das bestreiten.[23]

Man kann natürlich – zumindest mit angemessener Vorwarnung – den Ausdruck »Trennbarkeit« verwenden, wie man möchte. Aber Colemans These weicht von Harts These ab, da sie eine zentrale Lehre Harts verneint: »Es gibt viele verschiedene Typen der Beziehung von Recht und Moral, und es gibt nichts, was mit Gewinn für unsere Studie als *die* Beziehung zwischen ihnen ausgewählt werden kann.«[24] Harts These lautet, dass *keine* dieser Verbindungen notwendigerweise besteht. Harts Theorie ist weit davon entfernt, sich auf eine enge (wenn auch wichtige) Frage über Recht und Moral einzuschießen; sie ist pluralistisch fast bis zum Über-

21 Coleman, *The Practice of Principle*, S. 152 f.

22 John Finnis, »The Truth in Legal Positivism«, in: Robert P. George (Hg.), *The Autonomy of Law*, S. 194-205, hier S. 205.

23 Coleman, *The Practice of Principle*, S. 152 f. Meine eigene Auffassung findet sich in Leslie Green, »Positivism and Conventionalism«, in: *Canadian Journal of Law and Jurisprudence* 12 (1999), S. 35-52, hier S. 36 (»Die Anerkennungsregel kann nicht als eine bloß konventionelle Norm verstanden werden.«).

24 H. L. A. Hart, *Der Begriff des Rechts. Mit dem Postskriptum von 1994 und einem Nachwort von Christoph Möllers*, Frankfurt/M. 2011, S. 218.

druss. Er geht mehr oder weniger alles durch, was irgend jemand jemals für eine mögliche notwendige Verbindung gehalten hat, nur um dann für jeden dieser Fälle dafür zu argumentieren, dass die betreffende Verbindung nicht notwendig ist.[25] Die wohlbekannte Sozialthese, die Coleman meint, ist enger als die These, die Hart plausibilisieren wollte.

Aus ähnlichen Gründen kann die Trennbarkeitsthese nicht mit der Quellenthese gleichgesetzt werden – also mit der Ansicht, dass die Existenz und der Inhalt des Rechts von seinen Quellen und nicht von seinem Wert abhängen.[26] Wir haben schon eine Hinsicht bemerkt, in der diese These weniger strikt als die Trennbarkeitsthese ist: Die Quellenthese schließt lediglich die *Abhängigkeit* des Rechts von der Moral aus. Wie Raz feststellt, lässt das die Frage offen, ob es andere notwendige Verbindungen zwischen Recht und Moral gibt (einschließlich Wenn-Dann-Relationen *von* Aussagen über das Recht *hin zu* Aussagen über die Moral).[27] In anderer Hinsicht ist die Quellenthese dagegen strikter als die Trennbarkeitsthese. Sie schließt nicht nur die Moral, sondern jegliche Werte als Kriterien für die Identifizierung von Recht aus – also jegliche evaluative Überlegungen, die die Schaffung oder Beibehaltung einer mögli-

25 Siehe ebd., S. 218-249 (dort werden diverse Verbindungen zwischen Recht und Moral identifiziert und diskutiert). Siehe allgemein Hart, »Positivism and the Separation of Law and Morals« [Kapitel 1 in diesem Band], wo Argumente für die Trennbarkeit von Recht und Moral untersucht werden.

26 Es ist diese letzte Klausel (»und nicht von seinem Wert«), die die Quellenthese von der Sozialthese unterscheidet. Die Sozialthese lässt eine Wertabhängigkeit des Rechts zu, vorausgesetzt, dass diese Abhängigkeit selbst eine Konsequenz sozialer Fakten ist. Siehe Gardner, »Legal Positivism: 5 ½ Myths«, S. 200 [S. 360 in diesem Band]. Dort werden Argumente diskutiert, »welche die Gültigkeit bestimmter Normen auszuweisen versuchen, indem sie sich auf wertbasierte Prüfungen ihrer Quellen stützen«. Andere haben die Quellenthese formuliert und verteidigt. Siehe Raz, *The Authority of Law*, S. 45-52 (wonach die Quellenthese »mehrere miteinander verbundene Unterscheidungen, die in unseren Begriff des Rechts eingebettet sind, widerspiegelt und systematisiert« und »öffentlich ermittelbare Standards bereitstellt, die für die Mitglieder der Gesellschaft als verbindlich gelten«); Joseph Raz, *Ethics in the Public Domain. Essays in the Morality of Law and Politics*, Oxford 1995, S. 210-237 (wo Raz die Quellenthese verteidigt und ihre Verbindung zur sozialen These – oder »Inkorporationsthese« – und zur Kohärenzthese erläutert); Green, »Legal Positivism« (wo diverse Erwägungen zugunsten der Quellenthese diskutiert werden).

27 Raz, *The Authority of Law*, S. 38 f.

chen rechtlichen Regel rechtfertigen würden. Hart interessiert sich für alle möglichen Arten der Verbindung zwischen Recht und Moral; er macht sich nie Gedanken darüber, was der Positivismus zum Beispiel über die Verbindung zwischen Recht und Ökonomie zu sagen hätte. Aber nach der Quellenthese ist die Tatsache, dass eine bestimmte Rechtsregel ineffizient wäre, kein besserer Grund, ihre Existenz anzuzweifeln, als die Tatsache, dass eine Regel inhuman oder ungerecht wäre. John Austin drückt es so aus: »Ein tatsächlich existierendes Gesetz ist ein Gesetz, ganz gleich, ob wir es nicht mögen oder ob es von dem Text abweicht, an dem wir unsere Billigung oder Missbilligung ausrichten.«[28] Austin intendiert hier eine Quantifizierung über *alle* solchen »Texte«.

II. Die Trennbarkeitsthese verstehen

Die Trennbarkeitsthese ist also weder die methodologische Neutralitätsthese noch die Sozialthese noch die Quellenthese. Vielmehr besagt sie, dass es keine notwendigen Verbindungen zwischen Recht und Moral gibt. Man sollte die atemberaubende Reichweite dieser These nicht mit Mehrdeutigkeit verwechseln. Sie betrifft verschiedene Relata (einzelne Gesetze sowie Rechtssysteme, positive Moral und geltende Moral), verschiedene Relationen (kausal, formal, normativ) und verschiedene Modalitäten (sowohl begriffliche als auch natürliche Notwendigkeiten). Kühn behauptet sie, zwischen all diesen Permutationen und Kombinationen werde man keine notwendigen Verbindungen gleich welcher Art entdecken.

Halten wir an dieser Stelle kurz inne. Um die These zu verstehen, müssen wir drei Begriffe klären: »Verbindung« »Moral« und »notwendig«. *Verbindung* ist kein Fachausdruck; es meint einfach irgendeine Art von Relation. Verbindungen sind wichtig, weil wir das Recht nicht vollständig verstehen, solange wir nicht verstehen, wie es sich zu Phänomenen wie sozialer Macht, sozialen Regeln und Moral verhält. Es gibt externe Relationen zwischen Recht und

28 John Austin, *The Province of Jurisprudence Determined,* Indianapolis 1998, S. 184. Auch Hart weist auf Austins Argument hin; siehe Hart, »Positivism and the Separation of Law and Morals«, S. 597, 612 f. [S. 60, 79 f. in diesem Band]. Die einzige Spur davon in seinem weiteren Argumentationsgang ist die Feststellung, dass nicht jedes »Sollen« ein *moralisches* »Sollen« ist.

dem Rest der sozialen Welt. Ebenso gibt es interne Relationen, ohne die etwas nicht Recht *sein* könnte – also Relationen, die zum Begriff des Rechts gehören. Da Recht keine natürliche Art ist, wäre es unplausibel zu glauben, dass seine Natur uns verborgen und erst in einer noch unentdeckten Mikrostruktur offenbart werden könnte. Weil das Recht auch kein logisches Prinzip ist, ist es ebenso unplausibel anzunehmen, dass seine Natur in irgendeinem bislang nicht bewiesenen Theorem verborgen liegt. Das Recht ist eine menschliche Institution; wir können es nur so untersuchen, wie solche Institutionen eben untersucht werden können. Eine der Arten, wie sie untersucht werden können, ist über die Begriffe, durch die Institutionen strukturiert sind und weiter entwickelt werden – Begriffe, die in unserem Denken, unserer Sprache und unseren Praktiken implizit sind. Den Begriff des Rechts zu begreifen bedeutet zu begreifen, was für das Recht unter allen Umständen gilt, wo und wann wir ihm auch begegnen mögen.

Nun zur *Moral.* Während die lautesten Debatten um die Beziehung zwischen dem Recht und der gültigen (oder idealen) Moral kreisen, trifft die Trennbarkeitsthese ebenso auf die konventionelle (oder positive) Moral zu. Zwischen diesen beiden besteht eine Verbindung, denn jede konventionelle Moral erhebt natürlich den Anspruch (oder wird dafür gehalten), die gültige Moral zu sein. Die Trennbarkeitsthese weist eine notwendige Beziehung zwischen dem Recht und beiden Formen der Moral zurück. Sie verneint nicht nur die sogenannte »Naturrechts«-Auffassung, dass es einen moralischen Test für das Recht geben muss, sondern auch die Sichtweise der »Konsens-Soziologen«, die meinen, jedes Rechtssystem verkörpere notwendigerweise den Geist, die Traditionen oder die Werte seiner Gesellschaft.

Einzig die Idee der *notwendigen* Verbindung ist etwas schwieriger. Die Trennbarkeitsthese erlaubt jede Art von *kontingenter* Verbindung zwischen Recht und Moral. Aber worin genau besteht der Unterschied? Es zeigt sich, dass er weniger scharf ist, als einige Philosophen das gerne hätten. Hart versteht »Notwendigkeit« in einem weiten und großzügigen Sinn. Abgesehen davon, dass er unter einer notwendigen Relation eine solche versteht, die nicht *nicht* bestehen kann, bekennt er sich zu keiner genaueren Ansicht über ihr Wesen. Insbesondere behilft er sich nicht mit der Behauptung, dass alles, was natürlicherweise oder menschlich notwendig ist, nicht wirklich notwendig ist, da es ja nicht, wie es der wohlbekannte Slogan formuliert, »in allen möglichen Welten wahr ist«. Hart lässt explizit zu, dass alle notwendigen Wahrheiten kontextabhängig sind – dass sie also von beständigen empirischen Eigenschaften wie unserer Körperlichkeit, unserer gegenseitigen Verletzlichkeit und unserer Sterblichkeit abhängen, die sich allesamt »in der ganzen Struktur unseres Denkens und unserer Sprache [widerspiegeln]«.[29] Angesichts dieser grundlegenden Gegebenheiten wäre es irreführend, eine notwendig aus ihnen folgende Eigenschaft des Rechts als bloße »Kontingenz« zu bezeichnen. Denn auch wenn eine solche Eigenschaft sich mit Veränderungen der menschlichen Natur selber verändern könnte, so deutet doch die Tatsache, dass es dazu einer Veränderung der menschlichen Natur *bedürfte*, darauf hin, dass diese Eigenschaft so gut wie nicht vermeidbar ist.

Warum nennen wir es also nicht »natürliche Notwendigkeit«?[30] Dass das Recht diese Eigenschaften hat, ist schließlich »kein Zufall«.[31] Soweit es um Rechtsphilosophie geht, sind natürliche Notwendigkeiten und menschliche Notwendigkeiten nicht weniger notwendig als begriffliche Notwendigkeiten, und sie sind nicht besonders scharf umgrenzt. Harts Interesse gilt allen dreien.

Zur Modalität müssen nur noch drei Punkte erwähnt werden. Der erste Punkt ist offensichtlich: »Notwendig« und »kontingent« verhalten sich nicht kontradiktorisch zueinander. Nur weil man verneint, dass es einen notwendigen moralischen Existenztest für das Recht gibt, heisst das noch nicht, dass es einen kontigenten moralischen Existenztest gibt. Vielleicht gibt es einfach gar keinen. Deshalb spricht die Trennbarkeitsthese zumindest nicht für Harts Auffassung, dass in manchen Rechtssystemen die Existenz des Rechts kontingenterweise von dem Bestehen eines moralischen Tests abhängt.

Zweitens ist nicht alles, was notwendigerweise wahr ist, auch

29 Hart, *Der Begriff des Rechts*, S. 226; siehe auch Hart, »Positivism and the Separation of Law and Morals«, S. 622 [S. 91 f. in diesem Band]: »An unserer Umwelt und uns selbst könnte manches sich eines Tages wandeln; und wenn diese Wandlung radikal genug ausfiele, würden [...] ganze Arten des Denkens und Redens [...] verschwinden, die unsere gegenwärtige Begrifflichkeit ausmachen, in der wir die Welt und einander erfassen.«

30 Hart, »Positivism and the Separation of Law and Morals«, S. 623 [S. 92 in diesem Band].

31 Hart, *Der Begriff des Rechts*, S. 202.

wichtig. Rousseau hat gesagt, dass »die Gesetze immer den Besitzenden nützlich [sind] und den Habenichtsen schädlich«.[32] Nehmen wir an, diese Aussage sei weder falsch noch notwendigerweise wahr. Obwohl es eine kontingente Wahrheit ist, ist sie trotzdem genau so wichtig wie viele notwendige Wahrheiten über das Recht (wie zum Beispiel die Wahrheit, dass jedes Rechtssystem Akteure reguliert). Rousseaus wahre Aussage ist offensichtlich von moralischer Wichtigkeit und hat explanatorische Kraft, obwohl ihre Wahrheit kontingent ist. Demgegenüber ist die Tatsache, dass Gesetze Akteure regulieren, zwar notwendigerweise wahr, aber nicht besonders ergiebig. Darüber hinaus trägt die *Beziehung* zwischen notwendigen und kontingenten Wahrheiten oft zu unserem Interesse an den notwendigen Wahrheiten bei. Jedes Rechtssystem beinhaltet notwendigerweise kompetenzübertragende Normen, die bei der Erklärung, wie das Recht seine eigene Erschaffung reguliert, eine wichtige Rolle spielen. Aber kompetenzübertragende Normen sind außerdem wichtig, weil sie bestimmten Akteuren zu bestimmten Bedingungen Fähigkeiten verleihen, zum Beispiel die Kompetenz, zu regieren oder etwas in Besitz zu nehmen. Sie stehen deshalb in einer kontingenten Beziehung zu der Verteilung sozialer Macht innerhalb einer Gesellschaft. Das ist eine fundamental wichtige Gegebenheit für die Rechtstheorie und die politische Theorie.

Ein letzter Hinweis: Wir sollten bedenken, dass eine notwendige Beziehung nicht offensichtlich oder selbstevident sein muss. Sie wird uns möglicherweise erst durch eine gedankliche Anstrengung sichtbar. Sie muss auch nicht unkontrovers sein. Man kann ein unvollständiges Verständnis des Rechtsbegriffs haben und deshalb einige seiner notwendigen Eigenschaften nicht erkennen, genauso wie man wissen kann, dass Arthritis keine Hautkrankheit ist, ohne gleichzeitig auch zu wissen, dass sie eine Krankheit ist, die immer die Gelenke betrifft. Außerdem gibt es Bereiche der Ungewissheit. In einigen Hinsichten sind die Begriffe des Rechts oder eines Rechtssystems unterbestimmt, and deshalb gibt es begriffliche Feststellungen über sie, die keinen Wahrheitswert haben. Wenn diese Unbestimmtheiten zu Kontroversen führen, die entschieden werden müssen, dann können wir das durch eine Stipulation tun,

32 Jean-Jacques Rousseau, *Vom Gesellschaftsvertrag*, Ditzingen 1986, S. 27.

die zwar möglicherweise mehr oder weniger hilfreich für unsere Zwecke ist, die aber nicht als wahr oder falsch gelten kann.

III. Die Widerlegung der Trennbarkeitsthese

Wenden wir uns nun der These zu. Da wir sie jetzt verstehen, können wir auch sehen, dass sie falsch ist, denn es gibt viele notwendige Beziehungen zwischen Recht und Moral, darunter die folgenden:[33]

Na – Es ist notwendigerweise wahr, dass Recht und Moral Normen beinhalten.
Nb – Es ist notwendigerweise wahr, dass der Inhalt jeder moralischen Norm auch der Inhalt einer Rechtsnorm sein könnte.
Nc – Es ist notwendigerweise wahr, dass kein Rechtssystem irgendeines der möglichen Laster von Personen hat.

Ist das nur ein besserwisserischer Trick? Behauptet überhaupt irgendjemand entgegen *Nc*, dass das Recht zum Beispiel das Laster der Untreue besitzt? Wahrscheinlich nicht wortwörtlich (jedenfalls kein anglophoner Philosoph). Einige Philosoph(inn)en halten es tatsächlich für eine schlechte Idee oder für selbstunterminierend, dass bestimmte Normen zum Inhalt von Rechtsnormen gemacht werden; das steht aber nicht im Widerspruch zu *Nb*. Der Versuch, eine Rechtspflicht einzuführen, nach der man den eigenen Nachbar so lieben soll wie sich selbst, mag sinnlos sein, aber es wäre nicht das erste Mal, dass das Recht sinnlose Pflichten einführt. Manche scheinen auch *Na* zu verneinen. Einige Rechtsrealisten schreiben so, als sei das Gesetz eine Menge von Vorhersagen darüber, was geschehen wird, und nicht ein System von Vorschriften darüber, was geschehen sollte. Man kann bezweifeln, dass sie tatsächlich glauben, das Recht sei nichts weiter als eine Menge von »Prophezeiungen darüber, was Gerichte tatsächlich tun werden«.[34] Denken

33 Vgl. etwa Joseph Raz, »About Morality and the Nature of Law«, in: *The American Journal of Jurisprudence* 48 (2003), S. 1-15, hier S. 2 (wo die Frage diskutiert wird, ob die Verbindung zwischen Recht und Moral der »Litmustest« für Theorien des Rechts sein sollte).

34 Oliver Wendell Holmes, »The Path of the Law«, in: *Harvard Law Review* 10 (1897), S 457-492, hier S. 461.

sie zum Beispiel, dass daraus, dass ein bestimmtes Gericht vorhersehbar rassistisch ist, folgt, dass *das Recht* verlangt, dass schwarze Kläger(innen) verlieren? In jedem Fall ist der Punkt weder, dass diese Thesen in der Geschichte der Rechtsphilosophie niemals verneint worden wären, noch dass sie nicht verneint werden könnten, sondern dass sie wahr sind.

Vielleicht sind diese Wahrheiten nicht besonders beeindruckend. Möglicherweise beschlich Hart eine Ahnung von *Na*, *Nb* und *Nc*, aber er dachte sich, dass sie als triviale Ausnahmen ausgeklammert werden könnten. In seiner allerletzten Formulierung der Trennbarkeitsthese scheint er sich etwas abzusichern: Er sagt dort, es gebe »keine *wichtige* notwendige oder begriffliche Verbindung zwischen Recht und Moral«.[35] Wichtigkeitsurteile sind interessenrelativ, und ich selber bin geneigt, *Na* und *Nb* als einigermaßen wichtige Wahrheiten über das Recht zu betrachten. Außerdem werden, wie oben schon erläutert, einige notwendige Wahrheiten erst durch ihre Beziehung zu kontingenten Wahrheiten interessant. Tatsächlich werden wir sehen, dass *Na* – zusammen mit einigen anderen Wahrheiten – Hart zu dem Schluss bringt, dass es eine besondere Beziehung zwischen Recht und Gerechtigkeit gibt.[36] Wenn diese Schlussfolgerung wahr ist, dann ist sie sehr interessant. Aber dieser Punkt muss nicht weiter diskutiert werden, denn es gibt in jedem Fall notwendige Verbindungen zwischen Recht und Moral, die niemand für trivial oder unwichtig für eine Theorie des Rechts halten würde.

A. Abgeleitete Verbindungen

Fuller glaubt, dass das fundamentale Postulat des Positivismus – »dass Recht strikt von Moral getrennt werden muss«[37] – die Vorstellung, dass das Recht Pflichten erzeugt, nicht nur falsch, sondern unverständlich macht: Wie könnte es eine »amoralische Gegebenheit namens Recht« geben, welche »die seltsame Eigenschaft [hat], eine moralische Pflicht zum Gehorsam zu generieren«?[38] Fuller

35 Hart, *Der Begriff des Rechts*, S. 341 (meine Hervorhebung).

36 Siehe unten Abschnitt III.A (wo Harts These vom Minimalgehalt und seine These vom Gerechtigkeitskeim erklärt werden).

37 Fuller, »Positivism and Fidelity to Law«, S. 656 [S. 132 in diesem Band].

38 Ebd.

unterstellt hier eine Prämisse, von der andere Rechtsphilosophen durchaus denken, dass sie zunächst verteidigt werden müsste: Er nimmt an, dass es eine allgemeine moralische Pflicht zum Rechtsgehorsam *gibt.*[39] Gäbe es sie nicht, dann wäre seine Behauptung, das »Postulat« würde diese Idee unverständlich machen, nicht weiter von Interesse.

Aber Fuller macht noch eine weitere, noch voreiligere Annahme, die möglicherweise erklärt, weshalb sein Argument am Ende die Form annimmt, die es hat. Wenn das Recht ein »amoralisches System« *wäre*, dann wäre doch – so Fullers Annahme – die Tatsache, dass es Pflichten generiert, etwas seltsam. Warum sollte das so sein? Vielleicht hat er unbedacht von Kelsen und Hart die Humeanische These übernommen, dass es eine fundamentale Trennung zwischen Tatsachen und Werten gibt und dass wir kein »Sollen« allein aus einem »Sein« ableiten können. Das würde erklären, warum Fuller die Annahme, das Recht sei ein »amoralisches System«, für inkohärent hält. Wenn die Humeanische These zutrifft, dann könnten wir keine moralischen Pflichten allein aus dem Wesen des Rechts ableiten, es sei denn, das Wesen des Rechts wäre selbst moralischer Art. Fuller schließt daraus, dass das Wesen des Rechts von moralischer Art *ist.*

Fuller versäumt es allerdings, zwei Möglichkeiten zu beachten, die diese Schlussfolgerung verhindern würden. Es könnte einerseits sein, dass die Humeanische These falsch ist und dass moralische Schlussfolgerungen eben doch aus faktischen Prämissen abgeleitet werden können. Oder es könnte andererseits sein, dass Schlussfolgerungen über moralische Pflichten sich zwar nicht aus Propositionen über das Wesen des Rechts allein ableiten lassen, wohl aber aus diesen in Verbindung mit anderen notwendigerweise wahren Propositionen über Moral und menschliches Wohlergehen. Sogar Hume glaubte, dass es von sozialen Tatsachen abhängt, ob ein Versprechen gegeben wurde, und dass es zugleich eine Pflicht gibt, Versprechen einzuhalten.[40] Versprechen sind nicht von »sonderba-

39 Zu einer allgemeinen Bewertung dieser Debatten siehe Leslie Green, »Law and Obligations«, in: Jules Coleman, Scott Shapiro (Hg.), *The Oxford Handbook of Jurisprudence and Philosophy of Law*, New York 2002, S. 514-547, wo ich die vorherrschenden Theorien der politischen Legitimität untersuche und eine Variante des philosophischen Anarchismus verteidige.

40 Siehe David Hume, *Ein Traktat über die menschliche Natur*, Bd. 2, Hamburg

rer Beschaffenheit«, aber sie sind trotzdem moralisch verpflichtend. Der Grund dafür ist, dass es *abgeleitete* notwendige Verbindungen zwischen faktisch bestimmten Praktiken und reinen moralischen Schlußfolgerungen geben kann (wobei diese Ableitungen von weiteren Propositionen abhängen können oder auch nicht).[41]

Wir sollten uns nicht zu sehr auf die Analogie mit dem Versprechen stützen. Nur weil es gute Gründe gibt, selbst auferlegte Pflichten als moralisch bindend zu erachten, bedeutet das nicht, dass von anderen auferlegte Pflichten ebenso bindend sind. Die abgeleiteten Verbindungen zwischen Recht und Moral begründen möglicherweise keine Pflicht zum Rechtsgehorsam, trotz entgegenlautender Behauptungen solch unterschiedlicher Philosophen wie Platon, Thomas von Aquin, Hobbes, Locke, Hume und Kant. Deren grundsätzliche Argumentationsrichtung mag trotzdem richtig sein, auch wenn es ihnen nicht gelingt, eine allgemeine Pflicht zum Gehorsam zu begründen. Rechtssysteme verleihen moralischen Normen Bestimmtheit; sie sind Informations- und Motivationsquelle und verleihen damit den Normen Wirksamkeit; sie stützen wertvolle Formen sozialer Kooperation. So, wie die menschliche Natur beschaffen ist, wird all das mit großer Wahrscheinlichkeit *irgendeinen* Nutzen erbringen, und sei es nur aufgrund natürlicher Notwendigkeit.

Hart ist sich dieser Argumente bewusst und steht ihnen zugleich misstrauisch gegenüber. Er räumt ein, es gebe mindestens zwei »Gründe (bzw. Ausreden), eine gewisse Überschneidung zwischen rechtlichen und moralischen Maßstäben als notwendig und natürlich anzusprechen«.[42] Der erste Grund ist seine These vom »minimalen Inhalt«: Rechtssysteme können nicht allein anhand ihrer Struktur identifiziert werden; das Recht hat auch einen notwen-

2013, S. 599, wonach »ein Versprechen keinen Sinn hat, ehe menschliches Übereinkommen ihm einen solchen gegeben hat und [...] das Versprechen, wenn es nicht sinnlos wäre, doch [ohne dies Übereinkommen] keine sittliche Verbindlichkeit nach sich ziehen würde« (Hervorhebungen entfernt).

41 Siehe Raz, *Praktische Gründe und Normen*, S. 226, wo angemerkt wird, dass die Suche nach abgeleiteten Verbindungen – der »derivative Ansatz« – »die Notwendigkeit einer an sozialen Umständen orientierten Identifizierung des Rechts akzeptiert«.

42 Hart, »Positivism and the Separation of Law and Morals«, S. 624 [S. 93 in diesem Band].

digen Inhalt.[43] Es muss Regeln beinhalten, die Gewalt, Eigentum und Vereinbarungen auf eine Weise regeln, die das Überleben (zumindest einiger) der Rechtssubjekte befördert. Der zweite Grund ist die These, dass jedes bestehende Rechtssystem ein Minimum an administrativer – oder, wie er es nennt, »formaler« – Gerechtigkeit walten lässt.[44] Hart meint, dass jedes Rechtssystem notwendigerweise allgemeine Regeln beinhaltet, dass allgemeine Regeln nicht existieren können, wenn sie nicht auch einigermaßen konstant angewandt werden, und dass eine solche Konstanz eine Art von Gerechtigkeit ist: »Somit haben wir bereits dann, wenn selbst die schlimmsten Gesetze gerecht angewandt werden, im bloßen Begriff der Anwendung einer allgemeinen Rechtsregel zumindest den Kern der Gerechtigkeit.«[45] Hart entwickelt wohlwollend sowohl die These vom Minimalgehalt als auch die These vom Gerechtigkeitskeim, geht dann aber (so scheint es mir zumindest) nicht so weit, daraus zu schlussfolgern, dass diese beiden Thesen irgendwelche notwendigen Verbindungen zwischen Recht und Moral belegen.

43 Ebd., S. 621-624 [S. 89-94 in diesem Band]; Hart, *Der Begriff des Rechts*, S. 227-235.

44 Diese zweite These wird von David Lyons heftig kritisiert, der behauptet, dass formale Gerechtigkeit »ein übertriebener Ausdruck einer ansonsten legitimen Sorge um die Gerechtigkeit bei der Anwendung des Rechts« ist. David Lyons, »On Formal Justice«, in: *Cornell Law Review* 58 (1973), S. 833-861, hier S. 861. Siehe auch John Gardner, »The Virtue of Justice and the Character of Law«, in: *Current Legal Problems* 53 (2000), S. 149-184, hier S. 9 f. und S. 12 f. (wo argumentiert wird, dass die Idee der formalen Gerechtigkeit ein Mythos ist, da sich Prinzipien der Gerechtigkeit und Prinzipien der Ungerechtigkeit von der Form her nicht unterscheiden). Ich unternehme in L. Green, »The Germ of Justice« (Oxford Legal Studies Research Paper No. 60/2010, ⟨https://ssrn.com/abstract=1703008⟩) den Versuch, der These einen gewissen Sinn abzugewinnen.

45 Hart, *Der Begriff des Rechts*, S. 243 [Anm. d. Hg.: In der vorliegenden Übersetzung haben wir »Kern« im Folgenden durch »Keim« ersetzt, um Harts eigene Wendung – *the germ of justice* – möglichst genau zu übertragen]. Hart nennt als Beispiel die Anwendung eines Gesetzes, das Mord verbietet, und erklärt, dass ein solches Gesetz »gerecht angewendet« wird, wenn es »unparteiisch auf all jene und nur auf jene angewandt [wird], die darin gleich sind, daß sie das vom Gesetz Verbotene getan haben« (S. 189). Hart weist außerdem darauf hin, dass die Regeln prozeduraler Gerechtigkeit darauf ausgelegt sind, »sicherzustellen, daß Regeln auf Fälle angewandt werden, auf die sie tatsächlich zutreffen, bzw. zumindest das Risiko von Ungerechtigkeiten in dieser Richtung zu verringern« (Hart, »Positivism and the Separation of Law and Morals«, S. 624 [S. 93 in diesem Band]).

Der Grund für sein Zögern scheint mir zu sein, dass keines der beiden Argumente eine moralische Pflicht zum Rechtsgehorsam belegt und dass beide vereinbar sind mit starker moralischer Kritik an einem Rechtssystem, das die beiden genannten Aspekte realisiert: Solche Rechtssysteme können sogar »grausam unterdrückend« sein und »rechtlosen Sklaven« selbst die minimalen Vorteile verweigern, die das Recht notwendigerweise einigen einräumt.[46]

Alles dies ist wahr, aber das ist kein Beleg für die Trennbarkeitsthese. Es zeigt höchstens, dass die Werte, die gemäß der These vom Minimalgehalt und der These vom Gerechtigkeitskeim dem Recht notwendigerweise zu eigen sind, sehr wohl mit gravierenden moralischen Verstößen einhergehen können. Dennoch gilt: Wenn jedes Rechtssystem notwendigerweise A und B beinhaltet, dann beinhaltet es notwendigerweise A, auch wenn B gegen den Wert dieses Rechtssystems spricht.

B. Nichtabgeleitete Verbindungen

Die gerade diskutierten abgeleiteten Verbindungen fußen auf der Annahme, dass ein Rechtssystem unter Menschen wie uns in Kraft ist, Menschen, die uns vom Wesen her ähnlich sind und die in Verhältnissen wie den unseren leben. Deshalb handelt es sich hier um kontextuell notwendige Verbindungen zwischen Recht und Moral. Aber es gibt auch notwendige Verbindungen zwischen Recht und Moral, die direkterer Art sind. Vier der interessanteren davon sind die folgenden:

N1 – Es ist notwendigerweise wahr, dass das Recht Gegenstände der Moral regelt.

Die Moral hat bestimmte Gegenstände, und einige dieser Gegenstände sind notwendigerweise Gegenstände des Rechts. Wo immer es Recht gibt, dort gibt es auch Moral, und beide regeln denselben Gegenstand mit analogen Techniken. Kelsen bemerkte dazu: »So wie Naturrecht und positives Recht den gleichen Gegenstand regeln, sich also auf das gleiche Normobjekt beziehen: das gegen-

46 Hart, »Positivism and the Separation of Law and Morals«, S. 624 [S. 93 in diesem Band].

seitige Verhalten der Menschen (...), so haben beide auch die allgemeine Form dieser Regelung gemeinsam: das Sollen.«[47]

Diese These ist umfangreicher als die These vom Minimalgehalt. Einige meinen, Harts Beschränkung des notwendigen Inhalts des Rechts auf überlebensfördernde Regeln sei zu zurückhaltend.[48] Tatsächlich ist Harts Behauptung zu gewagt, es sei denn, »Überleben« wird so weit gefasst, dass es fast inhaltsleer ist: Heutzutage gibt es reichlich Selbstmordpakte. Doch selbst Rechtssysteme, die das individuelle oder kollektive Überleben zugunsten ungezügelten Konsums, nationaler Ehre oder religiöser Reinheit behindern, haben dennoch einen gemeinsamen Inhalt: Sie regeln, was die entsprechende Gesellschaft (oder deren Eliten) für bedeutende Belange der gesellschaftlichen Moral hält. Wenn wir ein normatives System vorfinden, das lediglich unwichtige Belange (wie Spiele oder Höflichkeiten) regelt, dann haben wir es dabei nicht mit einem Rechtssystem zu tun. Es liegt in der Natur des Rechts, dass es eine große normative Reichweite hat, die sich auf die wichtigsten Belange der gesellschaftlichen Moral einer Gesellschaft erstreckt. Wie genau das Recht diese Belange regelt (ob es sie durchsetzt, schützt oder unterdrückt), variiert von Fall zu Fall, genau wie der Erfolg und der Wert solcher Regelungen. Anders als die abgeleiteten Argumente zeigt N1 daher nicht, dass jedes Rechtssystem notwendigerweise zumindest einigen moralischen Wert hat; es zeigt nur, dass es eine notwendige Verbindung zwischen der Reichweite des Rechts und der Reichweite der Moral gibt. Das ist eine der Tatsachen, die das Recht so wichtig machen; und es erklärt außerdem, weshalb normative Debatten über die Legitimität und Autorität des Rechts die Bedeutung haben, die sie haben.

N2 – Es ist notwendigerweise wahr, dass das Recht moralische Ansprüche an seine Subjekte stellt.

47 Hans Kelsen, »Die Idee des Naturrechts«, in: *Zeitschrift für öffentliches Recht* 7 (1927) S. 221-248, wiederabgedruckt in: Hans Kelsen, *Aufsätze zur Ideologiekritik*, Neuwied, Berlin 1964, S. 73-113, hier S. 82.

48 Siehe z. B. John Finnis, *Natural Law and Natural Rights*, Oxford 1980, S. 82: »[Harts] Liste der universell anerkannten oder ›unbestreitbaren‹ Zwecke hat nur einen einzigen Eintrag: das Überleben.« Finnis' Liste beinhaltet mindestens: Leben, Wissen, Spiel, ästhetische Erfahrung, Freundschaft, praktische Vernunft und Religion (Finnis, *Natural Law and Natural Rights*, S. 85-92).

Das Recht sagt uns nicht einfach, was zu tun wünschenswert wäre, sondern es sagt uns, was wir tun müssen, und es verlangt von uns, im Interesse anderer Individuen oder der Allgemeinheit zu handeln, außer wenn das Recht selbst uns davon entbindet. Jedes Rechtssystem beinhaltet Normen, die Pflichten auferlegen, und beansprucht die legitime Autorität, diese Pflichten aufzuerlegen.[49] Richter(innen) beispielsweise reden so, als ob ihre Anordnungen für ihre Subjekte Gründe zum direkten Gehorsam generieren, nicht nur Gründe, die erst dann wirksam werden, wenn auf die Anordnung eine weitere Verurteilung wegen Missachtung des Gerichts, Rechtsbehinderung oder Widerstand gegen die Verhaftung folgt. Die Subjekte des Rechts müssen gehorchen, ganz gleich, ob das in ihrem eigenen Interesse ist oder nicht; rechtliche Pflichten beanspruchen also, kategorische Handlungsgründe zu sein. Anderen in dieser Weise Pflichten aufzuerlegen bedeutet, sie so zu behandeln, als seien sie moralisch zum Rechtsgehorsam verpflichtet – und es bedeutet also, für sich selber die legitime Autorität zu regieren zu beanspruchen. All das impliziert nicht, dass der so erhobene Anspruch gültig ist. Die notwendige Verbindung, die durch ihn geschaffen wird, ist sehr dünn. Die Ansprüche des Rechts können fehlgeleitet oder ungerechtfertigt sein; sie können auch in einer Weise erhoben werden, die halbherzig oder zynisch ist. Trotzdem liegt es im Wesen des Rechts, das Selbstbild einer moralisch legitimen Autorität zu projizieren.

Aus diesem Grund wäre weder ein Regime »bloßer Imperative«, das die Leute einfach herumkommandiert,[50] noch ein Preissystem,

49 Das folgende Argument ist abgekürzt; zu einer ausführlicheren Darstellung siehe Raz, *The Authority of Law*, S. 28-33 und 122-145. Siehe auch Leslie Green, *The Authority of the State*, New York 1988, S. 21-88, wo das Wesen der Autorität und das staatliche »Selbstbild« als legitime Autorität untersucht wird; sowie Joseph Raz, »Hart on Moral Rights and Legal Duties«, in: *Oxford Journal of Legal Studies* 4 (1984), S. 123-131, hier S. 129-131: Wenn Pflichten Handlungsgründe implizieren, so Raz, dann müssen Richter, die die Anerkennungsregel akzeptieren, ebenso akzeptieren oder zumindest zu akzeptieren behaupten, dass rechtliche Pflichten moralisch verbindlich sind. Ich folge hier nicht Kelsen (siehe Kelsen, *Aufsätze zur Ideologiekritik*, S. 31-33) in seiner Annahme, dass *alle* Gesetze Pflichten auferlegen. Ich nehme lediglich an, dass alle Rechtssysteme Normen beinhalten, die Pflichten auferlegen, und dass diese Normen für ihre Subjekte moralisch verbindlich zu sein behaupten.

50 Siehe dagegen Matthew H. Kramer, *In Defense of Legal Positivism. Law Without Trimmings*, Oxford 1999, S. 84-89: »Die Erfordernisse rechtlicher Normen kön-

das Anreize strukturiert und dabei jedem zun tun erlaubt, was er oder sie will, ein Rechtssystem. Es stimmt, dass wir etwas über das Recht erfassen, wenn wir es uns als einen Vorgesetzten oder als einen Urheber von Anreizen vorstellen. Und es mag sein, dass wir Teile des Inhalts eines Rechtssystems so darstellen können, als bestünden sie aus bloßen Imperativen oder bloßen Anreizen. *N2* besagt, dass diese Darstellungen notwendigerweise unvollständig sind und das Wesen des Rechts nicht *ohne Verlust* wiedergeben können – zum Beispiel ohne Verlust der Unterscheidung zwischen »etwas tun müssen« und »eine Pflicht haben« oder der Unterscheidung zwischen einer Sanktion und einer Gebühr für bestimmte Handlungen.

Die These *N2* behauptet zwar, dass das Recht notwendigerweise moralische Ansprüche erhebt, sie sagt aber nichts über deren Gültigkeit aus. Ich neige zu der Auffassung, dass manche Ansprüche des Rechts keine Gültigkeit besitzen. Nehmen wir an, das wäre so – hätten wir es dann mit einem Paradox zu tun? Könnte es zum Wesen einer Institution gehören, dass sie notwendigerweise Ansprüche stellt, die ungültig oder im typischen Fall ungültig sind? Ja, das ist möglich. Nehmen wir an, alle theologischen Aussagen seien falsch. Diese Annahme untergräbt offensichtlich nicht die Tatsache, dass Teil dessen, was es bedeutet, der Papst zu sein, die Behauptung ist, man sei apostolischer Nachfolger des Heiligen Petrus. Ganz gleich, ob es tatsächlich eine solche Nachfolge gibt, ist ein Bischof, der nicht einmal so tut, als würde er seinen Platz in dieser Folge beanspruchen, nicht der Papst. Das Wesen des Rechts ist in ähnlicher Weise von dem Selbstbild geformt, das es sich zu eigen macht und auf die Rechtssubjekte projiziert.

Offensichtlich könnte man hier noch mehr sagen, denn schließlich ist *N2* ein Beispiel für eine notwendige Verbindung zwischen Recht und Moral, die weder selbstverständlich noch unumstritten ist. Wenn man diese Verbindung zugibt, dann nur auf Basis von Argumenten und Überlegungsprozessen – ebendeshalb hat die Philosophie hier etwas zu tun. Hart selbst hat *N2* bestritten.[51] Das ist

nen bloße Imperative sein, die für sich genommen (…) keine solchen Handlungsgründe darstellen.«

51 H. L. A. Hart, »Legal Duty and Obligation«, in: H. L. A. Hart, *Essays on Bentham. Jurisprudence and Political Philosophy,* Oxford 1982, S. 127-161, hier S. 157-160; vgl. H. L. A. Hart, *Essays in Jurisprudence and Philosophy*, New York 1983, S. 10: »Mir erscheint es denkbar unrealistisch, dass Richter (…) immer an die falsche

ein interessanter Umstand, und nicht nur deshalb, weil es diejenigen, die von der These überzeugt sind, zumindest stutzig machen sollte. Hart ist bereit, sehr weit zu gehen, um die Trennbarkeitsthese vor *N2* zu retten, so weit, dass er fast mit der Sanktionstheorie der Pflicht liebäugelt, die er zunächst in harter Arbeit niederreißt.[52] Vielleicht dachte er einfach, dass die Argumente für N2 falsch sind und dass es andere kohärente Erklärungen für die moralisierte Sprache des Rechts gibt. Man darf aber vermuten, dass er auch die unmittelbare Bedrohung erkannte, die *N2* für die Trennbarkeitsthese darstellt, deren loyaler Anhänger er war.

N3 – Es ist notwendigerweise wahr, dass das Recht sich zur Gerechtigkeit eignet.

Angesichts der Funktion des Rechts, Pflichten zu schaffen und durchzusetzen, ist es notwendigerweise sinnvoll, nach der Gerechtigkeit des Rechts zu fragen und dort, wo es in dieser Hinsicht defizitär ist, Reformen zu verlangen. Das trifft genausosehr auf den Inhalt des Rechts wie auf seine Verwaltung und seine Verfahren zu. Das Recht ist die Art von Gegenstand, die für eine Überprüfung und Bewertung im Hinblick auf Belange der Gerechtigkeit *geeignet* ist; man könnte sagen, dass es sich dazu eignet, gerecht zu sein. Daraus folgt nicht, dass sich jedes einzelne *Gesetz* zur Gerechtigkeit eignet. Erwägungen der Gerechtigkeit betreffen direkt nur solche Gesetze, die darauf abzielen, die Verteilungen von Gütern und Lasten zwischen Personen zu sichern oder zu erhalten. Aber auch Gesetze, die irgendwelche anderen Zielen verfolgen, können zu Streitigkeiten führen, über die das Recht ja die Autorität zur gerichtlichen Beilegung beansprucht, durchgeführt von Richterinnen und Richtern, die sich an der Frage orientieren, wer zu gewinnen verdient und wer die Last des Verlierens zu tragen hat.[53]

Theorie glauben müssen oder zu glauben vorgeben müssen, dass es immer eine moralische Pflicht zum Rechtsgehorsam gibt.«

52 Siehe Hart, »Legal Duty and Obligation«, S. 160: »Zu sagen, dass ein Individuum zu einer bestimmten Handlung rechtlich verpflichtet ist, bedeutet, dass diese Handlung gerechtfertigterweise von ihm verlangt oder gefordert werden kann, soweit es die rechtlichen Bestimmungen oder Prinzipien vorsehen, die solche Handlungsforderungen regeln.«

53 Siehe Gardner, »The Virtue of Justice and the Character of Law«, S. 2; Green,

Die Tatsache, dass es diese notwendige Verbindung zwischen Recht und einem bestimmten Teil der Moral gibt, ist von einiger Bedeutung. Nicht alle menschlichen Praktiken sind zur Gerechtigkeit geeignet. Nehmen wir beispielsweise die Musik. Es ist sinnlos zu fragen, ob eine bestimmte Fuge gerecht ist, oder zu verlangen, dass sie es werde. Die musikalischen Standards der fugalen Güte sind vollkommen interne Standards. Eine hervorragende Fuge sollte melodisch, interessant und erfindungsreich sein – aber wir erwarten von ihr nicht, dass sie auf Gerechtigkeitsansprüche antwortet. Im Falle des Rechts ist das anders.

Einer von Fullers bedeutenden Beiträgen zur Rechtsphilosophie war, dass er als Erster eine einigermaßen umfassende Analyse der internen Qualitäten des Rechts geliefert hat, also der Tugenden, die der Rechtsform inhärent sind: seine »innere« oder »interne« Moral – eine Moral, die nach Fuller das Recht erst ermöglicht.[54] Dass es diese Tugenden gibt, daran ist nicht zu zweifeln; die Schwierigkeit besteht darin, deren Beziehung zu den Existenzbedingungen von Rechtssystemen richtig zu erklären und dabei ihren Wert nüchtern zu betrachten. These *N3* besagt, dass diese Tugenden niemals die Überprüfung des Rechts anhand unabhängiger Kriterien wie Gerechtigkeit ausschließen oder ersetzen können. Eine Fuge ist dann hervorragend, wenn sie alle Tugenden der Fugenhaftigkeit besitzt; das Recht ist nicht notwendigerweise dann hervorragend, wenn es alle Tugenden der Legalität aufweist. Eine Steigerung im Hinblick auf Legalität birgt möglicherweise Kosten im Hinblick auf andere Werte: Allgemeine Gesetze können in Einzelfällen ungerecht sein, präzise Gesetze können als Handlungsanleitung nutzlos sein und prospektive Gesetze können vergangenes Unrecht ungesühnt lassen. Wenn ein Rechtssystem die innere Moral des Rechts maximiert, dann haben wir ein Recht, das maximal legal, aber nicht notwendigerweise das beste ist.

Obwohl *N2* und *N3* wichtig sind, sollten wir die Implikationen dieser beiden Thesen nicht überschätzen. Meines Erachtens übertreibt Tony Honoré, wenn er sagt, dass das Recht sich immer angreifbar macht, indem es für sich selbst moralische Verbindlichkeit beansprucht, weil dieser Anspruch von Fall zu Fall angefochten

»The Germ of Justice«, S. 29 (wo die allokative Rolle der Rechtsprechung erläutert wird).

54 Fuller, »Positivism and Fidelity to Law«, S. 644-648 [S. 117-123 in diesem Band].

werden kann.[55] Wenn das zuträfe, dann wäre die ideale Moral notwendigerweise eine *Quelle* des Rechts, wenn auch eine nichtautoritative. Und da das Recht zur Gerechtigkeit geeignet ist, wären auch Gerechtigkeitsprinzipien unter den nichtautoritativen Rechtsquellen, unabhängig davon, ob irgendwelche quellenbasierten Erwägungen den Richter(innen) deren Anwendung vorschreiben.

Was genau soll eine nichtautoritative Rechtsquelle sein? Die Tatsache, dass sie nicht autoritativ ist, bedeutet zunächst, dass ihre Anwendung nicht konkludent ist. Das ist nichts Außergewöhnliches, denn auch Gesetze, Entscheidungen und Gewohnheiten sind häufig nicht konkludent. Aber diese gerade genannten Quellen haben alle noch eine weitere Eigenschaft: Die Tatsache, dass das, was sie verlangen, alles in allem moralisch falsch wäre, entbindet die Gerichte nicht von der rechtlichen Pflicht, sie anzuwenden (obwohl manche Gerichte die Kompetenz haben, sie außer Acht zu lassen, wenn das Unrecht von bestimmter Art ist oder ein bestimmtes Ausmaß übersteigt). Aber es ist ein Merkmal der in *N3* erwähnten moralischen Erwägungen, dass sie nur befolgt werden sollten, insofern sie auch tatsächlich *zutreffen*. Die Gerechtgkeit verlangt von keinem Gericht und erteilt auch keinem Gericht die Erlaubnis, etwas Ungerechtes zu tun. Daran zeigt sich, dass es falsch ist, Gerechtigkeit mit irgendeiner Art von »Quelle« gleichzusetzen, sei sie autoritativ oder nicht.[56] Weder beruht die Moral auf Rechtsquellen, noch ist sie selber eine Rechtsquelle; sie ist in der Rechtsprechung mit der ihr eigenen Kraft präsent, es sei denn, sie wird von einer quellenbasierten Erwägung ausgestochen.

Es ist daher falsch zu sagen, die moralischen Ansprüche des

55 Tony Honoré, »The Necessary Connection between Law and Morality«, in: *Oxford Journal of Legal Studies* 22 (2002), S. 489-495, hier S. 491.

56 Dieser Punkt gilt nicht nur für moralische Erwägungen. Etwas, das das Gericht nur insoweit verpflichtet, wie es das Gericht rational zu überzeugen vermag, ist keine Quelle, weil es keine Autorität hat. Allerdings gibt es *permissive* Rechtsquellen mit einer sehr schwachen Form von Autorität, die nur in wenigen Umständen Anwendung finden. In Schottland waren beispielsweise traditionellerweise die »institutional writers« eine permissive Rechtsquelle: Das Gewohnheitsrecht der Gerichte behandelte deren Ansichten als relevant, ungeachtet ihrer Meriten. Einige Rechtssysteme erkennen ausländisches Recht als eine permissive Quelle an. Ich kann an dieser Stelle die speziellen Eigenschaften von permissiven Quellen nicht untersuchen. Für einige kurze Bemerkungen zu diesem Thema siehe Hart, *Der Begriff des Rechts*, Endnote zu S. 101.

Rechts würden in der Rechtsprechung die Tür zur Moral öffnen. Es ist nicht der Gerechtigkeitsanspruch des Rechts, der manche Rechtsnormen (und alle richterlichen Entscheidungen) Gerechtigkeitsurteilen aussetzt – vielmehr ist es die Tatsache, dass diese Normen ihrer Art nach zur Gerechtigkeit geeignet sind. Eine allokative Institution, die überhaupt keine solchen Ansprüche stellt (wie beispielsweise ein Preissystem), ist ebensosehr der Beurteilung nach moralischen Gründen ausgesetzt, Gerechtigkeitsgründe eingeschlossen. Die Moral ist für die Rechtsprechung relevant, weil es beim Recht um moralisch gehaltvolle Angelegenheiten geht und weil die allokativen Entscheidungen der Gerichte diese Angelegenheiten zum Besseren oder zum Schlechteren wenden können – und nicht etwa deshalb, weil die Moral eine (nichtautoritative) Rechtsquelle wäre.

N4 – Es ist notwendigerweise wahr, dass das Recht moralisch riskant ist.

Es ist bemerkenswert, dass fast alle Theorien, die für den wesentlich moralischen Charakter des Rechts argumentieren, zugleich behaupten, der Charakter des Rechts sei im Wesentlichen *gut*. Der grundlegende Punkt von Fullers Philosophie ist, dass das Recht ein wesentlich moralisches Unterfangen ist, ermöglicht durch die robuste Einhaltung seiner eigenen inneren Moral.[57] Der Gedanke, das Recht könnte eine innere *Unmoral* haben, kam ihm nie.[58] Anderen kam dieser Gedanke durchaus, unter anderem Grant Gilmore, dessen brillantes Epigramm oft zitiert wird: »Im Himmel wird es kein Recht geben, und der Löwe wird sich zum Lamm legen. (...) In der Hölle wird es hingegen nichts als Recht geben, und zwar in Form akribisch korrekter rechtsstaatlicher Verfahren.«[59]

Jeder weiß, dass das Recht höllisch sein kann, aber einige glauben dennoch, dass die Legalität im Kern einen himmlischen Glanz ausstrahlt. So schockierte E. P. Thompson seine marxistischen

57 Siehe Fuller, »Positivism and Fidelity to Law« [Kapitel 2 in diesem Band] sowie die vorangehende Diskussion von N3 (im Hinblick auf Fullers Analyse der »internen« Moral des Rechts).

58 Füßer weist auf diese Möglichkeit hin, allerdings assoziiert er sie mit dem Anarchismus: Füßer, »Farewell to ›Legal Positivism‹«, S. 122.

59 Grant Gilmore, *The Ages of American Law*, New Haven, London (1977), S. 110 f.

Glaubensgenossen, als er schrieb: »Wir sollten den Betrug und die Ungerechtigkeiten aufdecken, die unter dem Recht verborgen sein mögen. Aber die Rechtsstaatlichkeit an sich, die der Macht wirksame Schranken auferlegt und die Bürger gegen die zudringlichen Forderungen der Macht verteidigt, scheint mir ein uneingeschränktes menschliches Gut zu sein.«[60] Sicherlich ist die Rechtsstaatlichkeit ein menschliches Gut, und Thompson stellte sich zu Recht gegen die kruden Reduktionismen, die anderes behaupten. Aber *uneingeschränkt*? Ist die Rechtsstaatlichkeit wirklich nur ein Vorteil ohne irgendwelche Nachteile?

Hart wird manchmal eines ähnlichen Enthusiasmus verdächtigt. Schließlich sagt er, dass mit zunehmender Größe, Mobilität und Diversität einer Gesellschaft das Leben in einer bloß auf Gewohnheit beruhenden sozialen Ordnung zunehmend unsicher, konservativ und ineffizient wird.[61] Wir können uns das Recht deshalb als ein *Heilmittel* gegen diese »Defekte« vorstellen.[62] Zeigt das nicht, dass auch Hart annimmt, das Recht sei immer zum Guten? Stephen Guest vertritt diese Meinung:

> [Hart] stattete seinen zentralen Katalog von rechtskonstituierenden Elementen ganz offen mit Eigenschaften aus, die zeigen sollen, dass eine Gesellschaft moralisch überlegen ist, wenn sie sich ein System von Regeln zu eigen macht, welche Fortschritt (durch öffentliche und private Kompetenzen übertragende Regeln) und effiziente Streitbeilegung (durch Rechtsprechungskompetenzen übertragende Regeln) ermöglichen und welche öffentlich feststellbare – sichere – Kriterien zur Bestimmung dessen liefern, was als Recht gelten soll.[63]

Zwei Irrtümer treten hier auf, und sie treten häufig genug auf, um sie an dieser Stelle zu korrigieren. Erstens beweist die Tatsache, dass das Recht notwendigerweise Vorteile mit sich bringt, nicht die moralische Überlegenheit der Gesellschaft, zu der das Recht gehört. Eine solche Gesellschaft kann schlechter sein als eine, die dem

60 E. P. Thompson, *Whigs and Hunters. The Origin of the Black Act*, London 1975, S. 266.

61 Hart, *Der Begriff des Rechts*, S. 112-118.

62 Siehe ebd., S. 115 (Hart beschreibt dort die Einführung von Abhilfen für diese Probleme als einen »Schritt von der vorrechtlichen in die rechtliche Welt«).

63 Stephen Guest, »Two Strands in Hart's Theory of Law«, in: Stephen Guest (Hg.), *Positivism Today*, London 1996, S. 29-44, hier S. 30.

Recht den Rücken kehrt und sich stattdessen für gesellschaftliche Bedingungen entscheidet, die ein Regieren allein durch Gewohnheitsregeln ermöglichen. Nehmen wir die folgende Analogie: Man kann der Meinung sein, dass spritschluckende Autos mangelhaft sind, ohne deshalb zu glauben, eine Auto fahrende Gesellschaft sei einer autofreien Gesellschaft moralisch überlegen. Wir legen uns nur darauf fest, dass es besser ist, spritsparende Autos zu fahren, *wenn* wir überhaupt Autos fahren. Genauso ist es, *wenn* wir große, mobile und anonyme Gesellschaften haben wollen, in manchen Hinsichten besser, die vom Recht ermöglichten Arten der Lenkung zu haben. Ob diese aber tatsächlich in irgendeinem Sinne moralisch überlegen sind, ist eine ganz andere Frage.

Der zweite Irrtum ist die Kehrseite eines Fehlers, der uns bei der Analyse der abgeleiteten Verbindungen zwischen Recht und Moral begegnet ist. Dort interessierten uns die Vorteile, die sich notwendigerweise aus wirksamem Recht ergeben. Aber wenn wir in die Welt der Legalität eintreten, dann hat das auch seine Kosten: »Die Vorteile sind die der Anpassungsfähigkeit an den sozialen Wandel, der Rechtssicherheit und der Wirksamkeit (...); der Nachteil ist das Risiko, daß die zentral organisierte Macht genausogut auch für die Unterdrückung derjenigen verwendet werden kann, deren Unterstützung sie nicht bedarf, und zwar in einer Weise, zu der das einfachere Regime der Primärregeln nicht fähig wäre.«[64] Es ist wichtig zu verstehen, dass dieses Risiko dort, wo es kein Recht gibt, nicht existiert, und dass es immer dort existiert, wo es Recht gibt:

> Da es in der einfacheren Struktur keine Beamten gibt, müssen die primären Regeln als kritische Standards für die Beurteilung des Gruppenverhaltens breit akzeptiert sein. Wird dort der interne Gesichtspunkt nicht allgemein anerkannt, gibt es aus Gründen der Logik auch keine Regeln. Wo es aber die Einheit von primären und sekundären Regeln gibt – was meinem Argument zufolge die fruchtbarste Auffassung eines Rechtssystems ist –, dort kann sich die Akzeptanz der Regeln als gemeinsamer Standards für die Gruppe vom bloß passiven und stillschweigenden Gehorsam des Bürgers abgespalten haben, der diese Regeln einfach für seinen Teil befolgt.[65]

64 Hart, *Der Begriff des Rechts*, S. 238.

65 Ebd., S. 140 f. [S. 173 f. in diesem Band; Übersetzung durch die Herausgeber modifiziert]. Eine wichtige Diskussion dieser Passage, aus der wir jeweils unterschiedliche Schlüsse ziehen, findet sich bei Jeremy Waldron, »All We Like Sheep«, in: *The Canadian Journal of Law and Jurisprudence* 12 (1999) S. 169-188, hier S. 186.

Inwieweit sich die Akzeptanz der gemeinsamen Standards auf diese Weise abspaltet, ist kontingent; nur in wirklich pathologischen Fällen beschränkt sie sich ganz auf die Gruppe der Regierungsbeamten. Aber dort, wo es »eine Einheit primärer und sekundärer Regeln« gibt – also *wo auch immer es Recht gibt* –, entstehen notwendigerweise neuartige moralische Risiken. Dort gibt es nicht nur effizientere Formen der Unterdrückung, sondern auch neue Untugenden: die Entfremdung von Gemeinschaft und von Werten, den Verlust von Transparenz, das Entstehen neuer Hierarchien sowie die Möglichkeit, dass einige derjenigen, die der Ungerechtigkeit die Stirn bieten, mit den Gütern bestochen werden, die die Rechtsordnung (in manchen Fällen notwendigerweise) mit sich bringt. Obwohl das Recht notwendigerweise Tugenden hat, birgt es notwendigerweise auch das Risiko bestimmter Untugenden, und hier zeigt sich eine gewissermaßen umgekehrte Verbindung zwischen Recht und Moral. Es gibt moralische Risiken, die Rechtssubjekte mit Sicherheit eingehen, und dies sind Risiken, gegen die das Recht selbst keine Prophylaxe bietet.

IV. Von Natur aus fehlbar

Die Trennbarkeitsthese ist also falsch, wie wir an (möglicherweise) trivialen Thesen wie *Na* bis *N*c und an offensichtlich nicht trivialen Thesen wie *N1* bis *N4* gesehen haben. Aber jetzt stehen wir vor einem Rätsel: Wie kann Hart sowohl *N4* als auch der Trennbarkeitsthese zustimmen, wenn diese doch mit *N4* inkonsistent ist? Wie wir gesehen haben, bleibt Hart bei seiner Trennbarkeitsthese, wenn er zwischen dieser und *N2* entscheiden muss, sogar auf Kosten seiner früheren Theorie der Verpflichtung. Im Hinblick auf N4 sieht er sich dagegen zu keiner Entscheidung gezwungen; es ist nicht einmal klar, ob er überhaupt irgendeine Spannung wahrnimmt. Wie kann das sein?

Vielleicht meinte Hart es am Ende doch nicht wörtlich, wenn er die Abwesenheit jeder notwendigen Bedingung zwischen Recht und Moral behauptete. Vielleicht wollte er in Wirklichkeit die Quellenthese verteidigen, die mit jeder der hier identifizierten Verbindungen zwischen Recht und Moral vereinbar ist. Klingt nicht erkennbar die Quellenthese an, wenn er die Bentham'sche Variante des Positivismus umreißt?

Die grundlegendste dieser Ideen ist, dass das Recht, ob gut oder schlecht, ein menschengemachtes Artefakt ist, welches Menschen in Ausübung ihres Willens entwerfen und der Welt hinzufügen: Es ist nichts, das sie durch die Ausübung ihrer Vernunft als etwas bereits in der Welt Existierendes entdecken würden. Es gibt tatsächlich gute Gründe dafür, Gesetze zu haben, aber ein Grund für ein Gesetz, selbst wenn er ein guter Grund ist, ist eben noch kein Gesetz, genausowenig [...] wie »Hunger Brot ist«.[66]

Würde Hart hier in eigener Stimme sprechen, dann wäre weniger vom »Willen« die Rede und mehr von den unterschiedlichen Arten, wie das Artefakt des Rechts erschaffen wird. Mit einer solchen Änderung kommt diese Passage der Quellenthese so nahe, wie es bei Hart überhaupt jemals der Fall ist. Trotzdem bleibt die Tatsache bestehen, dass Hart dort, wo er ausdrücklich die Quellenthese untersucht, diese zugunsten des von ihm so genannten »weichen« Positivismus verwirft, demzufolge es Gesetze geben kann, die niemand geschaffen hat, solange sie durch menschengemachte Gesetze impliziert oder von ihnen vorausgesetzt werden.[67] Harts Grund für die Ablehnung der Quellenthese ist, dass manche Verfassungen moralische Bestimmungen beinhalten, die Dinge wie »Gleichheit vor dem Gesetz« und »menschliche Würde« garantieren. Aus diesem Grund meint er, dass die Existenz von Recht manchmal von dessen moralischem Verdienst abhängen kann, sofern der Umstand dieser Abhängigkeit wiederum nur von gesellschaftlichen Tatsachen abhängt.

Das ist ein schlechtes Argument. Erstens scheint das, was Hart als Beleg für die Verdienstabhängigkeit des Rechts anführt, für Rechtssysteme ganz allgemein zu gelten: Selbst dort, wo die Verfassung nicht ausdrücklich auf moralische Prinzipien verweist, durchziehen die Begriffe der Fairness und der Vernünftigkeit die alltägliche Rechtsprechung. Umstritten ist nicht diese Tatsache, sondern nur ihre Erklärung. Zweitens setzt sich Hart, da er kontextabhängige Notwendigkeiten zulässt, dem Vorwurf aus, dass die gesellschaftlichen Tatsachen, die angeblich die Moral zum Prüf-

66 H. L. A. Hart, »1776-1976. Law in the Perspective of Philosophy«, in: Hart, *Essays in Jurisprudence and Philosophy*, New York 1983, S. 145-158, hier S. 146 f.

67 Hart, *Der Begriff des Rechts*, S. 329-335.

stein des Rechts machen, natürliche Notwendigkeiten sind – wenn auch nicht in Verfassungen, dann doch zumindest in den alltäglichen moralischen Abwägungen bei der Rechtsprechung. Nach den Maßstäben seines eigenen Arguments muss er nicht einfach nur zeigen, dass ein Rechtssystem vorstellbar wäre, in dem die Moral kein Prüfstein des Rechts ist; vielmehr muss er zeigen, dass das angesichts der notwendigen Struktur und des notwendigen Inhalts des Rechts realistisch möglich ist. Dazu unternimmt Hart nicht einmal den Versuch.

Vielleicht hätte Hart die Quellenthese nicht zurückweisen sollen. Aber er tut es, und so bleibt das Problem mit *N4* bestehen. Es gibt allerdings eine einfachere Erklärung. Hart geht es nicht vordringlich um die Frage, ob das Recht sich als notwendig mit moralischen Fehlern behaftet herausstellt; er sorgt sich vielmehr, dass die moralischen Verdienste des Rechts missverstanden und überbewertet werden. Hart sieht die Gefahr nicht darin, dass seine Diskussionspartner das Recht und die Tugenden der Legalität zu gering schätzen. Er meint im Gegenteil, dass die gängigen Verteidigungen der notwendigen Verbindung zwischen Recht und Moral dazu tendieren, deren Wert zu *überschätzen*.

Harts knappste Definition des Positivismus ist die folgende: »Es [ist] keineswegs eine notwendige Wahrheit, dass Gesetze bestimmte Forderungen der Moral reproduzieren oder sie erfüllen, obwohl sie dies häufig getan haben.«[68] Diese Definition ist um einiges enger als die Trennbarkeitsthese; sie ist sogar enger als die Sozialthese (die nichts über die »Wiedergabe« moralischer Forderungen sagt). Die Thesen *N1* bis *N4* sind mit der Definition kompatibel. Selbst wenn das Recht moralische Ziele verfolgen muss, diese Ziele zumindest in minimalem Umfang erreichen muss, den Keim der Gerechtigkeit enthalten muss oder zur Gerechtigkeit geeignet sein muss, ist doch jede dieser Notwendigkeiten »[vereinbar] mit sehr viel Ungerechtigkeit«.[69] Was diese Definition uns zu verstehen gibt, ist keine anspruchsvolle These über die Verbindungen zwischen Recht und Moral und nicht einmal eine These über das Wesen rechtlicher Geltung. Die Pointe der Definition ist, dass es keine Garantie dafür gibt, dass das Recht die moralischen Maßstäbe erfüllt, nach

68 Ebd., S. 219.
69 Ebd., S. 244.

denen es beurteilt werden sollte. Das Recht, so die Definition, ist moralisch fehlbar.[70]

Die Fehlbarkeitsthese ist sowohl zutreffend als auch wichtig. Allerdings hat der Positivismus kein Patent darauf. Jede akzeptable Theorie muss die moralische Fehlbarkeit als Eigenschaft des Rechts berücksichtigen.[71] Nichtsdestoweniger wäre es ein Fehler, aus der Tatsache, dass zwei Theorien beide eine Proposition *P* behaupten, zu schließen, dass es keinen Unterschied zwischen ihnen gibt. Das hängt von den Gründen ab, aus welchen sie *P* behaupten, und auch von der Position, die *P* im Netz der erklärenden Propositionen innerhalb der Theorien einnimmt. Für Fuller ist die Fehlbarkeit des Rechts – um eine seiner Lieblingsmetaphern zu übernehmen – etwas dem Recht *Externes*, eine Folge des Versäumnisses, die dem Recht eigenen Mittel zu nutzen oder die guten Zwecke zu verfolgen, mit denen diese Mittel in einem verlässlichen Zusammenhang stehen.

Hart geht dagegen weiter. Die Verdrehung des Rechts im Dienste gravierend falscher Zwecke ist seines Erachtens mit der *vollständigen* Verwirklichung der inneren Moral des Rechts vereinbar; Legalität ist »mit sehr viel Ungerechtigkeit« vereinbar.[72] Fuller glaubt das nicht, obwohl ihm bewusst ist, dass er kein Gegenargument

70 Siehe ebd., S. 218 (wo Hart die Auffassung zurückweist, dass das Recht notwendigerweise Maßstäben der Moral oder der Gerechtigkeit genügt), sowie David Lyons, *Ethics and the Rule of Law*, Cambridge u. a. 1984, S. 63, der auf die positivistische Ansicht verweist, dass »das Recht nicht notwendigerweise gut, richtig und gerecht ist«. Ich merke an, dass dies nicht Füßers schwächere »Fehlbarkeitsthese« ist, nach der »unter bestimmten kontrafaktischen Bedingungen das Recht nicht moralisch wertvoll wäre« (Füßer, »Farewell to ›Legal Positivism‹«, S. 128). Vielmehr ist es die These, dass unter den tatsächlichen Umständen keine Garantie dafür besteht, dass das Recht die moralischen Standards, nach denen es angemessenerweise bewertet wird, auch erfüllt.

71 Lyons nennt es ein »regulierendes Prinzip«, womit er meint, dass es denjenigen, die es bestreiten, eine präsumptive Rechtfertigungslast auferlegt. Siehe Lyons, *Ethics and the Rule of Law*, S. 67: »Die Doktrin, dass das Recht moralisch fehlbar ist, ist keine Erkenntnis der Rechtstheorie, sondern ein regulierendes Prinzip (...). Jede Theorie, die impliziert, dass das Recht inhärenterweise gut, richtig und gerecht ist, wird eine schwere Last der Unplausibilität zu tragen haben.« Meine Behauptung ist eine stärkere: Keine akzeptable Theorie des Rechts kann die Fallibilitätsthese verneinen; die moralische Fehlbarkeit des Rechts ist eine Adäquatheitsbedingung für jede überzeugende Theorie des Rechts.

72 Hart, *Der Begriff des Rechts*, S. 244.

hat: »Ich muss mich hier deshalb auf eine Überzeugung stützen, die vielleicht naiv erscheint, dass nämlich eine größere Affinität zwischen Kohärenz und Tugend besteht als zwischen Kohärenz und Boshaftigkeit.«[73] Aber es gibt hinsichtlich der Implikationen des Wesens des Rechts für dessen Fehlbarkeit noch einen tieferen Unterschied zwischen den beiden. Während Fuller meint, dass die Untugenden des Rechts typischerweise eine Folge von zu wenig Legalität sind, behauptet Hart, dass sie ebenso aus zu viel Legalität folgen können – zum Beispiel dann, wenn unmoralische Regeln mit der ganzen »pedantischen Unparteilichkeit« des Rechtsstaats angewendet werden.[74] Darüber hinaus ist das Recht aufgrund seines Wesens als institutionalisiertes Normensystem auf endemische Weise anfällig dafür, sich von seinen Subjekten zu entfremden – das ist die Lehre aus *N4*. Für Hart ist die Fehlbarkeit des Rechts auf *interne Weise* mit dem Wesen des Rechts verbunden und nicht nur ein Resultat einer Art externen Kontaminierung.

Das erinnert an eine Thematik aus Aristoteles' Verfassungstheorie, wie sie in Buch III der *Politik* präsentiert wird.[75] Er identifiziert dort Modi des Verfalls, die spezifischen Formen des Regierens inhärent sind. Die tugendhafte Form der Regierung, die als Königsherrschaft bezeichnet wird, hat eine Schattenversion in Form der Tyrannei; wenn Königsherrschaften degenerieren, werden sie zu Tyranneien, die eben missglückte Königsherrschaften sind. Aristoteles war nicht so pessimistisch, zu glauben, dass ein solcher Verfall notwendig stattfinden müsse – das hängt vom Charakter des Königs und seiner Subjekte, von dem politischen und ökonomischen Kontext und von weiteren Umständen ab. Aber wenn eine Königsherrschaft missglückt, dann tut sie das auf eine Weise, die von ihrem Wesen vorgegeben ist. Ähnlich wie instabile Isotope haben politische Institutionen typische Zerfallsmuster, die sich aus dem Wesen der Sache erklären, die da zerfällt. Deshalb ist die degenerierte Form der Königsherrschaft die Tyrannei und nicht etwa die Oligarchie oder die Demokratie.

Wie funktioniert hier die Analogie? *Königsherrschaft* verhält sich zur *Tyrannei* wie *Legalität* – wozu? Die relevante Untugend ist uns

73 Fuller, »Positivism and Fidelity to Law«, S. 636 [S. 108 in diesem Band].

74 Hart, »Positivism and the Separation of Law and Morals«, S. 624 [S. 94 in diesem Band].

75 Aristoteles, *Politik*, Hamburg 2012, Buch III.

schon bei der Diskussion von *N4* begegnet; wir müssen sie nur noch benennen. Die dem Recht eingelassene Untugend ist, das überrascht nicht, der *Legalismus*.[76] Er hat zwei Hauptdimensionen: die Überbewertung von Legalität auf Kosten von anderen Tugenden, die ein politisches System haben sollte (einschließlich anderen Tugenden, die das Recht haben sollte), und die Entfremdung des Rechts vom Leben. Natürlich ist das nichts Neues. Dass die Tugenden der Legalität zu den Untugenden des Legalismus degenerieren können, könnten wir auch von Marx oder Weber, de Tocqueville oder Dickens erfahren. Neu ist vielleicht Harts Feststellung des spezifischen Beitrags, den das Wesen des Rechts hier leistet. Beim Recht geht es um soziale Regeln, und die Herrschaft der Regeln hat im Allgemeinen Vor- und Nachteile. Selbst die besten Regeln sichern eben nur in der Regel das richtige Ergebnis. Beim Recht geht es zudem um institutionalisierte Regeln, und das bringt nicht nur Vorteile, sondern auch Nachteile. Ohne das Recht muss die breite Bevölkerung in starker Weise der sozialen Ordnung verbunden sein: Die Menschen müssen von Regeln regiert werden, die sie mehr oder weniger vollständig akzeptieren. Zu behaupten, dass weithin akzeptierte Normen in jedem Fall moralisch akzeptabel sind, würde zu weit gehen, aber zumindest manche Arten von Ungerechtigkeit sind unter diesen Umständen weniger stabil. Mit dem Aufkommen des Rechts werden Menschen dagegen auch von Normen regiert, die einfach die offiziellen Geltungsbedingungen erfüllen und von spezialisierten Institutionen durchgesetzt werden. Diese Arbeitsteilung kann die Menschen von den wichtigsten Normen, die ihr Leben regulieren, entfremden – Regeln, die dann distanziert, technisch und arkan zu werden drohen. Das ist ein weiterer Grund, warum Rechtsstaatlichkeit kein unbedingtes menschliches Gut ist: Solche Risiken sind in der Natur des Rechts angelegt, und die Rechtsstaatlichkeit kann sie nicht aufheben. Die Rechtsstaatlichkeit unterstellt die Gesetzgebung und die Anwendung des Rechts nur weiterem *Recht*.

Harts falscher Trennbarkeitsthese liegt die wahre Fehlbarkeitsthese zugrunde. Das überrascht vielleicht nicht, denn diese These wird in der Rechtsphilosophie allgemein akzeptiert. Aber seine

76 Eine klassische Studie, mit einem etwas anderen Schwerpunkt als meinem, ist Judith N. Shklar, *Legalism. Law, Morals, and Political Trials*, Cambridge/London 1964.

originelle Wendung der These liegt darin, dass manche Fehler des Rechts notwendigerweise in der Natur des Rechts angelegt sind. Fuller interessiert sich für die Moral, die das Recht ermöglicht; Hart interessiert sich außerdem für die *Unmoral*, die *vom Recht* ermöglicht wird.

In einer Zeit, in der die Rechtsstaatlichkeit aufs Neue durch Illegalität seitens der Staatsbediensteten und durch Indifferenz seitens der Bevölkerung bedroht ist, liegt es nahe, für Fullers Anliegen besonders offen zu sein. Und wir tun gut daran, wachsam zu sein; gesetzlose Machtausübung ist eine furchterregende Sache. Zugleich wünschen sich einige aus diesem Gedanken heraus, das politische Leben möge auf umfassendere Weise von Legalität durchdrungen sein. Hart erinnert uns daran, dass wir vorsichtig sein sollten, was wir uns wünschen.

Übersetzt von Luise Müller

12. Jeremy Waldron

Wer braucht Anerkennungsregeln?

1. Eine allzu vertraute Idee

Die Anerkennungsregel ist ein so zentrales Merkmal der modernen positivistischen Rechtsphilosophie, dass man Gefahr läuft, den Ausdruck »Anerkennungsregel« zu schnell auszusprechen, ohne angemessen über seine Bedeutung nachzudenken.

In diesem Aufsatz möchte ich die Frage aufwerfen, was eine Anerkennungsregel genau ist, was sie tut und wozu sie gut ist. Ich möchte fragen, worin ihre Beziehung zu anderen Arten sekundärer Regeln besteht, die wir in einem Verfassungssystem finden können, insbesondere zu Änderungsregeln. H. L. A. Hart hat die Idee einer Anerkennungsregel eingeführt und sie zu einem Schlüsselbegriff der modernen Rechtsphilosophie gemacht. Die meisten Rechtsphilosophen sind ihm darin gefolgt, die Zentralität dieser Idee zu betonen. Jedoch ist es gut, von Zeit zu Zeit ein vorherrschendes Paradigma zu hinterfragen. Stellen wir uns also folgende Frage: Wenn wir nicht aus theoriebezogenen Gründen, als Teil des grundlegenden Gedankenguts moderner Rechtsphilosophie, auf die Zentralität der Anerkennungsregel festgelegt wären, was würden wir über die Bedeutung der *Anerkennung* in einem modernen Rechtssystem sagen? Solange wir die Perspektive der modernen Rechtsphilosophie einnehmen, nehmen wir einfach an, dass es eine Anerkennungsregel geben muss und dass sie eine Rolle einnimmt, die für jedes Rechtssystem absolut zentral, grundlegend und wesentlich ist. Aber nehmen wir für einen Moment einmal gar nichts an, sondern betrachten einfach mal die Sache.

2. Hart über die Funktion der Anerkennungsregel

H. L. A. Hart führt den Terminus »Anerkennungsregel« im Rahmen einer Diskussion der verschiedenen Arten ein, auf die das Auftauchen einer sekundären Regel Abhilfe schaffen könnte für die Defizite eines sozialen Systems, das nur aus primären Regeln besteht.[1] Er fordert uns auf, uns ein vorrechtliches System vorzustellen, das ausschließlich aus primären Verhaltensregeln besteht. Solch ein System würde, wie er sagt, an einer Anzahl entscheidender Mängel leiden, von denen einer der *Zweifel* wäre: »Wenn deshalb Zweifel über den Inhalt der Regeln oder über die präzise Absicht einer bestimmten Regel auftauchen, dann gibt es kein Verfahren, um diese Zweifel zu beheben.«[2] Das Aufkommen einer bestimmten Art von sekundärer Regel – einer Anerkennungsregel – soll diese Schwierigkeit lösen. *Worüber* genau sollen die Menschen im Zweifel sein? Welche Ungewissheit genau löst die Anerkennungsregel auf oder schwächt sie ab? Oder, um es anders zu sagen: *Als* was erkennt die Anerkennungsregel die Regeln an, die sie anerkennt? Was sagt sie uns über diese? Wir sollten nicht sagen – wie es fast alle Rechtstheoretiker tun –, dass sie uns sagt, diese Regeln seien *Recht*. Denn was sollte *das* bedeuten? Die Anerkennungsregel soll uns beim Verständnis der Idee helfen, dass eine Regel Teil des Rechts ist, anstatt diese Idee vorauszusetzen. Harts Antwort auf diese Fragen wird etwa eine Seite später gegeben:

> Die einfachste Form des Heilmittels für die *Unbestimmtheit* des Regimes der primären Regeln besteht darin, eine »Erkenntnisregel« einzuführen, wie wir sie nennen wollen. Sie bestimmt, welche Merkmale eine angenommene Regel haben muß, damit ein schlüssiges und affirmatives Anzeichen vorliegt, daß sie wirklich eine Regel der Gruppe ist und durch den von ihr ausgeübten sozialen Druck unterstützt werden muß.[3]

Hierzu habe ich zwei Anmerkungen zu machen, eine kurze und eine lange. Die kurze Anmerkung lautet, dass wir wohlwollend annehmen sollten, dass Harts Verweis auf »den sozialen Druck, den sie ausübt« sich auf organisierten (institutionalisierten) sozialen Druck bezieht, der physische Sanktionen enthält. Ansonsten wäre die Definition viel zu inklusiv. Die positive Moral einer Gruppe wird zweifellos durch sozialen Druck unterstützt, aber ich denke nicht, dass Hart es für eine Funktion einer Anerkennungsregel hält, Regeln der positiven Moral anzuerkennen, nur weil die soziale

1 H.L.A. Hart, *Der Begriff des Rechts*, Berlin 2011, S. 112-119 [S. 165-174 in diesem Band].
2 Ebd., S. 113 f. [S. 167 in diesem Band].
3 Ebd., S. 116. [S. 169 in diesem Band].

Gruppe »Druck« ausübt, ihnen zu entsprechen. *Organisierter* sozialer Druck muss dasjenige sein, über das wir sprechen.

Die lange Anmerkung ist problematischer für die, die die Anerkennungsregel als fundamentalste Regel eines Rechtssystems ansehen wollen. Nach Harts Ansatz gibt es verschiedene Arten fundamentaler sekundärer Regeln: Änderungsregeln, Anerkennungsregeln und Regeln, die Institutionen der Durchsetzung konstituieren. Auf Grundlage des Ansatzes im obigen Zitat scheint es mir so zu sein, als ob die fundamentale Anerkennungsregel dennoch voraussetzt, dass Regeln der dritten Art – Regeln, die Institutionen der Durchsetzung konstituieren – bereits in Geltung sind. Sozialer Druck zur Durchsetzung von Regeln ist bereits konstituiert und institutionalisiert, und die Anerkennungsregel sagt uns, wie dieser organisierte Apparat gebraucht wird (für den Fall, dass es Zweifel oder Unsicherheit gibt).[4]

Die Idee scheint zu sein, dass die Anerkennungsregel andere Regeln in zwei Kategorien sortiert: (1) Regeln der Gruppe, die durch organisierten sozialen Druck, den die Gruppe ausübt, unterstützt *werden*, und (2) Regeln, die durch organisierten sozialen Druck, den die Gruppe ausübt, *nicht* unterstützt werden. Kategorie (2) kann Regeln der positiven Moral der Gruppe enthalten, die nicht die volle Unterstützung durch den organisierten sozialen Druck der Gruppe erfahren, jedoch durch informellen sozialen Druck unterstützt werden; objektive moralische Regeln, die die Gruppe nicht durch organisierten sozialen Druck unterstützt; Regeln, die einige Mitglieder der Gruppe gerne durch organisierten sozialen Druck der Gruppe unterstützt sähen, für die das aber nicht der Fall ist; Regeln, die einmal durch organisierten sozialen Druck unterstützt wurden, nun jedoch nicht mehr; und schließlich Regeln, die den Regeln *ähnlich* sind, die durch organisierten sozialen Druck unterstützt *werden*, die aber von denen, die für sie eintreten, auf eine Weise verstanden werden, die hinsichtlich des Ausmaßes der Aus-

4 Dies entspricht in etwa dem Punkt, den Kent Greenawalt gemacht hat, dem zufolge traditionelle Konzeptionen der Anerkennungsregel vorauszusetzen scheinen, dass wir bereits einen identifizierbaren Grundstock von Beamten haben, die sie anwenden (siehe Kent Greenawalt, »The Rule of Recognition and the Constitution«, in: *Michigan Law Review* 85 (1987), S. 621-671, hier S. 621-624). Aber es ist nicht derselbe Punkt. Greenawalts Punkt handelt davon, wer die Anerkennungsregel anwendet, mein Punkt von der Arbeit, die die Regel leistet.

übung sozialen Drucks durch die Gruppe irreführend ist (z. B. weil ihr Verständnis der Regel zu weit oder zu eng ist).

Auf diese Weise scheint die Anerkennungs- beziehungsweise Kategorisierungsfunktion zwischen positivem Recht auf der einen Seite und bloßer positiver Moral, kritischer Moral, gescheiterten rechtlichen Vorschlägen, aufgegebenen Rechtsregeln und verzerrten Verständnissen von Rechtsregeln auf der anderen Seite zu unterscheiden.

3. Hobbes'sche Anerkennung

Thomas Hobbes hat uns einen guten Ansatz für die Wichtigkeit einer Anerkennungsfunktion geliefert. Ihm zufolge benötigen wir eine Anerkennungsregel, weil in der Gesellschaft Uneinigkeit darüber herrschen könnte, was als Recht angesehen werden sollte.

> Es genügt auch nicht, dass das Gesetz aufgeschrieben und bekanntgemacht wird, sondern es muß auch offenkundige Anzeichen dafür geben, dass es dem Willen des Souveräns entspringt. Denn wenn Privatpersonen genügend Macht haben oder zu haben glauben, um ihre ungerechten Pläne abzusichern und unbehelligt ihre ehrsüchtigen Ziele zu erreichen, können sie als Gesetze bekanntmachen, was ihnen beliebt, ohne die Autorität des Gesetzgebers oder gegen diese.[5]

Solche Anzeichen, sagt Hobbes, hängen von zugänglichen Geltungskriterien ab, wie es etwa »öffentliche Urteilsverzeichnisse, öffentliche Beschlüsse, öffentliche Beamte und öffentliche Siegel« sind.[6] Nach diesem Ansatz orientieren sich die Regel und der Apparat rechtlicher Anerkennung an einem zwingenden und substantiellen politischen Zweck: Sie sollen sicherstellen, dass jemand, der mit einem rechtlichen Anspruch konfrontiert ist, weiß, dass dieser Anspruch wirklich *die* Rolle spielt, die ein Hobbes'sches Recht spielen soll, insofern es um die Beförderung von Frieden und die Verringerung von Konflikten geht. Er kann *das* nur insofern wissen, als der Anspruch auf eine souveräne Autorität zurückgeführt werden kann, die alleine die Grundlage für sozialen Frieden und Ordnung bereitstellen kann. Wenn das, wonach wir suchen,

5 Thomas Hobbes, *Leviathan*, Hamburg 1996, S. 231.
6 Ebd., S. 232.

Hobbes'scher Frieden und bestimmte Prinzipien für Verhalten und Eigentum sind, die Frieden ermöglichen, dann sind das Letzte, was wir wollen, Menschen, die ihre favorisierten Normen als souveräne Forderungen ausgeben. Sobald mehr als eine Person beginnt, dies zu tun, wird nicht der Friede gesichert, sondern es droht vielmehr ein Krieg. Wir wollen daher – bevor wir uns einem vermeintlichen Recht fügen – die Gewissheit erhalten, dass es wirklich durch einen Souverän erlassen wurde. Wir werden die Siegel überprüfen wollen, mit denen eine geschriebene Regel geprägt wurde, ihr Vorhandensein in einem öffentlichen Amtsblatt und so weiter. Eine akzeptierte Anerkennungsregel gibt uns die Grundlage dafür, dies zu tun. Ich werde dies die Hobbes'sche Funktion von Anerkennungsregeln nennen.

4. Niedrigstufige Anerkennung gültiger Testamente, Verträge und dergleichen

Das Hobbes-Beispiel operiert auf einem sehr hohen Level: das Hobbes'sche Instrument der Anerkennung sagt uns, wie wir zuverlässig einen souveränen Befehl identifizieren, wenn wir einen sehen. Anerkennungsregeln können jedoch auch auf niedrigerer Ebene operieren. Es ist einer von H. L. A. Harts wichtigen Beiträgen zur Rechtsphilosophie, zu betonen, wie viele der gewöhnlichen basalen Regeln z. B. des Privatrechts, keine primären Regeln sind, die Verhalten vorschreiben oder regulieren, sondern sekundäre Regeln, die es Menschen erlauben, ihre rechtliche Position zu verändern und die Änderungen, die sie und andere vorgenommen haben, im Auge zu behalten.[7]

Ein Testament ist ein schönes Beispiel. Es erlaubt Menschen, Vorkehrungen für die Verteilung ihres Eigentums nach ihrem Tod zu treffen, indem sie die Standardregelung ändern, die beim Fehlen eines Testaments im Todesfall bestehen würde. Ein typisches Testament erfordert, dass die Anordnungen für die Eigentumsverteilung schriftlich gegeben und vom Erblasser unterschrieben werden müssen und dass zusätzlich zwei Zeugen ebenfalls unterschreiben müssen, um die Tatsache zu attestieren, dass es wirklich er war, der

7 Hart, *Begriff des Rechts*, S. 27-42.

das Testament unterschrieben hat. Wenn wir so wollen, können wir ein Gesetz über testamentarische Verfügungen als eine kleine Anerkennungsregel ansehen: Es sagt uns, wie wir ein echtes Testament, mit rechtlichen Effekten, von einem Pseudo-Testament unterscheiden, das keine rechtliche Wirkung hat; sie sagt uns, woran wir ein gültiges Testament erkennen.

Es gibt aber noch eine andere Weise, ein Gesetz über testamentarische Verfügungen zu betrachten. Als er die Idee sekundärer Regeln einführte, unterschied Hart zwischen einer Anerkennungsregel und einer Änderungsregel. Erstere hat viel mehr Aufmerksamkeit in der philosophischen Literatur erfahren als letztere. Es kann aber sein, dass letztere ebenso wichtig ist, wenn nicht sogar wichtiger. Eine Änderungsregel ist eine sekundäre Regel, die eine Person oder eine Institution mit der Macht ausstattet, das Recht zu ändern, entweder in einer allgemeinen oder in einer besonderen Hinsicht, indem sie einem bestimmten Verfahren folgt und bestimmten Anforderungen entspricht.[8] Ein Gesetz über testamentarische Verfügungen ist offensichtlich eine Änderungsregel: Es kennzeichnet Verfahren und Anforderungen, die erfüllt sein müssen, wenn die Handlungen eines Eigentümers die Wirkung haben sollen, die rechtlich vorgeschriebene Verteilung seines Eigentums nach seinem Tod zu verändern. Es liefert eine Checkliste – schriftliche Niederlegung, Unterschrift, Attestierung und so weiter – für eine gültige Änderung. Wenn ein Testamentsgericht das Testament anerkennt, dann tut es das, indem es die Schritte prüft, die für eine gültige Änderung notwendigerweise stattgefunden haben müssen.

Wenn wir die Sache so sehen, dann benötigen wir die Idee einer Anerkennungsregel gar nicht wirklich, um die »Anerkennung« eines gültigen Testaments zu erklären. Es ist die Änderungsregel, die die ganze Arbeit leistet. Was das Gericht tut, ist, sicherzustellen, dass die Änderungsregel angemessen befolgt wurde. Wenn dies nicht der Fall ist – d. h. wenn die Verfahren und Anforderungen, die in der Änderungsregel niedergelegt sind, nicht befolgt wurden –, dann wird die Änderung, von der der Eigentümer wollte, dass sie greift, nicht greifen oder die Änderung, von der jemand behauptet, dass der Eigentümer von ihr wollte, dass sie greift, wird

8 Ebd., S. 93 f.

nicht greifen. In dieser Hinsicht leistet die Änderungsregel die ganze Arbeit, die rechtliche Ordnung zu bestimmen. Es gibt keine besondere Rolle für eine Anerkennungsregel. Ich denke, dass dies ein wichtiges Ergebnis ist, und ich werde die Implikationen eines analogen Arguments für das Verfassungsrecht weiter unten (in Abschnitt 9) entwickeln.

5. Änderungsregeln und Anerkennungsregeln

Obwohl H.L.A. Hart zwischen Anerkennungsregeln und Änderungsregeln unterschieden hat, könnte man meinen, dass es keine besondere Rolle spielt, wie man Fälle wie den des Testamentsgesetzes genau analysiert. Wir können sagen (wie ich es im letzten Absatz des 4. Abschnitts dargelegt habe), dass eine Änderungsregel die ganze Arbeit leistet, oder wir können sagen, dass die Anerkennung einen Teil der Arbeit leistet. Sicherlich gilt der Aspekt der Entfernung von Ungewissheit für einige der Anforderungen von Testamenten: zum Beispiel die Attestierung der Unterschrift. Ebenso scheint es in einigen anderen Gebieten des Privatrechts einen unabhängigen anerkennungsbezogenen Aspekt zu geben: Einige Rechtssysteme erfordern beispielsweise bestimmte Schenkungsversprechen, die versiegelt gegeben werden, und man könnte das Siegel als die Erfüllung der Hobbes'schen Anerkennungsfunktion verstehen (Die Forderung, dass Verträge über die Verfügung über Grund und Boden schriftlich gegeben werden müssen, wäre ein weiteres Beispiel). Deshalb würde ich für das Privatrecht diesen Punkt bezüglich der Redundanz des Begriffs einer Anerkennungsregel in Anbetracht der Existenz und des Operierens einer gut funktionierenden Änderungsregel nicht allzu stark betonen wollen. Er wird jedoch für den Verfassungskontext wichtig werden.

Man stelle sich das Beispiel der Gesetzgebung vor. Im Hobbes'schen Fall scheint es eine ziemlich klare Unterscheidung zwischen der Änderungsregel für die Gesetzgebung und der Anerkennungsregel für die Gesetzgebung zu geben. Die Änderungsregel besteht darin, dass der Souverän durch seinen Befehl die Regeln ändern kann (Vielleicht wird es einige Prozeduren geben, denen er folgen muss, so dass man seine ernstgemeinten Befehle von seinen kleinen Witzen, seinen Träumereien, seinen müßigen Wünschen und so weiter unterscheiden kann).[9] Die Anerkennungsregel befähigt uns, die Befehle des Souveräns durch verschiedene Hilfsmittel zu erkennen. Man kann sich vorstellen, dass der Ausdruck des Willens des Souveräns nicht als Befehl zählt, d. h. als Grundlage für die Änderung des Rechts, solange nicht das richtige Siegel gesetzt und der richtige Eintrag in einem Amtsblatt veröffentlicht wurde. Aber das muss nicht so sein. Diese Hilfsmittel müssen nicht als Teil des gesetzgeberischen Prozesses angesehen werden, sie können auch als eine hervorragende Idee zur Reduktion öffentlicher Ungewissheit betrachtet werden.

Wir können uns aber immer noch Fälle vorstellen, in denen die Inanspruchnahme des Instruments der Anerkennung als unverzichtbarer Teil des Vorgangs der Inkraftsetzung verstanden wird: Niemand glaubt, dass der Souverän wirklich *Recht* erlassen oder einen Befehl erteilt hat (im einschlägigen, Recht schaffenden Sinne von *Befehl*), solange nicht das angemessene Siegel gesetzt wurde. In dem Fall wäre es völlig offen, ob wir sagen wollen, dass neben der Änderungsregel auch eine Anerkennungsregel einen eigenen evidentiellen/bestätigenden Beitrag leistet.

6. Ein Intermezzo über Anerkennung als eine soziale Regel

Bei alldem nehme ich Hart in Bezug auf einige wichtige Punkte beim Wort. Erstens nehme ich an, dass sekundäre Regeln, selbst die fundamentale Anerkennungsregel, in sozialen Praktiken bestehen. Die Idee, dass sekundäre Regeln als wirkliche soziale Praktiken verstanden werden müssen, ist ein wichtiger Teil von Harts Rechtsphilosophie.[10] Sie gibt seiner Rechtsphilosophie einen geerdet-empirischen, sogar soziologischen Anstrich, der in anderen positivistischen Rechtsphilosophien wie derjenigen Hans Kelsens fehlt.[11] Obwohl Hart bestimmte Ähnlichkeiten und Isomorphismen zwischen seiner Idee einer fundamentalen Anerkennungsregel und Kelsens Idee der *Grundnorm* feststellt, sollten wir akzeptieren,

9 Hobbes, *Leviathan*, S. 183 f.

10 Hart, *Begriff des Rechts*, S. 110-117 [S. 163-170 in diesem Band].

11 Vgl. die Erläuterung der »Reinheit« der Rechtswissenschaft in Hans Kelsen, *Pure Theory of Law. Translation from the Second German Edition by Max Knight*, New Jersey 2002, S. 79.

was er über die ontologische Differenz zwischen ihnen sagt. Ob eine Anerkennungsregel in einer gegebenen Gesellschaft existiert, ist letztlich, so Hart, eine empirische Frage über die sozialen Praktiken in dieser Gesellschaft.[12] Für Kelsen ist im Gegensatz dazu die *Grundnorm* ein theoretisches Postulat, das vorausgesetzt wird, um die Grundlage der Begründungskette zu sichern.[13] Ich werde auf das Verhältnis zwischen Harts und Kelsens Ansatz unten in Abschnitt 12 zurückkommen.

Zweitens nehme ich an, dass die Praxis, mit der Hart die Anerkennungsregel identifiziert, eine der Praktiken ist, die nach Harts Ansatz »regelhaft« sind.[14] Nicht alle sozialen Praktiken konstituieren Regeln. Manche tun es, und wenn sie es tun, dann hat ein mehr oder weniger einheitliches Verhalten, das diese Praxis konstituiert, einen internen normativen Aspekt. Die Existenz einer solchen Praxis ist kompatibel damit, dass Menschen manchmal von der Regel abweichen, vorausgesetzt, solche Abweichungen werden von dem Abweichler und seinen Gleichgestellten in angemessener Weise behandelt – missbilligt, heimlich verborgen, bereut und so weiter. Ich nehme ebenfalls an, dass Praktiken, die wir als Regeln identifizieren, einen nomologischen oder universalisierbaren Aspekt besitzen: Sie beinhalten die Anwendung *allgemeiner* Kriterien auf jeden einer offenen Reihe von Gegenständen. Dies unterscheidet eine *Regel* von einem verbreiteten Empfinden, dass irgendetwas im Besonderen getan oder befolgt werden soll. Wir werden auf das Thema der Regelhaftigkeit der Anerkennungspraxis in Abschnitt 12 zurückkommen.

Drittens nehme ich an, dass eine Anerkennungsregel – wenn es sie gibt – in etwa wie eine Koordinationskonvention funktioniert.[15] Sie ist der Konvention, auf der rechten Straßenseite zu fahren, nicht unähnlich: Jede Person möchte am liebsten auf derselben Seite fahren wie andere und die Konvention greift eine Seite der Straße heraus, so dass alle diesen Wunsch auch verwirklichen können. Ähnlich können wir sagen, dass jeder Richter dieselbe Gruppe von

12 Hart, *Begriff des Rechts*, S. 292 f.

13 Ebd., S. 292. Vgl. die Diskussion der Grundnorm in Kelsen, *Pure Theory of Law*, S. 201.

14 Eine schöne Diskussion findet sich bei Jules Coleman, *The Practice of Principle. In Defense of a Pragmatist Approach to Legal Theory*, Oxford 2001, S. 78-84.

15 Vgl. Hart, *Begriff des Rechts*, S. 78.

Normen durchsetzen möchte, die auch andere Richter durchsetzen, und dass eine Anerkennungsregel – die eine bestimmte Klasse von Normen, die durchgesetzt werden sollen, herausgreift – ihm dabei hilft, sich diesen Wunsch zu erfüllen.

Allerdings ist es wahrscheinlich ein Fehler, zu meinen, eine Anerkennungsregel funktioniere *exakt* so wie eine Koordinationskonvention. Im Falle der Verkehrsregeln hat niemand eine besondere *Ex-Ante*-Meinung darüber, auf welcher Seite es gut wäre zu fahren. Die Leute wollen lediglich auf derselben Seite fahren wie alle anderen. Aber im Falle des Rechts *haben* Richter und Beamte sehr wahrscheinlich eine *Ex-Ante*-Meinung darüber, was eine gute Grundlage für die Wahl durchzusetzender Normen wäre: Manche dieser Meinungen werden auf die Inhalte von Normen rekurrieren und manche werden auf das Verfahren Bezug nehmen, durch das Normen erlassen wurden. Unter die letztere Kategorie können die demokratischen Überzeugungen eines Richters fallen: Er hält es für angemessen, nur solche Regeln durchzusetzen, die demokratische Unterstützung in einer gewählten Legislative finden. Aber er möchte mit dieser Überzeugung kein einsamer Sonderling sein. Er bevorzugt es, demokratisch gestützte Regeln geltend zu machen, aber am meisten bevorzugt er es, dieselben Regeln wie jeder andere auf dem Richterstuhl zu unterstützen.[16] Die Struktur seines Verhältnisses zu anderen Richtern gleicht dann eher dem Spiel »Kampf der Geschlechter« als einem reinen Koordinationsspiel.[17] In *Law's Empire* hat Ronald Dworkin die Frage aufgeworfen, ob wir rechtliche Konventionen als reine Koordinationskonventionen beschreiben sollten oder als konvergierende Überzeugungen (Eine konvergierende Überzeugung würde bedeuten, dass eine bestimmte Menge von Menschen zu demselben Ergebnis kommt, weil sie alle auf ähnliche Weise auf dieselben moralischen Erwägungen ansprechen).[18]

16 So mag er letztlich nicht die Anerkennungsregel praktizieren, von der er persönlich glaubt, dass sie die von einem moralischen Standpunkt aus beste ist. Vgl. Joseph Raz, *Praktische Gründe und Normen*, S. 190 ff.

17 Siehe Jeremy Waldron, *Law and Disagreement*, Oxford 1999, S. 103-105. Siehe auch Jeremy Waldron, »Law«, in: Frank Jackson, Michael Smith (Hg.), *Oxford Handbook of Contemporary Philosophy*, Oxford 2005, S. 181-186. Siehe auch die exzellente Diskussion der Lösungsbedingungen für ein »Geschlechterkampf«-Spiel in Jean Hampton, *Hobbes and the Social Contract Tradition*, Cambridge 1988, S. 154-160.

18 Ronald Dworkin, *Law's Empire*, Harvard 1986, S. 135-139.

Ich hoffe, gerade gezeigt zu haben, dass es zwischen diesen beiden Beschreibungen noch Platz gibt. Eine Anerkennungsregel könnte einen Kompromiss auf Seiten eines jeden Richters darstellen zwischen seinen substantiellen Überzeugungen und seinem Wunsch, sich mit den anderen Richtern zu koordinieren.

Viertens nehme ich Hart beim Wort, dass Anerkennungsregeln und Änderungsregeln durch die Funktionen unterschieden werden, denen sie dienen: Die eine stattet ein Rechtssystem mit einem bestimmten Maß an Gewissheit aus, die andere mit einem bestimmten Maß an Flexibilität.[19] Wir sollten dennoch erwähnen, dass Hart sich im Postskriptum zu *Der Begriff des Rechts* eine etwas andere Ansicht zu eigen zu machen scheint: Er sagt dort, dass die Förderung der Gewissheit, mit der das Recht ermittelt werden kann, *eine*, aber *nicht die einzige Funktion* einer Anerkennungsregel ist. Der Bedarf nach Gewissheit, sagt er, ist nicht der einzige Bedarf, der durch eine Anerkennungsregel erfüllt wird.[20] Leider sagt uns Hart nicht, worin die anderen Funktionen einer Anerkennungsregel bestehen könnten. Ich vermute, dass einige von ihnen eigentlich Funktionen sind, denen (im Haupttext von *Der Begriff des Rechts*) durch Änderungsregeln gedient werden soll.

7. Anerkennungsprobleme im *Common Law*

Ein anderer Bereich, in dem es einen dringenden Bedarf nach regelbasierter Anerkennung zu geben scheint, ist das *Common Law*. Jeremy Bentham hat sich in seinem Buch *Of Laws in General* im Rahmen der großartigen Kritik des »Gewohnheitsrechts« (über zunehmend weniger Umwege auf das gegenwärtige *Common Law* Englands abzielend) zwei zentralen Schwierigkeiten mit diesem Gesetzeskorpus gewidmet: (1) die Schwierigkeit, eine Regel aus der Entscheidung eines Richters in einem einzelnen Fall zu extrahieren, und (2) die Schwierigkeit, zuverlässige und zugängliche Versionen von Richterentscheidungen und den damit einhergehenden Meinungen aufzutun. Beide Schwierigkeiten enthalten so etwas wie ein Problem der Anerkennung.

Problem (2) entspricht eher dem Problem Hobbes'scher An-

19 Hart, *Begriff des Rechts*, S. 94-96.
20 Ebd., S. 251 f.

erkennung: Es wird heutzutage dadurch gelöst, dass es offizielle zertifizierte Gesetzesberichte gibt. Diese existierten zu Benthams Zeit (noch) nicht. Berichte von Entscheidungen wurden von jedem geschrieben, der das tun wollte, und ihre Unzuverlässigkeit und Unvollständigkeit waren berüchtigt.[21]

Problem (1) stellt jedoch ein grundlegenderes Problem dar. Es ist genaugenommen ein Problem der Ungewissheit in Harts Sinne, das Anlass gibt zu »Zweifel über den Inhalt der Regeln oder über die präzise Absicht einer bestimmten Regel«.[22] Zu Benthams Zeit bestand keine klare Anerkennungsregel, um dieses Problem zu lösen, und manches spricht für die Auffassung, dass selbst heute in *Common Law*-Systemen keine klare Anerkennungsregel für diese Situation existiert. Anwälte haben einige (meist konfligierende) handwerkliche Prinzipien, die einem sagen, wie man eine Regel von einem gegebenen Fall oder aus einer Lehrmeinung ableitet. Aber wie alle Anwälte wissen, ist das ganze Geschäft dennoch willkürlich und unsicher.

Ein Großteil der Schwierigkeit erwächst aus der Tatsache, dass wir nicht über klare, geteilte und öffentliche Änderungsregeln verfügen, was judikativ bewirkte Änderungen im Recht angeht. Wenn wir solche Änderungsregeln hätten, dann hätten wir eine Grundlage dafür, klar und vernünftig über die Anerkennung von *Common-Law*-Normen nachzudenken, und meiner Ansicht nach würden klar verstandene Änderungsregeln in dieser Hinsicht die Idee einer

21 Jeremy Bentham, *Of Laws in General. His Collected Works*, New York 1970, S. 187: »In diesen Berichten wurde, alle zusammen genommen, ein Drittel oder ein Zehntel oder ein Zwanzigstel oder ein Hundertstel der Fälle öffentlich gemacht, die, wenn sie alle bekannt wären, ebenfalls Recht schaffen würden [...]. Diese Berichte werden von jedem veröffentlicht, dem danach der Sinn steht [...]. Wenn ein Anwalt, dem es an Kundschaft fehlt, zufällig auf diese Methode des Geldverdienens kommt: wenn der Testamentsvollstrecker eines Anwalts zufällig ein Manuskript in dessen Unterlagen findet; wenn einer von diesen beiden oder irgendein anderer derartiger Zufall dazu führt, dass eine Kopie in die Hände eines Buchhändlers fliegt: dann wird der Buchhändler, ohne sich dessen bewusst zu sein und ohne sich darum zu kümmern, zum Gesetzgeber. Manchmal ersteht auf Anweisung dieser hohen Autorität ein Richter, der ein halbes Jahrhundert oder ein halbes Dutzend Jahrhunderte lang tot und vergessen gewesen ist, plötzlich wieder aus seinem Grab auf, nimmt seinen Platz auf dem Thron der Gesetzgebung ein und revidiert die Entscheidungen der dazwischenliegenden Zeiträume, so wie Justinian in Amalfi wieder zum Leben erweckt wurde.«

22 Hart, *Begriff des Rechts*, S. 113 f. [S. 167 in diesem Band].

separaten Anerkennungsregel überflüssig machen – so wie sie es Fällen des in Abschnitt 4 behandelten Typs tun. Wir würden einfach (öffentlich) sagen: »Richter sind dazu befugt, das Recht einer Gesellschaft zu verändern, indem sie neue allgemeine Regeln und Prinzipien der folgenden Form gemäß den folgenden Verfahren (und möglicherweise unter folgenden Einschränkungen) formulieren.« In diesem Fall wäre das »Anerkennen« der neuen Gesetze lediglich eine Sache des Überprüfens, dass die Verfahren und Formen (und Einschränkungen), die in der Änderungsregel vorgeschrieben sind, angemessen befolgt wurden.

Aber es ist natürlich kein Zufall, dass wir keine solche Regel haben. Wir sind als Gesellschaft grundlegend zwiegespalten bezüglich der Schaffung und Änderung von Recht durch Richter. Tatsächlich sind wir öffentlich beschämt darüber. Weder ist die Judikative auf eine Weise eingerichtet, die darauf angelegt ist, richterliche Rechtsetzung zu legitimieren, noch werden Ernennungen zum Richteramt auf der Grundlage vorgenommen, dass dies eine Funktion ist, die Richter erfüllen werden. Im Gegenteil, wenn Richter nominiert und bestätigt werden, dann betont jeder, dass es natürlich außer Zweifel stehe, dass die Person, um die es geht, nicht als potentieller Rechtsschöpfer geprüft werden soll. Darüber hinaus sind die Verfahren, denen Richter folgen, und die Anlässe für ihre Entscheidungen nicht derart, dass sie auf einen sinnvollen Prozess öffentlicher Rechtsetzung hinauslaufen. Wie es John Austin ausgedrückt hat, scheinen Richter tatsächlich Recht zu schaffen, jedoch ist ihre Form eine »indirekte« Form der Rechtsetzung. Die »direkte und angemessene Absicht« eines Richters »ist nicht die Festlegung einer Regel, sondern die Entscheidung des besonderen Falls. Er schafft Recht, *indem er urteilt*, und nicht, *indem er Gesetzgebung vornimmt.*«[23]

Eine Legislative ist dagegen öffentlich als ein Raum – als *der* Raum – für die Schaffung und Änderung von Recht eingerichtet, und die sekundären Regeln, die sie enthält, um solche Änderungen zu leiten, sind wohlbekannt.[24]

23 John Austin, *Lectures on Jurisprudence*, London 1885, S. 266 f. und S. 315 (Hervorhebung im Original).

24 Jeremy Waldron, »Principles of Legislation«, in: Richard Bauman, Tsvi Kahana (Hg.), *The Least Examined Branch. The Role of Legislatures in the Constitutional State*, Cambridge 2006, S. 15 u. besonders S. 22 f.

Neben den zwei Problemen, die ich genannt habe, hat Bentham eine dritte Anklage gegen das englische *Common Law* erhoben. Er klagte darüber, dass es (3) inhärent rückwirkend sei und dass es deshalb seine Rechtssubjekte nicht mit Respekt behandle. Er nannte es »Hunderecht«:

Es sind die Richter [...], die das *Common Law* machen. Wissen Sie, wie sie es machen? Einfach so, wie ein Mann Gesetze für seinen Hund macht. Wenn Ihr Hund etwas tut, das Sie ihm abgewöhnen wollen, dann warten Sie, bis er es getan hat, und schlagen ihn dann dafür. Das ist die Art, wie man Gesetze für seinen Hund macht, und das ist die Weise, wie Richter Recht für Sie und mich schaffen. Sie werden einem Mann nicht im Vorhinein sagen, was er *nicht tun sollte* – sie lassen nicht einmal zu, dass er es erfahre: sie warten ab, bis er etwas getan hat, von dem sie sagen, dass er es nicht *hätte tun* sollen, und dann hängen sie ihn dafür.[25]

Im Prinzip ist die Rückwirkung oder das »Hunderecht« ein den Problemen, die wir betrachtet haben, unterschiedenes Problem. Selbst wenn die Probleme (1) und (2) gelöst wären, wären rechtliche Änderungen im *Common Law* immer noch rückwirkend, wenigstens im Hinblick auf die Parteien des Falles, der von der Änderung betroffen ist. Aber vielleicht wäre Problem (3) handhabbar, wenn die Probleme (1) und (2) gelöst wären.

8. Anerkennung von Regeln oder von Quellen von Regeln?

Insofern Benthams Probleme gelöst wurden (und dies gilt nur in geringem Maß), wurden sie durch das Aufkommen autoritativer Sammlungen von Rechtsberichten gelöst. Problem (2) ist auf diese Weise gelöst worden. Wir haben jetzt Regeln, die uns sagen, wie wir die gerichtlichen Entscheidungen und Meinungen erkennen, die wir als Rechtsquellen ansehen sollen. Selbst wenn wir Problem (1) nicht gelöst haben – d. h. selbst dann, wenn wir keine bestimmten Regeln haben, die uns genau sagen, wie man aus diesen Quellen Regeln ableitet –, ist es ein großer Vorteil, über eine offiziell anerkannte Menge von Quellen zu verfügen.

25 Aus der Polemik von Jeremy Bentham, »Truth versus Ashhurst. Or Law As it Is, Contrasted With What Is Said to Be«, in: *The Works of Jeremy Bentham. Vol. 5. Published under the Superintendence of his Executor John Bowring*, S. 231 u. 235.

Dies führt zu folgender Frage: Warum hielt Hart es für plausibel, von einer fundamentalen Regel für die Anerkennung von *Regeln* des Rechts zu sprechen anstatt von einer Regel für die Anerkennung von *Quellen* (von Regeln) des Rechts? Ich kenne keine gute Antwort. Ich denke, es wird hilfreich sein, diese Frage im Hinterkopf zu behalten, wenn wir schließlich – in den Abschnitten 9 und 10 – dazu übergehen, über das Verhältnis zwischen der Anerkennungsregel und der amerikanischen Verfassung nachzudenken.

Ronald Dworkin scheint der Ansicht zuzuneigen, dass es eine lockere Praxis unter Beamten gibt, bestimmte Dinge als Quellen rechtlicher Regeln (und von Maßstäben und Prinzipien) anzuerkennen. Seine Kommentare in *Law's Empire* darüber, was er »die präinterpretative Stufe« rechtlicher Auslegung nennt, legen etwas in dieser Richtung nahe.[26] Allerdings stellt er es sich so vor, dass dies eine ziemlich lockere Praxis der Anerkennung ist, und in seiner Erklärung der Objektivität der Auslegung misst er ihr nicht viel Gewicht bei; und ganz sicher versteht er sie nicht primär als eine Art, die Regeln anzuerkennen, die Richter in ihrer Praxis der Rechtsprechung anwenden sollen. Sie ist bestenfalls eine Praxis, die *Quellen* der Normen anzuerkennen, die Richter schließlich auf die Fälle anwenden, die ihnen vorgelegt werden. Sie leitet nicht den Prozess der Auslegung, sondern sagt uns bestenfalls, was ausgelegt werden soll.

Kehren wir zur Lösung von Benthams Problem (2) zurück: Wir haben nun einen Weg, bestimmte Entscheidungen und Meinungen als Rechtsquellen autoritativ anzuerkennen. Dies ist ein Fortschritt. Aber werden die Dinge nicht immer noch (in Benthams Sinne) durch das Fehlen einer einhelligen, etablierten und bestimmten Lösung für Problem (1) ruiniert? Die Antwort lautet: Nein, da wir herausgefunden haben, dass wir eine einhellige, etablierte und bestimmte Lösung für Problem (1) nicht benötigen. Wir haben einige vage geteilte Ideen darüber, wie man von einer Quelle zu einer Regel oder von einer Quelle zu einem Prinzip oder einem Maßstab gelangen kann. Aber wir haben festgestellt, dass die Dinge besser funktionieren, wenn wir dies offen und einigermaßen

26 Dworkin, *Law's Empire*, S. 63 f., 90 f. Siehe ebenso die Diskussion bei Matthew Adler, »Popular Constitutionalism and the Rule of Recognition. Whose Practices Ground U.S. Law?«, in: *Northwestern University Law Review* 100 (2006), S. 719, 737-740.

flexibel lassen. Wir haben festgestellt, dass die Dinge besser funktionieren, wenn es Anwälten und Richtern freisteht, sowohl mit neuen und ungewöhnlichen Arten der Extrapolation von Normen aus entschiedenen Fällen zu experimentieren als auch mit erprobten und bewährten Arten zu arbeiten. Wir müssen darin nicht durch irgendeine genauer bestimmte Konvention oder Regel angeleitet werden.

Ich denke, dass dies ein wichtiger Punkt ist. Rechtsphilosophen der positivistischen Tradition übertreiben manchmal unseren Bedarf an Gewissheit in juristischen Argumentationen im *Common Law*, um die Rolle der Anerkennungsregel hervorzuheben. Wenn wir allerdings einsehen, dass die rechtliche Argumentation in diesem Bereich ziemlich gut fortschreitet ohne irgendeine starke Gewissheit darüber, was aus einer gegebenen Reihe von Fällen folgt oder nicht folgt, sehen wir, dass die Behauptung über den Bedarf einer Anerkennungsregel in diesem Bereich zu weit getrieben wurde.

Persönlich glaube ich, dass Ronald Dworkin hier eine bessere Erklärung liefert.[27] Anstatt zu sagen, dass Richter und Anwälte im Besitz einer Anerkennungsregel sind, die sie befähigt, Regeln aus Reihen von Fällen abzuleiten, argumentiert er, dass Richter und Anwälte normativ auf ein Prinzip der Integrität festgelegt sind, das von ihnen verlangt, mit früheren Entscheidungen zu arbeiten und von dort aus zu gegenwärtigen Konklusionen zu gelangen, die eine gewisse Konsistenz mit jenen behalten. Um dies zu tun, müssen sie eine Vorstellung davon haben, welches diese früheren Entscheidungen sind; diese Vorstellung haben sie, sobald Benthams Problem (2) gelöst ist. Was folgt, wenn man dies hat, ist eine normative Argumentation, die durch Überzeugungen über Integrität geprägt ist, nicht die Anwendung irgendeiner Anerkennungsregel. Richter setzen sich normativ damit auseinander, was es bedeutet, einer oder mehreren früheren Entscheidungen treu zu sein, nicht damit, was es bedeutet, eine Regel auf sie anzuwenden.

Ein letzter Punkt in diesem Zusammenhang. Es wird manchmal behauptet, dass eine Anerkennungsregel notwendig ist, um zwischen verschiedenen Weisen zu unterscheiden, auf die bestimmte Angelegenheiten durch Gerichte in einem gegebenen Rechtssystem

27 Dworkin, *Law's Empire*, S. 130-139, 238-266.

autoritativ geregelt werden.[28] Die Entscheidung durch ein Gericht (wie etwa den Supreme Court) kann eine umstrittene Angelegenheit auf zwei Weisen regeln: (1) sie kann eine noch ungerklärte Angelegenheit zwischen den Parteien eines Gerichtsverfahrens regeln (z. B. dass dieser Kläger nun doch nicht hingerichtet werden darf), und (2) eine allgemeine Kontroverse in der Gesellschaft (z. B. dass niemand für Straftaten hingerichtet werden darf, die er als Kind begangen hat).[29] Was (1) betrifft, ist es natürlich wichtig, dass es in einer Gemeinschaft eine geteilte Art und Weise gibt, die jeweilige Entscheidung des Gerichts zu ermitteln, und wir können diese eine Anerkennungsregel nennen, wenn wir wollen. Was (2) betrifft, bin ich allerdings wiederum geneigt zu bezweifeln, dass die rechtlichen Phänomene so etwas wie eine Anerkennungsregel erfordern, um zu erklären, was in dieser Hinsicht geschieht. Was geschieht ist, dass die Gerichte einen bestimmten Fall auf eine Weise entscheiden, die anzeigt, dass die Entscheidung aus Sicht des Gerichts auf eine Menge zukünftiger Fälle ausweitbar ist. Angesichts dieser Entscheidung kann es sich als sehr schwierig erweisen, in einem zukünftigen Fall eine überzeugende Argumentation für eine konträre Entscheidung anzubieten. Unser Bekenntnis zum Wert der Integrität kann bedeuten, dass jede solche Argumentation unplausibel erscheinen wird. Unplausibel, aber nicht unmöglich: Die Rechtsbücher sind voller Beispiele scheinbar fest etablierter Präzedenzfälle, die in späteren Entscheidungslinien revidiert werden oder ins Wanken geraten. Wenn dies geschieht, dann deshalb, weil integritätsbasierte Argumente (und andere Argumente, wie die auf Erwartungssicherheit basierenden) dafür, ursprünglichen Entscheidungen treu zu bleiben, sich letztlich als nicht hinreichend überzeugend herausstellen. Es ist sehr schwierig, eine einfache Erklärung dafür zu liefern, was

28 Ich danke Matthew Kramer für den Vorschlag, mich mit dieser Argumentationslinie auseinanderzusetzen, die auch in den Beiträgen dieses Bandes repräsentiert wird [*The Rule of Recognition and the U.S. Constitution*, Anm. d. Hg.]. Siehe Larry Alexander und Frederick Schauer, »Rules of Recognition, Constitutional Controversies, and the Dizzying Dependence of Law on Acceptance«, in: Matthew Adler und Kenneth Himma (Hg.), *The Rule of Recognition and the U.S. Constitution*, New York 2018, S. 175-193; Kenneth Einar Himma, »Understanding the Relationship between the U.S. Constitution and the Conventional Rule of Recognition«, in: Matthew Adler und Kenneth Himma (Hg.), *The Rule of Recognition and the U.S. Constitution*, New York 2018, S. 95-123.

29 Vgl. Roper v. Simmons 543 U.S. 551 (2005).

in Fällen dieser Art passiert.[30] Eine Sache ist für mich jedoch klar: Eine gute Erklärung wird für so etwas wie eine Anerkennungsregel keine bedeutende Rolle bereithalten, außer insofern, als wir in der Lage sein müssen, zu erkennen, welches die Entscheidung ist, an der festzuhalten die Integrität uns auffordert. Regelbefolgung ist nicht das, was bei der Rücksicht auf Präzedenzfälle stattfindet; selbst dann, wenn die Präzedenzfälle sehr stark zu sein scheinen. Was hier am Werk ist, ist die Hinwendung zu einem Spektrum von (anfechtbaren) normativen Erwägungen, bei denen es in einzelnen Fällen scheint, als hätten sie entscheidendes Gewicht.

9. Die Verfassung: Anerkennungsregel oder Änderungsregel?

Lassen Sie uns nun, dies alles im Hinterkopf, zu Verfassungsangelegenheiten übergehen. Wie finden Harts Kategorien im Verfassungskontext Anwendung? Worin besteht das Verhältnis zwischen der amerikanischen Verfassung und der Anerkennungsregel, die die Grundlage des Systems des amerikanischen Bundesrechts darstellen soll (so wie sie die Grundlage eines jeden Rechtsystems darstellen soll)? Gibt es eine Anerkennungsregel im Verfassungsgefüge der Vereinigten Staaten? Oder impliziert all das, was wir bisher gesagt haben, dass es interessanter wäre, stattdessen die Rolle von Änderungsregeln in den Blick zu nehmen?

Einer Möglichkeit zufolge liefert uns die Verfassung tatsächlich die Anerkennungsregel. H. L. A. Hart beispielsweise sagt im Postskriptum, dass

> in einigen Rechtssystemen, zum Beispiel in den Vereinigten Staaten, die ultimativen Kriterien für die Rechtsgültigkeit explizit neben der »Herkunft« auch Prinzipien der Gerechtigkeit oder substantielle moralische Werte enthalten können und daß diese den Inhalt von verfassungsrechtlichen Beschränkungen bilden können.[31]

30 Zu einem heroischen Versuch siehe Kenneth Einar Himma, »Understanding the Relationship between the U.S. Constitution and the Conventional Rule of Recognition«, in: siehe Fn. 28.

31 Hart, *Begriff des Rechts*, S. 326.

Dies lässt sich wohl nur als ein Hinweise darauf verstehen, dass Hart mit der Möglichkeit spielt, bestimmte Regelungen der Verfassung machten die Anerkennungsregel aus oder enthielten diese (die Hart mit der Regel gleichsetzt, die die ultimativen Kriterien rechtlicher Geltung festlegt).[32] Ich bin mir nicht sicher, ob dies die Ansicht ist, die Matthew Adler und Michael Dorf in ihrem Aufsatz »Constitutional Existence Conditions« vertreten.[33] Einerseits sagen Dorf und Adler in einer Fußnote, dass Positivisten sich gegen jede Gleichsetzung der Verfassung mit der Anerkennungsregel wehren würden,[34] andererseits scheinen sie aber gewillt zu sein, zu akzeptieren, dass die Anerkennungsregel auf irgendeine Weise einige der Kriterien enthalten könnte, die in der Verfassung festgelegt sind, um zu bestimmen, wann ein Gesetz rechtmäßig beschlossen wurde und wann es aufgrund irgendeines Aspekts seines Inhalts (wenigstens präsumptiv) ungültig ist.[35] Jedenfalls scheint dies Harts Position zu sein, oder eine starke Möglichkeit, die er erwägt.

Nehmen wir diese Möglichkeit also für einen Moment ernst: die Idee, dass die Anerkennungsregel für das amerikanische Bundesrecht eine Anzahl der Regelungen der US-Verfassung umfasst, inklusive (so könnten wir sagen) einiger der Klauseln aus Artikel 1 und ein ganzes Stück der *Bill of Rights*. Was halten wir von dieser Möglichkeit?

Ein unmittelbarer Punkt besteht darin, dass unklar ist, weshalb wir die Verfassungsklauseln, die die Schaffung von Bundesgesetzen autorisieren und begrenzen, als die *Anerkennungs*regel dieses Rechtssystems konstituierend ansehen sollten, anstatt sie als eine ihrer fundamentalen sekundären *Änderungs*regeln zu betrachten.[36] Wie wir im letzten Absatz von Abschnitt 6 sahen, sind dies verschiedene Funktionen im Rahmen von Harts Theorie. Änderungsregeln

32 Hart sagt auch von einem Verfassungssystem, dass es »ebensogut eine letzte Erkenntnisregel enthalten [kann], die eine Anzahl von Gültigkeitskriterien bestimmt, deren eines das oberste ist«. (Hart, *Der Begriff des Rechts*, S. 129 [S. 184 in diesem Band])

33 Matthew D. Adler, Michael C. Dorf, »Constitutional Existence Conditions and Judicial Review«, in: *Virginia Law Review* 89 (2003), S. 1105-1202, hier S. 1105.

34 Ebd., S. 1130, Fn. 53.

35 Ebd., S. 1165.

36 Vielleicht konstituieren die Vorschriften von Artikel 5 über Zusatzartikel zur Verfassung eine noch fundamentalere Veränderungsregel; aber die Vorschriften für die Gesetzgebung sind sicherlich sehr wichtig.

sind Abhilfen für die Starrheit eines einfachen Systems primärer Regeln, wohingegen eine Anerkennungsregel seiner Ungewissheit abhelfen soll. Es ist die Änderungsregel, die die Legislative etabliert und autorisiert, indem sie diese ermächtigt, Recht zu schaffen, zu ändern und aufzuheben. Darüber hinaus sagt Hart – wo er die Wichtigkeit der inhaltsbasierten Beschränkungen der Gesetzgebung in einem Verfassungssystem wie dem der Vereinigten Staaten diskutiert – tatsächlich, dass diese am besten als Vorkommnisse der Änderungsregeln zu verstehen sind: »Sie sind Teile der Regeln, die die Autorität, Gesetze zu geben, übertragen [...]. Die rechtlichen Beschränkungen der legislativen Autorität liegen [...] in bestimmten Rechtsunfähigkeiten, die in den Regeln niedergelegt sind, welche ihn [den Gesetzgeber] zur Gesetzgebung qualifizieren.«[37]

Wenn wir diese Regelungen als Teil des Systems der Änderungsregeln betrachten, wie sollen wir dann die Rolle einer Anerkennungsregel einschätzen? Drei Möglichkeiten liegen nahe. Wir können sagen, (1) dass es angesichts des Operierens der Änderungsregel keinen Bedarf an einer Anerkennungsregel gibt. Oder wir können sagen, (2) dass ein System mit solch einer Änderungsregel außerdem eine separate Anerkennungsregel benötigt. Oder wir können sagen, (3) dass die Änderungsregel die Anerkennungsregel oder ein Teil von ihr *ist*.

Möglichkeit (1) ist analog zu dem, was ich in Abschnitt 4 über Testamente und Verträge ausgeführt habe. Um ein gültiges Testament anzuerkennen, muss ein Gericht lediglich die Änderungsregel anwenden – d. h. die Regel, die spezifiziert, wie ein neues Testament gemacht oder ein bestehendes geändert wird. Das Gericht geht einfach die Checkliste gültiger Prozeduren für diese Art der Rechtsänderung durch: Unterschrift, Attestierung usw. Es benötigt keine separate Anerkennungsregel. Ich für meinen Teil sehe nicht, weshalb dies nicht ebenso eine hinreichende Erklärung für das sein könnte, was sich auf der Verfassungsebene abspielt. Es gibt mindestens eine Stelle, an der Hart dem zuzustimmen scheint. Nachdem er gesagt hat (wie oben zitiert), dass Verfassungsbeschränkungen »Teile der Regeln [sind], die die Autorität, Gesetze zu geben, übertragen«, merkt er an, dass diese Beschränkungen »für die Gerichte von vitalem Interesse [sind], weil diese jene Regeln als

37 Hart, *Begriff des Rechts*, S. 88 f.

Gültigkeitskriterium für die legislativen Erlasse benutzen, die vor sie kommen«.[38] Der Ausdruck »jene Regeln« muss zurückverweisen auf »die Regeln, die die Autorität, Gesetze zu geben, übertragen«, und das bedeutet, dass sie auf die Änderungsregel zurückverweist, nicht auf die Anerkennungsregel. Hart sagt also, dass die Gerichte eine Änderungsregel als Kriterium für die rechtliche Gültigkeit der Normen nutzen, mit denen sie es zu tun haben. Das ist ziemlich verschieden von dem, was für gewöhnlich in der Rechtsphilosophie à la Hart gesagt wird – und ziemlich verschieden von dem, was Hart selbst im Postskriptum sagt, wo er impliziert, dass das, was die Gerichte verwenden, um rechtlich gültige Normen von nichtrechtlichen Normen zu unterscheiden, eine Anerkennungsregel ist.[39]

An einer Stelle im Text des Buches spielt Hart mit der Möglichkeit (2), die er, wenn auch nur minimal, von der Möglichkeit (3) unterscheidet. Bei der Einführung der Idee von Änderungsregeln sagt er Folgendes:

Natürlich gibt es eine sehr enge Verbindung zwischen den Änderungsregeln und den Anerkennungsregeln: Denn wo es die ersteren gibt, werden notwendigerweise die letzteren einen Bezug zur Gesetzgebung enthalten als einem Identifizierungsmerkmal für die Regeln, obwohl nicht alle Details der Gesetzgebungsprozedur erwähnt werden müssen. Normalerweise genügt es für die Anerkennungsregeln, daß eine offizielle Urkunde oder eine offizielle Kopie als Beweis des rechtsgültigen Erlasses genommen wird.[40]

Dies scheint darauf hinzudeuten, dass die Anerkennungsregel nicht mehr als eine Art Hobbes'sche Rolle spielt (oben in Abschnitt 3 diskutiert). Tatsächlich ist es die Änderungsregel, die das tragende Element in den Fundamenten des Rechtssystems bildet, die Anerkennungsregel ist nur ein zusätzliches Prüfinstrument.

38 Ebd., S. 88.

39 Hart erwidert auf ein Argument Dworkins: »Ich sage ausdrücklich [...], daß in einigen Rechtssystemen, zum Beispiel in den Vereinigten Staaten, *die ultimativen Kriterien für die Rechtsgültigkeit* explizit neben der ›Herkunft‹ auch Prinzipien der Gerechtigkeit oder subtantielle moralische Werte enthalten können und daß diese den Inhalt von verfassungsrechtlichen Beschränkungen bilden können« (S. 326, Hervorhebungen durch den Autor). Zwar identifiziert Hart nicht direkt die kursivierte Phrase mit »der Anerkennungsregel«, aber der Kontext macht dies klar, ebenso wie seine Diskussion der Gewissheit und Ungewissheit in der Anwendung der Anerkennungsregel einige Seiten später (S. 330-333).

40 Ebd., S. 117 f.

Aber schon bald verschwindet dieses subtile Manövrieren aus Harts Theorie, und die Idee der Anerkennungsregel übernimmt einfach die Führung, mit kaum einem weiteren Bezug zur Änderungsregel oder zur Relation zwischen beiden. Bis wir bei Kapitel 6 von *Der Begriff des Rechts* angekommen sind, ist die Anerkennungsregel zum Ein und Alles von Harts grundlegenden sekundären Regeln geworden. Hart sagt, dass in einer einfachen Rechtsgesellschaft, wie der von Rex I, »das alleinige Identifizierungskriterium des Rechts die Tatsache [ist], daß Rex I die entsprechenden Gesetze erließ«.[41] Es gibt keinen Verweis auf die Tatsache, dass Rex I durch etwas anderes als eine Anerkennungsregel dazu ermächtigt ist, Recht zu setzen. Und in einer komplexeren Gesellschaft, sagt Hart, wird der Verweis auf Akte der Rechtsetzung eine Facette der Anerkennungsregel sein: Im modernen Großbritannien z. B. »ist es ein Teil der Erkenntnisregel dieses Systems, daß die Erlasse dieser Legislative zugleich das oberste Gültigkeitskriterium darstellen«.[42] Die Änderungsregel, die das Parlament ermächtigt hat, Gesetze zu geben, ist nicht der Rede wert.

Das ist schade, denn es sorgt dafür, dass wir die Tatsache aus den Augen verlieren, dass die Gültigkeitskriterien in erster Instanz durch die Änderungsregel bereitgestellt werden. Es wird nahegelegt, dass die Spezifikation von Gültigkeitskriterien (durch die Anerkennungsregel) etwas deutlich Unterschiedenes und Grundlegenderes ist als die Aufstellung einer Änderungsregel. Aber tatsächlich ist das Gegenteil der Fall. Die Anerkennungsregel erhält ihren spezifischen Inhalt von der Änderungsregel, und es ist für mich nach wie vor nicht deutlich, inwiefern die Anerkennungsregel mit diesem Inhalt irgendetwas tut, was nicht bereits die Änderungsregel getan hat.

10. Kompetenzen, Änderung, Pflicht und Abgeschlossenheit

Wenn wir die Möglichkeit (2) aus Abschnitt 9 verfolgen wollten – dass ein System mit einer Änderungsregel auch eine separate Anerkennungsregel benötigt –, dann würden wir fragen, was die An-

41 Ebd., S. 122 f.
42 Ebd., S. 129.

erkennungsregel zusätzlich zu dem leistet, was die Änderungsregel leistet. In seinem kleinen Buch mit dem Titel *H. L. A. Hart* sagt Neil MacCormick Folgendes über die Anerkennungsregel:

Was die Anerkennungsregel tut, ist, die Kriterien zu bestimmen, die die Gültigkeit der Regeln eines bestimmten Rechtssystems festlegen. Während die sekundären Regeln der Rechtsprechung und der Änderung Kompetenzen übertragen, legt die Anerkennungsregel Pflichten fest – die Pflichten derjenigen, die öffentliche und amtliche Macht ausüben, insbesondere die Macht, Recht zu sprechen. Wenn diejenigen, die dazu ermächtigt sind, als Richter zu agieren, ebenso als Richter dazu verpflichtet sind, alle und nur die Regeln anzuwenden, die bestimmte mehr oder weniger klar spezifizierte Gültigkeitskriterien erfüllen, dann hat das ganze Corpus an Regeln, zu deren Anwendung die Richter befugt sind, einen relativ bestimmten oder bestimmbaren Inhalt.[43]

Angenommen, wir lesen diese Passage im Lichte dessen, was wir bereits entwickelt haben – dass es nämlich in erster Instanz die Änderungsregel ist, die uns Kriterien rechtlicher Gültigkeit liefert. Was wird nach MacCormick durch die Anerkennungsregel hinzugefügt? Sie fügt eine *Pflicht* hinzu, sagt er, eine Pflicht, die den Gerichten obliegt, die Resultate der gültigen Ausübung von Kompetenzen als Recht zu behandeln. Alles, was die Änderungsregel leistet, ist, uns zu sagen, wie eine Kompetenz auszuüben ist – die Kompetenz, Recht zu schaffen, wird zum Beispiel gültig ausgeübt, wenn ein Gesetz durch zwei Kammern beschlossen, dem Präsidenten zur Unterschrift vorgelegt und entweder von ihm unterschrieben wurde oder anschließend Gegenstand einer Abstimmung war, die das Veto des Präsidenten überstimmt hat (vorausgesetzt, dieses Gesetz liegt im Aufgabenbereich von Artikel 1 der Verfassung und konfligiert nicht mit der *Bill of Rights*). Professor MacCormick scheint zu sagen, dass die Änderungsregel zwar all dies tun könne, jedoch immer noch offen lasse, ob die Gerichte daran gebunden sind, eine Vorschrift, die all diese Tests durchlaufen hat, als Recht anzuwenden.

Aber ich sehe nicht, wie dies offengelassen werden kann. Die Idee einer Hohfeld'schen Kompetenz (*power*) ist nicht die Idee einer Änderung, die offenlässt, worin ihr Einfluss auf die Pflichten

43 Neil MacCormick, *H. L. A. Hart*, Stanford 1981, S. 21.

der Menschen bestehen wird. Die Idee einer Kompetenz *ist* die Idee einer Fähigkeit, die Pflichten der Menschen zu verändern. Wenn also die Änderungsregel den Kongress ermächtigt, Gesetze zu erlassen, dann befähigt sie ihn notwendigerweise dazu, etwas zu tun, was die Pflichten anderer Akteure im System verändern wird.[44] Das ist es, was eine Kompetenz ausmacht. Eine Anerkennungsregel ist also nicht als zusätzlicher Faktor erforderlich, um dieses Ergebnis zu erreichen.

Allerdings schlägt MacCormick zudem vor, dass die Anerkennungsregel eine weitere Aufgabe zu erfüllen hat: sie erlegt Richtern die Pflicht auf, *nur* diejenigen Regeln anzuwenden, die die Gültigkeitskriterien erfüllen. Dies geht über das hinaus, was die Änderungsregel beinhaltet. Die Änderungsregel selbst impliziert, wie ich im vorangegangenen Absatz gesagt habe, dass die Gerichte all die Normen anwenden müssen, die die in der Änderungsregel niedergelegten Tests erfüllen. Nun reden wir allerdings über ein zusätzliches Element: Die Gerichte dürfen keine anderen Normen anwenden. Dies ist ein Abgeschlossenheitsprinzip, und man könnte meinen, dass die besondere Aufgabe einer Anerkennungsregel darin besteht, eine solche Abgeschlossenheit in Kraft zu setzen (eine Aufgabe, die zugegebenermaßen nicht von einer Änderungsregel in meinem Sinne geleistet werden kann). Ich kann mir vorstellen, dass manche Rechtssysteme eine solche Regel haben *können*.[45] Und manchmal handeln Richter in bestehenden Rechtssystemen auch so, als würden sie einer solchen Regel unterstehen. Zum Beispiel

44 Natürlich mag es zutreffen, dass die Bestimmungen eines Stücks Gesetzgebung nicht direkt die Position der Richter verändern (wie es ein Gesetz *über* Richter kann). Aber die Gesetzgebung wird die rechtliche Position anderer Menschen verändern und damit indirekt die Position der Richter beeinflussen, insofern es ihre Rolle ist, zu sagen, was (jetzt) die Positionen der anderen Menschen sind.

45 Und ich sollte wohl hinzufügen, dass meine Erläuterung der Bedeutung von Änderungsregeln verglichen mit Anerkennungsregeln in dem Maße nicht als notwendige Wahrheit dargestellt werden kann. In Abschnitt 13 werde ich ein wenig mehr über den modalen Status meiner Behauptungen in diesem Kapitel sagen. Fürs Erste ist es erwähnenswert, dass meine Antwort sich auf einen Vorschlag Harts und seiner Anhänger bezieht, und zwar, dass eine Anerkennungsregel in jedem Rechtssystem notwendigerweise eine Schlüsselrolle spielt. Diese Behauptung ist, denke ich, falsch, und sie wird nicht bloß durch irgendein ausgedachtes Gegenbeispiel falsifiziert, sondern durch unsere Erfahrung von tatsächlich existierenden Rechtssystemen.

hat man in der Vorbürgerkriegszeit in den Vereinigten Staaten Richter, die die *Fugitive Slave Acts* durchgesetzt haben, Derartiges sagen hören:

[M]it den abstrakten Prinzipien der Sklaverei haben die Gerichte, die das Recht verwalten sollen, nichts zu tun. Es obliegt dem Volke, das souverän ist, und seinen Repräsentanten, die Verfassungen schaffen und Gesetze durchsetzen, die natürlichen Gesetze und die unveränderlichen Prinzipien des Rechts zu bedenken. Dies ist ein Bereich, den Richter nicht erkunden können [...]. Sie schauen auf das Recht und ausschließlich auf das Recht. Eine Missachtung dessen durch richterliche Macht würde den Gesellschaftsvertrag untergraben und umstürzen.[46]

Allerdings gab es zum einen auch andere Richter, die anderer Meinung waren. Einige haben naturrechtliche Überlegungen direkt oder indirekt angewandt (Teil der Meinungsverschiedenheit war, ob »das Recht und [...] das Recht alleine« eine bestimmte Menge an Normen und Prinzipien meint, die (zum Beispiel) Prinzipien des Naturrechts oder das Völkerrecht oder moralische Prinzipien, die nach weitgeteilter Meinung dem *Common Law* zugrunde liegen, ausschließt). Zum anderen muss man bedenken, dass der Richter in der oben zitierten Passage *einen Grund* dafür angibt, nicht über die Verfassung und unter ihr beschlossene Gesetze hinauszugehen (angenommen, dass sie es sind, auf die er sich beschränkt). Er betrachtet diese Einschränkung seines Blickfelds nicht als bloße Konvention (obwohl er sie vielleicht als eine jener Konventionen zur Koordination partieller Konflikte betrachtet, die ich in Abschnitt 6 diskutiert habe).

Das Wichtigste, was man diesem Beispiel entnehmen muss, ist, dass die Existenz einer solchen Regel in der Vorbürgerkriegszeit der Vereinigten Staaten hochgradig umstritten war: Es gab Gründe, die zu ihren Gunsten, und Gründe, die gegen sie vorgebracht wurden (Diese Gründe und die Kontroverse werden in Robert Covers Buch *Justice Accused* nachgezeichnet[47]). Ein Grund zugunsten einer solchen Regel könnte ein Grund sein, den MacCormick in der oben zitierten Passage erwähnt: Wenn es eine solche sekundäre Regel gibt, dann »hat das ganze Corpus an Regeln, zu deren An-

46 *Miller vs. McQuerry*, 17 F. Cas. 332 (No. 9,583) (C.C.D. Ohio, 1853) (McLean J.), S. 339.

47 Robert Cover, *Justice Accused. Antislavery and the Judicial Process*, Yale 1975.

wendung die Richter befugt sind, einen relativ bestimmten oder bestimmbaren Inhalt«. Das mag man in einem Rechtssystem für wünschenswert halten oder auch nicht. Manche Menschen mögen ein System bevorzugen, das offener ist als dieses. Aber es würde seltsam erscheinen, es zum Bestandteil des bloßen Begriffs eines Rechtssystems zu machen, dass es eine Regel geben muss, die begrenzt, auf welche Überlegungen man sich auf diese Weise berufen kann. Von allem anderen abgesehen, würde dies implizieren, dass den Richtern und Anwälten, die die Meinung von Richter McLean in *Miller vs. McQuerry* kritisierten, eine Art begrifflicher Irrtum darüber unterlaufen wäre, in was für einer Art von System sie sich befanden (oder über was für eine Art von System sie nachdachten).

Aus Gründen, die ihnen selbst am besten bekannt sind, sind Positivisten an Systemen interessiert, die die genannte Art von Abgeschlossenheit besitzen. Normative Positivisten geben moralische Gründe für dieses Interesse an: Sie denken, dass Systeme mit einer solchen Art von Abgeschlossenheitsregel moralisch wünschenswert sind.[48] Und Positivisten glauben, ob auf begrifflicher oder normativer Grundlage, dass es eine gute Idee ist, den Begriff *Recht* in Verbindung mit dieser Art von Abgeschlossenheit zu verstehen. Dies mag ein plausibler Schritt in der Rechtsphilosophie sein oder auch nicht. Es ist allerdings einigermaßen unverfroren, zusätzlich nicht bloß zu behaupten, dass Recht als geschlossenes System verstanden werden muss, sondern auch, dass der Preis für die Abgeschlossenheit darin besteht, dass jedem Rechtssystem eine fundamentale Regel zugeschrieben werden muss, die dieses Abgeschlossenheitsprinzip verkörpert. Das heißt, es liegt eine Unverfrorenheit in der Insistenz der Positivisten, dass jedes Rechtssystem eine Regel enthalten muss, die so gehalten ist, dass sie die rechtsphilosophische Position der Positivisten selbst repräsentiert.

Ein Großteil von Ronald Dworkins Rechtsphilosophie kann als Zurückweisung dieser Art von Geschlossenheit verstanden werden. Erstens macht er aufmerksam auf Eigenschaften unserer bestehenden Rechtssysteme (z. B. in den Vereinigten Staaten), die keine Belege für eine solche Abgeschlossenheit liefern. Zweitens bestreitet er, dass eine solche Abgeschlossenheit als ein Vorteil auf den höhe-

48 Zu »normativem Positivismus« siehe Jeremy Waldron, »Normative (or Ethical) Positivism«, in: Jules Coleman (Hg.), *Hart's Postscript. Essays on the Postscript to* The Concept of Law, Oxford 2001, S. 411.

ren Ebenen der verfassungsmäßigen Anerkennung angesehen werden sollte, und das gilt im Übrigen auch auf niedrigeren Ebenen der Anerkennung von Testamenten usw.[49]

11. Raz über Anerkennungsregeln (*Plural*)

In *Praktische Gründe und Normen* argumentiert Joseph Raz dafür, dass die meisten Rechtssysteme mehrere Anerkennungsregeln besitzen, von denen keine die höchste ist.[50] Wenn dies der Fall ist, dann kann keine bestimmte Anerkennungsregel die Art von Abgeschlossenheitsklausel enthalten, die Professor MacCormick postuliert. Eine gegebene Anerkennungsregel wird (höchstens) sagen, dass alle Regeln, die den Test φ erfüllen, von den Gerichten angewandt werden müssen. Sie kann jedoch nicht besagen, dass keine Regel, die Test φ nicht erfüllt, angewandt werden darf, da dies mit der Operation anderer Anerkennungsregeln in demselben System in Konflikt geraten würde.

Raz erwähnt Harts Überzeugung, dass dies zu Konflikten führen kann und dass wir eine höchste Haupt-Anerkennungsregel benötigen, um dieses Problem zu lösen. Raz sagt jedoch, dass dies, ob es nun für wünschenswert erachtet wird oder nicht, klarerweise nicht zur Definition eines Rechtssystems gehören kann: »Es gibt

49 Dies verweist zurück auf das, was in Abschnitt 4 gesagt wurde. Dworkins frühe Arbeit über Riggs vs. Palmer (Ronald Dworkin, *Bürgerrechte ernstgenommen,* Frankfurt/M. 1990, S. 56-58 kann so verstanden werden, dass dort bestritten wird, dass die Existenz einer Änderungsregel für gültige Testamente irgendetwas in der Art einer Beschränkung der Typen von Überlegungen enthält, die bei der Bestimmung der Verteilung nachgelassenen Eigentums zulässig sind. Dass ein Testament mit den Kriterien einer gültigen Veränderung übereinstimmt, zeigt an, dass es bei der Verfügung über das Eigentum [*estate*] des Erblassers berücksichtigt werden muss. Und in der Regel wird es entscheidend sein. Manchmal können allerdings andere Vorschriften ebenfalls Auswirkungen darauf haben: Familienrecht in bestimmten Rechtsprechungen zum Beispiel. Und Dworkin zeigt auf, dass die Menge anderer Erwägungen nicht in dem Sinne abgeschlossen ist, wie es eine Anerkennungsregel nahelegen würde: Hybride Moral/Common Law/Völkerrechts-Ideen, wie etwa das Prinzip, dass keine Person einen Anspruch auf ihr eigenes Unrecht stützen kann, können auch auf eine Weise Eingang finden, von der wir annehmen würden, dass sie durch eine Anerkennungsregel – in MacCormicks Ansatz – verhindert sei.

50 Raz, *Praktische Gründe und Normen*, Frankfurt/M. 2006, S. 197-200.

gar keinen Grund für die Annahme, daß gültige Normen desselben Systems nicht miteinander in Konflikt stehen können.«[51] Das Äußerste, zu dem sich Raz bereiterklärt, ist daher, dass jedes System irgendeine Anerkennungsregel haben muss. Da allerdings, wie wir gesehen haben, die Funktion einer Anerkennungsregel (mit Ausnahme dieser zweifelhaften Abgeschlossenheitsfunktion) von einer Änderungsregel übernommen werden kann, können wir vielleicht nicht einmal so weit gehen.

Man bedenke außerdem in diesem Zusammenhang, dass die Änderungskompetenzen in einem gegebenen Rechtssystem ebenfalls plural und auch mehr oder weniger wohlgeordnet sein können. Wenn sie wohlgeordnet sind – d. h., wenn es eine Metanorm *N* gibt, die besagt, dass Änderungen durch ein Verfahren α Vorrang besitzen gegenüber Änderungen durch die Prozedur β –, dann entsteht meines Erachtens eine Frage darüber, wie man *N* beschreiben sollte. Entspricht sie vielleicht eher einer Anerkennungsregel als einer Änderungsregel? Einiges von dem, was Hart in *Der Begriff des Rechts* sagt, könnte dies nahelegen.[52] Jedoch sehe ich keinen Grund, diesem Vorschlag zu folgen: Warum nicht einfach sagen, dass es, wenn es mehrere Änderungsregeln gibt, wünschenswert ist, eine Meta-Änderungsregel zu haben, um die Prioritäten unter diesen zu klären?

12. Die *Grundnorm*-Funktion

Vielleicht ist es ein Fehler, die Anerkennungsregel zu eng mit (bestimmten Vorschriften) der Verfassung zu identifizieren. Einige Positivisten wollen vielleicht sagen, dass die Funktion der Anerkennungsregel nicht darin besteht, zu tun, was die Verfassung tut, sondern darin, die Verfassung als Recht zu bestätigen. Die Verfassung bestätigt dann die Bundesgesetzgebung als Recht, indem sie ihre eigene Änderungsregel und (wenn man MacCormicks Geschichte Glauben schenkt) ihre eigene untergeordnete Anerkennungsregel anwendet. Aber die fundamentale Anerkennungsregel ist der Verfassung vorrangig und steht hinter ihr. John Finnis zum Beispiel

51 Ebd., S. 199.
52 Hart, *Begriff des Rechts*, S. 116 f.

sagt, dass »die Anerkennungsregel [...] für Harts Rechtstheorie die letzte Antwort auf die Frage ist ›Was ist der Grund für die Gültigkeit der höchsten Änderungsregel [...] dieses Rechtssystems?‹«.[53]

Dies ordnet der Anerkennungsregel mehr oder weniger die normative Funktion von Hans Kelsens *Grundnorm* zu, mit dem Unterschied natürlich, dass Hart sie empirisch betrachtet, als eine faktisch existierende Praxis, wohingegen Kelsen an ihr als einer Art logischem Postulat interessiert ist (wenn auch als logischer Voraussetzung eines empirisch wirksamen Systems von Normen).[54] Einiges von dem, was Hart in einer langen Endnote zu Beginn von Kapitel 6 von *Der Begriff des Rechts* über die Anerkennungsregel sagt, stützt diese Sicht. Während er die ontologischen und methodologischen Unterschiede zwischen den Begriffen seiner und den Begriffen von Kelsens Rechtsphilosophie benennt, merkt er an, dass seine These, die Grundlage eines Rechtssystems bestehe in einer letzten Anerkennungsregel, »in bestimmter Weise Kelsens Begriff einer Grundnorm« ähnelt«.[55]

Dies ist eine sehr interessante Alternative zu der Ansicht, die in Abschnitt 10 erkundet wurde. Es ist dennoch merkwürdig, wenn Hart oder Anhänger Harts eine solche Analogie anführen. Kelsens Problem bestand darin, dass er einen Weg suchte, den Begriff der Gültigkeit auf die grundlegenden Normen eines Rechtssystems anzuwenden, obgleich es (*ex hypothesi*) keine Normen gibt, die deren Gültigkeit gewährleisten könnten. Deshalb ließ er sich dieses logische Postulat einer ultrafundamentalen Norm einfallen. Einer der gesunden Aspekte von Harts Ansatz in *Der Begriff des Rechts* ist, dass er diese Problematik vermeidet. Hart sagt im Grunde, dass der Begriff der Gültigkeit auf die grundlegenden sekundären Regeln schlicht nicht angewandt wird: Als letzte Regeln sind sie Voraussetzungen der Gültigkeit und nicht selber gültig.[56] In dem Maße, in dem Hart grundlegende sekundäre Regeln mit soziologisch-existierenden sozialen Praktiken identifiziert, ist alles, was wir über die Grundlagen eines Rechtssystems sagen können, dass sie *existieren*. Was nun, wie mir scheint, auf der Grundlage

53 John Finnis, »On Hart's Ways. Law as Reason and as Fact«, in: *American Journal of Jurisprudence* 52 (2007), S. 25-53, hier S. 25, 44.

54 Siehe Kelsen, *Pure Theory of Law*, S. 202.

55 Hart, *Begriff des Rechts*, S. 297.

56 Ebd., S. 129-133.

eines Rechtssystems wie dem der Vereinigten Staaten existiert, ist eine Praxis, entsprechend den Verfahren und Kriterien, die in den Artikeln 1 und 5 der Verfassung mitsamt der *Bill of Rights* kristallisiert sind, Recht zu schaffen und zu ändern. Dies ist die Praxis, die existiert. Es scheint mir, dass ein Jurist, der in diesem Geiste vorgeht, dann nicht irgendeine Rolle für eine Anerkennungsregel als Untermauerung dieser Praktiken herbeizaubern sollte, indem er ihr eine Bestätigungsfunktion hinter den Kulissen zuschreibt; das Geniale an Harts Beitrag bestand ja gerade darin, ohne Letzteres auszukommen.

Ohne Zweifel wird die Überzeugungskraft dessen, was ich gerade gesagt habe, damit variieren, wie viel Vorliebe man als Theoretiker für Metaphysik in der Rechtsphilosophie hat. Aber selbst, wenn manche so etwas wie eine quasikelsenianische Auffassung der Anerkennungsregel Harts weiterverfolgen wollen, gibt es weitere unangenehme Fragen, zu denen man sich verhalten muss.

Zum einen muss man beachten, dass die quasikelsenianische Auffassung der Anerkennungsregel diese nicht wirklich als *Regel* behandelt, im Sinne von etwas der Form nach Nomologischem oder Universalisierbarem. Stattdessen behandelt sie sie als eine partikularisierte normative Praxis. Nach dieser Auffassung gilt beispielsweise, dass die Anerkennungsregel für Bundesrecht in den Vereinigten Staaten das Dokument, das 1787 in Philadelphia angefertigt und von den dreizehn Staaten ratifiziert wurde, als Recht identifiziert; und gleichzeitig wird dieses Dokument von (sagen wir) der Unabhängigkeitserklärung oder den Artikeln der Konföderation in folgender Hinsicht getrennt: Die letzten beiden werden nicht als Recht anerkannt, die Verfassung von 1787 hingegen schon.[57] So besteht die Aufgabe der grundlegendsten »Anerkennungsregel« nach diesem quasikelsenianischen Ansatz einfach darin, *eine bestimmte Sache herauszugreifen und sie von einigen anderen bestimmten Dingen zu unterscheiden.* Sie stellt keinerlei Kriterium bereit, um Dinge *einer bestimmten Art* zu identifizieren. Die Verfassung selbst – sobald *sie* anerkannt wurde – bringt so etwas wie eine Praxis der Aner-

57 Dies lässt natürlich die weitere Frage offen, ob die Regel oder die Anerkennung, so verstanden, auf dieser grundlegenden Ebene ebenfalls eine Abgeschlossenheitsfunktion besitzt. Anerkennt sie nur nicht die Unabhängigkeitserklärung als Recht oder erlegt sie Richtern eine affirmative Pflicht auf, sie als Nichtrecht zu behandeln, d. h., die Unabhängigkeitserklärung niemals zu berücksichtigen?

kennung in Gang, die auf regelhafte Weise verfährt, indem eine potentiell unbegrenzte Klasse von Gegenständen durch quellenbasierte oder andere Kriterien identifiziert wird (Wie gesagt tut die Verfassung dies auf Grundlage der Änderungsregel, die sie enthält). Die grundlegende Anerkennungsregel, entsprechend der hier betrachteten Auffassung, tut dies jedoch gerade nicht.

Natürlich muss dies für den quasikelsenianischen positivistischen Ansatz nicht fatal sein. Diejenigen, die diesen Ansatz vertreten, können sagen, dass wir bei dem Ausdruck »Regel« in »Anerkennungsregel« nicht allzu streng sei sollten. Nichts hängt an ihrer Regelhaftigkeit. Sie kann immer noch eine normative Praxis sein – ein weitverbreitetes Empfinden, dass irgendetwas im Besonderen getan oder befolgt werden sollte, wie oben in Abschnitt 6 diskutiert.

Aber es gibt noch eine andere Frage, die an den quasikelsenianischen Ansatz gerichtet werden muss. Wenn wir glauben, dass es eine grundlegende sekundäre Regel oder Praxis gibt, die diese ausschlaggebende kelsenianische Rolle »hinter der Verfassung« spielt, funktioniert solch eine sekundäre Regel oder Praxis dann eher wie eine Anerkennungsregel oder eher wie eine Änderungsregel?

Die Analogie zu Kelsens Ansatz (so begrenzt sie ist) legt nahe, dass die letztgültige sekundäre Regel oder Praxis besser in Analogie zu einer Änderungsregel verstanden werden sollte. In Kelsens System soll die Grundnorm den Eindruck vermitteln, dass die Gestalter der historisch ersten Verfassung das Recht hatten, zu tun, was sie taten. Insofern sie einen Inhalt hat, ist es dieser: Sie ermächtigt sie, sie autorisiert die Änderung, die sie vorgenommen haben. Sie interpretiert das, was sie taten, als einen Akt der Normschöpfung, als ob es eine höhere Norm gegeben hätte, die ihrer Gestaltung dieses Dokuments Gültigkeit verlieh. Mit anderen Worten: Die grundlegende Norm ist nach Kelsens Ansicht mit *rechtlicher Dynamik* assoziiert – mit Veränderung im Rechtssystem. Dies ist absolut wesentlich für Kelsens Ansatz, und ich denke, es unterscheidet jeden Ansatz dieser Art von rechtsphilosophischen Theorien, die die Schlüsselrolle dem statisch-anerkennenden und eben nicht dem dynamisch-transformierenden Charakter der Norm zuschreiben, die hinter der Verfassung stehen soll.

Ich weiß, dass dies in Bezug auf die Interpretation von Harts Theorie keineswegs zwingend ist. Hart ist nicht Kelsen. Aber ich denke, dass die gerade entwickelten Punkte die Aussage weiter in Zweifel ziehen, dass es spezifisch eine Anerkennungsregel ist und eben keine Änderungsregel, die das Fundament eines modernen verfassungsrechtlichen Systems bildet.

13. Schluss

Es ist nicht schwer, sich ein normatives System vorzustellen, in dem so etwas wie eine Anerkennungsregel zentral ist. John Gardner hat mir zu Bedenken gegeben, dass die Spieler von Brettspielen sich manchmal ihren regeltechnischen Herausforderungen mit einer grundlegenden Norm nähern, die so etwas sagt wie: »Die Regeln von Monopoly sind auf der Innenseite des Deckels der Box aufgedruckt, die zum Zeitpunkt des Kaufs das Brett, die Karten, das Geld und die Spielstücke enthielt.« Bei jedem Streit, der unter den Spielern darüber ausbricht, wie die Regeln von Monopoly lauten, sagt diese sekundäre Regel ihnen, wo sie nachschauen müssen.[58]

Es mag mit viel Fantasie möglich sein, sich ein Rechtssystem vorzustellen, das genau so funktioniert oder für dessen Arbeitsweise diese Art von Beispiel eine bessere Analogie bieten würde als der von mir vorgeschlagene Ansatz, in dessen Zentrum Änderungsregeln stehen. Vielleicht gilt das für einige Systeme religiösen Rechts; sie sind organisiert durch eine grundlegende sekundäre Regel, die besagt: »Die Regeln für das soziale Zusammenleben sind diejenigen, die in den Büchern Exodus, Levitikus und Deuteronomium enthalten sind.« Ich vermute, dass in der wirklichen Welt Systeme religiösen Rechts in mancher Hinsicht diesem ähnlich, in anderer Hinsicht aber nicht. In manchen religiösen Traditionen verweist die relevante Anerkennungsregel auf ein heiliges Buch als *Rechtsquelle* und nicht als Liste von Regeln. Und in allen Rechtstraditionen gibt es die zusätzliche Funktion der Argumentation, wie oben in Abschnitt 8 skizziert. Wie ich dort sagte, erfordert eine solche Argumentation nicht selbst eine Anerkennungsregel, um rekursiv auf ihre eigenen Resultate anwendbar zu sein. Alles, was benötigt

58 Ich danke John Gardner für dieses Beispiel, 2008 mündlich übermittelt auf der jährlichen U. K. Analytic Legal Philosophy Conference am University College, Oxford.

wird, ist ein Verfahren, die Texte zu identifizieren, um die sich Kasuistik und interpretative Argumentation dann drehen werden.

Insoweit solche Rechtssysteme vorstellbar sind, muss man sehr vorsichtig dabei sein, zu behaupten, es sei eine notwendige Wahrheit, dass Änderungsregeln und nicht Anerkennungsregeln grundlegend für unser Verständnis von Recht sind. Wenn wir unsere Aufmerksamkeit allerdings auf wirkliche Rechtssysteme richten, mit denen wir vertraut sind – ähneln sie dann wirklich Gardners Monopolyspiel oder diesen religiösen Systemen? Ich denke nicht. Veränderung ist der Schlüssel zu einem modernen Rechtssystem. Ein gut organisiertes System operiert mit festgesetzten Regeln ausdrücklicher formaler Änderung und ebenso mit Regeln, die informelle Änderung durch Argumentation strukturieren und ermöglichen. Durch keine der beiden Mengen sekundärer Regeln wird die Anerkennungsfunktion grundlegend. Soweit sie grundlegend ist, ist sie eine Funktion, die vollständig durch Änderungsregeln alleine erfüllt werden kann.

Übersetzt von Thomas Meyer

13. Timothy A. O. Endicott

Die Unmöglichkeit der Rechtsstaatlichkeit

1. Einleitung

Rechtsstaatlichkeit ist unerreichbar. Gemeinschaften erreichen sie niemals vollständig. Sie erfordert unter anderem, dass Staatsbeamte sich nach dem Recht richten. Aber es kann sein, dass sie es nicht tun, und vermutlich gibt es keine große Gemeinschaft, in der sie dies immer tun. In dem Maße, in dem sich Beamte nicht an das Recht halten, verfehlt die Gemeinschaft das Ideal der Rechtsstaatlichkeit. Vielleicht ist es bisher noch keiner Gemeinschaft gelungen, besonders nah an dieses Ideal heranzukommen. Menschen befolgen Regeln nicht immer.

Ich werde dafür argumentieren, dass dies die einzige Hinsicht ist, in der Rechtsstaatlichkeit unerreichbar ist. Vagheit im Recht scheint dieser Behauptung zu widersprechen, weil Vagheit willkürliches Regieren zu einem gewissen Grad unvermeidbar zu machen scheint. Wenn willkürliches Regieren aufgrund von Vagheit unvermeidbar ist, scheint es, dass das Ideal der Rechtsstaatlichkeit zu einem gewissen Grad unerreichbar ist – und zwar aus einem anderen Grund als dem der Gesetzesuntreue.

Um diese Folgerung zu vermeiden, bedarf es eines verbesserten Verständnisses des Ideals der Rechtsstaatlichkeit. Vielleicht gibt es bisher deshalb wenige Diskussionen darüber, was als eine vollständige Umsetzung des Ideals zählen würde, weil Gemeinschaften eben nicht sehr nah an das Ideal herankommen. Dennoch ist diese Frage grundlegend für ein Verständnis des Ideals, und der Versuch, sie zu beantworten, wirft einige Fragen auf, die bisher nicht behandelt worden sind.

Rechtsphilosophen streiten sich zwar darüber, ob in der Rechtsstaatlichkeit irgendeine positive Tugend liegt, aber es gibt einen Konsens über die *Anforderungen* des Ideals: Gesetze müssen offen, klar, kohärent, prospektiv und stabil sein; Gesetzgebung und exekutives Handeln sollten durch Gesetze mit diesen Eigenschaften geleitet sein; und es muss Gerichte geben, die Rechtsstaatlichkeit durchsetzen.[1] Das Ordnungsprinzip dieser Anforderungen ist, wie Raz es formuliert, dass »das Recht in der Lage sein muss, das Handeln der Rechtssubjekte anzuleiten«.[2] Recht, das vollständig an diesen Anforderungen scheiterte, wäre überhaupt kein Recht, und ein Rechtssystem, das diese Anforderungen in einem gewissen Grad nicht erfüllte, wäre in einem rechtlichen Sinne mangelhaft. In John Finnis' Formulierung: Damit ein Rechtssystem »rechtlich in guter Verfassung« ist, muss es diese Anforderungen erfüllen.[3]

Ich schlage nicht vor, von dem Konsens über die Anforderungen der Rechtsstaatlichkeit abzuweichen. Sie scheinen eine Antwort auf unsere Frage zu liefern, was als die Erreichung des Ideals gelten würde: Wenn das Ideal vollständig erreicht werden soll, müssen die Anforderungen vollständig erfüllt sein, und Rechtsstaatlichkeit anzustreben heißt, eine größtmögliche Übereinstimmung mit den Anforderungen herzustellen. Dieser Auffassung zufolge könnten wir sagen, dass die Anforderung der *Klarheit* erfordert, Vagheit zu beseitigen, und dass eine Gemeinschaft das Ideal der Rechtsstaatlichkeit in dem Maße nicht erreicht, in dem ihr Recht vage ist. Ich werde argumentieren, dass solch eine Auffassung das Ideal nicht bloß unerreichbar, sondern inkohärent machen würde (Abschnitt 3). Ich werde ein verbessertes Verständnis des Ideals vorschlagen, nach dem Vagheit nicht notwendigerweise der Rechtsstaatlichkeit entgegengesetzt ist (Abschnitt 4).

Das verbesserte Verständnis wird durch die Diskussion von drei das Ideal betreffenden Schwierigkeiten gestützt, die die Rechtsveränderung, die Endgültigkeit der Rechtsprechung und den Gegensatz von Rechtsstaatlichkeit und Anarchie betreffen (Abschnitt 5). Die Schwierigkeiten treten dann auf, wenn wir glauben, dass Rechtsstaatlichkeit maximale Stabilität und die gerichtliche Anfechtbarkeit jeder Entscheidung verlangt und dass das Leben einer Gemeinschaft vollständig durch das Recht bestimmt wird. Im Lichte dieser Ansichten könnte es so scheinen, als sei Rechtsstaat-

1 Siehe Lon Fuller, *The Morality of Law*, New Haven/London 1969, Kap. 2; und von Fuller herrührende Auflistungen bei Joseph Raz, *The Authority of Law*, Oxford 1979, S. 214-218 [S. 282 ff. in diesem Band]; und John Finnis, *Natural Law and Natural Rights*, Oxford 1980, S. 270 f.

2 Raz, *Authority of Law*, S. 214 [S. 453 in diesem Band].

3 Siehe Finnis, *Natural Law and Natural Rights*, S. 270.

lichkeit notwendigerweise unerreichbar, und die Entwirrung dieser Probleme wird uns helfen, das Problem der Vagheit zu lösen. Ein Schlussteil geht auf die Implikationen hinsichtlich des Verständnisses der Rolle der Gerichte für die Rechtsstaatlichkeit ein und argumentiert, dass es eine grundlegende Pflicht der Gerichte ist, Fälle zu entscheiden, die das Recht nicht klärt, d.h. eine Lösung anzuordnen (Abschnitt 6). Die Streitlösung ist eine grundlegende Anforderung der Rechtsstaatlichkeit.

2. Der Inhalt des Ideals

Eine Gemeinschaft erreicht das Ideal der Rechtsstaatlichkeit, wenn das Leben der Gemeinschaft durch Recht geregelt ist. Der Rechtsstaatlichkeit kann also die Anarchie entgegengesetzt werden, in der das Leben der Gemeinschaft nicht geregelt ist.[4] Rechtsstaatlichkeit kann auch *willkürlichem* Regieren entgegengesetzt werden. So schrieb Aristoteles, dass es besser sei, wenn das Recht herrscht, als wenn irgendeiner von den Bürgern herrsche.[5]

Willkürliches Regieren ist eine bestimmte Form unvernünftigen Regierens. Es verwirft vernünftige Beschränkungen, in der Regel, um den Willen der Herrschenden durchzusetzen. Eine Technik willkürlichen Regierens besteht darin, ganz auf Gesetze zu verzichten. Es ist aber viel verbreiteter, ein Rechtssystem aufrechtzuerhalten und, wann immer es zweckdienlich ist, Gesetze aufzuheben oder sie zu ignorieren oder die Anforderungen der Rechtsstaatlichkeit anderweitig zu verletzen.

Menschen tendieren dazu, ein Regieren als »willkürlich« anzusehen, wenn es eines oder alle der folgenden drei Merkmale aufweist:

1. Ein Regieren ist willkürlich, wenn es den unbeschränkten Willen der Herrschenden umsetzt – wie in einer absoluten Diktatur.
2. Ein Regieren ist willkürlich, wenn es gleiche Fälle nicht gleich behandelt – wenn es Menschen nicht auf einheitliche Weise behandelt.[6]

4 Aber siehe unten, Fn. 12.

5 Aristoteles, *Politik* III.16, 1287a19.

6 Vgl. John Rawls: »Die Gesetzesherrschaft verlangt [...], daß gleiche Fälle gleich zu behandeln sind. Die Menschen könnten ihre Handlungen gar nicht an Regeln

3. Ein Regieren ist willkürlich, wenn es unberechenbar ist – wenn es den Bürgern nicht sagt, woran sie sind, was ihre Rechte und Pflichten sind.

Ein Regieren scheint willkürlich zu sein, wenn es ihm an Beschränkung, Einheitlichkeit oder Sicherheit ermangelt. Die Rechtsstaatlichkeit scheint einem in solchem Sinne willkürlichen Regieren entgegengesetzt zu sein, da sie Beschränkung, Einheitlichkeit und Sicherheit bietet. Dennoch, so werde ich in Abschnitt 3 argumentieren, gibt es gute Gründe, davon auszugehen, dass alles Regieren unvermeidbar alle drei aufgezählten Merkmale aufweist. Bedeutet dies, dass das Ideal der Rechtsstaatlichkeit inkohärent ist, weil es willkürliches Regieren sowohl voraussetzt als auch verbietet?

Ich denke nicht, dass das Ideal inkohärent ist, und ich denke, dass wir stattdessen schließen sollten, dass mangelnde Beschränkung, Inkonsistenz und Unberechenbarkeit *nicht notwendigerweise willkürlich* im üblichen, pejorativen Sinn des Ausdrucks sind (obwohl ich sie aus Vereinfachungsgründen weiter »willkürliches Regieren in den ersten drei Hinsichten« nennen werde). Ich werde argumentieren, dass überhaupt nichts notwendigerweise falsch ist an einem Rechtssystem, das keine vollständige Beschränkung der Rechtsausübenden, keine vollständige Einheitlichkeit und keine vollständige Berechenbarkeit erreicht. Allerdings ist festzustellen, dass es für diesen Ansatz manches zu tun gibt: Er muss darlegen, was im üblichen, pejorativen Sinn willkürlich *ist.* Wir brauchen einen vierten Sinn von »willkürlich« – einen Sinn, der der Rechtsstaatlichkeit notwendigerweise entgegengesetzt ist, den ich hier angebe und weiter unten zu erklären versuche:

4. Eine Regierung ist willkürlich, wenn ihre Handlungen von der Ratio des Rechts abweichen.

Das Erfordernis, mangelnde Beschränkung sowie Uneinheitlichkeit mit Rechtsstaatlichkeit zu versöhnen, sollte sogleich ersichtlich sein: Herrschende können das Recht dazu nutzen und nutzen es tatsächlich dazu, ihren Willen *durchzusetzen.* Die formale Be-

ausrichten, wenn dieser Grundsatz nicht befolgt würde.« (John Rawls, *Eine Theorie der Gerechtigkeit,* Frankfurt/M. 1979 [1971], S. 268) schränkung durch Rechtsstaatlichkeit erlegt dem Willen der Herrschenden substantiell nur eine geringe Beschränkung auf. Eine Regierung kann also praktisch den unbeschränkten Willen der Herrschenden ausführen und dennoch der Rechtsstaatlichkeit genügen. Und ein Rechtssystem, das der Rechtsstaatlichkeit genügt, mag nur in dem schwachen Sinn gleiche Fälle gleich behandeln, in dem solche Fälle gleich behandelt werden, auf die das Recht in gleicher Weise zutrifft. Das Recht kann Bürgern die *Sicherheit* bieten, dass mit ihnen willkürlich umgegangen wird.

Also ergibt sich ein Problem bezüglich des Inhalts des Ideals: Es scheint Beschränkung zu verlangen, und gleichzeitig ist ein Mangel an Beschränkung unvermeidlich. Dieses Problem ist unlösbar, wenn wir denken, dass ein Mangel an Beschränkung der Herrschenden notwendigerweise dem Ideal zuwiderläuft. Wir können das Problem aber lösen, indem wir sagen, dass Rechtsstaatlichkeit *in einem technischen Sinn* willkürlicher Regierung entgegengesetzt ist. Das bedeutet nicht, dass die Entgegensetzung trivial ist, sondern dass die Rechtsstaatlichkeit eine Technik ist, die der Willkür in unseren ersten drei Hinsichten im Weg steht. Gesetze zu machen ist *auch* eine Technik zur Umsetzung des Willens der Herrschenden (und es *mag* eine Technik sein, um inkonsistent zu handeln). Aber das sollte nicht problematischer sein als die Aussage, dass zum Beispiel das Geben von Versprechen eine Art ist, seinen Willen umzusetzen, und zugleich eine Art, seinen Willen zu beschränken. Das Problem sollte sich in Luft auflösen, wenn wir bedenken, dass es den Interessen der Herrschenden entsprechen kann, ein Gesetz zu ignorieren, dessen Erlass und Aufrechterhaltung ihren Interessen entsprochen hat.

3. Vagheit und willkürliches Regieren

Vagheit scheint ein viel größeres Problem aufzuwerfen. Vagheit im Recht macht willkürliche Regierung in den ersten drei Hinsichten unvermeidbar. Wenn das Recht vage ist, müssen Richter manchmal Streitfragen klären, für die das Recht keine Lösung bereithält.[7] Mit Rücksicht auf solche Streitfragen beschränkt das Recht nicht den

7 Ich werde annehmen, dass diese kontroverse Behauptung richtig ist; ich verteidige sie in »Vagueness and Legal Theory«, in: *Legal Theory* 3/1 (1997), S. 37-63.

Willen der Richter. Es ist unmöglich für ein Gericht, gleiche Fälle immer gleich zu behandeln, wenn das Recht vage ist. Und ein vages Gesetz entbehrt in manchen Fällen der Sicherheit.

Diese Behauptungen mögen extrem klingen. Sicherlich widersprechen sie der Weltanschauung mancher Juristen in verschiedenen Gemeinschaften. Wir denken, dass die Anwendung des Rechts und die Gleichbehandlung gleicher Fälle das Herz und die Seele der Aufgabe des Richters sind. Aber wenn diese Dinge nicht immer möglich sind, dann scheint es, dass die Rechtsstaatlichkeit aufgrund der Vagheit der Sprache unerreichbar ist. Ein unmögliches Ideal erscheint im besten Fall romantisch und im schlimmsten Fall absurd.

Man betrachte die Behauptung, dass es aufgrund der Vagheit von »innerhalb einer angemessenen Frist« keinen letzten Tag gibt, an dem die Anklage wegen Mordes gegen einen bestimmten Angeklagten in einer Gemeinschaft angehört werden kann, in der Angeklagte einen Rechtsanspruch auf eine Verhandlung innerhalb einer angemessenen Frist haben. Man beachte, welche Art von Behauptung dies ist: Es ist eine Aussage des Rechts, die besagt, dass das Recht keine Antwort auf eine Frage liefert, die ein Gericht eventuell beantworten muss. Man stelle sich eine Reihe von vielen Angeklagten vor, deren Fälle identisch sind, mit der Ausnahme, dass jeder nachfolgende Angeklagte einen Tag später angeklagt wird. Man stelle sich vor, dass der erste eindeutig innerhalb einer angemessenen Frist angeklagt wird und dass es klarerweise eine unangemessene Verzögerung in der Anklage des letzten in der Serie gibt (und dass das Gericht die Anklage nicht zulassen wird). Das Gericht hat in jedem Fall genau zwei Optionen: die Fortsetzung der Strafverfolgung zu erlauben oder die Anklage nicht zuzulassen. Wenn für jedes Paar von benachbarten Angeklagten in dieser Reihe jeder von beiden in derselben rechtlichen Position ist, dann gibt es keinen ersten Angeklagten, gegen den die Anklage nicht zugelassen werden darf, weil das Recht es erfordert. Wenn der erste Angeklagte rechtmäßig verfolgt werden kann und der letzte Angeklagte nicht, dann muss das Gericht für irgendein Paar von benachbarten Angeklagten die Verfolgung der Klage gegen den einen zulassen, gegen den anderen dagegen nicht. Das Gericht kann das Problem nicht einmal durch Verweis auf Erwägungen der Gerechtigkeit oder der öffentlichen oder privaten Interessen lösen.

Das Ergebnis ist, dass das Gericht den letzten Angeklagten, der vor Gericht gestellt werden soll, *auswählen* muss. Das Gericht wird nicht in der Lage sein, alle Fälle gemäß dem Recht zu entscheiden: Die Entscheidung wird in manchen Fällen ein unbeschränkter Willensakt sein. Indem das Gericht auswählt, welcher Angeklagte der letzte in der Reihe sein soll, der angeklagt wird, wird es keine bessere Entscheidung erreichen können, als es sie durch das Werfen einer Münze erreichen würde. Das Werfen einer Münze (selbst wenn es geheim erfolgt) ist normalerweise keine rechtfertigbare rechtliche Technik, aber in dieser Situation ist dies *nicht* etwa deshalb der Fall, weil das Gericht durch die Nutzung irgendeiner anderen Technik ein befriedigenderes Ergebnis erreichen könnte. Darüber hinaus muss das Gericht hier Menschen, deren Fälle gleich sind, eine entgegengesetzte Behandlung zuteilwerden lassen. Und schließlich wird die Entscheidung unvorhersehbar sein, weil einige der Angeklagten keine Möglichkeit haben, zu wissen, ob das Gericht sie für schuldig oder für nicht schuldig befinden wird. In einigen Fällen wird die Entscheidung daher ein Akt willkürlichen Regierens in den ersten drei genannten Hinsichten sein.

Wenn also das Recht in vager Sprache ausgedrückt wird, resultiert daraus ein gewisses Maß an willkürlichem Regieren in jenen ersten drei Hinsichten. Wenn das ein Problem ist, ist es ein weitreichendes Problem, weil vage Sprache ein weitverbreitetes gesetzgeberisches Werkzeug ist. Gesetzgeber verwenden sehr oft sehr vage Ausdrücke. Man bedenke zum Beispiel den Ausdruck »Aufruhr«, welcher eine Einschränkung des Rechts auf Leben in Artikel 2 der Europäischen Menschenrechtskonvention (EMRK) definiert, oder den Ausdruck »Folter« in Artikel 3. Mit diesen Ausdrücken und vielen anderen in der EMRK könnten wir dasselbe Problem illustrieren, welches hier mit »innerhalb einer angemessenen Frist« illustriert wurde.

Wir können diese Behauptung stärker machen: Vage Sprache kann nicht aus dem Recht entfernt werden, und deshalb kann willkürliches Regieren in den ersten drei Hinsichten nicht beseitigt werden. Die Nicht-Eliminierbarkeit von Vagheit mag offensichtlich scheinen, aber es lohnt sich, einige Gründe für diese Schlussfolgerung herauszustellen.

Viele rechtliche Standards könnten präziser formuliert werden. Artikel 6 der EMRK sieht ein Recht darauf vor, dass über eine strafrechtliche Anklage »innerhalb einer angemessenen Frist« verhandelt wird, sowie ein Recht, »innerhalb möglichst kurzer Frist« über die Beschuldigungen informiert zu werden und ein Recht auf »ausreichende« Zeit zur Vorbereitung einer Verteidigung. Solche vagen Standards könnten alle durch Fristen ersetzt werden. Es könnte Gründe geben, keine präzisen Standards zu verwenden: Wenn wir eine präzise Frist wählen, die angemessen für die Verfolgung von Ladendiebstahl ist, würde sie den Behörden nicht die Zeit geben, die sie in Fällen von Aktienschwindel brauchen. Eine präzise Frist, die der Verfolgung von Aktienschwindeln angemessen ist, würde der Anklage im Fall von Ladendiebstahl zu viel Zeit geben. Es wäre umständlich, ein Verzeichnis von Fristen für verschiedene Vergehen zu entwickeln – und es wäre nutzlos: Es könnte erhebliche Unterschiede in der Zeit geben, die für die Verfolgung unterschiedlicher Fälle derselben Art von Vergehen benötigt wird.

Hier könnte es verlockend sein zu sagen: »Vagheit *kann* beseitigt werden, aber es mag gute Gründe geben, dies nicht zu tun. Die Rechtsstaatlichkeit ist niemals ganz erreicht, solange vage Gesetzgebung die Möglichkeit willkürlichen Regierens zulässt. Aber es gibt andere Werte neben der Rechtsstaatlichkeit, die gegen sie abgewogen werden müssen.« Dieser Ansatz scheint attraktiv, weil es sicherlich wahr ist, dass Konflikte zwischen der Rechtsstaatlichkeit und anderen Werten entstehen können. Der bekannteste ist der Konflikt mit nationaler Sicherheit. Wenn die Gewährleistung eines ordnungsgemäßen Gerichtsverfahrens in zivilrechtlichen Streitigkeiten das Risiko birgt, die Pläne für unsere Unterseeboote Feinden offenzulegen, dann kollidiert die Rechtsstaatlichkeit mit nationaler Sicherheit.[8] Es mag so scheinen, dass die Rechtsstaatlichkeit Präzision verlangt und dass die Gründe, vage Regeln zu haben, Gründe gegen das Anstreben von Rechtsstaatlichkeit sind.

Tatsächlich können wir aber kein kohärentes Bild der Rechtsstaatlichkeit entwerfen, nach dem sie Präzision erfordern würde, da Vagheit nicht beseitigt werden kann. Man betrachte die Einschränkung des Rechts auf Leben im Falle von Aufruhr und das Verbot von Folter. Es ist undenkbar, dass wir *diese* vagen Ausdrücke auf die Weise ersetzen könnten, auf die wir uns die Ersetzung der Fristen-

8 Vgl. *Duncan vs. Cammell Laird and Co. Ltd* [1942] AC 624. Zu der Frage, wann es richtig ist, die Rechtsstaatlichkeit auszusetzen, siehe Finnis, *Natural Law and Natural Rights*, S. 275.

regelungen vorgestellt haben, also durch Regulierungen, die ähnlich, aber präzise sind. Wir könnten uns keine hilfreiche Liste von Verboten und Erlaubnissen ausdenken, die eine *präzise* Antwort auf die Frage gibt, was die Polizei als Reaktion auf soziale Unruhen tun darf. Eine Liste wäre nutzlos, weil sie starr und ungeeignet dazu wäre, angemessen mit der Komplexität sozialer Unruhen umzugehen. Sie wäre auch deshalb nutzlos, weil jede Aufschlüsselung, die detailliert genug wäre, um überhaupt halbwegs präzise zu sein, unhandlich wäre. Die Polizei könnte sie nicht als Leitfaden ihres Handelns nutzen – und so wäre sie kein Fortschritt in Richtung Rechtsstaatlichkeit. Es ist ähnlich unvorstellbar, dass wir die vagen Definitionen von Gewaltdelikten im Strafrecht (oder von Delikten, die Körperverletzungen involvieren) durch präzise Standards ersetzen. Und selbst, wenn solche Rechtskunststücke möglich wären, müsste ein von Vagheit bereinigtes Rechtssystem die Umsetzung vager Übereinkünfte ablehnen (was zum Beispiel die rechtliche Regulierung des Verkaufs von Gütern ruinieren würde).

Vagheit kann aus einem Rechtssystem nicht eliminiert werden, wenn ein Rechtssystem die Ausübung von Gewalt zwischen Bürgern und geschäftliche Vereinbarungen zwischen Bürgern regeln muss. Jedes Rechtssystem tut das. Es gäbe keinen Grund, irgendetwas ein Rechtssystem zu nennen, das nicht solche Aspekte des Lebens einer Gemeinschaft regelt. Keine Gemeinschaft wäre vom Recht regiert, in der das nicht der Fall wäre. Nicht jedes Gesetz muss vage sein, aber Rechtssysteme haben notwendigerweise vage Gesetze. Wir können daher so weit gehen zu sagen, dass Vagheit ein wesentliches Merkmal des Rechts ist. Wenn wir uns eine Form der Regulierung einer Gemeinschaft vorstellen könnten, die nur präzise Regeln verwendete, wäre sie fundamental verschieden von jeglicher Art von Rechtssystem, so dass sie nicht Teil dessen wäre, was eine Erklärung des Rechts erklären muss. Wir können die Behauptung sogar noch stärker formulieren: Wir können uns keine Gemeinschaft vorstellen, die durch präzise Gesetze geregelt wird. *Recht ist notwendigerweise vage.*

Aber nun sind wir wieder an unserem Ausgangspunkt angekommen und stehen vor einem Paradoxon. Die Rechtsstaatlichkeit ist die Abwesenheit willkürlichen Regierens. Vagheit im Recht führt zu willkürlichem Regieren in den ersten drei Hinsichten. Recht ist notwendigerweise vage. Also ist willkürliches Regieren – die

Antithese der Rechtsstaatlichkeit – ein notwendiges Merkmal der Rechtsstaatlichkeit. Die Rechtsstaatlichkeit hat beides zur Folge: die Anwesenheit und die Abwesenheit willkürlichen Regierens. Sie ist nicht nur ein unerreichbares Ideal, vielmehr ist sie ein *notwendigerweise* unerreichbares Ideal. Sie ist inkohärent.

4. Rekonstruktion des Ideals

Wie weisen wir diese scheinbar unausweichliche Vorstellung zurück, dass Rechtsstaatlichkeit notwendigerweise unerreichbar ist? Es könnte so scheinen, als sei eine Dosis gesunden Menschenverstands alles, was es dazu braucht – und das stimmt wahrscheinlich. Schließlich könnten wir uns zwar wohl eine Gemeinschaft vorstellen, in der das Ideal erreicht *worden wäre*, außer dass ihre Gesetze zu vage waren, aber tatsächlich hat es eine solche Gemeinschaft wahrscheinlich niemals gegeben. Dennoch bleibt ein Rätsel bestehen, weil die Zurückweisung der Vorstellung, dass Rechtsstaatlichkeit notwendigerweise unerreichbar ist, einer Versöhnung willkürlichen Regierens in den ersten drei Hinsichten mit dem Ideal der Rechtsstaatlichkeit bedarf.

Der einfachste Weg, *das* zu tun, liegt vielleicht darin, zuzugestehen, dass einer Gemeinschaft in dem Maße Rechtsstaatlichkeit fehlt, in dem ihr Recht vage ist, genauso wie ihr Rechtsstaatlichkeit in dem Maße fehlt, in dem ihre Beamten das Recht ignorieren. So gesehen, könnte es eine angemessene Verallgemeinerung sein zu sagen, dass in einer Gemeinschaft das Recht herrscht, wenn es nicht *zu viel* Vagheit gibt, genauso wie es eine angemessene Verallgemeinerung ist zu sagen, dass die Behandlung von Verdächtigen durch das Recht geregelt ist, wenn behördliche Rechtswidrigkeit selten ist. Das Ideal der Rechtsstaatlichkeit würde eine Verpflichtung beinhalten, Vagheit zu *minimieren*. In dieser Hinsicht wäre das Ideal der Rechtsstaatlichkeit wie das Ideal eines Torhüters: Jedes Tor geht gegen das Ideal, aber selbst großartige Torhüter lassen *einige* Tore zu.

Ich schlage vor, dass wir noch mehr tun können, um dem Ideal der Rechtsstaatlichkeit Sinn zu verleihen. Wir können mit dem Begriff eines »Defizits« an Rechtsstaatlichkeit anfangen. Eine Gemeinschaft leidet unter einem Defizit, wenn es ihr an der Rechtsstaatlichkeit in einigen Hinsichten mangelt. Die offensichtlichste Form eines solchen Defizits ist behördliche Rechtswidrigkeit. Wenn das Recht verlangt, dass die Polizei Verdächtige nicht foltert, dann besteht jedes Mal ein Defizit an Rechtsstaatlichkeit, wenn ein Beamter einen Verdächtigten foltert. Wenn der Beamte damit davonkommt, ist das ein weiteres Defizit. Wenn solche Defizite auftreten, erreicht die Gemeinschaft nicht vollständig das Ideal der Rechtsstaatlichkeit. Wenn sie weit verbreitet und systematisch sind, dann wird die Behandlung von Verdächtigten nicht durch das Recht regiert. Wenn es ähnliche Defizite in anderen Bereichen gibt, könnten wir sagen, dass die Gemeinschaft überhaupt nicht vom Recht regiert wird. Jedes Defizit in der Rechtsstaatlichkeit (zum Beispiel jeder Vorfall von Folter durch die Polizei) entfernt die Gemeinschaft weiter von diesem Ideal, jeder Erfolg bei der Beseitigung solch eines Defizits bringt die Gemeinschaft näher an das Ideal heran. Wenn der Erfolg die Regel ist und Folter die große Ausnahme, dann ist es eine angemessene Verallgemeinerung zu sagen, dass das Handeln der Polizei vom Recht regiert wird.

Mit der Vagheit verhält es sich anders. Ich schlage vor, dass ein vages Gesetz nicht notwendigerweise ein Defizit in der Rechtsstaatlichkeit darstellt. Die Ersetzung eines vagen Gesetzes durch ein präzises Gesetz bringt eine Gemeinschaft nicht notwendigerweise dem Ideal der Rechtsstaatlichkeit näher. Zum Beispiel gibt es keinen Grund zu denken, dass die europäischen Länder dem Ideal näher kommen, wenn sie Artikel 6 der EMRK durch ein Regime von präzisen Fristen für die Schritte eines Strafverfahrens ersetzen würden. Dieser Schritt würde noch nicht einmal die Sicherheit erhöhen: Die Geschichte des englischen *Statute of Frauds* zeigt, dass präzise Gesetze den interpretativen Einfallsreichtum von Anwälten und Richtern anregen. Ob ein Richter den Folgen einer präzisen Regel ausweichen wird, kann genauso unsicher sein wie seine Anwendung einer vagen Regel. Darüber hinaus würde ein Regime von präzisen Fristen die Willkürlichkeit in unserem *vierten* Sinn einführen: Der Sinn, in dem ein *Gesetz* willkürlich ist, wenn seine Anforderungen nicht die Gründe widerspiegeln, auf denen ein solches Gesetz beruhen sollte.[9]

9 Die Ausübung von Ermessen ist willkürlich in demselben Sinn – selbst wenn sie nicht illegal ist –, sofern sie nicht die Ratio des Rechts widerspiegelt. Vgl. den

Eine Frist von beispielsweise genau sieben Monaten zur Verfolgung von schweren strafrechtlichen Vorwürfen wäre willkürlich in unserem vierten Sinn. Sie würde durch Strafverfolgungen eingehalten werden, die (was auch immer die Begründung für eine Begrenzung der Verzögerung sein mag) nicht erlaubt werden sollten, oder sie würde von Verfolgungen verletzt werden, die (gemäß dieser Begründung) erlaubt werden sollten, oder beides.

Die Steigerung von Präzision kann Willkürlichkeit *steigern*. Eine Mehr an Präzision ist deshalb kein garantierter Schritt hin zur Beseitigung willkürlichen Regierens. Selbst wenn also die Rechtsstaatlichkeit einfach nur die Abwesenheit willkürlichen Regierens darstellte, wäre eine Steigerung der Präzision nicht notwendigerweise ein Schritt in Richtung des Ideals. Ein präzises Gesetz könnte möglicherweise weiter weg von *oder* näher an dem Ideal sein, oder keines von beiden. Bei der Regelung von Strafverfahren sehen sich Rechtsschöpfer vor eine komplexe Frage des Gesetzgebungshandwerks gestellt; sie stehen nicht notwendigerweise vor der Wahl, entweder mit präzisen Verjährungsfristen nach Rechtsstaatlichkeit zu streben oder diese durch ein vages Gesetz preiszugeben. Bei der Regelung komplizierterer Materien, wie zum Beispiel Gewalt, stellt sich gar nicht die Frage, ob präzise Ausdrücke zu nutzen sind: Regelungen können hier nicht präzise sein.

5. Drei Probleme

Wir sollten in der Lage sein, einen ähnlichen Ansatz im Hinblick auf drei andere Probleme zu verfolgen, bei denen es unmöglich scheint, die Anforderungen der Rechtsstaatlichkeit zu erfüllen. Jedes wird mit einer missverstandenen Behauptung über die Unmöglichkeit der Rechtsstaatlichkeit eingeführt.

A. Rechtlicher Wandel

Rechtsetzung ist notwendigerweise in einem gewissen Maße frei von rechtlicher Kontrolle. Gesetzgebung wird nicht vom Recht regiert. Stabilität ist eine der Anforderungen der Rechtsstaatlichkeit. Eine kleine

ähnlichen Sinn von Willkürlichkeit in der Ausübung einer Kompetenz, den Raz beschreibt; siehe Raz, *Authority of Law*, S. 219 [S. 459 in diesem Band].

Veränderung im Recht raubt einem Rechtssystem nicht alle Stabilität; sie ist allerdings eine Abweichung von vollständiger Stabilität. Also ist jeder Akt der Rechtsetzung (durch Gerichte oder Gesetzgeber oder die Exekutive) ein Defizit in der Rechtsstaatlichkeit.

Es könnte wiederum verlockend sein zu sagen, dass ein Rechtssystem mit Änderungsregeln *nahe genug* an der Rechtsstaatlichkeit ist, solange es nicht *zu viel* Veränderung gibt. Aber wir können mehr als das sagen: Wir können die Vorstellung zurückweisen, dass eine Änderung im Recht notwendigerweise ein Defizit in der Rechtsstaatlichkeit bedeutet. Es ist ganz offensichtlich, dass ein Rechtssystem – um in *rechtlich* guter Verfassung zu sein – nicht nur Änderungsregeln, sondern auch aktive Gesetzgeber braucht. Ein Rechtssystem ohne Änderungsregeln ist vorstellbar. Aber es gibt einfach keinen Grund, zu denken, dass es dem Ideal der Rechtsstaatlichkeit näher käme, als gewöhnliche Rechtssysteme es tun. Es ist unvorstellbar, dass ein gesundes Rechtssystem in irgendeiner großen industrialisierten Gesellschaft einer Änderungsregel entbehren könnte, und die Gründe dafür sind Gründe zu denken, dass Änderungsregeln nicht notwendigerweise Defiziten der Rechtsstaatlichkeit den Weg bereiten. In solch einer Gesellschaft würde sich das Recht, wenn es nicht für seine eigene Veränderung sorgt, selbst auf zunehmende Irrationalität festlegen – auf zunehmende Willkürlichkeit in unserem vierten Sinn –, indem es zu reagieren ablehnt, wenn bestehende Regelungen oder Formen der Regelung als sinnlos (oder als sinnlos werdend) angesehen werden und wenn neue Regelungen oder Formen der Regelung nötig werden: Wenn die Ratio des Rechts eine Veränderung im Recht erfordert.

Wann *ist* eine Veränderung des Rechts ein Defizit an Rechtsstaatlichkeit? Wir können uns wieder an das Ordnungsprinzip der Rechtsstaatlichkeit wenden – dass das Recht in der Lage sein muss, Handeln anzuleiten. Das Prinzip verlangt nicht, dass sich die Anleitung durch das Recht niemals verändert. Es verlangt, dass die Aussicht auf Veränderung es nicht unmöglich machen sollte, das bestehende Recht als Richtschnur zu nutzen. Die Regierung handelt sich also nicht notwendigerweise ein Defizit in der Rechtsstaatlichkeit ein, wenn sie einen neuen Lehrplan für die Schulen einführt. Aber sie handelt sich ein Defizit ein, wenn ihr Handeln Lehrern einen Grund gibt, zu denken, dass sie sich nicht an einem bestehenden Lehrplan orientieren können, weil er ersetzt werden könnte, noch bevor die Stunden unterrichtet oder die Prüfungen geschrieben sind.

B. Endgültigkeit der Rechtsprechung

Rechtsstaatlichkeit ist begrifflich unmöglich, weil sie die richterliche Kontrolle von behördlichen Entscheidungen erfordert. Richter sind selbst Beamte, und Rechtsprechung ist selbst die Standardtechnik der rechtlichen Kontrolle jeder Form der Entscheidungsfindung. Rechtsprechung wird nicht vom Recht regiert. Kein Rechtssystem hat eine unendliche Hierarchie von Gerichten, und dessen bedürfte es, damit Rechtsprechung selbst vom Recht regiert würde. In jeder Hierarchie von Gerichten wird das höchste Gericht nicht vom Recht regiert.

Eine Gemeinschaft kann unmöglich eine unendliche Zahl von Gerichten haben. Aber eine unendliche *Hierarchie* von Gerichten ist nicht unmöglich: Dazu bräuchte es nur zwei Gerichte, von denen jedes die Macht hat, die Entscheidungen des anderen rückgängig zu machen oder das Verfahren des anderen zu kontrollieren.

Es könnte dafür argumentiert werden, dass es eine solche Hierarchie 1616 in England gab – dass der *Court of Chancery* die Macht hatte, einstweilige Verfügungen gegen die Durchsetzung der Urteile des *Court of King's Bench* zu erlassen, und dass der *King's Bench* die Macht hatte, Urteile gegen Prozessführende zu erlassen, die seine Urteile in einem anderen Gericht anzweifelten. Aber die bessere Deutung ist zweifellos, dass *beide* Gerichte nicht die Macht hatten, die sie für sich beanspruchten (und es mag ungewiss sein, welches Gericht, wenn überhaupt eines, die von ihm beanspruchte Macht hatte). Der *Lord Chancellor* beanspruchte die Macht, den Urteilen des *King's Bench* zu widersprechen, und der *Chief Justice* beanspruchte die Macht, Prozessführende anzuklagen, die einen solchen Widerspruch anstrebten, aber weder sie noch irgendjemand anderes dachte, dass *beide* Ansprüche gültig waren. Eine unendliche Hierarchie von Berufungen ist mit Rechtsstaatlichkeit unvereinbar. Die Vorstellung ist nicht aufgrund einer logischen Widersprüchlichkeit inkohärent. Es ist leicht, sich ein solches System vorzustellen. Aber an einem Rechtssystem ohne Endgültigkeit der Rechtsprechung wäre etwas grundlegend falsch, da es eine grundlegende Funktion von Rechtssystemen nicht erfüllen würde. Es wäre in keiner rechtlich guten Verfassung.

Wir scheinen bei einem Paradoxon angekommen zu sein, in dem die Endgültigkeit der Rechtsprechung sowohl von der Rechtsstaatlichkeit erfordert wird als auch fatal für die Rechtsstaatlichkeit ist. Aber das ist nur eine Verwirrung, welche durch ein inadäquates Verständnis des Ideals entsteht. Das Paradoxon entsteht nur, wenn wir behaupten, dass eine Entscheidung nicht vom Recht regiert wird, sofern sie nicht rechtlich anfechtbar ist. Richter reden manchmal so, als ob die richterliche Überprüfung von Verwaltungshandeln, zumindest des Handelns von Gerichten, eine Notwendigkeit der Rechtsstaatlichkeit oder der Logik selbst wäre:

> Abhängigkeit vom *High Court* ist in dieser Hinsicht ein notwendiges und untrennbares Merkmal aller Gerichte mit begrenzter Gerichtsbarkeit; und zwar weil das Vorliegen der Begrenzung eine Autorität erfordert, die diese bestimmt und durchsetzt: Es ist ein Widerspruch in sich, ein Gericht mit begrenzter Gerichtsbarkeit zu erschaffen und zugleich mit unbegrenzter Macht, nach eigenem Willen und Belieben solche Grenzen zu bestimmen – solch ein Gericht wäre autokratisch, nicht begrenzt.[10]

Diese Einstellung ist ein Symptom von Albert Diceys Verwechslung von Rechtsstaatlichkeit mit der Herrschaft des *High Court*. Nicht einmal diceyanische Richter stehen auf dem Standpunkt, dass das *House of Lords* notwendigerweise autokratisch ist, und dennoch hat das *House of Lords* eine rechtlich unbegrenzte Macht, die Grenzen seiner Macht zu bestimmen.

Menschen können Regeln befolgen, ohne dass jemand anderes sie durchsetzt. Wenn man es sich zur Regel macht, das Frühstück für seine Katze zu machen, bevor man sich selbst Frühstück macht, mag man sich zwar nicht daran halten, und man mag sich mit größerer Wahrscheinlichkeit an die Regel halten, wenn jemand einen kontrolliert. Aber es ist nicht unmöglich, Regeln ohne Überprüfungsprozess zu befolgen. Und jemanden zu haben, der einen überprüft, kann einen dazu bringen, die Regel eher einzuhalten, ob nun dieser Jemand die Macht hat, die eigenen Entscheidungen rückgängig zu machen oder nicht.

Dasselbe gilt für das *House of Lords*: Weil es keine rechtliche Ein-

10 *R vs. Shoreditch Assessment Committee, ex parte Morgan* [1910] 2 KB 859 *per* Farwell LJ, S. 880.

spruchsmöglichkeit gegen seine Entscheidungen gibt, hat es Möglichkeiten, das Recht zu ignorieren und damit davonzukommen, die niedrigere Gerichte nicht haben. In dem Ausmaß, in dem es das Recht ignoriert, gilt in Großbritannien nicht Rechtsstaatlichkeit, sondern Richterherrschaft.[11] Aber Freiheit von gerichtlicher Überprüfung macht es dem höchsten Gericht nicht unmöglich, Regeln zu befolgen.

Wann *ist* ein Mangel an richterlicher Kontrolle administrativen, legislativen und richterlichen Entscheidens ein Defizit an Rechtsstaatlichkeit? Einfach dann, wenn richterliche Überprüfung *benötigt* wird, um die Rechtskonformität von Behörden zu erreichen. Wir können das Paradoxon also vermeiden, indem wir das Ideal so überarbeiten, dass es mehr Sinn ergibt. Die gerichtliche Anfechtbarkeit behördlicher Entscheidungen ist nicht in dem Sinne logisch dafür notwendig, dass eine Gemeinschaft das Ideal der Rechtsstaatlichkeit erreicht, wie es zum Beispiel logisch notwendig ist, dass die Beamten sich generell an das Recht halten. Rechtliche Anfechtbarkeit ist eine instrumentelle Anforderung – eine *Kontrolle* gegen Abweichungen von der Rechtsstaatlichkeit. Sie kann ein sehr effektives Instrument sein, wenn die Richter unparteilicher oder gesetzestreuer sind als andere Beamte. Wenn das nicht der Fall ist, dient gerichtliche Anfechtbarkeit dem Erreichen des Ideals nicht – sie kann die Rechtsstaatlichkeit behindern. In jedem Fall sind Fragen dahingehend, inwieweit gerichtliche Anfechtbarkeit gegeben sein muss, über welche Entscheidungen und Handlungen, in welcher Form und gemäß welchem Standard, Fragen des Gesetzgebungshandwerks und nicht notwendigerweise Fragen dazu, ob die Rechtsstaatlichkeit einzuhalten oder aufzugeben ist. Mangel an gerichtlicher Anfechtbarkeit ist nicht notwendigerweise ein Defizit.

Aber die Endgültigkeit der Rechtsprechung ist eine *Bedingung* der Rechtsstaatlichkeit. Menschen mögen sich im Einklang mit dem Recht verhalten, auch ohne dazu angehalten zu werden. Aber in dem Maße, in dem Auseinandersetzungen kein Ende gesetzt ist, können sich Menschen nicht dem Recht entsprechend verhalten.

11 Es wäre eine Irrtum zu denken, dass Großbritannien in dem Ausmaß, in dem das Oberhaus das Recht *verändert*, nicht vom Recht regiert wird – siehe oben zum Thema Rechtsänderungen. In dem Ausmaß, in dem das Oberhaus rechtmäßig das Recht ändert, wird Großbritannien durch das Recht *und* durch die Richter regiert.

Es ist gleichwohl sinnvoll zu sagen, dass die eine oder andere Art von richterlicher Kontrolle administrativen Handelns ein Erfordernis der Rechtsstaatlichkeit ist: Aufgrund der Möglichkeit von Untreue gegenüber dem Recht ist es schwer, sich eine Gemeinschaft vorzustellen, die keine Art von Rechtsmittel gegen behördliche Ungesetzlichkeit kennt. Aber es ergibt keinen Sinn, über eine Gemeinschaft, die eine unbegrenzte Hierarchie von Gerichten aufweist, zu sagen, in ihr gelte Rechtsstaatlichkeit. Das Ideal der Rechtsstaatlichkeit verlangt nicht einmal die Möglichkeit der richterlichen Überprüfung jeder behördlichen Entscheidung. Das Ideal *verbietet* diese Möglichkeit.

C. Die Rechtsstaatlichkeit ist der Anarchie entgegengesetzt

Rechtsstaatlichkeit ist nicht nur willkürlichem Regieren entgegengesetzt, sondern auch der Anarchie. Wenn die Rechtsstaatlichkeit erreicht werden soll, muss das Leben einer Gemeinschaft durch das Recht beherrscht werden. Aber dann würde die Rechtsstaatlichkeit nur vollständig erreicht, wenn das Leben einer Gemeinschaft vollständig vom Recht beherrscht wäre. Das ist unmöglich (und nicht wünschenswert). Also ist Rechtsstaatlichkeit unerreichbar und nicht wünschenswert; wir können Rechtsstaatlichkeit nur unvollständig erreichen.

Das unmögliche Szenario, in dem jedes Ereignis durch das Recht geregelt ist, wäre als ein Ideal sinnlos. Es wäre unsinnig, und es wäre nicht nur für einen Gesetzgeber schädlich, es zu verfolgen. Das vollständige Erreichen von Rechtsstaatlichkeit muss etwas ganz anderes sein, wenn Rechtsstaatlichkeit als Ideal Sinn ergeben soll. Um Rechtsstaatlichkeit zu verstehen, müssen wir sie als einen komplexen Mittelweg zwischen Anarchie und Überregulierung begreifen.[12]

12 Ich behandle hier Rechtsstaatlichkeit als einen Zustand in einer Gesellschaft und nicht einfach als eine Menge von Eigenschaften von Gesetzen. So gesehen, ist die Rechtsstaatlichkeit nicht notwendigerweise erreicht, wenn die »Erfordernisse der Rechtsstaatlichkeit« erfüllt sind, ungeachtet des Inhalts des Rechts; sie ist nur erreicht, wenn das Leben der Gemeinschaft durch das Recht regiert wird. Aber man beachte, dass ich die Rechtsstaatlichkeit nicht als »materielles« Ideal in dem Sinne behandle, dass es den Schutz bestimmter Rechte erfordert (siehe die Diskussion in Paul Craig, *Formal and Substantive Conceptions of the Rule of Law. An Analytical Framework*, 1997, *PL* 467). Gemäß diesem Ansatz ist es immer noch

Was würde als das Verfolgen eines solchen Mittelwegs zählen? Wir können es nicht sagen, ohne ein Verständnis davon zu haben, was das Recht regulieren soll. Rechtsstaatlichkeit ist wie das Ideal der Selbstkontrolle: Wir können nicht sagen, ob jemand Selbstkontrolle hat, es sei denn, wir wissen, was der Kontrolle bedarf. Eine Gemeinschaft erreicht Rechtsstaatlichkeit nur, wenn das Recht genau das regelt, was es seiner Funktion nach regeln soll – wenn es tut, was es gut kann. Aber gut von welchem Standpunkt aus? Dies ist eine Wertungsfrage, aber sie spricht nicht an, ob die Rechtsstaatlichkeit an sich einen positiven Wert hat. Wenn wir zugestehen, dass es möglich sein muss, dass Rechtsstaatlichkeit durch ein grausames System vollständig erreicht wird, dann müssen wir sagen, »gut vom rechtlichen Standpunkt aus«. Von diesem Standpunkt aus mag es unklar sein, was geregelt werden soll. Das Recht muss keinen klaren oder konsistenten Standpunkt hinsichtlich seiner eigenen Funktion haben.

Wir brauchen anscheinend eine Theorie des rechtlichen Standpunkts und der generellen Prinzipien des Rechts einer Gemeinschaft (was ich mit der vagen Wendung »die Ratio des Rechts« bezeichnet habe). Diese allgemeinere Aufgabe kann hier nicht ausgeführt werden, aber ein Beispiel soll verdeutlichen, worum es geht.

Ist Großbritannien unter Elizabeth II. dem Ideal der Rechtsstaatlichkeit näher, als es England unter Henry II. war? Wahrscheinlich ist es das, aber wir sollten sagen, dass dies nicht nur aufgrund der Tatsache der Fall ist, dass es zum Beispiel unter Henry II. keine Arbeitssicherheitsgesetzgebung gab. War der Mangel an Arbeitssicherheitsgesetzgebung unter Henry II. ein Defizit an Rechtsstaatlichkeit? Das hängt davon ab, ob der Gegensatz zwischen Rechtsstaatlichkeit und Anarchie in dieser Gemeinschaft eine Arbeitssicherheitsgesetzgebung verlangte. Eine Gemeinschaft ist in rechtlich guter Verfassung, wenn das Recht regelt, was es, vom rechtlichen Standpunkt aus gesehen, regeln sollte.

Es ergibt sich hier ein echtes Problem. In jedem ordentlichen Rechtssystem gibt es eine ziemlich klare Antwort auf die Frage »*Was ist rechtlich geregelt?*«. Aber es gibt vom rechtlichen Standpunkt aus nicht notwendigerweise eine eindeutige Antwort auf die Frage

sinnvoll, zwischen Rechtsstaatlichkeit [*the rule of law*, Hg.] und der Herrschaft guten Rechts [*the rule of good law*, Hg.] zu unterscheiden.

»*Was sollte rechtlich geregelt sein?*«. Finnis hat auf den wichtigen Umstand hingewiesen, dass die Wertschätzung der Rechtsstaatlichkeit »dazu führt, neue Gegenstandsbereiche für autoritative Regelung ins Spiel zu bringen«.[13] Diese Wertschätzung selbst kann Hinsichten identifizieren, in denen das Leben einer Gemeinschaft rechtlich geregelt sein sollte, es aber nicht ist. Wenn die aufmerksame Sorge Henrys II. um die Rechtsstaatlichkeit keine Arbeitssicherheitsgesetzgebung angeregt hat, dann war deren Fehlen kein Defizit. Die Ratio des Rechts verlangte nicht nach einer solchen Regelung. Von einem Standpunkt aus, der nicht durch die Rechtsprinzipien des Englands des 12. Jahrhunderts beschränkt wäre, wäre es vielleicht besser gewesen, wenn es Arbeitssicherheitsgesetze gegeben hätte. Das hätte England nicht der Rechtsstaatlichkeit nähergebracht; es hätte die Prinzipien des Rechts verändert.

Wir könnten sagen, dass ein Mangel an Regelung (oder eine unentwickelte Form der Regelung) in einigen Bereichen nur dann ein Defizit ist, wenn es mit der Ratio des Rechts – den Prinzipien des Rechts – unvereinbar ist. Solche Prinzipien können konfus oder fragmentarisch oder inkommensurabel oder inkonsistent oder einfach unklar sein. Deshalb ist das Ideal der Rechtsstaatlichkeit vage. Es kann in einigen Fällen unklar sein, ob die fehlende Regelung der Arbeitssicherheit den Rechtsprinzipien zuwiderläuft – ob sie ein Defizit in der Rechtsstaatlichkeit ist. Das bedeutet nicht, dass das Ideal der Rechtsstaatlichkeit inkohärent ist, ebenso wenig, wie eine vage Bitte inkohärent ist. Aber wenn das Recht einer Gemeinschaft vollständig prinzipienlos wäre, *wäre* die Rechtsstaatlichkeit unmöglich.

Ich behaupte nicht, dass der Inhalt des Ideals keine tiefgründigen Rätsel aufgibt. Ein solches Rätsel betrifft die Frage der Tugend der Rechtsstaatlichkeit: das Rätsel, wie man das Ideal als rein technisches Ideal formulieren kann, ohne all die Erfordernisse guten Rechts einzubauen. Wir können sagen, dass es bei diesem Rätsel darum geht, wie man die Funktionen des Rechts vollständig durch den Verweis auf die Ratio des Rechts erklären kann.[14]

13 Finnis, *Natural Law and Natural Rights*, S. 271.

14 Für ein anderes Rätsel hinsichtlich des Inhalts des Ideals, siehe Joseph Raz, *Ethics in the Public Domain. Essays in the Morality of Law and Politics*, Oxford 1995, S. 362, über die Verweigerung des Zugangs zu Rechtsmitteln und die Entfremdung vom Recht, die durch genau diejenigen Verfahren und Institutionen ent-

Ich behaupte nur, dass kein solches Rätsel aus Vagheit entsteht, genauso wie keines durch Änderungsregeln oder durch Endgültigkeit der Rechtsprechung entsteht. Rechtsstaatlichkeit ist unerreichbar, aber sie ist nicht unvorstellbar.

6. Lösung

Aber gerade die Dinge, die, wie es scheint, ein Gesetz nicht eindeutig regeln kann, kann doch ein Mensch wohl kaum erkennen. Das Gesetz hat jedoch mit voller Absicht die Bürger erzogen und überträgt Angelegenheiten, die es nicht eindeutig regeln kann, den Amtsinhabern, damit sie nach bestem Gewissen entscheiden und Maßnahmen treffen.[15]

Aristoteles war sich der Tatsache bewusst, dass Rechtsstaatlichkeit aufgrund von Unbestimmtheiten im Recht unmöglich erscheinen kann. Er erwähnt diesen Punkt als möglichen Einwand gegen seine Behauptung, dass es vorzuziehen sei, dass das Recht herrsche und nicht ein einzelner Bürger. Seine Antwort lautet zunächst, dass dann, wenn das Recht unbestimmt ist, das richtige Ergebnis für jede Person unerkennbar ist – so dass Unbestimmtheit im Recht nicht bedeutet, dass die Herrschaft von Menschen vorzuziehen ist. Aber seine vollständige Antwort besteht darin, die Fähigkeit des Rechts zu identifizieren, für die Auflösung der eigenen Unbestimmtheiten zu sorgen. Das Recht sorgt für die Auflösung der eigenen Unbestimmtheiten, genauso wie es selbst für seine Identifizierung, seine eigene Veränderung und seine Durchsetzung sorgt. Dies sind alles Weisen, auf die, wie Kelsen sagte, das Recht seine eigene Erschaffung regelt.[16]

Um das Ideal der Rechtsstaatlichkeit zu verstehen, müssen wir

steht, die das Ideal fördern: »In einem gewissen Maß gibt es kein Entrinnen von diesen Makeln.« John Gardner hat ein anderes, ähnliches Rätsel der Rechtsstaatlichkeit identifiziert: Es gibt verschiedene und potentiell miteinander unverträgliche Weisen, in denen das Recht dem Erfordernis der Klarheit genügen kann: John Gardner, »Rationality and the Rule of Law in Offences against the Person«, in: *Cambridge Law Journal* 53/3 (1994), S. 502-523, hier S. 511-520.

15 Aristoteles, *Politik*, Band 9.2 der *Werke in deutscher Übersetzung*, übersetzt von Eckart Schütrumpf, Berlin 1991, 1287a24.

16 Hans Kelsen, *General Theory of Norms*, Oxford 1991, S. 124, 126, 132 etc.

eine grundlegende Behauptung bezüglich der Rolle der Gerichte aufstellen: Ihre Rolle bei der Sicherstellung der Rechtsstaatlichkeit einer Gemeinschaft besteht nicht nur in der Rolle der Tatsachenfeststellung und in der Wächterrolle zur Sicherung von Rechtskonformität; sie besteht auch in der schöpferischen Rolle der Beilegung ungelöster Streitigkeiten über die Erfordernisse des Rechts. Solche Streitigkeiten müssen der Rechtsstaatlichkeit unterworfen werden. Die Regeln, die Gerichten einen Zuständigkeitsbereich zuweisen, bestimmen nicht nur den Bereich, innerhalb dessen ein Gericht das Recht anzuwenden hat. Durch die Autorisierung (und Verpflichtung) des Gerichts, eine Lösung anzuordnen, regulieren diese Regeln, was das Recht auf keine andere Weise regelt. Die wenig überraschende Konsequenz daraus ist, dass es kein Entkommen vor der Herrschaft der Menschen gibt. Um das Ideal der Rechtsstaatlichkeit zu verstehen, müssen wir die notwendigerweise schöpferische Rolle von Richtern verstehen. Das bedeutet, dass »die Herrschaft des Rechts, nicht der Menschen« eine rhetorische Figur für die Herrschaft der Gesetze ist, *frei vom Missbrauch* durch Menschen. Das Ideal der Herrschaft der Gesetze bleibt damit immer noch vollkommen verständlich.

Die Folgerung ist, dass Richter eine Pflicht haben, eine Lösung bereitzustellen (oder vielmehr *anzuordnen*). (Streit-)Lösung ist eine grundlegende Anforderung der Rechtsstaatlichkeit. Der Kläger in einem Verleumdungsfall kann rechtlichen Anspruch auf beträchtliche Schadensersatzleistungen haben – und nichts Bestimmteres. Dann könnten wir sagen, dass das Gericht recht daran tut, anzuordnen, dass der Angeklagte »beträchtliche Schadensersatzleistungen« zu zahlen hat. Aber solch eine Anordnung wäre eine Pflichtverletzung, weil es Teil der Pflicht des Gerichts ist, eine Lösung anzuordnen.[17] Eine Richterin, die mit der ganzen Serie von Mordanklagen konfrontiert ist, die oben diskutiert wurde, würde die Wahrheit sprechen, wenn sie sagte: »Es gibt keine rechtliche Antwort auf die

17 Vielleicht ist es besser, zu sagen, dass die Klägerin einen rechtlichen Anspruch auf beträchtliche Schadensersatzleistungen *und auch* einen rechtlichen Anspruch darauf hat, dass der erste Anspruch in einer genauen Summe festgelegt ist. Dann ist die Pflicht des Gerichts, eine Lösung anzuordnen, selbst eine Pflicht der Gerechtigkeit. Ich denke nicht, dass diese Konklusion sich auf das auswirken würde, was ich hier, über die unabhängige und grundlegende Natur der Pflicht, Lösungen anzuordnen, sage.

Frage ›Wer ist der letzte Angeklagte, der vor Gericht gestellt werden kann?‹.« Aber sie würde ihre Pflicht verletzen, wenn sie nicht in jedem Fall entweder die Anklage zurückwiese oder die Fortsetzung der Strafverfolgung erlaubte.

Lösungsfindung ist eine besonders wichtige richterliche Pflicht.[18] Sie ist wichtig, wenn unbestimmt ist, was die Gerechtigkeit oder das Recht erfordert, und wenn verschiedene inkommensurable Anforderungen guter richterlicher Entscheidungsfindung konfligieren, und auch dann, wenn es kein gerechtes Ergebnis gibt. Sie ist ein Grund für Berufungsgerichte, eine ungerade Anzahl an Richtern und Abstimmungen mit einfacher Mehrheit zu haben und ein Grund für die Endgültigkeit von Entscheidungen sowie für die Doktrin der *res judicata*. Die Fähigkeit und Verantwortung von Richtern, Lösungen anzuordnen, ist eine Quelle ihrer Legitimität. Aber sie ist keine besonders noble Pflicht, wie ihre Pflicht zur Gerechtigkeit. Sie können nicht anders, als dieser Pflicht zu genügen, es sei denn, sie kündigen oder schlagen ihre Hände über dem Kopf zusammen. Sie können sie selbst dann erfüllen, wenn sie ohne Angabe von Gründen entscheiden, selbst wenn sie falsch entscheiden und selbst wenn sie korrupt entscheiden. Ihre Fähigkeit, Lösungen herbeizuführen, wird in dem Maße gestärkt, in dem ihre Gerechtigkeit und praktische Vernunft die Akzeptanz der gerichtlichen Entscheidungen fördern. Also kommen sie ihrer Pflicht zum Herbeiführen von Lösungen nicht nach, wenn sie Fälle auf eine Weise entscheiden, die die Rechtsprechung so in Verruf bringt, dass die Rechtsstaatlichkeit gefährdet wird, indem sie die Missachtung durch die Exekutive oder Rebellion oder Massenausschreitungen hervorruft. Doch selbst dieses Versagen ist zu einem gewissen Grad unabhängig von der Gerechtigkeit ihrer Entscheidungen, weil auch gerechte Entscheidungen manchmal solche Störungen der Rechtsstaatlichkeit veranlassen könnten. Lösungen herbeizuführen ist eine grundlegende und unabhängige Pflicht, aber sie ist nicht übermächtig. Es gibt keinen Grund, zu denken, dass Richter eine absolute Pflicht haben, die Akzeptanz der Lösungen zu fördern, deren Herbeiführung sie beanspruchen.

18 Vgl. Raz' Darstellung der Funktionen des Rechts, in der die Schlichtung von ungeregelten oder teilweise geregelten Streitigkeiten eine »primäre Funktion« ist, die »die Schlüsselstellung der Gerichtssysteme in allen Rechtssystemen« zeigt, siehe Raz, *The Authority of Law*, S. 174 f.

Die vielen richterlichen Pflichten können nicht fein säuberlich aufgelistet werden, aber sie beinhalten die Aufrechterhaltung der Integrität und der Anständigkeit des Gerichtsprozesses (was die Aufsicht über das Beweisrecht und das Recht der Missachtung des Gerichts beinhaltet), die faire und gemäß dem Recht vorgenommene Aneitung und Führung der Jury in Jurygerichten und die Ermittlung der Tatsachen in Gerichtsverfahren ohne Jury. In ihren Entscheidungen und den Abhilfen, die sie schaffen, ist es die Pflicht von Richtern, dem Recht gemäß für Gerechtigkeit zu sorgen, für die Entwicklung des Rechts im Sinne des Gemeinwohls und zur Herstellung von Gerechtigkeit Verantwortung zu übernehmen, Lösungen bei Streitigkeiten anzuordnen und klare und offene Gründe anzuführen. Sie sollen den Respekt für das Recht und das Verständnis des Rechts in all ihren Handlungen aufrechterhalten (vor allem beim Treffen prozeduraler Entscheidungen und bei der Darlegung ihrer Gründe). Und sie müssen all das unparteilich tun, ohne Voreingenommenheit und Vorurteile.

Zwischen diesen Pflichten gibt es eine Reihe möglicher Konflikte – Konflikte zwischen Gerechtigkeit und Legalität sind bloß die schmerzlichsten. Für unsere Zwecke ist der Punkt wichtig, dass die Pflicht, Lösungen bei Streitigkeiten herbeizuführen, normalerweise nicht im Konflikt mit irgendeiner der anderen Pflichten der Entscheidungsfindung steht.[19] Sie ist unabhängig und grundlegend. Sie impliziert die Pflicht, Inkommensurabilitäten zwischen den anderen Anforderungen einer guten Entscheidung aufzulösen.

Wenn ein Koordinationsproblem ein Problem ist, zu dem eine Lösung für sich genommen wichtig ist (unabhängig von der Wichtigkeit, die, wenn überhaupt, damit verbunden ist, welche Lösung angenommen wird), dann ist jede richterliche Entscheidung eine Lösung eines Koordinationsproblems. Der Bedarf einer Gemeinschaft an solchen Lösungen hängt mit ihrem Koordinationsbedarf zusammen, weil Lösungen Koordination herstellen und weil jedes Koordinationsproblem zu seiner Lösung ein gewisses Maß an Beschlüssen benötigt. Legislativen und Exekutiven müssen Beschlüsse fassen. Benötigt werden Beschlüsse in der Politik (besonders in

19 Ausnahmen können sich in einigen Krisen ergeben, in denen ein Gericht die Akzeptanz seiner Entscheidungen nur durch das Treffen einer Entscheidung fördern kann, die in der Abwesenheit des Bedarfs, Akzeptanz zu fördern, falsch wäre.

demokratischer Politik) genauso wie im Recht. Das erklärt Schließungsregeln in legislativen Debatten und die Verbreitung einfacher Mehrheitsabstimmungen bei Wahlen und in legislativen Versammlungen. Die Unterstützung, die sich in 50,6 Prozent der Stimmen in einem Referendum widerspiegelt, ist praktisch die gleiche wie die Unterstützung, die sich in 49,4 Prozent der Stimmen widerspiegelt, aber der kleine Unterschied in der Unterstützung mag den ganzen Unterschied im Ergebnis ausmachen, und zwar wegen einer Abstimmungsregel, die den Bedarf eines Beschlusses widerspiegelt.

Nicht alle Koordinationsprobleme bedürfen jedoch derjenigen Form der Lösung, die Gerichte finden. Probleme, die sich dem Gesetzgeber und der Exekutive stellen (wie mit der Arbeitslosigkeit umzugehen ist, wo eine Straße zu bauen ist ...), stellen sich nicht allgemein in der bivalenten Form gerichtlicher Dispute dar. Wenn sie dies tun, wie bei der Frage, ob ein Gesetz verabschiedet werden soll oder wer gewählt werden soll, stellen Gesetzgebungsregeln und Abstimmungsregeln bivalente Ergebnisse sicher, genauso wie Richter es tun. In der gewöhnlichen Politik – beim Treffen exekutiver Entscheidungen und von Entscheidungen darüber, welche Gesetzesentwürfe eingebracht werden sollen – verhält sich dies anders. Die Legislative und die Exekutive können mit dem Aufschub von Entscheidungen reagieren, mit Kompromissen, mit dem Finden eines dritten Weges, mit Konsultation und so weiter.

In der Rechtsprechung kristallisiert sich der generelle politische Bedarf der Beschlussfassung in einer formalen, strukturellen Forderung. Jeder gerichtliche Disput ist ein Koordinationsproblem mit einem bestimmten Merkmal (einem Merkmal, das es mit einigen politischen Entscheidungen teilt, wie zum Beispiel Wahlen): Er erfordert, dass eines von zwei Ergebnissen erzielt wird, und die Kraft dieses Erfordernisses ist unabhängig von der Wichtigkeit (soweit sie überhaupt besteht) der Erwägungen für oder gegen jedes dieser Ergebnisse.

Ein unmittelbares Problem mit diesem Bedarf der Beschlussfassung besteht darin, zu klären, warum sie eine besondere Verantwortung der *Richter* sein sollte. Um das Beispiel der Kompetenzen im Verwaltungsrecht zu nehmen: Dort scheint es, dass wir Beschlüsse viel effektiver und einfacher erreichen könnten, wenn wir gerichtliche Überprüfung verbieten anstatt gerichtliche Überprüfung zulassen würden.[20] Also könnte es so aussehen, als ob keine besondere Tugend darin liegt, Richtern die Beilegung von Streitigkeiten anzuvertrauen.

Diese Ansicht wäre verfehlt, weil der Bedarf der Beschlussfassung niemals den Bedarf der Gerechtigkeit und den Bedarf der Legalität aufhebt. Wenn gerichtliche Überprüfung eine bessere Technik zur Erfüllung *dieser* Anforderungen ist, dann wird die Streitbeilegung im Allgemeinen besser Richtern anvertraut. Wenn die Richter unabhängig sind, ist ihre Unabhängigkeit oft selbst schon ausreichend, um eine gerichtliche Überprüfung vorzuziehen. Gerichtliche Überprüfung zu verbieten birgt das Risiko der Voreingenommenheit – was eine Form der Willkür in der vierten der genannten Hinsichten ist. Unkontrollierte behördliche Entscheidungsfindung kann die Ratio des Rechts zugunsten von Zwecken preisgeben, die voreingenommen oder korrupt oder einfach dem Recht fremd sind.

Es klingt großspurig zu sagen, dass es zumindest manchmal niemand Besseren als eine Richterin gibt, um bei Auseinandersetzungen über die Erfordernisse des Rechts eine Lösung anzuordnen. Aber der Schluss, dass es unerheblich sein kann, was die Lösung *ist*, legt eine eher *bittere* Aussicht für eine Richterin nahe, die gemäß dem Recht Gerechtigkeit üben will. Das Ergebnis einer Handlung könnte für die Parteien enorm wichtig sein und es mag dennoch keinen rechtlichen oder moralischen Grund geben, eher die eine statt der anderen Lösung zu wählen.[21] Dennoch muss eine Lösung angeboten werden. Wie engagiert eine Richterin auch ist, es scheint so, als spielten Legalität und Gerechtigkeit in solch einem Fall keine Rolle: Es gibt nichts, was die Richterin tun kann, um eine Entscheidung zu treffen, die mit dem Recht vereinbarer oder die

20 Wir könnten den gleichen Punkt illustrieren, indem wir fragen, warum rechtliche Streitigkeiten im Privatrecht eher durch Gerichte als durch Selbsthilfe, durch Regierungskommissionen oder auf irgendeine andere Weise gelöst werden sollten.

21 Vgl. John Finnis, »Reason and Authority in Law's Empire«, in: *Law and Philosophy* 6/3 (1987), S. 357-380, hier S. 357, 376: »[...] in manchen Fällen gibt es nur eine Antwort, die nicht falsch ist, während es in anderen (nicht seltenen) Fällen mehr als eine solche Antwort gibt, und der Vernunft selbst (ob der rechtlichen oder sogar moralischen) fehlen die Mittel, eine davon als die beste zu identifizieren«.

gerechter ist als die Alternative, und es besteht keine Möglichkeit, Willkür in unseren ersten drei Hinsichten zu vermeiden.

Ein Trost für die gewissenhafte Richterin könnte darin liegen zu bedenken, dass die Lösung in einem solchen Fall nicht unbedingt willkürlich in irgendeinem der Rechtsstaatlichkeit zuwiderlaufenden Sinn sein muss. Unsere ersten drei Hinsichten von Willkür sind der Rechtsstaatlichkeit *nicht* notwendigerweise entgegengesetzt. Wenn »willkürlich« ein pejorativer Ausdruck ist, dann ist es irreführend, diese »willkürlich« zu nennen. Mangel an Beschränkung, Uneinheitlichkeit und Unvorhersagbarkeit werden zu einem gewissen Grad durch Rechtsstaatlichkeit impliziert. Zweifellos können wir sagen, dass ein Defizit besteht, wenn das Recht *zu sehr* durch eines dieser Merkmale charakterisiert ist. Aber wir können noch mehr sagen: Mangel an Beschränkung, Uneinheitlichkeit und Unvorhersagbarkeit sind als solche keine Defizite. Die Lösung eines unklaren Falles muss nicht willkürlich in irgendeinem abwertenden Sinn sein. Sie ist nicht willkürlich in unserer vierten Hinsicht des Abrückens von der Ratio des Rechts, da der Bedarf einer Lösung selbst ein allgemeiner rechtlicher Grund ist, Dispute beizulegen, und da es keinen triftigen Grund gegen die fragliche Lösung gibt.

Aber das ist ein schwacher Trost für eine zu Legalität und Gerechtigkeit fest entschlossene Richterin, weil es zu besagen scheint, dass diese Tugenden unwichtig und mit Blick auf den fraglichen Fall nicht hilfreich sind. Wenn nur Beschlussfassung notwendig ist und es keine Rolle spielt, wie die Lösung aussieht, *warum nicht* die paradigmatische Technik des willkürlichen Treffens von Entscheidungen übernehmen – und eine Münze werfen? Schließlich kann das Werfen einer Münze ein legitimer Weg zum Treffen sehr wichtiger Entscheidungen sein, solange es angemessen ist, dass die Entscheidung nicht von Gründen abhängt, die das Ergebnis stützen. Und es muss *angemessen* sein, dass eine richterliche Entscheidung nicht von solchen Gründen abhängt, wenn es *unmöglich* ist, dass sie von solchen Gründen abhängt.

Es gibt einen Grund, keine Münzen zu werfen, und an diesem Grund sollte nichts Bitteres sein, obwohl er für Richter ein Stück weit demütigend ist. Der Grund ist, dass Bedarf an richterlicher Disziplin besteht. Ein ständiges Streben, die sonstigen Pflichten einer Richterin zu erfüllen, sorgt für Disziplin gegen Korruption, Befangenheit und Eigenwilligkeit. Diese sorgfältig abwägende Haltung ist immer darum bemüht, den Rechten der Parteien Wirkung zu verleihen, das Recht weise weiterzuentwickeln und so weiter. Sie gibt nicht an irgendeinem Punkt auf und sagt, dass es keine Antwort gibt. Der Bedarf an richterlicher Disziplin ist ein triftiger Grund, keine Münzen zu werfen, nicht einmal insgeheim, selbst wenn es (falls überhaupt jemals) der Richterin klar ist, dass das Recht das Problem nicht löst.

Wenn richterliche Disziplin von einer Richterin verlangt, immer anderen Pflichten nachzukommen als der Pflicht, Lösungen anzuordnen, dann könnten wir fragen, ob diese Pflicht überhaupt irgendwelche Folgen für die Art und Weise hat, wie eine Richterin handeln sollte. Eine Folge, die traditionell mit der Auffassung verbunden ist, dass die Anforderungen des Rechts in manchen Fällen unbestimmt sind, besteht darin, dass Richter dann, wenn das Recht eine Frage nicht beantwortet, nach den Erwägungen handeln müssen, die einen guten Gesetzgeber motivieren würden. Das ist wahr, aber es macht Unbestimmtheit nicht zu einer Quelle einer besonderen Pflicht, und ein Rückgriff auf legislative Erwägungen kann nicht immer dem unabhängigen Bedarf der Lösungsfindung gerecht werden. Erstens ist Unbestimmtheit im Recht keine Vorbedingung für rechtfertigbare richterliche Rechtsschöpfung. Der Richter kann auch dann als Rechtsschöpfer handeln müssen (und kann, wie das *House of Lords*, dazu ermächtigt sein, so zu handeln), wenn die *klaren* Vorschriften des Rechts geändert werden müssen. Zweitens sind legislative Erwägungen nicht notwendigerweise ausreichend, um Lösungen zu ergeben. Wenn unklar ist, was das Recht verlangt, dann kann auch unklar sein, was legislative Erwägungen verlangen. Auch solche Erwägungen mögen keinen letzten Angeklagten identifizieren, der korrekterweise verfolgt werden kann – und dennoch muss die Richterin zu einem Beschluss gelangen.

Gleichwohl hat der Bedarf an Lösungen Folgen dafür, wie Richter handeln sollten. Er liefert Richtern einen Grund, es zu vermeiden, umständliche oder verwirrende Gründe für Entscheidungen anzugeben, und er liefert Gerichten mit mehr als einem Richter einen Grund dafür, auf einen Konsens hinzuarbeiten, Streit zu vermeiden und Inkonsistenzen im Ergebnis komplexer Verfahren zu beseitigen. Er ist ein Grund für Gerichte, entweder Rechtsmittel zu vermeiden, die fortgesetzter gerichtlicher Aufsicht bedürfen, oder aber wirksame gerichtliche Möglichkeiten zur Beaufsichtigung dieser Rechtsmittel bereitzustellen. Es mag andere Weisen geben, auf die Gerichte durch die Verbesserung ihrer Fähigkeit, Lösungen in Streitigkeiten zu beschließen, Rechtsstaatlichkeit fördern können. Aber die Pflicht zur Bereitstellung einer Lösung kann uns nicht mehr darüber sagen, wie Richter handeln sollten, als dass sie ihre Fähigkeit, Lösungen bereitzustellen, schützen sollten. Sie sagt uns nichts Neues über die Pflicht, gemäß dem Recht Gerechtigkeit zu üben, aber sie erinnert uns daran, dass dies nicht die einzige richterliche Pflicht ist.

A. Wann ist Vagheit ein Defizit in der Rechtsstaatlichkeit?

Vagheit im Recht ist nicht notwendigerweise ein Defizit der Rechtsstaatlichkeit. Und mit einem ähnlichen Argument können wir verallgemeinern und sagen, dass der *Ermessensspielraum*, was auch immer sein Ursprung ist, an sich kein Defizit ist. Es gibt keine kohärente Weise, Rechtsstaatlichkeit zu charakterisieren, die dem Bestehen von Ermessensspielräumen intrinsisch entgegengesetzt ist; und während es klar ist, dass *zu viel* Ermessensspielraum ein Defizit darstellt, können wir noch mehr darüber sagen, was als zu viel Ermessensspielraum gilt, und wir können mehr darüber sagen, wann Vagheit ein Defizit ist.

Wenn wir zu Raz' Ordnungsprinzip zurückkehren – dem zufolge Menschen in der Lage sein müssen, das Recht als Leitfaden zu nutzen –, dann ist es verlockend, weiterhin darauf zu bestehen, dass Vagheit immer ein Defizit ist, weil Menschen sich in bestimmter Hinsicht tastsächlich nicht an einer vagen Regel orientieren können (wohingegen sie sich an einer ähnlichen, aber präzisen Regel orientieren *könnten*). Staatsanwälte können in der Tat die EMRK nicht dazu nutzen, die Frage zu beantworten »Wie lange können wir den Prozess hinausschieben?«. Dieser Ansatz würde das Ideal letztlich doch inkohärent machen.

Fragen wie »Wie lange können wir den Prozess hinausschieben?« sind geläufig, und wir sollten die Herausforderung nicht unterschätzen, die sie für unseren Versuch bedeuten, das Ideal der Rechtsstaatlichkeit zu verstehen. Wir könnten sagen, dass das Ideal der Rechtsstaatlichkeit inkohärent ist, wenn es verlangt, dass ein Jurist in der Lage sein muss, *präzise* Antworten auf solche Fragen zu geben. Aber es ist nicht inkohärent, wenn es bloß verlangt, dass das

Recht für einen Juristen bei der Beratung eines Mandanten nützlich sein muss.

Um das Ordnungsprinzip des Ideals zu verstehen, müssen wir zwischen einer Nutzung des Rechts als Leitfaden und einer Nutzung des Rechts unterscheiden, bei der es um die Vorgabe eines Ergebnisses in jedem möglichen Fall geht. Wir müssen einen Sinn von »Leitfaden« finden, in dem das Erfordernis eines Prozesses innerhalb einer angemessenen Frist das Verhalten leiten *kann*. Und natürlich kann es das – nicht durch das Setzen einer Frist für die Anklageerhebung, sondern indem es der Staatsanwaltschaft einen Grund gibt, so früh zu handeln wie möglich: Nicht einfach *nur*, um das Risiko zu vermeiden, dass eine Verzögerung als unangemessen erachtet wird, sondern um Rechenschaft darüber ablegen zu können, dass sie Gründe dafür hat, sich eine bestimmte Menge an Zeit zu nehmen. Der Begriff eines »Leitfadens« wäre wiederum inkohärent, wenn wir nichts als einen Leitfaden gelten ließen, das nicht alle Fragen beantwortet. Demnach wäre beispielsweise kein Stadtplan ein Leitfaden, und kein vages Versprechen könnte unser Verhalten leiten. Der Begriff eines Leitfadens kann nur dann kohärent sein, wenn wir einen Begriff davon haben, was von einem Leitfaden verlangt werden kann, und wenn wir etwas als einen Leitfaden gelten lassen, sofern es diesem Erfordernis entspricht.

Es bleibt verlockend zu sagen, dass Vagheit ein Defizit ist, wenn das Recht *zu* vage ist. Aber Vagheit ist nicht quantifizierbar, und so oder so gibt es keinen Grund zu denken, dass jede *sehr* vage Regel (zum Beispiel Standards der Fairness, der Angemessenheit, der zufriedenstellenden Qualität…) ein Defizit darstellt. Was können wir also sagen, das erhellender wäre, als dass das Recht nicht *zu* vage sein darf?

Es wird helfen, einen Fall zu betrachten, in dem Vagheit *offensichtlich* einem Defizit in der Rechtsstaatlichkeit gleichkommt. Nehmen wir Stalins mörderischen Missbrauch des Rechts. Seine 1932er Erlasse zur Kollektivierung der ukrainischen Landwirtschaft ordneten »Entkulakisierung« an. Die Vagheit des ideologisch aufgeladenen Jargons verwandelte landwirtschaftliche Beschlagnahmungen in eine Schreckensherrschaft von lokalen Beamten. Diese Vagheit war eine Technik zur Erreichung einer rechtlich sanktionierten Aussetzung der Rechtsstaatlichkeit.

Vagheit ist ein Defizit, wenn es zu Willkür in der vierten der genannten Hinsichten führt – zur Aufgabe der Ratio des Rechts. Behörden können Vagheit nutzen, um ihre Handlungen von der Ratio des Rechts auszunehmen, oder sogar, um es unmöglich zu machen, das Recht als Träger irgendeiner Ratio zu begreifen, die vom Willen der Beamten unterscheidbar wäre. Dann ist Vagheit ein Defizit in der Rechtsstaatlichkeit.

Übersetzt von Karl Christoph Reinmuth

14. Julie Dickson

Zur Methodologie in der Rechtsphilosophie

Wie viele Themen in der gegenwärtigen Rechtsphilosophie wurde auch eine Vielzahl der neuesten Debatten über eine adäquate rechtstheoretische Methodologie von H. L. A. Harts *Der Begriff des Rechts* angeregt.[1] Zu Beginn der ersten Auflage des Buches rückt Hart den Rechtsgelehrten in ein selbstreflexives Licht, wenn er ihm eine ausgeprägte Neigung zuschreibt, sich in theoretische Debatten über den Gegenstand seines Faches verwickeln zu lassen: »Der Frage: ›Was ist Chemie?‹ oder ›Was ist Medizin?‹ wird keine so umfangreiche Literatur gewidmet wie der Frage: ›Was ist Recht?‹«.[2]

Im Anschluss an die Veröffentlichung des Postskriptums zur zweiten Auflage von *Der Begriff des Rechts* scheint sich diese Neigung, die ein Stück weit an Nabelschau erinnern mag, auf die metatheoretische Ebene verschoben zu haben, da die Frage »Was ist Rechtstheorie und wie soll sie betrieben werden?« in der rechtsphilosophischen Debatte zunehmend populärer und wichtiger geworden ist. Viele der Beiträge zu dieser Debatte sind Erläuterungen und Verteidigungen *von* oder Angriffe *auf* Harts Äußerungen in den ersten beiden Teilen seines »Postskriptums«, in denen er als Reaktion auf Ronald Dworkins Kritik am Rechtspositivismus[3] versucht hatte, Klarheit in seine methodologischen Festlegungen zu bringen. Deshalb nimmt der vorliegende Aufsatz Harts Äußerungen aus dem »Postskriptum« zum Ausgangspunkt und überdenkt einige der unterschiedlichen Argumentationslinien, die aus diesen Äußerungen hervorgegangen sind, um den derzeitigen Stand der rechtswissenschaftlichen Methodologiedebatte zu untersuchen. Wo es angemessen erscheint, werde ich ferner Kritik an einigen

1 Herbert Lionel Adolphus Hart, *Der Begriff des Rechts. Mit dem Postskriptum von 1994 und einem Nachwort von Christoph Möllers*, Berlin 2011.

2 Ebd., S. 12.

3 Das neuerliche Interesse an der Methodologie der Rechtstheorie ist ebenso Ronald Dworkins Werk verpflichtet, insbesondere jenen methodologischen Erörterungen, die Teil seiner Erklärungen zur Natur und Rolle der konstruktiven Interpretation in Dworkins Buch *Law's Empire* sind.

dieser Argumente üben und meine eigene Auffassung der rechtswissenschaftlichen Methodologie zu diesen in Beziehung setzen.

Der Aufsatz ist in fünf Abschnitte unterteilt. In Abschnitt I werde ich darlegen, was ich als Harts wichtigste Äußerungen zur Methodologie im »Postskriptum« erachte. In den Abschnitten II, III und IV beleuchte ich verschiedene Auffassungen bezüglich der Rolle von Werturteilen in der rechtsphilosophischen Forschung. Diese Abschnitte nähern sich dem Problem der Wertung in der Rechtstheorie aus drei verschiedenen Blickwinkeln. Abschnitt II befasst sich mit der Frage, ob eine deskriptive Rechtsphilosophie möglich ist, und, wenn ja, was genau daraus folgen würde. Der Schwerpunkt dieses Abschnitts liegt überwiegend auf den verschiedenen Interpretationen von Harts Ansichten zu diesem Thema, wie sie von mir selbst, Stephen Perry und Brian Leiter vorgeschlagen wurden. Es wird versucht, einige der aktuellen Debatten in ein klareres Licht zu rücken, indem deutlicher herausgearbeitet wird, wo diese Kommentatoren sich unterscheiden. In Abschnitt III wird, in Anbetracht meiner eigenen Ansichten und denen von Jules Coleman und Nicos Stavropoulos, Dworkins These untersucht, dass eine Rechtstheorie die Funktion des Rechts erklären können sollte, staatliche Zwangsgewalt angemessen zu beschränken und zu rechtfertigen. Abschnitt IV – dessen Fokus weitestgehend auf einigen neuen Arbeiten zur Methodologie von Liam Murphy liegt – prüft Argumente, die behaupten, dass unsere Entscheidung zwischen konkurrierenden Rechtstheorien sich danach richten sollte, welche positiven moralischen und politischen Konsequenzen aus einem Rechtsverständnis im Gegensatz zu einem anderen folgen. Abschnitt V – der an neuere Arbeiten von Joseph Raz, Nicos Stavropoulos, Jules Coleman und Ori Simchen anschließt – befasst sich schließlich mit der Rolle semantischer Theorien in der rechtsphilosophischen Methodologie und diskutiert die sogenannten kriteriellen Erläuterungen des Rechtsbegriffs im Zusammenhang mit Harts methodologischen Festlegungen. Über den gesamten Aufsatz hinweg werde ich versuchen, die Berührungspunkte zwischen Harts Äußerungen zur Methodologie aus dem »Postskriptum«, die in Abschnitt I zusammengefasst werden, und den Ansichten verschiedener zeitgenössischer Autoren zu demselben Thema zum Vorschein zu bringen.

I. Harts »Postskriptum«

Harts »Postskriptum« enthält viele Äußerungen, die für sein Verständnis einer richtigen rechtsphilosophischen Methodologie relevant sind. In diesem Beitrag widme ich mich ausschließlich Problemen, die aus den ersten beiden Abschnitten hervorgehen. Der klassifikatorischen Einfachheit halber lassen sich diese vier Hauptpunkten zuordnen:

A. Allgemeine und deskriptive Rechtsphilosophie versus evaluative und rechtfertigende Rechtsphilosophie;
B. Bedeutung und Konsequenzen der Einnahme einer Binnenperspektive in der Rechtsphilosophie;
C. Rechtstheorie, Rechtspraxis und die Rechtfertigung staatlichen Zwangs;
D. Rechtspositivismus und der semantische Stachel.

A. Allgemeine und deskriptive Rechtsphilosophie versus evaluative und rechtfertigende Rechtsphilosophie

Im ersten Abschnitt des »Postskriptums« versucht Hart in allgemeinen Begriffen den Unterschied zwischen seiner eigenen Version von Rechtstheorie in *Der Begriff des Rechts* und Ronald Dworkins Auffassung einer Rechtstheorie darzulegen. Hart führt im Zuge dessen eine Unterscheidung ein, die Anlass zu vielen Diskussionen sowie einiger Verwirrung innerhalb der gegenwärtigen Debatte um die rechtsphilosophische Methodologie gegeben hat: die Unterscheidung zwischen einer (Hart'schen) allgemeinen und deskriptiven Rechtsphilosophie und einer (Dworkin'schen) evaluativen und rechtfertigenden Rechtsphilosophie.[4]

Zunächst zur Frage der Allgemeinheit: Es scheint recht unumstritten, dass Harts Konzeption von Rechtstheorie in dem Sinne allgemein zu sein versucht, dass sie eine Beschreibung des Wesens des Rechts anstrebt, die unabhängig von Zeit und Ort ist.[5] Sei-

4 Hart, *Begriff des Rechts*, S. 317-322.

5 Während Harts Behauptung, dass sein Ansatz versucht, im obigen Sinne allgemein zu sein, freilich unkontrovers ist, sind der Erfolg seiner selbst ausgerufenen Aufgabe und sogar die grundsätzliche Möglichkeit, diese Aufgabe erfolgreich zu lösen, weit umstrittener.

ne Beschreibung von Dworkins evaluativer und rechtfertigender Rechtsphilosophie als einer, die solche universalistischen Ansprüche vermissen lasse und die vielmehr »›bezogen [ist] auf eine bestimmte Rechtskultur‹, welche für gewöhnlich die des Theoretikers ist und in Dworkins Fall die des angloamerikanischen Rechts«,[6] ist jedoch sowohl vor als auch nach dem »Postskriptum« Gegenstand von Diskussionen darüber gewesen, ob dies eine korrekte Auslegung des Geltungsumfanges von Dworkins interpretivistischer Rechtstheorie darstelle.

Philip Soper beispielsweise scheint in einer Rezension kurz nach der Veröffentlichung von *Law's Empire* davon auszugehen, dass Dworkin mit seiner Theorie universalistische Ansprüche verfolgt, und kritisiert folglich diejenigen Aspekte von Dworkins Theorie, die (nach Soper: fälschlicherweise) universell gültige Verpflichtungen auf Individualrechte unterstellen.[7] In einer neueren Diskussion von Dworkins methodologischen Festlegungen weist Joseph Raz demgegenüber auf die ausgesprochene Bescheidenheit von Dworkins diesbezüglichen Ambitionen hin: Wie Hart bemerke, beansprucht Dworkin in *Law's Empire* explizit, eine Theorie des Rechts anzubieten, die sich ausschließlich an eine bestimmte Rechtskultur richtet. Raz bezweifelt gleichwohl, dass Dworkin seinen erklärten Absichten treu bleibt.[8] Nicos Stavropolous hat zudem vor Kurzem behauptet, dass der Dworkin'sche Ansatz in der Rechtstheorie – den Stavropoulos unterstützt und den er »Interpretivismus« nennt – eine allgemeine Theorie des Wesens des Rechts liefern möchte.[9]

Der andere Aspekt von Harts Darstellung seines rechtstheoretischen Ansatzes im »Postskriptum« hat ebenfalls Anlass zu Debatten gegeben; die Diskussion dieses Problems – ob es möglich sei, Recht mit den Mitteln einer »deskriptiven« Rechtstheorie, die »ethisch

6 Hart, *Begriff des Rechts*, S. 318. Siehe auch Ronald Dworkin, *Law's Empire*, Cambridge (MA) 1986, S. 102.

7 Siehe Philip Soper, »Dworkin's Domain«, in: *Harvard Law Review* 100 (1987), S. 1166-1186, hier S. 1180.

8 Joseph Raz, »Two Views of the Nature of Law. A Partial Comparison«, in: Jules L. Coleman (Hg.), *Harts Postscript. Essays on the Postscript to* The Concept of Law, Oxford 2001, S. 1-37, hier S. 26.

9 Nicos Stavropoulos, »Legal Interpretivism«, in: Edward N. Zalta (Hg.), *The Stanford Encyclopedia of Philosophy* (Summer 2014), ⟨https://plato.stanford.edu/archives/sum2014/entries/law-interpretivist/⟩. Siehe besonders die Abschnitte 1 und 2.

neutral ist und keine Rechtfertigungsabsichten besitzt«[10] – angemessen zu erklären, wird uns den Großteil der Abschnitte II bis IV weiter unten beschäftigen. Einige vorläufige Anmerkungen zu Harts Terminologie im »Postskriptum« sind jedoch schon an dieser Stelle angebracht. Indem er seinen eigenen »deskriptiven« rechtstheoretischen Ansatz mit einer »evaluativen und rechtfertigenden« Rechtsphilosophie kontrastiert, macht er sich für Interpretationen anfällig, denen zufolge er behaupte, eine explanatorisch adäquate Rechtstheorie könne ohne jegliche Werturteile auskommen.[11] Wie jedoch inzwischen eine Reihe von Rechtstheoretikern gezeigt hat, kann es eine wertfreie Rechtstheorie gar nicht geben, und auch Hart glaubte das nicht. Wie ich in Abschnitt II weiter darlegen werde, ist es bei der Interpretation von Harts Äußerungen zu diesem Thema aus dem »Postskriptum« wichtig, daran zu erinnern, dass derjenige Teil des »Postskriptums«, der veröffentlicht wurde, eine Antwort auf Dworkins Kritik an Hart gewesen ist. Dieser Teil ist daher in einem polemischen Stil gehalten, und sein Stil beeinflusst den Inhalt, insbesondere dort, wo Hart die Unterschiede zwischen seinen eigenen methodologischen Festlegungen und denen Dworkins beschreibt. Hart stellt seine eigene Position weitestgehend dadurch dar, dass er sie von derjenigen Dworkins abgrenzt. Seine Terminologie darf daher nicht losgelöst, sondern muss im konkreten Zusammenhang der Debatte zwischen den beiden betrachtet werden sowie im Lichte der methodologischen Festlegungen, die Hart Dworkin zuschreibt. In diesem Zusammenhang ist es plausibel, dass die Spielart der Rechtstheorie, von der sich Hart distanzieren möchte, nicht die »evaluative Rechtstheorie« *per se* ist, sondern diejenige, die in dem spezifisch Dworkin'schen Sinne evaluativ ist, die also eine moralische und politische Bewertung von Recht an die Hand gibt, die Letzteres als Rechtfertigung von Ausübungen staatlichen Zwangs in das beste Licht setzt. Der polemische Charakter des »Postskriptums« sowie Harts Absicht, seine eigene Position von Dworkins Position abzugrenzen, sollten sowohl bei der Deutung

10 Hart, *Begriff des Rechts*, S. 317.

11 Siehe Stephen R. Perry, »Interpretation and Methodology in Legal Theory«, in: Andrei Marmor (Hg.), *Law and Interpretation. Essays in Legal Philosophy*, Oxford 1995, S. 97-135, hier S. 100: »… die zufriedenstellendsten rechtsphilosophischen Theorien erweisen sich als nicht rein deskriptiv und wertfrei, wie Hart behauptet hat.« [Übersetzung L. L.]).

von Harts Äußerungen selbst berücksichtigt werden als auch für das Verständnis jener rechtstheoretischen Debatten, die als Antwort auf diese Äußerungen entstanden sind.

B. Bedeutung und Konsequenzen der Einnahme einer Binnenperspektive in der Rechtsphilosophie

Nachdem Hart zwischen allgemeiner und deskriptiver Rechtsphilosophie einerseits und evaluativer und rechtfertigender Rechtsphilosophie andererseits unterschieden hat, erwägt er kurz Dworkins Gründe dafür, eine deskriptive Rechtstheorie als unzureichend für eine adäquate Erklärung von Recht abzulehnen.[12] Er konzentriert sich dabei auf das Wesen und die Rolle der Binnenperspektive in der Rechtstheorie und insbesondere auf Dworkins Behauptung, dass erfolgreiche Rechtstheoretiker eine Binnenperspektive einnehmen müssen, und zwar in dem Sinne, dass sie selbst Teilnehmer der Rechtspraxis werden müssen, die Auslegungen des Rechts vorschlagen, die mit den Auslegungen anderer Teilnehmer der Praxis konkurrieren. Nach Harts Auffassung erfordert die notwendige Festlegung einer Rechtstheorie auf die Binnenperspektive dagegen nicht, dass Rechtstheoretiker Aussagen über das Recht treffen müssen, die mit den Aussagen der Teilnehmer der Rechtspraxis konkurrieren.

Nach Harts Verständnis der Binnenperspektive muss der deskriptive Rechtstheoretiker zwar die Binnenperspektive berücksichtigen und das Recht aus dieser Perspektive verstehen, also aus der Perspektive derjenigen, die Recht schaffen, es anwenden und ihm unterliegen. Aber indem er dies tut, muss er, um eine explanatorisch adäquate Rechtstheorie zu entwerfen, weder die Aussagen, die aus dieser Perspektive heraus getroffen werden, teilen oder gutheißen, noch muss er eigene Aussagen treffen, die mit ihnen konkurrieren. Selbst wenn Dworkins Auffassung zutreffen sollte, dass die Teilnehmer der Rechtspraxis versuchen, moralische und politische Bewertungen des Rechts anzubieten, die es als Fall gerechtfertigten staatlichen Zwangs erscheinen lassen, so ist das nach Hart lediglich eine Tatsache, die verstanden und berücksichtigt werden muss. Der Theoretiker muss nicht selber Stellung dazu beziehen, ob und unter welchen Umständen solche Bewertungen und ange-

12 Hart, *Begriff des Rechts*, S. 320-322.

strebten Rechtfertigungen wahr sind oder wären. Tatsächlich geht Hart so weit zu sagen, dass das selbst dann gelten würde, wenn die Teilnehmerperspektive auf das Recht *notwendig* die Überzeugungen mit umfasse, dass es (i) moralische Gründe gebe, dem Recht auch Folge zu leisten, und dass (ii) der rechtliche Gebrauch von Zwang gerechtfertigt sei: Auch das müsste der Rechtstheoretiker lediglich verstehen und in Betracht ziehen. Ein solches Verständnis verpflichte ihn nicht dazu, seine deskriptive Aufgabe preiszugeben: »Deskription bleibt Deskription, auch wenn sie eine Bewertung beschreibt.«[13]

C. Rechtstheorie, Rechtspraxis und die Rechtfertigung staatlichen Zwangs

Harts Wunsch, sich von einer Auffassung von Rechtstheorie zu distanzieren, die es als deren Aufgabe ansieht zu erklären, wie das Recht staatlichen Zwang rechtfertigen kann, wurde bereits bei der Besprechung der ersten beiden Abschnitte erwähnt. Allerdings weist Hart Dworkins Verknüpfung zwischen Rechtstheorie und der Rechtfertigung staatlichen Zwangs in Abschnitt 2 des »Postskriptums« auch ausdrücklich zurück und kritisiert an dieser Stelle Dworkins Neuinterpretation des Rechtspositivismus als eine interpretative Theorie des Rechts, die er »Konventionalismus« nennt. In dieser Gestalt stellt der Rechtspositivismus Recht insofern ins beste Licht, als es fähig ist, Zwang dadurch zu rechtfertigen, dass der Besitz von Kriterien in Form von klaren Fakten für die Identifikation von Recht diejenigen, die dem Recht unterliegen, deutlich und mit gerechtem Vorlauf in Kenntnis darüber setzt, wann solcher Zwang gegen sie angewendet wird.[14]

Hart lehnt diese Neuinterpretation ab, da Dworkins rechtstheoretischer Ansatz fälschlicherweise voraussetzt, (i) dass der Zweck von Recht die Rechtfertigung staatlicher Zwangsgewalt sei; und (ii) dass daher jede adäquate Rechtstheorie versuchen muss zu erklären, wie und unter welchen Umständen Recht dieses Ziel erreichen kann. Hart macht im »Postskriptum« deutlich, dass er nicht glaubt, dass der Sinn von Recht darin besteht, Zwang zu rechtfertigen, und gibt sogar an, sich zu hüten, Recht so zu beschreiben, als hätte es

13 Ebd., S. 322. Dies wird weiter in Abschnitt II diskutiert.

14 Siehe Dworkin, *Law's Empire*, Kapitel 4.

überhaupt einen einzigen vorrangigen Sinn oder eine einzige vorrangige Funktion.[15]

D. Rechtspositivismus und der semantische Stachel

Nebst der Ablehnung von Dworkins Interpretation des Rechtspositivismus als einer interpretativen Theorie des Rechs im »Postskriptum« lehnt Hart auch seine Interpretation desselben als einer semantischen Theorie ab und versucht das Argument des semantischen Stachels zu widerlegen, das von Dworkin in den ersten Kapiteln von *Law's Empire* skizziert wurde.[16] Dworkin behauptet, die Rechtspositivisten hätten keine Erklärung für Art und Ausmaß der Meinungsverschiedenheiten, die zwischen Anwälten, Richtern und durchaus auch Rechtstheoretikern bezüglich der Frage, was Recht sei, bestehen, da sie irrtümlicherweise glaubten, dass diese Rechtsakteure sprachliche Regeln teilten, um die Wahrheit von Rechtssätzen festzustellen, d. h. festzustellen, wann der Ausdruck »Recht« korrekt angewandt wird.[17]

Da die Ansicht der Rechtspositivisten darin bestehe, dass diese Kriterien gemeinsam geteilt werden und lediglich von geschickten Anwälten, Richtern und Rechtsphilosophen aufgedeckt werden müssten, muss laut Dworkin jede scheinbare Meinungsverschiedenheit darüber, ob etwas Recht ist oder nicht, entweder eine Meinungsverschiedenheit an der Peripherie der Anwendung dieser Kriterien sein; oder es handelt sich überhaupt nicht um eine echte Meinungsverschiedenheit, sondern nur um Menschen, die aneinander vorbeireden, da sie jene Kriterien nicht wirklich teilen. Anschließend behauptet Dworkin, dass diese rechtspositivistischen Festlegungen ein extrem inakkurates Bild davon zeichnen, wie juristische Argumente und Meinungsverschiedenheiten beschaffen sind. Hart antwortet auf das Argument des semantischen Stachels, indem er schlicht behauptet, dass seine Rechtstheorie nicht davon gestochen wird: Er bestreitet, dass auch nur ein Aspekt seines An-

15 Hart, *Begriff des Rechts*, S. 326-329. Diese Probleme werden weiter in Abschnitt III diskutiert.

16 Hart, *Begriff des Rechts*, S. 323-326. Zu dem Argument des semantischen Stachels siehe Dworkin, *Law's Empire*, Kapitel 1 und 2.

17 Dworkins Argument zielt sowohl auf den Begriff des Rechts als auch auf Rechtssätze.

satzes einen Versuch darstelle, die gemeinsam geteilten sprachlichen Kriterien, die die Bedeutung des Wortes »Recht« festlegen, aufzudecken.[18]

II. Die Rolle von Wertungen in der Rechtstheorie

Wie im ersten Abschnitt bereits erwähnt wurde, behauptet Hart im »Postskriptum«, dass er einer deskriptiven Rechtstheorie verpflichtet ist. Obwohl er sich durch diese Behauptung von Dworkins Art einer evaluativen und rechtfertigenden Rechtsphilosophie, die es als ihre Aufgabe ansieht, zu erklären, wie Recht eine Rechtfertigung staatlichen Zwangs bereitstellen kann, distanzieren will, zeigen andere Schriften von Hart deutlich, dass er mit der Verwendung des Ausdrucks »deskriptiv« nicht behauptet, eine Rechtstheorie könne vollkommen wertfrei sein:

> Eine Untersuchung, die moralischen Aussagen und Überzeugungen einen Platz als Bestandteile sozialer Phänomene zuweist, muss, wenn sie den Fokus auf diese Eigenschaften statt auf andere legt, selbst von gewissen Relevanzkriterien angeleitet sein, von denen das wichtigste die explanatorische Kraft der durch diese Analyse ausgewählten Aspekte ist. Auf diese Weise wird die Analyse von – oftmals kontroversen – Urteilen darüber angeleitet, was relevant ist, und wird daher diese metatheoretischen Werte widerspiegeln und nicht gegenüber allen Werten neutral sein. Aber nichts von alledem zeigt, dass eine solche Analyse nicht deskriptiv, sondern normativ und rechtfertigend ist.[19]

In diesem Absatz erklärt Hart, dass der Aufbau jeder explanatorisch adäquaten Rechtstheorie Werturteile darüber beinhaltet, welche Eigenschaften des Rechts zu erklären wichtig sind.

Hart bemerkt außerdem, dass es in der Rechtstheorie zwar wichtig sein kann, moralischen Forderungen und Überzeugungen bezüglich des Rechts einen Platz einzuräumen, behauptet aber, dass Rechtstheoretiker durchaus Werturteile darüber fällen können, dass es wichtig sei, diese moralischen Forderungen und Überzeu-

18 Hart, *Begriff des Rechts*, S. 324 f. Dieses Problem wird in Abschnitt V angesprochen.

19 H. L. A. Hart, »Comment«, in: Ruth Gavison (Hg.), *Issues in Contemporary Legal Philosophy. The Influence of H.L.A. Hart*, Oxford 1987, S. 35-61, hier S. 39.

gungen zu erklären, ohne aber selbst irgendeinen rechtfertigenden Standpunkt anbieten zu müssen.

In den letzten Jahren haben einige Rechtstheoretiker versucht zu erklären, warum es notwendig ist und wie es möglich sein kann, bei der Ausarbeitung einer Rechtstheorie solche Werturteile zu fällen, ohne dabei moralische und politische Wertungen und Rechtfertigungen des Rechts Dworkin'scher Spielart ins Spiel zu bringen. Diese Art der Rechtstheorie, die zwar evaluativ sein will, aber nicht moralisch evaluativ oder rechtfertigend, wird unter anderem von Jules Coleman,[20] Andrei Marmor,[21] Wil Waluchow[22] und mir selbst[23] vertreten. Indem sie versuchen, diese Position zu erklären und zu verteidigen, stehen diese Rechtstheoretiker in Opposition zu den methodologischen Ansichten von unter anderen John Finnis, Ronald Dworkin und Stephen Perry, die allesamt behaupten, Recht könne nicht angemessen erklärt werden, ohne dass die Rechtstheoretiker sich in die moralische Bewertung von Recht und von Überzeugungen und Einstellungen über Recht einbringen und selbst dazu Stellung beziehen, ob und unter welchen Bedingungen Recht moralisch wertvoll oder moralisch gerechtfertigt ist.

A. In welchem Sinn ist Rechtstheorie evaluativ?

Einige der instruktivsten Beiträge zu dieser Debatte stammen von John Finnis. In den ersten Kapiteln von *Natural Law and Natural Rights* stellt Finnis heraus, dass Rechtstheoretiker, genauso wie alle anderen Theoretiker, Werturteile über Sinn und Wichtigkeit fällen müssen, um eine explanatorisch adäquate Theorie entwerfen zu können, statt lediglich eine Liste vermischter Informationen zu un-

20 Jules Coleman, *The Practice of Principle. In Defence of a Pragmatist Approach to Legal Theory*, Oxford 2001, Kapitel 11 und 12.

21 Andrei Marmor, *Positive Law and Objective Values*, Oxford 2001, S. 153-159.

22 Wil Waluchow, *Inclusive Legal Positivism*, Oxford 1994, S. 19-30.

23 Julie Dickson, *Evaluation and Legal Theory* Oxford 2001. Es sollte angemerkt werden, dass – obwohl diese Theoretiker insofern eine gemeinsame Position teilen, als sie alle glauben, dass eine erfolgreiche Rechtstheorie zwar evaluativ sein muss, der Rechtstheoretiker aber keine moralische und politische Bewertung und Rechtfertigung von Recht vorzunehmen hat – wichtige Unterschiede zwischen deren Auffassungen existieren. Leider können diese hier nicht *en detail* diskutiert werden.

terbreiten.[24] Dieser Punkt sollte unter Rechtstheoretikern unstrittig sein. Dennoch verwendet Finnis ihn als Startpunkt, von dem aus er ein Argument entwickelt, wonach der Rechtstheoretiker, um das Wesen des Rechts erklären zu können, moralische Urteile fällen und den moralischen Wert des Rechts sowie die Art und Weise, auf die Recht moralische Verpflichtungen hervorrufen kann, erklären muss.

In diesem Zuge behauptet er, dass Menschen mit dem Recht – das schließlich ein soziales Phänomen ist – vertraut sind, Ansichten darüber haben und praktische Schlüsse ziehen, was zu tun und wie zu leben sei. Darum müsse sich der Rechtstheoretiker beim Fällen seiner Urteile über Bedeutung und Wichtigkeit seines Gegenstands davon leiten lassen, was von denjenigen als bedeutsam und wichtig erachtet wird, die Recht schaffen, es anwenden und ihm unterstehen, jenen also, deren Ansichten und Aktivitäten den Gegenstand rechtsphilosophischer Untersuchungen konstituieren.[25] Auch dies ist in der rechtsphilosophischen Debatte, die sich nach *Der Begriff des Rechts* entwickelt hat, ein recht unstrittiger Punkt. Zum einen ist eine der wichtigsten Errungenschaften Harts die in seinem Buch geleistete Erklärung der Bedeutsamkeit der Binnenperspektive für die Rechtstheorie, das heißt der Wichtigkeit, Recht zu verstehen, indem berücksichtigt wird, wie Rechtsphänomene von denen wahrgenommen werden, die ihm unterliegen.[26]

Darüber hinaus sollte es unter Rechtstheoretikern unkontrovers sein, dass zumindest einige derjenigen, die Recht schaffen, anwenden und ihm unterliegen, moralische Einstellungen und Überzeugungen zu ihm haben – einige Richter beispielsweise könnten das Recht ihres Rechtssystems anerkennen und anwenden, weil sie glauben, dass sie moralisch dazu verpflichtet sind. Der nächste Schritt in Finnis' Argumentation ist jedoch abhängig von seinem Standpunkt bezüglich der Wichtigkeit unterschiedlicher Einstellungen und Perspektiven für ein angemessenes Verständnis des Rechts. Wie bereits erwähnt, haben manche derer, die dem Recht unterliegen oder es anwenden, moralische Überzeugungen und Einstellungen darüber. Für einige jedoch mag dies nicht zutreffen.

24 Vgl. John Finnis, *Natural Law and Natural Rights*, Oxford 1980, S. 17 [S. 343 in diesem Band].

25 Ebd., S. 12 [S. 337 in diesem Band].

26 Siehe Hart, *Begriff des Rechts*, S. 110 ff., 120 f., 124 f., 140 f., 320 ff.

Einige derer, die dem Recht gewisser Jurisdiktionen unterliegen, haben sich vielleicht von diesem abgewandt und missachten es daher oder folgen ihm ausschließlich aus praktischem Kalkül, während sie es verunglimpfen und daran arbeiten, es zu reformieren.

Hart stellt heraus, dass Beamte, die Recht anwenden, möglicherweise ebenfalls eine Vielzahl an Einstellungen zu ihm haben: Richter können das Recht ihrer Jurisdiktion genauso aus Karrieregründen unterstützen und anwenden oder schlichtweg aus einer Leidenschaft heraus an Traditionen festhalten bzw. den Status quo bewahren, wie sie es aus dem Glauben an seinen moralischen Wert tun können.[27] Finnis jedoch behauptet, dass einige dieser Standpunkte bezüglich des Rechts wichtiger und bedeutsamer für das Verständnis des Rechts seien als andere. Seiner Ansicht nach ist der zentrale Standpunkt – nämlich derjenige, der das Zustandekommen und Aufrechterhalten von Recht ermöglicht – zugleich der Standpunkt von praktisch-vernünftigen Menschen, die den moralischen Wert des Rechts wertschätzen und die Art und Weise verstehen, auf die seine spezifischen Eigenschaften uns dabei unterstützen, ein gutes Leben zu führen,[28] und die daher die Ansicht vertreten, dass rechtliche Verpflichtungen vermutlich moralische Verpflichtungen beinhalten. Finnis zufolge ist es dieser Standpunkt einer praktisch-vernünftigen Person, die davon ausgeht, dass rechtliche Verpflichtungen vermutlich moralische Verpflichtungen beinhalten, von dem aus der Rechtstheoretiker entscheiden muss, welche Eigenschaften zu erklären am wichtigsten und bedeutsamsten ist. Um dieser Aufgabe gerecht zu werden, muss der Rechtstheoretiker seine Urteile über Wichtigkeit und Sinn mit moralischen Bewertungen unterfüttern, die zum einen die Fähigkeit des Rechts betreffen, die moralische Verpflichtung hervorzubringen, ihm auch zu gehorchen, sowie zum anderen die Fähigkeit, uns bei der Verwirklichung gewisser Werte unseres Lebens zu unterstützen.

In meinem Buch *Evaluation and Legal Theory* habe ich mein Verständnis einer »evaluativen-aber-nicht-moralisch-evaluativen« Rechtstheorie dargelegt, die in Opposition zu Finnis' Ansicht zu diesem Thema steht und die ich »indirekt evaluative Rechtstheorie«

27 Siehe Hart, *Begriff des Rechts*, S. 238 f.

28 Zu Finnis' Darstellung des menschlichen Wohlergehens und der Rolle des Rechts, dieses zu sichern, siehe Finnis, *Natural Law*, S. 3 [S. 326 in diesem Band] und Kapitel III-VI, IX und XII.

genannt habe.[29] Obwohl sich der vorliegende Beitrag weitestgehend auf die vergleichende Analyse methodologischer Festlegungen von Joseph Raz, John Finnis und Ronald Dworkin konzentriert und versucht, im Einzelnen meine eigene Ansicht darüber darzulegen, wie die Raz'sche Rechtstheorie Werturteile über das Recht beinhaltet, ohne aber moralische Bewertungen oder Rechtfertigungen desselben anzustellen, glaube ich, dass Harts rechtsphilosophischer Ansatz ebenfalls als ein Beispiel einer indirekt evaluativen Rechtstheorie[30] angesehen werden kann und dass diese Lesart dabei hilft, die ersten beiden von Harts methodologischen Festlegungen aus dem »Postskriptum« zu erhellen, die in Abschnitt I besprochen wurden.

In *Evaluation and Legal Theory* versuche ich die Festlegungen und die Haltbarkeit einer indirekt evaluativen Rechtstheorie teilweise über eine Analyse von Finnis' Argument, das soeben besprochen wurde, zu klären. Ich beginne, indem ich dafür argumentiere, dass Finnis' Behauptung, der Theoretiker müsse Bewertungen bezüglich Bedeutung und Wichtigkeit vornehmen, damit seine Theorie mehr ist als eine vermischte Liste von Fakten, zwar wahr, aber auch ein Stück weit banal ist. Der Bedarf an dem, was ich »rein metatheoretische« Werturteile nenne[31] – d.h. Urteile darüber, auf welche Daten man sich konzentrieren muss und wie Materialien für die Erklärungen geordnet und arrangiert werden müssen, damit eine Theorie allgemeine theoretische Werte wie Einfachheit, Klarheit, Konsistenz und Vollständigkeit vorweist –, ist allen theoretischen Erklärungen gemein, inklusive den theoretischen Erklärungen des Rechts. Damit ist allerdings noch nichts Charakteristisches über die methodologischen Festlegungen der Rechtsphilosophie ausgesagt.

Für Rechtstheoretiker gibt es, so argumentiere ich weiter, noch einen anderen Grund, sich auf Werturteile einzulassen, die nicht nur die metatheoretischen Werte von Theorien allgemein betreffen, sondern auch Urteile über den Gegenstand bzw. über die Daten der Rechtstheorie selbst sind. Dieser Punkt ergibt sich, weil der Begriff des Rechts denjenigen innerhalb einer Gesellschaft

29 Julie Dickson, *Evaluation and Legal Theory*, Oxford 2001, Kapitel 2 und 3.

30 Ich erwähne diesen Punkt in *Evaluation and Legal Theory*, siehe Dickson, *Evaluation*, S. 3, 35 und 35 Fn. 9.

31 Ebd., S. 32-39.

äußerst vertraut ist, die vom Recht regiert werden, und diejenigen, die Recht schaffen, es anwenden und ihm unterliegen, sind mit dem Recht vertraut und haben Ansichten über es und darüber, wie sie sich ihm gegenüber verhalten sollen. Rechtstheorie versucht uns dabei zu helfen, uns selbst und unsere soziale Welt in Bezug auf das Recht zu verstehen. Eine erfolgreiche Rechtstheoretikerin muss daher Werturteile über Wichtigkeit und Bedeutung ihres Gegenstandes fällen und sie muss dies in einer Weise tun, die hinreichend empfänglich für das bereits mit Bezug auf Recht existierende Selbstverständnis derjenigen ist, die Recht schaffen, es anwenden und ihm unterliegen. Dieses Selbstverständnis wird auch moralische Überzeugungen und Einstellungen bezüglich des Rechts beinhalten, zum Beispiel die – vielleicht von einigen vertretene – Überzeugung, dass Recht eine moralische Verpflichtung schafft, ihm zu gehorchen – und das Wesen und die Existenz solcher Überzeugungen und Einstellungen bezüglich des Rechts sind wichtige Aspekte des Rechts, die der Erklärung bedürfen.

Kurz gesagt: Ich unterstütze alle Schritte in Finnis' Argument außer dem letzten, also die Behauptung, dass, um diese Urteile über Wichtigkeit und Bedeutung in einer Rechtstheorie fällen zu können – inklusive Urteile über Wichtigkeit und Bedeutung von moralischen Überzeugungen und Einstellungen bezüglich des Rechts –, der Rechtstheoretiker auch moralisch evaluative (oder »direkt evaluative«, wie ich sie in meinem Buch nenne) Urteile über das Recht fällen muss. Ich behaupte dagegen Folgendes: Obwohl es in der Tat wichtig ist, Eigenschaften des Rechts zu erklären – wie etwa dessen Anspruch auf moralische Legitimität und die Anerkennung dieses Anspruchs von Seiten einiger derer, die Recht schaffen, anwenden und ihm unterliegen –, ist es für den Rechtstheoretiker dennoch möglich, dies zu tun – und von der Wichtigkeit dieser Eigenschaften zu wissen und sie zu erklären –, ohne selbst einen Standpunkt dahingehend beziehen zu müssen, ob und unter welchen Umständen solche Überzeugungen oder Forderungen wahr sind. Er muss daher nicht selbst moralische oder direkte Werturteile über sie fällen. Urteile darüber, welche Eigenschaften des Rechts zu erklären wichtig und bedeutsam ist, habe ich »indirekt evaluative Urteile« genannt. Weder beinhalten sie noch bedürfen sie der Untermauerung durch direkte Werturteile, wie etwa Urteile darüber, ob und unter welchen Umständen Recht moralisch gerechtfertigt ist oder moralische Verpflichtungen schafft, es auch zu befolgen. Diese Ansicht wirft naturgemäß die folgende Frage auf: Wenn wir kein Werturteil fällen müssen, um Kenntnis darüber zu erlangen, ob die Erklärung einer besonderen Eigenschaft des Rechts wichtig ist, auf welcher alternativen Grundlage können wir dann berechtigt sein, ein solches Urteil zu fällen? Meine diesbezügliche Position in *Evaluation and Legal Theory* lautet, dass indirekt evaluative Urteile darüber, dass es wichtig ist, eine bestimmte Eigenschaft X des Rechts zu erklären, von der Tatsache untermauert werden können, dass X eine Eigenschaft ist, die Recht unveränderlicherweise aufweist und die daher den charakteristischen *modus operandi* des Rechts offenlegt; dafür sprechen außerdem die weite Verbreitung und die Konsequenzen gewisser Überzeugungen über X (seitens derjenigen, die dem Recht unterliegen), die die zentrale Bedeutung von X für unser Selbstverständnis anzeigen; die Tatsache, dass das in Rede stehende X Bedeutung für unsere praktischen Anliegen hat; und/oder die Art und Weise, in der dieses X wichtig ist oder Bedeutung hat für verschiedene direkt evaluative Fragen, die sich darum drehen, ob es selbst und die soziale Institution, die es aufweist, gut oder schlecht sind.[32]

Es ist wichtig, den Punkt zu wiederholen, dass in vielen Fällen gewisse Eigenschaften des Rechts als erklärungsrelevant beurteilt werden, und zwar aufgrund der Rolle, die diese Eigenschaften bereits für das Selbstverständnis derjenigen spielen, die das Recht schaffen und ihm unterliegen. Mit anderen Worten: Ich unterstütze voll und ganz die von Hart und Finnis geteilte Einsicht, dass wir in der Rechtsphilosophie Recht verstehen müssen, indem wir berücksichtigen, wie diejenigen, die das Recht schaffen, es anwenden und ihm unterliegen, sich selbst und ihr eigenes Verhalten in Bezug auf Recht verstehen. Allerdings weise ich – im Gegensatz zu Finnis – die Behauptung zurück, dass der Rechtstheoretiker einen Standpunkt bezüglich des moralischen Werts dieses Selbstverständnisses beziehen muss, um zu wissen, dass seine Erklärung wichtig ist.

Dass das Recht moralische Autorität beansprucht und dass manche Menschen das Recht derart betrachten, dass es die moralische Verpflichtung hervorbringt, ihm auch zu folgen, ist eine Eigen-

32 Ebd., S. 64, und allgemeiner die Kapitel 2, 3, 6 und 7. Meine Auffassungen der obigen Probleme können hier nicht vollends erläutert oder verteidigt werden. Siehe weiterführend Dickson, *Evaluation*.

schaft des Rechts, deren Erklärung wichtig ist. Aber meiner Ansicht nach kann jemand dies wissen und die strukturellen Eigenschaften sowohl dieser Behauptung als auch der vermeintlichen Verpflichtungen erklären, ohne einen Standpunkt bezüglich der Frage zu beziehen, ob und unter welchen Umständen die Behauptung wahr ist. Tatsächlich behaupte ich in *Evaluation and Legal Theory* ferner, dass man zur Beantwortung von Fragen wie derjenigen, ob das Recht moralischen Wert hat oder ob es Gründe für Handlungen derart hervorbringt, dass wir eine moralische Verpflichtung haben, ihm auch zu gehorchen, nur dann voranschreiten kann, wenn man bereits ein analytisches Verständnis der relevanten Eigenschaften des Rechts hat:

Wenn wir dazu fähig sein sollen, direkt evaluative Fragen zu beantworten, wie etwa ob und unter welchen Bedingungen Rechtsnormen befolgt werden sollten, dann müssen wir recht viel darüber wissen, wie diese Normen und die sozialen Institutionen, die sie erlassen, funktionieren. Wie sollten wir sonst wissen, *worüber* genau wir die Frage »Sollen wir ihm gehorchen?« stellen? Indem wir fragen, ob wir dem Recht gehorchen sollen, fragen wir, ob wir bestimmten sozialen Institutionen gehorchen sollen, die sich von anderen Formen sozialer Institutionen dahingehend unterscheiden, dass sie mittels bestimmter Prozesse und institutioneller Mittel funktionieren. Wir müssen daher wissen, welches diese Prozesse und Mittel sind, um die relevanten Informationen für die Beantwortung der Frage zu erhalten, ob dem Recht Folge geleistet werden muss.[33]

Dieser Punkt offenbart meine Ansicht über den Zusammenhang zwischen indirekt evaluativer Rechtstheorie und einer Rechtstheorie, die Stellung bezüglich des moralischen Wertes und der moralischen Rechtfertigbarkeit des Rechts bezieht; und zwar, dass letztere Rechtstheorie erst dann fortschreiten sollte, wenn erstere ihrer Aufgabe nachgekommen ist, die relevanten und bedeutsamen Eigenschaften des Rechts herauszugreifen und zu erklären.[34] Darüber hinaus ist es in vielen Fällen gerade die Bedeutung dieser Eigenschaften des Rechts für mögliche Fragen nach dem moralischen Wert des Rechts und seiner Rechtfertigbarkeit, die diese Eigenschaften bedeutsam und erklärungsrelevant machen.

33 Ebd., S. 135.

34 In *Evaluation and Legal Theory* versuche ich die methodologischen Festlegungen einer Rechtstheorie zu erklären, die anstrebt, eine allgemeine Darstellung des Wesens des Rechts in allen Rechtssystemen zu geben.

Zusammenfassend: Ich habe oben behauptet, dass die Gründe dafür, dass eine gegebene Eigenschaft des Rechts zu erklären wichtig ist, manchmal darin liegen, dass diese Eigenschaft eine praktische Bedeutung für uns hat oder relevant und bedeutungsvoll ist für die Beantwortung diverser direkt evaluativer Fragen danach, ob diese Eigenschaft und die sozialen Institutionen, die sie aufweisen, gut oder schlecht sind. Zum Beispiel ist der Anspruch des Rechts auf moralische Autorität (wohl) eine wichtige Eigenschaft des Rechts, die es zu erklären gilt, weil die Existenz und das Wesen dieses Anspruches bedeuten, dass das Recht gewisse Anforderungen an uns stellt – ob wir diesen zustimmen oder nicht; und dass es seine Verordnungen auch mit Zwang gegen uns durchsetzen wird und damit in gewissen Umständen, falls wir ihm nicht Folge leisten, unsere Freiheit vielleicht radikal einschränkt. Dies ist von Bedeutung, weil es etwas betrifft, das uns wichtig ist – z. B. in der Lage zu sein, ein erfülltes, selbstbestimmtes Leben zu leben –, und weil das verbindliche und unter Umständen zwangsmäßige Wesen des Rechts relevant ist für die Beantwortung von Fragen wie: Ist das Recht moralisch wertvoll oder gerechtfertigt? Und: Wann sollten wir es befolgen?

Ihre Relevanz für die Beantwortung dieser letzteren Art von Fragen kann es daher wichtig machen, gewisse Eigenschaften des Rechts zu erklären; wenn jemand wissen will, ob er etwas befolgen soll, wird es ihm leichter fallen, wenn er zuallererst Kenntnis über das Wesen und die Beschaffenheit der Forderungen erlangt, die an ihn gestellt werden. Dieser Aspekt einer indirekt evaluativen Rechtstheorie ist auch von Wil Waluchow im Rahmen seiner Diskussion korrekter rechtsphilosophischer Methodologie in *Inclusive Legal Positivism* besprochen worden.[35] Waluchow entwickelt diesen Punkt, indem er behauptet, dass jemand über die moralische Relevanz einer Eigenschaft des Rechts – etwa den Einsatz von Zwang –, also über deren Relevanz für die moralische Bewertung von Recht, urteilen kann, ohne zu wissen, ob diese Eigenschaft moralisch gut oder moralisch gerechtfertigt ist. Waluchow, der Leslie Green folgt,[36] bezeichnet ferner solche Urteile als Urteile der Werterele-

35 Waluchow, S. 19-30.

36 L. Green, »The Political Content of Legal Theory«, in: *Philosophy of Social Science* 17 (1987), S. 1-20, dort S. 15. Dieser Aufsatz bietet eine geistreiche Analyse verschiedener möglicher Typen von Rechtstheorie und behauptet, dass ein

vanz und beschreibt diese Art der von ihm unterstützten Rechtstheorie als »werterelevante, deskriptiv-erklärende« Theorie.[37]

Obwohl Waluchow den Ausdruck »deskriptiv« in der Darstellung der Art der Rechtstheorie, die ihm vorschwebt, beibehält, scheint all der Nachdruck, den er auf die Art und Weise legt, wie Werturteile Eingang in eine jegliche hinreichend erklärende Rechtstheorie finden müssen, uns doch recht weit von der »deskriptiven Rechtsphilosophie« zu entfernen, auf die sich Hart im »Postskriptum« bezieht. Meiner Ansicht nach ist jedoch der Ausdruck »deskriptiv« lediglich eine Fehlbezeichnung, und zwar nur, insofern gemeint sein soll, dass Rechtstheoretiker bloß die vorüberziehenden Szenen rechtlicher Phänomene verzeichnen und keinerlei Werturteile diesbezüglich fällen müssen, wenn sie ihre Theorien entwerfen.

Wie ich oben bereits erwähnt habe, ist Hart meiner Ansicht nach ein Befürworter dessen, was ich als indirekt evaluative Rechtstheorie bezeichnet habe.[38] Dies wird zum einen durch den Nachdruck belegt, den Hart darauf legt, Recht durch die Berücksichtigung davon zu verstehen, wie diejenigen es verstehen, die Recht schaffen, es anwenden und ihm unterliegen; zum anderen durch seine Äußerungen, die zu Beginn dieses Abschnittes zitiert wurden, wo er klar zu verstehen gibt, dass eine Analyse des Rechts von kontroversen Urteilen darüber angeleitet werden müsse, was relevant und mithin nicht allen Werten gegenüber gleichermaßen neutral ist; sowie durch eine Untersuchung von *Der Begriff des Rechts* selbst, wo Hart nicht einfach eine lange Liste von Phänomenen beschreibt, von denen geglaubt wird, sie haben Rechtscharakter; vielmehr stellt er auf die relevanten Eigenschaften des Rechts ab, beispielsweise wie Recht seine eigene Entstehung reguliert, wie es seine eigenen Regeln schafft, mittels deren Recht identifiziert und verändert und entschieden wird, wie sich Gesetze zu Rechtssystemen ausbilden und so weiter. Hierdurch gewinnt sein Ansatz Stichhaltigkeit und explanatorische Kraft.

Ich will die Diskussion über die Möglichkeit und das Wesen einer deskriptiven Rechtsphilosophie abschließen, indem ich zwei

evaluativer, aber nicht moralisch-evaluativer Ansatz zur Rechtsphilosophie eine haltbare Position ist.

37 Waluchow, *Inclusive Legal Positivism*, S. 22.

38 Siehe oben Fn. 30.

alternative Standpunkte – einen recht neuen und einen ganz neuen – hinsichtlich der korrekten Interpretation von Harts Entscheidung für eine deskriptive Rechtsphilosophie untersuche. Der erste wird von Stephen Perry vertreten. Er behauptet, dass Hart an seinem selbst ausgerufenen Deskriptivismus nicht festhält und dies ferner auch nicht kann, wenn er denn eine angemessene Antwort darauf zu finden sucht, was Perry für die wichtigsten Fragen der Rechtsphilosophie hält. Die zweite alternative Interpretation von Hart stammt von Brian Leiter. Dieser empfiehlt den Verzicht auf eine Begriffsanalyse des Begriffs des Rechts und empfiehlt uns, eine naturalistische Wende zu vollziehen und Rechtsphilosophie als gleichartig mit empirischer Forschung in den Sozialwissenschaften zu betrachten. Im Rest dieses Abschnittes werde ich diese alternativen Ansichten skizzieren und danach kurz darauf verweisen, was ich als korrekte Antwort auf beide betrachte.

B. Perrys Darstellung des Deskriptivismus

Stephen Perrys wertvoller Beitrag zur Debatte über die Rolle von Werturteilen in der Rechtstheorie besteht in verschiedenen interessanten Aufsätzen, die Aspekte von Harts Ansicht zum Thema diskutieren.[39] Für die Zwecke des vorliegenden Aufsatzes werde ich mich auf die Argumente aus dem Aufsatz »Hart's Methodological Positivism« konzentrieren.[40] Darin argumentiert Perry, dass eine methodologische Spannung in *Der Begriff des Rechts* existiert, da Hart hier implizit zwei verschiedene methodologische Herangehensweisen kombiniert, die Perry die deskriptiv-erklärende Methode und die Methode der Begriffsanalyse nennt. Perry zufolge stellt sich nun bei genauerer Untersuchung die deskriptive Rechtstheorie, die Hart zu betreiben vorgibt, als eine hybride Methodologie heraus, die Elemente der deskriptiv-erklärenden Herangehensweise mit einer Form der Begriffsanalyse verbindet.

39 Siehe S. R. Perry, »Interpretation and Methodology«, S. 97; Stephen Perry, »Hart's Methodological Positivism«, in: 4 *Legal Theory* 427 (1998), neu gedruckt in: Jules L. Coleman (Hg.), *Hart's Postscript. Essays on the Postscript to* The Concept of Law, Oxford 2001, S. 311; Stephen Perry, »Holmes v. Hart: The Bad Man in Legal Theory«, in: Steven Burton (Hg.), *The Path of the Law and Its Influence. The Legacy of Oliver Wendell Holmes, Jr.*, Cambridge 2000, S. 156.

40 Siehe Perry, »Hart's Methodological Positivism«.

Eine deskriptiv-erklärende Theorie bestimmt Perry als ein wissenschaftliches, moralisch neutrales Unterfangen, in dem es »keine notwendigen Gründe dafür gibt, warum die Kategorien der Theorie die Begriffe der Teilnehmer der sozialen Praktiken, die untersucht werden, nachvollziehen sollten«.[41] Im Rahmen einer Begriffsanalyse dagegen »würden wir die Art und Weise, auf welche wir unsere eigenen sozialen Praktiken konzeptualisieren, derart untersuchen, dass wir unseren Begriff von ihnen klären und so zu einem besseren Verständnis derselben gelangten«.[42]

Perry behauptet – in seiner eigenen Terminologie –, dass Hart Begriffsanalyse betreiben möchte, und damit liegt er sicherlich auch richtig, wenn man berücksichtigt, dass Hart in seinen Arbeiten die Wichtigkeit der Binnenperspektive für ein adäquates Verständnis des Rechts immerzu betont. Aber Perry zufolge hält Harts Version der Begriffsanalyse – die Perry als »externe Begriffsanalyse«[43] bezeichnet – an Elementen der deskriptiv-erklärenden Herangehensweise fest:

> Dies kann vielleicht als eine hybride Methodologie bezeichnet werden. Wie in der hermeneutischen Tradition verfolgt Hart das Ziel, zu verstehen, wie die Teilnehmer ihr eigenes Verhalten sehen. Er hofft aber, dieses Verstehen zu erreichen, indem er einen externen, beobachtenden Standpunkt einnimmt, und erinnert damit an reine deskriptiv-erklärende Theorien.[44]

Perry argumentiert dafür, dass eine externe Begriffsanalyse keine angemessene Methodologie für die Beantwortung dessen ist, was er als die wichtigsten Fragen der Rechtstheorie betrachtet, etwa wie Recht Gründe für Handlungen bereitstellt, die wir ohne es nicht hätten, und unter welchen Bedingungen das Recht die Autorität über uns hat, die es zu haben beansprucht.[45] Einige Kommentatoren bezweifeln, dass sich Hart in *Der Begriff des Rechts*[46] vorgenom-

41 Ebd., S. 321.

42 Ebd., S. 314.

43 Ebd., Abschnitt IV.I.

44 Ebd., S. 326.

45 Ebd., Abschnitte IV und V.

46 Siehe beispielsweise Liam Murphy, »The Political Question of the Concept of Law«, in: Jules L. Coleman (Hg.), *Hart's Postscript. Essays on the Postscript to* The Concept of Law, Oxford 2001, S. 371 (Fn. 10) und S. 378; Michael Moore, »Hart's Concluding Scientific Postscript«, in: 4 *Legal Theory* (1998), S. 301-327, neu ge-

men hat, diese Fragen zu beantworten, so dass sich Perry mit dem Vorwurf konfrontiert sieht, ein Stück weit unfair gegenüber Hart zu agieren, wenn er ihn dafür kritisiert, bei der Beantwortung von Fragen zu scheitern, die dieser gar nicht behandelt. In seinen Arbeiten zu diesem Thema hat Perry jedoch darauf bestanden, dass jene erwähnten Fragen zentrale Fragen der Rechtsphilosophie seien, die der Rechtstheoretiker behandeln muss, und dass die einzige für diese Aufgabe angemessene Methodologie diejenige sei, die Perry interne Begriffsanalyse nennt und die »in allen wesentlichen Gesichtspunkten mit Dworkins Interpretivismus übereinstimmt«.[47]

Ein Strang in Perrys Argumentation aus »Hart's Methodological Positivism« besteht darin, zu zeigen, dass Harts Position häufig dem, was Perry »externe« oder »deskriptive Tendenzen« nennt, entgegenzulaufen droht und dies auch oftmals tatsächlich tut. Sofern dies geschieht, um die Fragen zu beantworten, die Perry als zentral für die rechtsphilosophische Forschung ansieht, muss der Rechtstheoretiker sich einem Dworkin'schen Interpretivismus verpflichten und versuchen, die moralischen Vorteile der Rechtspraxis hinsichtlich des Wertes oder des Zwecks, dem sie dient, herauszustellen. Perrys argumentative Strategie besteht daher darin, eine Dichotomie zu eröffnen, um dann Harts methodologische Position auf eine der beiden Seiten zu zwingen.

Um dieser Neuinterpretation, nach der Hart sich auf moralische Urteile verpflichtet, wenn er Recht verstehen will, zu widerstehen, können zwei Strategien miteinander kombiniert werden. Die erste besteht darin, die Unplausibilität von Perrys Alternative zum Dworkin'schen Interpretivismus aufzuzeigen, um zu verdeutlichen, dass die von ihm eröffnete Dichotomie falsch ist und eine dürftige Sicht auf das Spektrum möglicher methodologischer Positionen darstellt. Wird eine unplausible Interpretation der deskriptiven Rechtstheorie in Anschlag gebracht, ist es leicht zu zeigen, dass es Hart nicht gelingt, innerhalb der Grenzen dieses Ansatzes zu bleiben. Die zweite Strategie besteht darin, eine brauchbare Alternativposition abzustecken, die aufzeigt, wie Rechtstheoretiker

druckt in: Michael Moore, *Educating Oneself in Public. Critical Essays in Jurisprudence*, Oxford 2000, S. 79; Brian Leiter, »Beyond the Hart/Dworkin Debate. The Methodology Problem in Jurisprudence«, in: *American Journal of Jurisprudence* 48 (2003), S. 17-51.

47 Perry, »Hart's Methodological Positivism«, S. 349.

Interpretationen des Begriffs des Rechts – und des entsprechenden Selbstverständnisses der Menschen – als explanatorisch adäquate Theorien des Rechts anbieten können, ohne aber moralische Bewertungen des Rechts vornehmen oder dessen moralische Vorteile herauszustellen zu müssen, um es zu verstehen. Ich glaube, dass diese zweite Strategie – zuweilen in Kombination mit der ersten – von Coleman, Green, Marmor, Waluchow und mir selbst in den Werken, die in den Fußnoten 20 bis 23 genannt werden, verfolgt wird.

Nun folgen einige kurze Anmerkungen zur ersten Strategie, also dem Nachweis, dass Perry eine falsche Dichotomie eröffnet, indem er eine unplausible Sicht der Festlegungen der deskriptiven Rechtstheorie präsentiert. Wie bereits erwähnt, behauptet Perry, dass Hart eine externe Begriffsanalyse betreibt, einen methodologischen Ansatz, der unser Selbstverständnis unter Rekurs auf den Begriff des Rechts zu erhellen und zu erklären versucht. Indem er das tut, behalte er aber »deskriptive« und »externe« Tendenzen bei. Perry tendiert dazu, diese deskriptiven Tendenzen auf eine bestimmte Weise zu beschreiben, die suggeriert, dass diese Art der Methodologie den Rechtstheoretiker bezüglich der Phänomene, die er erklären will, in eine passive Beobachterrolle versetzt. An mehreren Stellen in »Hart's Methodological Positivism« wird die deskriptive Rechtstheorie als eine Art Diktat präsentiert, in dem der Rechtstheoretiker die Binnenperspektive nur berücksichtigt, indem er schlicht die Überzeugungen und Einstellungen derjenigen, die Recht schaffen, es anwenden und ihm unterliegen, aufnimmt und in seiner Theorie reproduziert:

Der ganze Sinn von [Harts] Ansatz ist es, die bestehenden Konzeptualisierungen zu beschreiben, nicht neue hervorzubringen.[48]

Die *Idee* einer Anerkennungsregel scheint ein externer, theoretischer Begriff zu sein, als ein Beispiel dafür, was, von außerhalb der Praxis, in ihr beobachtet wurde. Aber einfach eine solche Beobachtung anzustellen, konstituiert ohne Weiteres keinerlei Klärung oder Verdeutlichung der teilnehmereigenen begrifflichen Schemata.[49]

48 Ebd., S. 327.
49 Ebd., S. 337.

Klärung kann nicht durch eine externe Beschreibung erreicht werden, die, um akkurat zu sein, entweder die tatsächliche Verwirrung, Unsicherheit und Meinungsverschiedenheiten widerspiegeln muss … Begriffliche Konzeptualisierung ist unvermeidlicherweise ein internes Unterfangen.[50]

Indem Perry die deskriptiven Aspekte der Hart'schen Rechtstheorie auf diese Art beschreibt, konfrontiert er ihn und implizit jeden anderen Rechtstheoretiker mit einer schwierigen Entscheidung: Entweder weisen sie deskriptive Tendenzen auf und reproduzieren die bestehende Rechtssituation und liefern mithin überhaupt keine Erhellung oder Analyse von Aspekten des Rechts. Oder sie müssen sich, wenn sie, wie Perry argumentiert, die Grenzen dieses Unterfangens unvermeidlich überschreiten und eine *Erklärung* der Eigenschaften des Rechts anbieten, einer internen Begriffsanalyse verpflichten, die, wie Perry herausstellt, letzten Endes auf einen Dworkin'schen Interpretivismus hinausläuft.

Die erste Seite der Dichotomie ist ausgesprochen zweifelhaft, weil sie die Art Werturteile, die in jeder explanatorisch adäquaten Rechtstheorie vorkommen, nicht berücksichtigt. Wie ich bereits in diesem Abschnitt angemerkt habe, vertrete ich die Auffassung, dass der Rechtstheoretiker Bewertungen über den Sinn und die Richtigkeit seiner Daten vornehmen muss und dass diese Bewertungen empfänglich für die Bewertungen der Bedeutung und der Wichtigkeit sein müssen, die auf Seiten derjenigen vorliegen, die Recht schaffen, es anwenden und ihm unterliegen. Die Art Rechtsphilosophie, der Hart sich verschrieben hat, leistet weit mehr als ein bloß passives Registrieren und Aufschreiben von Auffassungen des Rechts derjenigen, die ihm unterliegen. Sie versucht die Relevanz und die Wichtigkeit zu systematisieren, zu klären und zu bewerten sowie sie in eine stichhaltige und überzeugende Konzeption des Wesens des Rechts einzufügen.

Dass Hart selbst sich sehr wohl der Notwendigkeit solcher Werturteile bewusst war, ist nicht nur aufgrund des Zitats am Anfang von Abschnitt II ersichtlich,[51] sondern auch aufgrund der Tatsache, dass *Der Begriff des Rechts* keine Liste jedes möglichen Selbstverständnisses in Bezug auf Recht präsentiert, sondern vielmehr eine Analyse der Beschaffenheit einiger wichtiger Beispiele dieses Selbstverständnisses, die vorhanden sein müssen, damit ein Rechtssystem

50 Ebd., S. 339.
51 Hart, »Comment«, S. 39.

existieren kann – etwa, dass Beamte eines Rechtssystems sich selbst gemeinschaftlich als durch eine Regel verpflichtet betrachten müssen, die sich in ihrer Verwaltungspraxis manifestiert, sowie durch Methoden, mit denen sie erkennen, was als geltendes Recht zählt.

Das Ergebnis all dessen ist, dass eine explanatorisch adäquate Rechtstheorie zum einen den Theoretiker dazu verpflichtet, eine ganze Reihe an Werturteilen über den Gegenstand, den seine Theorie beschreibt, zu fällen, und zum anderen nur noch wenig Ähnlichkeit mit Perrys Darstellung der deskriptiven Aspekte von Harts Methodologie aufweist. Indem Perry die deskriptiven Facetten von Harts Arbeiten auf diese Weise charakterisiert, macht er es sich allzu einfach, aufzuzeigen, dass Hart diese unplausible Methodologie nicht anwendet – um auf dieser Grundlage mit seiner Aufgabe zu beginnen, Hart so umzuinterpretieren, dass dieser sich eine Dworkin'sche Methodologie aneignen müsse, um ein angemessenes Verständnis des Rechts vorzulegen. Da jedoch weder Hart noch irgendein anderer mir bekannter Rechtstheoretiker jemals die Methodologie, die Perry »deskriptiv-erklärend« nennt, angewandt hat, attackiert er lediglich einen Strohmann und eröffnet eine falsche Dichotomie, welche die Möglichkeit verdunkelt, dass andere methodologische Positionen neben einer unplausiblen Version der deskriptiven Rechtstheorie einerseits und einem Dworkin'schen Interpretivismus andererseits bestehen.[52]

C. Leiters Interpretation der indirekt evaluativen Rechtstheorie

Eine weitere Herausforderung für mein Verständnis von Harts Methodologie als einer Form von indirekt evaluativer Rechtstheorie, stammt aus neueren Arbeiten von Brian Leiter. In einer Reihe von Aufsätzen hat Leiter einen höchst originellen und herausfordernden Ansatz zur rechtsphilosophischen Methodologie dargelegt. Er argumentiert, dass traditionelle Versuche, die die Methodologie der Begriffsanalyse verwenden, um gewisse Aspekte des Rechts zu verstehen – insbesondere den Prozess der Urteilsfindung –, verworfen werden sollten. Sie sollten stattdessen durch eine »naturalistische« Methodologie ersetzt werden, die sich auf die Ansicht festlegt, dass

52 Andrei Marmor argumentiert ebenfalls dafür, dass solch eine Dichotomie fadenscheinig ist (Marmor, *Positive Law*, S. 153-159, besonders S. 158).

»eine befriedigende Theorie der Urteilsfindung von gleicher Art wie die empirische Forschung der Sozialwissenschaften sein muss«.[53]

Leiter sieht seine These als eine Erweiterung der naturalistischen Wende, die von Philosophen im späten 20. Jahrhundert vorgenommen wurde, auf den Bereich der Rechtsphilosophie. Er schildert diese Wende im Sinne eines wachsenden Bewusstseins der Fruchtlosigkeit von Begriffsanalysen und demjenigen, was er »die apriorischen Lehnstuhlmethoden der Philosophen« nennt,[54] als Mittel zur Erzielung von Fortschritten bei der Beantwortung traditioneller philosophischer Fragen. Diese Methoden sind daher zu verwerfen und müssen entweder durch die empirische Sozialforschung ersetzt oder in diese eingebettet werden. Bei der Wendung von der allgemeinen Philosophie hin zur Rechtsphilosophie spricht Leiter sich für eine Interpretation der Strömung amerikanischer Rechtsrealisten aus, die Theorien der Urteilsfindung vorschlagen, die vom Tenor her naturalistisch sind. Quine hatte sich erhofft, die Erkenntnistheorie zu naturalisieren, indem er traditionelle epistemische Fragen durch Fragen der empirischen Wissenschaften wie der Psychologie ersetzte. Leiter zufolge erhofften sich die Rechtsrealisten ebenso, die Urteilsfindung zu naturalisieren, indem sie gegen ein traditionelles Verständnis der Urteilsfindung argumentierten, demzufolge Rechtsgründe so präsentiert werden, als ob sie in Fällen eindeutig korrekte Ergebnisse zeitigen würden. Stattdessen empfehlen sie empirische Studien zur Psychologie und Soziologie der Justiz, um das Verständnis davon zu verbessern, welcher Input in Situationen der Urteilsfindung welchen Output produziert.[55]

53 Brian Leiter, »Rethinking Legal Realism. Toward a Naturalized Jurisprudence«, in: 76 *Texas Law Review* 267 (1997), S. 285. Siehe ebenfalls Brian Leiter, »Legal Realism, Hard Positivism, and the Limits of Conceptual Analysis«, in: Jules L. Coleman (Hg.), *Hart's Postscript. Essays on the Postscript to* The Concept of Law, Oxford 2001, S. 355; Brian Leiter, »Naturalism and Naturalized Jurisprudence, in: Brian Bix (Hg.), *Analyzing Law. New Essays in Legal Theory*, Oxford 1998, S. 79; Brian Leiter, »Legal Realism and Legal Positivism Reconsidered«, in: *Ethics* 111 (2001), S. 278; Leiter, »Beyond Hart/Dworkin«.

54 Leiter, »Rethinking Legal Realism«, S. 286.

55 Leiters Auffassung ist viel subtiler, als ich es in dieser kurzen Zusammenfassung ausdrücken könnte. Zu einer detaillierten Taxonomie verschiedener Typen des Naturalismus und deren möglichen Rollen in der Rechtstheorie, siehe Brian Leiter, »Naturalism in Legal Philosophy«, in: Edward N. Zalta (Hg.), *The Stanford*

Diese Herangehensweise an die Rechtsphilosophie wirft den vielen begriffsanalytischen Ansätzen den Fehdehandschuh hin. Entsprechend bereitet Leiters Sicht zukünftigen Debatten den Boden, insbesondere da er in seinen neuesten Arbeiten herausfinden will, ob verschiedene Formen des Naturalismus und die dazugehörigen Zweifel bezüglich der Fruchtbarkeit gewisser Formen der Begriffsanalyse breitere Verwendung in der Rechtstheorie finden als im Bereich der Urteilsfindung, wo Leiters Untersuchung begonnen hatte.[56]

Für die Ziele der vorliegenden Arbeit will ich jedoch auf die Aspekte von Leiters Ansicht fokussieren, die zum einen relevant sind für die korrekte Interpretation von Harts Äußerungen aus dem »Postskriptum« und zum anderen für meine Behauptung, dass Harts Festlegung auf eine deskriptive Rechtsphilosophie als eine Festlegung auf einen indirekt evaluativen Ansatz zur Rechtstheorie gelesen werden sollte. In einem neuen Aufsatz behauptet Leiter, dass Rechtstheoretiker die falsche Debatte austragen, wenn sie über die Art von Fragen streiten, die in diesem Abschnitt untersucht wurden – insbesondere über die Frage, ob und in welchem Sinn Rechtsphilosophie deskriptiv sein kann. Leiter zufolge ist Rechtsphilosophie deskriptiv, aber die wirkliche Frage ist, ob es ein blindes Vertrauen in die Begriffsanalyse und in unsere Intuitionen bezüglich des Rechts in der zeitgenössischen Rechtstheorie gegeben hat. Leiter glaubt, dass eine fruchtbarere Debatte darin bestehen würde, jene Fragen zu untersuchen und dabei zu berücksichtigen, ob gewisse naturalistische Grundsätze helfen könnten, Begriffsanalysen zu ergänzen oder zu ersetzen, wenn deren Anwendung auf das Recht sich als unzureichend erweist. Indem er diesen Schluss zieht, beteiligt Leiter sich jedoch an der Debatte darüber, ob und in welchem Sinn Rechtsphilosophie deskriptiv ist, und untersucht denjenigen Typ eines indirekt evaluativen Ansatzes der Rechtstheorie, die Gegenstand von *Evaluation and Legal Theory* war.[57]

Leiter zufolge ist eine indirekt evaluative Rechtstheorie, wie ich

Encyclopedia of Philosophy (Summer 2017 Edition), ⟨https://plato.stanford.edu/archives/sum2017/entries/lawphil-naturalism/⟩.

56 Siehe Leiter, »Beyond Hart/Dworkin«, Abschnitt III; siehe ebenfalls Brian Leiter, »Objectivity, Morality and Adjudication«, in: Brian Leiter (Hg.), *Objectivity in Law and Morals*, Cambridge 2001, S. 66-98.

57 Leiter, »Beyond Hart/Dworkin«, Abschnitt II, S. 40-43.

sie dargelegt habe, keine haltbare Position. Er stellt die indirekt evaluative Rechtstheorie als einen Versuch dar, eine Position zu finden, die »zwischen deskriptiver Rechtsphilosophie und der Ansicht von Dworkin und Finnis vermittelt, nach der Rechtsphilosophie moralische Bewertungen von Recht voraussetzt«.[58] Leiter versucht herauszuarbeiten, dass diese vermittelnde Position tatsächlich in eine andere Position, die Leiter »eine deskriptive Theorie eines hermeneutischen Begriffs« nennt,[59] umschlägt und dass es keinen haltbaren Mittelweg zwischen dieser letzteren Position und der moralisch-normativen Rechtstheorie von Dworkin und Finnis gibt.

Das Argument lässt sich besser verstehen, wenn Leiters Darstellung einer »deskriptiven Theorie eines hermeneutischen Begriffs« untersucht wird. Leiter und ich teilen die Ansicht, dass alle Theoretiker, ungeachtet des Gegenstandes ihrer Theorien, Werturteile einer gewissen Art fällen müssen und dass diese Werturteile schlicht und einfach aufgrund des Wesens theoretischer Beschreibungen vorausgesetzt werden; dass sie nämlich überzeugende und strukturierte Erklärungen zu entwerfen versuchen, die anderen helfen, den in Rede stehenden Theoriegegenstand so gut wie möglich zu verstehen. In *Evaluation and Legal Theory* nenne ich diese Art der Werturteile »rein methatheoretische« Werturteile und zähle Einfachheit, Klarheit, Eleganz, Vollständigkeit und Kohärenz zu den Eigenschaften, denen jede erfolgreiche Theorie möglichst entsprechen sollte.[60] Leiter nennt diese »epistemische Werte« und zählt hierzu Vollständigkeit, Einfachheit und Einheitlichkeit.[61] Wie meine Darstellung einer indirekt evaluativen Rechtstheorie zu Beginn dieses Abschnitt nahelegt, teilen Leiter und ich ebenfalls die Ansicht, dass Recht ein – wie er es nennt – hermeneutischer Begriff ist. Diesen knüpft er an zwei Bedingungen: »(i) Er spielt eine hermeneutische Rolle, d. h., er bildet ab, wie Menschen sich selbst und ihre Praktiken sich selbst verständlich machen, und (ii) seine Extension ist durch seine hermeneutische Rolle festgelegt.«[62]

Leiters Behauptung ist nunmehr, dass die Position, die ich »in-

58 Ebd., S. 40.

59 Ebd., S. 43.

60 Dickson, *Evaluation* S. 32 f., und allgemeiner Kapitel 2. Siehe auch die Besprechung einer indirekt evaluativen Rechtstheorie oben in diesem Abschnitt.

61 Leiter, »Beyond Hart/Dworkin«, S. 42.

62 Ebd., S. 40. See also Dickson, *Evaluation*, S. 41-44.

direkt evaluative Rechtstheorie« nenne, tatsächlich nur voraussetzt, dass Rechtstheoretiker epistemische oder rein metatheoretische Werturteile fällen. Da Recht ein hermeneutischer Begriff ist, sei es nun einmal so, dass, um einen hinreichend erklärenden Ansatz desselben zu präsentieren, diese epistemischen und rein metatheoretischen Werte von uns eine Beschreibung davon verlangen, wie diejenigen, die diesen Begriff gebrauchen, ihr eigenes Verhalten und ihre eigenen Einstellungen in Bezug auf diesen Begriff verstehen. Doch obwohl hermeneutische Begriffe wie etwa der des Rechts von den Theoretikern eine Beschreibung davon verlangen, wie diejenigen, die diesen Begriff gebrauchen, sich selbst in Bezug auf denselben verstehen, muss der Theoretiker, indem er diese Beschreibungen vorschlägt, nicht selbst Werturteile über die Überzeugungen und Einstellungen der Teilnehmer fällen, die sich selbst in Bezug auf diesen Begriff verstehen wollen.

Die einzigen Werturteile, denen der Rechtstheoretiker sich verpflichten muss, sind daher rein metatheoretische oder epistemische Werturteile, die die Einfachheit, Vollständigkeit, Einheitlichkeit (und dergleichen) seiner Theorie betreffen. Im Falle eines hermeneutischen Begriffs jedoch ist es notwendig – damit seine Theorie diese Eigenschaften aufweist und angemessen erklärt, worin dieser Begriff besteht –, ebenfalls die Überzeugungen und Einstellungen derer zu beschreiben, die sich in Bezug auf diesen Begriff selbst verstehen wollen:

Insofern eine deskriptive Rechtstheorie einen hermeneutischen Begriff als ihr Ziel angibt, muss eine verständliche, einfache und einheitliche, d. h. eine deskriptiv angemessene Theorie notwendigerweise berücksichtigen, wie der Begriff »von den Leuten gebraucht wird, um sich selbst zu verstehen«.[63]

Es setzt nicht voraus, dass wir uns der Frage widmen, wie Theoretiker diese Praktiken bewerten. Die daraus resultierende Theorie ist daher »›indirekt evaluativ‹ nur in dem trivialen Sinne, dass wir uns, um die Extension eines solchen hermeneutischen Begriffs zu erfassen, der zu den Bewertungen der Akteure passt, die den Begriff gebrauchen, deren Bewertungspraktiken deskriptiv widmen müssen«.[64]

Der wichtige Punkt scheint dabei für Leiter seine Behauptung zu

63 Leiter, »Beyond Hart/Dworkin«, S. 42.
64 Ebd., S. 43.

sein, dass es für den Rechtstheoretiker nicht notwendig ist, Werturteile über das Selbstverständnis der Teilnehmer zu fällen oder über deren Praktiken, Werturteile über das Recht zu fällen. Vielmehr muss der Rechtstheoretiker Werturteile fällen, damit seine Theorie jene epistemischen Eigenschaften aufweist, die sie aufweisen sollte, um erfolgreich zu sein, und im Falle eines hermeneutischen Begriffes erfordert dies vom Theoretiker sowohl eine Beschreibung davon, wie diejenigen, die den Begriff verwenden, sich selbst in Bezug auf diesen Begriff verstehen, als auch eine Beschreibung der Werturteile, die sie dabei fällen.

Ein Punkt, dem sich Leiter in seiner Argumentation widmet, ist die Frage, ob dies bloß eine terminologische Meinungsverschiedenheit ist und die indirekt evaluative Rechtstheorie sowie die »deskriptive Theorie eines hermeneutischen Begriffs« versuchen, ein und denselben methodologischen Standpunkt unter verschiedenen Bezeichnungen darzustellen. Indem er dies aber verneint, behauptet Leiter, dass

> es Dicksons zentrale These ist, dass es einen begrifflichen Spielraum gibt zwischen der Ansicht von Theoretikern wie Finnis und Dworkin, dass, »um Recht angemessen zu verstehen, ein Rechtstheoretiker das Recht moralisch bewerten muss (die These der moralischen Bewertung)«, und der deskriptivistischen These im Sinne Harts, der behauptet, dass ein angemessenes Verständnis von Recht keine moralische Bewertung von Recht voraussetzt.[65]

Dergestalt ist dies jedenfalls eine falsche Wiedergabe meiner Auffassungen. Wie ich zuvor in diesem Abschnitt bereits angesprochen und ausdrücklich in *Evaluation and Legal Theory* dargelegt habe, verstehe ich Harts »allgemeine und deskriptive Rechtsphilosophie« als ein Beispiel einer indirekt evaluativen Rechtstheorie.[66] Insofern ich mich selbst als eine Vermittlerposition einnehmend betrachte, vermittelt die Position aber nicht zwischen Harts deskriptiver Rechtsphilosophie einerseits und einer rechtfertigenden Rechtsphilosophie andererseits.

Wenn Harts Deskriptivismus aber falsch dargestellt wird – so wie ich Stephen Perrys Darstellung für falsch halte –, dann erscheint die indirekt evaluative Rechtstheorie natürlich als eine vermitteln-

65 Ebd.
66 Dickson, *Evaluation*, S. 3, 35 Fn. 9.

de Position zwischen einer unplausiblen Interpretation deskriptiver Ansprüche an die Rechtsphilosophie und der Position Finnis' und Dworkins. Meiner Ansicht nach ist jedoch Harts Deskriptivismus, angemessen verstanden, einfach ein Beispiel für eine indirekt evaluative Rechtstheorie. Wie meine Äußerungen in diesem Abschnitt klargemacht haben sollten, betrachte ich diese Art Rechtstheorie so, dass sie vom Rechtstheoretiker eine erhebliche evaluative Arbeit bei der Konstruktion und Verteidigung seiner Erklärungen des Rechts erfordert. Weil »deskriptiv« für manche eine »wertfreie« Konnotation hat[67] und zu – wie es ich es sehe – Fehlinterpretationen bezüglich der Festlegungen derjenigen Art von Rechtstheorie geführt hat, die Hart und Raz betreiben, habe ich mich in *Evaluation and Legal Theory* dafür ausgesprochen, den Ausdruck »deskriptiv« für die Darstellung dieses Ansatzes einer Rechtstheorie zu verwerfen. Dies ist teilweise der Grund dafür, warum ich den Ausdruck in jenem Buch nicht verwende und stattdessen die methodologischen Ansätze, die ich bespreche, gänzlich neu darzustellen bevorzuge.[68]

Dennoch glaube ich, dass Leiter möglicherweise zu Recht darauf besteht, dass es hier um mehr geht als um Terminologie. Es geht bei dieser Frage darum, ob sich Leiters Verständnis dessen, was für eine explanatorisch adäquate deskriptive Konzeption »des hermeneutischen Begriffs« des Rechts vorausgesetzt wird, von dem unterscheidet, was ich als Voraussetzung für eine explanatorisch adäquate indirekt evaluative Rechtstheorie verstehe. In *Evaluation and Legal Theory* stelle ich eine Behauptung auf, die Leiters Ansicht direkt zu widersprechen scheint, und zwar, dass rein metatheoretische Werturteile, die alle Theoretiker fällen müssen und die die Einfachheit, die Kohärenz, die Vollständigkeit etc. ihrer theoretischen Ansätze betreffen, für eine explanatorisch adäquate Rechtstheorie nicht hinreichend sind.[69] Ich stelle sie als unzureichend dar, weil Recht ein Begriff ist, den Menschen gebrauchen, um sich und ihre soziale Welt zu verstehen.

Dies bedeutet wiederum, dass der Rechtstheoretiker bei der Konstruktion explanatorisch adäquater Rechtstheorien mehr tun

67 Siehe Perry, »Interpretation and Methodology«.

68 Dickson, *Evaluation*, S. 32. Jules Coleman erwähnt ebenfalls die unglückliche Konnotation von Harts Gebrauch des Ausdrucks in Coleman, *The Practice of Principle*, Kapitel 12.

69 Siehe Dickson, *Evaluation*, S. 37-49.

muss, als seine Theorie an den rein metatheoretischen Tugenden auszurichten, denen alle guten Theorien gerecht werden sollten; bei der Konstruktion theoretischer Ansätze muss er nämlich außerdem dem Faktum gerecht werden, dass diejenigen, die Recht schaffen, es anwenden und ihm unterliegen, bereits Ansichten über es haben und Werturteile über es fällen, wenn sie ihr Leben führen. Wie ich es in *Evaluation and Legal Theory* formuliert habe, muss eine indirekt evaluative Rechtstheorie daher beim Urteilen darüber, welche Eigenschaften des Rechts zu erklären am wichtigsten und bedeutsamsten ist, »hinreichend empfänglich dafür sein, was als wichtig oder bedeutsam, gut oder schlecht bezüglich des Rechts von denen angesehen wird, deren Einstellungen und Überzeugungen etc. in Betracht stehen«.[70]

Läuft dies alles aber nicht auf Leiters Punkt hinaus, dass im Falle eines hermeneutischen Begriffs, wie das Recht einer ist, epistemische und rein metatheoretische Werte den Theoretiker anweisen, sich der Frage zu widmen, wie diejenigen, die dem Recht unterliegen, es verstehen, und dass daher eine indirekt evaluative Rechtstheorie tatsächlich in einer, wie Leiter es nennt, deskriptiven Konzeption »eines hermeneutischen Begriffs« aufgeht?

Die Antwort hierauf bringt uns auf den richtigen Pfad, um Leiters Behauptung zu verstehen, dass beim Entwurf einer »deskriptiven Theorie eines hermeneutischen Begriffs« der Rechtstheoretiker nicht selbst Werturteile bezüglich der Überzeugungen, Einstellungen und Bewertungspraktiken derjenigen fällen muss, die er erforscht. Er muss sich vielmehr des Selbstverständnisses der Teilnehmer in Bezug auf Recht und deren Werturteile[71] nur »(deskriptiv) annehmen«.[72] Wenn Leiter damit meint, dass die hermeneutischen Aspekte der Aufgabe des Rechtstheoretikers nur darin bestehen, dass er die Überzeugungen, Einstellungen und Werturteile derjenigen, die dem Recht unterliegen und es anwenden, aufzeichnet und in seiner Theorie – gemäß den epistemischen Werturteilen über die beste Art und Weise, jene Haltungen zu erfassen und sie seinem Publikum zu erklären – wiedergibt, dann bleibt ein wichtiger Unterschied zwischen Leiters Position und einer indirekt evaluativen Rechtstheorie bestehen.

70 Ebd., S. 43.
71 Leiter, »Beyond Hart/Dworkin«, S. 43.
72 Ebd.

Wie die obige Besprechung der Ansicht Stephen Perrys gezeigt hat, ist die indirekt evaluative Rechtstheorie keine Form der Marktforschung und kein Diktat, in dem der Rechtstheoretiker passiv und umfassend das Selbstverständnis und die Werturteile derer aufnimmt, die unter dem Recht leben, sie anschließend ordnet und präsentiert, indem er dabei die epistemischen Eigenschaften der Einfachheit und Vollständigkeit (etc.) berücksichtigt. Vielmehr muss der Rechtstheoretiker, wenn er indirekt Werturteile über Wichtigkeit und Bedeutung fällt und Rechtsphänomene erklärt, selbst fähig sein, zwischen den verschiedenen Formen eines solchen Selbstverständnisses auf Seiten der Teilnehmer zu unterscheiden und Werturteile über diese zu fällen, um hervorheben zu können, welche besonders relevant für das Verständnis der wichtigen und bedeutsamen Eigenschaften des Rechts sind.

Auf diese Weise ist, wie ich weiter oben beschrieben habe, er oder sie durch die hermeneutischen Aspekte des Vorhabens, das Selbstverständnis der Teilnehmer »angemessen zu berücksichtigen und dafür hinreichend empfänglich zu sein«, gebunden.[73] Aber für diese Selbstverständnisse hinreichend empfänglich zu sein oder sie angemessen zu berücksichtigen führt nicht zu der Aufgabe, sie lediglich zu spiegeln oder zu reproduzieren. Das Selbstverständnis einiger Teilnehmer wird verworren sein, unzureichend fokussiert und vage. Darüber hinaus wird das Selbstverständnis einiger bei der Erklärung des Begriffs des Rechts wichtiger und bedeutsamer sein als das anderer. Es ist beispielsweise wahrscheinlich, dass zu den wichtigeren Formen von Selbstverständnis unter den Teilnehmern ein Verständnis von Rechtseigenschaften gehören wird, das relevant ist für die letztgültige Beantwortung von Fragen zum moralischen Wert des Rechts und zu dessen Fähigkeit, moralische Verpflichtungen hervorzubringen, ihm auch zu gehorchen.

Wie ich in *Evaluation and Legal Theory* dargelegt habe, ist die Bedeutung von Eigenschaften des Rechts für Fragen über dessen moralischen Wert bzw. darüber, ob wir ihm folgen sollten (oder das, was Waluchow ihre »Wertrelevanz« nennt), oftmals genau das, was sie zu wichtigen Eigenschaften macht, die es zu erklären gilt. Meine These ist natürlich, dass jemand diejenigen Eigenschaften des Rechts kennen kann, die wichtig sind, um moralisch evalu-

73 Dickson, *Evaluation*, S. 43.

ative Fragen zu beantworten, ohne jedoch die Antwort auf diese moralisch evaluativen Fragen zu kennen. Wir können daher diese wichtigen Eigenschaften des Rechts analysieren, die für deren moralische Bewertung relevant sind, bevor wir uns daranmachen, solche Bewertungen vorzunehmen.[74] All dies verlangt vom Rechtstheoretiker, für die Erklärung von wichtigen und bedeutsamen Eigenschaften des Rechts nicht bloß das Selbstverständnis der Teilnehmer aufzuzeichnen und zu reproduzieren, sondern auch, dieses zu bewerten. Gegen Leiter wäre einzuwenden, dass es für mich selbstverständlich scheint, zu sagen (und genau das tue ich durchgängig in *Evaluation and Legal Theory*[75]), dass es sich hierbei um eine Bewertung – wenn auch keine moralische Bewertung – der Aspekte der Rechtspraxis selbst handelt, da, wie Hart immer wieder betont, das Selbstverständnis der Teilnehmer ein wichtiger Teil der Daten der Rechtstheorie ist, den es zu erklären gilt, da es konstitutiv für die Praktiken ist, die der Rechtstheoretiker untersucht.

All dies mag jedoch trotzdem keinen Unterschied zu Leiters »deskriptiver Theorie eines hermeneutischen Begriffs« bedeuten. Leiter spricht nicht davon, dass der Rechtstheoretiker passiv das Selbstverständnis der Teilnehmer reproduziert, sondern behauptet, dass er sich diesem »widmen«[76] und es »berücksichtigen«[77] müsse. Wenn Leiter dies so versteht, dass alle Werturteile, die weiter oben erwähnt wurden (einschließlich der Werturteile über die Bewertungspraxis derjenigen, die dem Recht unterliegen), in seine Idee einer »deskriptiven Theorie eines hermeneutischen Begriffs« eingefügt werden können, dann gibt es wahrscheinlich – wenn überhaupt – kaum einen Unterschied zwischen diesem Ansatz und einer indirekt evaluativen Rechtstheorie.

Wenn dies jedoch der Fall wäre, fiele es schwer, einzusehen, warum Leiter den Punkt zurückweist, dass die Urteile, die der Rechtstheoretiker fällen muss, von ihm eine Bewertung – wenn auch keine moralische Bewertung – sowohl der Praktiken erfordern, die er untersucht, als auch derjenigen Überzeugungen, Einstellungen und Bewertungen derer, die dem Recht unterliegen, die diese Praktiken konstituieren. Leiters ausdrückliche Zurückweisung dieses

74 Ebd., S. 60-64, S. 134-137.

75 Siehe ebd., S. 35, 37, 43 f.

76 Leiter, »Beyond Hart/Dworkin«, S. 42.

77 Ebd.

Punktes (»es setzt nicht voraus, dass wir uns der Frage widmen, wie der Theoretiker diese Praxis *bewertet*«[78]) legt nahe, dass eine Meinungsverschiedenheit bestehen bleibt. Wenn er sich ferner vorstellt, die Aufgabe des Rechtstheoretikers bestehe im bloßen Aufnehmen und Reproduzieren des Verständnisses der Teilnehmer und in dessen Präsentation in Form einer Theorie, die durch die von ihm erwähnten epistemischen Eigenschaften ausgezeichnet ist, dann ist diese Meinungsverschiedenheit weiterhin von Bedeutung.

Thema dieses Abschnitts waren die Positionen einiger Autoren zu Harts Äußerungen aus dem ersten Abschnitt des »Postskriptums« über deskriptive Rechtsphilosophie. Wie bei einigen Punkten angemerkt, glaube ich, dass Harts Methodologie ein Beispiel dessen ist, was ich eine »indirekt evaluative Rechtstheorie« genannt habe. In diesem Abschnitt wurde jedoch ebenfalls diskutiert, dass einige Rechtstheoretiker Harts Betonung der Binnenperspektive als zu passiv dargestellt zu haben scheinen und die Einbeziehung der Standpunkte der Teilnehmer in seine Theorie als ein Spiegeln oder eine Reproduktion derselben ansehen. Dies mag teilweise auf Harts eigene Äußerungen zu diesem Thema im ersten Abschnitt des »Postskriptums« zurückzuführen sein, die kurz unter Punkt B des ersten Abschnitts weiter oben skizziert wurden (»Bedeutung und Konsequenzen der Einnahme einer Binnenperspektive in der Rechtsphilosophie«). Ferner mag dies insbesondere beeinflusst sein von der entsprechenden Formulierung seiner Position: »Deskription bleibt Deskription, auch wenn sie eine Bewertung beschreibt.«[79] Diese Formulierung und die ihr vorangehenden Argumente dahingehend, dass der Rechtstheoretiker die interne Perspektive der Teilnehmer des Rechtssystems »beschreiben« muss, »ohne sie anzunehmen oder zu teilen«,[80] mögen übermäßig passive Konnotationen haben und manchen Rechtstheoretikern suggeriert haben, dass die Rechtstheorie bloß die Sicht der Teilnehmer spiegelt oder reproduziert, wenn sie eine interne Perspektive einnimmt.

Bei der Interpretation von Harts Äußerungen muss jedoch unbedingt noch einmal auf die polemische Natur des »Postskriptums« sowie auf die Absicht hingewiesen werden, sich von Dworkin zu distanzieren. Hart wollte betonen, dass man ein Verständnis von

78 Ebd., S. 43.
79 Hart, *Begriff des Rechts*, S. 322.
80 Ebd., S. 321.

Recht entfalten kann, das die Binnenperspektive derjenigen berücksichtigt, die dem Recht unterliegen und es anwenden, ohne diese Perspektive zu teilen oder, wenn diese Perspektive moralische Inhalte aufweist, ohne einen Standpunkt bezüglich ihrer moralischen Richtigkeit zu beziehen. In seinem Bestreben, sich von der Position zu distanzieren, dass der Rechtstheoretiker moralische Werturteile fällen muss, die sich mit denen von Teilnehmern der Rechtspraxis (beispielsweise über den moralisch verpflichtenden Charakter von Recht und die Bedingungen, unter denen die beanspruchte Autorität des Rechts gerechtfertigt ist) messen lassen müssen, mag Hart zu weit in die andere Richtung neigen; und im Ergebnis mögen seine Formulierungen einigen suggerieren, dass seine eigene Rechtstheorie das Verständnis der Teilnehmer einbezieht, indem es sie einfach nur aufzeichnet.

Wie bereits angemerkt, zeigen jedoch andere Schriften von Hart klar, dass er sich voll und ganz bewusst war, dass der Rechtstheoretiker Werturteile fällen muss, um beurteilen zu können, welche Überzeugungen und Einstellungen der Teilnehmer wichtig sind, und daher nicht einfach nur passiv und pauschal solche Überzeugungen und Einstellungen aufnehmen kann:

> [E]ine Analyse, die moralischen Forderungen und Überzeugungen als Bestandteile sozialer Phänomene einen Platz zuweist, muss, wenn sie den Fokus auf diese Eigenschaften statt auf andere legt, selbst von irgendwelchen Relevanzkriterien angeleitet sein, von denen das Wichtigste die explanatorische Kraft dessen ist, was die Analyse auswählt. Auf diese Weise wird die Analyse von – oftmals kontroversen – Urteilen darüber angeleitet, was relevant ist.[81]

Hart hat seine Position zu diesem Punkt im »Postskriptum« nicht geändert, sondern lediglich einen anderen Schwerpunkt gesetzt, da er dort seine eigene Position von derjenigen Dworkins abgrenzen wollte. Der beste Beleg hierfür kann in dem substantiellen Argument über das Wesen des Rechts in *Der Begriff des Rechts* gefunden werden. Indem er seine Sicht auf das Recht in diesem Werk verteidigt, betreibt Hart kein bloßes »Entdecken« oder Reproduzieren der Auffassungen der Teilnehmer bezüglich des Rechts, sondern versucht vielmehr zu bewerten und zu identifizieren, was innerhalb

81 Hart, »Comment«, S. 39.

dieses Selbstverständnisses und der Bewertungspraxis derjenigen, die Recht unterliegen und es anwenden, bedeutsam und wichtig ist.[82]

III. Ein Sinn oder Zweck des Rechts? Rechtstheorie und die Rechtfertigung staatlichen Zwangs

Wie in Abschnitt I erwähnt, weist Hart zu Beginn des »Postskriptums« nicht nur die allgemeine These zurück, dass er sich einer evaluativen und rechtfertigenden Rechtsphilosophie verpflichte; später weist er zudem insbesondere Ronald Dworkins Spielart einer rechtfertigenden Rechtsphilosophie zurück – samt dessen Neuinterpretation des Rechtspositivismus als einer interpretativen Rechtstheorie, die versucht, Recht im Hinblick auf den Umstand, dass es eine Rechtfertigung für die Ausübung staatlicher Zwangsgewalt bereitstellt, ins beste Licht zu rücken. Hart behauptet, dass sich Dworkins Neuinterpretation des Rechtspositivismus gegen den Kern seiner Arbeit richte, da er (Hart) nicht glaube, dass der Zweck des Rechts darin besteht, eine Rechtfertigung für staatlichen Zwang zu liefern, und sogar bezweifle, dass Recht einen einzigen Hauptsinn oder -zweck habe, den die Rechtstheorie aufklären solle.[83]

Auch andere Autoren sind nicht nur mit der allgemeinen These nicht einverstanden, wonach erfolgreiche Rechtsphilosophie von Rechtstheoretikern verlangt, sich einer moralischen Bewertung und Rechtfertigung von Recht zu verpflichten, sondern auch mit der speziellen Art, wie Dworkin diese Vorstellung in seiner eigenen Theorie implementiert, nämlich in Form der Behauptung, dass Rechtstheorien erklären können müssen, wie Recht so funktionieren kann, dass es staatlichen Zwang rechtfertigt. Dworkin kommt zu dieser Behauptung über seine These der konstruktiven Interpretation. Ihm zufolge entwickeln die Teilnehmer sozialer Praktiken – insbesondere jener Praktiken, die einen bestimmten Wert oder Zweck haben und deren Regeln von diesem Zweck geprägt sind – interpretative Einstellungen gegenüber diesen Praktiken. Um eine

82 Siehe ebenfalls meine Anmerkungen zu diesem Problem am Ende der Abschnitte II.A und II.B.

83 Hart, *Begriff des Rechts*, S. 326 f.

derartige Praxis angemessen zu verstehen, muss der Theoretiker sie konstruktiv interpretieren, d. h., er selbst muss einen Standpunkt bezüglich dieses Sinns und Zwecks beziehen und versuchen, die Vorteile hinsichtlich dieses Sinns oder Zwecks herauszustellen.

In *Law's Empire* gibt Dworkin eine auf das Recht angewandte, abstrakte Darstellung dieses Prozesses. Er schlägt vor, dass unsere Diskussionen über das Recht davon ausgehen sollten, dass der abstrakte Sinn der Rechtspraxis darin besteht, die Regierungsgewalt angemessen einzuschränken, indem Bedingungen gesetzt werden, unter denen die Ausübung kollektiven Zwangs gerechtfertigt ist.[84] Vor diesem Hintergrund ist es Dworkin zufolge die Aufgabe der Rechtstheorie, zu erklären, wie und unter welchen Bedingungen Recht diese Funktion angemessen erfüllen kann, und daher ebenfalls zu erklären, wo der Zusammenhang zwischen Recht und der Rechtfertigung staatlicher Zwangsgewalt liegt.

In *Evaluation and Legal Theory* habe ich an dieser Ansicht Kritik geübt. Ich behaupte dort, dass Dworkin durch die Platzierung von Sinn und Zweck des Rechts zu Beginn seiner Untersuchung sowie durch die Behauptung, dass jede angemessene Rechtstheorie erklären können muss, wie Recht die staatliche Zwangsgewalt rechtfertigen kann, vielen wichtigen rechtsphilosophischen Fragen bereits ein Ende setzt, bevor sie angemessen gestellt werden könnten – etwa Fragen dahingehend, ob das Recht überhaupt einen einzigen Hauptzweck hat, ob diese Funktion dergestalt bestimmt ist, dass das Recht notwendigerweise einen gewissen moralischen Wert aufweisen muss, und ob es die Aufgabe der Rechtstheorie ist, das Recht bezüglich dieser Funktion ins beste Licht zu rücken.[85] Ich betone in meinem Buch, dass Dworkin früh in seiner Untersuchung Sinn und Zweck des Rechts fixiert und so an den eigentlichen methodologischen Fragen vorbeigeht, und zwar zugunsten eines bestimmten Typs von Rechtstheorie mit bestimmten Festlegungen bezüglich des Wesens des Rechts.

Dworkin selbst behauptet, dass der Vorwurf, er gehe an der eigentlichen Frage vorbei, nicht zutrifft, da die Funktion oder der Sinn, den er dem Recht zuschreibt, lediglich eine unkontroverse und provisorische Unterstellung ist, notwendig, um einen Ausgangspunkt zu schaffen, von dem aus die interpretative Debatte

84 Dworkin, *Law's Empire*, S. 93.

85 Dickson, *Evaluation*, Kapitel 6.

beginnen kann.[86] In *Evaluation and Legal Theory* diskutiere ich diese Entgegnung und weise sie als falsch zurück. Der von Dworkin unterstellte Sinn bzw. die Funktion des Rechts ist keineswegs unkontrovers, wie Harts Anmerkungen im »Postskriptum« und die Positionen weiterer Autoren mit Bezug auf dieses Problem deutlich erkennen lassen.[87] Darüber hinaus ist Dworkins Behauptung, dass die von ihm postulierte Funktion des Rechts lediglich eine provisorische Unterstellung sei, schwer aufrechtzuhalten, wenn er es ablehnt, Anfechtungen seiner Ansicht ernst zu nehmen, wonach es die Aufgabe der Rechtstheorie sei, zu erklären, wie das Recht staatlichen Zwang rechtfertigen kann.[88] Auf dieser Grundlage ziehe ich den Schluss, dass in *Law's Empire* eine kontroverse und recht spezifische Behauptung über Sinn und Zweck des Rechts, die eher postuliert als ausführlich begründet wird, gleich zu Beginn der Untersuchung an vielen der wichtigsten methodologischen Fragen vorbeigeht, bevor diese überhaupt angemessen gestellt werden können.

Jules Coleman hat ebenfalls argumentiert, dass Dworkins Zuschreibung, Recht weise die Funktion auf, staatlichen Zwang zu rechtfertigen, und seine Behauptung, Rechtstheorie müsse erklären, wie das Recht eine solche Rechtfertigung bereitstellt, einer argumentativen Grundlage entbehre und Fragen darüber ein Ende setze, ob der Rechtstheoretiker sich substantiellen moralischen Begründungen verpflichten müsse, wenn er Recht darstellen will.[89] Selbst wenn wir akzeptieren, dass gewisse soziale Praktiken im Lichte ihres Zwecks oder ihrer Funktion zu interpretieren sind, so Coleman, führt dies immer noch nicht zu Dworkins Behauptung, dass der Rechtstheoretiker sich einer moralischen Bewertung und Rechtfertigung seines Gegenstandes verpflichten muss, um diesen zu erklären. Welche Arten von Argumenten, die in guten Interpretationen vorkommen können, die etwas im Lichte seines Zwecks dar-

86 Dworkin, *Law's Empire*, S. 93.

87 Siehe beispielsweise Joseph Raz, »Postema on Law's Autonomy and Public Practical Reasons. A Critical Comment«, in: *Legal Theory* 4 (1998), S. 2-4.

88 Siehe beispielsweise Dworkin, *Law's Empire*, S. 190: »Ein Begriff des Rechts muss erklären, wie das, was Recht ausmacht, eine allgemeine Rechtfertigung der Ausübung staatlicher Zwangsgewalt liefert« [Übersetzung L. L.]; siehe ebenfalls seine Neuinterpretation des Rechtspositivismus als »Konventionalismus«.

89 Siehe Coleman, *The Practice of Principle*, S. 183-186.

stellen, ist abhängig davon, wie dieses Etwas verstanden wird und für welche Art von Zweck bzw. Funktion dieses Etwas dienen soll. Eine gute Interpretation eines Kunstwerks muss zum Beispiel nicht notwendigerweise moralische Bewertungen oder Rechtfertigungen desselben beinhalten, weil Kunstwerke keiner moralischen Funktion nachkommen müssen, um gute Beispiele ihrer Gattung zu sein.

Aus Colemans Sicht müssten zwei weitere Thesen begründet werden, um zu der Schlussfolgerung zu gelangen, dass der Rechtstheoretiker sich einer moralischen und politischen Bewertung bzw. Rechtfertigung seines Gegenstandes verpflichten muss: (i) dass wir eine *moralische* Funktion des Rechts unterstellen sollten, und zwar die der angemessenen Rechtfertigung staatlicher Zwangsgewalt, und (ii) dass wir Recht am besten derart verstehen sollten, dass es diese Funktion auch weitestgehend zufriedenstellend erfüllt und daher die Anwendung staatlicher Zwangsgewalt moralisch rechtfertigen kann. Coleman behauptet, dass Dworkin die Wahrheit dieser weiteren Thesen unterstellt, ohne sie in *Law's Empire* hinreichend zu begründen oder zu verteidigen.

Diese Einwände sind spezifischer als einige der Argumente, die in Abschnitt II erwähnt wurden und besagten, dass es nicht notwendig sei, sich einer moralisch evaluativen oder moralisch rechtfertigenden Rechtstheorie zu verpflichten, um Recht zu erklären. Dies ist darauf zurückzuführen, dass sie Erwiderungen sind gegen (i) die Art und Weise, in der Dworkin seinen eigenen besonderen Typ einer moralisch evaluativen und rechtfertigenden Rechtsphilosophie einführt, nämlich indem er behauptet, dass der Rechtstheoretiker versuchen muss, zu erklären, wie das Recht eine Rechtfertigung staatlicher Zwangsgewalt bietet; und (ii) die Art und Weise, wie Dworkin diese Behauptung einbringt und stützt, indem er nur unzureichende Gründe für sie anführt und sie durch das Voranstellen seiner Auffassung eines Zwecks oder einer Funktion des Rechts gleich zu Beginn seiner Untersuchung dazu verwendet, über die Frage hinwegzugehen, ob der Rechtstheoretiker sich einer moralischen und politischen Bewertung oder Rechtfertigung des Rechts verpflichten muss, um es angemessen erklären zu können.

Diejenigen, die von den neueren Arbeiten von Nicos Stavropoulos überzeugt worden sind, mögen diese Schlüsse jedoch als etwas vorschnell und vielleicht als unfair ansehen; wenn nicht gegenüber Dworkin und seiner Art zu argumentieren selbst, so doch zumindest gegenüber dem allgemeinen methodologischen Ansatz, dessen führender Vertreter er ist und den Stavropoulos »Interpretivismus« nennt. Nach Stavropoulos sollte es unser Ansatzpunkt für das Kategorisieren und Verstehen der Festlegungen von Rechtstheorien sein, deren verschiedene Antworten auf die Frage zu unterscheiden, was unseren Rechtsanspruch und unsere Rechtspflicht bestimmt, oder anders ausgedrückt: was rechtliche Sätze wahr macht, wenn sie wahr sind.[90] Er präsentiert dies als ein methodologisches Argument darüber, welche Fragen wir in der Rechtsphilosophie stellen sollten, um ein Verständnis der Festlegungen verschiedener Rechtstheorien zu erlangen, ohne bereits zu Beginn über irgendwelche Fragen hinwegzugehen.[91]

Der Interpretivismus wird im Zuge dessen als diejenige Theorie dargestellt, die behauptet, dass die Determinanten unserer rechtlichen Pflichten interpretative Fakten sind – ein Rechtssatz ist wahr kraft der Tatsache, dass der Satz aus der geeignetsten Rechtfertigung der gemeinschaftlichen politischen Praxis folgt.[92] Stavropoulos behauptet, dass es die Aufgabe des interpretivistischen Rechtstheoretikers ist, einen Wert zu postulieren, der die Rechtspraxis mit Bezug auf die von ihr tatsächlich erhobenen Ansprüche rechtfertigt; und dass die Umsetzung einer solchen Aufgabe darauf hinausläuft, dem Recht ein Grundprinzip oder einen Zweck zuzuschreiben, um eine Hypothese zu konstruieren, die – soweit dies möglich ist – alle relevanten Daten der Rechtspraxis erklären und rechtfertigen kann.[93] Er scheint jedoch die diesbezüglichen Festlegungen der interpretivistischen Position auf eine recht abstrakte Weise zu formulieren, die ihm dabei behilflich sein könnte, einige der Kritikpunkte abzuwenden, die gegen Dworkins Position zu Sinn und Funktion des Rechts, die weiter oben angerissen wurde, gerichtet sind.

90 Siehe Stavropoulos, »Legal Interpretivism«, Abschnitt 1.

91 Stavropoulos' Ansicht in *Interpretivism* (unveröffentlichtes Manuskript, Oxford 2004), Teil I, ist, dass Rechtspositivisten für ihre rechtstheoretischen Untersuchungen, von den folgenden Fragen ausgehen: Wodurch sind Gesetze Teil eines Rechtssystems und woraus (bzw. aus welcher Institution) entspringen solche Gesetze? Dies zinke die Karten jedoch bereits zugunsten des rechtspositivistischen Verständnisses von Recht als Systemen von Regeln, die aus Quellen spezieller Art entspringen.

92 Diese Formulierung ist Stavropoulos, »Legal Interpretivism«, Abschnitt 1 entnommen.

93 Ebd., Abschnitt 4.

Obwohl der Interpretivismus verlangt, einen Grund oder Zweck zu suchen, der fähig ist, eine gegebene Praxis zu rechtfertigen, betont Stavropoulos zuallererst, dass es keine Garantie dafür gibt, dass ein solcher Zweck auch tatsächlich gefunden wird. Wenn nicht, dann ist die Praxis keiner Rechtfertigung fähig – sie kann weder den Wert instantiieren, den sie in Aussicht stellt, noch Verpflichtungen schaffen, ihren Vorgaben entsprechend zu handeln.[94] Dworkin erwägt diese Möglichkeit in *Law's Empire* zwar kurz, indem er bestimmte Beispiele der Rechtspraxis– wie etwa das Rechtssystem der Nazis – diskutiert, die einer erfolgreichen konstruktiven Interpretation im Sinne von *Law's Empire* unfähig sind.[95] Indem er diesen Punkt bei seiner Beschreibung des Interpretivismus abstrakt hervorhebt, macht Stavropoulos aber deutlich, dass nach seinem Verständnis dieses Ansatzes dieser Sachverhalt (zumindest gemäß einigen Autoren, mich selbst eingeschlossen) auf eine Weise offen für Überprüfungen bleibt, welche die argumentative Struktur von *Law's Empire* nicht zu erlauben scheint.

Darüber hinaus behauptet Stavropoulos, dass der Interpretivismus auf keine bestimmte Auffassung von Funktion oder Zweck des Rechts festgelegt ist, sondern lediglich auf die Ansicht, dass die richtige Auffassung des Wesens des Rechts ihm irgendeinen solchen Zweck zuschreiben wird, wenn es darum geht, den Wert, den das Recht instantiiert, zu identifizieren und zu rechtfertigen.[96]

Noch einmal: Dies stellt den Interpretivismus sehr abstrakt dar und betont Stavropoulos' Bemühen, den interpretivistischen Ansatz in der Rechtstheorie in seiner allgemeinen Form von seinen besonderen Ausprägungen, die dem Recht einen bestimmten Sinn zuweisen, zu trennen. Stavropoulos zufolge müssen wir, um den Interpretivismus als geeignetste Option für das Verständnis des Wesens des Rechts gerechtfertigt zurückzuweisen, Gründe haben, die *Art* der Darstellung von Recht, die der Interpretivismus anbietet, allgemein zurückzuweisen und nicht einfach nur Gründe haben, einzelne Spielarten desselben zurückzuweisen.[97] Stavropoulos' subtile Darstellung des Interpretivismus könnte diesen in die Lage

94 Zu diesem Punkt siehe ebd., Abschnitte 3, 4 und 7.

95 Dworkin, *Law's Empire*, S. 101-108.

96 Stavropoulos, »Legal Interpretivism«, Abschnitte 3, 4 und 7.

97 Stavropoulos, *Interpretivism*, Abschnitt I.

versetzen, einige Kritikpunkte zu parieren, die Dworkins besondere Variante treffen.

IV. »Praktisch-politische« Argumente, oder: Können wir auswählen, welche Rechtskonzeption wir annehmen?

Wie aus den vorangegangenen beiden Abschnitten ersichtlich wurde, erfreut sich die Debatte zwischen »deskriptiver« Rechtsphilosophie einerseits und evaluativer und rechtfertigender Rechtsphilosophie andererseits im gegenwärtigen Diskurs über die korrekte rechtsphilosophische Methodologie bester Gesundheit. Dieser Abschnitt schließt die vorliegende Diskussion dieses Themas ab, indem kurz eine andere Weise untersucht wird, in der die Rolle von Werturteilen in einer akkuraten und explanatorisch adäquaten Konzeption des Wesens des Rechts von einigen Rechtstheoretikern betrachtet wird. Einige Rechtstheoretiker glauben, dass die Wahl des von uns angewendeten theoretischen Ansatzes praktische Konsequenzen moralischer und politischer Natur hat und dass wir, wenn wir für eine bestimmte Rechtstheorie argumentieren, Werturteile bezüglich dieser Konsequenzen fällen sollten, und darüber, welche Konsequenzen der Akzeptanz einer Rechtskonzeption wünschenswert sind. Auf dieser Basis sollten wir uns entscheiden, welche Sicht auf das Recht wir vertreten. Auch wenn dieser Abschnitt sich auf Liam Murphys Spielart dieser Auffassung fokussiert, wie er sie in seinem Aufsatz »The Political Question of the Concept of Law«[98] ausgeführt hat, haben diverse Rechtstheoretiker sie auf die eine oder andere Weise zur Geltung gebracht.[99] Murphy wurde hier ausgewählt, weil seine Version dieser Position vergleichsweise neu

98 Murphy, »The Political Question«, S. 371.

99 In *Evokation*, Kap. 5, diskutiere ich Frederick Schauers Version dieser Position, die ich das »Argument vorteilhafter moralischer Konsequenzen« genannt habe. Schauers Argument findet sich in Frederick Schauer, »Positivism as Pariah«, in: Robert P. George (Hg.), *The Autonomy of Law. Essays on Legal Positivism*, Oxford 1996, S. 31-55; Frederick Schauer, »Positivism Through Thick and Thin«, in: Brian Bix (Hg.), *Analyzing Law. New Essays in Legal Theory*, Oxford 1998, S. 65-78. Neil MacCormick ist ebenfalls ein Verfechter dieses Standpunktes; siehe Neil MacCormick, »A Moralistic Case for A-Moralistic Law«, in: *Valparaiso Law Review* 20 (1985), S. 1-41.

ist und eine ausführliche und explizite Diskussion der methodologischen Festlegungen beinhaltet.

Murphy verteidigt die Anwendung einer Art hybrider Methodologie zum Verständnis des Rechts. Er legt den Schwerpunkt auf die Versuche verschiedener Rechtstheoretiker, die Frage »Was macht rechtliche Sätze wahr?« zu beantworten, oder, um es anders auszudrücken, »Wie bestimmen wir, was das Recht in einem bestimmten Fall erfordert?«[100] Insbesondere konzentriert er sich beim Disput zwischen Hart und Dworkin darauf, ob und unter welchen Bedingungen moralische und politische Argumente bestimmen, was das Recht in einem bestimmten Fall erfordert. Murphy zufolge umfasst der erste methodologische Schritt bei der Untersuchung dieser Frage Überlegungen zu unserem bestehenden, geteilten Begriff des Rechts.[101] Dieser geteilte Begriff begrenzt spätere Argumente für die Auffassung, Recht auf eine Weise im Gegensatz zu einer anderen zu betrachten, die, wie Murphy behauptet, aufgrund moralischer und politischer Konsequenzen angeführt werden sollten.

Überlegungen zu diesem Begriff jedoch werden keine genau bestimmten Antworten auf alle wichtigen Fragen über die Beschaffenheit des Rechts zeitigen, und sie werden insbesondere keine Antwort auf die Frage liefern, ob und in welchem Sinne Recht mittels des Bezugs auf moralische und politische Argumente identifiziert werden muss. Murphy behauptet daher, dass der Disput zwischen exklusivem Positivismus, inklusivem oder weichem Positivismus und Dworkin'schem Interpretivismus nicht durch Überlegungen zum vorliegenden und uns gemeinsamen Begriff des Rechts beigelegt werden könne, da der Begriff mit Bezug auf das Problem, ob moralische und politische Argumente beim Erkennen von Recht eine Rolle spielen können oder müssen, »äquivok« sei.[102] Für Murphy besteht die korrekte Weise, diesen Disput beizulegen, darin, auf die nächste Stufe seines methodologischen Ansatzes zu wechseln und das anzuwenden, was er ein »praktisch-politisches« Argument für einen bestimmten Ansatz zum Erkennen des Rechts nennt. Murphys diesbezüglicher Favorit ist eine Rechtskonzeption, die sich auf die Sozialethese festlegt, genauer, auf die Interpreta-

100 Murphy »The Political Question«, S. 372, 376.
101 Ebd., S. 372, 382 f., 389.
102 Ebd., S. 383.

tion der These, die der harte oder exklusive Positivismus befürwortet.[103]

Mit praktisch-politischen Argumenten geht die Ermittlung der sozialen und politischen Konsequenzen der Übernahme der einen oder der anderen Ansicht gewisser Aspekte des Rechts einher (innerhalb der Grenzen, die von unserem gegebenen und geteilten, jedoch äquivoken Begriff des Rechts gesetzt wurden); ferner die Bewertung der Frage, welche Konsequenzen wir beabsichtigen sollten sowie die Entscheidung für diejenige Rechtskonzeption, die diese Konsequenzen am geeignetsten hervorbringen kann. Murphys bestimmtes Argument für die Sozialthese – und die exklusivpositivistische Interpretation dieser These, die Raz die *Quellenthese* nennt[104] – beruht auf der Behauptung, dass die Anwendung einer Rechtskonzeption, welche die Sozialthese ablehnt, die Gefahr des Quietismus mit sich bringt, d. h. des Mangels an kritischer Bewertung bestehenden Rechts, und dass solch ein Quietismus nicht erstrebenswert ist. Seine Sorge ist, dass »das allgemeine politische Klima, das durch eine Auffassung von Recht hervorgebracht wurde, die Recht und Moral ineinanderfließen lässt«,[105] rechtliche Richtlinien nicht hinreichend hinterfragen kann und allzu bereitwillig folgenden Gedankengang übernimmt: »Da dies als Recht präsentiert wird, ist es vermutlich auch Recht, und damit gerecht.«[106]

Da dies aber Murphy zufolge eine gefährliche Konsequenz ist, die es abzuwenden gilt, und da er glaubt, dass eine Theorie des Rechts, die sich auf die *Quellenthese* festlegt, diese Konsequenzen abwendet, gibt die *Quellenthese* auf die Frage nach der Bestimmung der Grundlage des Rechts eine Antwort an die Hand, die aus praktisch-politischen Gründen sowohl dem weichen Positivismus als auch dem Dworkin'schem Interpretivismus vorzuziehen ist. Unser geteilter, aber äquivoker Begriff des Rechts muss daher weiter präzisiert werden, so dass wir uns auf die Auffassung festlegen,

103 Zur Unterscheidung zwischen hartem und weichem (oder inklusivem) Positivismus siehe Leslie Green, »Legal Positivism«, in: Edward N. Zalta (Hg.), *The Stanford Encyclopedia of Philosophy* (Spring 2018 Edition), ⟨https://plato.stanford.edu/archives/spr2018/entries/legal-positivism/⟩. Zu verschiedenen Interpretationen der Sozialthese siehe Joseph Raz, *The Authority of Law. Essays on Law and Morality*, Oxford 1979, Kapitel 3.

104 Raz, *Authority of Law, Kapitel* 3.

105 Murphy, »The Political Question«, S. 391.

106 Ebd.

dass Recht ausschließlich durch den Bezug auf soziale Tatsachen zu identifizieren ist.

Murphy möchte in seinem Aufsatz unter anderem aufzeigen, dass Hart bei der Verteidigung seiner Spielart des Rechtspositivismus in *Der Begriff des Rechts* bewusst praktisch-politische Argumente verwendet hat, die die Konsequenzen der Verfechtung einer Auffassung gegenüber einer anderen betreffen. Da moralische und politische Werturteile über die tatsächlichen und angestrebten Konsequenzen der Anwendung einer speziellen Rechtstheorie unausweichlich in solchen Argumenten vorkommen, bestreitet Murphy die Behauptung von Hart aus dem »Postskriptum«, dass seine Darstellung »moralisch neutral [sei] und keine rechtfertigenden Absichten« habe.[107] Das bestimmte praktisch-politische Argument, das Murphy Hart zuschreibt, könne in Kapitel 9 von *Der Begriff des Rechts* gefunden werden, in dem Hart den Rechtspositivismus – und insbesondere das Festhalten des Positivismus an der sozialen These – mit der Begründung zu verteidigen scheint, dass ein solches Rechtsverständnis zu einem klareren und moralisch kritischerem Nachdenken über Recht führen wird, vor allem in Situationen, in denen Recht für moralisch verwerfliche Zwecke verwendet wird.[108]

Ohne den Gehalt von Murphys Argument *en detail* zu prüfen, will ich einige Anmerkungen zum allgemeinen Charakter seines methodologischen Ansatzes machen, um ihn besser in den Blick zu bekommen. Zunächst ist es wichtig anzumerken, dass Murphy sich auf die These festlegt, dass Überlegungen zum Begriff des Rechts, den »wir bereits teilen«,[109] ein notwendiger Teil korrekter rechtsphilosophischer Methodologie sind; und dass dieser Begriff, richtig dargestellt, jedwedes praktisch-politische Argument begrenzt, das bezüglich der besten Art und Weise, Aspekte des Rechts zu verstehen, vorgebracht wird. Murphy ist ebenfalls auf die These festgelegt, dass die Übernahme mindestens einiger Rechtstheorien praktische

107 Ebd., S. 371. Hart stellt diese Behauptung in *Der Begriff des Rechts* auf; siehe Hart, *Begriff des Rechts*, S. 318.

108 Ebd., S. 244-249. Harts Anliegen bezüglich dieser Frage entstammt dem Kontext der Hart-Fuller-Debatte, die selbst eine Reaktion auf die Versuche deutscher Gerichte der Nachkriegszeit war, mit der Art und Weise umzugehen, in der Recht für unmoralische Ziele während der Nazizeit verwendet wurde.

109 Murphy, »The Political Question«, S. 372.

Konsequenzen hat: Die Theorie, die eine Gesellschaft übernimmt, kann einen Unterschied für das politische Klima dieser Gesellschaft bedeuten und die kritischen Fähigkeiten dieser Gesellschaft (zumindest im Fall des Rechts) verbessern oder verschlechtern. Diese Behauptung ist unter Rechtstheoretikern nicht unumstritten; Philip Soper zum Beispiel hat ausdrücklich dafür argumentiert, dass in Bezug auf die Hart-Fuller-Debatte über die korrekten Prüfverfahren für die Identifizierung vermeintlicher rechtlicher Direktiven als Recht »in dieser Debatte überhaupt keine praktischen Konsequenzen irgendeiner Art oder zumindest nicht der Art, die die gewöhnliche Moraltheorie betrifft, aufzufinden sind«.[110]

Am wichtigsten für das Verständnis von Murphys methodologischem Ansatz ist vielleicht, dass dieser ihn auf die Sicht festzulegen scheint, dass es teilweise eine Frage der Entscheidung ist, welche Rechtstheorie wir befürworten, und dass die Entscheidung aufgrund von moralisch und politisch konsequenzialistischen Gründen getroffen werden muss. Murphys Behauptung ist, dass unser bestehender Begriff des Rechts schlicht keine entscheidenden Antworten auf einige wichtige rechtsphilosophische Fragen bereitstellt. Das lässt uns einigen Spielraum, um zu entscheiden, ob wir die eine oder andere Auffassung des Rechts übernehmen, und die praktisch-politischen Argumente, die Murphy verteidigt, laufen auf eine Methodologie hinaus, welche die Frage klärt, wie wir diese Wahl innerhalb dieses Spielraums ausüben. Dieser Aspekt praktisch-politischer Argumente markiert einen Unterschied zu vielen Rechtstheorien auf beiden Seiten der Unterscheidung von »deskriptiv« und »evaluativ und rechtfertigend« aus Harts »Postskriptum«. Dies liegt daran, dass viele Verfechter dieser Theorien vorauszusetzen scheinen, dass deren Aufgabe darin besteht, eine Darstellung des Wesens des Rechts zu liefern, d. h. diejenigen Charakteristika zu erkennen und zu erklären, die es zu dem machen, was es ist.

Meiner Ansicht nach vereint dieser Ansatz Raz, Hart, Dworkin und Finnis, trotz all ihrer Unterschiede in Bezug sowohl auf Methodologie als auch auf Gehalt der Rechtstheorie. Obwohl Dworkin und Finnis jeweils behaupten, dass moralische Wertur-

110 Philip Soper, »Choosing a Legal Theory on Moral Grounds«, in: J. Coleman und E.F. Paul (Hg.), *Philosophy and Law*, Oxford 1987 S. 31-48.

teile notwendig für eine erfolgreiche Rechtstheorie sind, glauben sie, dass sie nur deshalb notwendig sind, weil wir nur durch die Anwendung dieser Methodologie verstehen, wie Recht beschaffen ist. Weder bei Finnis noch bei Dworkin findet sich ein Hinweis darauf, dass es Raum für Manöver im Sinne Murphys gäbe, d. h., dass wir eine Wahl hätten, wie wir Recht auffassen, und dass die möglichen moralischen und politischen Konsequenzen uns bei der Entscheidung, welche Konzeption wir übernehmen wollen, anleiten sollen. Im Gegenteil: Beide bestehen darauf, dass ihr jeweiliger methodologischer Ansatz den einzigen Weg darstellt, eine explanatorisch adäquate Konzeption des Wesens des Rechts zu entwerfen.[111] Beide argumentieren an vielen Stellen ihres Werks, dass ihre Auffassung dessen, wie Recht beschaffen ist, die einzig richtige und nicht bloß eine unter vielen ist, die ausgewählt werden kann, wenn unsere Analyse des Begriffs des Rechts »an ein Ende gelangt« und uns diesbezüglich Spielraum gibt.[112] Murphys Methodologie scheint ihn dagegen auf die Sichtweise festzulegen, dass das Recht – zumindest in Bezug auf bestimmte Sachverhalte – gar kein Wesen hat und dass daher die wichtige Frage in Bezug auf solche Sachverhalte diejenige ist, ob Recht, gemessen an den Konsequenzen, die mit dieser Wahl einhergehen, auf die eine oder die andere Weise aufzufassen ist.

Diese Position hat viel Kritik hervorgerufen, da sie die Rechtstheorie in eine Art von Wunschdenken zu verwandeln scheint. Dieser Vorwurf kommt auf, weil das Argument der praktisch-politischen Methodologie etwa folgendermaßen aussieht: Entscheide innerhalb der Grenzen, die uns unser gegebener Begriff des Rechts auferlegt, zuerst darüber, welche Konsequenzen hervorzubringen für unsere Auffassung des Rechts günstig wäre. Dann übernimm die Rechtskonzeption, die am wahrscheinlichsten diese Konsequenzen hervorbringt. Anders gefasst, bewegt sich das Argument von »Es wäre gut, wenn Recht die Eigenschaften XYZ hätte« zu »Also hat es auch die Eigenschaften XYZ«. Dies scheint die Rechts-

111 Indem ich Dworkin eine Theorie über das Wesen des Rechts zuschreibe, folge ich Stavropoulos' Interpretation von Dworkins Position in Stavropoulos, »Legal Interpretivism«, Abschnitte 1 und 2.

112 Zu einer weiteren Besprechung von Dworkins Standpunkt zu diesem Thema siehe Dickson, *Evaluation*, Kapitel 5.

theorie tatsächlich in eine Art Wunschdenken zu verwandeln und geht unbedacht über das Verständnis von Rechtstheorie hinweg, demzufolge sie nach der Wahrheit oder der tatsächlichen Beschaffenheit derjenigen Eigenschaften des Rechts sucht, die es zu dem machen, was es ist.[113]

Murphys Reaktion auf diesen Einwand lautet, dass sich ein Rechtstheoretiker gar keinem Wunschdenken hingeben kann, wenn es keine tatsächliche Beschaffenheit gibt, die er beim Anführen von politisch-praktischen Argumenten ignorieren könnte.[114] Seiner Sicht nach gibt es keine tatsächliche Beschaffenheit, die einen Rechtssatz wahr macht, und Debatten zwischen exklusivem Positivismus, inklusivem Positivismus und Dworkin'schem Interpretivismus werden mithin falsch verstanden, wenn sie als Dispute über das vorhandene Wesen des Rechts verstanden werden – darüber, wie Recht beschaffen ist. Zu dieser Position ist anzumerken, dass zumindest auf den ersten Blick und in den Augen der involvierten Theoretiker diese Debatte tatsächlich ein Streit darüber ist, wie Recht beschaffen ist, und dass die Befürworter des praktisch-politischen Ansatzes daher offenbar die Erklärungslast zu tragen haben, irgendwie darzulegen, warum so viele Rechtstheoretiker das Wesen ihrer eigenen Aufgabe falsch zu verstehen scheinen – und ebenso, was sie dazu gebracht hat, dies zu tun.

Wie oben erwähnt, ist es eine von Murphys Behauptungen, dass Hart seine Absicht, eine Spielart des Rechtspositivismus zu verteidigen, gar nicht falsch versteht, da er in Kapitel 9 von *Der Begriff des Rechts* ausdrücklich zugesteht, selbst ein praktisch-politisches Argument zur Geltung zu bringen: »Wenn wir eine vernünftige Wahl zwischen dem engeren und dem weiteren Konzept treffen wollen, dann können wir dies nur tun, wenn wir entschieden haben, welches Konzept uns bei unseren theoretischen Untersuchungen besser helfen wird oder welches unsere ethischen Überlegungen weiter vorantreiben und klären wird, oder welches dies beides zu leisten

113 Zu Spielarten dieses Einwands siehe Philip Soper, »Legal Theory and the Claim of Authority«, in: *Philosophy & Public Affairs* 18 (1989), S. 209-237; Philip Soper, »Choosing a Legal Theory«; Waluchow, *Inclusive Legal Positivism*, S. 86-98. Ich bekräftige diesen Einwand gegen Frederick Schauer in Dickson, *Evaluation*, Kapitel 5.

114 Murphy, »The Political Question«, S. 389, Fn. 70.

vermag.«[115] In diesem Absatz bezieht sich Hart auf die »Wahl« zwischen dem, was er den weiteren und den engeren Begriff des Rechts nennt, wobei der weitere Begriff die moralisch niederträchtigen Verordnungen des Naziregimes als Recht anerkennen würde, wenn sie gewisse Prüfungen hinsichtlich ihrer Quellen bestehen. Der engere Begriff würde die Bezeichnung »Recht« solchen Verordnungen vorenthalten, denen es nicht gelingt, gewissen moralischen Standards zu entsprechen, ungeachtet deren Übereinstimmung mit den erforderlichen Prüfverfahren hinsichtlich ihrer Quellen.

Unter Hart-Interpreten gibt es eine lebhafte Debatte darüber, wie genau diese Äußerungen zu verstehen sind, insbesondere, da Hart in *Der Begriff des Rechts* ansonsten nicht auf diese Weise die Auffassung zu vertreten scheint, dass die Antwort auf die Frage, welche Rechtskonzeption wir befürworten, eine Sache der Wahl ist. Indem er behauptet, dass Recht eine Einheit von primären und sekundären Regeln ist und dass die »zwei notwendige(n) und hinreichende(n) Minimalbedingungen für die Existenz eines Rechtssystems«[116] darin bestehen, dass die primären Regeln im Großen und Ganzen befolgt werden und die sekundären Regeln, die bestimmen, was als Recht zählt, von den Verwaltungsbeamten aus der Binnenperspektive heraus akzeptiert werden, scheint Hart über das Wesen des Rechts zu reden und eine Auffassung über die wesentlichen Eigenschaften von Rechtssystemen darzulegen. Mit seiner Behauptung, dass die Anerkennungsregel über den Bezug auf die soziale Tatsache bestimmt werden müsse, was Richter als konstituierend für gültiges Recht erachten, scheint Hart zudem dafür zu argumentieren, dass das Wesen des Rechts so beschaffen ist, dass seine Identifikation letzten Endes auf sozialen Tatsachen beruht und nicht auf einem moralischen Argument. Harts Argument, dass Recht diese bestimmte Eigenschaft aufweist, scheint die »Entscheidung« für einen engeren Begriff des Rechts jedweder Art unmöglich zu machen, welcher die soziale These ablehnt.

Solche scheinbaren Widersprüche haben eine Vielzahl von Reaktionen provoziert, darunter beispielsweise von Neil MacCormick, der Hart enthusiastisch zuschreibt, was Murphy das »praktisch-politische Argument« nennt, oder von Philip Soper und David Lyons, die, aus Gründen, die in etwa dem Wunschdenken-

115 Hart, *Begriff des Rechts*, S. 246.
116 Ebd., S. 140.

Einwand von weiter oben ähneln, davor zurückschrecken, Hart in diesem Sinne zu interpretieren.[117]

V. Wie falsch können wir in Bezug auf Recht liegen? Kriterielle Erklärungen, Interpretivismus und Meinungsverschiedenheiten

Ich will diesen kritischen Überblick beschließen, indem ich einige aktuelle Debatten betrachte, die relevant für das vierte der methodologischen Themen aus dem »Postskriptum« zu *Der Begriff des Rechts* sind, die oben in Abschnitt I angerissen wurden, nämlich relevant für die Frage, ob der Hart'sche Positivismus von Dworkins Argument des semantischen Stachels gestochen wird. Wie in Abschnitt I angemerkt, behauptet Dworkin, dass Harts Positivismus durch seine irrtümliche Festlegung auf eine gewisse semantische Theorie gelähmt wird. Positivisten wie Hart könnten Art und Ausmaß der Meinungsverschiedenheiten über das Recht nicht erklären, die unter Anwälten, Richtern und eben auch unter Rechtstheoretikern andauern. Dies sei auf die falsche Überzeugung zurückzuführen, dass diese Rechtsakteure sprachliche Regeln teilen, die die Wahrheit vermeintlicher Rechtssätze festlegen und daher ebenso festlegen, wann der Ausdruck »Recht« korrekt angewendet wird.[118] Im »Postskriptum« antwortet Hart auf das Argument des semantischen Stachels, indem er ihm ausweicht: Er bestreitet einfach, dass auch nur ein Aspekt seiner Darstellung ein Versuch sei, gemeinsame sprachliche Kriterien zu entdecken, die die Bedeutung des Wortes »Recht« festlegten.[119]

Kommentatoren dieses Streits haben es jedoch nicht dabei belassen wollen. Einige sprangen Harts Versuch zur Seite, das Argument des semantischen Stachels zu parieren; zum Beispiel hat Timothy Endicott dafür argumentiert, dass *Der Begriff des Rechts* zwar kur-

117 Siehe MacCormick, »A Moralistic Case for A-Moralistic Law«; vgl. David Lyons, »Moral Aspects of Legal Theory«, in: Marshall Cohen (Hg.), *Ronald Dworkin and Contemporary Jurisprudence*, New York 1984, S. 236-287; Philip Soper, »Choosing a Legal Theory«.

118 Das Argument soll sowohl auf Rechtssätze als auch auf den Begriff des Rechts angewandt werden.

119 Hart, *Begriff des Rechts*, S. 324.

ze »atmosphärische« Hinweise zur Erläuterung der Bedeutung von Worten zwecks Erklärung des Wesens des Rechts beinhalte, Hart aber über »keine kriterielle semantische Theorie oder überhaupt über eine semantische Theorie [verfüge], sofern eine semantische Theorie eine allgemeine Erklärung dafür ist, was die Anwendung eines Ausdrucks korrekt macht«.[120] Andere Rechtstheoretiker waren allerdings nicht bereit, Hart so einfach mit der Behauptung davonkommen zu lassen, er habe nicht beabsichtigt, dass auch nur ein Teil von *Der Begriff des Rechts* eine Erklärung der Bedeutung des Wortes »Recht« sei.

Interessanterweise wird die Auffassung, dass das Argument des semantischen Stachels – entgegen Harts Verständnis – zutrifft, von zwei Rechtstheoretikern geteilt, die äußerst unterschiedliche Ansichten bezüglich des Erfolgs des Stachel-Arguments haben: Joseph Raz und Nicos Stavropoulos. Beide behaupten, dass Harts Erklärung des Begriffs des Rechts eine »kriterielle Erklärung« sei. Hierbei handelt es sich um eine Erklärung, die versucht, Kriterien für den korrekten Gebrauch eines Begriffs anzugeben, und die in dem Maße erfolgreich ist, als sie die Kriterien des richtigen Gebrauchs dieses Ausdrucks erfasst, die tatsächlich von denen gebraucht werden, die den Begriff gebrauchen.[121] Kriterielle Erklärungen eines Begriffs versuchen daher Begriffe zu erklären, indem die Kriterien erklärt werden, die regeln, wie dieser Begriff tatsächlich von denen gebraucht wird, deren Begriff es ist. Im Falle des Rechts ist diese Art der Erklärung ein Versuch, gemeinsame Kriterien aufzudecken, die den korrekten Gebrauch des Begriffs des Rechts bestimmen; sie wird daher vom Argument des semantischen Stachels getroffen, das behauptet, dass Rechtstheorien, die sich auf eine derartige Methodologie festlegen, das Wesen und das Ausmaß der Meinungsverschiedenheiten darüber, was Recht ist, nicht erklären können.

120 Timothy A. O. Endicott, »Herbert Hart and the Semantic Sting«, in: Jules L. Coleman (Hg.), *Hart's Postscript. Essays on the Postscript to* The Concept of Law, Oxford 2001, hier S. 41 [Übersetzung L. L.].

121 Nicos Stavropoulos, »Hart's Semantics«, in: Jules L. Coleman (Hg.), *Hart's Postscript. Essays on the Postscript to* The Concept of Law, Oxford 2001, S. 59-98, hier S. 59, siehe besonders Abschnitt B; siehe auch Joseph Raz, »Two Views of the Nature of the Theory of Law. A Partial Comparison«, in Jules L. Coleman (Hg.), *Hart's Postscript. Essays on the Postscript to* The Concept of Law, Oxford 2001, S. 1-38, hier S. 12.

Im Zuge von Raz' und Stavropoulos' Überlegungen zu diesem Thema ergeben sich einige wichtige Bemerkungen zur Beschaffenheit sowohl des Arguments des semantischen Stachels als auch zur rechtsphilosophischen Methodologie, gegen die es gerichtet ist. Zunächst betont Raz mit Nachdruck, dass die Art der Erklärung des Begriffs des Rechts, die Hart anbietet, zwar vom Argument des semantischen Stachels gestochen wird, aber gleichwohl kein Versuch ist, die Bedeutung des Wortes »Recht« zu erklären.[122] Eine langgehegte Auffassung bekräftigend, behauptet Raz, dass eine Erklärung des Begriffs des Rechts keine Erklärung der Bedeutung des Wortes »Recht« sein kann, da dieses Wort auf vieles angewendet werden kann, das die Rechtsphilosophie überhaupt nicht zu erklären versucht, zum Beispiel auf wissenschaftliche, mathematische oder göttliche Gesetze.[123] Dworkins Argument des semantischen Stachels, das er manchmal gegen Versuche richtet, Recht anhand von Erklärungen der Bedeutung des Wortes »Recht«[124] zu erklären (und Hart fasst es im »Postskriptum« auch in der Tat gegen diese gerichtet auf), muss daher in der Art, die oben angedeutet wurde, reformuliert werden, um sich stattdessen auf eine kriterielle Erklärung des Begriffes des Rechts beziehen zu können.

Die zweite wichtige Bemerkung, die sowohl Stavropoulos als auch Raz machen, hängt mit dem Argument zusammen, dass kriterielle Erklärungen eines Begriffs erfolgreich sind, wenn sie korrekterweise die Kriterien für den richtigen Gebrauch des Begriffs erfassen, die tatsächlich von denen angewendet werden, die den Begriff gebrauchen. Wie beide Autoren zu bedenken geben, muss die Rolle, die dem tatsächlichen Gebrauch in solchen Erklärungen zugeschrieben wird, mit Sorgfalt verstanden werden. Stavropoulos

122 Indem ich behaupte, dass Raz glaubt, Harts rechtstheoretischer Ansatz werde vom Argument des semantischen Stachels gestochen, meine ich bloß, dass er davon ausgeht, dass das Argument stichhaltig ist. Wie ich später in diesem Abschnitt erläutere, glaubt Raz nicht, dass das Argument gegenüber kriteriellen Erklärungen des Begriffs des Rechts erfolgreich ist, weil es nach seiner Auffassung falsch ist – wie das Argument des semantischen Stachels behauptet –, dass solche Erklärungen Meinungsverschiedenheiten bezüglich des Rechts nicht hinreichend berücksichtigen können.

123 Raz, »Two Views«, S. 7. Siehe auch Jospeh Raz, *Ethics in the Public Domain. Essays in the Morality of Law and Politics*, Oxford 1995, Kapitel 9.

124 Siehe beispielsweise Dworkin, *Law's Empire*, S. 31, 36, 39; Hart, *Begriff des Rechts*, S. 323 f.

zufolge haben Theoretiker, die eine kriterielle Erklärung vorschlagen, wenn sie sich auf die Kriterien des richtigen Gebrauchs eines Begriffes beziehen, die von denjenigen angewendet werden, die den Begriff gebrauchen, eigentlich eine Art Idealisierung des tatsächlichen Gebrauchs im Sinn.[125] Zum Beispiel können einige Fälle des tatsächlichen Gebrauchs außer Acht gelassen werden, wenn diejenigen, die den Begriff gebrauchen, betrunken sind oder sich bezüglich der Kriterien für den richtigen Gebrauch des Begriffs irren. Wenn von den Kriterien für den richtigen Gebrauch eines Begriffs gesprochen wird, die tatsächlich von denen angewendet werden, die den Begriff gebrauchen, beziehen sich die Theoretiker also auf einen normativen Standard – Richtigkeit ist nicht einfach daran gekoppelt, wie die, die den Begriff gebrauchen, ihn auch *de facto* gebrauchen, sondern daran, wie sie ihn gebrauchen sollten, wenn sie ihn denjenigen üblichen Standards oder Kriterien gemäß korrekt gebrauchen würden, die sie selber an ihre Verwendung des Begriffs anlegen.[126]

Stavropoulos trägt zudem das Argument vor, dass dasjenige, was er »die Rohdaten des tatsächlichen Gebrauchs« nennt, der sorgfältigen Durchsicht und Ordnung von Seiten des Rechtstheoretikers bedürfe, um bei der Analyse des Begriffs zu helfen. Ebenso erfordere diese Durchsicht und Ordnung zuweilen die Beseitigung von Inkonsistenzen im tatsächlichen Gebrauch oder die Präzisierung oder Explikation der möglicherweise ziemlich ungenauen Regeln, derer sich die Begriffsverwender bedienen, um festzulegen, ob der Begriff zutrifft.[127] Raz macht einen ähnlichen Punkt, indem er den Unterschied zwischen »gewöhnlicher« und »theoretischer« kriterieller Erklärung erläutert.[128] Ihm zufolge strebt eine theoretische kriterielle Erklärung ein systematischeres und umfänglicheres Verständnis von Begriffen an als die gewöhnliche kriterielle Erklärung. Dies hat zur Folge, dass Rechtstheoretiker, die eine theoretische Erklärung des Begriffs des Rechts vorschlagen, es sich erlauben können, in Bezug auf den tatsächlichen Gebrauch ein wenig freier zu sein, als sie es wären, wenn sie eine gewöhnliche kriterielle Erklä-

125 Stavropoulos, »Hart's Semantics«, S. 73 ff.
126 Ebd., S. 74 f. Zu diesem Punkt siehe ebenfalls Raz, »Two Views«, S. 16 ff.
127 Stavropoulos, »Hart's Semantics«, S. 73-79.
128 Raz, »Two Views«, S. 25 ff.

rung vorschlügen. So könnten sie etwa den tatsächlichen Gebrauch stärker präzisieren und Unterscheidungen einführen, die normalerweise von denen, die den Begriff gebrauchen, nicht beachtet werden.

Trotz alledem ist es Raz jedoch wichtig herauszustellen, dass jedweder Spielraum, der denen eröffnet wird, die theoretische Erklärungen vorschlagen, nur gering sein wird; andernfalls würden die resultierenden Theorien ihre Absicht verfehlen, den Begriff, wie er ist, zu erklären, den Begriff, den Menschen gebrauchen, um Vorkommnisse in ihrem eigenen Leben und in der Welt um sie herum zu verstehen«.[129] Sofern Recht mittels einer kriteriellen Erklärung des Begriffs des Rechts erklärt wird, muss es strikte Beschränkungen dafür geben, wie falsch wir, die wir den Begriff gebrauchen, bezüglich der Beschaffenheit des Rechts liegen können. Sicherlich können einzelne Sprecher Aspekte des Begriffs falsch verstehen und ihn inkorrekt verwenden, und der Theoretiker darf Ordnung in den tatsächlichen Gebrauch bringen, indem er ihn in eine systematische und umfassende Erklärung einwebt, aber im Endeffekt sind die Kriterien für den richtigen Gebrauch des Begriffs diejenigen, die tatsächlich von denen gebraucht werden, die den Begriff gebrauchen, sodass es nicht der Fall sein kann, dass wir *en masse* darin fehlgehen, was wir als Recht erachten. Nach dieser Auffassung gibt es keine versteckte Tatsache hinter dem tatsächlichen Gebrauch, die zeigen könnte, dass das, von dem wir dachten, es sei Recht, in Wahrheit überhaupt kein Recht ist.

Aber sollten wir Recht als einen Begriff ansehen, der eine kriterielle Erklärung zulässt? Ist dies der richtige methodologische Ansatz, den wir für eine Rechtstheorie übernehmen sollten? An dieser Stelle trennen sich Raz' und Stavropoulos' Wege. Beide bringen zwar ähnliche Argumente zur Beschaffenheit kriterieller Erklärungen von Begriffen vor, und beide meinen, dass Hart, wenn er eine solche kriterielle Erklärung von Recht vorschlägt, dem semantischen Stachel nicht so entgehen kann, wie er es im »Postskriptum« glaubte getan zu haben. Während Raz es aber für möglich hält, den Begriff des Rechts mittels einer kriteriellen Erklärung angemessen zu erklären, und denkt, dass Dworkins Argument des semantischen Stachels nicht erfolgreich darin ist, diese Möglichkeit zu widerle-

129 Ebd., S. 26.

gen, weist Stavropoulos eine kriterielle Erklärung des Begriffs des Rechts zurück und drängt Rechtstheoretiker stattdessen dazu, den Dworkin'schen Interpretivismus zu akzeptieren.

Stavropoulos zufolge ist Recht ein interpretativer Begriff. In neueren Arbeiten hat er interpretative Begriffe als zugleich »evaluativ« und »tief« beschrieben.[130] Ein Begriff ist evaluativ, wenn er sich auf einen Wert bezieht und wenn die richtige Interpretation des Begriffs davon abhängt, wie der Wert wirklich beschaffen ist. Die Idee der Tiefe aber ist an dieser Stelle von größerem Interesse. Für Stavropoulos ist ein Begriff tief, wenn die Kriterien für den richtigen Gebrauch des Begriffs den tatsächlichen Gebrauch transzendieren können, nämlich derart, dass der richtige Gebrauch des Begriffs nicht davon abhängt, was den Begriff kompetent Gebrauchende gemeinschaftlich darüber denken, worin sein korrekter Gebrauch besteht, sondern davon, worin er tatsächlich besteht. Im Falle des Rechts wird diese Tatsache von politischen Werten (wie der Dworkin'schen »Integrität«[131]) bereitgestellt, die den richtigen Gebrauch des Begriffs festlegen und dessen Anwendung durch den rechtfertigen, der ihn gebraucht. Nach dieser Auffassung können die, die den Begriff gebrauchen, bei seiner Anwendung – sogar kollektiv – fehlgehen; wir können in unserem kollektiven Verständnis dessen fehlgehen, was Recht zu dem macht, was es ist, und daher könnte eine theoretische Erklärung des Begriffs wesentliche Eigenschaften des Rechts aufdecken, die von den ihn Gebrauchenden – sogar kollektiv – erfordern könnten, den bisherigen Gebrauch zu ändern.[132]

Wie ist diese Frage – ob Recht mittels einer kriteriellen oder einer interpretativen Erklärung des Begriffs des Rechts erklärt werden sollte – zu beantworten? Sowohl in Raz' als auch in Stavropoulos' Erörterung der Frage hängt vieles davon ab, wie falsch wir – kollektiv – bezüglich des Rechts liegen können, und davon,

130 Stavropoulos, »Legal Interpretivism«, Abschnitt II.

131 Dworkin, *Law's Empire*, Kapitel 6 und 7.

132 Weiteres zu diesem Punkt in Stavropoulos, »Legal Interpretivism«, Abschnitt II. Siehe ebenfalls Stavropoulos, »Hart's Semantics«, S. 81-85. Diese neuere Arbeit baut auf Stavropoulos' Versuchen auf, dafür zu argumentieren, dass der Begriff des Rechts tief im oben skizzierten Sinne ist. Dies geschieht analog zum Wesen der Begriffe natürlicher Arten in Nicos Stavropoulos, *Objectivity in Law*, Oxford 1996.

wie das Wesen der Meinungsverschiedenheiten über den richtigen Gebrauch des Begriffs des Rechts zu erklären ist, die zwischen uns aufkommen. Dies bringt uns zurück zu Dworkins Argument des semantischen Stachels und zu seiner Behauptung, dass kriterielle Erklärungen des Begriffs des Rechts das Wesen und Ausmaß von Meinungsverschiedenheit bezüglich des richtigen Gebrauchs dieses Begriffs nicht erklären können. Dworkin liegt natürlich richtig damit, dass sich Rechtstheoretiker, Anwälte und manchmal auch Bürger, die dem Recht unterliegen, an andauernden und komplexen Debatten über die Kriterien des richtigen Gebrauchs des Begriffs des Rechts beteiligen und selbigen auf unterschiedliche und oftmals widersprüchliche Art und Weise erklären. Jeder methodologische Ansatz, der keine Rechenschaft über die Möglichkeit und das Wesen dieser Meinungsverschiedenheiten ablegen kann, ist daher äußerst unplausibel. Dworkins Auffassung des angeblichen Problems kriterieller Erklärungen, Meinungsverschiedenheiten zu erfassen, versucht Raz folgendermaßen zu erklären:

Dworkin nimmt vielleicht an, dass alle kompetenten Benutzer eines Begriffs, der kriteriell erklärt werden kann, bezüglich seiner Erklärung übereinstimmen, d. h. bezüglich der Kriterien für seine korrekte Anwendung. Wäre dies der Fall, dann könnten sie sich hinsichtlich zentraler Fälle nicht uneinig sein. Wenn sich vor dem Hintergrund dieser Annahme zwei Menschen in ihrer Unterhaltung eines Begriffs bedienen, der kriteriell erklärt werden kann, dann verwendet jeder der beiden den Begriff gemäß einer Reihe von Kriterien für seinen richtigen Gebrauch, und jeder weiß oder kann leicht herausfinden, welche Kriterien der andere gebraucht. Stimmen diese Kriterien überein, dann verwenden beide denselben Begriff und können hinsichtlich der Kriterien für dessen richtigen Gebrauch nicht unterschiedlicher Meinung sein. Stimmen die Kriterien dagegen nicht überein, dann verwenden sie zwei unterschiedliche Begriffe und es besteht keine Meinungsverschiedenheit zwischen beiden. Wenn sie das nicht erkennen, dann reden sie aneinander vorbei.[133]

Um zu zeigen, dass das Argument des semantischen Stachels letzten Endes keinen Erfolg hat, bietet Raz eine Erklärung für die diversen Arten an, auf die es zu Meinungsverschiedenheiten über die Kriterien für den richtigen Gebrauch eines Begriffs, der eine kriterielle Erklärung zulässt, kommen kann, auch wenn die Kriterien

133 Raz, »Two Views«, S. 14.

des richtigen Gebrauchs dieses Begriffs daran gekoppelt sind, was die kompetenten Gebrauchenden übereinstimmend als die Kriterien des richtigen Gebrauchs ansehen.[134] Nach Raz' Auffassung widerlegt die Erklärung dessen, wie interessante theoretische Meinungsverschiedenheiten für diejenigen entstehen können, die sich an kriteriellen Erklärungen des Begriffs des Rechts beteiligen, das Argument des semantischen Stachels und nimmt so eine entscheidende Hürde für eine mögliche Erklärung des Begriffs des Rechts mittels einer kriteriellen Erklärung, wie Hart sie vorgeschlagen hat.

Für Stavropoulos entscheidet sich die Frage, ob Recht ein kriterieller oder interpretativer Begriff ist, an der *besten* Erklärung von Meinungsverschiedenheiten über die Kriterien des richtigen Gebrauchs des Begriffs. In Dworkins ursprünglichem Argument des semantischen Stachels ist dieser Punkt recht unausgearbeitet, insofern es nur besagt, dass der Rechtspositivismus keinerlei angemessene Erklärungen eines gewissen Typs von Meinungsverschiedenheit über das Recht anbieten kann, und dass er Meinungsverschiedenheiten darüber entweder auf randständige Dispute über die Grenzen der Anwendung des Begriffs des Rechts in spezifischen Fällen reduziert oder aber aus der Rechtspraxis einen »grotesken Witz« macht,[135] wenn er jene Meinungsverschiedenheiten damit erklärt, dass Menschen verschiedene Begriffe von Recht haben und daher aneinander vorbeireden. Stavropoulos' Position ist subtiler als diejenige Dworkins.[136] Sie berücksichtigt Versuche – wie etwa den Raz'schen – zu erklären, wie kriterielle Erklärungen eines Begriffs mit vielen Arten von Meinungsverschiedenheiten über den Begriff des Rechts kompatibel sind.

Stavropoulos behauptet daher nicht, dass kriterielle Erklärungen von Begriffen Meinungsverschiedenheiten überhaupt nicht erklären können; aber einer gewissen Art von Meinungsverschiedenheit hinsichtlich des Rechts werde am besten durch eine interpretative Erklärung des Begriffes des Rechts Rechnung getragen. Die fragliche Art von Meinungsverschiedenheit handelt von den Kriterien des richtigen Gebrauchs des Begriffs, ohne gemeinsam

134 Ebd., Abschnitte IV und V. Diese Argumente können hier nicht weiter diskutiert werden.

135 Dworkin, »Law's Empire«, S. 44.

136 Ebd., S. 39-46.

geteilte Kriterien anzunehmen, die die Parteien akzeptieren und die den richtigen Gebrauch des Begriffs bestimmen würden. Bei einer solchen Meinungsverschiedenheit wäre es möglich, daran zu zweifeln oder uneins darüber zu sein, ob ein bestehendes gemeinsames Verständnis oder geteilte Kriterien für den richtigen Gebrauch des Begriffs wirklich zutreffend sind. Man könnte sinnvollerweise behaupten, dass jeder in Bezug darauf, was für ihn als Recht zählt, falsch liegt – dass wir in unserem Verständnis des Wesens des Rechts oder bezüglich eines seiner Aspekte kollektiv fehlgehen.

In anderen neueren Arbeiten zu diesem Thema haben Jules Coleman und Ori Simchen versucht, eine Position zum Zusammenhang zwischen semantischen Theorien und Rechtsphilosophie zu entwickeln und zu verteidigen, die sowohl eine kriterielle Erklärung des Begriffs des Rechts (die Coleman und Simchen »Kriterialismus« nennen) als auch die Alternative dazu ablehnt, die von Stavropoulos befürwortet wird.[137] Coleman und Simchen zufolge muss der Rechtspositivismus sich nicht auf den Kriterialismus festlegen, der ohnehin als Beschreibung von Bedeutung im Allgemeinen und der Bedeutung von »Recht« im Besonderen unzulänglich sei.[138] Als Alternative zu diesen Ansätzen befürworten Coleman und Simchen eine Theorie der Bedeutung, die ähnlich der von Hilary Putnam und Saul Kripke[139] versucht, die kriterielle Semantik zu untergraben, indem die Art und Weise aufgezeigt wird, wie die Bestimmung des semantischen Gehalts von gewöhnlichen Substantiven eine »Umweltkomponente«[140] oder ein »weltbeinhalten-

137 Siehe Jules L. Coleman und Ori Simchen, »Law«, in: *Legal Theory 9* (2003), S. 1-41.

138 In dem Aufsatz »Law« sprechen die Autoren eine Vielzahl von Themen an, die sowohl relevant für die Frage »Was ist die Bedeutung von ›Recht‹?« als auch für das Verhältnis zwischen dieser Frage und Fragen wie »Was ist Recht?«, »Was ist ein Recht?« und »Was ist das Recht?« sind, um auf diese Weise das Verhältnis zwischen semantischen Theorien und Rechtsphilosophie zu erkunden. Zu Beginn des Aufsatzes sagen sie ausdrücklich, dass sie sich mit »›Recht‹, so wie es zu Systemen der Lenkung menschlichen Verhaltens gehört«, beschäftigen und nicht mit »›Recht‹, so wie es zu Regelmäßigkeiten der Natur gehört« (Coleman, »Law«, S. 1 [Übersetzung L. L.]).

139 Siehe Hilary Putnam, »The Meaning of ›Meaning‹«, in: Hilary Putnam (Hg.), *Mind, Language, and Reality. Philosophical Papers. Vol. 2.*, Cambridge 1979, S. 215-271; Saul Kripke, *Name und Notwendigkeit*, Frankfurt/M. 1993.

140 Coleman, »Law«, S. 19.

des« Element aufweisen kann, das von kriteriellen Erklärungen nur unzureichend berücksichtigt wird.

Coleman und Simchen wehren sich aber gleichzeitig gegen die These – von der sie behaupten, sie würde von einigen Antikriterialisten wie etwa Stavropoulos vertreten –, dass die richtige Anwendung des Ausdrucks »Recht« abhängig von den Forschungsergebnissen rechtsphilosophischer Experten zum Wesen des Rechts sei. Während gemäß Coleman und Simchen die Extension einiger Ausdrücke für natürliche Arten determiniert ist durch die augenblicklich beste wissenschaftliche Theorie über die Beschaffenheit dessen, worauf sich der Ausdruck bezieht (so ist etwa die Extension von »Gold« durch die wissenschaftliche Konzeption des Wesens von Gold festgelegt, die von Experten auf diesem Gebiet vertreten wird), wird die Extension von »Recht« eher durch die Rechtsauffassungen von gewöhnlichen Durchschnittssprechern bestimmt als durch die Auffassungen von Experten der Rechtsphilosophie.[141]

Das Spektrum an Meinungen zu diesen Themen und das offenkundige und anhaltende Interesse diverser zeitgenössischer Rechtstheoretiker an ihnen scheint darauf hinzuweisen, dass sie auch künftig lebhaften Stoff für Debatten bieten werden. Dieser Aufsatz hat versucht, diese und andere neuere Debatten über die korrekte rechtsphilosophische Methodologie darzustellen, die zumindest teilweise als Reaktion auf einige von Harts diesbezüglichen Äußerungen im »Postskriptum« zu *Der Begriff des Rechts* in Erscheinung getreten sind. Genauso, wie dieses Buch ursprünglich das Interesse an rechtsphilosophischen Problemen bezüglich des Wesens des Rechts, die lange für erledigt gehalten wurden, wiederaufleben ließ, hat das »Postskriptum« geholfen, die Debatten über die richtige rechtsphilosophische Methodologie anzufachen, die nach Stand der Dinge in der rechtsphilosophischen Methodologie glücklicherweise höchst zahlreich, unterschiedlich und lebhaft sind.

Übersetzt von Lasse Lorenzen

141 Ebd., S. 21-28.

Textnachweise

Kapitel 1: H. L. A. Hart, »Der Positivismus und die Trennung von Recht und Moral« (»Positivism and the Separation of Law and Morals«, in: *Harvard Law Review* 71/4 (1958), S. 593-629). Identische Fassung abgedruckt in: N. Hoerster (Hg.), *H. L. A. Hart – Recht und Moral. Drei Aufsätze*, Göttingen 1971, S. 14-57.

Kapitel 2: Lon L. Fuller, »Positivismus und Gesetzestreue. Eine Antwort auf Professor Hart« (»Positivism and Fidelity to Law – A Reply to Professor Hart«, in: *Harvard Law Review* 71/4 (1958), S. 630-72). Übersetzt von Luise Müller.

Kapitel 3: H. L. A. Hart, »Recht als Einheit von primären und sekundären Regeln« (Auszüge aus: H. L. A. Hart, *The Concept of Law*, 2. Auflage 1994, hg. v. P. Bulloch u. J. Raz, Clarendon Press, S. 79-110); geringfügig überarbeite Fassung der deutschen Übersetzung in: H. L. A. Hart: *Der Begriff des Rechts*, Berlin 2009, S. 99-133.

Kapitel 4: Ronald Dworkin, »Das Regelmodell II« (»The Model of Rules 2«, in: *Taking Rights Seriously*, Harvard University Press (1977), S. 46-80). Identische Fassung abgedruckt in: R. Dworkin: *Bürgerrechte ernstgenommen*, Frankfurt/M. 1990, S. 91-143.

Kapitel 5: Jules L. Coleman, »Negativer und positiver Positivismus« (»Negative and Positive Positivism«, in: *The Journal of Legal Studies* 11/1 (1982), S. 139-64). Übersetzt von Thomas Meyer.

Kapitel 6: Joseph Raz, »Autorität, Recht und Moral« (»Authority, Law, and Morality«, in: *The Monist* 68/3 (1985), S. 295-324). Übersetzt von Felix Koch.

Kapitel 7: John Finnis, »Wertung, Beschreibung und das Wesen des Rechts« (Auszüge aus: J. Finnis, *Natural Law and Natural Rights*, Oxford 1980, S. 3-19, 276-281). Übersetzt von Amir Mohseni.

Kapitel 8: John Gardner, »Rechtspositivismus: Fünfeinhalb Mythen« (»Legal Positivism: 5 ½ Myths«, in: *American Journal of Jurisprudence* 46/1 (2001), S. 199-227). Übersetzt von David P. Schweikard.

Kapitel 9: Michael S. Moore, »Recht als Gerechtigkeit« (»Law as Justice«, in: *Social Philosophy and Policy* 18/1 (2001), S. 115-45). Übersetzt von Sebastian Ostritsch.

Kapitel 10: Joseph Raz, »Die Rechtsstaatlichkeit und ihr Wert« (»The Rule of Law and its Virtue«, in: J. Raz, *The Authority of Law*, Oxford 1979, S. 210-229). Übersetzt von Felix Koch.

Kapitel 11: Leslie Green, »Der Positivismus und die Untrennbarkeit von Recht und Moral« (»Positivism and the Inseparability of Law and Morals«, in: *New York University Law Review* 83 (2008), S. 1035-58). Übersetzt von Luise Müller.

Kapitel 12: Jeremy Waldron, »Wer braucht Anerkennungsregeln?« (»Who Needs Rules of Recognition?«, in: M. Adler u. K. Himma (Hg.), *The Rule of Recognition and the U.S. Constitution*, Oxford 2009, S. 327-349). Übersetzt von Thomas Meyer.

Kapitel 13: Timothy A. O. Endicott, »Die Unmöglichkeit der Rechtsstaatlichkeit« (The Impossibility of the Rule of Law, in: *Oxford Journal of Legal Studies* 19/1 (1999), S. 1-18). Übersetzt von Karl Christoph Reinmuth.

Kapitel 14: Julie Dickson, »Zur Methodologie in der Rechtsphilosophie« (»Methodology in Jurisprudence. A Critical Survey«, in: *Legal Theory* 10/3 (2004), S. 117-156). Übersetzt von Lasse Lorenzen.

NF 124/1/8.12

Stanley Fish. Das Recht möchte formal sein. Essays. Herausgegeben und eingeleitet von Heinz Bude und Michael Dellwing. Aus dem Amerikanischen von Klaus Binder. stw 2008. 279 Seiten

Günter Frankenberg
- Autorität und Integration. Zur Grammatik von Recht und Verfassung. stw 1622. 418 Seiten
- Die Verfassung der Republik. Autorität und Solidarität in der Zivilgesellschaft. stw 1331. 264 Seiten

Johan Galtung. Menschenrechte – anders gesehen. stw 1084. 235 Seiten

Ute Gerhard/Jutta Limbach (Hg.). Rechtsalltag von Frauen. es 1423. 251 Seiten

Oliver Gerstenberg. Bürgerrechte und deliberative Demokratie. Elemente einer pluralistischen Verfassungstheorie. stw 1298. 143 Seiten

Stefan Gosepath/Georg Lohmann (Hg.). Philosophie der Menschenrechte. stw 1338. 417 Seiten

Dieter Grimm.
- Die Zukunft der Verfassung. stw 968. 447 Seiten
- Die Zukunft der Verfassung II. Auswirkungen von Europäisierung und Globalisierung. stw 2027. 400 Seiten

Jürgen Habermas. Faktizität und Geltung. Beiträge zur Diskurstheorie des Rechts und des demokratischen Rechtsstaats. stw 1361. 704 Seiten

NF 124/2/8.12

H. L. A. Hart. Der Begriff des Rechts. Mit dem Postskriptum von 1994 und einem Nachwort von Christoph Möllers. Aus dem Englischen von Alexander von Baeyer. stw 2009. 395 Seiten

Georg Wilhelm Friedrich Hegel. Die Philosophie des Rechts. Vorlesung von 1821/22. Herausgegeben von Hansgeorg Hoppe. stw 1721. 237 Seiten

Materialien zu Hegels Rechtsphilosophie. Herausgegeben von Manfred Riedel. Band 1: stw 88. 437 Seiten

Otfried Höffe
- Gibt es ein interkulturelles Strafrecht? Ein philosophischer Versuch. stw 1396. 180 Seiten
- Kategorische Rechtsprinzipien. Ein Kontrapunkt der Moderne. stw 1170 und kartoniert. 431 Seiten
- Strategien der Humanität. Zur Ethik öffentlicher Entscheidungsprozesse. Mit einem neuen Nachwort. stw 540. 373 Seiten
- Vernunft und Recht. Bausteine zu einem interkulturellen Rechtsdiskurs. stw 1270. 296 Seiten

Herbert Jäger. Verbrechen unter totalitärer Herrschaft. Studien zur nationalsozialistischen Gewaltkriminalität. Mit einem Nachwort zur Neuauflage von Adalbert Rückerl. stw 388. 410 Seiten

Hans Joas. Die Sakralität der Person. Eine neue Genealogie der Menschenrechte. 303 Seiten. Gebunden

Wolfgang Kersting (Hg.). Gerechtigkeit als Tausch? Auseinandersetzungen mit der politischen Philosophie Otfried Höffes. stw 1297. 375 Seiten

NF 124/3/8.12

Klaus Lüderssen
- Abschaffen des Strafens? es 1914. 427 Seiten
- Erfahrung als Rechtsquelle. Abduktion und Falsifikation von Hypothesen im juristischen Entscheidungsprozeß. Eine Fallstudie aus dem Kartellstrafrecht. 259 Seiten. Gebunden
- Genesis und Geltung in der Jurisprudenz. es 1962. 365 Seiten
- Kriminalpolitik auf verschlungenen Wegen. Aufsätze zur Vermittlung von Theorie und Praxis. stw 347. 483 Seiten
- Rechtsfreie Räume? stw 2042. 694 Seiten

Klaus Lüderssen/Fritz Sack (Hg.)
- Seminar: Abweichendes Verhalten
  Band 1: Die selektiven Normen der Gesellschaft.
  stw 84. 508 Seiten
  Band 2: Die gesellschaftliche Reaktion auf Kriminalität.
  Band 1. Strafgesetzgebung und Strafrechtsdogmatik.
  stw 85. 387 Seiten

Niklas Luhmann
- Ausdifferenzierung des Rechts. Beiträge zur Rechtssoziologie und Rechtstheorie. stw 1418. 459 Seiten
- Das Recht der Gesellschaft. stw 1183. 598 Seiten

Christoph Menke/Francesca Raimondi (Hg.). Die Revolution der Menschenrechte. Grundlegende Texte zu einem neuen Begriff des Politischen. stw 1988. 498 Seiten

Bernhard Peters. Rationalität, Recht und Gesellschaft. 366 Seiten. Gebunden

Ulrich K. Preuß. Die Internalisierung des Subjekts. Zur Kritik der Funktionsweise des subjektiven Rechts. 356 Seiten. Kartoniert

NF 124/4/8.12

John Rawls

- Gerechtigkeit als Fairneß. Ein Neuentwurf. Herausgegeben von Erin Kelly. Übersetzt von Joachim Schultze. 316 Seiten. Gebunden
- Eine Theorie der Gerechtigkeit. Übersetzt von Hermann Vetter. stw 271. 674 Seiten

Karl F. Schumann. Der Handel mit Gerechtigkeit. Funktionsprobleme der Strafjustiz und ihre Lösungen – am Beispiel des amerikanischen plea bargaining. stw 214. 264 Seiten

Alexander Somek. Rechtliches Wissen. stw 1802. 240 Seiten

Rudolf Steinberg. Der ökologische Verfassungsstaat. 480 Seiten. Gebunden

Michael Stolleis. Recht im Unrecht. stw 1155. 342 Seiten

Gunther Teubner. Verfassungsfragmente. Gesellschaftlicher Konstitutionalismus in der Globalisierung. stw 2028. 291 Seiten

Rainer Wahl. Verfassungsstaat, Europäisierung, Internationalisierung. stw 1623. 442 Seiten

Uwe Wesel

- Juristische Weltkunde. Eine Einführung in das Recht. stw 467. 213 Seiten
- Der Mythos vom Matriarchat. Über Bachofens Mutterrecht und die Stellung von Frauen in frühen Gesellschaften vor der Entstehung staatlicher Herrschaft. stw 333. 168 Seiten

NF 124/5/8.12